第三屆魏晉南北朝文學
國際學術研討會論文集

東海大學中國文學系　編

文史哲出版社印行

國家圖書館出版品預行編目資料

第三屆魏晉南北朝文學國際學術研討會論文
集 / 東海大學中國文學系主編. -- 初版. --
臺北市：文史哲，民87
　　面：　公分
　　ISBN 957-549-162-9(平裝)

1.中國文學 - 六朝(222-588) - 論文，講詞等

820.903　　　　　　　　　　　870113′72

第三屆魏晉南北朝文學
國際學術研討會論文集

編 輯 者：東海大學中國文學系
執行編輯：李　立　信·許　建　崑
助理編輯：林　　　　威　　　　宇
出 版 者：文　史　哲　出　版　社
登記證字號：行政院新聞局版臺業字五三三七號
發 行 人：彭　　　正　　　雄
發 行 所：文　史　哲　出　版　社
印 刷 者：文　史　哲　出　版　社
　　　　臺北市羅斯福路一段七十二巷四號
　　　　郵政劃撥帳號：一六一八〇一七五
　　　　電話 886-2-23511028·傳眞 886-2-23965656
實價新臺幣九〇〇元
中 華 民 國 八 十 七 年 八 月 初 版

第三屆魏晉南北朝文學國際學術研討會
主辦單位:東海大學中國文學系　中國古典文學研究會

序

　　中國文學綿亙數千年，魏晉南北朝緒承兩漢，與時推遷，其作者多內蘊深致，外兼眾美；而文論則體周思慎，闡隱發微，故能融聲爲律，因麗鑄辭，下啓三唐之變，自饒八代之姿。邃古前修，已多尚論，右文今賢，不乏覃研。惟大聚學者，覿面切磋，則自一九九三年，始由香港中文大學中國語言文學系與中國文化中心，召開魏晉南北朝文學國際學術研討會，與會者或來自日、韓諸國，而尤以港、臺、大陸學者爲多。論難析疑，問惑探賾，會事圓滿，咸期永續，乃推大陸賡次籌開。二屆之會遂於一九九五年由南京大學古典文獻研究所與中國文學系主辦。會間有毘陵訪古之遊，六朝勝蹟，彌令興懷。而大會之成功，亦猶首屆然。因議繼由臺灣舉辦，是以三屆之會，召開於臺中之東海大學，會期則民國八十六年，即一九九七年十月之二十四至二十六日。計到宣讀論文及特約評論學者蓋七十人，而與會者侔焉。遠道來者，大陸居多，凡十人，餘則分別至自英、美、新、韓諸邦。共發表論文三十三篇，或深達於理妙，或極辨於微芒，盛集三日，道洽情通。既賦別筵之歌，亦申後會之約；是我中國文學之必久馨，而研論不絕者，可不信慶也夫！

　　今研討會論文集編纂既成，執事諸君子屬序於余。竊以爲大會之籌備，則東海中國文學系與中國古典文學研究會共同主辦，李主任立信、王會長國良實肩其任，而許建崑教授陳力尤多，系中同仁，分效於事，是當有以書其勞；又自香港之會始，凡歷三

屆，余皆與焉，得相從於海內外之碩彥鴻博，是亦平生之幸而足可慰者，言念及此，乃敢不揣其陋而序之。既敘學術研討會之事，因念魏晉南北朝之局，況味古今，興感分合，所望黎庶之民，咸登於禮樂，文行之士，莫履乎憂危，使千載之下，能以今日為昇平，不似今日之以魏晉南北朝為亂世也。

戊寅六月　　楊承祖序

第三屆魏晉南北朝文學國際學術研討會論文集

目　　錄

鑑照幽明：六朝志怪的揭露模式與其文類關係
——兼論六朝志怪的評價標準

中央研究院文哲研究所

劉　苑　如

一、前　言

　　晚清以降，自從梁啓超鼓吹小說與群治的關係，長久屈居末流的中國古典小說研究，突然水漲船高，受到前所未有的重視，從史實的考證、作家作品的評價，到小說觀念（美學思想）的歸納，累積論述十分豐碩。而魯迅出版於 1923-1924 年的《中國小說史略》，更廣受好評，論者均注意到其對古小說鉤沈既深，現代小說理論涉獵又廣，研究方法亦屬嚴謹：既照顧到文體演進脈絡的疏通、歷史發展規律的歸納和作家與時代的關係的聯繫，又兼及個別作品的藝術分析，和史實的考證等❶，在在均屬首開生

---

❶參閱陳平原：〈作爲文學史家的魯迅〉，收於陳國球、王宏志、陳清僑編：《書寫文學的過去——文學史的思考》（台北：麥田出版社，1997），頁85-132；王靖宇：〈作爲古典文學研究者的魯迅〉，樂黛雲編：《北美中國古典文學研究名家十年文選》（南京：江蘇人民出版社，1996），頁649-663；阿英：〈關於《中國小說史略》〉，《小說三談》（上海：上海古籍出版社，1985），頁232-238；李長之：〈文學史家的魯迅〉，李宗英、張夢陽編：《六十年來魯迅研究論文選》（北京：中國社會科學出版社，1982）下冊，頁147-191；孫昌熙：〈試論魯迅《中國小說史略》的戰鬥意義〉，《魯迅研究論叢》（吉林：吉林人民出版社，1980），頁93-112。

面之作，至今影響不絕。對於這種魯迅現象，大陸學者陳平原肯定之餘，亦予以深切反省，他認爲古典小說研究長久處於「魯迅時代」的陰影下，往往局限於個別作家作品研究，❷造成小說史研究的斷層，並將此一現象歸因於後來研究者未能超越魯迅對於小說整理思路與論述框架，對於其所描述出的小說發展線索，以及支配這一發展的小說史意識，往往視之爲當然地接受，直接向上添枝加葉，方造成小說史研究的停滯不前。❸有關魯迅小說史的得失，這裡不擬再作全面的評價，而陳氏的批評或許也有待商榷，但卻是治古典小說者不得不認眞面對的問題，魯迅所展現出的小說視野框架究竟何在？對於志怪研究的取徑有何影響？這是本文開展所循之徑。

　　魯迅治小說史最被稱道的部份，在於掌握史的發展與解釋，阿英即曾盛讚《中國小說史略》：「以整體的、『演進』的觀念……爲中國歷代小說，創造性的構成了一幅色彩鮮明的畫圖。而對每一個時期的演變，總是從社會生活關係上溯本窮源，從藝術效果上考察影響成就。」❹然而不容諱言，魯迅治史的優點與缺點乃是一體之兩面：因爲歷史研究者已發現，無論再精彩的歷史撰述，皆不離人類想認識自己的主觀欲望，這種欲求促使每一代人從對於自己有意義的觀點來掌握歷史。❺而魯迅小說史的生命力正是奠基於他的精神史觀與自由意識，也正如其所說：「有責任的藝術家用感覺形式表現的人生觀」的另一種具體實踐。❻因

---

❷見陳平原：《小說史：理論與實踐》（北京：北京大學出版社，1993）
　　第二篇〈小說史研究法〉，頁85。
❸見陳平原：《小說史：理論與實踐》，頁89。
❹見阿英：〈關於《中國小說史略》〉，頁236。
❺參見喬伊絲·艾坡比、琳·亨特、馬格麗特·傑考：《歷史的眞相》
　　（台北：正中書局，1996）第七章〈眞理與客觀〉，頁222-251。
❻見《魯迅全集》卷2，頁211。

此他總是站在整個人類精神結構發展的高度，俯瞰世態人情對各個時代小說發展的影響❼，比如他在論述六朝小說時，先勾勒出當時的思想文化氛圍與士人心態，描述當時鬼道日熾、道釋廣被的宗教氛圍❽，以及從禮佛或崇老所汗漫開來清談的習尚，和貫穿于各種文化現象的厭世之情❾，而後斷言這樣的精神意態不但成爲張皇鬼神、稱道靈異的鬼神志怪書，以及標格語言、拾掇行止的人間軼事小說藉以生長勃興的特殊土壤，同時也決定了該時期小說的特殊品格。另外，魯迅承接明代胡應麟的某些意見，而別有發揮，首先他們都同意志怪與志人小說都具有某種程度的實錄性格❿，蓋當時人記述異事與記載人間常事，二者實無誠妄之別，近似實錄，尚缺乏有意識的創造精神⓫；但魯迅則更進一步

---

❼陳平原〈作爲文學史家的魯迅〉一文指出：「魯迅並非研究文學的專家，就其興趣與知識結構而言，更接近中國古代的『通人』或者西方的『人文主義者』。」故《中國小說史略》的分析與溯源常涉及思想史和文化史。頁 108。這種超越專門家的通識，與將每一個歷史時期都視爲一個整體，並主張該時期的文學、藝術、哲學、宗教乃至科學都是同一時代精神的不同表現的精神史論者有異曲同工之處。參閱包忠文主編：《現代文學觀念的發展史》（南京：江蘇教育出版社，1992），頁112-123。

❽見魯迅：《中國小說史略》，《魯迅小說史論文集》（台北：里仁書局，1992），頁35。

❾見《中國小說史略》，頁51。

❿胡應麟在《少室山房筆叢·二酉綴遺上》（台北：世界書局，1980再版）中說：「凡變異之談，盛於六朝，然多是傳錄舛訛，未必盡幻設語。至唐人乃作意好奇，假小說以寄筆端。」下冊，頁 486；同書〈九流緒論下〉則說：「《世說》以玄韻爲宗，非紀事比」，但「讀其語言，晉人面目氣韻，恍惚生動，而簡約玄澹，眞致不窮。」俱見上冊，頁 487。可見志怪與志人小說所載事蹟雖未必合乎歷史眞實，但卻可反映出這個時代的精神意向。魯迅在《中國小說史略》則指出：「……（神鬼志怪書）非有意爲小說，蓋當時以爲幽冥雖殊途，而人鬼乃皆實有。」頁35；在論述〈世說新語與其前後〉時說：「因有撰集，或者掇拾舊聞，或者記述近事，雖不過叢殘小語，而俱爲人間言動。」又指出裴啓《語林》因謝安詆其記述不實遂廢的記載，二者俱見頁51。則是從作者的創作意圖上論述志怪、志人小說的實錄性質。

⓫見《中國小說史略》，頁35、59。

推究兩者所異之處，指出了前者藉小說庋學問❿、明應驗、寓勸戒⓭，後者「雖不免追隨俗尚，或供揣摩，然要爲遠實用而近娛樂」。⓮此番論述誠可見其對歷史、人生體悟的功力。

然而歷史發展的描述與歸因是不可能無涉于價值判斷，魯迅選擇用「自由意識」──這個得自對西方歷史文化考察的價值標準，作爲衡量中國文化整體發展的指標，從而衍生出的文學價值取向，乃是以「自由」和「人的個體性」作爲藝術的本質，崇揚能自由展現個人才情、不爲實用目的所拘的創作，批判那些捃採前說、明道致用的作品，隱然與中國傳統揚善、載道的文學觀對立⓯。因此他不僅用「文采與意想」作爲說明唐傳奇源出於志怪而能擴其波瀾、成就特異的原因⓰，也將其視爲小說批評的普遍法則；是以六朝志怪與志人小說同樣近似實錄，爲賞心而作的志人小說必然優於張皇鬼神的志怪小說；在宋代，主在娛心、雜以懲勸的話本小說，較之於平實而乏文采的志怪，或是託往事避近聞的傳奇，其間優劣不言自明⓱；在明代，洞達世情、曲盡形容的人情小說，也就自然遠勝於敷衍義利、邪正、善惡、是非、眞妄諸端的神魔小說。⓲諸如此類的價值判斷在魯迅的小說史著作中屢見不鮮。

---

❿魯迅引王嘉《拾遺記》（九）敘述張華撰寫《博物志》原委，在於「捃採天下遺逸，……考驗神怪，及世間閭里所說」，即有誇博逞學之意。見《中國小說史略》，頁36。

⓭見《中國小說史略》，其言「釋氏輔教之書，大抵記經像之顯效，明應驗之實有，以震聳世俗」，頁45。

⓮見《中國小說史略》，頁51。

⓯參閱汪暉：《反抗絕望──魯迅及其〈吶喊〉〈徬徨〉研究》（台北：久大文化公司，1990），頁199-207。

⓰見《中國小說史略》，頁 59-60。

⓱見《中國小說史略》，頁84、93、98。

⓲見《中國小說史略》，頁135、162。

　　再則，魯迅作為一個文學史家，必然會受到對於作家作品做出適當評價的期許。而事實上，無論從中國以詩為主流的文學傳統立論，或是魯迅獨所神往的「惡」的文學觀來看❶，表現作者個人才思都是文學創作的首要目標。在這樣的前提下，「文采與意想」也無疑提供了中國文學簡潔有利的批評標準。不過倘若從文學形式史的角度來看，文學演變的歷史過程，乃是主導性遞轉變遷的歷史，也可說是處於邊緣地帶的非主導性形式向主導形式趨近，甚或取代的過程。❷魯迅以自由意識來顛覆明道致用的文學傳統，形成其獨特審美標準，到今天看來仍饒富意味，但這種以古諷今的歷史解釋，必然只具有片面的真理；更何況忽略小說文類的獨特性，無視歷代小說主導因素的遞變過程，欲以唯一的標準來審視作品，恐怕也是失之一隅的作法。

　　本文無意抹滅魯迅的成就，只是在欣賞魯迅所開展出來的小說史景觀之餘，運用新的研究方法，重新檢視中國古典小說的發展模式、小說的發展動力、小說史分期的原則以及小說史的體例等議題，以修正舊有的小說史觀，建立新的知識典範，乃是當務之急。而在當前的學術思潮下，語言與文化無疑是兩個最重要的研究途徑：一是將小說視為有別於其他文類的語言藝術，探究此一敘述文類的書寫成規、文類功能，並可從其情節單元、故事類型間的沿襲、模擬、綜合與轉化，指呈出該文類的特色；其次，是將小說當作一種文化生產，追溯作品生產的社會文化條件、作品間的互文關係，以及讀者的閱讀反應，勾勒出作品與各種文化變遷間的對話關係，和其對文人本身地位、形象的影響。或可藉

---

❶見汪暉：《反抗絕望——魯迅及其〈吶喊〉〈徬徨〉研究》，頁204-205。

❷參見包忠文主編：《現代文學觀念的發展史》，頁104-111。

由這些不同的文學視野，將中國小說研究帶入另一個新紀元。

　　本文所採的研究方法基本上即是兼及語言與文化的研究，也就是將六朝志怪視為魏晉南北朝特定文化環境下所形成的小說次文類❹。論述策略乃是從故事中時常出現的「鏡子」母題為起點，探索該母題與情節演變的關係，以及類似母題「火」、「燭」間的相互關係，最後歸結出其中最具主導性的志怪文類書寫成規，並引述散見於志怪書前後所附的〈序〉、〈跋〉、〈讀後〉等材料，證成作者意圖與文類創作間的辨證關係。因此本文的形成乃是根植於文本閱讀而來，在以小見大，由具體到抽象的過程中，不得不作大幅度的剪裁，主要運用了兩組六朝志怪常見的故事：一組是「伯夷除妖」的精怪故事；一組是「蔣子文」的神仙故事為分析的基礎，再參照其他例子。其中也借鑑了西方結構主義的敘述學理論，如 Vladimir Propp 所提出民間故事的敘事功能分

❹本文在第三屆魏晉南北朝文學國際學術研討會宣讀時，承蒙胡萬川教授賜教，指正出多處疏忽，不及一一列舉，謹於此一併致謝。胡教授特別措意於六朝志怪的文類屬性，提醒筆者辨析口語與文學間的互動關係，不可混淆記錄與著作的差別。實為解人！事實上，不惟今人對志怪的解讀與六朝人有落差，古人對志怪的讀法即有所不同，詳參拙作：《六朝志怪的文類研究——導異為常的想像歷程》，國立政治大學中文研究所博士論文，1996，第二章，頁 40-68。筆者近期一系列的著作也正企圖將志怪閱讀回歸至其歷史情境，以探究六朝志怪的文類本質。本文在此開宗明義地指出志怪的解讀策略：將其視為小說的次文類。還須補充的是，這乃是中國古小說概念下的立論。裨官傳統與口語傳說向來有密不可分的關係，志怪亦然，筆者在拙作〈雜傳體志怪與史傳的關係——從文類觀念所作的考察〉，中研院文哲所研究集刊第八期，1996 年 3 月，頁 365-400，研究指出六朝志怪的大宗——雜傳體志怪，其寫作形式挪用了史傳以類相從的彙編方式，也就是有意識地編纂敘述。故六朝志怪即使多取材於民間傳說，保存了許多故事類型，但其文類性質卻大不相同。

析㉒，A. J. Greimas的角色模式㉓，以及 Roland Barthes 的事目分析㉔等，但在實際運用的過程中作了若干因應性的調整。

二、鑑光閃爍──揭露的敘事功能

> ……時有郇伯夷者，宿于此亭，明燭而坐，誦經。至中夜，忽有十餘人來，與伯夷並坐，蒲博。伯夷密以鏡照之，乃是群犬。因執燭起，陽誤以燭燒其衣，作燃毛氣。伯夷懷刀，捉一人刺之。初做人喚，遂死，成犬，餘悉走去。
>
> ──《搜神後記》卷九·11

在六朝志怪的中，棲身於荒村僻地、泉下湄間的精怪物魅、孤魂野鬼，趁著夜色佈下一個個異色幻境，引領闖入者與之展開一段段愛恨情仇。這些曲折離奇的情節，往往攫取了讀者大部分的注意力；然而對於一個習於敘事分析的精讀者而言，一些微弱

㉒Propp 根據俄國民間故事，依循時間順序，從文本中分析出三十一個可刪減、但不可錯置的行動系列，構成童話的基本結構，故稱之爲敘事功能或事目。見氏著：*Morphology of the Folktale.* Tr.by Laurance Scott, Austin: Univ. Taxas Press, 1968。中文資料可參閱普洛普：〈《民間故事形態學》的定義與方法〉，葉憲舒：《結構主義神話學》（西安：陝西師範大學出版社，1988），頁 7-9。

㉓Greimas承襲了俄國形式主義與結構主義的傳統，將「角色」(actants)視爲故事行動中的一個因素。他根據作品中主要事件的不同功能關係，區分出敘事作品的六種角色。 見氏著：*Structural Semantic : an Attempt at a Method,* Tr.by Daniele Mcdowell, Ronald Schleifer, Lincoln: Univ. of Nebraska Press, 1983. 中文翻譯有氏著：〈行動元、角色和形象〉，收於張德寅編：《敘述學研究》（北京：中國社會科學院出版社，1989），頁 119-136。

㉔Barthes 將事目界定爲敘事的基本單位，它認爲作品中的每一個存在的因素都有其作用，根據其作用可分爲主要事目、次要事目和指標，主要事目在情節上具有關鍵作用，可以帶出其他事目，或終結情節；次要事目則是導向或促成主要事目的細節。指標則是與故事情節較無涉的背景資訊，見氏著：〈敘事結構分析導論〉，收於張德寅：《敘事學研究》，頁 2-42。

卻充滿暗示性的亮光，才是更值得駐足的關鍵點，像是上述的志怪敘記中或閃出的一面明鏡，或燃起的一豆燭火，即使是敘事疏略、簡筆勾勒的篇章，這些鏡、鑑、火、燭……等小道具，也是一再登場。我們不禁要問：這究竟是不經意的巧合？還是刻意的安排？這是本文首欲探究的問題。

先從六朝志怪編撰者最樂於蒐集傳寫的題材之一——精怪傳說談起。以本節開始所引的《搜神後記》「林慮山亭犬怪」為例，這則由鏡照原形、執火剋妖等情節組合而成的傳說，在六朝志怪書中就可發現兩個系統、三種版本，將文本依其敘事功能，分析表列如下：

表一

	《列異傳》43❹	《搜神記》卷十八·427❺	《搜神後記》卷九·11❻
主角	汝南北部督郵西平劉伯夷有大才略。	北部督郵到伯夷，年三十許，大有才決，長沙太守到若章孫也。	……（郅伯夷）★
時間空間	案行到懼武亭，夜宿。	日晡時到亭，敕前導入且止。	林慮山下有一亭……時
禁令（警訊）	或曰：「此亭不可宿。」	錄事掾曰：「今尚早，可至前亭。」	人每過此宿者，輒病死。
對手（插敘）	（老狸）	（赤狐）	云嘗有十餘人，男女雜沓，衣或白或黃，輒蒲博相戲。（群犬）
違反	伯夷乃獨住宿。	曰：「欲作文書。」便留。吏卒惶怖，言當解去。傳曰：「督郵欲於樓上觀望，亟掃除。」	有郅伯夷者，宿於此亭。
事件（挑釁、誘敵）	去火，誦詩書五經訖臥。有頃，轉東首，以絮巾結兩足，以幘冠之，拔劍解帶。	須臾便上。未暝，樓鐙，階下復有火。敕云：「我思道，不可見火，滅去！」吏知必有變，當用赴照，但藏置壺中。日既暝，整服坐，誦《六甲》、《孝經》、《易》本訖，臥。有頃，更轉東首，以幘巾結兩足，幘冠之，密拔劍解帶。	明燭而坐，誦經。至中夜，忽有十餘人來，與伯夷並坐，蒲博。

識破			伯夷密以鏡照之，乃是群犬。
鬥爭	夜時有異物稍稍轉近，忽來覆伯夷，伯夷屈起，以袂掩之，以帶繫魅。	夜時，有正黑者四五尺，稍高，走至柱屋，因覆伯夷。伯夷持被掩之，足跣脫，幾失再三。以劍帶擊魅腳。	
揭露	忽火照之，識得一老狸，色赤無毛。	忽下火上照，視之，老狐正赤，略無衣毛。	因擲燭起，陽誤以燭燒其衣，作燃毛氣。
解決	持火燒殺之。	持下燒殺。	伯夷懷刀，捉一人刺之。
眞相	明日發視樓屋間，見魅所殺人髮數百枚。	明日，發樓屋，得所殍百餘	初做人喚，遂死，成犬。
結局	於是亭遂清。	因此遂絕。	餘悉走去。
說明	舊說：「狸髮千人，得爲神也。」		

★ 加括弧部份爲筆者根據前後文所補充提示，非本文所有。

　　這三種版本，明顯可見口傳文學在書面化的過程中所發生的變異現象，主角（hero）姓氏因形近之故，經輾轉傳抄分化出劉伯夷、到伯夷、郅伯夷等三種不同名稱；對手也因形象記憶的誤差，呈現出狸妖、狐妖、犬妖各自紛說的狀況㉘；文字記載更有詳略的不同，但在重要情節功能上，卻一直保持著某種程度的慣性和穩定性，包括禁令、違反、挑釁、鬥爭、揭露、解決、眞相

㉕本文《列異傳》採魯迅輯：《古小說鈎沉》（台北：盤庚出版社，出版年代不詳），頁 142。
㉖本文採汪紹楹：《搜神記》校注本(台北：木鐸出版社，出版年代不詳)，頁 224。
㉗本文採王國良：《搜神後記研究》（台北：文史哲出版社，1978），頁113。
㉘根據人類學家研究，民俗語言建立在人類的情緒體驗和運動知覺之上，也即是繪聲繪影地表現那些留在視覺記憶、聽覺記憶、動覺記憶以及一切情緒和形象記憶中的東西。參見陳勤建：《文藝民俗學導論》（上海：上海文藝出版社，1991），頁163-164。民間傳說亦有類似的現象，這裡狸、狐和犬的分化應屬形象記憶的誤差。

和結局等核心功能，形成一種固定的程式。

　　倘若進一步比較其間的差異，可發現除主角、場景的變化之外，敘述重點因旨趣不同而有所偏離。根據民間故事敘述的規律，一系列的人物或事件敘述順序或容置換，但其主要的人物通常第一個登場。❷而《列異傳》和《搜神記》所載，似與劉劭《風俗通義‧怪神》同源❸，全文重點落在主角剋敵伏妖的勇氣與智慧，是以故事開端，多著墨於主角的介紹，顯示其不凡的氣魄，才能在不解對手為何的態勢下，獨排異議，隻身留置於不靖的驛亭中，巧設陷阱，誘敵來襲；其次則是極力渲染打鬥的場面，伯夷在異物撲上來的當兒，奮力反撲，一連串「起」、「掩」、「繫」或「擊」的動作，寫來緊湊迫人。相對而言，與葛洪《抱朴子內篇‧登涉篇》相近的《搜神後記》❹，重點集中在識妖伏魅的過程，是以作為對手的妖魅，在這裡獲得比較多的描寫，敘事起始於過宿輒死的亭棧，出現了男女雜沓、嬉戲滯留的不尋常現象，並特別點染出這群男女的外形特徵、動作習性，為其後的原形揭露先預留下伏筆；另外則是對識破情節的增添：「密以鏡照之」，終於發現群犬的偽裝。隨著幻形的「識破」已故事情節推至最高潮，就情節設計而言，其效果相當於前面兩則「揭露」的敘述功能，下可接誅殺殲滅的結束行動。不過在「林慮山亭犬」這則敘事裡，明顯可見對手的實力被強化了，他們成群出現，主角郅伯夷置身於群妖之間，顯得十分的勢單力薄，雖然識破了犬

---

❷ 見阿克賽爾‧奧爾里克：〈民間故事的敘事規律〉中的第一規律：開始律、結束律，收於《世界民俗學》（上海：上海文藝出版社，1990），頁 192。

❸ 見應劭：《風俗通義》卷九「世間多有精物妖怪百瑞」，王利器：《風俗通義校注》（台北：明文書局，1988再版），頁 427-428。

❹ 見葛洪《抱朴子內篇》卷十七〈登涉〉，文字與《搜神後記》略有異同。王明校釋：《抱朴子內篇校釋》（北京：中華書局，1988三刷），頁300。

妖的真正身份，尚不足以一舉殲滅妖怪，還須進一步的醞釀情節的力量，於是伯夷反將對手一軍，故意把「燭」火倒在犬妖身上，燒出一股毛焦味，讓牠們的身分逐步「揭露」出來。

　　這裡，鏡、火的意象都已轉化為志怪敘記中事目單元，藉以推動情節的發展。此一轉換過程，之所以可以在片言隻語中迅速完成，實有賴這些意象背後所寓含的深厚文化背景。根據《抱朴子內篇·登涉篇》所載：

> 又物之老者，其精悉能假托人形，以眩惑人目，而常試人，唯不能於鏡中易其真形耳。（頁300）

透過寶鏡映照，識破精怪偽裝，為當時相當普遍的法術思想。然而為什麼精怪在鏡中不能易其真形呢？根據六朝精怪厭勝思想中的象徵律：鏡子具有光明鑑物的特徵，故中國古代往往將寶鏡視為帝王權力及避邪物的象徵。於是在同類相治的觀念下，將帝王號令蒼生的權威，由人間拓展至幽冥兩界，賦予鏡子除妖辟邪的靈力，並設想精怪幻化出的幻象，也必會懾於明鏡的威力，不敢隱藏，因而現出真形。❸❷而精怪一旦被識破原形，就不再能眩惑人心，危害人身，甚至逃不出慘遭除滅的命運。此一觀念反映在志怪集精怪傳說的情節中，「識破」可將故事情節推至最高潮，高潮之後即為誅殺殲滅的結束行動。不過在「林慮山亭犬」一類較複雜曲折的敘事裡，由於對手的實力被強化了，他們肆無忌憚地群聚而行，主角郅伯夷相對來說顯得屈居弱勢，雖然識破了對

---

❸❷參見李豐楙：〈六朝鏡劍傳說與道家法術思想〉，收於靜宜文理學院中國古典小說研究中心編：《中國古典小說研究專集·2》（台北：聯經出版公司，1981第二次印刷），頁1-28。文中從道教法術變化的觀點，將六朝史籍、諸子、志怪當中的寶鏡傳說，全面宏觀，並予以深入文化背景的解讀。另可參矗世美：《菱花黑影──中國鏡文化》（上海：上海古籍出版社，1994），頁46-52。

手的真實身份，尚不足以一舉殲滅妖怪，還須進一步的醞釀情節的力量，於是另發展出上述的「揭露」的功能，形成一種步步發現的複式結構，表現出迷惘的趣味。

從六朝志怪的精怪傳說的敘述功能來看，筆者以為其中最關鍵的情節應屬「揭露」這一敘述功能了。上面所舉的一系列伯夷除魅故事裡，主角單是經過一番打鬥或識破的情節，尚不足以降妖，還須加上「火照」這一行動，藉著火的咒力，壓制物魅的妖力，揭露其偽裝。而六朝志怪中常見的揭露方式，除了像伯夷除魅傳說裡的「火照」，即藉著火的咒力，令妖魅暴露真形之外，在其他同類型的故事裡，或以火視、火燒、燭火、燃火、把火、持火、焚火……等詞代替，或則將火的範圍變形放大，透過日夜的交替，陰晴的變化，隨著曙光的來臨，月光的照耀，精怪懾於「光」的力量，終將扯去精怪的人形偽裝。❸凡此都是火的咒術信仰的遺跡：遠古之人認為火燄能帶來溫暖、驅避黑暗，火舌也能吞噬生命，造成毀滅，循其同類相治的法術原則，火被認為擁有光照幽冥、辟邪除厄的咒力❸；至於其他揭露的方式，較激烈者諸如：施法厭劾❸、放犬噬之、擒縛捉拿等行動，較溫和者則

---

❸ 如《列異傳》87「董逸」，年稚色艷的梁瑩趁夜而來，與董逸申款達且，未能及時離開，終變形為狸，頁188；《搜神記》卷十九・443「張福」一則，雨晴月照，美婦竟現形為一大鼉，頁233。

❸ 參見林保堯：〈中日古代文化交流的一考察——黃泉國神話與六朝志怪小說的死生觀〉，收於《東方宗教研究》第一期，1987年9月，頁45-65。該文對於六朝志怪中點一片火，藉各種火之咒力，去除鬼靈，顯現物魅本形的咒火譚，作了深具啟發性的文獻考察、情節分析和民俗比較。

❸ 如《列異傳》27「細腰」，升堂呼名，使杵怪如實應答，是為名字法術，頁137；《異苑》（欽定四庫全書本，第1042冊，台北：台灣商務印書館，1983）卷八・1「趙晃伏妖」：趙晃淨水焚香，長嘯一聲，敕令鬼神，是為氣功法術，至於擲符如風，白蛇黿鼉則身亡形現，是為文字法術，頁1042-538B；《幽明錄》235「朱誕」，置羹以塗壁，令蝙蝠集上不得去，是為器物法術，頁303，凡此皆屬利用法術試驗劾制精怪物魅。有關六朝的道教法術變化，可參李豐楙：《抱朴子・下》（台北：時報文化出版公司，1987）第十二章。

有懷疑點破、相應不理等，不勝枚舉❸，大體多根據物類的習性，道行深淺的不同，形象化地設想出重重試煉，將志怪中譎異多姿的精怪世界與現實界連結起來，突顯於世人的眼前。

根據民間故事的敘事規則，其情節發展常是由平靜趨向高潮，由隱藏到揭露。❸倘若我們只將「揭露」視為一種情節功能，那麼就過於窄化志怪傳說的解讀角度了。「揭露」除了具有情節推動的敘述功能，像是情節奔流的調節樞紐，將從故事一開頭就汲引蓄積的滔滔動力適當地釋放出來；從閱讀期待而言，它也能滿足讀者欲知真相的好奇心理；更重要地它時常擔任了轉化非常與常之間的橋樑，肩負著展現文化心理結構的功能。❸也就是說，這個迫使物魅顯形的行動，意在使假托人形的妖魅，都必須經歷人間法則的試驗。無論是還殘留著物類特徵的妖魅：像姿色鮮白的白鶴❸，或腥氣膻然、手指甚短的水獺⋯⋯等❹；還是超越物性、才貌過人的千年精怪：像容止風雅、言談犀利的燕墓斑狐❹，或是皓首窮經、教授諸生的胡博士❹，在人類所設的監察系統過濾下，一一顯示出我類和異類間的分際。有關人與物、人與事的

---

❸蔡雅薰：《六朝妖怪故事研究》（國立台灣師範大學國文研究所碩士論文，1990）一書，第六章分析了妖怪現形的因素，蒐羅詳盡，分類瑣細，參考頗便。

❸參見阿克賽爾·奧爾里克：〈民間故事的敘事規律〉中的第一規律：開始律、結束律，頁185。

❸參見李豐楙：〈六朝精怪傳說的結構性意義〉，收於《六朝隋唐文學研討會論文集》，（台南：成功大學，1994），該文已經從常與非常的敘述結構和文化心理結構雙重角度，來解析精怪傳說。

❸見《異苑》卷八·3「徐奭」，頁1042-538B。

❹見《幽明錄》169「醜奴」，頁284，亦見《異苑》卷八·16，頁1042-541A，《甄異記》16，《古小說鉤沈本》，頁156。

❹見《搜神記》卷十八·421「張茂先」，頁219-220，亦見《續齊諧記》5「燕墓斑狸」，王國良：《續齊諧記研究》（台北：文史哲出版社，1987），頁31。

❹見《搜神記》卷十八·428「胡博士」，頁224-225。

關係論述，留待下一節進一步的探討。

綜合上面的考察，可以確知志怪作品中的鏡光閃耀，燈火熒熒，並不是泛泛閒筆，它不僅是故事中具體的道具，爲志怪陰暗昏冥的故事表層，打上了層次分明的光影；更由於它與「揭露」的敘事功能結合，而成爲不可或缺的情節因素，故能占居主導地位。接下來還要更廣泛地探究志怪中「揭露」的敘事功能。

三、照機若鏡——揭露的敘述語法

從敘事學的角度來說，「揭露」的敘事功能本身並不涉及什麼高深的敘事理論，它只不過是最基本的敘事規律普遍地運用於世界各地的民間故事當中。然而當此一敘事功能形象性地與鏡、火等意象結合，則必須將其置於民間法術思想的文化脈絡中加以觀照詮釋，方能呈現出一種中國式的審美思惟，隨著志怪敘事中鑑光火影的隱、現，用一連串的時間性動作，牽動實境與幻境間的空間變換。

問題是：不論是鏡照，還是火照，這都可能僅是「揭露」功能諸多形式中的一種，皆屬於志怪敘事中故事表層上的變化。倘若我們跳脫鏡照、火照等的工具性差異，直視鏡、火在動物感官或者巫咒法術之類的的作用本質，就可發現其實那都是人類視覺感官的反映延伸，用以「看」盡志怪作品中的鬼物奇精。但究竟志怪中如何以「看」來揭露其中的眞相？以及志怪作爲一個獨立的文類，它如何以「揭露」創造出自我的敘述語法？則是應該進一步思索的問題。

(一)辨識——以視覺掌握世界

志怪傳述宇宙間的奇聞異事，游走於可知和不可知的世界，而其中不可知的部分又占絕大多數，志怪作者如何揭露這不可知

的奧祕呢？這是他們殫精竭思的工作，郭璞就曾在《注山海經・敘》中說：

> 夫以宇宙之寥廓，群生之紛紜，陰陽之煦蒸，萬殊之區分，精氣混淆，自相濆薄，游魂精怪，觸象而構，流形於山川，麗狀於木石者，惡可勝言乎！……物不自異，待我而後異，異果在我，非物異也。故胡人見布而疑黂，越人見罽而駭毷。夫翫其所習見而奇所希聞，此人情之所蔽也。……是故聖皇原化以極變，象物以應怪，鑒無滯賾，曲盡幽情，神焉廋哉！神焉廋哉！

該文首先強調客觀世界的無限廣闊，富於變化，而常被當作志怪材料「游魂靈怪」也正是世界紛紜萬象、千變萬化現象中的一端。不過由於客觀世界的豐富性，無乃總是與人的經歷、認識的有限性同時並存的，那麼「世之所謂異，未知其所以異……故胡人見布而疑黂，越人見罽而駭毷」，只不過是「夫翫所習見，而奇所希聞，此情所常蔽也。」因此他認為只有克服認識上的這種片面性和局限性，嘗試著去認識自己所不認識的事物，才能對《山海經》一類作品中「閎誕迂夸」的材料、「奇怪俶儻之言」有較正確的認識。然而如何才能擴充認知的領域呢？郭璞提出「原化極變」和「象物應怪」的兩個原則，其實也就是擴充聞見之知，歸納變化之理，而這一切的基礎便是觀察和驗徵。這種精神意識正貫穿於志怪敘事之中，轉化為具體的動作、情節，成為志怪敘事語法的主導因素。

今試以六朝志怪中蔣子文的傳說為例，剖析這些敘記的敘事語法。在此之前，先釐清該一信仰的源流和性質。根據史載，蔣子文信仰大約東晉時應已在江南地區十分流行❹，南朝時亂事頻起，宋武帝、文帝太子劭、南齊東昏侯等人，更將其迎回宮內恭

奉，使得該信仰由民間淫祀一躍而爲國家內庭的正祀。❹而事實上，蔣子文本爲漢末兵死的厲鬼，因未能獲得血食，冤憤難平，而連續降下災害，使民眾懼其靈威，不得不加以立祠奉祀。後來因其生前的軍人性格，時常顯靈於兵馬倥傯的戰場，而受到更廣泛的崇祀。❺考察現存的六朝志怪，仍留有十餘條記載，其中不乏同載一事者，合併後計有八事，依其性質可分爲求祀、靈威和巫祝三個部分，完整地保留了六朝民間信仰形成、發展的軌跡。然從志怪敘記的角度來說，蔣子文傳說囊括當時最流行的靈見、鬼祟、列登成神、神巫異能、懲善罰惡和人神戀愛等不同類型故事，爲精怪故事以外，志怪傳說中的另一大宗。由於這類敘記的敘述與當時的思想形態緊密糾結，很難僅就敘述來談，因此下面的分析將依蔣子文傳說的發展爲經，敘述單元爲緯，剖析志怪的「揭露」語法，也即是解析志怪敘事如何透過視覺的描述，揭露他界的信息。

　　1.求祀

　　蔣子文的傳說最早見於《列異傳》，其中即載：「蔣子文漢

---

❹許嵩：《建康實錄》卷七東晉咸和三年（328A.D.）載，蘇峻之亂時，蔣子文助佑討亂孟昶庚點校：《建康實錄》（上海：上海古籍出版社，1987），頁129；《晉書》卷六十四亦載：「會（隆安五年，401A.D.）孫恩至京口，元顯柵斷石頭，率兵距戰，頻不利。道子無他謀略，唯日禱蔣侯廟爲厭勝之術。」房玄齡等著，楊家駱編：《新校晉書》（台北：鼎文出版社，1990），頁1783。有關蔣子文信仰的歷史考察，宮川尚志：《修訂增補六朝宗教史》（東京：國書刊行會，昭和49年）有詳論，頁 221-231。

❹見沈約著，楊家駱編：《新校本宋書》（台北：鼎文出版社，1980），頁 488；頁 2432。

❺內田道夫：〈項羽神物語〉一文指出，蔣子文廟神的信仰，類似於吳興的項羽廟神的信仰，他們同具有淫祀邪神的性格。該文見《中國小說研究》（東京：評論社株式會社，昭和52年），頁255。宮川尚志：《六朝史研究——宗教篇》（京都：平樂寺書店，1992第四刷）亦有此論。

末爲秣陵尉，自謂骨青，死當爲神」❹，《搜神記》卷五‧92「蔣子文成神」則敷衍甚詳，根據其敘事功能可表列如下：

表二

	欠　缺	不明身份歸來	難　題	解　決	主人公被認知
功能作用	兵死無祀	求　祀	降　災	請　祀	獲　祀
原文	蔣子文者，廣陵人也。嗜酒，好色，挑達無度。常自謂：「己骨清，死當爲神。」漢末，爲秣陵尉，逐賊至鍾山下，賊擊傷額，因解綬縛之，有頃遂死。	及吳先主之初，其故吏見文於道，乘白馬，執白羽，侍從如平生。見者驚走。文追之，謂曰：「我當爲此土地神，以福爾下民。爾可宣告百姓，爲我立祠。不爾，將有大咎。」	1.是歲夏，大疫，百姓竊相恐動，頗有竊祠之者矣。2.文又下巫祝：「吾將大啓祐孫氏，宜爲我立祠；不爾，將使蟲入人耳爲災。」俄而小蟲如塵虻，入耳，皆死，醫不能治。百姓愈恐。孫主未之信也。3.又下巫祝：「若不祀我，將又以大火爲災。」是歲，火災大發，一日數十處。火及公宮。	議者以爲鬼有所歸，乃不爲厲，宜有以撫之。	於是使者封子文爲中都侯，次弟子緒爲長水校尉，皆加印綬。爲立廟堂，轉號鍾山爲蔣山，今建康東北蔣山是也。自是災厲止息，百姓遂大事之。

　　根據李豐楙在〈從成人之道到成神之道〉一文中指出，在中國民間的觀念裡，凡非自然死亡者，可能經由諸般方式來顯現其靈威，成爲一種可感應的靈界力量，目的就是爲了求得安頓方法，以慰藉冤魂。然而，更有啓發性的論點是，這種欲從非自然死亡的惡靈上昇爲神明，必須經由神靈與功烈的特異表現，方乃是成神之道。❹這在蔣子文信仰的形成過程裡，便有明顯的軌跡

---

❹見《列異傳》19，頁135。
❹參見李豐楙：〈從成人之道到成神之道 —— 一個民間信仰的結構性思考〉，《東方研究》新4期，1994年10月。

可尋。首先,在成神之道上,蔣子文相當自覺地體識到他個人的特異之處,是以每每自稱:「己骨清,死當爲神。」唯一特殊之處,一般由人而神的後天神,他們通常總是朝著某種道德類型來自我塑造,而蔣子文在德性上的表現,卻是「嗜酒好色,佻撻無度」。當然或許可解釋爲其「受命偶值神仙之氣」❹,既有仙骨,不拘其生前的相貌人品、身份貴賤,終將成神;另一方面,該一信仰成立在名教瓦解的三國時代,對於所謂的「成人之道」應有另一番詮釋吧。同時,蔣子文因力戰不懈,逐賊傷死,畢竟也有其壯烈的一面,深具自我犧牲的精神,仍是符合民間信仰的「崇功報德」心理預期。因此「死亡」爲其生命轉換的重要階段,而死亡的方式——兵死的冤怨,使他成爲能依草附木、驅遣陰間兵將的「敗軍死將」❹,更是他獲得靈異力量的關鍵。從敘事功能來說,這一「欠缺」的狀態,使得蔣子文的死魂急於「自顯」,構成該則敘事的動力所在,帶出下一個「不明身份歸來」的功能。

「歸來」求祀實爲整篇敘記的主題所在,必要說得眉目俱在,靈動活潑,於是在這裡設置出此界與彼界的第一次接觸:亡故的蔣子文與昔日的舊屬意外重逢,是神是鬼?身份不明。而其中的關鍵詞就在一個「見」字:「見文於道」、「見者驚走」,對於所見——來自他界自現(見)的蔣子文,對其衣著、裝備和排場,特地做了細筆的描繪,一虛一實間,充斥著如真似幻的猶疑感,

---

❹參見葛洪:《抱朴子內篇‧辨問篇》卷十二引仙經《玉鈐》,有如是說,但依葛洪的看法,並不全同意此說,他對於求仙的態度,應是比較主張後天的努力,是以,他在該文中說:「故胎胞之中,已含信道之性,及其有識,則心好其事,必遭明師而得其法。不然,則不信不求,求亦不得也。」頁 226。

❹道書《女青鬼律》和《洞淵神咒經》明載此類古俗觀念,可參見李豐楙:〈《道藏》所收早期道書的瘟疫觀——以《女青鬼律》及《洞淵神咒經》系爲主〉,《中國文哲集刊》第三期,1993年。

模糊了常與非常原本涇渭分明的界線。倘若是以「奇」為主導因素的神怪文類，必然要持續這種敘述氛圍至一段時間⑳；但是志怪的高潮卻落在「揭露」此一神秘事件的真相，以安頓常與非常界的失調。因此，接下來即發展出一連串「驗證」的情節。

就民間祠祀成立的過程來說，身後的「再現」，乃繼續顯現神明的靈異性格，來完成其成神的功果，這是不可或缺的階段。一般的民間神通常扮演濟世解難的角色，作為自我顯現其靈異性格的方式。而這則傳說可能產生於該一信仰的初期，一方面由於當時他的神格較低，而被視為沈滯彼界的邪靈；另一方面當時災疫橫生，民間往往慣於附會解釋，於是構造出採用連續降災以顯靈的蔣子文。他在降下癘疫、蟲疫和公宮大火後，祠祀的範圍乃逐漸擴大，由民間竊祠終於上及吳主。在文本中屢次提到「下巫祝」，則是繼蔣子文親自現身後，另一種形式的自我「顯露」。

再則，進入敘事的尾聲——「解決」，從敘事法則來說，高潮之後的發展，通常採取絕壁橫切的終斷手法，故事戛然而止。不過志怪的敘事語法，在困境解除後，不乏像這則敘記一樣，夾帶有頗長的說明文字，說明事件的原由和後續發展，或者歸納出其中的法則。本篇則是說明當時安撫蔣子文亡靈的辦法，以及後續的祠祀的情況，今古對照。可見志怪敘事的實質所在，在「誌怪」的表層敘事之外，主要還是在揭露「非常」的真相。

2.靈威

民間信仰的流傳必須仰賴於靈威的傳播，因此該類傳說的數

---

⑳中國古代以「超自然」題材為演述對象的神怪文類，除了志怪之外，尚包括部份唐傳奇、話本，和神魔小說，但唯有志怪文類將超自然中的「怪」「奇」視為客觀的外在現實，而非這類特殊文學母題所產生的美學效果和閱讀感受。參見相關辨析可參閱高辛勇：《形名學與敘事理論：結構主義的小說分析法》（台北：聯經出版公司，1987），頁216-218。

量往往最多，蔣子文的信仰亦然。分析其靈威的表現，大致可分
為兩類：一為致禍，包括「蔣侯召劉赤父」❺、「蔣山廟戲婚」
❺、「木像彎弓」❺和「蔣侯斥桓玄」❺等四則；一為解災，計
有「王導子悅」❺和「蔣侯助殺虎」❺兩則。其實致禍與解災，
對於民間淫祀的神明來說，只是一體的兩面，凡能畏其靈威、恭
敬奉祀者，則賜福解災，反之，則降殃致禍。❺然而中國民間神
明之能深入人心，絕不是完全屬於功利性質的，他們必要以其特
殊的神格──或者可逕稱人格，來吸引民眾。❺誠如朱天順所說：
「鬼魂的品性，一般是以其生前的品行和遭遇來確定。」❺蔣子
文在生前其性格即屬輕薄衝動、嫉惡如仇的類型，是以班列神位
後，依然不改其本性，對於冒犯神威或公義者，如神廟戲婚的輕
薄少年、冒闖神廟的侵入者，或是犯上悖友的桓玄，自然也難逃
神威；而像愛子心切的王導，或是無辜的良善大眾之類，則是他
助佑求祀的對象。凡此在在突顯出這位「形狀甚偉，被甲持刀」

---

❺見《新校搜神記》卷五·93，頁35；《雜鬼神志怪》19亦同載此事，
　《古小說鉤沈本》頁424。
❺見《搜神記》，頁36；《雜鬼神志怪》20亦同載此事，頁424。
❺見《搜神後記》卷五·4，頁71；亦見《幽明錄》148，頁278。
❺見《幽明錄》118，頁269。
❺見《搜神後記》卷五·2，頁69，此事亦見《幽明錄》76，頁256。
❺見《搜神記》卷五·96，頁36。
❺參見 Fu-shih Lin, *Chinese Shamans and Shamanism in the Chiang-
　nan Area During the Six Dynasties Period*(3rd-6th Century A.D.)
　a dissertation to the faculty of Princeton University of P.H.D.
　1994.11，p.125. 作者提出，反對以德性作為神明屬性判斷的標準，認
　為血食崇拜才是神明所追求的。
❺本文限於主題，不能詳論這個問題。但必須指出一點，神格屬性是絕對
　會影響民間崇拜的態度，可從神明性格的變化來考察證明這個論點，神
　明的形象往往是符合人心期待的，比如早期的蔣侯信仰，蔣侯就比較偏
　向民間屬性；但隨著蔣侯信仰進入宮廷後，祂的形象和排場也日趨豪華。
❺見朱天順：《中國古代宗教初探》(台北：谷風出版社，1986)，頁180。

的神祇，其容止不凡和孟浪莽撞的雙面形象，既令人惶恐畏懼，又不禁令人心生愛慕之意。

　　而本文的重點旨在指出這類敘事的語法設計說明，審查文本記載，發現：劉赤父「夢見」蔣侯後尋死；戲婚的士人「夢見」蔣侯後，少時並亡；行人及守廟者，無不皆「見」木像彎弓；桓玄忽「見」有人來詣，車馬喧騰的異象；王導「見」蔣侯來，為其子王悅請命；遇虎者亦「夢見」蔣侯佑其脫困。這些故事中的角色都是透過視聽的接觸，無論是親眼所見，或是夢見，都可接收到彼界的神異信息，最後終將破譯為現實界的具體事實。這種「眼見為憑」的思考模式，轉化出志怪中各式各樣的情節設計，並成為其中的關鍵語句，可見這是在建立中國的志怪文類時不應忽略的課題，稍後再詳論。

3.巫祝

　　巫祝在當時的民間信仰裡扮演著相當重要的角色，他們通常在交通、酬神和厭治等儀式裡肩負神媒的任務。而這些婆娑事神、傳達神旨的任務表現在志怪敘事時，則發揮具體的敘事功能——證實來自彼界的訊息，也即是「智慧者」的功能，將難以置信，以及無法理解的諸般現象，賦予合理的解釋。是以，巫祝大多並未在上述各篇中缺席，而「吳望子」一篇所敘的正是吳望子參與鄉里祭神的歌舞活動，獲選為女巫的經過。今可見於《搜神記》卷五·95和《搜神後記》卷五·3兩處。從故事類型的角度來說，一般稱之為「人神接遇故事」，可解析出列幾組功能結構：

表三

功能項目	考　　　　　　驗		獲　得　神　物			回　歸
功能作用	邂　　　　逅	降尊相遇	設食贈物	媾合	異　能	仳　離
原文	會稽鄮縣東野有女子，姓吳，字望子，年十六，姿容可愛。其鄉里有解鼓舞神者，要之，便往。緣塘行，半路，忽見一貴人，端正非常。貴人乘船，挺力十餘，整頓，令人問望子「欲何之？」具以事對。貴人云：「今正欲往彼，便可入船共去。」望子辭不敢。忽然不見。	望子既拜神座，見向船中貴人，儼然端坐，即蔣侯像也。問望子「來何遲？」	因擲兩橘與之。	數數形見，遂隆情好。	心有所欲，輒空中下之。嘗思噉鯉一雙，鮮鯉隨心而至。望子芳香，流聞數里，頗有神驗。一邑共事奉。	經三年，望子忽生外意，神便絕往來。

　　該篇敘記的旨趣主要在表現「神遇」之妙，也即是邂逅和降尊相遇的部分。從敘述功能來說，這正是一種資格考驗的過程，吳望子如何博得蔣侯的青睞，成為一個婆娑事神的巫者呢？易言之，吳望子如何贏得蔣侯的愛意完成這樁神婚呢？從最初的邂逅，吳望子以「姿容可愛」的荳蔻少女登場後，敘事觀點便隨著吳望子的眼睛來運轉，首入眼簾的就是一「端正非常」的翩翩貴人，然後場景由點到面，擴大到其所在的豪華船隻，繼而是貴人與其旁若無人的問答，到後來「忽然不見」，展現出貴人「忽獨與其目成」的情癡。這段原本不可思議的遭遇，但在吳望子的眼光見證下，讀來實中帶虛。緊接著的「神降」，吳望子再次「看到」船上的貴人，位於神座，並且降尊下問，殷殷關切她的行踪，則是虛中帶實，更進一步揭露出蔣侯的身份。巫祝至此通過神明的考驗，神人之間因而達成了初步的契約關係。接下來，神明則可更深一層的回應巫，將其帶入超現實的世界，而有設食贈物、媾合和賜予異能等動作，使其與神明發生直接的接觸、感應或交

通，具備巫祝的特異稟賦。但另一方面，蔣侯的贈與，卻都不是什麼貴重的物品，多屬現實世界的食品，像是橘子、鯉魚等等，有趣的是數量都是成雙成對，意味著留情，並有再次相見的契約意義，深具民間意趣。⑩類此不斷搖擺於自然與超自然的雙重經驗，透過實際感官的作用，確保雙方關係的眞切性。最後的結局雖以仳離告終，形成情節上的一大逆轉，但惟有如此，方不害人間生活的婚姻之義，恰符合於人神接遇傳說的一貫手法。

　　從上面蔣子文傳說的剖析，可以得知：對於彼界的事物，由不知到漸知，確實爲志怪敘記的常見的敘述語法，而這個過程的形成，主要端賴於「視覺」的察覺驗證，正所謂的眼見爲憑。而其中的道理其實也是很容易理解的，由於視覺爲人類首當其衝的感受，它甚至先於語言，在人類還不會說話的孩童時期，便能透過目光的接觸，辨識週遭的世界，並成爲思想交流的管道，從而建立自我的位置，同時往往能反映個人的精神和生理狀態。⑪是以六朝的顏之推就曾感慨極深地說：「凡人所信，惟耳與目。耳目之外，咸所致疑。」⑫此乃典型的中國人的思維方式，十分依賴感覺的認知，其中又以視覺爲最，特別訴諸視覺表象，習慣於作瞬時地直觀的理解。⑬儘管六朝人已十分自覺地體認感官認知的極限，亟欲究察感官之外的怪異世界，但郭璞的「曲盡幽情」

---

⑩李豐楙：〈魏晉神女傳說與道教神女降眞傳說〉，收於氏著：《誤入與謫降：六朝隋唐道教文學論集》（台北：學生書局，1996），頁143-185。

⑪參見約翰·柏格(Jhon Berger)著，陳志梧譯：《看的方法》（*Ways of Seeing*）(台北：明文書局，1991)，頁1；卡洛琳·M. 布魯墨（Carolyn Bloomer)著，張功鈐譯《視覺原理》(北京：北京大學出版社，1987)，頁 17-18。

⑫見顏之推：《顏氏家訓·歸心篇》，王利器：《顏氏家訓集解》（增補本），北京：中華書局，1993），頁 379。

⑬參見中村元著，林太、馬小鶴譯：《東方民族的思維方式》（台北：淑馨出版社，1992三刷）第二篇「中國」。

也好，干寶的「發明神道」也好，還是顏之推的證明「三世之事，信而有徵」，凡此六朝怪異論述者，基本上他們並未超越視覺感官的認知模式，表現在志怪敘述模式上，亦習於採用「見證」的方式，透過人類實際的感官，體察人與物之間的關係，以揭露游魂精怪的怪異世界。職此之故，在人類感官可及的範圍之內，除了透過人類本身的觀察之外，亦企圖利用工具，延伸我們的視野，於是熒熒明鏡、熊熊火光或是其他自然光源，凡是能明照物象的日常工具，都不鑿痕跡的融入志怪敘事當中，發揮鑑識幽明的中介作用；至於超乎人類感官限制的部分，優於人類感官的動物直覺、博學多識的智慧者或擁有法術的巫祝僧道，則共同加入「識破」宇宙真相的行列。「神焉廋哉」的自信，躍動於志怪文本的字裡行間！

(二)關係

其次，我們再探討志怪中揭露的對象。從表面上看，這是一個看似平淡無奇的問題，因為從故事表層來說，一則敘事除了情節之外，其他的因素還包括人物和環境，其中環境僅屬背景功能，那麼敘記中所能揭露的對象，應不是人物，就是人事了。而志怪敘事單是望文生義，即可了解它記載的對象不外異類怪談之屬，由不知到有知，揭發精怪神仙物魅的真相，乃是揭露最基本的模式。但事實上，這並不能將志怪與其他神怪敘事區隔開來，這類超現實人物亦廣為各種神怪文類所運用。因此我們仍必須追問：在志怪敘事表層的精怪鬼魅、奇珍異產之下，究竟什麼才是它真正企圖揭露的呢？

這裡擬從行動元結構的觀點來考察。所謂的「行動元」，也即是一般所稱的人物，但將其置於敘事結構時，它就不再只是一種可有可無的標籤，而得視之為一種結構單位，用於標示人物之

間、人物與客體之間的行動關係。[64]一般來說，結構敘事學者認
爲敘事結構中大體不出三組對立的行動元模式：主角／對象、支
使者／承受者、幫助者／敵對者。若以上面所舉的精怪傳說來說，
很容易發現主角／對象這組行動元的存在，並可分爲三種不同的
模式：一是主角與精怪力量呈現出勢均力敵的狀態，即主角往往
英勇過人，而精怪亦不可小覷，既擁有物類與生俱有的自然勇力，
又能變幻形象，擾人視聽，是以主角與精怪交手時，常形成力拼
的局勢[65]；第二，精怪的法力愈發突顯，非一般人所能降服，必
須運用特別的法術才能擒服對手[66]；第三，精怪力小，人力道長，一
般凡夫俗子也能擒服精怪。[67]三者皆以主角(英雄)／對象（精怪）的
抗爭爲基本述句，亦可因其主題的不同，或強調支使者（精怪）／
承受者（受蠱惑者）的糾纏，或增添幫助者（如吏卒協助打殺）
／敵對者（如吏卒阻止行動）的迴旋，卻已不一定三組行動元俱
全。

　　然而，熟悉志怪敘事的學者，可能會質疑這套方法的適用
性，高辛勇就在曾他的大作中指出：

---

[64] 參見A.J. Graimas, Structural Semantic: an Attempt at a Method,
　　pp. 172-192.
[65] 如《搜神記》卷十八·417，魏時太守張遼，欲砍去田中大樹，園客斧
　　下，看到大樹流赤汁數斗的異象，皆驚恐不已，唯他不懼不屈，還力戰
　　樹中跑出來的白頭公，連砍四五個頭，才將其消滅，頁217-218。同卷
　　426，宋大賢以正道自處，故不畏物魅，夜半獨宿有鬼物出沒的亭樓，
　　鬼施以惡狀、死人頭等恐嚇伎倆，他依然彈琴自若，最後要求與其手搏，
　　大賢乃逆捉其腰，終於擒服狐妖，頁223。
[66] 如《列異傳》8 中，蛇妖出行，杖陣有如王侯，不但使得官府無頭竊案
　　連連，更使楚王女致病，唯魯少千能以仙人符劾之，頁131；祖台之
　　《志怪》6，社中鬼物聚集，兩眼垂血，可怕非常，丁祚與從弟「齊聲
　　喝之」，利用嘯法鎮妖祛邪，方使得鬼物化爲螢火，頁205。
[67] 如《幽明錄》79，行商馮法懷疑求寄載的美女身份可疑，於是縛其雙
　　足，果化爲白鷺，頁257；《異苑》卷八·9，一介女流徐氏，發現婢女
　　行爲異常，原來爲掃帚作怪，也能輕易地將其除滅。

　　……中國傳統與此（引按：意指梵代克的「言行論」，主
　　要討論行為與意志的關係。）不盡相同，「敘事」以「事」
　　而非「行為」為基本因素。所謂「事」自正史與志怪傳統
　　以下所指的多包含「人事」與「自然事」（正史中的〈天
　　文志〉與〈五行志〉常含類似於「志怪」性質的資料），
　　天文現象與朝代興衰以及個人吉凶等相互連鎖，「天象」
　　成為「人文」的徵象，人類的意向行動必須參照「自然
　　事」來了解抉擇（是有「讖緯」、八字「命相」的信仰與
　　流行）。❻❽

高氏在此精確地指出志怪敘事的特色，志怪作品當中確實有許多
篇章根本沒有人物，信手拈來，比如「商紂之時，大龜生毛，兔
生角。兵甲將興之象」❻❾，又如「鯨魚死而彗星出」❼⓿、「馬瑙
出大月氏」。❼❶類似這種沒有人物，又何來人物意向的敘事，在
志怪傳統中多得不勝枚舉，是否能找出三組對立的人物呢？更具
體的說，以「人事」或「自然事」為內容的志怪敘事，能不能成
為一個完足的敘述結構？

　　要回答這個問題，可分兩方面來說：其一，行動元的行動，
實不同於高氏所說「帶有意志性的事件」的人物行動，而意指由
主語、動詞和謂詞間構成的的邏輯關係，亦可稱之為功能❼❷，範
圍包括了意志性和非意志性等人類（或擬人）動因的動作，以及
自然動因的動作。更關鍵的差異在於，像「星起」、「月湧」、

❻❽見高辛勇：《形名學與敘事理論》，頁 291-292。
❻❾見《搜神記》卷六·104「龜毛兔角」，頁104。
❼⓿見《博物志》卷四「物理」135，范寧：《博物志校證》（台北：明文出
　版社，1984再版），頁46。
❼❶見《玄中記》·67（《古小說鉤沈本》），頁 376。
❼❷參見A．J．格雷馬斯：〈行動元、角色和形象〉，收於張德寅編：《敘
　述學研究》，頁 120。

「花吟」、「虎嘯」等這類不涉及人類的自然動作，從唯物的觀
點來看，只是依循著本身的自然周期而動，並不涉及意志性；而
這正是與志怪傳統的自然觀大相逕庭之處，誠如高氏在上面的引
文所指出，志怪中的天文現象等自然事，不但被賦予了意志，更
且還要以其意志來影響人事。可見以自然現象自現的天，在志怪
敘事中扮演著一個積極行動元的角色。其二，行動元的三組對立
關係中，以主角／對象爲其最基本的模式，餘者則非一成不變的。
正如巴特所指出：行動元模式的價值不在於它規定的標準形式，
而在於它適應有規則的變化，像是缺乏、混同、倍增和替換。[73]
因此一個行動元可以由幾個人物擔任，反之，一個人也可以同時
代表幾個行動元，同時必須強調，它們不一定是具體的人物，而
可能是一種力量或一件東西。志怪敘記的行動元即是如此，它們
常發生缺乏、混同或替換的情形，但依然維持著一種關係，而且
這種關係並不見得是建立於具體的人物角色間，更多存在於人與
自然、人與異類之間。可見志怪中行動元的多寡並不影響其敘事
結構的完整，眞正的重點在於，志怪敘記必須由行動元依循著各
自的動力方向，共同交織出一片關係網絡。而這一關係網絡正是
志怪敘記的血肉所在，積蘊出整個結構體的內在張力，方足以構
成志怪敘記「揭露」的高潮。

　　是以用行動元結構的觀點來看，志怪中行動元交縱複雜的異
類故事，固然可呈現出我類與他類間的某種關係；即使如「龜毛
兔角」、「鯨死星出」、「馬瑙出大月氏」等志怪敘記，看似非
一完整的敘述語句，僅僅記錄下該功能結構中的賓語部分，其中
的主語——天、受詞——人，往往發生「缺位」的省略現象，但

---

[73]見巴特：〈敘事結構分析導論〉，收於張德寅編：《敘事學研究》（北
京：中國社會科學出版社，1989），頁26。

經過還原後，可衍化爲：「天」降下龜毛兔角的異象給「人」❼；
「天」創造出鯨魚死而彗星出同類相感的關聯性給「人」❼；
「天」使大月氏多異氣而出馬瑙給「人」。❼在在縱貫起天、自
然與人的關係。

由此可知，志怪敘記光怪陸離的敘述對象，上及天文現象，
下至水族地產，縱橫幽明，出入彼界，他們可與人類互動出一齣
刀光劍影閃動的武場，可交織出一場纏綿糾葛的文場，情節曲折
婉轉；也可只是用隻言片語，以靜態的形式存在，聯繫起人與外
在世界的關係❼，可見志怪敘記的成立，實不同於傳奇靈異故事
的作意好奇，亦有別於神魔小說的諷喻幻想，它的主導語句不在
呈現一個奇幻相生的可能的世界，而總是鎖定在揭露出「人」與
「怪」之間已有的關係，這種關係建立在當時的神化、感應、變
化和妖怪觀念等共同支撐的理念世界──常道，化古今「非常」
事例爲亙古常新的人間規範。❼

----

❼ 參見《搜神記》卷六‧102「論妖怪」：「氣亂愚忠，物變於外。……
本於五行，通於五事〔引按：指貌、言、視、聽、思〕。雖消息升降，
化動萬端，其於休咎之徵。」頁67。下例同此。
❼ 參見《淮南子‧覽冥篇》：「夫物之感應，玄妙深微，知而不能論，辨
而不能解。……鯨魚死而彗星出，或動之也。」高誘：《淮南子注》
（台北：世界書局，1991，九版），頁90。
❼ 參見《搜神記》卷十二‧300「五氣變化論」：「絕愈多怪物，意氣所
產也。」頁146。
❼ 日本學者中村元在《中國人之思維方式》（台北：台灣學生書局，1991
修訂板）一書指出，在中國人的思維中，存在判斷，是以人的所有爲問
題的。被稱爲「有」的東西，是對於以人爲主體而對象爲客體的東西而
言，所以是被限定的。見頁33-39。是以，記事的事一旦被記載下來，
成爲一種存有，它的意義恐怕就不再只是一客觀的事實，而是在於這一
事實與人有何關係。這種思維方式或可幫助理解志怪敘記的特色。
❼ 相關例證，參見拙作：《六朝志怪的文類研究：導異爲常的想像歷程》，
頁116-126。

四、用心若鏡──志怪的敘述者

前面我們的注意力，主要集中在志怪光怪陸離的故事表層，眼見各色人馬鑼鼓登場之際，彷彿有一模糊的身影晃動其間，忽明忽暗，這一志怪劇場的幽靈究竟是誰呢？他正是怪異世界神秘面紗的揭露者。

承續上節的討論，我們離析出了志怪敘記「揭露」的基本語法，它作為故事層的主導語句，若進一步探索，可將此一語法變化出三種模式：❼一為發現，那是一種逐步揭示或證實事件真相的情節類型，它體現出一不斷追求、尋找的模式，並具有認知的特徵。而從不知過渡到知的狀況，為發現這一情節模式的常見形式。譬如「仙境遊歷」的類型最常使用這種模式，故事的開端，主角可能對周圍的環境缺乏了解，隨著情節的發展，他才逐漸認識了仙境中的人物、身份或動機，以及自己和他所生活的社會，而有回歸的行動。❽二為揭發，這是從假象到真相的揭示過程。譬如大部分的精怪故事，故事開始，精怪雖化為人形，但依然會留下某些特徵，呈現出部分異類的信息，這種不完整的信息，使主角自「以為」是，對其識而不見，而作出錯誤的判斷，只有當故事被遺漏的必要部分被補充進來，或者情景急轉直下，真相才得以顯發。三為印證，也即是前所獲知的預言，可說是「發現」模式的變體，作品在一開始就事先預告結局，再隨著情節的發展

---

❼參見胡亞敏：《敘事學》（武昌：華中師範大學出版社，1994），頁136-138。

❽相關資料可參見小川環樹著，張桐生譯：〈中國魏晉以後的仙鄉故事〉，收於《幼獅月刊》卷四〇第五期，1974年11月；李豐楙：〈六朝道教洞天說與遊歷仙境小說〉，收於氏著：《誤入與謫降：六朝隋唐道教文學論集》，頁93-141。

逐步印證這一預告，這是一種證實性的認知。像是夢兆、符應瑞應之類的故事皆是先藉著特殊的徵兆預示結果，日後才逐步驗徵。無論哪種類型，在一般民間故事裡，此一「揭露」的行動者往往爲故事中的角色，然而事實上我們卻發現，志怪敘記中的揭露者常常是另有其人，那便是敘述者。志怪的敘述者通常隱身於敘述世界之外，不擔任其中任何一個角色⑪，但並不表示其置身於敘記之外，讀者仍必須透過他的視角、敘述和解釋，才得窺見其中的世界。接下來便要詳細說明敘述者在志怪敘記中的揭露功能、揭露的方式，以及其揭露的動機。

(一)敘述者的揭露功能

志怪所採遍及四方奇物異事，然而歷代讀者得以聞見的部分，顯然是經過敘事者視野制約下的結果。換句話說，我們所讀到的，並非事物的全貌，而是敘事者所呈現的，就像似攝影機的運鏡，其中具有明確的意向性。志怪的敘述者如何傳述訊息呢？清人周心如在《重刻博物志·序》中的一段話，透露出重要的信息，他說：

> 形過鏡而照窮，智遍物而識定。鏡亦物也，故雖能物物，而不能以窮物。人則物之靈者也，故不惟不物於物，而且足以就見聞所及之物，并窮見聞所不及之物，是所謂格致之學也。……蓋欲知茂先之博物有所博乎物者在耳。

---

⑪據筆者研究，志怪的敘事者可分爲四種情形：一爲層外外身，指敘事者位於故事層之外，並未參與所述事件；二爲層外內身，謂敘事者位於故事層之外，追述自己的遭遇；三爲層內外身，則指敘述者經由引述，置身於故事之內，講述非其本人的故事；四爲層外內身，敘述人置身於故事之內，述說與自己切身有關的故事。其中以層外外身的敘述者最爲常見，筆者曾以《搜神記》、《搜神後記》爲調查對象，統計結果前者比例高達92.3%；後者更達94.9%。參見拙作：《搜神記、搜神後記研究——從觀念世界與敘事結構考察》，頁141-144，149。至於其他六朝志怪雖未進行量化研究，據筆者觀察其情形大抵相符。

這段話使用了一種譬喻性的說法，周氏指出張華博學多識，遍載古今怪異非常之事，是乃一種「鏡物窮照」的寫作方式，即以其豐富的閱歷，將各式各樣的見聞，像是明鏡照物一般地如實反映出來。但周氏認為，張華的見識絕不僅止於物的表象之理，更深及見聞之外的物之理，因此不願侑於眩人耳目的聞見之知，而欲求得根本的「道」之理。這種口吻一副晚明理學的遺韻，顯現出另一種異於張華所處語境的閱讀反應，超出了這裡的論題，非本文所能深究。不過周氏點出《博物志》「鏡物窮照」的寫作方式，是不是與志怪敘事的「揭露」功能有所關聯呢？該處存在著一層跳躍的鴻溝，要回答這則問題，先得弄清楚志怪作者與敘述者的關係。

作者為作品的實際創作者，敘述者則是作品中講述故事的人。兩者之間有著諸般聯繫，作者或將自身的形象投射在敘述者之上，尤其是在歷史性和自傳性的敘事文中，敘事者往往是述作者的可靠代言人。[82] 但不可忽略的是，敘事者作為一個敘事體的傳述者，他可以各種不同的認知程度、情感介入和價值取向來表現[83]，即使名之為第二作者，或直接以作者名號向讀者說話，都無改於他只是一個作者所虛擬出的敘述機制的事實。質言之，作者絕不等於敘述者，卻可藉敘事者代言，表達出個人的認知，情感與價

---

[82] 根據倪豪士：〈《文苑英華》中「傳」的結構研究〉指出，「傳」的敘述者通常可分為研究者、目擊者和報導者，當敘述者為研究者或報導者時，和文中作者常常根本為一人；當敘述者是故事目擊者時，敘述者在觀點和態度上，通常與主角非常接近，即便是彼此迥然互異，但敘述者往往也是藉著主角之口，表達某種意念。收於氏著：《傳記與小說——唐代文學比較論集》（台北：南天書局，1995），頁 28-32。所論雖為唐代傳文，但大致可適用於一般歷史性傳記和自傳。

[83] 有關敘述者的研究，目前學界已經累積了相當豐碩的成果，可參閱胡亞敏：《敘事學》，第一章第二節；或傅修延：《講故事的奧祕：文學敘述論》（南昌：百花洲文藝出版社，1993），第七章第二節。

值等意向。那麼，我們是否能用編撰者在〈序〉、〈跋〉、篇首〈敘論〉中的宣稱，視同敘述者的態度？答案是肯定的。這裡可提出三個理由：第一，在中國「文如其人」的信念下，除非是擬作或僞作，非虛構性作品中的作者與敘述者通常是合而爲一的。第二，志怪作品的成書，基本上是採用例證式的彙編方式，所有事例，都是在作者設定的意旨下作爲舉證之用，是以敘事者的口吻或有不同於編撰者❽，但其理念實與該書編撰者的宣稱相牟。第三，志怪作品的敘述屢見省略現象，甚至只剩下一個敘述語句的賓語部分者皆有之。是以必須和其所在的語境(context)合觀，才能正確的解讀這類作品。而從其〈序〉、〈跋〉、篇首〈敘論〉等論述中，往往可以尋繹出最接近作者本意的語境，因此我們在探討敘述者在志怪中的眞實語意時，必不能忽略這一類的論述。

於是，我們翻檢現存的志怪〈序〉、〈跋〉，題名爲郭憲所作的《漢武帝別國洞冥記·序》，自言其著作「或言浮誕，非政教所同」，然在「古曩餘事不可得而棄」的信念下，「藉舊史之所不載者，聊以聞見」；干寶在《搜神記·序》中亟言聞見之難，而提出該書寫作策略，就是要「會聚散逸，使同一貫」，並且「博訪知之者」，必使「事事各異」❽；至於王琰《冥祥記·自序》則稱「鏡接近情，莫逾儀像」，其書所記率皆根據瑞驗神應之跡，「其餘詮示繁方，雖難曲辨，率其大抵，允歸自從」，意謂其所載或有難辨其眞僞者，但無損其書的價值。由上面所述，可以歸納出兩個論點：一是這類作品主要根據的爲聞見之知；一是其選材的標準是有聞必錄，不計嗤怪。換言之，這些志怪編撰

---

❽ 層內外身的敘述，敘述聲音會從類似作者的敘述聲音轉向故事中人的聲音。例如《搜神記》卷二〇·459「蛄螻蟲」，敘事中的龐企，以自己的聲音敘述遠祖爲蛄螻蟲所救之事。頁241。
❽ 見干寶：〈進搜神記表〉，頁3。

者相當有意識地體察到話語的多重性，他們從兩漢經學「網羅遺失，博存眾家」知識崇拜的高峰中走來❽，推向另一波「辨校聲實，比復商略三史，探賾百家」的博學風潮，其結果乃是發現經典(canon)之外的言說，於是經文史官略而不取的「偏國殊方」、「古今怪異非常之事」或者神應幽異之說，凡曾見之於耳目的善惡之跡，皆跨越了「非聖無法，言奇見疑」的思想檢查制度，如明鏡之照物、虛空之傳響，如其聽聞地忠實記載下來。

　　由此可見，六朝志怪編撰者「鏡物窮照」的「實錄」精神，表現在對傳統知識體系的重新詮釋，這是不僅是鬼之有無，神應顯效等宗教認知層次的問題，更涉及知識領域的權力問題，繼之而來的，必是強力的對抗壓力，是以有晉武帝以「恐惑亂於後生」為由，大筆刪削《博物志》的傳說❽；蕭綺以其「辭趣過誕，意旨迂闊」，而對《拾遺記》有「刪其繁冗，紀其實美」改造工作。❽但這都不能挫其揭露怪異世界的勇氣，亦唯有讓各種不同的言說聲音同行並存，保存異說之間所呈現的「斷裂」、「齦漏」，以待來者。還須補充說明的，六朝志怪多以雜史、雜傳之名側身史部，實因二者皆指向善惡之跡的昭顯，揭露出宇宙常道。❽但志怪鏡物窮照的實錄精神，仍與史官史家直筆實書的「實錄傳統」

---

❽ 參見章權才：《兩漢經學史》（廣東：廣東人民出版社，1990），頁242-244。

❽ 見王嘉：《拾遺記》卷九，齊志平：《拾遺記校注》（台北：木鐸出版社，1992），頁210-211。

❽ 見蕭綺：《拾遺記・序》，頁1。齊志平在《拾遺記校注》指出，王嘉的《記》與蕭綺的《錄》，後者為前者的整理補充者，互為形影，不過由於兩人的身份不同，連帶的觀點也不相同，王嘉侈談神仙怪異之事，極其方士誇誕之本色，蕭綺則往往引用儒家的教條，來進行評論和說教。見「前言」，頁2。不同思想藉此角力，由此可見一般。

❽ 參見拙作：〈六朝志怪雜傳體志怪與史傳的關係——從文類觀點的考察〉，《中國文哲研究集刊》第八期，頁377。

存在著些微的差異，若說史官史家的實錄精神表現在不隱惡、不虛美的無私評價，材料上的「眞」爲其詮評得宜的前提；而志怪的實錄精神雖不離實錄無隱的思考模式，但由於其對怪異非常之事的不同認知，不因其無關政教、眞假難辨的邊緣地位，一概視之爲舛誤虛誕，而將解釋權留予讀者本身。二者均將「用心若鏡」的客觀精神予以不同的發揮。

從上面的論述，證明了志怪作者與其敘述者基本上是同聲共氣的，作者在志怪作品的〈序〉、〈跋〉當中，呈現出「鏡物窮照」的揭露意圖，形成志怪文本的特殊語境；而敘述者在志怪文本中，則成爲作者的代言人，經由敘述符碼傳達作者意旨，發揮揭露的功能。而志怪的敘述者如何達成這項任務呢？將在下一小節討論。

㈡敘述者的揭露方式

由於志怪敘記所呈現的怪異世界，往往逾越常人的視聽經驗，具有相當程度的隱密性，需透過某人特殊的經歷爲見證，揭露出其中的眞相。因此志怪的敘述者通常採取第三人稱限制觀點敘事，亦即是讀者只能從敘記中某一特定的人物那裡得到訊息，作者不會事先透露這個角色所不知道的事情，而是隨著情節推展，角色與讀者才逐步了解情況，終將整個事情的本末揭發出來。這樣，人物便起了幕前見證人的作用，完全將敘述者隱藏於幕後。而事實上，志怪的敘事者往往不是一個安靜無聲的敘述者，他不斷利用各種敘事策略來介入敘記，突顯出其敘述聲音。譬如郅伯夷傳說，在《列異傳》的記載中，敘述者在述說完整個故事經過後，赫然浮出敘記表層，記上一段「舊說：狸髡千人，得爲神也」的說明文字，揭露出懼武亭患的因由；而《搜神後記》的記載，則在故事開端，敘事者就插入一段林慮山亭的傳說，釋

放出一種嗅起來不尋常的氣息，表面上敘述者的介入，延宕了敘事的流暢性，造成閱讀遲礙，實際上卻形成一種懸念，一直到眞相揭露之後，這原本意義不確定的訊息，方才令人恍然大悟，增加敘事的曲折性。又如《搜神記》卷五·92「蔣子文成神」，其中結尾部分就具有濃厚的說明性質：「於是使使者封子文爲中都侯，次弟子緒爲長水校尉，皆加印綬，立爲廟堂。轉號鍾山爲蔣山，今建康東北蔣山是也，自是災厲止息，百姓遂大事之。」而這種敘事解說夾雜、古今對照的敘述方式，更成爲後來任昉《述異記》的主要敘述模式。❾⓿

綜合來說，志怪當中的敘述者，經常使用哪些敘事策略來突顯出敘述者的聲音呢？大概可分爲解釋概述、分析說明、補充修正和批評論述等四種方式：

(1)所謂解釋概述，乃是由敘述者概述故事的基本狀況，包括時間、空間、相關人物或事件，以及最後結局。敘述者採用這種方式鳥瞰全局，不僅能有效地控制敘述的節奏，更能突破時間秩序的限制，在說明古今殊怪的形狀、性質、特徵、成因、關係和功用方面，顯得從容有餘，使讀者清楚掌握敘述對象。例如《玄中記》載姑獲鳥一則，就具有解釋言談和故事敘述雙重文本：前面一段是以「言談」的方式，由敘述者「我」向讀者「你」，解釋姑獲鳥夜飛晝藏、脫毛爲女人，以及喜取人子的種種特性，其時間座標爲恆常「現在」，在此言談情況（discussive situation）中，說話者企圖影響聽話者，促使聽話者瞭解故事角色的性質；其次則敘述豫章男子娶姑獲鳥爲婦的故事，故事時間則

---

❾⓿參見張紫忱：《中國民俗學史》（長春：吉林文史出版社，1993），頁222。

以一個「昔」字，完全回到過去的時間座標，說話者「我」在此
匿藏起來，使讀者的關注集中於所召喚出來的世界「它」（姑獲
鳥）。可見在這一文本中，兼具言談與故事雙重文本，但是以言
談爲主，故事爲輔，其主要的目的是解釋的、說明的，使聽者多
瞭解一種異鳥，從而展現說者的博識，後面所附的故事，則是具
有一種傳說性質，經由此一傳說，將姑獲鳥與現實人生連接起
來，而更富有眞實感、更具可信度。相對來看，《搜神記》卷十
四·354「毛衣女」一則，幾乎全探《玄中記》的後半，成爲一
個獨立的故事，故事由附庸而躍居文本的主體，於是敘述重心則
不再是「毛衣女」脫毛爲女，衣毛爲鳥的特性，而在於她如何的
與人間男子婚配、生女，而終迎女飛去的傳奇離合事蹟。故文本
所呈現的是故事中人物的生命(bio)，而將書寫 (graphy) 的痕跡
隱去。由此對照，可清楚看出敘述者隨其參與程度而產生不同的
解釋功能。

　　(2)分析說明則是一種近距離的細察，敘述者暫且中斷敘述過
程，主動爲讀者說明故事中的具體事件或人物。以《拾遺記》爲
例，論者指出，它的敘述結構成一種倒丁字形結構，前九卷是以
歷史年代爲經的雜史體，歷述庖犧至晉與石趙事，最後一卷則是
以八座名山爲緯的博物體，記敘其中的奇異景物。**❾❶**這種以帝王
時間爲縱軸，貫串奇人異事爲主的敘述方式，敘述之間便常見敘
述者插入分析說明的現象。因此其敘大禹治水，其間得到許多奇
靈異獸的幫助，像是黃龍、玄龜等，而這些奇靈異獸，非一般人
所能盡知，於是敘述者的聲音再次浮現，分析說明玄龜的身分、

❾❶ 見楊義：〈漢魏六朝志怪殊的神祕主義幻想〉，收於《中國歷朝小說與
文化》（台北：業強出版社，1993），頁 124；陳文新：《中國筆記小
說史》（台北：志一出版社，1995），頁 199。

作用，以及其對後來的影響。㊒

　　(3)所謂補充修正，則是在故事敘述到一個階段後，敘述人站出來，補充前面敘述的不足，或者指陳出被人物或讀者曲解的部份，其中最常見的方式，就是在敘述完一種傳說，用「一說」的方式，並陳另一種傳說，如《異苑》卷三·52「髮變鱓」一則，便是以「一說」，羅列了得疫、秫米水洗頭者和嗜吃鱓者，死後頭髮變為鱓魚三種不同的說法；另外，也可直接另起一端，如《搜神記》卷一·3「赤將子輿」的傳說，敘述其歷經黃帝至堯這麼長的時間，其間發生的靈異事件，像是不食五穀、能隨風雨上下等，但在此之外，敘述者還補述其又稱為「繳父」的原由。而修正的例子，志怪敘事中亦可見，譬如《拾遺記》敘漢武帝因思念李夫人而悶悶不樂，侍者乃進「洪梁之酒」，藉以消憂。敘述者則插入一段文字，指出時人稱「洪良酒」為「雲陽酒」，乃是兩生相亂之故㊓，修正讀者錯誤的觀念；另外任昉《述異記》載吳中、湘中一帶地方，有地名為魚步、龜步或靈妃步者，敘述完後，加上按語道：「昉按：吳楚間謂浦為步，語之訛耳」㊔，修正受到傳說影響讀者的既有觀念。此可為志怪敘事態度嚴謹，實事求是之一旁證。

　　(4)事實上，敘述者的補充修正，有時與敘述者的評論，是離以區分的。譬如《搜神記》的「范延壽斷訟」，敘述宣帝時三男共娶一女，生四子，因所分不均而爭訟的故事。就范延壽本人

──────────

㊒《拾遺記》卷二載：「禹盡力溝洫，導川夷岳，黃龍曳尾於前，玄龜負青泥於後。玄龜，河精之使者也。龜頷下有印，文皆古篆，字作九州山川之字。禹所穿鑿之處，皆以青泥記其所，使玄龜印其上。今人據土為界，此之遺象也。」頁37。

㊓見《拾遺記》卷五，頁116。

㊔見任昉：《述異記》，王文濡編：《說庫》（杭州：浙江古籍出版社，1986），卷下·62，頁三左。

來看，他認為此事不符合人類的規範，形同禽獸，就因以對待禽
獸的方式處置，子女從母不從父；宣帝則認為不應以理而違背人
情。[95]這時，敘述者也發表他的看法，說：「延壽蓋見人事而知
用刑，未知論人妖將來之驗也。」一方面修正故事中角色的看法，
另一方則是批評范延壽見識之不足；又如《搜神記》「晉世寧舞」
中，敘述者批評「時人苟且飲食之間，而其智不可及遠」。[96]

　　綜言之，由於志怪敘事中，事件的陳述側重時間順序的敘述，
往往尚不足以傳達出事件本身的意義，此時敘述者的解釋、分析
則扮演著聯絡讀者重要的機制，敘述者便可浮現出自己的聲音，
經由解釋概述、分析說明、修正補充和批評論述，企圖與讀者有
更直接的溝通，一方面可使讀者更全面了解事件真相；另一方面
也忠實地保存來源不同的各種聲音。這又與史傳敘述，以第三人
稱全知觀點，隱藏敘述者的聲音，以示客觀，誠有所不同。

(三)敘述者與揭露的慾望

　　由上面的論述可知，志怪的敘述者在敘記中表現得非常積極
而公開。引人設問之處在於，究竟是什麼力量驅使他們興致勃勃
地談奇論怪呢？志怪作者用心若鏡地將幽明間的奇靈物怪映照出
來，將這一切怪異非常之事，通過志怪敘記的傳述，使得原本
陌生、遙遠、恐怖不可知的對象，納入一個固定敘述模式，而
成為熟悉、接近、可以掌握的博物知識，以及洞悉天人的歷史意
識。這對於面對政失準的、論無定檢和情禮衝突的六朝士人社會
而言[97]，志怪話語的大量產生、重複製造，應不是偶然的現象，

---

[95] 見《搜神記》卷六·131，頁77。
[96] 見《搜神記》卷七·189，頁96。
[97] 有關東漢以降，漢晉士人心態轉變的論述，已是非常豐富，如余英時：
〈漢晉之際士之新覺醒與新思潮〉、〈名教危機與魏晉士風的演變〉等
文貢獻良多，見《中國古代知識階層史論：古代篇》（台北：聯經出版
公司，1970）；羅宗強：《玄學與魏晉士人心態》（台北：文史哲出版
社，1992）亦有可讀性。

而是來自不可抑遏的敘述慾望。

　　保羅・傑（Paul Jay）引用弗洛依德（S. Freud）的說法，認爲創作是一種自我分析的過程，具有與「談話治療」（talking cure）類似的效果，而創作的動力亦正是源自創作帶來的治療效用。❾❽從這個觀點來看志怪敘述，首先必須指出的是，由上述志怪敘述者的評論性的言談，可發現作者藉由這種怪異書寫，流露出對現實世界的感懷，排解那無所逃的不安定感，似乎這種不得不發洩的衝動，加強了志怪編撰者的創作動機？再從這些〈序〉的宣稱看來，無論是「使冥跡之奧，昭然顯著」（《漢武帝別國洞冥記・序》），「發明神道之不誣」（《搜神記・序》），還是有感深懷，綴成斯記（《冥祥記・自序》），在在表露出揭露不可知世界奧祕的自信，而這種把反常或非常的狀態，最終歸結至正常或平常狀態的企圖，是爲一種理性與智性的創造活動，確實可發揮對變易詭譎世界的重整與解釋的作用，達到自我治療的果效。

　　從另一方面來說，若說志怪反映出的靈怪妖異世界，一旦跨越其既定的範圍，進入人間王國，就形成一種暫時反常失序，而被冠上「怪」與「異」名號，同時也與反常／失序／淫亂／敗德等負面價值糾纏在一起，成爲瀕臨崩潰的現實世界的倒影，相對於理想中正常／有序／守禮／崇道的人間世界。然而，不可否認的，在志怪紛亂無常的虛構世界裡，六朝人任情於縱的諸般慾望，也毫不隱藏地在此奔流，佳偶、盛宴、權力、財富、良田、美舍、驅疾、延壽……，恣意構成志怪中一幕幕歡愉縱慾的境頭

---

❾❽ Paul Jay, *Being in the Text: Self-Representation from Words-worth to Roland Barthes,* Ithaca and London: Cornell University Press, 1984, pp. 22-25。

中，儘管最後終將重返正常有序、各安其所的狀態，以表現終極性的道德思考，但在這訓諭式的創作動機之外，流盪著一種偷窺垂涎的慾望。

五、結　論

本文從六朝志怪中最小敘事單位──敘事功能的分析，到敘事語法的歸納，進而探究敘述者如何說、爲何說，證成了「揭露」作爲一個文類主導因素，緊密地貫串志怪敘事的表層與深層結構，也即是將原本具有相當隱蔽性的怪異世界，藉著「眼見爲憑」的揭露方式，建構出種種「見證」情節，透過人類實際的感官、或是工具延伸，揭發遊魂精怪的怪異世界。這種素樸的敘述模式，由於它既可適應志怪編撰者一再反覆的敘述慾望，也很容易滿足讀者反覆舉證的閱讀期待，因此這種以揭露爲主導因素的文類，雖無法成爲文學主流，卻維繫了相當長的文體生命。這乃是供需平衡下的自然形成的演進規律，研究者應給予志怪文類這種獨具的特色予以持平地看待。

其次，志怪敘記往往靈活地運用具有民間法術性質的鏡、火等意象，隨著鑑光火影的隱、現，在一連串的時間性動作中，牽動實境與幻境間的空間變換，呈現出一種中國式的時空審美思維，與傳統詩學美學雖有語言的差別，透過立象興意的美學手法仍是一水相連，貫通無礙。

同時更須辨明的，志怪編撰者所措意者不只是靈怪的表象，更深入體察人與物之間的「關係」，以揭露出宇宙間的變／不變、異／常，把流傳保存於於民間的怪異思維，提升到一種人文思考的水平，而絕不能僅視爲傳鬼神、明因果之外無他意的神道設教之說。

　　綜合本文所述，志怪文類不能僅把它視爲一種講述故事的文體，事實上，它所肩負的言談的功能，辨析世間常與異間的諸般思考，或隱或顯的夾雜於敘述之中。這種形態學上的特徵，實與中國小說的源流有密切的關係，在小說文類形成的初期便經歷過與子、史同源的階段，故中國古典小說的概念絕對大於現代小說所能涵蓋者。但一般小說研究者爲了論述上的方便，多對小說的言談性質略而不論，或者根本將這個特徵視爲文學技巧上的缺失，這顯然是有違事實的。本文從揭露敘事模式證成志怪小說言談部份的必要性，期盼能喚起眾人重新評估志怪的評價標準，並從文化脈絡中思考有關中國文類的問題。

論　文：鑑照幽明：六朝志怪的揭露模式──兼論六朝志怪的評價標準

主講人：劉苑如助研究員

講評人：胡萬川教授

　　本文是引用口語文學與民間文學的概念作爲依據，是篇很具開展性的論述。從文中的分析討論，有以下的想法，供參考之。首先口語文學與文學作品的概念，在西洋傳統理論是有區別的，兩者在整體敘述語法上是不大一樣。所以，如果魏晉志怪不是眞正口傳文學的紀錄，而是經過文士化處理的作品，那麼第二節中論到《搜神後記》「林慮山亭犬怪」在六朝志怪書中可發現有兩個系統和三種版本，其中「這三種版本，明顯可見口傳文學常發生的變異現象」，或有商榷之處，因爲魏晉時期文士著作和口語已是有所分殊，所以口語文學並不是直接忠實地被記錄在文士的志怪裏面。其次，作者與講述者之間的關係是否也要考慮到有何不同處。在此建議的是揭露的議題仍是值得繼續研究。只是而在

揭露的方式與分類上，建議或可用西洋type分類的類型，因爲如果說魏晉南北朝的志怪，以及中國沿續至今的志怪，可以做一個類比的話，其實它們大部分是傳說，而傳說即可當成一個type來討論。文中把所揭露的傳說再分類爲收妖、收怪、收鬼的傳說，結果會發現揭露的模式都一樣。可是不一定用鏡、火，也可用鏡和燭。只不過是象用的法不同。因此可先分類清楚，再基礎模式，揭露之後結果如何又可以分成不一樣的類型，這樣一樣傳統中國的志怪體系就會很清楚。此外可仿效西洋分類type的類型，做出以中國爲基礎、擴展到全世界模式，再歸類到Propp功能的這樣概念的分類。最後，論文中談到的郅伯夷或是劉伯夷抓精怪的故事，到後面論述的部分或可當做另外一個文化與著作的問題來處理。

中古詩歌史的邏輯進程

蘇州大學中文系

王　鍾　陵

一

　　我認爲整個中古詩歌史的邏輯起點，是王充的「眞美」觀，正是在王充的「眞美」觀中滋育著這一歷史時期全部的矛盾發展。

　　由於王充的「眞美」觀是在同神學「虛妄之美」的審美觀的鬥爭中誕生的，因此它有著對外、對內的兩重規定性：對外，它要求如實地看待外物，而不是將外物看作災異禎祥的象徵；對內，則要求從「潤色鴻業」（班固《兩都賦序》）中擺脫出來，以獨特的寫作個性眞實地抒寫自己的思想感情。主體和客體的這樣兩個方面，雖都統一在一個「眞」字上，但又是互相矛盾的：主體內在感情過於濃烈，則客體往往就會僅僅成爲主體情感的載體，難以獲得被獨立審視的地位；而對客體的精細眞切的刻劃，則又要求著主體情感的相對淡化。此外，導向追求眞實之美的理性思想和一定程度上覺醒的個性意識，是在漢末魏晉的動亂中興起的。其時，整個社會彌漫著一股以生死遷化爲中心的感傷主義思潮，這就大大地加強了上述主體和客體之間的矛盾。有感傷思潮，就有消釋感傷思潮的努力，前者爲情而後者爲理，這又構成一組矛盾。這一些因素決定了對於自然美的認識和欣賞，不可能很快成爲社會注目的中心。矛盾的展開，首先必然從主體內部情與理的推移開始，然後再由主體向客體推移。因此，「眞實之美」的邏

輯起點中，內孕著三個要素（即規定性）：一是與遷逝之悲相聯系的動情和富於個性氣骨的因素，二是消釋感傷情懷的理思的因素，三是逼肖地刻劃眞實外物及在此基礎上所必然引發的追求語言精致的因素。

這三個規定性構成了三組矛盾：第一規定性與第三規定性之間有著一種複雜的既相成又對立的關係。這是第一組矛盾。內在的動情，引發了人們外在的善感，「嗟我懷矣，感物傷心」（應瑒《報趙淑麗詩》），物變驚心十分觸目地成爲詩文中一再表現的內容。隨著漢代王化政教所要求的訓誡意味爲感蕩心靈的抒發的深情所代替，外在景物對於詩文寫作的重要性便愈益上升，由此而下，源遠流長的「感物」說，終於在鍾嶸「四候之感諸詩者也」（《詩品序》）和劉勰「物色相召，人誰獲安」（《文心雕龍・物色》）的吟味中，獲得了典型的表達。自然外物從漢大賦餖飣堆垛的事功名物中走了出來，改變了作爲博大王苑充塡物的屈從地位。自然景物之感染人，被提高到詩文寫作動因的地位。但是另一方面，當人的感情過於衝湧時，外在的景物必然染上主觀的色彩。從根本上說，人類總是從自我的角度來觀察外物的，但是感情的強烈與平靜，對於被寫外物所著我之色彩的濃淡仍然是大不相同的。鬱勃的感情提高了自然景物在詩文寫作中的作用，但也阻礙了自然景物作爲獨立的審美對象出現。這需要內在感情的平復，因此這一組矛盾的克服，其實還得依賴於第一規定性同第二規定性即情與理這一組矛盾的解決。

感傷主義與理性思想對整個社會的覆被，基因於社會動亂所造成的生死遷化，它們同出一源，相互裹挾。感傷主義中有著闊大的流變感，而這種闊大的流變感又正是破除漢人比較凝固的王統回環的歷史觀的利刃。情與理二者對於衝決漢代舊的思想堤防，

在許多方面是一致的、相諧相成的。但是，感傷主義和理性思想又有相剋的一面，過於傷感則不利於生存，因而需要理性的消釋和制約，於是玄學愈益發展，清談愈益盛行。由此，情與理的矛盾運動，前期側重於大體相諧，而後期則表現為消釋制約，最後則以理對於情，亦即是以第二規定性對於第一規定性的壓倒而獲得解決，這同時也就掃清了第三規定性發展的道路。

　　然而，理思一方面把自然景物從鬱勃之「情」中解放了出來，另一方面卻又把自然物俘獲為自己的載體，於是另一組矛盾鬥爭又展開了。這就是第三規定性同第二規定性之間的矛盾，這是這一歷史時期文學發展中的第三組矛盾。理愈益消釋了情，細微的刻劃也就愈益成為藝術發展的新動向；然而又正是這種對於風容色澤的鍊字鍊句，表明客觀的景物刻劃並不需要外加的所謂理悟，於是山光水色也就一步步澄汰了枯燥的玄言。所以，這組矛盾的發展，可以劃分為理思之促進山水文學的發展，以及山水描寫倒過來驅迫理思退出詩歌，使語言形式的研求大為上升這樣兩個階段。

　　當上述三組矛盾的推移次第完成時，文學發展的收獲主要有兩點：一是自然美認識和欣賞高潮的出現，二是精致的語言技巧的追求洶湧起一股藝術新變的潮流。由於這兩點，人們構建了新的審美心理。但文學的失落也是嚴重的，具有感人力量的「情」被消解了，使詩文境界深微高遠的理思被革盡了，於是文學的格調乃大大下降，庸俗纖弱的風氣甚為彌漫。這時，文學的發展需要由第三規定性向第一規定性回復，不過，這是一種要求包容以前發展中全部豐富性的回復，這就又引起由北朝到隋這個漫長時期文學發展的矛盾運動過程。

　　以上所述乃是從「真實之美」的基始性的內在矛盾出發，對

於矛盾運動進程的純邏輯勾劃。當然，這是不夠的，邏輯進程的
描述要和實際的歷史進程相吻合，亦即是抽象要素(規定性)的消
長、矛盾關係的推移，應能圓滿地導致整個歷史過程的復現，也
就是應將文學史的具體發展上升到邏輯流程的高度來加以闡明，
這樣一方面可以對理論框架的正確性作出有效的驗證，另一方面
則又可以使文學史的敘述獲得一種理論的形態。

二

　　無論是規定性之間的轉換，還是同一規定性內部因素的推移，
都需要借助於種種社會條件的存在方得以實現。歷來的文藝學理
論愛劃分文學的內部因素和外部因素，但恰恰忘記了外部因素可
以轉化為內部因素。我所說的邏輯規定性則是綜合內外的，它是
由種種社會條件所轉化成的文學自身的內部要素，因而是文學內
部因素與外部因素的一種凝定。這是拙著《中國中古詩歌史》理
論構架的一個基點，也是拙著研究方法之不同於其它文學史著作
的一個重要方面。既然邏輯規定性是外部因素向文學內部的一種
轉化，則對它的理解就必須結合著種種具體的社會條件來進行。

　　種種具體的社會條件之向內的轉化，必然使具體歷史階段的
文學發展表現為一種特定的進程。邏輯要素之間的轉換推移，正
是在這一過程中進行的。邏輯要素之轉換推移隱入這一過程的深
處體現為它的實質，浮在表面的則似乎是一個個具體的往往自有
其面目的歷史過程。歷史過程的往往自有其面目，同歷史發展中
的隨機性是密切聯系著的。基於以上認識，我以為整部文學史的
發展正是在每一階段都有其具體的進程，而在這一進程中完成著
某一種規定性和要素的轉換推移，一個又一個進程的連接，便正
是邏輯之鏈的向前延伸。拙著《中國中古詩歌史》用以組織全書

的，便正是這一思路。

上文所說的三個規定性和這一歷史時期文學發展的三個階段，正好是對應著的。魏代及西晉爲第一階段，對應著第一規定性：動情與氣骨；東晉爲第二階段，對應著第二規定性：理思；南朝爲第三階段，對應著第三規定性：刻劃外物與對語言表現之精致的追求。而由北朝到隋，則表現爲由第三規定性向第一規定性的復歸。

先述魏代。魏代一向又被區分爲建安和正始兩個小階段，建安文學更多動情的特徵，正始文學則更富於氣骨。從邏輯上說，魏代文學的發展可以歸結爲是由側重於動情向側重於氣骨的推移。建安詩歌的源頭有二：一是漢樂府，二是漢末古詩。曹操平定北方以前，「世積亂離，風衰俗怨」，「文學蓬轉」（《文心雕龍·時序》），文人受漢樂府民歌的滋養多；而北方輯寧以後，文人逐步離人民和現實遠了，則轉而受同樣是文人所寫的古詩的浸染深。這樣一種消長的過程，從社會原因上說是爲文人地位的變化所決定的，而其影響於文學的發展則表現爲一種文人化的發展過程。魏代文學由側重於動情向側重於氣骨的推移，正是在文人化這一具體的發展過程中實現的。

《文心雕龍·時序》篇稱建安文人「雅好慷慨」、「梗概而多氣」，就說明了建安文學的動情特徵。中有悲緒，又負其志，故非長筆無以展之，形之於文，是謂「多氣」。收束漢音、振發魏響的曹操詩，直面時代的苦難和社會的殘破，沉雄蒼莽，卓絕一時，開創著一代新風。他的詩古直悲涼，更多地承受了「感於哀樂」（《漢書·藝文志》）的樂府傳統。七子詩從其藟目時艱之篇，到其公宴之什，再到其贈答抒懷之作，愈益增強著文人自己的色彩。他們憂生嘆死，上承漢末古詩，下啓正始。婉曲恍惚

的比興體詩的出現，景物之寫的增多，正是其向文人化方向發展的標志。曹丕詩則更多地表現了由樂府傳統向文人詩的過渡，沈德潛說：「子桓詩有文士氣，一變乃父悲壯之習」（《古詩源》卷五）。他的詩顯示了一種向細膩和藻采發展的努力，而這正是一種文人化的趨勢。從彌漫整個社會的感傷主義思潮出發，曹丕對於抒寫離情別緒特別感到興趣。由此，我們看到動情的特徵之在其時詩歌中所占的主要地位。

因抒寫遭受壓抑的內心痛苦，而使詩作形成愈益明顯的氣骨特徵，應從曹植開始。曹操和七子本多有慷慨之志的吟詠，這當然也是氣骨的一種表現，但氣骨是同個性相聯系的，而個性又是在被壓抑中吟唱得最爲動人，到正始被光大的氣骨正是這種類型的氣骨。曹植以前，七子中只有劉楨的詩有一些這方面的內容。鍾嶸評子建詩曰：「骨氣奇高，詞采華茂」（《詩品》），這二者正是從內容到形式文人化完成了的標志。

曹操、七子、曹丕、曹植的詩歌，可以看作是文人化過程中遞次向前的幾個小階段。文人化過程的發展，從建安詩歌兩個源頭的影響上來說，是漢樂府民歌影響逐步下降而漢末古詩影響逐步增強的過程。從特徵上說，是由側重於動情轉向側重於氣骨。正是在這樣一種消長和轉向的基礎上，建安詩歌向正始詩歌過渡了。

正始時期，情和理二者處於相伴而生的狀態。嵇阮對於現實的世事有著十分深沉的憤懣和一種極度的鄙薄。阮籍的窮途慟哭，突出地表明了其內心湧動著一股同深廣憂憤相聯系的激情。玄理的被引入詩文，雖也有消釋這種憂憤的功能，但更多地倒是起了助長的作用。他們把「道」引進文學，賦予一種崇高的人格意義，藉以抒寫游心太玄的思想境界和塑造一種與道俱成的豪士形象。

理思與哀痛相互映襯交融，詩篇因而既深厚又有遠思。建安以來詩歌中出現的有著覺醒的自我意識的個性形象，因了哲學的升華而達到了極爲宏大恢廓的境界。動情、氣骨、理思三者相諧協地使嵇阮的詩歌放出了異彩。

在文人化的發展過程中，除了理思有了顯著的增長外，細膩的藝術追求，藻采、俳偶、警句的講究以至音律的研煉也都在發展，亦即是第二、三兩個規定性共偕的發展，正是魏代詩歌文人化發展的具體內涵。魏代詩歌因爲對於三個規定性相對渾成的包孕，而崛起爲中國詩歌史上一個高高的峰巒。

西晉詩歌在中古詩歌發展中的地位，可以用兩個字來加以概括：轉折。這是一個由第一規定性向第二規定性過渡的時期。劉勰說：「晉世群才，稍入輕綺」，「采縟於正始，力柔於建安」（《文心雕龍·明詩》）。稍者，漸也。「稍入」，正是說的一種逐漸的轉折過程。「采縟」、「力弱」二句是互文，力柔爲輕，采縟爲綺，晉賢力柔采縟的消長，使得西晉詩呈現了不同於建安、正始的輕綺風貌。文人化發展本有兩個側面：一方面是對語言表現的精致講求，另一方面則是現實主義精神的衰退和內在感情的漸趨淺薄狹窄，亦即是內質的下降。西晉詩「力弱」、「采縟」的特徵，正是上承魏代文人化發展而來的必然結果。

嵇阮詩表明情與理可以是相諧的。正是因爲第一、二兩個規定性的相諧協，嵇阮詩方才形成憂嘆中有峻骨，深厚中有遠意的崇高型的風格。理思對動情相克的一面，亦即其消釋和制約作用，需要情感主體本身的變化才能得以實現。在不同的主體中，情和理的組合關係是不相同的。情與理的組合關係，在西晉詩歌中所呈現的變動，正是在詩歌內質下降的基礎上發生的。西晉社會，政權中樞腐爛，社會風氣敗壞，「風俗淫僻，恥尚失所」（干寶

《〈晉記〉總論》），文人們的品格也愈益低下了。

中古詩歌發展的三個內在規定性之間的消長變化：力弱采縟、情與理的重新組合，正是發生在這樣一種社會環境中和這樣一批文人身上的。

既然是一個轉折時期，那末自必產生出比較接近前一個時代和比較接近後一個時代以及處於這二者之間的這樣三種類型的詩人。

繼承魏代傳統的為劉琨和左思。建安風骨的思想基礎有兩點：一是文學同人民、同現實的聯系，二是一定程度上覺醒了的個性意識。劉琨的詩表現了同社會現實的聯系，鍾嶸說劉琨「罹厄運，故善敘喪亂，多感恨之詞」（《詩品》），僅就劉琨不多的存詩來看，他還遠不及曹操和七子之善敘喪亂，劉琨所注目的是抒寫他個人的遭遇，並且他也不像建安文人那樣抒發一種慷慨赴難的志氣；他的歌聲淒戾而悲愴。雖然有這樣的區別，但在反映了社會動亂、抒發了悲涼的心情上，劉琨和建安文人畢竟是相通的。「萬緒悲涼」、「哀音無次」（沈德潛《古詩源》卷八）的劉琨詩，有著十分明顯的動情的特徵。左思詩則繼承了個性意識的覺醒這一點，因而富有氣骨，此即左思風力也。左思在渴望建功立業、對自我才能的信心、以及人生意氣的感蕩等諸多方面，和建安風骨一脈相承。當然，左思詩沒有直接寫及社會和人民，他只是通過自己憤懣高亢的引吭，反映了當時膏粱世胄躡乎高位而寒微英俊委屈下僚的現實。建安文人抒發的是積極干世的熱情，左思所寫乃是同社會的決裂。在這一點上，他更接近於憤世嫉俗的正始文人。然而，他所淒苦吟唱的寒士之悲，則是無論建安、正始文人都沒有表達過的。劉琨和左思的詩作表明，雖然動情和氣骨的特徵在西晉仍有嗣響，但力度和色彩已有相當的不同。即使

在一個早已存在的特徵中，新的因子的滲入、舊的因子的消退，也都是十分明顯的，這正是一個轉折時代在承續中有所變化的體現。治史者應有在舊的特徵中看出新色彩、新意蘊的眼力。

張協的詩風是後一個時代的先兆，他的詩表現了玄思與寫景成分的同時上升。他所抒寫的淡然塵外之思，乃是東晉玄言詩將要來到的反映；而其「巧構形似之言」（《詩品》）的藝術技巧和清婉明淨的詩風，則已是南朝文風之先河。陸潘是中間類型，他們的詩最為突出地反映了「力弱」、「采縟」的轉折，陸潘因而成為西晉的主流派詩人。

如果沿著時序來勾畫西晉詩的軌跡，則我們對於情和理兩者矛盾運動的發展，便可以看得更加清楚些。西晉詩可劃分為三個時期：傅玄和張華為初期，太康群英為其中期，劉琨的詩及玄言詩風的興起為其晚期。

傅玄把魏代愛寫樂府詩的風氣帶到晉初，然而以發揮教化作用為鵠的。藝術一旦從內在情懷不能自己的抒寫變為王化政教的單純工具，它的內質便無可挽回地衰落了，所以無怪乎傅玄的詩給人以「力薄」之感。西晉詩正是在「力柔」中趨向於「采縟」的。如果說魏代詩歌經歷了質勝於文和文質相稱這兩個階段的話，則西晉詩便愈益向著文過於質的方向發展了，這首先在張華的詩風中反映了出來。張華的樂府詩一改傅玄質直之風，頗事華詞。同時，詩人主體的「情」在變化：激情與氣骨在下降。在張華詩中，再不是「庶幾奮薄身」、「甘心除國疾」（王粲《從軍行》）的慷慨前行，也不是「貴得肆志，縱心無悔」（嵇康《四言贈兄秀才入軍詩》第十八章）的得意任生，而是徘徊於進退之間，既有著「四海稱英雄」（張華《壯士篇》）的意向，又危懼於「富貴」之「為禍媒」（張華《雜詩三首》其二）。

　　主體情懷的這種變化在陸潘身上表現得更明顯。陸潘詩中甚少對社會生活的反映，他們的詩總是在表述自己的遭遇和自己複雜悲痛的心理。詩歌從晉初進入太康時代，恰如在魏代之從建安進入正始，愈益集中於抒寫詩人自我心靈的痛苦。進與退的矛盾在陸機思想中是更爲深刻了，他對吉凶紛擾的人事之反覆和天道之變易，危懼而竦栗，於是他引進理思。在陸機詩中，我們已經可以明確地看到理與情的矛盾運動，已經從正始之際大體上相諧相伴的狀態，走到消解制約的另一種組合類型上了。潘岳的詩情懷狹小，他遭遇和看到了太多的死亡，他務傾務瀉地傾吐著對於死亡的悲哀，其作內蘊既薄又鋪寫刻劃過甚，以故他的詩比之尚存渾灝之氣的陸機詩，對於漢魏傳統表現了更多的轉折。

　　理對於情的消解制約，表現爲第二規定性對於第一規定性的克服，而第二規定性的上升又必然爲第三規定性的發展開闢道路，這一動向在西晉詩中已有清楚的顯露。守道不競的張協，其理思不同於陸機之主要表現爲對於死的必然性有了清醒的認識，而是更多地體現爲一種個人的處世哲學。這說明理思浸入士人的生活是更加多方面了。對外物加以刻劃的藝術趨向，正是從理思對士人生活這種多方面的浸入中愈益抬頭的。外物的被刻劃，不僅需要內在感情的平復，而且需要一種企向於蕭散恬曠風氣的支持。早在張華的詩中，當他感到吏道窘迫自拘而企向於恬曠時，即鶯鳴屬耳，儵魚流目了。而在潘岳詩中，不是他感情十分濃烈的悼亡詩，而是他他情懷平淡的《河陽縣作詩二首》，對於景物有比較眞切清新的描寫。張協正是因爲其淡泊的胸懷和玄思，故能娛意於萬物之玩，從而成爲西晉詩人中的寫景高手。

　　西晉詩的晚期有兩個不同的走向：一是玄言詩風的普遍抬頭，二是產生了善爲淒戾之音自有清拔之氣的劉琨詩。這裡有一個從

未為歷代詩論家和今之文學史家們所提出過的問題：即西晉末年同東漢末年一樣處於一場極大的戰亂之中，為什麼漢末產生了建安詩風，而西晉末年則導向於東晉的玄言詩時代呢？

這主要是為當時文人的品格及其思想狀況所決定的。建安文人慷慨任氣，磊落使才，思建金石之功以流於後世。三曹七子從總體上說，是一個有遠大抱負的意氣風發的文人群。西晉統治集團則是一個卑鄙的陰謀集團，士人們處身於這樣一個陰惡殺奪的時代，要麼如潘岳之乾沒不已於世利，要麼如張華、陸機之徘徊於進退兩間以至於被害，要麼如左思、張協之從官場退出。劉淵、石勒起兵後，世家大族倉惶南逃，整個社會中沒有一個可以使文人們追隨的有作為的領導集團。社會和文人自身的此種狀況，當然產生不出建安文學來。如果文人的思想和品格狀況不同，則詩歌創作的面貌便會大不一樣。在中夏蕩蕩、一時橫流之中，劉琨就寫下了蒼蒼莽莽的《扶風歌》和托意非常的《重贈盧諶詩》。士族制度也是一個重要的原因，一方面是下層文人的備受壓抑，另一方面則是上層文人因可以「平流進取，坐致公卿」（《南齊書・褚淵王儉傳論》）而不思作為。從學術思想上說，玄學自正始到永嘉，經歷了貴無和崇有的兩個發展階段，由尊老而貴莊，行為上的放濁、言談中的望空，成為遍及整個統治階級的風尚，而妙暢玄旨則成為他們的精神追求，永嘉玄言詩風就是在上述基礎上彌漫開來的。雖然與漢末一樣同為戰亂年代，但統治階級的內部關係、社會組織機制以及文人的品格和思想狀況，都並不相同。

從詩歌本身發展的邏輯上來說，曹植詩對於字句之工的追求，使詞語駢麗，復又注重鍊字，已肇後世律句造語之端。陸機詩則特重駢偶和秀句。詩歌的發展已經走到了一個講求字句精工的時

代。此種講求對於一個民族文學的發展是必然的，也是完全需要的，然而只要沿著這個方向發展，就必然地要在字句上多所試驗和琢鍊，而這既要以激情和氣骨的下降爲前提，又必然帶來文氣的澆薄。詩人們過於在字句小處爭新鬥巧，則眼界胸襟自不會闊大渾厚，詩文的格調就必然下降。詩文的發展一旦走上了講求精致的道路，它就難以再回到建安、正始時代，必然愈益走向於緝裁巧密和圓美流轉。然而，西晉詩歌中仍然濃重的遷逝之悲以及左思詩中高邁的氣骨、劉琨詩中的托意和悲緒，一方面阻止著詩歌格調的繼續下降，另一方面則又妨礙著詩歌對於精致形式的進一步講求。詩歌史發展的內在邏輯要求「力」進一步「弱」下去，「采」進一步「縟」起來，也就是要求第一規定性更大的下降和第三規定性更大的上升。完成這一任務的中介環節，便是可以消解、制約濃烈感情和高昂氣骨的玄學理思的大張揚。

東晉玄言詩階段，正是在社會和文人自身各種條件的作用下，在詩歌史內在邏輯的需要下來到的。

三

當理思對於感情氣骨的消釋和制約關係已成爲一種普遍的狀況時，中古詩歌史就由以第一規定性占主導地位的階段，進入了以第二規定性爲標志的時代，從而開始了理思與外物刻劃的又一組矛盾運動，這一矛盾運動體現爲詩歌玄言化的歷史進程。

前已述及，外物之被客觀地加以刻劃，不僅需要內在感情的平復，而且還需要一種企向於蕭散恬曠風氣的支持。這兩個條件都在東晉玄風中得到了滿足。士族文人在自然中豁暢其情志，此即蕭散恬曠之風。「自然之道」這一對玄學具有根本性意義的概念，大大提高了自然在士人心目中的地位，從而「消散肆情志」

（王玄之《蘭亭詩》）乃成爲一種風氣。理思與山水伴生著：玄學理思形成並彌漫了蕭散恬曠的風氣，從而使文人們更加喜愛於山水之遊，這是一方面；另一方面，玄學理思則又藉自然山水而獲得更好的展開。從前一方面講，正是理思爲山水之寫成爲專門的一個文學派別開闢了道路；從後一方面說，則理思仍然妨礙著詩人們對山水作更爲具體深入的體會。

玄學崇有派主張獨化論和安命論，以適性安分爲逍遙，從而使人們在任所遇中尋求著即目之欣。這種玄理的導引，是同士族文人在江南建立新的安樂之國這種現實的階級需要相一致的。他們的淡盡悲痛，是由於欣悅；他們的化盡意氣，是由於不復有北風之思；而這一切，都由於江南莊園經濟的發展，爲他們造就了安身立命的基礎。於是，山水景候從兩方面爲士族文人所關注：一是行田視地利的現實的經濟行爲，二是作爲體悟曠蕩之大道的依憑。內在的感情與氣骨既已淡盡，而外在自然山水又頗引人注目，它不僅是物質利益之所在，而且也是一種文化活動之因藉，於是情與物在描寫比例上乃發生了一消一長的變化。與此種消長關係相伴隨的是審美情趣上日益滋生了對靜態、清趣的喜愛。山水文學正是在這一系列的變化中，日益向著文學舞臺的中心邁進的。

然而，如前所說，理思是自然美的解放者，又是其覊束者。玄學家抱著體悟至道的目的來到自然之中，於是自然本身固有的種種屬性的被感知，就被導向於一種對道的理解，他們在精神上企仰著曠然無累的境界，於是在山水的消散中便表現了一種注目於豁朗和清幽的情趣。所以，玄學之士的山水觀賞毋寧說是自我人格的外在的展示。但和魏代及西晉詩中景物之寫成爲對濃重感情的渲染不同的是，玄風拂塵散滯帶來了心境的寧靜與怡暢，可

以使外物得到較前客觀一些的刻劃。但是，理思的彌漫對於深入細緻地表現外物仍然構成一種理障。山水文學發展的內在邏輯，要求更爲眞實細微的刻劃，而這需要詩人們由較多地關心理思，轉移爲較多地感受山水風物，因此理與物的矛盾必然還要進一步向前運動。

在東晉這個歷史階段中，詩歌的發展有這樣兩組矛盾：一是理與情的矛盾，二是理與物的矛盾，前一個矛盾是第二規定性對於第一規定性的克服，後一個矛盾是第三規定性對於第二規定性的排斥，這兩組矛盾綜有著三個規定性。站在東晉這個歷史階段，有可能綜合三個規定性中的全部因素，但這需要社會條件和個人條件的具備。這三個規定性共有五個因素：動情、氣骨、理思、對外物的刻劃和對語言形式的追求。情感蒼白的士族文人不可能達到這種綜合，因爲他們在極度的滿足之中，既不知道社會的苦難，又沒有對抗社會的氣骨，所以他們的詩文只能代表第二規定性對於第一規定性的克服，亦即是代表理思這一因素。處在東晉前期乃至中期也不行，因爲此時玄言詩正洶湧向前，這時理思與山水處在伴生狀態，刻劃外物的傾向還未較大地抬頭。惟有既處於「仲文始革孫、許之風，叔源大變太元之氣」（《宋書·謝靈運傳論》）之後，又是一位內在具有衝湧感情與昂然氣骨的人，才有可能將上述五個因素都綜合起來。一方面，他不可能不受到彌漫一時的玄風的影響；另一方面，他又受到一個新的文學時代的召喚；再一方面，他同社會衝突以至決裂的經歷，又使他本能地傾向於富於動情和氣骨特徵的高渾的古詩傳統。因此，不僅詩文的思想內涵可以十分豐富而多色調，而且在藝術上又能將舊傳統和新成就融合起來，從而有可能達到一個更高的境界。這樣一個因具備了上述社會和個人的諸多條件而能夠創造偉大藝術成就

的詩人，便是生活於晉末宋初的陶淵明。

　　因了對歷史的一種闊大的流變感以及對人生痛苦的切實的體驗，淵明詩對於歷史和人生的詠嘆有著一種開闊的規模和一種深沉的感喟。在現實生活中，陶潛具有一種獨立的人格。同嵇康的高峻鄙俗、阮籍的沖擊禮教、左思的高蹈棄世一脈相承的是，他有堅持不爲五斗米折腰的固窮的節概。長期忍受困苦生活，需要一種堅韌的精神。這就不是外物占有他的心，而是他對外物表示一種獨立。心靈對外物的這種獨立，使淵明保持著眞率的個性。一般人的眞率是一種天眞的眞率，而陶淵明的眞率則是一種成熟的眞率。淵明對社會有很深的閱歷，社會的醜惡他了然心中，他對世俗淡淡微笑，把它們看成身外之物，看成物累，物累蕩盡則眞性存，他生於污濁之世卻沒有被沾染。這種眞性的留存，對於陶詩在藝術上的成功關係極大。因爲上述這些原因，陶淵明能夠繼承魏代詩歌動情和富於氣骨的特徵。

　　另一方面，陶潛又受到玄學的深刻影響。淵明在玄學中尋求一種虛遠流化的理論解說，汲取了達生貴我的人生態度。他嫺靜少言的性格，也有著玄學的投影。孔子早就說過「天何言哉，四時行焉，百物生焉」（《論語·陽貨》）。玄學中本有無言論，玄學清談中的簡約風尙乃企心於言約旨豐。大道曠蕩，豈名物之所能宰割哉！道隱於小成，言隱於榮華。蓄無弦琴的陶潛，他的沉默不是簡單的沉默，而是深受玄風惠沐的智慧的沉默。淵明詩中的議論較多，也明顯是沿承玄言詩而來的，但因內有眞情和氣骨，所以他的議論往往又帶有抒情的性質，這就是第一規定性與第二規定性的融合。

　　同許多玄言詩之枯燥說理不同，淵明在田園景候中抒寫理悟，他的語言在高古渾厚之中又別有精致清麗在，因而陶詩又兼有第

三個規定性：對外物的刻劃和對語言精致的追求。但他又沒有像南朝詩人那樣走到過分在刻劃上下功夫的地步，因而他語言的駢儷整飾之美乃能融於自然流轉之中。

過去的傳統，時代的轉折，未來的發展，有機地交織在陶詩中。所謂「過去的傳統」，是指的古詩傳統，即第一規定性；所謂「時代的轉折」，是指洶湧一時的玄言詩在退潮，人們已不滿於枯燥的說理，這是指的第二規定性；所謂「未來的發展」，是指南朝文風，這是第三規定性。三個規定性中的五個因素都融入了陶詩之中，陶淵明因而成爲中古時期的藝術巨匠。

西晉末年出現了劉琨，東晉末年出現了陶淵明，在時代的低谷中仍然聳立起高下有差的藝術峰巒，這說明藝術家個人素質對於藝術上的成就是何等重要。然而，藝術家的個人素質仍然是通過廣泛吸收各種相互衝蕩的思想的和藝術的潮流而起作用的。當論者看不清這些潮流時，他們在時代的低谷與藝術高峰這強烈的反差面前，就十分容易走向偶然論。因此，一方面有機的進程中有著隨機的因素，另一方面「偶然」中又確有不偶然的必然的原因。其實，在種種思想和藝術潮流之衝突向前中，正是有著一種內在邏輯之鏈的伸展，而邏輯之鏈的伸展正是矛盾運動的向前推移。邏輯的進程和隨機的發展，時代的因素和個人的素質，忽視了那一個方面，都不能把握藝術史辯證前行的軌跡。

四

如果說魏代及西晉詩歌的發展，表現爲從側重於動情向側重於氣骨的推移，並進而向理思過渡，呈現爲一種文人化的過程；又如果說東晉詩歌的發展體現爲理與物兩者在矛盾運動中漸漸移易其地位，呈現爲詩歌玄言化的興衰過程；那麼南朝詩歌的發展，

則體現爲從側重於外物的刻劃向側重於語言形式的追求，表現爲文貴形似和追求新變的潮流，這種潮流使文學的發展呈現爲一種平俗化的進程。

魏代及兩晉文學的發展，大體上都是由上層貴族文人推動的。到了南朝，情況有了相當的變化：一方面上層貴族文人繼續領導著文學的發展潮流，另一方面下層寒族文人的力量在崛起，於是南朝文壇出現了兩種力量的交織和鬥爭。這不僅使得南朝文學的面貌更爲多彩，而且也使南朝文學的發展表現爲幾個流派之間的鬥爭。謝靈運以寫景來悟玄，他的詩最爲典型地表現了山水文學的新成分在玄言詩舊的母體中孕育成熟的情狀，因此從邏輯環節上說，我們可以將謝靈運的山水詩，視爲由理思這一規定性向第三規定性過渡的橋梁。此外，顏延之的對偶詩，鮑照的傾側之文，在當時也都具有革舊布新推動詩歌史向前發展的作用。然而，他們之間的差異，則又必然導致南朝詩歌在詩派的沖蕩中向前發展。因此，南朝詩歌的矛盾運動，是從革除玄言詩風展開聲色大開的局面，發展爲詩派之間的鬥爭的。

同政治上寒人的力量的興起相一致，自劉宋以來，一種市井興趣在抬頭，而民間音樂的影響自晉以來也一直在擴大。另一方面，高等士族愈益沉溺於聲色冶容、車服器玩之中，士庶雜流的情況之發展，也使高等士族的審美趣味愈趨於「俗」。於是，寒人和高等士族在文學上便共同劃出了一條平俗化的發展軌道。南朝詩派之間的鬥爭，正是在這種情況下展開的，這就必然決定了「取湮當代」（《詩品》）的鮑體，愈益增大著影響，並從而引起由側重於刻劃外物向側重於講求語言形式的階段推移，沟湧起文學新變的潮流，永明體、梁陳宮體這些新變詩體都是在這一過程中產生的。

在宋代，詩歌從東晉道足胸懷、沖漠恬淡的玄言雲靄中，落進了似乎沒有人間煙火氣的高山深壑和典飾端麗、盛服矜莊的廊廟之中。「謝、顏並起，乃各擅奇；休、鮑後出，咸亦標世」（《南齊書·文學傳論》），詩派之間的鬥爭，首先從顏、謝與休、鮑之間開始。這是廊廟之體同歌謠之體的鬥爭。永明之際，平俗化的進程急劇向前，詩歌廣泛進入官吏文人的世俗生活圈中。小謝把山水詩從大謝高山大壑的人外之境引入了人境之內，隨處即目地蕭散地玩賞自然景物，著力對平常物象作細微的刻劃，表現了一種平秀的風貌。沈約詩則更爲突出地表現了詩歌之向「俗」的發展。其時，謝靈運、顏延之兩人的詩風受到批評。大謝脫俗的詩風被視爲「酷不入情」，而他的篇制較大則被視爲「疏慢闡緩」(同上)。這二者的結合，正是對大謝詩體的一種革除。沈約的憲章鮑照及提倡三易之說，又是對「喜用古事」「情喻淵深」（《詩品》）的顏體的革除。永明體正是在沿承休鮑二體的過程中發展起來的。代表著這種革除獲得勝利的標誌，便是由小謝提出並爲沈約所贊同的「圓美流轉」主張的被成功實踐。這一主張的矛頭所向是十分清楚的：即要化釋元嘉體因駢偶過多，「彌見拘束」（同上）而造成的板滯痴重。

細膩的寫物技巧是永明新體詩的有機構成之一。在自覺地對自然進行藝術加工的過程中，愈益發展了的精細的感受力要求著一種與之適應的愈益精致的表現形式。愈益精致的表現要求，必然導致文學發展中新變潮流的產生。永明體爲什麼恰恰緊跟著山水田園詩派而興起，其原因正在於這種內在的統一性。因此，從邏輯環節上說，對語言形式愈益精致的追求，乃是處於刻劃外物之後的。所以，永明體的產生標誌著南朝詩歌的發展，已從側重於刻劃外物向側重於語言形式的追求推移了。由永明體向梁陳宮

體發展，中國詩歌是愈益在語言表現上下功夫了，剝琢刻鏤之風甚囂塵上。

　　然而，精緻化進步的代價是詩歌格調的下降，不僅激烈沉痛的情懷和高峻的氣骨早已從詩歌中消失，而且高遠的理思也因玄言成分的革除而幾已泯焉，也就是說第一規定性和第二規定性都已被克服。眼界的狹小細碎，興趣的庸俗無聊，是永明詩人較之前代詩人的一個顯著的變化。無意味的詠物詩、游戲詩、女色詩以及說佛求道之作大量泛起。沿著精緻與庸俗這樣兩個方面的發展，就引發了宮體詩的狂瀾。到蕭綱等人「宮體所傳，且變朝野」（《南史・梁本紀下論》）之時，謝顏二體式微，鮑體乃獨行於時。謝顏鮑三家的鬥爭，以鮑體的獨昌而結束，但另一種詩派之間的鬥爭又早已在逐步展開了。當詩歌愈趨平弱無力時，一種矯變當時文體的努力就在萌生。這一努力在齊代江淹詩中就已肇端。有趣的是，宮體紅紫之文可以溯源於鮑照的傾側之文，一種筆力比較雄峭的文體也同樣是上眺明遠的。鮑照的不少詩筆力矯舉、用字險仄，江淹的一些詩也有這一特點，因而筆力比較雄峭。江淹詩詩體總雜，表現了一種融合多種藝術成分的意向，這正是一種通變的意向。劉勰在《文心雕龍》中則特立《通變》一篇，提出了「望今制奇，參古定法」的鮮明主張，鍾嶸比之劉勰，是保守一些的通變派理論家。通變派在梁代產生了較好地體現其理論主張的詩體，這便是吳均體。這一派遙領了隋唐以後終於發展為主線的通變文學潮流的先河。

　　新變派帶來了詩歌技巧的大進步，也帶來了詩風的大頹靡。永明體在聲韻的研討和篇幅的縮短上，在對流轉圓美和平易藝術風格的追求上，在詩境的婉美與結構的巧思上，以及在自覺的意境詩的初步形成上，都為唐代近體詩的發展準備了條件。梁陳宮

廷文人創造了用以抒寫富貴冶蕩情懷，語言通俗，風格流麗輕靡
的七言歌行體；而在五言詩上，則發展了體物細微的文風，篇制
結構更趨簡煉緊淨，並在聲韻上有進一步的研求，還創造了寫景
以趣的手法。詩至梁陳，一方面積累了許多新鮮經驗，另一方面
更爲張揚了永明體中的庸俗習氣，詩風極大地頹靡了。於是，詩
歌的發展需要由第三規定性向第一規定性回復。

五

　　但是，如前所述，文學史發展的邏輯要借助於現實的社會條
件才能獲得展開。文學史向前的任務，需要有完成它的物質力量
——相應類型的文人群的存在。也就是說，文學發展的邏輯，需
要找到一條具體實現其前行任務的發展道路。

　　整個南北朝隋代一共有四種文學主張，一是新變派，二通變
派，三是南北文學交融派，四是復古派。新變派是南朝文學發展
的主潮，新方向的發展，難以由原有發展方向中的人在其原有的
環境中來實現。對於這些人來說，必須有生活環境的大變動，他
們的詩風才能發生急劇轉變。裴子野等人的復古論雖也是異趣於
新變派之外的一種努力，雖然這一詩派針對新變派進行鬥爭的意
味比之通變派要濃得多，但由於他們完全站在六藝和王化的立場
上，不承認文學在政治之外獨立的存在價值，對文學技巧進步的
必然性和自然美欣賞熱潮的進步性都缺乏了解，所以他們所主張
的復古不過是一種簡單的回復，他們完成不了歷史前進所需要解
決的作出綜合回復的課題。北人蘇綽之模仿《尚書》以範式文筆，
乃是一種地域政治的舉措，它所標誌的是漢族士人對於少數族樸
野性的一種承認。通變派在南朝則一直處於非主線的位置，它的
勢力也還過於弱小，還不足以發動起一個普遍的潮流。因此，中

國詩歌向前發展的任務，歷史地要由南北文學交融派來承擔了。

其實，南北文學交融派的主張，不過是通變論的具有空間形式的展開。融合南北的主張，是從融合古今的意見發展來的。顏之推的主張在調合古今之中又且融合南北，而由隋入唐的魏徵則提出了典型的南北文學交融的主張。南北文化的融合過程，是建立在民族融合的基礎上的，具體地說，它主要是依賴融治胡漢的關隴集團之勢力向全國的伸展來實現的。因此，南北文學交融的主張，乃是通變派的理論結合了當時具體的社會條件的一種轉換形式。一直到唐代陳子昂、李白等人出，通變派才以其本身的面目出現，並成功地完成了文學史上的一次大轉變。

歷史往往會采取一種轉換的形式來實現其任務，這種轉換形式乃是歷史邏輯的必然性和歷史發展隨機性的融合，是普遍性通過特殊性而獲得的展開。認識這一點對於我們既擺脫貧乏的決定論，又擺脫盲目的偶然論，是極為重要的。

當時，南北文學的融合依據著兩條渠道在進行：一是北人學南並逐漸超越南風，二是顏之推、蕭愨、王褒、庾信等入北南人，在把南風帶到北方促進了漢化進程和北詩在形式技巧上的發展的同時，他們自身的詩風也發生了向沉厚的變化。這兩條渠道的交織使南北文學的融合經歷了三個階段：一是少數族漢化階段，二是北人學南階段，三是北人矯正南風並超越之的階段。從而，南北文學融合中的矛盾運動，表現為從學習南風到擺脫、超越南風的推移。

北人南化，南人北化，中古詩歌史正是在這一過程中熔鑄著一種新的詩歌風姿：力求將精致的形式和深厚的內容結合起來，這是在向著「隱秀」的高境界前進。「隱秀」，作為一個新的審美理想，是這一整個時代文藝發展的終點，同時它就成為唐代文

學發展的起點。於是，另一段新的行程又開始了。

論　文：中古詩歌史的邏輯進程
主講人：王鍾陵教授
講評人：高大威副教授

　　本文是一篇敘述細密的分析式論文，它涵蓋歷時魏晉南北朝至唐以前的詩歌史，王先生在處理中古時代的重要問題和現象能博能約，並找出要素（規定性）是值得肯定的。本篇在研究文學史、文學現象演變過程時，採用一種邏輯分析的方式做解釋。以下依據文中的論證分析，提出看法就教王先生。首先題目所言的『邏輯進程』這個字眼，似乎有待釐清之處，因為「邏輯」一詞至少涵蓋兩方面的意義，一是指 logical process，另一個是指 logical analysis。前者意味著一種歷史必然性，但後者則是推理上的必然，兩者是不太一樣的，而王先生在此處似乎比較傾向於後者。即是用一種邏輯分析的方式，來研究文學史、文學現象演變的過程。其二在論述「眞實之美」的邏輯起點中，內涵的三個要素，這是一個高度劃約的分析方式，它可適用於中國詩歌，但是是否因而較無法突顯中古詩歌史這段進程當中的一些特殊的現象，這可以再思考的。其三，邏輯的起點是定位在王充的眞美觀，如果是用一般文學理論史或者是文學批評史的概念去看，它僅是在魏晉南北朝之前，最接近此時期的一篇文學主張，而與中古詩歌的歷史發展是否關係緊密，這或可再商榷。尤其這裏鎖定的是王充的眞美。眞美的概念是來自「疾虛妄」，其背景是要破除迷信、讖緯，而在文學批評、理論上，所言不深。本文以此做為邏輯起點是否有過度擴大這個詞的概念意涵。此外有關個性自覺的問題與王充的眞美觀是否結合過於緊密之處，或可再加考慮。

魏晉名士的幽默與反諷

東海大學中文系

洪 銘 水

魏晉南北朝是一個動亂的時代，政治人物之相互傾軋，剷除異己之毒辣，超越前代。而知識份子生活在其夾縫中，如何取捨，如何自處，變成決定一生命運的關鍵。在一般順流浮沉的大眾之外，也形成兩極的分歧。有的依俯權勢成爲獻策設計的謀臣，助桀爲虐；有的不甘同流，放浪形骸，退隱山林。這些山野之士，以冷眼看世態，執意與仕途之士，譏鋒相對；並在一般人的價值系統之外，另立標準，開啓一個新的精神與藝術的境界，讓後人從中體悟人格之美、玄思之妙、與譏諷之趣。

先秦百家爭鳴，至漢董仲舒罷黜百家而獨尊儒術，然老莊思想深植人心，形成中國知識份子入世與出世兩條精神的疏解之道。東漢「名教」❶之興乃順著孔子「正名」而來，事關國家制度與人倫教化的典範，所謂「名不正則言不順，言不順則事不成，事不成則禮樂不興，禮樂不興則刑罰不中，刑罰不中，則民無所措。」（《論語》〈子路第十三〉）名教之治後來發展而有清議之興，李膺成爲當時知識界的領袖，但他也因此而遭黨錮之禍。此後善類頻遭摧殘，❷品題人物之風，遂發展成一門學問，而以

---

❶ 對「名教」與「自然」之辨，可參閱林登順《魏晉南北朝儒學流變之省察》中第四章第一節〈儒學與玄學之結合〉（台北：文史哲），267-273。

❷ 《後漢書》，〈郭符許列傳第五十八〉（北京：中華書局，1959），2225-26。並參閱孔繁《魏晉玄談》第一章〈漢末清議〉（台北：洪業），4-5。

劉劭《人物志》爲總匯，對人才之辨識，提出歸納分析的觀察。譬如，對主觀好惡，則防其「能識同體之善，而或失異量之美」。對黨同伐異，則戒其派系偏見。其「八觀」與「七繆」把東漢末年的人文現象做了總結。❸然而，時當曹氏父子與司馬氏之鬥爭激烈，清議之士常招殺身之禍。士人爲避禍而轉入玄學的思辨。儒家「學而優則仕」的信念到此遇上一個可怕的險境，士人必須如履薄冰以免落入陷阱。這時則老子的話語提供了反向的思考：「大道廢，有仁義；慧智出，有大僞；六親不和，有孝慈；國家昏亂，有忠臣。」❹莊子繼之而倡導：「絕聖棄知，大盜乃止」❺順著這個思路，於是劉安《淮南子》與王充《論衡》都有崇尚自然無爲之說，爲後來「名士」的出現，提供了思想的基礎。《世說新語》提到袁彥伯(宏)作《名士傳》，劉孝標注曰：「宏以夏侯太初(玄)，何平叔(晏)，王輔嗣(弼)，爲正始名士；阮嗣宗(籍)，嵇叔夜(康)，山巨源(濤)，向子期(秀)，劉伯倫(伶)，阮仲容(咸)，王濬沖(戎)，爲竹林名士；斐叔則(楷)，樂彥輔(廣)，王夷甫(衍)，庾子嵩(敳)，王安期(承)，阮千里(瞻)，衛叔寶(玠)，謝幼輿(鯤)爲中期名士。」❻《世說新語》對以上名士之逸聞遺事多所記錄，爲後人留下活生生的名士形象，可稱不朽之作。先師牟宗三先生對「名士」的特徵曾有精微的分析：

> 名士者清逸之氣也。清者不濁，逸者不俗。⋯⋯逸者離也，離成規通套而不爲其所淹沒則逸。逸則特顯「風神」，故俊。逸則特顯「神韵」，故清。故曰清逸，亦曰俊逸。逸

---

❸孔繁提出「人物志」爲曹操提供「唯才是舉」的理論基礎，並起了從清議到清談承上啓下的意義。仝上。

❹陳鼓應注《老子今注今譯》第十八章（台北：商務，1970），96。

❺陳鼓應注《莊子今注今譯》，（台北：商務，1975），286。

❻徐震堮《世說新說校箋》，〈文學第四〉（香港：中華，1987），146。

則不固結於成規成矩，故總曰風流。風流者，如風之飄，如水之流，不主故常，而以自在適性爲主。故不著一字，儘得風流，是則逸者解放性情，而得自在，亦顯創造性。故逸則神露智顯。逸者之言爲清言，其談爲清談。逸則有智思而通玄微，故其智爲玄智，思爲玄思。……是則清逸、俊逸、風流、自在、清言、清談、玄思、玄智，皆名士一格之特微。❼

牟先生更進一步就名士的行爲加以辨解：「逸氣之表現亦在清白眼，亦在任放，不守禮法。故其爲名士亦因生活曠達而爲名士。……而名士之名，則無所附麗，亦不在格局規範中顯。……此種惟顯逸氣而無所成之名士人格，言之極難，而令人感慨萬端。此是天地之逸氣，亦是天地之棄才。」❽在近人對魏晉清談名士之認識，牟先生可謂最具洞見者，他認爲「人間之棄才，固極荒涼，亦極可貴，從深處言，無所成，四不著邊，無掛搭處，亦可與最高境界有相似。」❾這是我想做爲檢視魏晉名士幽默與反諷的意義之尺度。

王符早在東漢末年著《潛夫論》即對「末世」之現象提出警告：「季世之臣，不思順天，而時主是諛。謂破敵者爲忠，多殺者爲賢。」❿小人得志，賢者遭殃，《世說新語》的第一個例子，就提到陳仲舉（蕃）有澄清天下之志，其住處荒蕪而不掃卻說：「大丈夫當爲國家掃天下。」當時宦官用事，外戚豪橫，陳蕃與

---

❼牟宗三《才性與玄理》（台北：學生書局，1963），68-69。

❽仝上，70。

❾仝上，83。有關清談之形成和演變，可參考唐翼明《魏晉清談》（台北：東大圖書公司，1992）。

❿王符《潛夫論》（上海：古籍出版社，1978），126。

大將軍竇武謀誅宦官，卻反爲所害。❶博學多能的蔡伯喈(邕)評其功德曰：「陳仲舉彊於犯上。」蔡邕本身後來也遭王允所害。❷還有禰衡「逸才飄擧」與孔融成忘年交，融推薦他給曹操，卻稱病不往見。曹操怒而故意羞辱他，命爲鼓吏。鼓者在執事之前須更衣，而衡不肯。吏呵之曰：「鼓吏，何獨不易服？」衡即當著曹操面前「先脫幝，次脫餘衣，裸身而立，徐徐乃著岑牟，次著單絞，後乃著幝，畢，復擊鼓摻搥而去，顏色無怍。」曹操只能調侃地笑曰：「本欲辱衡，衡反辱孤。」❸最後禰衡也被曹操借刀殺人害了。而推薦他的孔融，名重海內，屢次譏諷曹氏父子。如曹丕私納袁熙之妻甄氏，融譏謂：「武王伐紂，以妲己賜周公。」曹操不解，融對曰：「以今度之，想當然耳。」曹操對孔融嫌忌漸深，遂使人構陷之，以叛亂及大逆不道之罪下獄棄市，並連誅其妻。❹

　　前面牟先生提到「青白眼」爲名士特徵之一，即指阮籍。《晉書》有如下之描述：

> 阮籍，字嗣宗，陳留尉氏人也。父瑀，魏丞相掾，知名於世。籍容貌瓌傑，志氣宏放，傲然獨得，任性不羈，而喜怒不形於色。或閉戶視書，累月不出；或登臨山水，經日忘歸。博覽群籍，尤好莊老。嗜酒能嘯，善彈琴。當其得意，忽忘形骸。時人多謂之癡。❺

觀此正史所載，阮籍乃一閑雲野鶴之士，但是身爲才士必有聲名之累，總是要被召去做官，而籍都以稱病爲由逃過此累。他這樣

---

❶《世說新語校箋》，〈德行第一〉，1。
❷全上〈品藻第九〉，272。
❸全上〈言語第二〉，35。
❹《後漢書》，〈鄭孔荀列傳第六十〉（北京：中華，1959），2271-2278。
❺　全上〈阮籍列傳第十九〉，1359-60。又阮籍之放誕行爲，亦見《世說新語》〈任誕〉，390-97。

的排拒仕途，蓋有遠憂近慮，《晉書》本傳有云：

> 籍本有濟世志，屬魏晉之際，天下多故，名士少有全者，
> 籍由是不與世事，遂酣飲爲常。文帝初欲爲武帝求婚於籍，
> 籍醉六十日，不得言而止。鍾會數以時事問之，欲因其可
> 否而致之罪，皆以酣醉獲免。⓰

以上透露一個消息就是魏晉之際，名士大多遭受迫害，才使本有濟世之志的阮籍變成一個愼言謹行的人。他不願高攀皇親貴族，以醉酒爲掩飾。他早有心防，因此能逃過鍾會這種文特的誘陷。在行爲上，他的表現異常，譬如他性至孝，但母死而照常與人下棋不止，出殯而照常吃肉飲酒。然而，悲慟時卻舉聲一號吐血數升。按照習俗，凡弔者，主哭，客乃爲禮，而籍不哭。裴楷不愧爲知己，就說：「阮籍既方外之士，故不崇禮典。我俗中之士，故以軌儀自居。」籍又能爲青白眼，「見禮俗之士，以白眼對之。」⓱籍曾著〈大人先生傳〉譏諷世人君子營營攀爬有如褲中之蝨，他說：「獨不見群蝨之處褲中，逃乎深縫，匿乎壞絮，自以爲吉宅也。行不敢離縫際，動不敢出褲襠，自以爲得繩墨也。然炎丘火流，焦邑滅都，群蝨處於褲中而不能出也。君子之處域內，何異夫蝨之處褲中乎！」⓲這對社會賢達是何等的諷刺！然而，阮籍心中常懷不側之疑慮也可從其〈詠懷詩〉中窺得一斑。「終身履薄冰，誰知我心焦。」正是他內心的寫照。⓳

　　相對于阮籍之謹言愼行，嵇康就顯得傲慢不羈了。《世說新語》有一段鍾會訪嵇康的故事：

> 鍾士季（會）精有才理，先不識嵇康，鍾要（邀）于時賢

⓰全上，1360。
⓱全上，1361。
⓲全上，1362。
⓳對阮籍的生平，可參閱辛旗《阮籍》（台北：東大圖書公司出版）。

> 儁之士，俱往尋康。康方大樹下鍛，向子期（秀）爲佐鼓
> 排。康揚槌不輟，傍若無人，移時不交一言。鍾起去，康
> 曰：「何所聞而來？何所見而去？」鍾曰：「聞所聞而來，
> 見所見而去。」❷⓪

這一段記錄，透露了嵇康根本瞧不起鍾會這種人物，所以故意不
交一言，只不停地打鐵。等到鍾會也許在同伴面前覺得沒面子要
走了，他才轉身問他到底聽了什麼而來，看了什麼而去。鍾會的
回答也很妙，語鋒相對。劉孝標的注解引《魏氏春秋》曰：「鍾
會爲大將軍兄第所眤，聞康名而造焉。會，名公子，以才能貴幸。
乘肥衣輕，賓從如雲。康方箕踞而鍛，會至，不爲之禮，會深銜
之。後因呂安事而遂譖康焉。」❷① 嵇康得罪了這位少壯的紅人，
種下了後來被害的禍根。《晉書》本傳告訴我們鍾會如何在晉文
帝（司馬昭）面前慫恿他殺嵇康：

> 會以此（指訪康不見禮事）憾之。及是，言於文帝：「嵇
> 康，臥龍也，不可起。公無憂天下，顧以康爲慮耳。」因
> 譖「康欲助毋丘儉，賴山濤不聽。昔齊戮華士，魯誅少正
> 卯，誠以害時亂教，故聖賢去之。康、安等言論放蕩，非
> 毀典謨，帝王者所不宜容。宜因釁除之，以淳風俗。」帝
> 既昵聽信會，遂并害之。❷②

嵇康的個性還可以從他與山濤絕交這一件事看出他堅持原則與不
妥協性。山濤原來也是竹林七賢之一。而中道入仕，實際上已經
跟嵇康不同道，不意卻在離去選官之時，舉康自代，引出嵇康的
告絕書，給文學界增添一段公案。他對山濤的失望勿寧是因爲山

---

❷⓪《世說新語校箋》，〈簡傲第廿四〉，411-12。
❷①仝上，412。
❷②《晉書》，〈嵇康列傳十九〉，1373。

濤不了解他的心：

> 夫人之相知，貴識其天性，因而濟之。禹不逼伯成子高，
> 全其長也；仲尼不假蓋於子夏，護其短也。近諸葛孔明不
> 迫元直以入蜀，華子魚不強幼安以卿相，此可謂能相終始，
> 真相知者也。自卜已審，苦道盡塗殫則已耳，足下無事冤
> 之令轉於溝壑也。㉓

嵇康的另一位朋友向秀在嵇康死後，也回到仕途。《世說新語》
有這麼一段記載：

> 嵇中散(康)既被誅，向子期(秀)舉郡計入洛，文王引進，
> 問曰：「聞君有箕山之志，何以在此？」對曰：「巢、許
> 狷介之士，不足多慕！」王大咨嗟。㉔

向秀的話，司馬昭聽了當然高興，好像看到回頭的浪子，但是如
果嵇康地下有知，也會與他絕交吧！

　縱酒放達大概以劉伶為冠，有關他的幾則故事也極有趣：

> 劉伶病酒，渴甚，從婦求。婦捐酒毀器，涕泣諫曰：「君
> 飲太過，非攝生之道，必宜斷之！」伶曰：「甚善。我不
> 能自禁，唯當祝鬼神自誓斷之耳。使可具酒肉。」婦曰：
> 「敬聞命。」供酒肉於神前，請伶祝誓。伶跪而祝曰：
> 「天生劉伶，以酒為名，一飲一斛，五斗解酲。婦人之言，
> 慎不可聽！」便引酒進肉，隗然已醉矣。㉕

這個故事結合了語言與行動的俳諧效果，我們看到了一個酒鬼愚
弄了他的妻子，但也同時覺得他的天真可愛，令人不禁發笑。
《晉書》本傳說劉伶與阮籍、嵇康相遇「欣然神解，攜手入林」

㉓全上，1371-72。
㉔《世說新語校箋》，〈言語第二〉，43。又見《晉書》，1374-75。
㉕全上，〈任誕第二十三〉，391。

可謂神交。還有說他「常乘鹿車，攜一壺酒，使人荷鍤而隨之，謂曰：死便埋我。」❷他的幽默感處處可見。有一次喝醉酒與人發生衝突，「其人攘袂舉而往。伶徐曰：『雞肋不足以安尊拳。』其人笑而止。」❷另一則故事：

> 劉伶恒縱酒放達，或脫衣裸形在屋中，人見譏之，伶曰：
> 「我以天地爲棟宇，屋室爲褌衣，諸君何爲入我褌中？」❷

阮籍與姪子阮咸等族人都好酒，他們更能物我相忘與豬共飲：

> 諸阮皆能飲酒，仲容（咸）至宗人閒共集，不復用常杯斟酌，以大甕盛酒，圍坐相向大酌。時有群豬來飲，直接去上，便共飲之。❷

這些狂狷之士能與豬共飲，可以說是莊子「逍遙」與「齊物」兩篇思想的具體表現。然而這類人之中卻未必願意與不相投的人共席。呂安是一個例子：「嵇康與呂安善，每一相思，千里命駕。安後來，值康不在，喜（康之兄）出戶延之，不入。題門上作「鳳」字而去。喜不覺，猶以爲欣故作。」❸呂安雖然與嵇康爲莫逆交，但是對其兄則不願與之來往。大概因嵇喜曾任楊州刺史，想來是個有官僚氣息的俗輩。嵇喜也曾遭阮籍的白眼，可想而知。這裏呂安給喜一個「鳳」字，故意讓他誤解而白高興一番。但是把這個字折開來而變成「凡鳥」，則一下子從褒降而爲貶，可見其幽默與諷刺。這些放達之士既瞧不起做官的人，也常與富人逗趣，下面有一段阮咸的故事：

> 阮仲容（咸）步兵（阮籍）居道南，諸阮居道北，北阮皆

❷《晉書》，1376。
❷仝上，1376。
❷《世說新語校箋》，〈任誕第二十三〉，392。
❷仝上，394。
❸仝上，412。

> 富，南阮貧。七月七日，北阮盛曬衣，皆紗羅錦綺。仲容
> 以竿挂大布犢鼻褌於中庭。人或怪之，答曰：未能免俗，
> 聊復爾耳。」[31]

阮咸看到富貴人家曬漂亮服飾以炫耀其富，他就故意掛起犢鼻褌
以殺其風景，以行動來達到諷喻的效果。但是最重要的是在這些
怪誕的行爲背後所隱藏的人生態度。他們的意義，正如牟先生所
說的，「超脫其物質機栝」，「溢出通套」，「如風之飄，如水
之流」，自在自得，另闢一個新的精神境界。《世說新語》提供
了魏晉人士的諸多面向，爲時代留下生動的群像，使後世之人能
有機會體會到另一種價值觀，從而能欣賞特立獨行的人物與格調；
開啓胸襟，以古鑑今，有助于歷史的認識。

---

[31] 仝上，393。

論　文：魏晉名士的幽默與反諷
主講人：洪銘水副教授
講評人：吳有能副教授

　　本篇文章首先談及自然與名教的衝突以及漢末魏晉政治的黑暗，並點出名士興起的歷史背景。其次意圖釐清「名士」一詞的確切所指。接著，在第二到第五頁採錄陳蕃、禰衡、孔融、阮籍、稽康、劉伶、呂安、阮咸等的幽默與反諷的事例。最後以反省名士的意義作結。這篇文章的題目涉及四個成分：魏晉、名士、幽默與反諷。除了魏晉是歷史上的朝代，意義較爲清楚之外。其他三個成分事實上都並非太過清楚，有待分析與釐清它們的意義，首先我建議在引用牟宗三先生對名士的解釋之外，或可再選擇幾個不同的解釋加以比較，這樣將有助讀者明白洪先生選擇牟先生定義的原因。此外在引用現代學人的看法之外，是否也應考慮加入魏晉時期人物自身對名士的解釋？其二，在引用牟先生對名士的看法「作爲檢視魏晉名士幽默與反諷的意義之尺度」時，或可再扣緊這一定義舉例說明之。其三，除了引用牟先生的話之外，是否可進一步清理分析，就牟先生的名士概念，似有兩大成分：1.名士須有逸氣。2.但這逸氣未能實現。前者是本質問題，後者指的是本質的實現問題。不知洪先生同意此理解否？其四，文中並未明顯對幽默與反諷這兩個概念下定義，標準既不清楚，就很難討論洪先生對魏晉名士幽默與反諷事例的選擇是否得當。

陶淵明〈閑情賦〉之諷諫與寄託

國立台灣大學中文系

王 國 瓔

一、前 言

〈閑情賦〉是陶淵明詩文集中，最奇特的一篇作品。就其纏綿悱惻之愛情主題而言，在陶淵明其他詩文中，找不到迴響；就其鋪張駢儷之文辭而言，與其「文體省淨，殆無長語」見稱之詩風❶，判然有別；甚至後世之評價，亦是陶集中引起褒貶不一，爭論最多之作。

從現存資料視之，歷來對〈閑情賦〉之爭論，當始自蕭統（501-531）〈陶淵明集序〉所云：

> 余愛嗜其文，不能釋手，尚想其德，恨不同時，故更加搜求，粗爲區目。白璧微瑕者，惟在〈閑情〉一賦，揚雄所謂「勸百而諷一」者，卒無諷諫。何必搖其筆端？惜哉！亡是可也。❷

蕭統對陶淵明之文品、人品，均推崇備至，賞譽有加，卻指〈閑情賦〉爲陶集中之「白璧微瑕」，具有揚雄批評司馬相如辭賦

---

❶引文取自鍾嶸（467?-519?）《詩品》評陶語。見家父王叔岷《鍾嶸詩品箋證稿》（台北：中央研究院中國文哲研究所，1992）頁 260。
❷北京大學、北京師範大學中文系編《陶淵明卷》上編(北京：中華書局，1962)頁 9。

「勸百而諷一」之毛病❸，最終是「卒無諷諫」，故而嘆惜「何必搖其筆端」，浪費筆墨，不寫也罷。如此苛責，對北宋以後偏愛陶淵明其人其文者，自然難以忍受。蘇東坡（1037-1101）首先發難，於《東坡題跋·〈題文選〉》中針對蕭統評語，提出異議：

> 淵明〈閑情賦〉，正所謂「國風好色而不淫」，正使不及〈周南〉，與屈、宋所陳何異？而統乃譏之，此乃小兒強作解事者。❹

蘇東坡認為〈閑情賦〉正如《詩經》之「國風」諸詩，雖寫男女，卻無傷大雅，即使不及〈周南〉之詩那般具有道德教化功能，與屈原、宋玉之作，並無差別。乃至反譏蕭統為「小兒強作解事者」。此處蘇東坡似乎認為〈閑情賦〉寫男女之情，同時亦不排除其中或許另有寓意。所謂「與屈、宋所陳何異」，語意含糊，不過，既然點出屈原，其中另有寓意，別有寄託，應當是其所指。

　　總之，此後對〈閑情賦〉之旨意與評價，大致分為兩派，或傾向蕭統而引申，或贊同蘇東坡而發揮，偶而亦有對蕭、蘇二人均表不滿者。爭論焦點主要圍繞在其中是否含諷諫？是否有寄託？試舉數例，以觀大概：

　　元·李治《敬齋古今黈》即不滿意蘇東坡對蕭統的批評：

> 東波謂梁昭明不取淵明〈閑情賦〉，以為小兒強解事，〈閑情〉一賦雖可以見淵明所寓，然昭明不取，亦不足以損淵明之高致。東波以昭明為強解事，余以東波為強解事。

李治認為〈閑情賦〉「可以見淵明所寓」，惜未明言其所寓何旨。

---

❸班固（32-92）《漢書·司馬相如傳贊》云：「揚雄以為靡麗之賦，勸百而諷一，猶騁鄭、衛之聲，曲終而奏雅，不已戲乎！」（北京：中華書局，1979）卷57，頁2609。

❹《陶淵明卷》下編（北京：中華書局，1965）頁321。以後有關陶淵明評語，凡見《陶淵明卷》上下編者，不另註出處頁數。

試看明代張自烈輯《箋註陶淵明集》卷五中之意見：

> 按昭明序云：「白璧微瑕，惟在〈閑情〉一賦。」愚謂昭
> 明識見淺陋，終未窺淵明萬一。盲者得鏡，用以蓋巵，故
> 不足怪。
>
> 此賦託寄深遠，合淵明首尾詩文思之，自得其旨。如東坡
> 所云，尚未脫梁昭明窠臼。或云此賦爲睠懷故主作，或又
> 云續之輩雖居廬山，每從州將游。淵明思同調之人而不可
> 得，故託此以送懷。

張自烈對蕭統之嚴詞批評，並不亞於蘇東坡，且明確指出「此賦
託寄深遠」，其中或「睠懷故主」，或「思同調之人而不可得」。
再看清代孫人龍《陶公詩評註初學讀本》卷二所云：

> 古人以美人比君子，公亦猶此旨耳。昭明以「白璧微瑕」
> 議此賦，似可不必。意本〈風〉〈騷〉，自極高雅。所謂
> 發乎情，止乎禮義者，非歟！逐層生發，情致纏綿，終歸
> 閑正。何云「卒無諷諫」耶？

孫氏亦對蕭統之觀點不以爲然，且指出此賦具「古人以美人比君
子」之旨，「意本〈風〉、〈騷〉」，其中辭義「情致纏綿，終
歸閑正」，因此質問蕭統，怎麼會是「卒無諷諫」。不過，方東
樹（1772-1851）《續昭昧詹言》卷八，則持不同看法：

> 昔人謂正人不宜作艷詩，此說甚正……如淵明〈閑情賦〉，
> 可以不作。後世循之，直是輕薄淫褻，最誤子弟。

方氏顯然視〈閑情賦〉爲純寫男女之情者，屬於「豔詩」，如陶
淵明這樣的「正人」，「可以不作」，以免有損形象。劉光蕡
〈陶淵明閑情賦註〉則以爲其中必有寄託，惟旨意繁富，非可確
指：

> 身處亂世，甘於貧賤，宗國之覆既不忍見，而又無如之何，

故託爲閑情。其所賦之詞，以爲學人之求道也可，以爲忠

臣戀主也可，即以爲自悲身世以思聖帝明王亦無不可。

其所謂「學人之求道」，似乎稍嫌迂腐，不過，與張自烈所謂

「思同調之人」相若，均體會到其中可能存在的「追求」母題。

此外，王闓運《湘綺樓日記》宣統二年(1910)十二月五日所云，

則特別針對賦中寫得迴腸盪氣之「十願」，表示貶意：

〈閑情賦〉十願，有傷大雅，不止「微瑕」。

傳統評論者對〈閑情賦〉之解讀有異，褒貶不一。大凡認爲

其中有寄託者，則褒之，認爲純寫男女之情者，則貶之。當今學

界自然已擺脫傳統保守心態，不會因作品言情而生貶意，甚至對

陶淵明能寫這樣一篇愛情之作，大加讚賞。當然，亦有主張其中

有寄託者，如逯欽立〈《洛神賦》與《閑情賦》〉所云：

考自宋玉、張（衡）、蔡（邕），迄乎曹植、陶潛，各賦

中有一傳統意境，先後承遞不變者，即託好色之不成喻好

修之不成，而數陳其悲觀主義者是也。此一意境創自〈離

騷〉……。❺

逯氏認爲〈閑情賦〉乃是承續屈原〈離騷〉傳統，有政治寓意，

并繫此賦於陶淵明彭澤致仕之後，「以追求愛情的失敗，表達政

治理想的幻滅。」❻許世瑛師〈談談《閑情賦》〉則視之爲寫情

之作，並強調「這篇賦，在淵明全部作品中，是頂呱呱的，和他

的名篇像〈歸園田居〉、〈讀山海經〉等一樣膾炙人口。」且點

出其創作目的是「藉賦文以諷諫」：

和前賢一樣，藉賦文以諷諫，勸人要發乎情，止乎禮義；

不可任情恣奔放，一發不可收拾，終至於身敗名裂。❼

---

❺逯欽立《漢魏六朝文學論集》（西安：陝西人民出版社，1984）頁449。
❻逯欽立校注《陶淵明集》（北京：中華書局，1979)頁153。

此外，袁行霈〈陶淵明的《閑情賦》與辭賦中的愛情閑情主題〉，
就辭賦的愛情、閑情主題之繼承與發展立論，認爲其中並無政治
寄託，乃是沿襲宋玉〈高唐賦〉、〈神女賦〉、〈登徒子好色賦〉
之傳統，繼張、蔡諸人之後，一篇純寫愛情之作，並認爲與作者
本人的感情或許有關：

> 以賦的體裁抒寫愛情的流宕最後歸於閑正，乃是漢魏以來
> 文人慣用的方式，很難說其中有什麼政治的寄託。……根
> 據陶淵明本人對其作品的說明，參照同一系列的作品的內
> 容，把〈閑情賦〉視爲陶淵明的一次愛情遐想或冒險，心
> 飛遠了，最後還是收了回來，雖然收得無力。❽

綜觀上述，可見對陶淵明〈閑情賦〉是否純言情？是否有寄
託？至今還是仁智各見，並無定論。對於何以〈閑情賦〉會引發
不同的解讀、不同的評價，似乎尚未受到學界的重視。本文無意
對〈閑情賦〉之旨意及評價作定論，只擬於前賢觀點之基礎上，
試圖釐清作者／作品／讀者之三重關係，從作者意圖、作品表現、
讀者感受三方面，探討〈閑情賦〉是否如陶淵明於序文中所言
「有助諷諫」？或如蕭統所稱「卒無諷諫」？并嘗試解釋其緣由
何在。繼而通過陶淵明於〈閑情賦〉中塑造之絕代佳人形象，以
及思慕追求者之形象，論析其中是否有所寄託？爲何予人以有所
寄託之印象？倘若果有寄託，則所託可能有關何旨？〈閑情賦〉
所以受到某些讀者之苛責，除了傳統道德觀念因素外，是否還有
其他的解釋？

---

❼許世瑛師〈談談《閑情賦》〉，收入《中國文學評論》（台北：聯經出
版社，1977)冊一，頁229-230。
❽有關辭賦中愛情閑情主題之繼承與發展，見袁行霈《陶淵明研究》（北
京：北京大學出版社，1997)頁126-134。

二、有助諷諫？卒無諷諫？

　　蕭統對〈閑情賦〉的批評，引起蘇東坡的反譏，其他追隨東坡之讀者，對蕭統亦不免口誅筆伐。即使認為〈閑情賦〉有傷大雅者，亦未見對蕭統評語之含意作進一步了解與分析。直至錢鍾書《管錐編》：

> 昭明何嘗不識賦題之意？唯識題意，故言作者之宗旨，非即作品之成效。……其謂「卒無諷諫」，正對陶潛自稱「有助諷諫」而發；其引揚雄語，正謂題之意為「閑情」，而賦之用不免於「閑情」，旨欲「諷」而效反「勸」耳。流宕之詞，窮態極妍，澹泊之宗，形絀氣短，諍諫不敵搖惑；以此檢逸歸正，如朽索之馭六馬，彌年疾疢而銷以一丸也。……事願相違，志切相背，潛斯作有焉。❾

錢氏不僅同意蕭統之觀點，還點出自蘇東坡以來爭論不休之癥結所在：按蕭統所稱「白璧微瑕」，乃是因〈閑情賦〉序文中明言欲意「有助諷諫」，結果卻「卒無諷諫」，並未達到諷諫之成效，乃至「事願相違，志切相背」。顯然蘇東坡並未了解蕭統所言「卒無諷諫」，乃是針對作品之成效，並非指作品之內涵。卻就〈閑情賦〉內涵如何，對蕭統加以抨擊。有趣的是，後世之評論，仍然不乏這類欠缺交集，各自表述之現象。

　　〈閑情賦〉是否含有諷諫？是否「有助諷諫」或「卒無諷諫」？屬於不同層次的問題。或許可從作者意圖、作品表現、讀者感受三方面來考察：

(一)作者意圖

---

❾錢鍾書《管錐編》（北京：中華書局，1979）冊四，頁1220。

　　陶淵明於〈閑情賦〉前有一小序，說明寫作緣起、動機、目的：

> 初，張衡作〈定情賦〉，蔡邕作〈靜情賦〉，檢逸辭而宗
> 澹泊，始則蕩以思慮，而終歸閑正。將以抑流宕之邪心，
> 諒有助於諷諫。綴文之士，奕代繼作，并因觸類，廣其辭
> 義。余園閭多暇，復染翰爲之。雖文妙不足，庶不謬作者
> 之意乎？

從小序視之，此賦是繼承張衡（78-139）〈定情賦〉、蔡邕(132-192)〈靜情賦〉而作。換言之，是模仿前人，沿襲一種文學傳統之作。序中指出張、蔡之賦，均「檢逸辭而宗澹泊」，收斂放縱的情思，宗尚恬澹寡欲。其賦中所言，「始則蕩以思慮，而終歸閑正」，開始時思緒搖蕩，結果則止於約束，歸於閑正。這樣的作品，用來抑止「流宕之邪心」，想必「有助諷諫」。以後繼作不斷❿，而且各有所發揮。這篇〈閑情賦〉之創作機緣，乃是「余園閭多暇，復染翰爲之」。雖是閒暇擬作⓫，并自謙「文妙

---

❿按張衡〈定情賦〉佚文：「夫何妖女之淑麗，光華豔而秀容。斷當時而
呈美，冠朋匹而無雙。嘆曰：大火流兮草蟲鳴，繁霜降兮草木零。秋爲
期兮時已征，思美人兮愁屛營。」（《藝文類聚》十八）；「思在面爲
鉛華兮，患離塵而無光。」（《文選·洛神賦》注引）。蔡邕〈靜情賦〉
(亦稱〈檢逸賦〉)佚文：「夫何姝妖之媛女，顏煒燁而含榮。并天壤其
無儔，曠千載而特生。余心悅於淑麗，愛獨結而未并；情罔象而無主，
竟徙倚而左傾。晝騁情以舒愛，夜托夢以交靈。」（《藝文類聚》十八）；
「思在口而爲簧，鳴哀聲獨不敢聆。」（《北堂書抄》一百十）。以後
有阮瑀(?-212)〈止欲賦〉、王粲(177-217)〈閑邪賦〉、應瑒（?-217)
〈正情賦〉、陳琳（?-217)〈止欲賦〉、曹植（192-232)〈靜情賦〉、
傅玄（217-278)〈矯情賦〉、成公綏（231-273)〈慰情賦〉等。其中除
了阮瑀〈止欲賦〉尚勉強成篇（目前所見，疑亦非全篇），其餘皆只剩
下佚文殘句，原貌已不可考。
⓫有關漢晉詩賦擬作現象之討論，詳見梅家玲〈論謝靈運《擬魏太子鄴中
集詩八首并序》的美學特質——兼論漢晉詩賦中的擬作、代言現象及其
相關問題〉，收入《漢魏六朝文學新論》（台北：里仁書局，1997），
頁64-92。

不足」，仍然希望「庶不謬作者之意乎」，不違背張、蔡諸人之宗旨，換言之，亦能夠「抑流宕之邪心，諒有助於諷諫」。

觀序文所言，作者之宗旨昭彰，意圖明確，寄望〈閑情賦〉能把放蕩之情思意念，收斂起來，壓抑下去，乃至「有助諷諫」，具有婉言相勸之效果。❿不過，值得注意的是，正如錢鍾書所言：「作者之宗旨，非即作品之成效」，〈閑情賦〉雖有意諷諫，是否真能達到預期效果？則有賴仔細考察作品本身之表現，并讀者之感受。

㈡作品表現

〈閑情賦〉共 122 句，以六言句爲主，偶而夾雜四言句，形式與格局上，屬典型的賦篇。用韻亦頗有規矩，大致隨內涵情境而換韻。❸作者是以第一人稱角度，抒寫如何思慕一位外貌豔麗，品德高潔，舉止閒雅，且擅長鼓瑟之絕代佳人，希望與她相依相愛，永不分離。結果是所願落空，希望破滅。於是在淒哀孤寂中，不得不把纏綿無依的感情，平靜下來，把遙情寄於雲霄八荒之外，回復原有的澹泊境界。從內涵上全文大致可分爲四個段落，每個段落中，各有層次，段落間之銜接，亦承轉自然。首段（26句）「夫何瑰逸之令姿，……舉止詳妍」，言絕代佳人之美；二段（48句）「激清音以感余，……終推我而輟音」，傾訴對佳人思慕之切；三段（40句）「考所願而必違，……時奄冉而就過」，傳達所願落空之淒哀寂寞；尾段（8句）「徒勤思以自悲，……憩遙情於八遐」，表露情思平靜下來後領悟之澹泊。

全文之鋪張揚厲，頗符合賦體之特點。尤其是第二段中「十

---

❿有關〈閑情賦〉序文之含意，及後世對此賦之批評綜述，見李錫鎭〈從陶淵明辭賦之序文論後代對其辭賦的批評〉，《中國學報》（韓國）第36輯 (1996.8) 頁109-112。

❸有關此賦之用韻情形，詳見許世瑛師〈談談《閑情賦》〉頁 238-245。

願十悲」，通過一系列離奇幻想，表達意欲與佳人相依相偎，長相廝守，永不分離的願望，一口氣道出「十願」：

> 願在衣而爲領，承華首之餘芳，悲羅襟之宵離，怨秋夜之未央。願在裳而爲帶，束窈窕之纖身，嗟溫涼之異氣，或脫故而服新。願在髮而爲澤，刷玄鬢於頹肩，悲佳人之屢沐，從白水以枯煎。願在眉而爲黛，隨瞻視以閒揚，悲脂粉之尚鮮，或取毀於華妝。願在莞而爲席，安弱體於三秋，悲文茵之代御，方經年而見求。願在絲而爲履，附素腳以周旋，悲行止之有節，空委棄於床前。願在晝而爲影，常依形而西東，悲高樹之多陰，慨有時而不同。願在夜而爲燭，照玉容於兩楹，悲扶桑之舒光，奄滅景而藏明。願在竹而爲扇，含淒飆於柔握，悲白露之晨零，顧襟袖以緬邈。願在木而爲桐，作膝上之鳴琴，悲樂極以哀來，終推我而輟音。

筆端從華首寫及素腳，自白晝寫到夜晚，訴說思慕之切，企盼之殷。爲了親近佳人，願爲佳人的衣領、腰帶、髮膏、眉黛、床蓆、絲履、影子、蠟燭、扇子、鳴琴。幾乎可能想像到的貼身私己之物，都攬括在內了。但是，每提出一願，隨即念及並不能因此長相廝守，永不分離，轉而湧起悲哀愁怨，只好再另發一願。願望一個個萌生，又一個個受挫，於是希望失望，彼此輪替，悲哀愁怨，愈益濃鬱，終至所願落空，希望破滅。十願變成十悲（九悲一嗟）。這一系列「願…悲…」，或許有所本❹，但如此「十願

---

❹如前舉張衡〈定情賦〉佚文：「思在面爲鉛華，患離塵而無光。」蔡邕〈靜情賦〉佚文：「思在口而爲簧，鳴哀聲獨不敢聆。」此外，類似「願」與「悲」對舉之表現手法，尚有阮瑀〈止欲賦〉佚文：「思在體爲素粉，悲隨衣以消除。」見日僧空海（遍照金剛，774-835）《文鏡秘府論》（周維德點校，北京：人民文學出版社，1975）頁185。

十悲」之鋪張揚厲，以及其駢儷之精，構思之妙，卻屬罕見。第三段寫「考所願而必違，徒契契以苦心」，所願落空後之淒哀寂寞，未能忘情之徘徊纏綿，亦哀婉動人。充分表現情思之流宕不已。最後因領悟「徒勤思以自悲，終阻山而帶河」，於是把流宕不已的情思，收斂起來，壓抑下去，重歸於澹泊。

就內涵而言，全文寫的是「閑情」，把流宕的感情收斂起來，壓抑下去，而且循辭義之發展脈絡視之，也是曲終而奏雅，的確如小序所稱「檢逸辭而宗澹泊，始則蕩以思慮，而終歸閑正。」甚至不離「抑流宕之邪心，量有助於諷諫」之意圖。但作品內涵符合題意，表現作者創作意圖，是否能保證達到預期之成效，仍有待進一步觀察。

㈢讀者感受

全文以濃筆刻劃一位風姿卓越，情志高潔的絕代佳人之美，再三陳述思慕之切，思之不得之悲，衷情無托之哀，予人以迴腸盪氣，魂縈情牽，不能自持之感。洋洋灑灑反覆鋪敘三大段落之後，隨即尾段以短短八句，轉言所願必違後之凜然覺悟，於是情思歸於澹泊：

> 徒勤思以自悲，終阻山而帶河，迎清風以袪累，寄弱志於歸波。尤〈蔓草〉之為會，誦〈邵南〉之餘歌。坦萬慮以存誠，憩遙情於八遐。

由於發覺如此癡情思慕，不過是「徒勤思以自悲，終阻山而帶河」，最終還是阻於山河，與佳人仍然不得相遇，於是翻然澈悟，繼而「迎清風以袪累，寄弱志於歸波」，迎著清風，擺脫外累，把綿綿情思付諸流水，并轉而宣稱「尤〈蔓草〉之為會，誦〈邵南〉之餘歌」，反對《詩經·鄭風·野有蔓草》中男女不期而會，誦詠《詩經·召南》之餘歌，歸於正道。❺最終「坦萬慮以存誠，

憩遙情於八遐。」平息萬慮，保存真心，把超世之情寄寓在雲霄八荒之外，歸於澹泊之境。❻其中所言漢儒說詩立場，說教意味頗濃，顯得分外突兀，難以令人信服。與前文情思之徘徊纏綿、流宕不已，相形之下，結尾之澈悟，軟弱無力。予人之印象是，其情思之收斂，詩教之服膺，不過是口頭敷衍而已，欠缺說服力。

　　整體視之，全賦以絕大部份篇幅鋪敘「蕩以思慮」，卻以短短結尾表示「終歸閑正」，予人之印象是「流宕之詞，窮態極妍，澹泊之宗，形絀氣短，諍諫不敵搖惑」。倘若意欲令讀者受到警惕，收斂情思，歸於正道，恐怕很難收到成效。蕭統所謂「卒無諷諫」，是將「作者之宗旨」與「作品之成效」釐清之後的觀察。蓋因作者之宗旨，並不等於作品之成效，猶如司馬相如（前179-117)因漢武帝好神仙，故而呈〈大人賦〉，意圖諷諫武帝，卻未見成效。試看司馬遷（前145-90?)《史記‧司馬相如傳》所云：

> 相如因見上好僊道，……以爲列僊之傳居山澤間，形容甚臞，此非帝王之僊意也，乃遂就〈大人賦〉，其辭曰…。
> 相如既奏〈大人之頌〉，天子大說，飄飄有凌雲之氣，似游天地之間意。❼

原先想通過非議神仙，以諷諫武帝，但是司馬相如把神仙之境描寫得何等神奇美妙，淹沒了諷諫的意圖，武帝讀後，但覺飄飄欲仙，反而更想當神仙了。作品未能收到預期的效果，自然非作者

---

❺按〈毛詩序〉云：「野有蔓草，思遇時也。君之澤不下流，民窮於兵革，男女失時，思不期而會焉。」〈詩大序〉以爲〈周南〉、〈召南〉之詩，是「正始之道，王化之基」，有助於風教。見《詩經》（《十三經註疏》本，台北：藝文印書館，1955）卷4頁11上；卷1頁19下。陶淵明此處顯然是取漢儒說詩之意。

❻按「遙情」一詞，另見〈遊斜川〉詩：「中觴縱遙情，忘彼千載憂。」

❼見《史記‧司馬相如傳》（北京：中華書局，1959)，卷117，頁3056及3063。

始料所及。換言之，作者期望「有助諷諫」，作品亦確實展示諷諫之意，結果卻是「勸百而諷一」，乃至「卒無諷諫」。這也說明〈閑情賦〉讀者之感受。

三、有無寄託？所寄何旨？

歷來對〈閑情賦〉之解讀，認為有寄託者，或始於蘇東坡，惟並未明確指出，其寄託之旨趣為何。不過，〈閑情賦〉中對絕代佳人之思慕，與屈原〈離騷〉求女之母題⑱，顯然有類似之處，與宋玉〈高唐賦〉、〈神女賦〉中男女之思慕，亦似乎有所承傳。故蘇東坡所云：「與屈、宋所陳何異？」或許正好點出〈閑情賦〉中「言情」與「寄託」兩種可能並存的內涵特質。言情與寄託雖然並不互相排斥，讀者憑自己之觀察與印象，往往各取所需。從賦文辭義視之，寫的是男女之情，應無異議。問題是，到底有無寄託？若有，則所寄何旨？難免引起不同看法。陶淵明在小序中，只言「諒有助於諷諫」，並未言有意寄託。當然，這並不表示，賦中不含寄託之意。為何會令人覺得有寄託，不妨從賦中絕代佳人及思慕追求者兩個角色來考察，或許可以看出，絕代佳人可能引發讀者怎樣的聯想？賦中主人公與作者陶淵明之間，關係如何？其思慕追求者，僅是一美豔之絕代佳人？或許其中另有所指？

㈠絕代佳人之形象

首段一發端即描述絕代佳人之美：

> 夫何瑰逸之令姿兮，獨曠世以秀群，表傾城之豔色，期有德於傳聞。……

---

⑱有關《楚辭》中求女母題及其後續發展，見David Hawkes, "The Quest of the Goddess," In Cyril Birch (ed.) *Studies in Chinese Literary Genres* (Berkeley and Los Angeles: University of California Press, 1974).Pp. 42~68.

首聯與張衡〈定情賦〉：「夫何妖女之淑麗。光華豔而秀容。斷當時而呈美，冠朋匹而無雙。」以及蔡邕〈靜情賦〉：「夫何姝妖之媛女，顏煒煒而含榮。并天壤而無儷，曠千載而特生。」含意雷同。值得注意的是，除了舉世無雙，傾城之豔色，作者筆墨重點，還是在佳人之「內美」。佳人「期有德於傳聞」，表示並非期望以外表美貌見稱，而是以德行傳聞於世。換言之，強調的是佳人之道德形象與道德情境。她重視自己的聲名，且修身自愛：「佩鳴玉以比潔，齊幽蘭以爭芬，淡柔情於俗內，負雅志於高雲。」不但與鳴玉比潔，與幽蘭爭芬，而且淡泊俗世，托志高雅，這的確不是一個平凡女子，而是一個高潔不群、與眾不同之人物。但是佳人卻心懷憂慮：「悲晨曦之易夕，感人生之長勤，同一盡於百年，何歡寡而愁殷！」此處所寫，似乎是一個知識分子對時光流逝的悲歎，對生命意義的反思。繼而「襃朱幃而正坐，泛清瑟以自欣。送纖指之餘好，攘皓袖之繽紛。瞬美目以流盼，含言笑而不分。……」佳人鼓瑟自娛，惟曲音悲哀，或許暗示，孤寂中對知音之殷殷企盼吧？如此佳人，予人一份似曾相識之感，彷彿像一個孤獨高潔的隱士，甚至與陶淵明詩文中之自述畫像，有某些近似之處。

　　陶淵明於詩文中，一再表示對於自己德行操守的重視，對於道德情境的嚮往與追求。強調其「少無適俗韻，性本愛丘山」（〈歸園田居五首〉其一）與俗世不合之天性；感慨生命中「萬化相尋繹，人生豈不勞」（〈己酉歲九月九日〉）、「悲日月之遂往，悼吾年之不留」（〈遊斜川序〉）之無奈；流露「身沒名亦盡，念之五情熱」（〈影答形〉）之焦慮；抒發「知音苟不存，已矣何所悲」（〈詠貧士七首〉其一）之喟嘆；以及「樂琴書以消憂」（〈歸去來兮辭〉）之自白……。與〈閑情賦〉中之絕代佳人，在

形象上顯然有某些重疊之處。這位絕代佳人，潔身自愛，淡泊俗世，托志高遠，卻悲時光易逝，哀人生長勤……與陶淵明詩文中自述的人格志趣竟然如此相似，簡直可以引為同調，結為知音良朋，乃至引起追求的意圖，所以說「激清音以感余，願接膝以交言，欲接往以結誓……」，有感於佳人鼓瑟之清音，希望能與她促膝談心，永結誓盟。如此難得之絕代佳人，自然令他「意惶惑而靡寧，魂須臾而九遷」，是他思慕追求之理想人物。

㈡思慕追求者之形象

倘若絕代佳人是理想人物的化身，是心目中的同調，亦是由衷企盼的知音良朋。那麼思慕追求者，或許則是追求理想、企盼知音同調者之化身。猶如陶淵明於〈停雲〉詩中所述：「良朋悠邈，搔首延佇。……安得促席，說彼平生」之殷切企盼，以及最終「願言不獲，抱恨如何」之無奈。賦中連續萌生的「十願」，或可視為對理想執著追求不已的寫照，「十悲」則可代表理想不斷落空之挫折。當然，全文是以思慕追求者之語氣敘述，惟其思慕追求者明確的孤獨徬徨形影，主要出現在十願成了十悲，追求不遂，希望破滅之後，「考所願而必違，徒契契以苦心」，既然所願必違，其思慕追求，不過是徒勞苦心而已。接著把自己攬入畫中：「擁勞情而罔訴，步容與於南林。栖木蘭之遺露，翳青松之餘蔭……」，孤寂無奈之餘，滿懷憂思，無處傾訴，徘徊流連於南林之木蘭青松間。「儻行行之有覿，交欣懼於中襟，」仍然懷著一線希望，或許能與佳人相遇。可是「竟寂寞而無見，獨悄想以空尋，」始終未見佳人倩影，空尋一陣之後，只好黯然回程。歸途中，「斂輕裾以復路，瞻夕陽而流嘆，步徙倚以忘趣，色慘悽而矜顏」，一路徘徊猶豫，望著夕陽，不斷嘆息，面色沮喪悽哀，只見「葉燮燮以去條，氣淒淒而就寒，日負影以偕沒，月媚

景於雲端。鳥淒聲以孤歸，獸索偶而不還。」葉落天寒，是引發
秋愁的季節，日沒月出，是倍感淒清的時刻。孤單寂寞中，「悼
當年之晚暮，恨茲歲之欲殫」，哀悼壯年已去，怨恨歲月已盡，
仍然「思宵夢以從之」，卻「神飄飄而不安」，神思恍惚，不得
安寧……。這段徹夜難眠的情景，令我們連想到〈雜詩十二首〉
其二，陶淵明自述之處境和心情：

> 白日淪西阿，素月出東嶺。遙遙萬里輝，蕩蕩空中景。風
> 來入房戶，夜中枕席冷。氣變悟時易，不眠知夕永。欲言
> 無余和，揮杯勸孤影。日月擲人去，有志不獲騁。念此懷
> 悲淒，終曉不能靜。

〈閑情賦〉的思慕追求者形象中，似乎浮現著詩人陶淵明孤獨徬
徨的影子。

(三)東方一士之追慕

賦中之絕代佳人與其思慕追求者，同樣是高潔不群，孤單寂
寞的人物，同樣點染著作者陶淵明之人格情趣，若二者合而觀之，
令我們想起一首頗有自喻意味的詩：〈擬古九首〉其五，其中以
第一人稱自述如何渡關過河，渴望追隨高潔不群的「東方一士」
之情景：

> 東方有一士，被服常不完。三旬九遇食，十年著一冠。辛
> 勤無此比，常有好容顏。我欲觀其人，晨去越河關。青松
> 夾路生，白雲宿簷端。知我故來意，取琴為我彈。上弦驚
> 別鶴，下弦操孤鸞。願留就君住，從今至歲寒。

蘇東坡〈書淵明「東方有一士」詩後〉即云：「此東方一士，正
淵明也。」後世讀者亦多以此「東方一士」乃陶淵明自喻。其飢
寒貧困之境遇，與陶詩中之自述相若❶，觀其所居之處「青松夾
路生，白雲宿簷端」，顯然是遠離俗世塵纓的隱者之流，而且是

卓然不群，閒靜高潔之志者。由於「知我故來意」，於是「取琴
爲我彈」，其撫琴彈奏之「別鶴」與「孤鸞」曲調，流露出孤寂
之懷。或許是等待盼望知音之賞吧？尾聯所述「願留就君住，從
今至歲寒」，對高潔孤寂的「東方一士」而言，無疑是一大安慰，
對作者陶淵明而言，實是藉此「自嘆無可共歲寒者」。❷⓿

　　此「東方一士」是貧士陶淵明的自喻，亦是其理想人物之化
身，理想人物與作者之自我人格重疊於一身，或許正如〈閑情賦〉
中之絕代佳人，是令其日思夜夢之理想對象，亦與作者陶淵明有
同調之趣。那麼〈閑情賦〉到底有無寄託？我們是否能確定，其
中之絕代佳人，即是作者自喻？是否能確定，其中對絕代佳人之
思慕，寄寓著一份對某種理想的追求？或暗示對同調知音的企盼？
這的確是令人十分躊躇，并難以確切解答的問題。或許陶淵明原
意只是沿襲一種文學傳統，模仿張衡、蔡邕諸人之作，並無意於
某種固定之寄託，但是，創作之際，情有所動，心有所感，有意
無意間，把自己追求理想的經驗和心情，融入其中，把平日一己
之感受與情懷，流露其間，乃至令讀者解讀時，覺得其中彷彿有
所寄託。再者，又因爲〈閑情賦〉如同前人同類賦篇一樣，是一
個融合前人辭義、情境之綜合體，具有任讀者各取所需之包容性，
導致其所寄何旨，實難確指。故而引起讀者不同解讀，見仁見智，
無以定案。這或許正如崔述（1740–1816）所謂：「縱作詩者不
必果有此意，而讀此詩者可以悟此理。」❷⓵

<hr>

❶⓽ 有關陶詩中飢寒貧困之嘆的論析，見拙文〈陶詩中的嘆貧〉，《文學遺
　　產》1993年4期，頁29–36。
❷⓿ 引文取自王叔岷《陶淵明詩箋證稿》（台北：藝文印書館，1975），頁
　　389。
❷⓵ 見崔述《讀風偶識》（台北：學海出版社，1979）卷二頁12。按崔述此
　　處雖指《詩經》中「國風」詩而言，卻也隱約點出作者/作品/讀者三者
　　之間的互動關係，以及中國古典詩歌在內涵意境上可令讀者各取所需之
　　包容性。

四、結　語

　　誠如陶淵明於〈閑情賦〉小序所言，這是一篇沿襲傳統，模擬前人如張衡〈定情賦〉、蔡邕〈靜情賦〉之作，而且其間「繼作」痕跡，相當明顯。包括「檢逸辭而宗澹泊，始則蕩以思慮，而終歸閑正」之內涵，以及「將以抑流宕之邪心，諒有助於諷諫」之意圖，均不離張衡、蔡邕以來同類賦作之傳統範疇。就連辭句上，亦幾乎「句句有來歷」，不乏因襲借用之處。❷儘管如此，這仍然是陶淵明之作，仍然或隱或顯，打上了作者陶淵明的烙印。雖然其纏綿悱惻的愛情主題，在陶集中是孤例，可是賦中絕代佳人，以及思慕追求佳人者，與陶淵明其他詩文中自述之人格，吟詠之情懷，卻頗有近似之處。或許這正是促使讀者懷疑，其並非純寫愛情之篇，而是有所寓意，另有寄託。惟所寄何旨，難以確指，乃至出現仁智各見，無法取得共識的現象。

　　值得注意的是，〈閑情賦〉既然是一篇模擬前人之「繼作」，當屬有意為之，刻意模仿者。這就與陶詩予讀者之一般印象，亦即「淵明不為詩，寫其胸中之妙耳。」❷相去甚遠。何況〈閑情賦〉是陶集中現存三篇辭賦中，最接近賦體「鋪采摛文」傳統者，與「文體省淨，殆無長語」之陶詩風格，亦大相逕庭。尤其是第二大段中十願十悲之鋪敘，雖然展示陶淵明於辭章之才智，並想像之豐，構思之巧，卻也因為以長達三分之一篇幅，來表達同樣的意念，就顯得單調重複，乃至沖淡了作者的意圖，減輕了作品

---

❷此賦發端四句，強調佳人舉世無雙之豔色，即與張、蔡之作相若，其他化用前人辭句之處，俯拾皆是。見逯欽立校注《陶淵明集》，頁152-158；龔斌校箋《陶淵明集校箋》（上海：上海古籍出版社，1996），頁377-388。

❷陳詩道（1053-1102）《後山詩話》評陶語。見何文煥輯《歷代詩話》（1770年序，北京：中華書局，1981），上冊，頁304。

的創意㉔，而且難免「爲文而造情」之嫌。㉕

當然，既是寫「賦」，則必須遵循賦體之鋪敘傳統，否則不成賦篇。不過，就其「始則蕩以思慮，而終歸閑正」之內涵而言，〈閑情賦〉以絕大部份篇幅(119句)，反覆鋪敘對佳人之綿綿思慕，執著追求，最後卻以「終阻山而帶河」，這樣一個因襲的現成理由㉖，把宛轉纏綿之情收斂起來，壓抑下去，轉而「迎清風以袪累，寄弱志於歸波，尤〈蔓草〉之爲會，誦〈邵南〉之餘歌。坦萬慮以存誠，憩遙情於八遐。」變得不僅超然無累，高潔澹泊，而且似乎有些道貌岸然起來。從文學作品結尾功能視之，的確如袁行霈所言「收得無力」。予人之印像並非「有助諷諫」，而是「卒無諷諫」，未能達到諷諫的成效。猶如錢鍾書之風趣比喻：「以此檢逸歸正，如朽索之馭六馬，彌年疾疢而銷以一丸也。」

再者，雖然宛轉纏綿之愛與高潔澹泊之志，可並存於一身，一個高潔澹泊之人，亦可是一個深情癡情者；㉗而且，無可否認的，作者是否有愛情的實際體驗，對其創作，亦可能有一定程度之影響。㉘不過，作者的感情經驗與作品之藝術價值和成就，其

㉔取海陶瑋說，見 James R. Hightower, "The Fu of T'ao Ch'ien," in John L. Bishop (ed.) *Studies in Chinese Literature* (Cambridge: Harvard University Press, 1965), p. 195.

㉕劉勰(465?-520?)《文心雕龍·情采》云:「昔詩人什篇，爲情而造文，辭人賦頌，爲文而造情也。」見范文瀾《文心雕龍註》本（香港：商務印書館，1960)下冊，頁538。

㉖如陳琳（?-217）〈止欲賦〉云：「道攸長而路阻。」王粲（177-217）〈閑邪賦〉云：「關山介而阻險。」含意皆雷同。

㉗家父即舉陶淵明〈閑情賦〉與林逋〈長相思·惜別〉爲例，指出志趣高潔之士，亦可以是極爲深情癡情之人。見王叔岷〈論陶潛的閑情賦及林逋的惜別詞〉，收入《慕廬雜著》（台北：華正書局，1988），頁423-434。

㉘袁行霈即認爲，陶淵明的「清高表現在政治上不同流合污，并非連愛情的能力和興趣也沒有。」其中「十願」之「一往情深」，「如無眞切而熾熱的愛情體驗，筆下豈能有如此傳情之辭句？」見〈陶淵明的《閑情賦》與辭賦中的愛情閑情主題〉，頁 127-129。

間就可能並無必要的關連。從讀者鑑賞立場而言，值得重視的是，作品本身旨趣表現之統一連貫性。就文學作品展現的情感心境，及其發展脈絡視之，從功名之心轉爲澹泊之志，頗具連貫性，是一種可信的自然演變，顯示一個人在政治社會生涯中，心境的變化與生命態度的抉擇。由纏綿之愛，發展成澹泊之志，雖然並非絕對不可能，由於二者屬於不同性質的情懷志趣，其間的連續發展、直接演變，則較難令人信服。

《昭明文選》賦類中，特別列入「情」這一分類，收錄宋玉〈高唐賦〉、〈神女賦〉、〈登徒子好色賦〉三篇，并曹植(192-232)〈洛神賦〉，可見蕭統對於以「愛情」爲主題之作品，並不排斥，亦無偏見。其所謂「白璧微瑕者，惟在〈閑情〉一賦」，不知除了對其「卒無諷諫」之缺憾外，是否對〈閑情賦〉本身還含有其他方面的「不滿」，則不敢妄測。儘管蕭統苛責陶淵明：「何必搖其筆端，惜哉！亡是可也。」畢竟還是把〈閑情賦〉收入《陶淵明集》，不然，很可能也會像張衡、蔡邕諸人所寫之閑情賦篇，只剩下殘篇佚文而已。

論　文：陶淵明〈閒情賦〉之諷諫與寄託
主講人：王國瓔教授
講評人：簡宗梧教授

我最佩服的有幾方面：首先有關〈閒情賦〉的資料和批評收籮齊備，且對於陶淵明的詩也如數家珍，這樣旁徵博引正顯示王教授的博雅。第二，從作者的意圖、作品的表現、讀者的感受三方面，不但釐清了歷來批評〈閒情賦〉的糾葛，而且檢視在批評時是否有所交集，因爲有時焦點並不相同。同時也檢視了〈閒情賦〉是否有諷諫的意味，此切入角度很不錯。第三，在檢討寄託

何旨上，她透過〈擬古九首〉其五，找到「東方一士」賦中佳人的形象給人似曾相識的感覺，彷彿是個孤獨、高潔的隱士甚至是陶淵名自述的畫像。思慕者追求的形象是一種追求理想、企盼知音同調的化身。因此文章大體上推知那些絕代佳人可能是作者自喻，對於絕代佳人思慕係以一份對同調者的企盼爲其主旨。第四，在此篇文章結論中，作者仍覺得讀者因人而異，故難有確切的答案。這正是前後呼應，更顯示作者治學的嚴謹。

賦作爲貴游文學有其責任與方法，但〈閒情賦〉並非貴游文學、也非在帝王身邊所提出的，故其諷喻或寄託方面之檢視，人云亦云，這也是賦最迷人之處——給予讀者更多的想像空間。在第十二頁中，作者提到「爲情造文」，語氣上好像顯示不太好的意思，然而「爲情造文」與「爲文造情」是相對的。一般貴游文學在皇帝身旁難免寫些「爲文造情」的文章，至於心有所欲而寫出的文章自然是好的，即「爲情造文」，在此「爲情造文」既是負面的批評，那文學作品應寄託什麼呢？

問與答

問：陶淵明序文所言有助於諷諫，我們不一定要盡信，假若此，若往上追問，張衡〈定情賦〉、蔡邕〈靜情賦〉中都述及美女，且與性有關，他們寫作目的爲何？

答：第十二頁「爲情造文」是打反了，應是「爲文造情」。寫美女的賦有很多，例如：宋玉的〈高唐賦〉、〈神女賦〉、〈登徒子好色賦〉、曹植的〈洛神賦〉，所以袁行霈在〈陶淵明的《閑情賦》與辭賦中的愛情閑情主題〉中認爲《閑情賦》並無政治寄託、寓意，乃是單純寫美女。但基本上言情和寄託二者並不互相排斥。

論六朝賦之詩化

東海大學中文系
李 立 信

一、緒 言

　　詩和賦這兩種文學作品，長期以來，就一直糾纏不清，甚至從「賦」剛出娘胎的那一刻起，就和詩結下不解之緣，它和詩一直就無法明確地劃清界線，所以班固才會說「賦者，古詩之流也」；劉彥和也才會說：「賦者，受命於詩人，拓宇於楚辭」。可見詩、賦間的血緣關係。

　　詩和賦之間一直保持著長期的互動關係，這種互動關係，到六朝時可說發展到了頂峰。六朝的詩，不但大規模的賦化❶，甚至在同一時期，六朝的賦也極度的詩化。本文即從外在形式及寫作習慣兩方面，來探討六朝賦的種種詩化現象。

　　兩漢賦可分為「騷體賦」、「問答體散文賦」及「四六言賦」等。「騷體賦」如賈誼的〈弔屈原賦〉、〈鵬鳥賦〉等篇有大量『兮』字者；「問答體散文賦」如司馬相如〈子虛賦〉、〈上林賦〉，班固〈兩都賦〉等，以主客問答形式構成之散文賦；至於「四六言賦」，則如張衡〈歸田賦〉、蔡邕〈筆賦〉等，多以四、六言構成，篇幅較為短小之抒情諸作。

---

❶請參閱本人《論六朝詩之賦化》一文，發表於民國八十五年五月，彰化師範大學主辦之「第三屆中國詩學會議」。

　　魏晉六朝賦固承兩漢，雖然如司馬相如、枚乘等長篇問答體散文賦仍不時可見，但騷體賦及四、六言賦，或二者之混合體，已成爲此時賦篇之主要形式。放眼六朝賦壇，問答體散文賦雖未完全絕跡，如左思〈三都賦〉等長篇大論之作，已較西漢爲少，此時賦篇，篇幅大多明顯較兩漢縮小，對偶日工，駢句日多；而且文中往往參入詩句，甚或全篇皆以詩句組成，除五七言詩句大量出現外，全文幾乎都是四、六言句組成。且此時詩歌所有的寫作習慣，賦亦全盤接受，凡此種種，皆六朝賦之異於兩漢者。茲分項論述之。

二、形式上的詩化

(一)篇幅短小

　　所謂形式上之詩化，係指此時期之賦，在形式上大量採用詩歌的形式，而詩歌在形式上的頭一個最大特色就是「篇幅短小」。

　　詩是文學中的文學，形式最爲精緻，所以詩歌是所有文學作品中，篇幅最爲短小的。近體的律、絕都只有幾十個字，古詩雖有的篇幅較長，但也不過兩三百字，字數超過兩、三百字的詩歌，就頗爲罕見了。兩漢賦篇雖不見得每篇都很長，但大體而論，全盛期之問答體散文賦，甚至有到三、五千字者，如枚乘〈七發〉；司馬相如之〈子虛〉、〈上林〉；❷班固之〈兩都賦〉等，無一非長篇之作。這些大賦到東漢末，篇幅已日漸縮小。像嵇康之〈琴賦〉、陸機〈文賦〉、左思〈三都賦〉等長篇之作已日少（但仍不及兩漢之篇幅）；進入南北朝，短賦已經成爲賦壇之主流，像江淹的〈恨賦〉、〈別賦〉，在當時篇幅已嫌稍長，至於

---

❷或以爲兩篇，而實爲一篇。《史記·相如列傳》即合兩篇以爲〈天子游獵賦〉。

像庾信的〈哀江南賦〉等，幾成長篇之絕響。

　　一般說來，從魏晉開始，賦的篇幅就已經普遍的縮小了，長賦只偶一出現。就當時文壇盟主曹植來說，他的賦絕大部分都在三百字以下，三百字以上的賦，只有〈九愁賦〉、〈洛神賦〉、〈蟬賦〉等三首，而且又以一百字左右者佔多數。現今所見曹植賦篇以明·張溥輯《漢魏六朝百三名家集》中之曹子建集所收為最多，約四十餘篇，但張書所收諸賦，絕大部分引自《藝文類聚》、《初學記》等類書，其中有些很可能是殘篇。陳振孫《直齋書錄解題》卷四，對《陳思王集》二十卷有這樣的說明：

> 魏陳王曹子建撰，卷數與前志（或作唐志）合，其間亦有采取御覽、書鈔、類聚諸書中所有者，意皆後人附益，然則亦非當時全書矣。其間或引摯虞流別集，此書國初已亡，猶是唐人舊傳也。

可見魏晉六朝人，作品散失嚴重，子建諸賦，宋人已未能窺其全貌，幸賴類書，得以保有部分面目。茲列表於下：

篇　　名	字數	備　　　　　　　　註	篇　　名	字數	備　　　　　　　　註
東征賦	106	藝文類聚卷59；太平御覽卷336	愁霖賦	65	見本集
遊觀賦	60	藝文類聚卷63	九愁賦	530	藝文類聚卷35
懷親賦	60	藝文類聚卷20；太平御覽卷17	登臺賦	120	藝文類聚卷62；初學記卷24
幽思賦	96	藝文類聚卷29	洛神賦	872	藝文類聚卷8、79；初學記19；文選
離思賦	84	藝文類聚卷21	寶刀賦	146	太平御覽346
釋思賦	48	藝文類聚卷21	喜霽賦	49	藝文類聚卷2
臨觀賦	90	藝文類聚卷63	九華扇賦	100	藝文類聚卷64；太平御覽卷702；北堂書鈔卷134

潛志賦	72	藝文類聚卷36	大暑賦	176	藝文類聚卷5；北堂書鈔卷156；初學記卷3；太平御覽卷34；御覽12卷又另錄四句25字，可見176字殊非全賦
閒居賦	154	藝文類聚64	神龜賦	288	藝文類聚卷69；初學記卷30
慰子賦	84	藝文類聚34	白鶴賦	152	藝文類聚卷90；初學記卷30
敘愁賦	120	藝文類聚卷35	蟬賦	329	藝文類聚卷97；初學記卷30
秋思賦	87	藝文類聚卷35；太平御覽卷25；北堂書鈔卷154；初學記卷3	鷂賦	111	藝文類聚卷90
娛賓賦	91	初學記14	離繳雁賦	172	藝文類聚卷91；初學記卷30
愍志賦	84	藝文類聚卷30	鷂賦	238	藝文類聚卷91；太平御覽卷926、965、841
歸思賦	60	見本集	芙蓉賦	111	藝文類聚卷69；初學記卷30；御覽999
靜思賦	74	藝文類聚18	迷迭香賦	91	藝文類聚卷81
感婚賦	72	藝文類聚卷40	鸚鵡賦	120	藝文類聚卷91；初學記卷30
玄暢賦	193	藝文類聚26	蝙蝠賦	68	藝文類聚卷97
節遊賦	282	藝文類聚28	槐賦	72	藝文類聚卷88；初學記28
出婦賦	120	藝文類聚卷30	酒賦	226	藝文類聚卷72；北堂書鈔卷148
感節賦	240	藝文類聚38	橘賦	180	藝文類聚卷86；初學記卷28；御覽966
車渠椀賦	192	藝文類聚73；太平御覽卷808	述行賦	36	初學記卷7

　　以上子建賦共四十五首，其中三百字以上的只得三首；兩百字以上三百字以下的五首；一百字以上兩百字以下的十五首，其餘二十三首皆不及一百字。即三百字以上的賦只佔百分之七弱，其餘百分之九十三的賦，都在三百字以下。❸可見從魏曹子建等作家開始，賦的篇幅已顯然縮小了許多。除曹子建外，他如：

作　者	賦　　　題	備　　　　註	字數	作　者	賦　　　題	字數	備　　　　註
謝朓	杜若賦	謝宣城集	143	庾信	蕩子賦	141	藝文類聚卷32
	野鶩賦	謝宣城集	85		鐙賦	178	藝文類聚卷80 初學記卷25
	遊後園賦	謝宣城集	187	陳後主	夜庭度雁賦	151	初學記卷30
	臨楚江賦	謝宣城集	114		棗賦	70	初學記卷27
	擬宋玉風賦	謝宣城集	156	沈炯	幽庭賦	117	藝文類聚卷64
沈約	麗人賦	藝文類聚卷18	145	江總	雲堂賦	117	藝文類聚卷63
	愍衰草賦	藝文類聚卷81	152		貞女峽賦	84	藝文類聚卷6
吳均	吳城賦	藝文類聚卷7	65		勞酒賦	98	藝文類聚卷39
	八公山賦	藝文類聚卷63 初學記卷24	163		山水納袍賦	146	藝文類聚卷67
何遜	窮鳥賦	初學記卷30，略見藝文類聚卷92	120		華貂賦	120	藝文類聚卷67
蕭繹	採蓮賦	藝文類聚卷80	149		瑪瑙碗賦	128	藝文類聚卷73
	蕩婦愁思賦	藝文類聚卷32	200		南越木槿賦	187	藝文類聚卷89
蕭子暉	冬草賦	藝文類聚卷81	108	張正見	山賦	146	藝文類聚卷7
陶宏景	雲上之仙風賦	藝文類聚卷78	114		石賦	266	藝文類聚卷6 初學記卷5
周弘讓	山蘭賦	藝文類聚卷81	84		衰桃賦	124	藝文類聚卷86 初學記卷28
徐陵	鴛鴦賦	藝文類聚卷92	153				

　　以上各家皆爲六朝名家，就在各家名作中略舉數首，都在兩百字以下。這個時期的作品，除部分見之於史傳外，多半係從類

---

❸包括部分殘篇。

書中輯出，而類書所收，未必皆為全篇，所以上表各篇之字數，也未必全然可信。但有些賦亦可確定為全篇，而篇幅明顯較兩漢為短者，如王粲《登樓賦》、鮑照《蕪城賦》、江淹《月賦》等，及見於《六朝文彙》中的賦篇，大抵都是短篇。可見六朝賦之篇幅，已大量趨向短小。在所有文學作品中，詩的篇幅無疑是最短小的。六朝賦有許多篇幅幾與詩歌無異，如：

□爰自山南，薄暮江潭。滔滔積水，裊裊山嵐。慢與江兮竟無際，客之行兮歲已嚴。爾乃雲沉西岫，風蕩中川。馳波鬱素，駭浪浮天。明沙宿莽，石路相懸。於是霧隱行雁，霜眇盧林；迢迢落景，萬里生陰。列攢茄兮極浦，弭蘭鷁兮之江潯。奉玉樽之未暮，餐勝賞之芳音。願希光兮秋月，承永照溪橤兮遺簪。（謝朓 臨楚江賦）

□古樹荒煙，幾千百年？云是吳王所築，越王所遷。東有鑄劍殘水，西有舞鶴故廛。縈具區之廣澤，帶姑蘇之遠山。僕本蓄怨，千悲億恨，況復荊棘蕭森，叢蘿彌蔓。亭梧百尺，皆歷地而生枝；階筠萬丈，或至杪而無葉。不見春荷夏槿，惟聞秋蟬冬蝶。木魅晨走，山鬼夜驚。不知九州四海，乃復有此吳城。（吳均 吳城賦）

□爰有奇特之草，產於空崖之地。仰鳥路而栽通，視行蹤而莫至。挺自然之高介，豈眾情之服媚？寧紉結之可求，兆延佇之能洎。秉造化之均育，與卉木而齊致，入坦道而銷聲，屏山幽而靜異。獨見識於琴臺，竊逢知於綺季。
（周弘讓 山蘭賦）

以上三首均約百字左右，篇幅之短，於兩漢固絕難一見，六朝以後亦不多有。然此類賦篇，在六朝卻極普遍。可見六朝賦，在篇幅上有明顯的詩化現象。

㈡齊言

　　詩文的分別，除了詩必需押韻，文則不必押韻之外，它們外在形式上的最大差異之一就是「文」的句子是隨意義之繁簡而爲之長短的，有話則長，無話則短，所以它必然是參差的。除了駢文之外，我們不可能看到齊言的「文」句；但相反的，「詩」句則絕大多數是齊言的，除了少數雜言詩之外，無論古體還是近體，詩必然是齊言的。因此，「齊言」就成了詩歌外在形式上的註冊商標。而賦，尤其是六朝的賦，卻是由大量齊言的句子所組成的。特別是六言句和四言句，已成了此時賦的主要句式，有時也會出現五言句和七言句。而全篇六言的賦也大量出現，全篇四言的則較少見。這種風氣從魏開始，已極顯著，曹植作中，已有相當數量的純六言賦。如：〈懷親賦〉、〈幽思賦〉、〈離思賦〉、〈釋思賦〉、〈潛志賦〉、〈慰子賦〉、〈敍愁賦〉、〈愍志賦〉、〈歸思賦〉、〈出婦賦〉、〈九華扇賦〉(不含敍)、〈鸚鵡賦〉、〈蝙蝠賦〉、〈槐賦〉等，都是純六言的賦。這些賦，不但押韻，而且每一篇都是齊言的，置於詩歌中，恐怕很難認出哪一篇是詩，哪一篇是賦。而曹植另一篇〈蝙蝠賦〉，全篇四言，凡六十八字，則更與詩歌無別。

　　他如謝朓〈酬德賦〉，文長八五五字，爲當時少見之長篇，全文一百四十二句，除頭尾兩句非六言外，其餘一百四十句全是六言；又如其〈思婦賦〉，全文八十八句，其中七十句爲六言，二句七言，十六句爲四言，基本上是四六言的組合，而在中間插入了兩個七言句；又如謝朓〈七夕賦〉，全文五十八句，其中四十四句六言，十一句四言，中間插入了兩句七言，基本上百分之九十以上都是四六言的組合。又如〈高松賦〉，共六十二句，其中五十句六言，於十二句四言，爲完全之四六言組合。它如〈杜

若賦〉凡廿四句，其中廿二句爲六言，兩句四言，亦爲四、六之組合。他如荀勖的〈葡萄賦〉、鮑照〈飛蛾賦〉、吳均〈吳城賦〉、〈八公山賦〉、何遜〈窮鳥賦〉、蕭繹〈蕩婦秋思賦〉、徐陵〈棗賦〉、沈炯〈幽庭賦〉、江總〈雲雀賦〉、〈勞酒賦〉、〈山水納袍賦〉、〈瑪瑙碗賦〉及張正見〈石賦〉、〈衰桃賦〉等無不如此。而江總之〈貞女峽賦〉、〈華貂賦〉，更是全篇六言。

　　以上諸例，不過就各家名篇略舉數則，雖不足以盡見六朝賦全貌，但六朝賦之齊言傾向，已顯然可見了。

(三)駢句成篇

　　所謂「駢句」，是指由兩個字數相等的鄰句，組合成一個完整的句子。對仗句固然一定是駢句，但不對仗的兩個字數相等的鄰句，也一樣可以組成駢句。詩歌和散文，從外在形式上來說，最大的差異即在於詩歌由「駢句」組成，散文由長短參差的散句組成。我國古典詩歌天生就以兩句爲一組，所以古典詩總是在偶數句最後一個字押韻。而偶數句正是古典詩固定的節奏點，所以詩歌外在形式上的最大特色，即是「駢句」。

　　魏晉以來的賦，駢偶日繁，因而形成所謂的「駢賦」。從外在形式上來說，駢賦的最大特色自然是以駢句組成。要組成駢句，先決條件是，必須要在齊言的基礎上才有可能。而如前文所述，齊言正是六朝賦外在的特色之一，在這樣的基礎上，自然會組成駢句，甚至形成對仗句。這是魏晉南北朝賦的最大特色，也正是曹丕在〈典論·論文〉中所說的「詩賦欲麗」。而此處所謂的「麗」，除了華麗之「麗」外，顯然應包含《文心雕龍·麗辭》篇之「麗」❹，從這個角度來理解魏晉南北朝的賦，當更能掌握

❹《文心雕龍》卷七有「麗辭篇」，麗即儷也，麗辭實指「駢麗對偶」之辭，全文重點皆在論駢偶之事。

此時賦的特色。

因爲這是魏晉南北朝賦的普遍特色，例證隨手可得，甚至有
通篇駢偶者，如晉人傅玄〈棗賦〉：❺

> 有蓬萊之嘉樹，植神州之膏壤，擢剛莖以排虛，誕幽根以
> 滋長，北陰塞門，南臨三江，或布燕趙，或廣河東。既乃
> 繁枝四合，豐茂蓊鬱，斐斐素華，離離朱實，脆若離雪，
> 甘如含蜜，脆者宜新，當夏之珍；堅者宜乾，薦羞天人。
> 有棗若瓜，出自海濱，全生益氣，服之如神。

駢辭麗句，自首至尾，貫穿全篇。晉人之賦已然如此，則南北朝
之賦更可想見一般了。

駢句是組成詩的主要句式，而六朝賦也全然以駢偶出之，可
見六朝賦之詩化，在形式上已極明顯。

三、寫作習慣上的詩化

所謂寫作習慣，係泛指作家從事創作時，慣常採用的，與其
他作家間之互動方式。如詩人常以詩歌互相贈答，詩人聚會時，
往往以同一題目即席寫作，並相互唱和等。就一般的文學作品來
說，大概詩歌的寫作習慣是最爲多樣的。但是到了六朝，只要是
詩有的寫作習慣，賦也都一應具全。說得具體一點，即六朝賦的
作家，把詩的寫作習慣，大量地移植到賦的寫作上去。也就是說
六朝賦在寫作習慣上，有明顯的詩化傾向。如：

(一)贈答

詩人用詩歌來互相贈答，緣起甚早。在漢代已有這樣的習慣，
如東漢桓麟有〈答客詩〉❻，又秦嘉有〈贈婦詩〉、〈贈婦詩三

---

❺見文津出版社《魏晉百三名家集》 P1520
❻見逯欽立《先秦漢魏晉南北朝詩》木鐸出版社P183

首〉，而其妻徐淑有〈答秦嘉詩〉，具見於《玉臺新詠》❼；而蔡邕有〈答元式詩〉、〈答卜元嗣詩〉❽；及至魏晉，贈答詩更爲普遍，如王粲有〈贈蔡子篤詩〉❾、〈贈士孫文始〉❿、〈贈文叔良〉、〈贈楊祖德〉；劉楨有〈贈五官中郎將詩四首〉⓫、〈贈徐幹詩〉、〈贈從弟詩三首〉⓬；徐幹有〈贈五官中郎將詩〉⓭、〈答劉楨詩〉⓮……足見魏晉以來，贈答日繁。

兩漢賦家未見以賦爲贈答之作。有之自六朝始。

梁陸倕有〈感知己賦贈任昉〉，而任昉則有〈答陸倕感知己賦〉⓯。這是目前所見最早的一組以賦贈答的作品。其後以賦作爲贈答的作品日多，甚至對方贈之以詩，而作者卻以賦答之，如謝朓〈酬德賦〉⓰，賦前有序云：

> 右衛沈侯以冠世偉才眷予以國士，以建武二年，予將南牧，見贈五言。予時病，既以不堪苞職，又不獲復詩。四年，予忝役朱方，又致一首。迫東偏寇亂，良無暇日。其夏還京師，且事讛言，未遑篇章之思。沈侯之麗藻天逸，固難以報章，且欲申之賦頌，得盡體物之旨。詩不云乎：「無言不酬，無德不報」。言既未敢爲酬，然所報者，寡於德耳。故稱之〈酬德賦〉。

沈約兩度贈詩宣城，而宣城竟答之以賦。可見這時的賦，不僅寫

---

❼同上注　P186-8
❽同上注　P139
❾同上注　P359
❿同上注　P358
⓫同上注　P369
⓬同上注　P371
⓭同上注　P375
⓮同上注　P376
⓯見中華叢書委員會出版《兩晉南北朝文彙》　P393
⓰見《宣城集》卷一

作習慣上極度的詩化，甚至連本質上都明顯的有詩化的傾向了。
六朝以後，以賦贈答的情形就更爲普遍了。

(二)擬

從現有的資料來看，兩晉之際始有「擬」作之詩出現，如傅
玄之〈擬楚篇〉、〈擬四愁詩四首〉、〈擬馬防詩〉**⑰**；張華之
〈擬古詩〉**⑱**；陸機之〈擬行行重行行〉、〈擬今日良宴會〉、
〈擬迢迢牽牛星〉……**⑲**謝道韞之〈擬嵇中散詠松詩〉**⑳**；袁宏、陶
淵明等人之〈擬古詩〉等是。魏晉以後擬作日多，而南朝之賦，
亦開始出現擬作。如齊人謝朓有〈擬風賦奉司徒教作〉**㉑**。案
〈風賦〉原爲宋玉之作，謝朓擬之，此係以賦擬賦；亦有以賦擬
詩者，如梁范縝有〈擬招隱士賦〉**㉒**，而范縝之前，晉人陸機、
左思、張載等人，都有〈招隱士詩〉，而范縝以前，未見有「招
隱士賦」，可見范縝所擬者，實前人之詩，而非前人之賦。則此
種擬作，實係賦走上詩化的明顯表現。

(三)應詔

所謂「應詔」是指應皇帝之徵召而作。如果從這個角度去理
解，那麼有些漢人的賦，確實是在此一情形下寫成，所以事實上，
賦的應詔，可能比詩更早；可是就現存的漢賦來看，還沒有發現
任何一篇漢賦，題目上有注明是「應詔」的；但是自魏人曹植開
始，詩的題目上已明確標示出「應詔」。而曹植本人就有〈應詔
詩〉**㉓**，晉人劉毅有〈西池應詔賦詩〉**㉔**；南朝如范曄〈樂遊應

---

⑰見逯欽立《先秦漢魏晉南北朝詩》木鐸出版社　P556、573、576
⑱同上　P621
⑲同上　P685-689等十二首
⑳同上　P912
㉑見上海古籍出版社《謝宣城集》卷一。
㉒見中華叢書委員會出版《兩晉南北朝文彙》P394
㉓同注20　P447
㉔同上　P936

詔詩〉❷；顏延之〈應詔讌曲水作詩〉❷、〈爲皇太子侍宴餞衡
陽南平二王應詔詩〉❷等，其後應詔之作不知凡幾。可見詩歌在
魏晉即已出現應詔之作；就現有資料來看，賦之應詔，從南朝劉
宋開始，就已出現。如謝莊之〈舞馬賦應詔〉及〈赤鸚鵡賦應
詔〉❷；王儉之〈靈丘竹賦應詔〉等是。這顯然是受到應詔詩的
影響，才會有應詔賦的出現。

(四)學

所謂「學」，就是學習、仿效，與前面的「擬」，實不相同。
學的對象，可能是某人，也可以是某一體。甚至可以是某一類特
定的詩歌。如劉宋鮑照有〈學古詩〉❷，即係仿效「古詩十九
首」；而〈學劉公幹體詩五首〉❸及〈學陶彭澤體詩〉❸；王素
的〈學阮步兵體〉❸，則是針對某一體而學；而江淹的〈學魏文
帝詩〉❸就顯然是以詩人爲學的對象了。

江淹「學」體詩就今所見，除了前面提到的〈學魏文帝詩〉
外，還有〈學古贈邱永嘉征還詩〉❸及〈學古詩三首〉❸，在南
朝詩人當中，是頗喜歡寫「學」體的；而他的賦，竟然也有「學」
體，如在《江文通文集》卷二有〈學梁王兔園賦〉。可見賦也有
「學」這一體，而賦中之「學」體，來自於詩也是顯而易見的。

---

❷同上 P1202
❷同上 P1225
❷同上 P1228
❷見中華叢書委員會出版《兩晉南北朝文彙》P328；P331
❷見逯欽立《先秦漢魏晉南北朝詩》木鐸出版社1298
❸同上注 P1299
❸同上注 P1300
❸同上注 P1317
❸同上注 P1581
❸同上注 P1692
❸同上注 P1639

㈤**和**

只要對中國詩歌稍有認識的人，都知道詩人常以詩唱和，因而「和詩」在古典詩中，可以說是隨處可見。就現有資料來看，最早和詩始於晉人劉程之、王喬之與張野，三人都有〈和慧遠遊盧山詩〉，而慧遠之原詩，亦見於逯欽立編《先秦漢魏晉南北朝詩》及《詩紀》內。這是目前我們能看得到最早的一組和詩。晉人陶潛亦有〈和劉柴桑詩〉、〈和胡西曹示顧賊曹詩〉等作，此後和詩日眾，花樣也日多，有和意的，也有和韻的；和韻之中，又有用韻、依韻、次韻之別，名目繁多，不勝枚舉。

南朝自劉宋以來，賦家往往因襲詩歌之寫作習慣。自晉人創為和詩以來，和者日眾，而賦家亦每每以賦相和，如王儉有〈和竟陵王子良高松賦〉❸，王儉為宋、齊間人，與王同時的謝朓，也有〈高松賦〉之作，而且謝朓在題下自注云：「奉司徒竟陵王教作」❸，從賦題及自註文來看，王儉所和的對象是竟陵王，而謝朓奉和的對像也是竟陵王，他們又是同時人，謝朓還曾任王儉的衛軍東閣祭酒，與王儉有舊，顯然兩人的〈高松賦〉是同時的作品，且都是和竟陵王的。可惜竟陵王的作品〈高松賦〉已不可見。

最早的和詩都只和意而不和韻，和韻的詩，基本上要到唐代才出現。和賦也是一樣的，六朝時只有和意的賦而沒有和韻的賦，和韻的賦要到唐朝才看得到。

㈥**即席創作**

文人為了逞才，常常即席揮毫。這類作品自以詩歌為大宗。春秋時代的外交場合，往往要賦詩言志，所賦之詩，雖多舊章，

---

❸見中華叢書委員會出版《兩晉南北朝文彙》P366
❸見四庫叢刊本《謝宣城集》卷一。《初學記》題作：「和蕭子良高松賦」。

但也未嘗沒有新作。西漢初年，傳說漢武帝建柏梁臺，設宴以款諸臣，但必須要能七言詩者，始可與會。席間自武帝起，人各一句，湊成廿六句的「柏梁聯句」。這個說法眞僞難定，但漢以後許多宮中宴會，仿「柏梁聯句」，都是即席作的。但此後風氣日衰，即席之作似難再見。而魏人曹植之「七步詩」，又再次激起文士即席吟詩之雅興，南朝君臣，仿「柏梁聯句」之作，也所在多有，如：宋孝武帝劉駿與臣子八人共作〈華林都亭曲水聯句效柏梁體詩〉及梁簡文帝蕭綱與庾肩吾等四人共作的〈曲水聯句詩〉等是。

　其後詩人聯句之作日多，基本上都是即席而作的。他如陸機〈皇太子宴玄圃宣猷堂有令賦詩〉、陸雲〈大將軍宴會被命作詩〉、〈征西大江軍京陵王公會射堂皇太子見命作此詩〉、〈大安二年夏四月大將軍出祖王羊二公於城南堂皇被命作此詩〉等。❸也可見出都是即席之作。魏晉以來的「應詔」詩，「口號」詩，基本上也都是即席作的。所以即席寫作在詩中是頗常見的。除了詩歌之外，大概就只有賦是可以即席寫作的了。南朝謝朓〈杜若賦〉❸題下自注云：「奉隨王教作，時年二十六於坐獻」。從題下的注，很清楚的知道，謝朓此賦實係當時即席的作品，賦中之奉教原仿自於詩，這種即席之作，同樣也是出自於詩歌。

　即席作原本是文人逞才，但這種逞才之作，只宜於篇幅短小的詩歌，長篇大論的文自然不適合。六朝的賦，因為篇幅大為縮小，且無賦不駢，明顯地有詩化傾向，所以它可以和詩一樣，為文士提供了即席創作，逞才使氣的文體。所以賦之所以能成為逞才之作，主要還是由於此時賦篇已大量詩化的結果。

---

❸見逯欽立《先秦漢魏晉南北朝詩》木鐸出版，P671、P673、P698
❸上海古籍出版社，謝宣城集，注33

四、結　語

　　縱觀我國歷代文學發展史，各代文學作品極爲多樣，彼此之間也往往會互相產生一些影響。但是從來沒有任何兩類文學作品，相互間的影響，會像詩和賦這麼大，尤其是六朝時期的詩和賦。

　　本人曾撰〈論六朝詩之賦化〉一文，對六朝詩歌發展受賦之影響，有頗爲深入的探討；但反觀六朝時期的賦，也頗受到詩的影響，而顯然相當的詩化。

　　從外在形式上來說，六朝詩的賦化，大至表現在以下幾方面：

　　1.篇幅短小：六朝賦大多篇幅短小，三百字以下者隨處可見，篇幅往往如詩歌之短小。

　　2.齊言：齊言是詩歌的專利，六朝賦中出現大量齊言句，自然是詩化的傾向。

　　3.駢句：我國詩歌偶數句必用韻，是以詩歌的基本句式就是駢句，六朝賦之基本句式亦爲駢句，則六朝賦之詩化可以想見。又從寫作習慣來看，凡是詩歌所有的寫作習慣，六朝賦都一一的具備，如：

　　　　1.贈答

　　　　2.擬作

　　　　3.應詔

　　　　4.學

　　　　5.和

　　　　6.即席創作

以上幾種寫作習慣，都是先出現於詩歌，而後，賦的作家也紛紛模仿，以至二者之寫作習慣完全一樣。

　　六朝賦之所以會有這麼明顯的詩化傾向，主要是六朝詩人無

不能賦，詩人而兼爲賦家者彼彼皆是，自然將詩中一切帶到本來就是從詩中脫化而出的賦，這是極自然的；這和兩漢是不同的。兩漢文壇以賦爲主，未聞有以詩名家者，這與六朝詩人無不能賦，是全然不同的。

論　文：六朝賦之詩化
主講人：李立信教授
講評人：齊益壽教授

　　探討六朝賦的詩化此一現象，作者著眼點在「外在形式」與「寫作習慣」二方面。在「外在形式」方面，列舉了篇幅短小以及文句整齊化、駢偶化等特徵，以見賦的詩化。在「寫作習慣」方面，則指出詩有贈答唱和，賦也有；詩有應詔即席之作，賦也有；詩有擬代，賦也有。總之，凡是詩的應用功能，賦都亦步亦趨，不讓詩專美於前。

　　六朝賦的篇幅趨於短小，句子趨於整齊化、駢偶化，都是事實，作者的說法，信而有徵。只是他所列舉的曹植等人各篇賦的具體字數，則尚有商榷餘地。曹植的賦除《洛神賦》爲《文選》所收，得以見其全貌之外，其餘四十三篇多引自《藝文類聚》、《初學記》、《太平御覽》等類書。類書所引詩文往往有所刪節裁省，殊非完璧。又曹植的《愁霖賦》只存一篇六十五字的佚文，另一篇三十九字乃蔡邕的佚文，非曹植之作，嚴可均在《全三國文》中已有考辨。

　　至於賦的「寫作習慣」，即賦在應用功能方面，似尚非探索賦之詩化的核心問題。徐公持先生在《詩的賦化與賦的詩化》（《文學遺產》，一九九二年一月）一文中指出，相對於賦而言，「詩的優勢方面一爲精鍊性，二爲抒情性，三爲韻律化」，此文

若能在「詩化」的特質上有更深入的掌握，再勾勒出在魏晉南北朝的不同階段，賦逐步詩化日深的軌跡，則必具更大的說服力。

問與答

問：中國文體豐富，每種文體都互有影響，詩與賦最初就是混在一起，直到陸機《文賦》才提出區分。賦的特徵是體物，詩的特徵是緣情，在考慮賦的詩化或詩的賦化過程中，抒情性是否應考慮進去？應詔詩的應詔，從劉宋開始，但據《史記·漢書》記載，賦家許多都是應詔而作的，是否源於更早？文中作者認為古詩的特色是駢句影響了賦，也成駢體；我的看法正與作者相反，是賦影響了詩，詩的駢句應是後來才發展出來的。贈答方面發展比較晚，但蔡邕曾寫過〈青衣賦〉，同時代的張超也寫了一篇〈誚青衣賦〉，這樣是否算是贈答？

答：南北朝詩人的賦都從類書中抄下來，資料不全，因此我的統計資料還得再算過。從「抒情性」的問題，賦與詩還有很多可談的。在賦的應詔比詩早的問題，我論文中第七頁有述及，應詔的賦，確切名稱，是南朝劉宋開始。至於詩賦如何影響方面，我同意提出問題人之說法。張超寫〈誚青衣賦〉並未於題中清楚說出，所以我未將它列為贈答之詩。

庾信詩風演變考

韓國世明大學校中語中文學科

李 國 熙

一、序　言

庾信的一生可以梁元帝承聖三年（西元554年）出使西魏被留爲界而分爲前後兩個時期。前期是梁朝著名的宮體詩人，寫了不少綺麗輕靡的作品。而後期則在北朝度過的，這時生活經歷的豐富和對人生的深刻體驗，其作品的內容複雜而繁富，題材豐富而廣泛，因而形成了相反相成、迥然異樣的詩風。本論文先就前後期詩風特質來加以比較，再分析、歸類庾信後期詩風的類型，以便更進一步突顯出庾信後期詩風形成的意義。

二、庾信前後期詩風的比較

在此比較出庾信不同時期作品風格，從而對此一作家必須找完整的概括性認識。

庾信前期的詩風，沒有體現出鮮明的個人風格，就以一些比較清新的作品來說，把重點放在聲律和修辭技巧上，與其他作家的詩風也沒有太大的區別。大致在氣力上頗流於卑弱，而宮體的輕浮柔靡，更顯現風格的纖細、綺豔。不過，庾信前期作品中有不同風格的篇什，如他的〈將命使北始度瓜步江〉、〈入彭城館〉、〈將命至鄴〉、〈將命至鄴酬祖正員〉、〈反命河朔始入

武州〉等五首不是綺豔之作，而是莊重得體的作品。這些作品已將南朝綺靡婉約的情調和北方豪邁悲壯的風格融在這一首詩裡。比較典型的是〈燕歌行〉，與早年格調最低的〈奉和示內人〉、〈和詠舞〉等詩有所區別。這說明庾信前期有不同風格的作品問世，所以不能籠統地說他前期作品的風格綺豔柔靡。❶至於後期詩，由於生活環境和北地民歌對庾信創作的影響，他不重浮華的北方文化薰染下，「辭義貞剛」、「重乎氣質」的北朝文風也洗淨了他作品原有的柔靡之習。因此，和前期相比，就顯得更加老成，而前後所作簡直判若出兩人之手。不過，後期也寫過一些豔情詩，如〈和趙王看妓〉、〈奉和趙王美人春日〉等都是這類代表作，且呈現出民歌剛健清新色彩的〈怨歌行〉，也「未變其綺豔之初體。」這些詩顯然已經不能代表他後期詩的面目和成就了。總觀，庾信前後兩期作品在不同的歷史時期有不同的生活經歷和思想感情，文字的聲律和對偶的不同運用，使其作品，在前後期的比較上，顯現不同的風格。因而雖有一些出入，大致在前期的綺豔、清新的基礎上，把後期特有的風格加進去，從而造成了豐富多彩，絢麗多姿的詩風。

三、庾信後期詩風的類型

　　庾信詩隨著時代盛衰的變遷、經歷升沉的變化，從內容到形式，幾經演變；從題材到技巧，不斷出新，從而具有綺麗輕靡、清新自然、清新枯淡、蒼涼悲壯、剛健遒逸、深嚴渾成等的藝術風格。

(一)綺麗輕靡

---

❶參見陳洪宜，〈庾信前期作品考辨〉，《文史》，27輯（北京：中華書局，1986.12），頁226-227。

　　庾信前期的詩風綺麗輕靡，其主要原因是由於題材和內容的限制所促成，形式也不無影響，而修辭的方法也很緊要。例如女性化描寫，氣力自然柔弱，細膩的刻劃，格局容易狹隘，又如辭采上刻意渲染，文字力求雕琢精鍊，更容易形成一種卑弱柔靡的氣力之風格。像〈和詠舞〉、〈奉和示內人〉等都是形式綺豔，內容空洞的奉和應制之作。其中有些作品尚見清新的才思，如〈奉和山池〉：

> 樂宮暇予多，望苑暫回輿。
> 鳴笳陵絕浪，飛蓋歷通渠。
> 桂亭花未落，桐門葉半疏。
> 荷風驚浴鳥，橋影聚行魚。
> 日落含山氣，雲歸帶雨餘。

　　這首詩中雖有「荷風驚浴鳥，橋影聚行魚。」這樣的佳句，但從整體上看仍然只是巧致的競爭之辭，可以說是一首內容空泛的綺豔詩。庾信在梁朝時代創作的其他作品大體上與這首詩大同小異。他入北之後，作品的思想內容有了新的變化，不過其文體並未立即改變，但就詩風而言，也仍然有綺麗輕冶之作。如：

> 綠珠歌扇薄，飛燕舞衫長。
> 琴曲隨流水，簫聲逐鳳凰。
> 細縷纏鍾格，圍花釘鼓床。
> 懸知曲不誤，無事畏周郎。（〈和趙王看伎〉）

> 直將劉碧欲，來過陰麗華。
> 祇言滿屋裡，併作一園花。
> 新藤亂上格，春水漫吹沙。
> 步搖釵梁動，紅輪被角斜。

今年逐春處，先向石崇家。（〈奉和趙王美人春日〉）

這兩首在題材上並不新穎，在詩風上也未脫離前期綺豔的詩風，只不過輕豔的色彩較淡而已。「細縷纏鍾格，圓花釘鼓床。」一本作「膺風蟬鬢亂，映日鳳釵光」，即使如此，仍可謂麗而不靡。人們常用「綺靡」、「輕豔」、「纖巧」之類的詞語來概括庾信的詩風，並以此作爲否定它的根據。但是，既然文學的風格理應是多樣化的，這種風格也算是他後期詩風之一。

㈡清新自然

文學作品的語言要求精煉，反對陳辭濫調，也要求寫得自然。有些作家生活貧乏，語言貧乏，創造不出新的風格，寫不出形象化、性格化的語言，於是在文字上用工夫，用許多怪字和冷僻的典故，寫得非常晦澀，有的顛倒字句，以求新奇，違反語言的自然。❷庾信運筆清新，不事雕琢，而巧思臻化。談論庾信的人，常以「清新」稱其風格。他的「清新」風格，貫穿了他前後期的創作，絕大多數的作品，都程度不同地體現了這種風格。杜甫〈春日憶李白〉詩說：「清新庾開府。」所謂「清」，就是流麗而不濁滯；「新」就是創見而不陳腐。由於庾信才大，在琢鍊字句中仍力求清新之氣，毫無沉滯呆重的感覺，沒有失之浮薄。所以沈德潛說：「陳、隋間人，但欲得名句耳。子山於琢句中，復饒清氣，故能拔出流俗中，所謂軒鶴立雞群中耶！子山詩固是一時作手，以造句能新，使事無跡。」❸這裡所說的「清氣」，就是指詩人抒情的真切自然，深沉濃鬱。在用詞方面，以俗雜雅，以澀治滑，不計工拙。且在用事方面，使事無跡的同時，吸取晉宋人好用經史古語入詩的作法，和日常生活情景的描寫結合起

---

❷參見周振甫，《詩詞例話》（台北：長安出版社，1983），頁281-282。
❸見《古詩源》（台北：華正書局，1975），頁349。

來，捕捉偶然性的細節，於生新中見自然親切之意，從而呈現出蒼老古拙的自然美。如〈歸田〉：

　　務農勤九穀，歸來嘉一廛。

　　穿渠移水碓，燒棘起山田。

　　樹陰逢歇馬，魚潭見酒船。

　　苦李無人摘，秋瓜不值錢。

　　杜雞新欲伏，原鷽始更眠。

　　今日張平子，翻爲人所憐。

　　這裡融經語典故於俗語，表現日常生活瑣事。用辭不尙奇僻只求平易，既要用新事，又要使使用事不令人察覺，明白易懂。庾信的清新自然往往從拙處率處可見，如〈舟中望月〉：

　　舟子夜離家，開舡望月華。

　　山明疑有雪，岸白不美沙。

　　天漢看珠蚌，星橋似桂花。

　　灰飛重暈闕，蓂落獨輪斜。

　　這首詩寫景抒情都極眞切自然，不用辭藻塗飾，所以得到天然之趣。其他如〈徐報使來止得一相見〉詩也很好地表現了這些特點。

　　一面還千里，相思那得論。

　　更尋終不見，無異桃花源。

　　這首詩感情眞摯，造語清新，只用短短二十字，就把含蓄蘊藉，無生澀板滯之累。又如〈就蒲酒使君乞酒〉：

　　蕭瑟風聲慘，蒼茫雪貌愁。

　　鳥寒棲不定，池凝聚未流。

　　蒲城桑葉落，灞岸菊花秋。

　　願持河朔飲，分勸東陵侯。

❶ 見丁福保編《歷代詩話續編》中，（北京：中華書局，1983），頁815

　　這首詩也清新流麗而不顯呆滯晦澀，富有新意而不落俗套。庾信情動辭發時，不假雕詞琢句，興到筆隨，有似白描，而自然親切有味。庾信後期詩，所以能給人清新自然之感，主要在於他後期拔出時代的流俗，掃除了內容方面的空虛和貧乏，同時也吸收了民歌的清麗和清剛之氣，但還是運用前期藝術技巧，重點還是擺在修辭方面。所以可以說逐漸脫離了前期的詩風，還是保留著前期詩風的色彩。

　　㈢**清新枯淡**

　　今所傳的庾信詩多是入北朝後的作品，以前的多佚失，所以留下的多是自然老成的作品。杜甫〈戲為六絕句〉說：「庾信文章老更成」，蓋庾信後期詩更趨成熟，用「老更成」三字概括庾信作品的成熟，再切當不過了。大概就是由於他晚年生活經驗豐富了，思想感情變得深刻凝重了，因而筆法洗練、老到，尺幅中顯出千里，有限中包孕無窮。楊慎《升庵詩話》說：「子山之詩，綺而有質，豔而有骨，清而不薄，新而不尖，所以為老成也。」❹這綺中之質，豔中之骨，不僅體現在他那些「蒼涼悲壯」、「剛健遒逸」的詠懷、邊塞作品裡，也體現在描寫日常生活的作品中。庾信往往將他悲涼落寞的心情融入北方蕭索疏淡的景色，主觀境界高度統一，形成清新中兼有枯淡的詩風。如〈和裴儀同秋日〉：

　　　　蕭條依白社，寂寞似東皋。

　　　　學異南宮敬，貧同北郭騷。

　　　　蒙吏觀秋水，萊妻紡落毛。

　　　　旅人嗟歲暮，田家厭作勞。

────────────

❹見丁福保編《歷代詩話續編》中（台北：木鐸出版社，1983），頁815。

霜天林木燥，秋氣風雲高。

棲遑終不定，方欲涕沾袍。

詩中「霜天林木燥，秋氣風雲高」，不但寫出霜天秋林的乾燥，也象徵著詩人枯槁的心情。又如〈秋日〉：

蒼茫望落景，羈旅對窮秋。

賴有南園菊，殘花足解愁。

這首小詩，情景交融，自然渾成。落日蒼茫，羈旅窮秋，已使人愁不能堪，何況再見南園殘菊？「足解愁」好像是故作豁達的反語，但也是無可奈何的實話。庾信還有一些枯淡的作品，如：

凄清臨晚景，疏索望寒階。

濕庭凝墜露，摶風卷落槐。

日氣斜還冷，雲峰晚更霾。

可憐數行雁，點點遠空排。（〈晚秋〉）

仗鄉從物外，養學事閒郊。

窮愁方汗簡，無遇始觀爻。

谷寒已吹律，簷空更剪茅。

樵隱恆同路，人禽或對巢。

水蒲開晚結，風竹解寒苞。

古槐時變火，枯楓乍落膠。

倒屣迎懸榻，停琴聽解嘲。

香螺酌美酒，枯蚌藉蘭殽。

飛魚時觸釣，翳雉屢懸庖。

但使相知厚，當能來結交。（〈園庭〉）

這些詩無不凄清蕭瑟，顯然是詩人抑鬱寡歡的心境的寫照。

❺庾信對現實有比較深刻的認識，所以後期詩反映生活的面，比前期要廣泛些，使內容和形式融合爲一體，達到「從心所欲」的境地，才能追求立意上的清新。

㈣蒼涼悲壯

庾信流落北朝，感慨萬千，悲痛異常，情動於中，言之於外，化爲一曲曲悲歌，感人肺腑，催人淚下。藝術風格由華麗、輕靡一變而爲蒼涼、悲壯。「蒼涼悲壯」是因爲庾信詩中表現出來的那種濃厚的憂鬱色彩和悲劇情調。他的「蒼涼」是歷史條件下的產品。這是時代風格通過詩人特殊生活道路，創作實踐的反映。他的「悲壯」是由「沉鬱」的性格產生的。他入北以後的性格，看起來很憂鬱。他的憂鬱，不是天生的，而是殘酷的現實，把他壓迫到展不開眉頭。庾信悲壯的風格，不能單從個人的遭遇加以說明。它實在是眞摯情感，憂鬱個性與喪亂的時代的綜合產物。正如沈德潛所說：「北朝詩人，時流清響。庾子山才華富有，悲感之篇，常見風骨。」❻庾信在〈擬詠懷〉詩中，透過回顧自己一生的遭遇，描繪出一幅幅浸漬著血淚的時代畫卷，從中體現了蒼老、悲涼的主調。如第七首：

> 榆關斷音信，漢使絕經過。
> 胡笳落淚曲，羌笛斷腸歌。
> 纖腰減束素，別淚損橫波。
> 恨心終不歇，紅顏無復多。
> 枯木期填海，青山望斷河。

全詩被峻急的語調串成一氣，將內心的絕望表現得淋漓盡致。又如第十一首：

---

❺參見葛曉音，《八代詩史》（陝西：人民出版社，1989），頁300-301。
❻見《說詩晬語》，《清詩話》（台北：明倫出版社，1976），頁533。

搖落秋爲氣，淒涼多怨情。

啼苦湘水竹，哭壞杞梁城。

天亡遭憤戰，日蹙值愁兵。

直虹朝映壘，長星夜落營。

楚歌繞恨曲，南風多死聲。

眼前一杯酒，誰論身後名？

這首詩將歷史的幻影和悲痛的現實揉和在一起，交織了深邃的哀思和幽沉的悲慨。再如第十八首：

尋思萬户侯，中夜忽然愁。

琴聲遍屋裡，書卷滿床頭。

雖言夢蝴蝶，定自非莊周。

殘月如初月，新秋似舊秋。

露泣連珠下，螢飄碎火流。

樂天乃知命，何時能不憂？

這首詩感時憶舊，意內言外，愴然有無窮之思，表現出異常沉痛的心情。此外，一些小詩，表現了熾烈、深沉而複雜的思想感情，風格上悲慨蒼涼。如〈寄王琳〉：

玉關道路遠，金陵信使疏。

獨下千行淚，開君萬里書。

這裡，寄慨深遠，旨意淒涼，感人至深，令人爲之惻然。又如〈寄徐陵〉：

故人儻思我，及此平生時。

莫待山陽路，空聞舊笛悲。

詩中濃厚的淒涼色彩就更形增強，意緒悲切，沉摯質勁。如此他的後期詩，主要特色就不再是「清新」，而是杜甫〈戲爲六絕句〉所說的「凌雲健筆意縱橫」，「健筆」是寫法，「蒼涼悲

壯」則是由此形成的風格之一。

㈤剛健遒逸

作品的剛柔，除因作者的個性氣質而異外，也可能受環境的
影響。庾信以聰穎的資質，在梁朝這個南朝文學的全盛時代積累
了很深的文學素養，來到北方以後，又以其沉痛的生活經歷豐富
了創作的內容，並多少接受了北方文化的某些積極因素。庾信在
北方多次送人出征，觀武射獵，自己還一度從軍伐齊，親身體驗
過軍中生活，因此描寫征戰出塞的場面大都眞切逼眞，風格剛健
遒逸。庾信的〈擬詠懷〉第十七首善於描繪，感慨深沉，詞氣壯
健。

> 日晚荒城上，蒼茫餘落暉。
>
> 都護樓蘭返，將軍疏勒歸。
>
> 馬有風塵氣，人多關塞衣。
>
> 陣雲平不動，秋蓬卷欲飛。
>
> 聞道樓船戰，今年不解圍。

這首詩表現了北方的邊塞氣息，寫得有氣慨而精彩動人，構
成遒逸健美意象。又如：

> 六國始咆哮，縱橫未定交。
>
> 欲競連城玉，翻徵縮酒茅。
>
> ………………………………　（〈擬詠懷〉十五）

> 被甲陽雲臺，重雲久未開。
>
> 雞鳴楚地盡，鶴唳秦軍來。
>
> ………………………………　（〈擬詠懷〉二十七）

詩中表達一股激憤感動的不平之情時，在結構上往往顯現雄
健的語勢。他描繪了北國邊塞的風情，抒發了漂泊羈旅的愁懷，

雖然冷落淒苦，但由感情而來的悲慨力量，卻增加了一股剛健
遒勁的氣息。❼庾信對前期創作道路進行反省，認識到以前「綺
麗」風格的不足和敝端，意識到北方「剛健遒逸」文風對文學審
美意義。

㈥深嚴渾成

庾信的一些長篇述懷詩，大量運用排偶典故，淋漓盡致而又
委婉曲折地表達複雜的感情，形成了深嚴渾成的風格。如〈謹贈
司寇淮南公〉：

> 危邦久亂德，天策始乘機。
>
> 九河聞誓眾，千里見連旂。
>
> 虢亡垂棘返，齊平寶鼎歸。
>
> 久弊風塵俗，殊勞關塞衣。
>
> 絆驥還千里，垂鵬更九飛。
>
> 猶憐馬齒進，應念節旄稀。
>
> 迴軒入故里，園柳始依依。
>
> 舊竹侵行徑，新桐益幾圍。
>
> 寒谷梨應重，秋林栗更肥。
>
> 每酒還參聖，雕文本入微。
>
> 促歌迎趙瑟，遊絃召楚妃。
>
> 小人司刺舉，明揚實濫吹。
>
> 南部治都尉，軍謀假建威。
>
> 商山隱士石，丹水鳳凰磯。
>
> 野亭長被馬，山城早掩扉。
>
> 傳呼擁絳節，交戟映彤闈。

---

❼參見澤田總清原著‧王鶴儀編譯，《中國韻文史》（台北：台灣商務印
書館，1984），頁 211。

　　遂令忘楚操，何但食周薇。

　　三十六水變，四十九條非。

　　丹灶風煙歇，年齡蒲柳衰。

　　同儕敢不盡，疇日懼難追。

　　這首詩在應酬、贈答、稱頌對方的過程中自傷身世，披露心思。詩中借助大量典故，使恭維、頌祝、自述都很得體。其他如〈正旦上司憲府〉、〈和張侍中述懷〉、〈傷王司徒報褒〉等，均以述懷之間應酬，全篇排偶，用典雖多而性情不隱，語調典雅壯重，措詞工穩精深，但自有一種清壯矯健之氣，以及誠懇敦厚之情，終能達到「意致縱橫，健筆凌雲」的地步。❽

四、結　語

　　庾信詩風的形成，不但在他一生的創作生涯裡有著十分重要意義，而且以特有的詩風，異峰突起於六朝末期詩壇。

　　庾信流落北朝，生活的環境影響寫作的內容風格，遂使他異於齊梁以來詩人，能出於流俗，猶軒鶴立於雞群，創立了獨特的風格。誠如陳沆《詩比興箋》云庾信「早歲靡靡之音，已燼於冥冥之劫火，世厄其遇，天就其名。」❾國破家亡、被迫委身敵國的不幸遭遇，加深了內心痛苦，並且「雪暗如沙」的北地風貌拓寬了他的眼界，「羌笛淒囀」的北國情調激發了他的愛國思想和民族意識，給他注入了現實主義力量。另一方面，庾信的詩風，在一定程度上體現了南北朝合流的新趨勢。當時由於南北朝政治上的長期對立和地理環境的顯著差別，影響到南北文學，風氣迥異，各有短長。庾信一方面把南朝詩歌的豐富遺產和新的成就

❽同註5，頁304-305。
❾見陳沆，《詩比興箋》（台北：藝文印書館，1970），210頁。

帶到北方，一方面吸收北方剛健豪放的氣骨和蒼涼悲慨的意境。
因而他的作品具有同時代作家無從步趨的「凌雲」氣勢和深廣意
蘊，在工麗中透出沉鬱蒼涼之氣，正深深得力於他胸襟和視野的
開拓。❿庾信正由於融合南北朝文風，表現他獨特的思想感情，
才達到了文質兼備、渾然一體的藝術風格。

---

❿參見李嵐，〈庾信晚期文學探源〉，《漢中師院學報》，1986，第3期，
　頁69。

論　文：庾信詩風之演變考
主講人：李國熙教授
講評人：張仁青教授

　　許多人對六朝作品產生誤解，認為六朝作品只有形式、沒有內容，只注重雕琢、忽略內容，這種批評，似是而非、錯誤的。庾信不但在詩方面是承先啓後的大家，在駢文方面更是一代宗師。從永明時代，沈約、謝朓等人發現四聲後，並未引起多大的作用，到了徐陵、庾信、陰鏗、何遜等人非常重視聲調的問題，加上庾信是駢文大家，因此使駢文影響到詩。庾信的詩促成了沈佺期、宋之問二人的靈感，而制定了近體詩的格律，影響直至今日。庾信除重視聲調外，又重用典、對仗、雕琢，因此構成唯美文學的重要條件，影響後來的「初唐四傑」。

　　我最佩服的有：(1)作者能夠挑庾信此人作研究，我十分贊成、佩服。(2)此文重點著重於後期作品研究是正確的，庾信就如同李後主般，文風分前、後二期，前期在南朝的作品大都是：風花雪月、歌頌女人……，屬宮體詩之範圍；後期在北朝的作品，在經歷國亡、父母死、被扣留、回不去故鄉的狀況下，庾信念念不忘祖國、社會、同胞，故其作品呈現同李後主般，有血、有淚。(3)以一個外國人能夠寫出流暢的文章，是很了不起的。

　　文中有些小瑕疵：(1)遣詞造句方面，有些不合乎中國語法的地方。例如：「……本論文先『拿』前後期詩風特質來加以比較……」，「拿」應改為「就」。(2)文中把庾信很多作品列出來，卻未提及與唐近體詩、絕句相同之處，庾信的最大貢獻為何？

庾信〈擬連珠〉析論

英國倫敦大學東亞系

王　次　澄

　　〈哀江南賦〉、〈擬詠懷詩〉二十七首、〈擬連珠〉四十四首，同爲庾信入北後抒發亡國之慟與鄉關之思的長篇大作。〈哀江南賦〉享有盛譽，研究者衆；〈擬詠懷詩〉亦頗受詩家重視，時見零星的評論，近年也有專論問世；而〈擬連珠〉卻鮮人問津，筆者不揣疏陋，撰寫此文，或當貢芹耳！

　　所謂連珠體者，傅玄敘連珠曰：「興於漢章之世，班固、賈逵、傅毅三子受詔作之。其文體詞麗而言約，不指說事情，必假喻以達其旨，而覽者微悟，合於古詩諷興之義，欲使歷歷如貫珠，易看而可悅，故謂之連珠。」❶沈約〈注制旨連珠表〉曰：「竊聞連珠之作，始自子雲，放易象論，動模經誥，班固謂之命世，桓譚以爲絕倫。連珠者，蓋謂辭句連續、互相發明，若珠之結排也。」❷蓋連珠體爲美文中的一種特殊體式，或曰源自揚雄（西元前五七年至西元一八年）；或曰肇始於班固（西元三二年至九二年）。❸此體特色爲：篇幅精約、詞藻華麗、聲調諧美、多用

---

❶ 轉引自《文選》（商務印書館香港分館，1973），卷55，頁1190，「連珠」李善小注。

❷ 《全上古三代秦漢三國六朝文》（北京中華書局，1987第四次印刷本），卷27，頁3109上。

❸ 主張起自揚雄者，如沈約〈注制旨連珠表〉、任昉《文章緣起》、徐師曾《文體明辨》、劉勰《文心雕龍·雜文》，然而《文選》李善注引傅

隱喻、文意流利如串珠，故《文心雕龍·雜文》謂連珠乃「文章之枝派，暇豫之末造也」❹。綜觀庾信以前十六位連珠體作家的八十四首作品，❺在遣詞、立意、構體各方面，大體而言均具有上述的特色。

在庾信之前已見班固〈擬連珠〉五首、潘勗〈擬連珠〉一首、王粲〈倣連珠〉四首❻，所謂「擬」、「倣」當泛指模仿古體之意。庾信〈擬連珠〉的「擬」字亦當做如此解釋，而非指專擬一家。本文乃就內容、體式、結構三方面析論庾信之〈擬連珠〉，以期明其究竟❼。

一、內容疏解

〈擬連珠〉四十四首，佈局簡明，約而言之：首二篇以梁武帝之雄才大略起興，以下至十六首則以悲梁亡、論史事爲主，十

玄敘連珠謂連珠體肇始於班固、賈逵、傅毅三子，歐陽詢等撰《藝文類聚·雜文部三》、李昉等撰《太平御覽·文部六》，也載錄傅玄敘連珠之說。至於陳懋仁《文章緣起注》、章學誠《文史通義·詩教上》謂連珠兆於《韓非·儲說》，李兆洛《駢體文鈔》卷29云連珠體昉於《韓非·內外儲說》、《淮南子·說山》等論，乃推究此體之淵源，而非言其首作者。

❹《文心雕龍注》（台灣開明書店，1963），卷3，頁4。

❺庾信以前之連珠作品存錄於《藝文類聚》卷57、《太平御覽》卷590、《文苑英華》卷771、《駢體文鈔》卷29、及《文體明辨》卷46中，文選李善注和正史傳記中亦偶見零星引文。今有作品傳世者，計揚雄〈連珠〉一首（《藝文類聚》與《駢體文鈔》所存錄者內容相異，但與《文體明辨》所存錄者相同）、班固〈擬連珠〉五首（《藝文類聚》載錄，其中第二首爲殘篇）、潘勗〈擬連珠〉一首、魏文帝〈連珠〉三首、王粲〈倣連珠〉四首、陸機〈演連珠〉五十首、謝惠連〈連珠〉四首、顏延年（之）〈範連珠〉一首、王儉〈暢連珠〉一首、梁武帝〈連珠〉三首、梁簡文帝〈連珠〉二首、梁宣帝〈連珠〉二首、沈約〈連珠〉二首、吳均〈連珠〉二首、劉孝儀〈豔體連珠〉二首、劉祥〈連珠〉一首，凡十六家，八十四首作品。

❻見唐歐陽詢等撰《藝文類聚》（台北文光出版社，1974），卷57、雜文部三，頁1036。

❼本文中所引用之庾信〈擬連珠〉皆根據《庾子山集注》（北京中華書局，1980），卷之九，頁593～624。

七至二十一首兼及感時、傷別，是由敘事轉入抒情的橋樑，二十一首至四十二首，側重抒發一己之哀情，末二首以歸路已絕、肯定老莊的虛靜自得作結。四十四首各篇獨立，前後文意並無連貫性，惟若干篇什具有雷同的主題，使首與首之間產生一種「同類相聚」的自然結合，增加了全作主意的密度。以下就各篇所側重的主題，分為論史事、抒悲情兩方面解析。

(一)論史事

〈擬連珠〉側重於論史、敘事諸篇，是子山在亡國之慟的情感基礎下所產生的即興作品，並非特地為記史而寫，故所涉及的史事頗零瑣，既無明顯的時間先後性，也乏事件始末的完整性，但諸事件多以侯景之亂及梁朝覆滅為背景，並借以間接揭露梁末的政治弊端。今例敘如下：

1.武帝得失，梁朝興亡

梁祚五十五年，武帝蕭衍一人即佔了四十八年，故梁代興亡，實繫於武帝一君。蕭衍篡齊即位之初，頗能勤政愛民，勵精圖治，且振興學術，選拔人才，堪稱南朝的盛世❽。子山〈擬連珠〉即以稱美武帝的蓋世才略起興：

> 「蓋聞經天緯地之才，拔山超海之力，戰陣勇於風飆，謀謨出於胸臆，斬長鯨之鱗，截飛虎之翼。是以一怒而諸侯懼，安居而天下息。」（第一首）

首二句譽武帝才高識遠、智勇雙全，中四句當指其仕陳時期的功業，對外，屢敗北魏大軍，如：建武二年（西元四九六）敗劉昶、王肅大軍於賢首山，四年（西元四九八）獨帥眾距戰魏孝

---

❽《南史》（台北鼎文書局，1980），卷七《武帝本紀論》曰：「自江左以來，年踰二百，文物之盛，獨美於茲。」頁225～226。

文帝十萬大軍於鄧城等戰績都極輝煌❾；對內，在諸王傾軋、鬥爭，權力消長瞬息萬化的險惡形勢中，蕭衍智謀過人，每每贏得先機，化險為夷，終於脫穎而出，領袖群雄，於永元三年（西元五〇一）廢東昏、立和帝，最後篡陳，成就帝業。此首末二句是總敘武帝前期政治安定，外患暫息的偏安局面。❿

梁武帝長於文學，重學術而輕武備，往往「仗禦武於文吏，委軍政於儒生」⓫，朝中一夫當關之將才無多。又武帝優客皇室子弟及世冑大臣，賞罰不明，導致綱紀日壞，貪贓枉法，殘害百姓的事件層出不窮，此一現象以武帝晚年尤甚。再者，武帝為緩解士族、寒門之間的矛盾，一方面起用素族寒人典掌機要；另一方面又恢復百家士族的權利，因而官多賦重，百姓不堪負荷，加深了社會危機。武帝晚年佞佛，也是梁末吏治大壞、經濟拮据的另一原因，上行下效，佛教盛行民間，「天下戶口，幾亡其半」⓬，國家稅收銳減，益以各處大興土木，建寺造塔，民力、財力耗損不可勝計。待侯景亂起，諸王內鬨，梁朝終於步上滅亡之途。〈擬連珠〉第三十九首云：

> 「蓋聞北邙之高，魏君不能削；穀、洛之鬥，周王不能改。是以愚公何德，遂荷鍤而移山？精衛何禽，欲銜石而塞海？」

北邙為晉朝皇陵所在，首二句是以曹魏敗亡，晉起而代之，以喻梁衰陳興。三、四句以周靈王二十二年，谷水、洛水在王城

❾《南史・武帝本紀》，頁170～171。
❿倪璠注云：「梁武帝雄才大力，異勇神謀，行次熨斗，坑王蕭十萬大軍。」（見《庾子山集注》，頁593）與史所載略有出入。
⓫顏之推〈觀我生賦〉，引自《全上古三代秦漢三國六朝文》（北京中華書局，1958），卷13〈全隋文〉，頁4088。
⓬引自《南史》卷70，〈郭祖深傳〉，頁1721～1722。

（今河南洛陽市王城公園一帶）西南相激，泛濫成災，淹毀王城西南，❸隱喻梁末諸王離經背道，私慾橫流，爭權奪利，導致梁朝覆亡。後四句則謂陳霸先出身寒微，因伐侯景有功，獨步當時，繼而收復落入北齊之手的長江以南之地，最後竟代梁自立為帝，建立新朝，猶如愚公移山、精衛填海之難以預測。子山忠心於梁室，故有此言。❹

2.延借外力，養寇自患

梁武帝一貫採信「以夷制夷」的策略，早於天監十三年（西元五一四），即排除眾議，引用魏降人王足之計，於壽陽城外築堰，欲截淮水灌城以復取之，不料淮水瀑漲，土塌堰崩，軍民漂流入海溺死者十餘萬人。❺又大通二年(西元五二八)引納北魏降臣北海王元顥，約以光復舊物，世稱藩屬於梁。曾命大將軍陳慶之率軍助其還北稱帝，然梁朝不但未得其利，反落得全軍覆沒，慶之狼狽逃歸健康，元顥敗死的結局。❻武帝未能引以為鑒，於太清元年(西元五四七)復引納叛臣侯景，導致喪命亡國的後果，子山深以為憾，〈擬連珠〉第三首云：

> 「蓋聞解封豕之結，塞長蛇之源，必須製裳千里，歃血轅
> 門。是以開百里之圍，用陳平之一策；盟千乘之國，須季
> 路之一言。」

首二句以「蛇豕」喻侯景之貪害，三、四句中所謂「製裳千里」、「歃血轅門」，蓋言與鄰邦以禮交好，簽訂盟約。子山以

---

❸見《國語》（上海商務印書館，四部叢刊本，1929）下，第三，頁6a。
❹倪璠注云：「此章喻陳盛梁衰，霸先方起，似晉帝北邙之高；梁室將亡，擬周王穀、洛之鬥。方之愚叟，豈可移山；如彼冤禽，焉能塞海也。」（見《庾子山集注》，頁619）與筆者所見略異。
❺見《新校資治通鑑注》（台北世界書局，1972），卷147，梁紀三，武帝天監十三年、十四年，頁4609、4615。
❻見《梁書》（台北鼎文書局，1980），〈陳慶之傳〉，頁461～463。

爲欲寧亂止戰，宜與北方通好，而非納甚叛臣與之爲敵。末四句子山引用陳平爲漢高祖解平城之圍❶，以及季路辭小邾射以句繹來奔❶，慨嘆武帝聽取佞臣朱异納降主張，且朝中無救君主於危難，扶社稷之將傾的賢臣謀士❶。待侯景亂平，宗室內鬨，蕭衍諸子也每每借助北方外力以對抗骨肉，及至國亡。子山〈擬連珠〉第十三首云：

> 「蓋聞雷驚獸駭，電激風驅，陵歷關塞，枕跨江湖。是以城形月偃，陣氣雲鋪，非綠林之散卒，即驪山之叛徒。」

首四句統言梁末政治亂象；後四句則憤慨武帝諸子各據一方，憑借外力，壯己聲勢及屠殺骨肉之醜行。侯景破台城後（西元五四九年三月），弑梁簡文帝蕭綱，時蕭綸據郢州（鎮夏口——今湖北武昌），向北齊稱臣，得封梁王。蕭詧則據襄陽，向西魏稱臣求助，也得到梁王的封號。蕭繹據守江陵，獲得來此避難的高門大族的支持，聲勢浩大，然而當西魏派兵助蕭詧攻打江陵時，蕭繹一面向西魏求和，屈爲附庸；一方面又投靠東魏，受封爲梁相國。侯景破滅的同年（西元五五二），蕭衍第八子蕭紀在成都稱帝，而第七子蕭繹也在江陵稱帝，史稱梁元帝（西元五五二年十一月至五五四年十一月）。次年蕭紀發兵襲擊江陵，蕭繹請西魏出兵攻蜀，結果蕭紀兵敗被殺，蜀地則被西魏佔領。承聖三年（西元五五四）蕭詧得西魏軍之助進攻江陵，蕭繹慘死，蕭詧在西魏的監視下成了傀儡皇帝，於江陵建立了被稱爲後梁的政權（西

---

❶見《漢書》（北京中華書局，1986），卷40，〈陳平傳〉，頁2045。
❶楊伯峻《春秋左傳注》（北京中華書局，1981），頁1680、1682。
❶據《資治通鑑·梁紀十六》載：侯景以河南之地來降之際，尚書僕射謝舉等曾直諫武帝曰：「頃歲與魏通和，邊境無事，今納其叛臣，竊謂非宜。」但武帝認爲「得景則塞北可清，機會難得，豈可膠柱。」待武帝以侯景爲大將軍，封河南王，都督河南北諸軍事、大行臺，平西諮議參軍周弘正聞而嘆曰：「亂階在此矣」。

元五五五至五八七）。子山文中所謂的「綠林散卒、驪山叛徒」，當指侯景餘黨及北方勢力而言。

3.士族朽化，朝臣無能

南朝時期，雖然士族權利受到寒門庶族勢力的衝擊，但仍保持著高貴的社會地位，控制政權的運作推移。由於士族長期享有政治、經濟特權而逐漸腐朽老化。顏之推洞悉士族病象，於《顏氏家訓・名實篇》云：

> 「有一士族，讀書不過二、三百卷，天才鈍拙，而家世殷厚。雅自矜持，多以酒犢珍玩，交諸名士，甘其餌者，遞共吹噓。朝廷以爲文華，亦嘗出境聘。」[20]

又《顏氏家訓・勉學篇》云：

> 「梁朝全盛之時，貴遊子弟多無學術。至於諺云：『上車不落則著作，體中何如則秘書。』無不熏衣剃面，傅粉施朱，駕長簷車，跟高齒屐，坐棊子方褥，憑斑絲隱囊，列器玩於左右，從容出入，望若神仙。」[21]

士族子弟養尊處優既久，逐漸喪失進取之意志，遂致無能。〈擬連珠〉第四首云：

> 「蓋聞得賢斯在，不藉揮鋒；股肱良哉，無論應變。是以屈倪參乘，諸侯解方城之圍；干木爲臣，天下無西河之戰。」

子山引古賢臣屈完，明主魏文侯事蹟，感嘆梁朝乏博學善謀之臣，禮賢下士之君，揭示了當時之實際情況。

4.同室操戈，覬覦帝位

梁武帝諸子姪之間權力鬥爭轉烈，實肇端於立嗣問題。初武

---

[20]王利器《顏氏家訓集解》（上海古籍出版社，1982），頁285。
[21]《顏氏家訓集解》，頁145。

帝無子，立姪兒蕭正德爲太子，及生統，乃改封正德爲臨賀王，由是正德心懷怨恨，常快快思亂，曾逃奔北魏，後又返梁。俟侯景亂起，正德爲景甘言所誘，助景入建康，圍臺城，景奉正德爲帝，後縊殺之。又昭明太子蕭統早逝，武帝捨皇太孫而立次子蕭綱爲嗣，引起諸子姪不滿，武帝爲平息怨懟，不得不大量封王，並賜賞軍隊、土地，遂致諸王各據一方，擁兵自重。〈擬連珠〉第七首云：

> 「蓋聞膏唇喋喋，市井營營，或以如簧自進，或以俎詐相傾。是以子貢使乎五都交亂，張儀見用六國縱橫。」

蕭正德助侯景入建康、圍臺城，被景高奉爲帝後，諸王惶惶，援兵之日，讒譖四起，「或以如簧自進，或以俎詐相傾」，兄弟猜嫌益烈，頓兵不戰，各存異心，終演成臺城陷落，梁武帝、簡文帝慘死的悲劇。稍後梁元帝遭西魏軍辱殺，也是源於同室內鬥。子山痛心疾首，於〈擬連珠〉第十二首寫道：

> 「蓋聞穀林長送，蒼梧不從，惟桐惟葛，無樹無封。是以隋珠日月，無益驪山之火；雀臺管絃，空望西陵之松。」

蕭詧以元帝殺其兄譽，遂結讎隙，梁元帝承聖三年，西魏軍侵江陵，詧領兵助戰，及江陵陷落，元帝被俘，「梁王詧遣尚書傅準監刑。以土囊隕之。詧使以布帊纏尸。斂以蒲席，束以白茅，葬於津陽門外。」[22]此篇首二句提及的穀林、蒼梧分別爲堯、舜埋骨之地，借喻梁元帝之死。三、四句悲梁元帝生爲撥亂之君，死葬庶人之禮。後四句則謂梁朝子民懷念故君，不免面對驪山秦始皇陵寢而興思；遙望魏武帝西陵墓田而泣下。子山的哀慟之情流露筆端。

---

[22]《新校資治通鑑注》，卷165，頁5122。

5.家園殘破，生靈塗炭

庾信在〈擬連珠〉中，不只悲嘆一姓一君的敗亡，而且充滿了對殘破家園及受難百姓深切的關懷與同情。第十、十四、十六、十七、十九及二十首，深刻地描敘了侯景蹂躪建康，西魏軍肆虐江陵後，江南滿目瘡痍、屍橫遍野及苟活者流離失所的慘況。〈擬連珠〉第十首云：

> 「蓋聞市朝遷貿，山川悠遠。是以狐兔所處，由來建始之
> 宮；荊棘參天，昔日長洲之苑。」

此篇首二句言侯景亂平後，江北之地盡失，東土殘破，建康已不宜為都，所以元帝即位江陵，朝市既移，山川遠隔。後四句則進一步描摹建康宮殿、名苑，已是殘垣斷壁、荒煙蔓草，成為狐兔出入、荊棘寄生之所。從侯景乞降到敗亡，前後四年，亂軍所經之地無不燒、殺、虜、掠，《魏書·蕭統本傳》載：「始景渡江至陷城之後，江南之民及衍王侯妃主、世冑子弟為景軍人所掠，或自相賣鬻，漂流入國者，蓋以數十萬口，加以飢饉死亡，所在塗地。江左遂成為丘墟矣。」[23]由於侯景對東土的破壞，造成大寶元年(西元五五〇)的江南大饑荒，史稱：「時江南大饑，江、揚彌盛。旱蝗相係，年穀不登。百姓流亡，死者塗地。……於是千里絕煙，人跡罕見，白骨成聚如丘隴焉。」[24]〈擬連珠〉第十六首云：

> 「蓋聞營魂不反，燐火宵飛，時遭獵夜之兵，或斃空亭之
> 鬼。是以射聲營之風雨，時有冤魂；廣漢郡之陰寒，偏多
> 夜哭。」

---

[23] 《魏書》（台北鼎文書局，1980），卷98，〈島夷蕭衍〉，頁2187。
[24] 《南史》，卷80，〈侯景傳〉，頁2009。

此首作者借齊景公畋于梧丘，夜夢五丈夫稱無辜㉕；漢朝王忳除郿令，過斄亭，女子訴冤的傳說㉖，隱喻梁末動亂，死傷者眾，陰氣瀰漫的恐怖實況。

侯景亂平後，諸王紛爭未息，外患接踵而至，及江陵陷入西魏之手，名士如：王褒、庾季才、宗懍、顏之推兄弟、何妥、劉臻、沈炯、蕭大圜等與十餘萬百姓被迫北遷入關㉗，造成生離死別、妻離子散的另一變局。

庾信在亡國哀慟之餘，仍客觀地探討了梁朝敗亡的現實原因，流露了理性的愛憎，使〈擬連珠〉具有深刻的歷史意義，當值得稱賞。

(二)抒悲情

子山自謂〈哀江南賦〉「不無危苦之詞，惟以悲哀爲主」㉘，以此二語論其〈擬連珠〉也極恰當。〈擬連珠〉自二十章以下多以抒發情感爲主，大體可分爲：死別之苦、鄉關之思、楚材晉用、憂懼自危、慚惡屈節、傷時歎逝等主題，由於上述這些內容有其必然的關連性，偶見一篇中同時雜糅數種情愫，惟各篇主題則多有所側重。

1.生離之恨，死別之苦

元帝即位江陵後，庾信轉爲右衛軍，並承襲父爵。承聖三年庾信奉元帝之命出使西魏，時年四十二㉙，但不久魏軍即陷江陵，

㉕吳則虞《晏子春秋集釋》（北京中華書局，1982），頁 373。
㉖《後漢書》（北京中華書局，1973），卷81，〈王忳傳〉，頁2681。
㉗西魏俘虜江陵百姓人數，各書記載不一。《法苑珠林》卷95引《冥祥記》作四十萬口；《通鑑考異》引《三國典略》作五十萬口；《梁書·元帝紀》作數萬口；《周書·文帝紀》及〈于謹傳〉作十餘萬口。
㉘見庾信〈哀江南賦并序〉，《庾子山集注》卷之二，頁95。
㉙《周書》（台北鼎文書局，1980），卷41，〈庾信傳〉，頁 734。
倪璠〈庾子山年譜〉，《庾子山集注》，頁11、21。

元帝被害。梁晉帝太平二年（西元五五七），陳氏篡梁，子山從此永別故國。陳宣帝太建七年（西元五七五年，即北周武帝建德四年）陳、周通好，「南北流寓之士各許還其舊國。陳氏乃請王褒及信等十數人。高祖惟放王克、殷不害等，信及褒並留而不遣，」❸信南歸絕望，無奈羈留長安終其晚年，其哀怨之情，溢於作品之中。〈擬連珠〉第十八首云：

> 「蓋聞無怨生離，恩情中絕，空思出水之蓮，無復迴風之雪。是以樓中對酒，而綠珠前去；帳裏悲歌，而虞姬永別。」

「出水之蓮，迴風之雪」語源自曹子建〈洛神賦〉❸，蓋以形容河洛之神宓妃之純淨皎好之貌，流轉妙曼之姿。此處作者借以指稱蕭梁盛時，美好的江南文物景緻，以及安樂榮華的生活。後四句子山以綠珠、虞姬的死別，對比自身出使入北，永絕故君、舊國。❸〈擬連珠〉第二十四首云：

> 「蓋聞遷移白羽，流徙房陵，離家析里，悽恨撫膺。是以吳起之去西河，潸然出涕；荊軻之別燕市，悲不自勝。」

子山喻己由江陵播遷長安，猶如許見遷於白羽❸，趙王遷流於房陵❸，不免時興故土之思。後四句則以吳起訣離西河而泣

---

❸ 《周書·庾信傳》，頁734。

❸ 曹子建〈洛神賦〉：「髣髴兮若輕雲之蔽月，飄颻兮若流風之迴雪，遠而望之，皎若太陽升朝霞，迫而察之，灼若芙蕖出淥波。」《文選》卷19，頁402。

❸ 倪璠注云：「此章喻江陵覆亡，貴人妻妾盡被俘擄，今時離怨，平昔恩情，雖復色茂開蓮，風如迴雪，而高臺已傾，愛妾何在？綠珠已墮吹樓，虞姬之聞歌夜帳矣。」（《庾子山集注》，頁606）其說與筆者所解頗有出入，鄙意以爲此章當爲自傷身世，而非爲人代言。

❸ 《春秋左傳注》，頁1393、1400。

❸ 江淹〈恨賦〉：「若乃趙王既虜，遷於房陵」，《文選》李善注引《淮南子》：「趙王遷流房陵，思故鄉，作〈山木〉之謳，聞者莫不隕涕。」《文選》卷16，頁341。

❸，荊軻死別燕市，慷慨悲歌的典故❸，自比南歸無路，老死北地的悽恨之情。四典連用，寓意自明。

2.鄉關之思，心存梁室

庾信羈北後，雖終得與家人團聚，但仍和多數親戚故舊睽隔，且絕別了先人所居及自己生活了大半生、充滿繁華榮耀回憶的故土，遊子落寞的情懷是可想而知的。〈擬連珠〉第十七首云：

> 「蓋聞江、黃戎馬之徵，鄢、郢風飆之格，乍有去而不歸，或無期而遠客。是以章華之下，必有思子之臺；雲夢之傍，應多望夫之石。」

此篇作者既為千萬羈北的南人代言，同時也是自陳心曲。前四句言梁末戰亂，猶如狂飆肆虐，使得故園破敗，黎民遭害，非生離，即死別。後四句引用楚靈王聞群子為蔡公殺盡，悲不自勝，自投於車下❸，及貞婦於北山餞夫從役，立望而形化為石的典故❸，以自喻無所依歸的心境和永恆不渝的思鄉之情，全篇沈鬱哀切。

子山入北已逾中年，重新適應北地風土氣候，自非易事。尤其入秋之後，滿目蕭瑟，更引發了庾信的鄉愁。〈擬連珠〉第二十八首云：

> 「蓋聞秋之為氣，惆悵自憐，耿恭之悲疏勒，班超之念酒泉。是以韓非客秦，避讒無路；信陵在趙，思歸有年。」

此首以悲秋起興，繼而引用漢耿恭為匈奴困圍於疏勒城，後援軍至始狼狽脫困❸；班超年老思故土，上疏請歸❹；韓非使秦

❸許維遹《呂氏春秋集釋》(台北世界書局，1969)，卷11〈長見〉，頁16。
❸《史記》(北京中華書局，1973)，卷86，〈刺客列傳‧荊軻〉，頁2534。
❸《春秋左傳注》，昭公十三年，頁1346。
❸魯迅《古小說鉤沈》(北京人民文學出版社，1955)，頁125。
❸《後漢書》，卷19，〈耿弇列傳〉，頁721～723。
❹《後漢書》，卷47，〈班梁列傳〉，頁1583。

遭讒見誅❹；信陵君無奈羈趙十年❹四個典故，一方面陳述千古以來不變的遊子思歸情懷；另一方面則表明身不由己，羈留異域的客觀事實。

　　子山的鄉關之思，不僅只是單純的眷戀故土，同時也是出於對梁室的深切悼念。庾信〈和王少保傷周處士〉詩說：「雖言異生死，同是不歸人」❸，周處士是子山故交，晚年仕陳，就庾信立場而言，周處士雖歿於南方，然梁已為陳所代，其處境和自己一樣，同是無家可歸之人。又〈擬連珠〉二十首：「楚塹既填，遊魚無託；吳宮已火，歸燕何巢？」第四十四首：「烏江艤檝，知無路可歸，白雁抱書，定無家可寄。」等心聲，一再顯示子山忠心梁室，無視陳朝為故國的觀念，所以倪璠在〈庾子山年譜〉中指出：「建鄴既非梁有，信遂無所可歸。……雖極思念鄉關，實無歸陳之志。」❹可謂一針見血之論。則子山鄉關之思的意義，當略不同於耿恭、班超、韓非及信陵君的一味思歸故園。

3.秦臣趙冠，楚材晉用

　　羈北的南朝名士，大多生活優渥，享受高官厚祿，❹西魏、北周的統治者對子山均極禮遇，❹且「才子詞人，莫不師教；王公名貴，盡為虛襟」❹，然子山依然時興楚材晉用之嘆。〈擬連

---

❹《史記》，卷63，〈老子韓非列傳〉，頁2148。
❹《史記》，卷77，〈魏公子列傳〉，頁2382～2383。
❸《庾子山集注》，卷4，頁306。
❹《庾子山集注》，頁42，〈太平二年·丁丑〉。
❹參見《梁書》，卷55，蕭綜本傳；《周書》，卷42，蕭大圜本傳；《魏書》，卷59，蕭寶夤傳附蕭贊傳；《北齊書》，卷45，〈文苑·顏之推傳〉；《周書》，卷41，〈王褒庾信傳〉等。
❹據《周書》庾信本傳載：在西魏曾受封車騎大將軍、儀同三司，位望已高於仕梁之時。在北周曾任驃騎大將軍、開府儀同三司、司宗中大夫等職。
❹引自滕王逌庾集原序，見《庾子山集注》，頁64。

珠〉第二十二首云：

> 「蓋聞吳艘蜀艇，不能無水而浮；以紅間綠，不能無弦而
> 射。是以樊籠之鶴，寧有六翮之期；骯髒之馬，無復千金
> 之價。」

首四句爲成語，源自淮南子[48]，子山以船艇失水，良弓無弦，喻己入北後受環境所限，無法施展長才；後四句則承前意，進一步以樊籠之鶴、骯髒之馬比照自己爲亡國之臣，屈節仕魏、周，身心受損，不能展翅奮飛，以致身價盡失。〈擬連珠〉第三十五首云：

> 「蓋聞明鏡蒸食，未爲得所；干將補履，尤可傷嗟。是以
> 氣足凌雲，不應止爲武騎；才堪王佐，不宜直放長沙。」

此首前四句倪璠注云：「子山自喻在魏、周如明鏡所以照形，今乃用以蒸食，干將所以示威，今乃用以補履，亦失其志也。」[49]後四句則援引司馬相如事孝景帝，止爲武騎常侍，非其所好；賈誼才高受讒，出爲長沙太守，抑鬱早卒的典故，自比仕魏、周，大才小用，不得其所的窘境。

子山在〈擬連珠〉中，喪意失志，南枳北移的諸多牢騷之語，如：「金性雖質，處劍則凶；水德雖平，經風則險」（第三十三首），「豫章七年，斃於豐草；芳蘭九畹，淪於幽谷」（第三十四首）等，要而言之，皆植根於視漢人爲正統的民族意識。〈擬連珠〉第二十三首云：

> 「蓋聞性靈屈折，鬱抑不揚，乍感無情，或傷非類。是以
> 嗟怨之水，特結憤泉；感哀之雲，偏含愁氣。」

---

[48] 《淮南子》（上海中華書局，《四庫備要》本，1927-1936），卷2〈俶真訓〉：「越舩蜀艇，不能無水而浮」，頁15。
[49] 《庾子山集注》卷之九，頁616。

　　梁朝末期，北方士族與胡人經過血統與文化的融合，夷夏之
辨已十分淡薄。但南方則不同，不論因永嘉之亂由北南遷的僑姓
士族，或世居南方的高門大族，為求自保，數百年來，始終與北
方處於對立之勢，所以仍存有極深的夷夏觀念。子山自不例外，
於〈擬詠懷〉詩中言：「移住華陰下，終為關外人」，「榆關斷
音信，漢使絕經過。胡笳落淚曲，羌笛斷腸歌」❺⓿。其所謂的
「關內」、「關外」之別，「胡」、「漢」之分，「非類」之感，
均明白流露大漢族主義，這是庾信羈北後恨心所在，哀怨之由。

　　4.居非所安、危懼橫生

　　庾信身居北朝失去故舊、家族的護衛，已感孤單，加上西魏、
北周遞禪，及皇室大臣間權力鬥爭激烈，宦場詭譎無常，更使他
心生疑懼。〈擬連珠〉第四十二首云：

　　　「蓋聞磨礪唇吻，脂膏齒牙，臨風扇毒，向影吹沙。是以
　　敬而遠之，豺有五子；吁可畏也，鬼有一車。」

　　此首前四句以毒龍飛砂揚礫，遇者必死❺❶，水蟲射工，因水
射人，中者發瘡不治的傳說❺❷，比喻北朝政局動盪險惡，人人戒
慎恐懼；後四句則言當權者勾心鬥角，貪婪無饜，如豺狼、惡鬼
之居心叵測，只有敬而遠之，才能明哲保身。庾信入北後，初經
宇文泰專政，弒廢帝立恭帝，以及宇文泰之子宇文覺篡魏立周的
各種政治動亂，後又目睹宇文家族的慘烈內鬨。庾信一介羈臣，
無勢無黨，如何能不時興「百尺之高，累於九碁之上；千鈞之重，

───────────

❺⓿分見於〈擬詠懷〉第五首及第七首，《庾子山集注》，頁232、233。
❺❶釋法顯《遊天竺記》云：「蔥嶺冬夏有雪，有毒龍，若犯之則風雨晦冥，
　　飛砂揚礫，遇此難無一全也。」（轉引自《庾子山集注》，頁621）。
❺❷干寶《搜神記》（北京中華書局，1979），卷12，頁155～156；葛洪《抱
　　朴子》（上海商務印書館，四部叢刊本，1926）內篇，卷17〈登涉〉，
　　頁106；張華撰、范寧校證《博物志校證》（北京中華書局，1980），
　　頁37～38，均載此事。

懸於一木之枝」(〈擬連珠〉第三十二首)的危懼感。〈擬連珠〉第三十六首,庾信更指出北周朝廷權貴皆結黨自重,相互攀援,若能得勢假威,即可乘空禦險:

> 「蓋聞勢之所歸,威之所假,必能繫風捕影,暴虎馮河。是以輕則鴻毛沉水,重則磐石凌波。」

現實狀況如此,庾信爲了保家安身,仕周時也不得不借勢假威,因而寫了頗多逢迎阿諛的作品,以討好權貴,其中以謝啓爲最。諸如:「張超之壁,未足障風;袁安之門,無人開雪」❸,「白社之內,拂草看冰;靈臺之中,吹塵視甑。慰妻狠妾,既嗟且憎;瘠子羸孫,虛恭實怨」等自況窮愁的句子滿篇累牘❹。子山本性爭強好勝、恃才傲物,❺如此自貶身價的虛假之言,正顯示他惶恐戒懼,可悲可憐的一面。

5.屈節仕北、愧對先人

庾信出身高門大族,一向以「家有直道,人多全節,訓子見于純深,事君彰於義烈」❻的家風而自傲,然而當他面臨屈節和就義的抉擇時,卻踏上了全身遠禍的道路,這使庾信的後半生充滿了愧對故君、辱沒家門的遺憾,所以在言志的作品中每每流露了悔愧交加、自責自貶之辭。〈擬連珠〉第三十首云:

---

❸見庾信〈謝趙王賚絲布啓〉,《庾子山集注》卷8,頁568。
❹見庾信〈謝明皇帝賜絲布等啓〉,《庾子山集注》卷8,頁575。
❺庾信爭強好勝,恃才傲物的例子如:臺城陷落,子山奔往江陵途中逗留江夏(今湖北武漢),遇當時任郢州刺史的故友蕭韶,蕭韶居大,對子山十分傲慢,子山不堪忍受,使酒罵座,踐踏看饌,在眾賓客前使蕭韶大感慚恥。(見《南史》,卷51〈梁宗室傳〉,頁1270)又如:庾信初至北方,有人問他對北方文士的看法,他答道:「唯有韓陵山一片石(指溫子昇〈韓陵山寺碑〉)堪共語,薛道衡、盧思道少解把筆,其餘騙鳴犬吠,聒耳而已。」(見唐、張鷟《朝野僉載》卷6,《四庫全書》1035冊,頁281,上海古籍出版社,1987。)
❻引自〈哀江南賦〉,《庾子山集注》卷2,頁106。

「蓋聞胸中無學，猶手中無錢，今之學也，未見能賢。是
以扶風之高鳳，無故棄麥；中牟之甯越，徒勞不眠。」

作者首以「今之學也，未見能賢」責己飽讀詩書，文章滿腹，
非但無助於立德，反屈節仕北。繼則翻用高鳳因專心誦讀，以致
不覺潦水流麥，其後遂成名儒❺，甯越苦讀十五年，終爲周威王
之師的典故❻，諷己大節已虧，枉讀聖賢書。〈擬連珠〉第四十
一首云：

「蓋聞水之激也，實濁其源；木之蠹也，將拔其根。是以
延年之家，預論掃墓；羊舌之族，先知滅門。」

此首以激水濁源，蠹木傷根，責己敗德失節，辱沒先人，庾
氏威望，從此而衰。後借用嚴延年母，見其子於臘月刑囚，而預
言其子必敗❺；叔向、叔魚之母羊叔姬，三次預言羊舌氏滅門惡
兆的故事❻，一方面頌揚母德；一方面暗斥自己是摧毀家聲的不
肖之徒，其自訟之詞，實嚴厲且絕情。

前文已提及，梁亡之後，對庾信而言，陳朝已非故國，仕周
亦非仕敵，而庾信卻自寇如此，其原因除了忠於一姓的節義觀念
及對故君的感戴之情外，或另有根由。綜觀梁代羈北文人，多因
「北方政教嚴切，全無隱退者」❻的形勢所迫而出仕，其中固有
「不得不」的因素在內，但或多或少也含有無法甘於貧賤，爲厚
利所誘的現實成分，故庾信在自慚形穢之餘，更引述古聖先賢守
貧存道的行蹟以自照、自貶，如〈擬連珠〉第二十九首云：

「蓋聞懸鶉百結，知命不憂；十日一炊，無時何恥。是以

---

❺ 《後漢書》卷83，〈逸民列傳〉，頁2768～2769。
❻ 《呂氏春秋集釋》，卷24〈博志〉，頁12。
❺ 《漢書》卷90，〈酷吏傳〉，頁3671～3672。
❻ 《春秋左傳注》，襄公二十一年，頁1061；昭公二十八年，頁1493。
❻ 《顏氏家訓集解》卷第7，〈終制〉，頁534。

素王之業，乃東門之貧民；孤竹之君，實西山之餓士。」

此首言如能樂天知命，雖衣敝可以不憂；雖無炊亦不足爲恥，所以孔子立於東門如喪家之犬，但自號素王；孤竹君之子，伯夷、叔齊，義不食周粟，寧可絕糧而亡。庾信持有「顏回瓢飲，賢慶封之玉杯；子思銀佩，美虞公之垂棘」（〈擬連珠〉第四十首）的價值觀，但卻無法身體力行，違背了先賢遺訓及自己一貫的信念，此當爲庾信自愧汗顏，無法釋懷的另一主因。

6.傷時歎逝，皈依虛靜

庾信在亡國哀慟、鄉關思切、居非所安和仕周慚惡等各種矛盾痛苦相煎下，使其生而不樂，喪失鬥志，〈擬連珠〉第二十七首云：

「蓋聞五十之年，壯情久歇，憂能傷人，故其哀矣。是以譬之交讓，實半死而言生；如彼梧桐，雖殘生而猶死。」

此篇作者以東、西邊交互榮枯的楠樹[62]，及半死半生的龍門桐樹[63]，形容自己壯志已歇，雖生猶死的生命狀態。而首句「五十之年」提示了作者寫作的大概年代。庾信生於梁武帝天監十二年(西元五一三年)，加上五十年，爲北周武帝保定三年（西元五六三年）。當然「五十之年」，或作者僅以整數計之，然則〈擬連珠〉寫於庾信五十歲前後，當可成立。[64]

庾信在自嘆憂傷易老，生意蕩然之餘，最終退縮到老莊的虛靜世界以求慰藉。〈擬連珠〉第四十三首云：

「蓋聞虛舟不忤，令德無虞，忠信爲琴瑟，仁義爲庖廚。

---

[62]任昉《述異記》（上海文明書局，說庫本，第三冊，1915），卷上，頁8b。

[63]《文選》卷34，枚乘〈七發〉，頁749。

[64]橫山弘〈陸庾連珠小考〉（京大《中國文學報》，22期，1968年4月），認爲〈擬連珠〉爲庾信晚期之作，似有待商榷。

是以從莊生，則萬物自細；歸老氏，則眾有皆無。」

　　將世事任虛舟載浮，隨其自然變化，心存仁義，潛修令德。不計得失，則萬物齊同；不論有無，則虛靜自得。這是庾信極終的理想精神境界，其在〈小園賦〉及〈擬詠懷〉中❻，則進一步描繪了田園隱居圖，做為精神的安息之所。

　　庾信在北朝雖處富貴顯達，但在心境上卻極沮喪蕭瑟，由於身心經歷了種種矛盾、痛苦的煎熬，始能創作出刻骨銘心、動人心弦的不朽作品。

二、體式探討

　　庾信〈擬連珠〉四十四首，除第七、十、三十二、三十六首外，每首均由八個句子組成，也偶見隔句用韻的形式，猶似近體律詩。然就句法、聲律、對仗、用典、敷藻等方面探究之，則不難發現，每一短篇極似駢文的一小節，即〈擬連珠〉就體式而言，實是駢文的變格，今分析如下：

　　(一)句法

　　〈擬連珠〉的句法頗富變化，可歸納為下列十二種：

　　1.四——四

　　　膏唇喋喋，市井營營（第七首）

　　　執珪事楚，博士留秦（第二十六首）

　　　臨風扇毒，向影吹沙（第四十二首）

此一句型共出現三十三次。

　　2.五——五

---

❻〈擬詠懷〉第十六首：「橫石三五片，長松一兩株。對君俗人眼，真興理當無。野老披荷葉，家童掃栗跗。竹林千戶封，甘橘萬頭奴。君見愚公谷，真言此谷愚。」《庾子山集注》卷之三，頁241。

　　　　斬長鯨之鱗，截飛虎之翼（第一首）

　　　　忠信爲琴瑟，仁義爲庖廚（第四十三首）

此一句型共出現三次。

　　　3.六——六

　　　　非綠林之散卒，即驪山之叛徒（第十三首）

　　　　耿恭之悲疏勒，班超之念酒泉（第二十八首）

此一句型共出現十五次。

　　　4.三、五——三、五

　　　　從莊生，則萬物自細；歸老氏，則眾有皆無(第四十三首)

此一句型僅出現一次。

　　　5.四、四——四、四

　　　　邯鄲已危，徒思馬服；薊城去矣，空用荊軻(第五首)

　　　　居蘭處鮑，在其所習；白羽素絲，隨其所染(第三十三首)

此一句型共出現二十三次。

　　　6.四、五——四、五

　　　　北邙之高，魏君不能削；穀洛之鬥，周王不能改

　　　　（第三十九首）

　　　　烏江艤檝，知無路可歸；白雁抱書，定無家可寄

　　　　（第四十四）

此一句型共出現三次。

　　　7.四、六——四、六

　　　　建章低昂，不得猶瞻灞岸；德陽淪沒，非復能臨偃師

　　　　（第九首）

　　　　曹劌登壇，汶陽之田遽反；相如睨柱，連城之璧更還

　　　　（第三十七首）

此一句型共出現二十二次。

8.四、七——四、七

屈倪參乘，諸侯解方城之圍；干木爲臣，天下無西河之戰

（第四首）

欲求其眞，晉陽有自埋之蒿；若賞其聲，吳亭有已枯之竹

（第三十四章）

此一句型共出現三次。

9.五、四——五、四

劉琨之英略，莫知自免；祖逖之慷慨，裁能渡河

（第十一首）

此一句型僅出現兩次。

10.五、六——五、六

開百里之圍，用陳平之一策；明千乘之國，須季路之一言

（第三首）

此一句型僅出現兩次。

11.六、四——六、四

射聲營之風雨，時有冤魂；廣漢郡之陰寒，偏多夜哭

（第十六首）

此一句型僅出現兩次。

12.六、六——六、六

李都尉之風霜，上蘭山而箭盡；陸平原之意氣，登河橋而
路窮（第十五首）

此一句型僅出現一次。

　　上述十二種句法，除第六種上四下五的句型外，均爲六朝駢
文中所習用者，而其中又以四言、六言單句對，及上四下四、上
四下六隔句對爲最夥。文學史家咸以庾信爲唐、宋四六文之先驅，
由〈擬連珠〉的句法觀之，似亦可得一旁證。

(二)聲律

永明年間，沈約、周顒、劉斌諸子倡聲律之論，著書立說[66]，自此，摛文賦詩講求口吻調利的人為音律約制，逐漸成風尚，而注重對仗、用事、協律、調句、麗藻的駢文，也應時而浸盛。「字協平仄，音調馬蹄」為駢文聲律之特色[67]，今觀庾信〈擬連珠〉諸章，亦多符合此一原則。今舉例解析如下（須調聲調之字下方注以平仄。「－」表平聲，「｜」表仄聲；「△」表拗字）：

1.全首合駢文聲律者

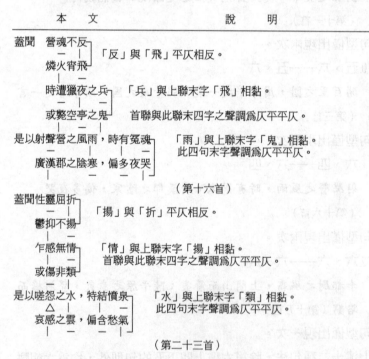

本　文	說　明
蓋聞　營魂不反 　　　　－　｜ 燐火宵飛 　　　－	「反」與「飛」平仄相反。
時遭獵夜之兵 －　　｜　　－	「兵」與上聯末字「飛」相黏。
或斃空亭之鬼 　　｜　　｜	首聯與此聯末四字之聲調為仄平平仄。
是以射聲營之風雨，時有冤魂	「雨」與上聯末字「鬼」相黏。 此四句末字聲調為仄平平仄。
廣漢郡之陰寒，偏多夜哭 ｜　　－　　｜	
（第十六首）	
蓋聞性靈屈折 　　－　｜ 鬱抑不揚 　　　－	「揚」與「折」平仄相反。
乍感無情 　　　－	「情」與上聯末字「揚」相黏。 首聯與此聯末四字之聲調為仄平平仄。
或傷非類 　　　｜	
是以嗟怨之水，特結憤泉 　△　｜　　　－	「水」與上聯末字「類」相黏。 此四句末字聲調為仄平平仄。
哀感之雲，偏合愁氣 ｜　－　　｜　｜	
（第二十三首）	

[66]沈約著《四聲譜》，見《南史》本傳；周顒著《四聲切韻》，見《南史》本傳；劉斌著《四聲論》，見《南史·陸厥傳》。
[67]馬蹄者，指兩聯單句對，或一聯隔句對，每句末字之平仄為「仄平平仄」或「平仄仄平」。

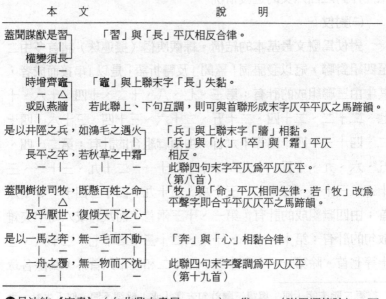

蓋聞意氣難干，非資扛鼎┐　「干」與「鼎」「勇」平仄相反。
　　　　　　　　　　　　　└　「鼎」與「關」平仄相反。
　　風神自勇，無待翹關┘　　此四句末字聲調爲平仄仄平。

是以曹劌登壇，汶陽之田遽反┐　「壇」與上聯末字「關」相黏。
　　　　　　　　　　　　　　　└　「壇」與「反」「柱」與「還」平仄相反。
　　相如睨柱，連城之璧更還┘　　此聯四句末字聲調爲平仄仄平。

（第三十七首）

　　一篇四六文係由許多對聯組合而成，其各聯聲調理應平仄相間，與律詩、律賦近似而稍變通。上述三例聲調皆合「宮羽相變，低昂舛節，若前有浮聲，則後須切響」的原則[68]。餘如第二、四、五、九、十、十五、二十九、三十二、三十六、三十八諸首，亦均爲全首符合駢文聲調者[69]。

2.全首大部分符合駢文聲律者

本　　文	說　　明
蓋聞謀猷是習┐ 　權變須長┘	「習」與「長」平仄相反合律。
時增齊竉┐ 　　△ 　或臥燕牆┘	「竉」與上聯末字「長」失黏。 若此聯上、下句互調，則可與首聯形成末字仄平平仄之馬蹄韻。
是以井陘之兵，如鴻毛之遇火┐ 　長平之卒，若秋草之中霜┘	「兵」與上聯末字「牆」相黏。 「兵」與「火」「卒」與「霜」平仄相反。 此聯四句末字平仄爲平仄仄平。 （第八首）
蓋聞樹彼司牧，既懸百姓之命┐ 　　　△ 　及乎厭世，復傾天下之心┘	「牧」與「命」平仄相同失律，若「牧」改爲平聲字即合乎平仄仄平之馬蹄韻。
是以一馬之奔，無一毛而不動┐ 　一舟之覆，無一物而不沈┘	「奔」與「心」相黏合律。 此聯四句末字聲調爲平仄仄平 （第十九首）

[68]見沈約《宋書》（台北鼎文書局，1980），卷67，〈謝靈運傳論〉，頁1779。
[69]第三十二首，首聯末句末字「枝」與第二聯首句末字「險」，第三十六

　　餘如第三、七、十四、十七、二十、二十一、二十四、二十五、二十六、二十七、二十八、三十一、三十三、三十四、三十五、三十九、四十、四十一、四十二、四十三、四十四等首,均屬此類。

　　劉彥和謂駢體之源,肇於書、易❼,此乃就其淵源而論,若就實際之駢文創作而言,當興於齊梁之交,而以四、六句平仄相間作對,所謂四、六文者,則興於齊梁之後。史家視徐陵和庾信為集駢儷之大成者,並開四、六句間隔作對之先例,今觀庾信〈擬連珠〉諸作,亦可證明史論非虛。而其中若干聲調失律、失黏之處,正顯示由齊梁之前,以聲調自然諧和的單句對或四言隔句對為主的駢儷之文,到齊梁之後,拘守人為音律的四、六平仄相間作對之四六文的過渡情況。

㈢對仗

　　對仗為駢文最基本的結構。綜觀庾信〈擬連珠〉諸首多由二至四組對聯,冠以發語詞「蓋聞」及轉折語「是以」串接而成者,其中由三聯組成的計有:第三、七、八、十二、十四、十六、十七、二十二、二十四、二十五、二十六、三十四、三十六、四十二、四十三、四十四等十六首;由兩聯組合的計有:第二、四、五、六、九、十五、十九、二十、二十一、二十九、三十一、三十三、三十五、三十七、三十八、三十九、四十、四十一等十八首;由四聯組成的計有:第一、十三兩首;而八句或六句中夾雜散句的計有:第十、十一、十八、二十三、二十七、二十八、三十等七首。除第一、七、十三、三十二和三十六首外,其餘各章

首第二聯末字「河」與第三聯首句末字「水」聲調不同,似「失黏」之例,惟若視轉折語「是以」之後為另起一段,則首句之末字可平、可仄,不必與前段末句末字之平仄相同,此為歷代駢文家皆有之共識。
❼見《文心雕龍注》卷7,〈麗辭〉,頁33。

的後四句都是屬於隔句對的形式。今就其對仗之法擇要說明如下：

1.句型

　　就對仗形式而論，〈擬連珠〉是以單句對和隔句對交互運用的方式。其中言對較少，事對極多，各儷句中則見正名對、成語對、數對、雙擬對、方位對、當句對、疊字對、有無對、副詞對、借對、色彩對、虛字(詞)對等各種變化❼。其中以正名對、虛字對爲最夥；副詞對次之；成語對、當句對再次之，餘則偶見之。

　　由於〈擬連珠〉援用極多古代故實，故四十四首中有三十二首均包含正名對，甚者如第二、五、十四首全由正名對連串而成，第十二、十七、二十四、二十五、二十八、四十四諸首中，也有三分之二的聯句是正名對。因正名對具有豐富的故事內容，所以言少而意多。

　　虛字對俯拾即是，也是〈擬連珠〉對仗的特色之一。作者用「而」、「以」、「於」、「之」、「所」、「則」等介詞、連詞及助詞繫接實字，使許多儷句具有散文的特質，產生駢散相濟的效果，且使聲調和文意不致過於凝重。惟因若干虛字重出於一聯中，如：「李都尉之風霜，上蘭山而箭盡，陸平原之意氣，登河橋而路窮」（第十五首），「在其所習，隨其所染」（第三十三首），「輕則鴻毛沉水；重則磐石凌波」（第三十四首）等，不免有呆板之失。

　　副詞的主要作用在於修飾或限制動詞和形容詞，以表示範圍、程度等，所以用副詞冠於句首，會產生強調鮮明文意的效果。在

---

❼所謂正名對者，即兩句之中人名或專有名詞相對仗；雙擬對者，即同一字相隔重出於一句中，下句亦然，而上下句又互爲對仗；當句對者，即一句之中，詞彙自相對仗；借對者，即詞類不甚相同，假借勉強爲對，若上聯爲專有名詞，而下聯適無專有名詞與之匹配，則以普通名詞代之爲對。

〈擬連珠〉中，也不乏這類儷句。如：「空思說劍，徒聞枕戈」（第十一首），「乍有去而不歸，或無期而遠客」（第十七首），「特結憤泉，偏含愁氣」（第二十三章），「猶含明月之珠，尚抱咸池之曲」（第三十一首），「遂荷鍤而移山，欲銜石而塞海」（第三十九首）等。

數對如：「名高八俊，智周三傑」（第二十一首），「寧有六翮之期，無復千金之價」（第二十二首），「百尺之高，累於九碁之上；千鈞之重，懸於一木之枝」（第三十二首）「豫章七年，芳蘭九畹」（第二十四首），「豺有五子，鬼有一車」（第四十二首）等。有意以數詞入詩文，可謂是庾信的獨創，庾信其他作品中也常見數對的佳聯⓻。

綜觀〈擬連珠〉中的對仗，古對與律對各佔其半⓽，而每章多以轉折詞「是以」為分界點，即「是以」之前，以古對居多；之後，則以工整的律對為主，因而形成散駢相銜的有趣現象。

2.句意

就聯句意義承接的方式分析，〈擬連珠〉中則見「相向」、「相背」、「相偶」、「相連」的變化⓾。惟其中以「相向」、「相偶」的情況最多，句意「相連」的則偶見之。

⓻ 如〈遊山詩〉：「澗底百重花，山根一片雲」，〈寒園即目〉：「遊仙半壁畫，隱士一床書」，〈擬詠懷〉：「既無六國印，翻思二頃田」（第二首）、「一郡催曙雞，數處驚眠鳥」（第十九首）、「鼓鞞喧七萃，風塵亂九重」（第二十三首，〈小園賦〉：「一寸二寸之魚，三竿兩竿之竹」、「落葉半床，狂花滿屋」，〈傷心賦〉：「已觸目於萬恨，更傷心於九泉」等。

⓽ 所謂古對，是指承襲漢魏古詩對仗風貌，不拘平仄聲調，僅求「詞對義稱」的形式；所謂律對是指除字面對仗外，還講究人為音律的約制，可視為唐律對句的先驅。

⓾ 所謂「相向」即兩對句意義或正、或反，取一致步調；「相背」即兩句意思一正一反；「相偶」即兩句之意義相同或近似；「相連」即兩句的意思相貫，連成一氣。

　　〈擬連珠〉中之儷句百分之七十以上均屬句意「相向」之例。
如：「章華之下，必有思子之臺；雲夢之傍，應多望夫之石」
（第十七首），「曹劌登壇，汶陽之田遽反；相如睨柱，連城之
璧更還」等（三十七首）。

　　　句意「相偶」的，如：「彼黍離離，大夫有喪亂之感；麥秀
漸漸，君子有去國之悲」（第九首），「遼東寡婦之悲，代郡霜
妻之哭」（第十四首），「乍有去而不歸，或無期而遠客」（第
十七首），「譬之交讓，實半死而言生；如彼梧桐，雖殘生而猶
死」（第二十七首），「居蘭處鮑，在其所習，白羽素絲，隨其
所染」（第三十三首）等。由於「偶對」上下句或命意雷同，或
所指一事，致使詞多而義寡。劉彥和〈麗辭〉稱之為「駢枝」，
後人譏為合掌，是詩家所忌，惟駢枝是六朝儷句的通病❼，〈擬
連珠〉中也出現頗多此類對仗，虛費了不少筆墨。

　　　句意「相背」的如：「一怒而諸侯懼，安居而天下息」（第
一首），「穀林長送，蒼梧不從」（第十二首），「輕則鴻毛沉
水，重則磐石凌波」（第三十六首），「卷葹不死，誰必有心；
甘蕉自長，故知無節」（第三十八首）等。上述諸例，上下句意
一正一反，產生轉折、迭蕩的效果。

　　　句意「相連」的如：「惟桐惟葛，無樹無封」（第十二首）
「無怨生離，恩情中絕」（第十八首），「樹彼司牧，既懸百姓
之命，及乎厭世，復傾天下之心」（第十九首）等。這類對句即
所謂的「流水對」，需要高度的寫作技巧。〈擬連珠〉中偶見的

----

❼蔡寬夫云：「晉宋間詩人造語雖秀拔，然大抵上下句多出一意，如：
　　『魚戲新荷動，鳥散餘花落』、『蟬噪林逾靜，鳥鳴山更幽』之類，非
　　不工矣，終不免此病。」（轉引自《詩人玉屑》，北京中華書局，1959
　　年。卷3，頁47）。胡應麟《詩藪》曰：「作詩最忌合掌，近體尤忌，而
　　齊、梁往往犯之。」（北京中華書局，中國文學參考叢書，1962。內篇，
　　卷4，頁64）。

流水對均屬古對之例，若以唐、宋流水對的標準衡量之，則尙屬實驗之作。

㈣用典

繁用典故，爲駢文之必要條件。綜觀〈擬連珠〉諸作，幾乎是句句有典。其中以事典爲主，語典及事詞合用者爲輔，以今日修辭學之理論歸納之，可分爲明典、暗典兩大類型，而應用的技巧則又有直用、翻用、反用、借用的分別⑯。反用及翻新舊典是〈擬連珠〉中最値得欣賞的用典技巧，特解析如下：

1.反用

〈擬連珠〉中若干隸事運典，反其原意而用之，與文章的「翻案法」略同，十分奇警。如：

> 「建章低昂，不得猶瞻灞岸；德陽淪沒，非復能臨偃師。」

（第九章）

上聯，「建章宮」爲漢武帝太初元年所建⑰，「灞岸」語出王粲〈七哀〉詩：「南登霸陵岸，迴首望長安」⑱。建章宮和灞岸均在西京，庾信以之喻梁都建業，建業毀於侯景之亂，元帝捨建業而都江陵。子山謂「不得猶瞻灞岸」，蓋反用原典「登灞岸望長安」之意，不但表達其懷念故都之意，且進一步說明建康殘破，文物全毀，實已無所可瞻的實情，加強了其悲涼感。

下聯，「德陽宮」爲漢景帝生前自建，故諱不言廟而言宮⑲。漢光武出自景帝，曾中興漢室，建都洛陽。洛陽與偃師縣（縣在洛陽東三十里）相臨。子山添加「非復能」三字，反用原典，以

---

⑯所謂反用者，指反原典之意而用之；所謂翻用者，即作者將主觀之情思、意念融入故事中，爲舊典翻出新意；所謂借用者，即借用故實、成語之詞句，但不師其意。

⑰《漢書》卷6，〈武帝紀〉，頁199。

⑱《文選》卷23，王仲宣〈七哀詩〉第一首，頁498。

⑲《漢書》卷5，〈景帝紀〉，頁147。

喻梁元帝都江陵後，中興之道銷也。

　　餘如：「扶風之高鳳，無故棄麥；中牟之篤越，徒勞不眠」
（第三十首）「白雁抱書，定無家可寄」（第四十四首）等，均
爲反用舊典之例。

　2.翻新

　　使事用典，貴能靈活變化，宜令「事爲我使」，而「不爲事
使」。子山將舊典、故事，融入自己的主觀情思、意念，爲原典
附加新意，餘韻無窮。如：

　　「日南枯蚌，猶含明月之珠；龍門死樹，尚抱〈咸池〉之
　　曲。」（第三十二首）

　　上聯作者援用日南郡盛產珍珠的記載[80]，益以「枯」與「猶」
二字，而翻出新意。

　　下聯「龍門死樹」語出枚乘〈七發〉[81]，〈咸池〉相傳爲黃
帝時之曲名[82]。庾信運用其天才的聯想力，以桐木製的「焦尾」
名琴做中介[83]，結合了龍門死樹與黃帝〈咸池〉之曲，鑄造了詞
婉意深的妙句，借以傳達其至死不渝，心向故君的摯情。

　　餘如：「章華之下，必有思子之臺，雲夢之傍，應多望夫之
石」（第十七章），「嗟怨之水，特結憤泉；感哀之雲，偏含愁
氣」（第二十三章）等，均爲舊典翻新之例。

---

[80]《後漢書》卷76，頁2473，〈循吏列傳・孟嘗〉：「（合浦）郡不產穀
　實，而海出珠寶，與交阯比境，常通商販，貿糴糧食。」案：合浦郡，
　即廣東海康縣治，與日南郡（今廣東舊雷州、廉州、高州諸府，廣西舊
　慶遠、太平及梧州府之南境）同屬一區域。

[81]見注63。

[82]王夢鷗《禮記今註今譯》（台灣商務印書館，1987），第十九〈樂記〉，
　頁622。

[83]《後漢書・蔡邕傳》：「吳人有燒桐以爨者，邕聞火烈之聲，知其良
　木，因請而裁爲琴，果有美音，而其尾猶焦，故時人名曰焦尾琴焉。」
　（《後漢書》頁2004）。

3.借用重組

　　所謂借用重組者，指只借用舊典詞語，而不用其內涵意義，且融合兩典爲一者，與對偶法之「借對」、「假對」有異曲同工之妙。楊萬里於《誠齋詩話》中云：「詩家用古人語，而不用其意，最爲妙法，如山谷猩猩毛筆是也(平生幾兩屐，身後五車書)。猩猩喜著屐，故用阮孚事；其毛作筆，用之鈔書，故用惠施事。二事皆借人事以詠物，初非猩猩毛筆事也。」❽〈擬連珠〉中亦得見這種高妙的運典技巧，如：

> 「竹杖扶危，不能正武擔之石；蘆灰縮水，不能救宣房之
> 河。」（第五首）

　　上聯語出《漢書》及〈蜀志〉。《漢書》曰：「張騫言使大夏時，見蜀布，邛竹杖。」❽〈蜀志〉曰：「劉先主即帝位於成都武擔之南」❽。張騫（？——西元前一一四）與劉備（西元一六二至二二三）二人生存年代相隔三百餘年，且邛竹杖與武擔山亦毫無關聯，作者添加數字，予以縮合則新意自現。

　　下聯二典分別見於《淮南子》與《漢書・溝洫志》。《淮南子・覽冥訓》載：「（女媧）積蘆灰以止淫水」❽，《漢書・溝洫志》載：上使塞瓠子決河，歌曰：「宣房塞兮萬福來」，「於是卒塞瓠子，築宮其上，名曰宣房。而道河北行二渠，復禹舊跡，而梁、楚之地復寧，無水災。」❽以上二原典實不相關，但作者取其「止水患」的共同點，巧爲結合，融化無痕。此一聯乃隱喻侯景之亂如洪水漫流，來勢洶洶，非人力所能挽。

---

❽丁仲祐《續歷代詩話》（台北藝文印書館，1974），頁155。
❽《漢書》卷95，〈西南夷兩粵朝鮮傳〉，頁3841。
❽《三國志》（中華書局香港分局，1975）卷32，〈蜀書・先主傳〉，頁889。
❽《淮南子》卷6，〈覽冥訓〉，頁7。
❽《漢書》卷29，〈溝洫志〉，頁1682～1684。

　　他如：「隋珠日月，無益驪山之火」（第十二首），「顏回瓢飲，賢慶封之玉杯」（第四十首）等，均屬借用舊典重組之例。

　　品賞〈擬連珠〉中的若干佳典之餘，也發現一些陳腔及運典浮濫、重複的例子。陳腔者如：「一怒而諸侯懼，安居而天下息」（第一首），「十室之邑，忠信在焉；五步之內，芬芳可錄」（第三十一首），「胸中無學，猶手中無錢」（第三十首）等，前二聯分別出自《孟子》、《論語》及《說苑》❽，是耳熟能詳的成語。第三聯出自《論衡》❾，已成為日常的口頭語，近乎俚俗。

　　浮濫者如：「彼黍離離，大夫有喪亂之感；麥秀漸漸，君子有去國之悲」（第九章），「愚公何德，遂荷鍤而移山？精衛何禽，欲銜石而塞海」（第三十九首），「流動所感，還崩杞梁之城，灑淚所沾，終變湘陵之竹」（第十四首）。以上各聯的典故，在六朝作品中屢用不鮮，已成芻狗。

　　重出之例，如：第十一首第四句「徒聞枕戈」、第五句「劉琨之英略」，疊用劉琨事蹟。又，有關項羽的史事分別見於第二首：「鴻溝之盟，可以中分天下」；第十八首：「帳裏悲歌，而虞姬永別」；第三十七首：「非資扛鼎」；第四十四首：「烏江艤檝，知無路可歸」等，重出了五次之多。而荊軻的典故則出現了兩次：第五首：「薊城去矣，空用荊軻」；第二十四首：「荊軻之別燕市，悲不自勝」。舜帝崩，二妃哀慟的故實重複引用在第十二首：「蒼梧不從」，及第十四首：「灑淚所沾，終變湘陵

---

❽《孟子譯注》（北京中華書局，1960），〈滕文公章句下〉，頁140。
　楊伯峻《論語譯注》（北京中華書局，1980），〈公冶長篇第五〉，頁53。趙善詒疏證《說苑疏證》（上海華東師範大學出版社，1985），卷16〈說叢〉，頁436。
❾見倪璠注，《庾子山集注》，頁612。

之竹」。在某些情況下，重複使用具有共同意象的不同典故，能嚴密詩文的意象網絡，加強整體概念的傳達。但如果相同的人、事反複使用，則使意象失去新鮮感。〈擬連珠〉既是組篇，這些運典的雷同處，自然不能不視爲白璧之瑕。

三、章法分析

庾信〈擬連珠〉四十四首皆以「蓋聞」爲發語詞，「是以」爲承上啓下的連接詞，這也是傳統連珠體的固定結構。考查在庾信之前的八十四首完整連珠作品中的發語詞，雖然由於創作動機和所針對的對象不一，而有「臣聞」、「蓋聞」、「吾聞」、「嘗（常）聞」、「妾聞」的不同，但都是引述客觀的事理或知識。**❾**而連接詞「是以」，用在複合句的後一分句中，除了顯示前後文的承順關係外，也表達了作者由客觀到主觀的引證、類比、歸納或判斷。簡而言之，「蓋聞……是以」的結構，使「連珠體」成爲議論的邏輯推理形式。

若以西方的形式邏輯學原理，分析作者的思維進程及文義的承轉接合，則〈擬連珠〉的推理方式可略分爲下列五種：

㈠先明主旨，繼舉事例印證──引證推論法

> 「蓋聞得賢斯在，不藉揮鋒；股肱良哉，無論應變。是以屈倪參乘，諸侯解方城之圍；干木爲臣，天下無西河之戰。」（第四首）

案：此首前四句揭示主義，「是以」之後，例舉兩個史實以證明主義不虛，運用了形式邏輯的引證推論法。第三、四、八、十五、

---

❾以「臣聞」爲發語詞者，創作之目的爲諷諫君王；以「蓋聞」、「吾聞」、「嘗聞」爲發語詞者，創作之目的是悟人或自省；以「妾聞」爲發語詞者，是作者爲婦女代言。

十九、二十、二十五、二十九、三十一、三十三、三十五、三十七、四十一首並同。

> 「蓋聞無怨生離，恩情中絕，空思出水之蓮，無復迴風之雪。是以樓中對酒，而綠珠前去；帳裏悲歌，而虞姬永別。」（第十八首）

案：此首前四句亦為本旨，但結構較之前例則略有變化，蓋首二句與三、四句具有因果關係，即「空思出水之蓮，無復迴風之雪」是「無怨生離，恩情中絕」的結果。「是以」之後，則為兩個舉證，以印合本旨。

> 「蓋聞胸中無學，猶手中無錢，今之學者，未見能賢。是以扶風之高鳳，無故棄參，中牟之甯越，徒勞不眠。」
>
> （第三十首）

案：此首亦如例一、例二，「是以」之前直陳本旨，之後則是舉證。惟作者使用了翻案筆法，使文意曲折迭蕩。在本旨部分，首二句強調「學」是修身立德的基礎，三、四句卻反說今日問學與立德無關。在舉證的部分，作者以高鳳、甯越自喻，並反用二人勤學立德、立功的典故，以強調「今之學者，未見能賢」的本旨。

㈡先述客觀事實、狀況或條件，繼言明結果——因果推論法

> 「蓋聞五十之年，壯情久歇，憂能傷人，故其哀矣。是以譬之交讓，實半死而言生；如彼梧桐，雖殘生而猶死。」
>
> （第二十七首）

案：此首前四句作者自述衰老、憂傷的客觀事實，繼推出「實半死而言生，雖殘生而猶死」的結論。即「是以」前文是「因」，後文是「果」，也是主旨所在。第二、七、十、三十九、四十四首並同；第六、十三首近似。

> 「蓋聞江、黃戎馬之徵，鄢、郢風飆之格，乍有去而不歸，
> 或無期而遠客。是以章華之下，必有思子之臺；雲夢之傍，
> 應多望夫之石。」（第十七首）

案：此首「是以」以前陳述離亂之實況，是「因」；「是以」之後，則說明離亂之結果。而作者的鄉關之思，隱於結論中，令覽者自悟。若再進一步分析，則首四句中也具有因果關係，即「乍有去而不歸，或無期而遠客」是「江、黃戎馬之徵，鄢、郢風飆之格」的結果。章法較前例複雜些。第一、十、十一、十四、二十三、三十六首並同；第六、十三首近似。

㈢先引述特殊事、理，繼再例舉類似的事、理以互證
——類比推理法

> 「蓋聞遷移白羽，流徙房陵，離家析里，悽恨撫膺。是以
> 吳起之去西河，潸然出涕；荊軻之別燕市，悲不自勝。」
> （第二十四首）

案：此首「是以」前文和後文分別由兩個史實組成，而四個史例都與「離恨」有關。這是作者運用聯想，把相關的事件結合、排比，以加強主旨的傳達，然而「鄉關之思」的本旨是隱藏在典故的背後，讀者必須先了解典故的內涵，才能領會作者的命意。第九、十六、二十一、二十二並同。

> 「蓋聞秋之爲氣，惆悵自憐，耿恭之悲疏勒，班超之念酒
> 泉。是以韓非客秦，避讒無路；信陵在趙，思歸有年。」
> （第二十八首）

案：此首筆法較前例略爲曲折。「是以」前後兩部分並不完全對等，首二句乃是作者感時悲秋，自抒懷抱，與耿恭、班超、韓非、信陵君的故事並無直接關聯。第三十四、三十八、四十二等首，也都屬於這種類比推理結構而略見變化者。

㈣先引敘若干特殊事實，再歸結出一普遍現象或情理
——歸納推理法

「蓋聞執珪事楚，博士留秦，晉陽思歸之客，臨淄羈旅之臣。是以親友會同，不妨懷撫悽愴，山河離異，不妨風月關人。」（第二十六首）

案：越之細人羈楚，魯國儒士孔甲抑鬱於秦，趙鞅亡走晉陽，陳公子完逃奔於秦，四個人的身世背景雖不相同，但羈留異地、居非所安的際遇則同，作者即以此共通性，概括出思歸之客、羈旅之臣「懷撫悽愴、風月關人」的普遍常情。第五、十二首結構並同。

㈤先引敘——普遍公理，再推斷出某一特殊事理
——演繹推論法

「蓋聞君子無其道，則不能有其財；忘其貧，則不能恥其食。是以顏回瓢飲，賢慶封之玉杯；子思銀佩，美虞公之垂棘。」（第四十首）

案：首四句言君子立德、修身，不以敝衣粗食為意，此乃常理，作者由此常理演推出安貧樂道的顏回，賢於錦衣玉食的慶封；子思的銀佩美於虞公稀世美璧的判斷。

連珠體多是八句短章，且拘限於「蓋聞……是以」的推論形式，似不足以包容子山澎湃的情感，泉湧的文思，所以偶見篇章結構不夠周延的例子，如第四十三首：

「蓋聞虛舟不忤，令德無虞，忠信為琴瑟，仁義為庖廚。
是以從莊生，則萬物自細；歸老氏，則眾有皆無。」

案：前半段除首句「虛舟不忤」出自莊子外，餘皆為儒家言論，如何歸納到莊子齊物，老氏有無的結論，實在令人匪夷所思。

駱鴻凱云：「連珠之體，大率立理以為基，繼援事以為證。

近世論之者謂有合於印度之因明，遠西之邏輯，詳加翫味，其言非誣。」⑫其實連珠體的結構也與《墨辯》中的若干思維理論相印合。譬如《墨辯》論及「說」（即推論）的具體方式包括：或與止、假、效、譬、侔、援、推、擢、附性推論等，而其中的「譬」，即是引証推理法，「援」，近似於類比推理，「擢」爲歸納推理，「附性推理」則類同於演繹法。⑬

關於「連珠體」論辯結構的淵源，或曰《韓非子‧內外儲說》，或曰《淮南子‧山木》，或曰《鄧析子》，或曰《鹽鐵論》。⑭今試以庾信〈擬連珠〉與上述諸文相比對，則不難查覺《韓非子‧內外儲說》「經」的形式與〈擬連珠〉的若干結構最爲近似。筆者以爲，〈擬連珠〉的議論結構及思維方式其源流不止一端，當直接或間接廣受傳統論辯著作行文方式及名學的影響⑮。

四、結　語

庾信與陸機同爲「連珠體」之大家，倪璠曾將二者相提並論。細審二作實頗見差異。就內容與創作目的而言：陸機〈演連珠〉旨在闡明爲政之道，借以諷諫君王，故以「臣聞」爲發語詞，其目的在於「悟人」；而庾信〈擬連珠〉乃敘事兼抒情，旨在陳述

---

⑫駱鴻凱《文選學》（上海中華書局，1937）附篇二，〈文選專家舉例‧陸士衡〉，頁 447。

⑬見陳夢麟《墨辯邏輯學》（濟南齊魯書社，1983），頁56～88。

⑭葉英〈文史通義校注〉（北京中華書局，1985），頁61；《文選學》頁146引文；橫山弘〈陸庾連珠小考〉，頁28，注9。

⑮胡適於〈諸子不出於王官論〉一文中云：「凡一家之學無不有其爲學之方術，此方術即是其『邏輯』。是以老子有無名之說，孔子有正名之論，墨子有三表之法，別墨有墨辯之書，荀子有正名之篇，公孫龍有名實之論，尹文子有刑名之論，莊周有齊物之篇，皆其名學也。」（《胡適文存》，上海東亞圖書館，1931，頁27。）

梁朝之興廢與自傷身世，其目的在「自悟」，故以「蓋聞」爲發語詞。

　　就二作之體式而言：〈演連珠〉雖然每首以八句爲主，但也見六句、十句的形式❾❻，與〈擬連珠〉諸作多爲整齊的八句短章有別。〈演連珠〉多爲隔句對仗，而〈擬連珠〉則單句對與隔句對並用。再就聲調方面探究，〈演連珠〉各首並無定格，一句中時有平聲或仄聲字疊用的情形，而又不合「馬蹄韻」的調聲規則，此與庾信〈擬連珠〉平仄相間，調爲馬蹄的四六文體式不類。又〈演連珠〉原則上爲無韻體，而〈擬連珠〉原則上是用韻的。陸機與庾信相距約二百三十年，凡上述種種有關〈演連珠〉和〈擬連珠〉體式上的差別，是六朝駢儷聲律發展、演變的自然結果。

　　在章法結構方面，二者也有若干差別，❾❼僅就「連接詞」的使用觀之，〈演連珠〉則較具變化，除「是以」而外，也偶用「故」（如第三十七首）代替「是以」，且得見一首之中含有兩個承轉詞的，如第八、二十四、三十九首的結構是：「臣聞……何則……是以」；第二十七、四十一首的結構是：「臣聞……是以……故」；第四十二首的結構是：「臣聞……故……是以」；第三十一、四十四首的結構是：「臣聞……是以……故……故」。

　　由以上分析可見，陸機〈演連珠〉與庾信〈擬連珠〉在內容、創作目的、體式、章法結構等方面均不甚相同。再進一步考查庾信之前的其他連珠作品，在聲律上皆無定格；在內容上，除梁簡

---

❾❻由六句組成者，如：第十四、十七、十九、二十、二十三、二十六、三十三、三十六、三十七、四十、四十六首；由十句組成者，如：第一、八、三十九、四十一首。

❾❼參見《文選學》頁447至450，駱氏對陸機〈演連珠〉結構之分析。

文帝為侯景幽禁時所作的兩首連珠中的第二首以抒情為主外❾❽，餘均為闡論事理。蓋「連珠體」的推理結構，原本較適合論理，而庾信卻以此體敘事、抒情，當屬創新，李兆洛評庾信〈擬連珠〉云：「但敘身世，無關理要，連珠之別格也。」❾❾實為卓見。

---

❾❽梁簡文帝兩首作品存錄於《太平御覽》(北京中華書局，1960)，卷590，文部六，頁2658。

❾❾李兆洛《駢體文鈔》(上海中華書局，《四部備要》本)，卷29，頁6。

論　文：庾信〈擬連珠〉析論
主講人：王次澄資深講師
講評人：王令樾副教授

　　首先就內容來說，王教授的論文重心擺在史事與抒情兩部份，抒情這部份只作條列式說明，史事則佔大份量舉了許多史事與各首作連接。但庾信這四十四首作品的用意恐怕不在敘史上，主要在以切身經歷而產生的無限感慨，用連珠體寫原因。因連珠體的正格是說理，所以藉史事所存含的道理去說自己的經歷和感受，因此情感自然寄託在他的感慨裡。倪璠注是作了史事的解釋，但把四十四首的深意完全擺在這個部份，是否恰當？論文第四頁中〈擬連珠〉第七首先以比喻說理，在舉事例來闡述前面所說的道理，舉例的同時再加論斷。連珠體裡多半是先按後斷，到庾信時已有些改變。從文義上來看，他在前面說了個理：油嘴之人善於說話、圖利之人喜徂詐，舉例後論斷出於是有張儀瓦解六國，以此隱射梁的部份。若解此首時只放在諸王擁兵自重、同室操戈這段梁的歷史，是否其原意部份就嫌輕了些，而史事加重了？加重同時，其抒情、感慨的部份因在其說理部份被忽略，把理重在家國興衰之道上，對當時在位者的做法、做臣子的狀態所說的理、而引發的感慨容易模糊掉。這四十四首作品的用意不一定放在所謂的敘述上，我認為它們事情、事、理錯綜混用的狀態，不必是純說理或純抒情，而是情寄理中，以事說理，或事、情、理的錯綜，就是其中有隱和顯的使用理念。所以寫法上可重在所言之理、所表之事、所抒之情，而將歷史事件的始末擺在註，這樣是否會好些？當然，作品中有敘史的部份，但非全部。連珠體都沒有實指一事，可以以意相求。

　　體式方面，論文第十一頁說：「〈擬連珠〉就體式而言，實是

駢文的變格。」連珠體非駢文變格，連珠出現在前，駢文在後。庾信是駢文大家，作連珠時，駢的現象就很明顯，但非變格。〈擬連珠〉是連珠體的變格，非駢文的變格。連珠體的特色是累貫成珠，其意必是從上到下接連一排，中間有些特殊的用法，如比喻，須是連串、連貫、不直指，既非文亦非詩賦，很特殊。王教授又說：連珠似駢文的一小節。既叫連珠體，就必跟駢文不同。若駢文的一小節沒有連珠的特色，仍不能視之爲連珠體。

「連珠」論

新加坡國立大學中文系

周　建　渝

　　「連珠」一體，早在中國中世紀文學史上，已經引起專家的注目。蕭統《文選》爲之專列一類，似已視之爲獨特的文體。❶劉勰《文心雕龍》把它作爲「雜文」之一種，予以專門討論。❷據現存資料，從漢代至六朝，作「連珠」者代不乏人，天子朝臣，尤喜好之。梁簡文帝蕭綱遭「侯景之亂」，遇害前仍不忘題絕筆「連珠三首」於牆，「文甚悽愴」❸，可爲一證。本文旨在探討「連珠」一體之源始、流變，並以陸機與庾信之作品爲代表，討論其作爲文體之主要特徵，以及這一文體在演變的過程中，發生了怎樣的特徵變化。

一、「連珠」的源始

---

❶〔梁〕蕭統著、李善注《文選》（北京：中華書局，1981年影印清胡克家本），卷55，頁 761。

❷〔梁〕劉勰著、范文瀾注《文心雕龍》（北京：人民文學出版社，1978年），卷3〈雜文第十四〉，頁256。

❸〔唐〕姚思廉撰〈梁書・簡文帝記〉云蕭綱臨終前作連珠二首，而〔唐〕李延壽撰〈南史・梁本紀〉稱其作連珠三首。案〔唐〕道宣《廣弘明集》卷30輯有蕭綱連珠三首，云係臨終絕筆。茲從「三首」之說。見《梁書》（北京：中華書局，1973年），卷4，頁108；《南史》（北京：中華書局，1983年），卷8，頁234。《廣弘明集》見日本大正新修《大藏經》（臺北：新文豐公司影印，1983年），第52冊，2103頁。

　　「連珠」之體，究竟起於何時，歷代至少有四家之說。沈約〈注製旨連珠表〉一文中提出：「竊尋連珠之作，始自子雲」。❹可是，李延壽《北史・李先傳》稱：「魏明帝召先讀韓子《連珠論》二十二篇」，把「連珠」的源始提前至戰國時期。清人李兆洛《駢體文鈔》除了上承「韓非作連珠」之說外，又提出《淮南子》中有「連珠」文：「此體昉於韓非之〈內、外儲說〉、淮南之〈說山〉。」❺清人孫德謙《六朝麗指》則把其源上溯至先秦的鄧析子。❻以上說法到底何者更爲可信？在回答這一問題前，有必要對以上提及諸家的作品作一番考察，看誰的作品堪稱眞正意義上的「連珠」之首創。

　　首先需要弄清楚的是：何謂「連珠」？其定義如何？對此，西晉傅玄曾有如下解釋：「所謂連珠者，……其文體辭麗而言約，不指說事情，必假喻以達其旨，而賢者微悟，合於古詩勸興之義，欲使歷歷如貫珠，易睹而可悅，故謂之連珠也。」❼沈約在此基礎上，作了如下補充：「連珠者，蓋謂辭句連續，互相發明，若珠之結排也。」❽劉勰也從相似的角度，對這種文體的特徵作了總結：「夫文小易周，思閑可贍；足使義明而詞淨，事圓而音澤，磊磊自轉可稱珠耳。」❾把這三種解釋綜合起來，我們可以知道，「連珠」一體至少有以下幾個方面的特徵：(1)簡短的文章篇幅，

---

❹沈約〈注製旨連珠表〉，〔唐〕歐陽詢輯《藝文類聚》（上海：古籍出版社，1982年），卷57，頁1039。
❺〔清〕李兆洛《駢體文鈔》，卷29，《四部備要》本（上海：中華書局，1935年），頁295。
❻〔清〕孫德謙《六朝麗指》（臺北：育民出版社，1972年），頁118–119。拙稿曾將孫氏誤作民國間人，後經臺灣成功大學廖國棟教授指正，特致謝忱。
❼傅玄〈連珠敘〉，《藝文類聚》，卷57，頁1035。
❽同注 4。
❾同注 2。

(2)駢偶句式和詞句互相發明的句法結構，(3)「假喻」用事的修辭手法，(4)「音澤」的聲韻特色。這四個方面構成了「連珠」作為一種文體的主要特徵，也是我們用以衡量一篇文章是否為「連珠」體的主要指標。下面，讓我們根據這樣的標準，來考察諸家作品。

從年代的先後順序，先看先秦時期鄧析的作品《鄧析子》。❿這部總共不足四千字的存本分為〈無厚〉〈轉辭〉兩篇，並為一卷。其書大旨「主於勢，統於尊，事覈於實，於法家為近。」⓫書中最接近「連珠」體的一段文字見於〈無厚篇〉十八段短文之一：

> 夫負重者患塗遠，據貴者憂民離。負重塗遠者，身疲而無功；在上離民者，雖勞而不治。故智者量塗而後負，明君視民而出政。⓬

這段引文，在篇幅上可以當作一段獨立完整的短文，其句式基本上兩兩相對，每一對句中的奇句帶有喻體的性質，偶句則是文中主旨。在此三點上，它與「連珠」體的要求基本相符。可是問題發生在用韻方面，文中的「離」屬歌部，「治」在之部，「政」卻為耕部，三部韻並不相通⓭，這一點是不符合「連珠」體之要求的。而且這樣的短文，在《鄧析子》全書裡寥寥無幾，僅是穿插在〈無厚篇〉裡的某個片段，如果從〈無厚篇〉的整體句法結構來看，它是散文句式，並非駢體句式，至於在整個散文結構中

---

❿案：鄧析，鄭人。《列子·力命篇》云：「鄧析操兩可之說，設無窮之辭，當子產執政，作竹刑。鄭國用之，數難子產之治。」是知鄧析與子產（？-前522）為同時人。見楊伯峻《列子集釋》（北京：中華書局，1985年），卷6，頁201-202。

⓫〔清〕永瑢等撰《四庫全書總目》（北京：中華書局，1983年），卷101，頁847-848。

⓬《鄧析子》，《四部備要》本（上海：中華書局，1935年），頁5。

⓭參見郭錫良《漢字古音手冊》（北京：北京大學出版社，1993年）。

插入一段駢體句子，則是爲了起到修辭的作用，而沒有從根本上改變整篇文章的散文結構，因此可以把它作爲一種偶然的現象。此外，無論是作者本人或是後來的編輯者，都未以「連珠」爲其標題，說明大家並未把它當成「連珠」之作。

　　關於韓非與「連珠」的關係，我們考察了現存的《韓非子》全書，發現其〈內、外儲說〉諸篇「經」部中有幾段很像「連珠」的文字。例如：

> 愛多者則法不立，威寡者則下侵上。是以刑罰不必則禁令不行。其說在董子之行石邑，與子產之教游吉也。故仲尼說隕霜，而殷法刑棄灰；將行去樂池，而公孫鞅重輕罪。是以麗水之金不守，而積澤之火不救。成歡以太仁弱齊國，卜皮以慈惠亡魏王。管仲知之，故斷死人。嗣公知之，故買胥靡。❹

> 賞譽薄而謾者下不用，賞譽厚而信者下輕死。其說在文子稱若獸鹿。故越王焚宮室，而吳起倚車轅；李悝斷訟以射，宋崇門以毀死。勾踐知之，故式怒蛙；昭侯知之，故藏弊褲。厚賞之使人爲賁、諸也，婦人之拾蠶，漁者之握鱔，是以效之。❺

兩段文字同樣使用了「假喻」用事的修辭手法，每段獨立成章，且篇幅簡短，因此可說是具備了「連珠」的特徵。但是問題發生在它的用韻和句法結構方面。首先，它基本上是不用韻的，這一點就與真正意義上的「連珠」體相區別。更重要的是它的句法結構，仔細考察起來，也不同於「連珠」。例如其中第一段引文裡，

---

❹〈內儲說上·七術·經·必罰二〉，陳奇猷撰《韓非子集釋》（臺北：世界書局，1972年），卷9，頁519–520。
❺同前注，頁521。

第一、二句呈駢對關係，第三句卻是散行的單句，其余以下數句，除掉句首句尾的虛詞和共有的句子成分後，仍是駢對的關係。第二段的句法結構與第一段既有相似之處，又有不同特點。其中首兩句屬駢對關係，第三句爲單句，四、五兩句是駢對，五六兩句字數雖然相同，句法卻並不駢對。往下兩句又呈駢對，可是其後的「厚賞之使人爲賁、諸也」以及末句「是以效之」則又是散行單句。這兩段引文的結構雖然多用駢體句式、卻間雜以散文的句式。這一現象恰好說明，作者並不想把此文寫成駢體的結構，而是有意在其中插入散文的句式。第一段文中的散句「是以刑罰不必則禁令不行」具有對首起對句的內容作結論的性質，第二段的首起對句後卻沒有用這樣的散文句作結論，卻在全段文字中相當後面之處用了這種結論性的散文句式：「厚賞之使人爲賁、諸也」，散句的使用並非規定在一定的位置，顯示出相當的隨意性。這些就是我們在《韓非子》裡看到的特徵，所以，從嚴格意義上講，還不能把它們看做是「連珠」體。而且，上述引文並未以「連珠」冠題，而是以〈內、外儲說〉冠題。

既然如此，那麼《淮南子・說山》是否就是「連珠」之始呢？讓我們再以《淮南子・說山》爲例予以討論：

>……伯牙鼓琴，駟馬仰秣。介子歌〈龍蛇〉，而文君垂泣。故玉在山而草木潤，淵生珠而岸不枯。……蘭生幽谷，不爲莫服而不芳。舟在江海，不爲莫乘而不浮。君子行義，不爲莫知而止休。……⓰

這段引文裡，第二對句的字數不相同，句意還是有駢對關係，其餘幾個對句也有駢對的結構。在「借喻」用事方面，也基本符合

⓰〔漢〕劉安等著、劉文典集解《淮南鴻烈集解》（臺北：文史哲出版社，1992年），卷16，頁522-526。

「連珠」體應有的特徵。可是問題同樣出在它的用韻和句法結構上面。在用韻上，「秣」屬月部，「泣」在緝部，兩韻可旁轉；「潤」爲眞部，「枯」卻是魚部，兩韻不相押；至於「芳」屬陽部，「符」「休」在幽部，二韻距離較遠，也難押韻。❼如此看來，這段引文並不講求押韻。更加值得注意的是它的句法結構。〈淮南子・說山〉是用大量的故事、比喻和寓言來論「道」的文章，篇幅很長。其整篇文章是以散文體爲主要的句法結構，駢句僅是其中的某些片段，以上引文就是如此。在這種情況下，駢體的片段也只是起到修辭的作用，並不能改變整篇文章的散文體結構。我們不應該從某篇散文裡抽出幾個駢體句子，把它與整篇文章結構分割開來，再孤立地說，這就是駢文，然後引而伸之，說這就是「連珠」體。如果以此爲然，那麼比《淮南子》更早的李斯《上書秦始皇》一文中也有這樣的句子❽，是否也該算「連珠」體呢？我想是不能的。如果說，這樣的聯語對「連珠」文體的產生發生過影響，是可以的，但不能稱之爲「連珠體」的開端，因爲就其全文來看，它們不具備「連珠體」在駢對、用典和音韻等方面的特點，也沒有以「連珠」命題，所以，它們均不能算是「連珠」體。

最後一種是關於「連珠之作，始自子雲」的說法。《藝文類聚》和《太平御覽》輯有揚雄以「連珠」爲題的作品各一首，現全錄於下：

　　揚雄連珠曰：「臣聞天下三樂焉，陰陽和調，四時不忒；

---

❼參見郭錫良《漢字古音手冊》。

❽李斯《上書秦始皇》中有云：「臣聞地廣者粟多，國大者人衆，兵強者則士勇。是以太山不讓土壤，故能成其大；河海不擇細流，故能就其深；王者不卻衆庶，故能明其德。……夫物不產於秦，可寶者多；士不產於秦，願忠者衆。」見《文選》，卷39，頁 545。

年豐物遂，無有夭折；災害不生，兵戎不作，天下之樂也。
聖明在上，祿不遺賢，罰不偏罪；君子小人，各處其位，
眾人之樂也。吏不苟暴，役賦不重；財力不傷，安土樂業，
民之樂也。」❶

漢揚雄連珠曰：「臣聞明君取士，貴拔眾之所遺；忠臣不
薦，善廢格而所排。是以巖穴無隱，而側陋章顯也。」❷

最早以「連珠」命題之文，大概要數揚雄這兩首了。然而考其細
節，第一段引文以駢體句式為主，卻在對句的前後仍然雜有單句。
全段基本沒有使用比喻或典故。用韻方面，第一層文字里「忒」、
「折」、「作」三字分別在職部、月部和鐸部，三韻距離較遠，
不能算押韻。第二層文字裡，「罪」係微部，「位」屬物部，兩
韻可通，算是押韻。第三層文字裡，「重」在東部，「業」為葉
部，兩韻不相通。所以，這段文字基本是不押韻的。從以上幾方
面的分析可知，這段文字似乎與「連珠」的標準相差較遠。然而
在上引的第二段文字裡，我們卻看到了完全不同的情況。首先，
在句式方面，除去句尾的虛詞和共有的句子成分外，它完全是駢
體的結構。文中同樣使用了比喻，只是用得有點特別，放在尾句，
但仍然符合「連珠」體的要求。用韻方面，「遺」「排」同在微
部，「顯」屬元部，兩韻可合❸，揚雄的這段文字是可以算作押
韻的。

基於這樣的分析，我們認為從現存的資料來看，最早的、在

---

❶《太平御覽》（北京：中華書局，1963年），卷468，頁2153。其書卷469
　亦收此文，然略異：「天下三樂」作「天下有三樂」，「三樂」後加
　「有三憂」三字，「眾人之樂」作「眾臣之樂」，「民之樂也」後加
　「亂則反焉，故有三憂」八字。見該書，頁2156。
❷《藝文類聚》，卷57，頁1036。此本「揚」作「楊」。
❸王力稱「微元合韻是旁對轉」。見其著《詩經韻讀》（上海：古籍出版
　社，1980年），頁298。

文體上堪稱「連珠」的作品就是以上揚雄的第二段文字，因爲它
在文章篇幅、句法結構、借喻用典以及用韻等方面，都基本符合
「連珠」文體的特徵，沈約關於「連珠之作，始自子雲」的說法
是可以信的。這樣的結論，是從對作品本身的分析中得出來的。
除此之外，我們還有其它論據來證明之。例如，與沈約大致同時
而稍後的劉勰在其〈文心雕龍·雜文〉篇裡也提出：「揚雄覃思
文閣，業深綜述，碎文璅語，肇爲連珠」❷，我們知道，南北朝
時期是中國文學史上極其重要的時期，其重要的一個標誌是，這
一時期無論是文學創作或是文學理論，都達到了自覺地總結的時
期。在此之前，已經有人注意到文章的分類以及不同文體的特徵。
曹丕〈典論·論文〉分列出「奏議」、「書論」、「銘誄」、「詩賦」
四科，並簡要地討論了各自的特點。❸陸機〈文賦〉在此基礎上
作了更爲詳細的討論。他把詩與賦分爲兩類，與碑、誄、銘、箴、
頌、論、奏、說等並列爲十類，同時也探討了各自的不同特徵。
❹這兩篇文章以及摯虞的《文章流別論》均代表了對文學理論和
文章流別的自覺認識。到了六朝時期，沈約、劉勰則在此基礎上
進一步總結了這兩方面的成就。劉勰《文心雕龍》的重大貢獻，
不僅在於系統地多方面地討論了文學創作的理論，而且還總結性
地探討了文學的分類以及各種文體的特徵問題。在他的《文心雕
龍》裡，「連珠」被作爲「雜文」中的單獨一種文體來加以討論。
劉勰關於是揚雄而不是別人「肇爲連珠」的觀點，是在把「連珠」

---

❷同注2，頁254。

❸〈典論·論文〉：「蓋奏議宜雅，書論宜理，銘誄尙實，詩賦欲麗。此
四科不同，故能之者偏也，唯通才能備其體。」見蕭統《文選》，卷52，
頁720。

❹《文賦》：「詩緣情而綺靡，賦體物而瀏亮；碑披文以相質，誄纏綿而
悽愴；銘博約而溫潤，箴頓挫而清壯；頌優遊以彬蔚，論精微而朗暢；
奏平徹以閑雅，說煒曄而譎誑。」見蕭統《文選》，卷17，頁239。

作爲一種文體進行考察的基礎上提出來的，他絕不是基於一篇作品中的某個片段、而是基於獨立完整的文章及其總體特徵作出判斷的。從他對「連珠」所下的定義看，我們知道，他對「連珠」體的特徵有較爲系統、較爲全面的理解。根據這些定義和解釋而作出揚雄「肇爲連珠」的論點，應當是可信的。由於對每一種文體的考察都絕不是以只言片語爲根據，而是尋其源流，究其全面，因此，他對文體的論斷通常帶有結論性的價值和意義。他對「連珠」源始的看法與沈約的看法相一致，恰好證明了沈約論點的可信性。與劉勰的論斷相輔相證的，還有昭明太子編的《文選》。這部總結了先秦至梁代各種文學體裁的第一部總集，把周代至梁的文學體裁分成三十七類，可以說是條分縷析。值得注意的是，三十卷《文選》中把「連珠」單列爲一類，並冠以「連珠」之名，可見蕭統也是把它作爲獨特的一類文體看待的。無論是沈約還是劉勰和蕭統，他們對「連珠」的關注都帶有從文體上作總體把握的性質，而不是基於只言片語式的尋章摘句。由於《文選》對「連珠」的處理方式有力地支持了《文心雕龍》對「連珠」的分類與解釋，因而也就使得劉勰的論點對沈約關於「連珠之體，始自子雲」論點的支持具有更強的說服力。更有意思的是，托名任昉所著的《文章緣起》也認爲「連珠」之體肇自揚雄。❷雖然這部書的眞正作者尙無定論，但是從《新唐書‧藝文志》注文所言「張續補」來看，其成書的時代也不會晚過唐代。❷因此，《文

---

❷《文章緣起》：「連珠，揚雄作」。見《夷門廣牘》（上海涵芬樓影明刻本），卷2，頁7。

❷《隋書‧經籍志》載：「梁有《文章始》一卷，任昉撰，……亡。」《新唐書‧藝文志》云：「任昉《文章志》一卷，」注云：「張續補」。《四庫全書總目》提要稱今存本「殆張續所續」。上書資料見〔唐〕魏徵等撰《隋書》（北京：中華書局，1982年），卷35，頁1082。〔宋〕歐陽修等撰《新唐書》（北京：中華書局，1975年），卷57，頁1535。〔清〕永瑢等撰《四庫全書總目》（北京：中華書局，1983年），卷195，頁1780。

章緣起》的說法與沈約論斷的一致，也爲揚雄始作「連珠」之說提供了又一佐證。由於時代的接近，此書與沈約和劉勰對「連珠」的源始都有著相同的看法，而更爲重要的是，從這相同的觀點可以看到，他們對「連珠」文體所持的衡量標準是一致的。

二、「連珠」的流變

自揚雄以後，作連珠者日漸增多。傅玄〈敘連珠〉云：「所謂連珠者，興於漢章帝之世，班固、賈逵、傅毅三子受詔作之，而蔡邕、張華之徒又廣焉。」❷所謂「三子受詔」作「連珠」之事，《後漢書》無記載。但是，《後漢書‧班固傳》載：「及肅宗雅好文章❷，固愈得幸，數入讀書禁中，或連日繼夜。每行巡狩，輒獻上賦頌。朝廷有大議，使難問公卿，辯論於前，賞賜恩寵甚渥。」❷《後漢書‧宗室四王三侯列傳》云：「臨邑侯復好學，能文章，……與班固、賈逵共述漢史，傅毅等皆宗事之。」❸又有《後漢書‧傅毅傳》稱：「建初中，肅宗博召文學之士，以毅爲蘭臺令史，拜郎中，與班固、賈逵共典校書。」❸由此三條記載可知，班固、賈逵、傅毅在漢章帝時期，是較爲活躍而又得寵的文學之士，其中班固更加得志，皇帝「每行巡狩」，班固「輒上賦頌」。《藝文類聚》卷五十七載有班固《擬連珠》五首，當是此時應旨之作。賈逵《連珠》之文今存一首，見《文選》卷十一何晏《景福殿賦》李善注所引。至於傅毅之作，今已亡佚。這裡特將殘存的班固部分《擬連珠》和賈逵《連珠》抄錄於下：

---

❷《藝文類聚》卷57。
❷案肅宗即章帝。
❷〔南朝‧宋〕范曄撰《後漢書》（北京：中華書局，1982年），卷40，頁1373。
❸《後漢書》，卷14，頁558。
❸《後漢書》，卷80，頁2613。

　　臣聞公輸愛其斧，故能妙其巧；明主貴其士，故能成其
治。㉜

　　臣聞馬伏皁而不用，則駑與良而爲群；士齊儓而不職，則
賢與愚而不分。㉝

　　夫君人者，不飾不美，不足以一民。㉞

這些引文中，賈逵之作僅存只言片語，頗不完整，僅從李善引文
注名的標題得知是《連珠》。班固的兩首似乎也不完整，但從其
殘存的兩段看，其基本句式是駢體的，在用韻上，第一首裡的
「斧」爲侯部，「巧」在幽部，兩韻可合。「士」、「治」同屬
之韻，可見是押韻的。第二首中，「群」、「分」同在文韻，可
知也是押韻的。

　　據傅玄〈敘連珠〉一文，「連珠」之興，當在東漢班固之時，
「受詔作之」是其興起的原因之一。由於時主儒雅，篤好文章，
才秀之士，趨而應之，此乃古代文壇常見之現象。從這段「連珠」
的興起時期起，尚有杜篤、蔡邕、潘勗、王粲、曹丕等人也作過
「連珠」。其中標題，或稱《擬連珠》，或作《仿連珠》㉟，由
此至少可以看出，用「連珠」體來從事寫作的人，實在不是少數。
從以上諸家作品中，較受論者看重的是班固的《擬連珠》，其余
者均視爲平庸。傅玄〈敘連珠〉稱：「班固喻美辭壯，文章弘麗，
最得其體。蔡邕似論，言質而辭碎，然旨篤矣。賈逵儒而不艷，
傅毅有文而不典。」㊱劉勰也有類似的評論：「自連珠而下，擬

㉜班固《擬連珠》，見《藝文類聚》，卷57，頁1036。
㉝同前注。該本誤「皁」作「皐」，此據嚴可均《全後漢文》改。
㉞賈逵《連珠》，見蕭統《文選》，卷11，頁22。
㉟嚴可均《全後漢文》輯有杜篤《連珠》一首（不全）、蔡邕《連珠》三
　首（其中一首未全）、潘勗《擬連珠》一首、王粲《仿連珠》四首，
　《全三國文》輯有曹丕《連珠》三首。
㊱《藝文類聚》，卷57，頁1035-1036。

者間出。杜篤、賈逵之曹，劉珍、潘勗之輩，欲穿明珠，多貫魚目。可謂壽陵匍匐，非復邯鄲之步；里醜捧心，不關西施之顰矣。」[37]

　　然而，真正使「連珠」一體達到成熟和鼎盛階段的，應當是陸機的五十首《演連珠》。由於他的作品具有較爲全面的特徵，深受後來論者的重視。昭明太子所集《文選》，薈萃了上古至梁代的不少優秀作品，其中「連珠」體一類，集有陸機《演連珠》五十首，而對此外諸家的同類作品居然一概不收，可見他對陸機之作的情有獨鍾。劉勰〈文心雕龍·雜文〉在批評了多個作家的「連珠」之作是「欲穿明珠，多貫魚目」之後，緊接著也高度讚揚了陸機的《演連珠》：「唯士衡運思，理新文敏，而裁章置句，廣於舊篇，豈慕朱仲四寸之璫乎！夫文小易周，思閒可贍，足使義明而詞淨，事圓而音澤，磊磊自轉，可稱珠耳。」這兩部迄六朝時期最完善的文學作品總集和文學理論專著在肯定陸機爲《連珠》之冠冕這一點上，竟是如此地不謀而合，可見陸機對這類文體的成就與貢獻，深得文壇的重視和肯定。本文後半部將以陸機《演連珠》爲代表，詳加討論此一文體在創作方面確立的種種原則及其特徵。[38]

　　南北朝時期，「連珠」作者不僅有貴臣，而且還有皇帝。無論是南方的梁簡文帝以「連珠」爲絕筆，或是北方魏明帝召李先讀「連珠」；無論是《昭明文選》以「連珠」爲專類，或是《文心雕龍》對連珠有專評，種種事例都表明「連珠」在當時是一種

---

[37] 〈文心雕龍·雜文〉。

[38] 比陸機稍後的葛洪，其《抱朴子》中有〈博喻〉九十六首、〈廣譬〉八十四首。從其所用的駢偶結構、用典以及用韻等特徵來看，它們與「連珠」體裁沒有大的差異。大概是由於它們未以「連珠」命題，故不被後世「連珠」論者所注意。

廣受歡迎的文體，並且受到論者的重視。據《隋書・經籍志》載，當時有「梁武連珠一卷，沈約注；梁武帝製旨連珠十卷，陸緬注。」又注云：「梁有設論連珠十卷；謝靈運撰連珠集五卷；陳證撰連珠十五卷；又連珠一卷，陸機撰，何承天注。」遺憾的是，這些專集早已失傳。《藝文類聚》卷五十七輯有謝惠連《連珠》四首、顏延之《範連珠》一首、王儉《暢連珠》一首、梁武帝《連珠》三首❸❾、梁宣帝《連珠》二首、沈約《連珠》二首、吳筠《連珠》二首、劉孝儀《探物作艷體連珠》二首，《文苑英華》卷七七一「連珠」類除輯有上述作品之外，還收有庾信《擬連珠》四十四首。此外，《廣弘明集》卷三十也收有梁簡文帝《連珠》三首，據稱是其絕命之作。❹又《南齊書・劉祥傳》有劉祥《連珠》十五首。❹❶

　　這些作品中值得注意的是庾信四十四首《擬連珠》❹❷，因為它代表了「連珠」這一文體在陸機之後發生的重要變化。這一變化曾經被李兆洛敏銳地注意到。他稱庾信的《擬連珠》是：「但敘身世，無關理要，連珠之別格也。」❹❸稱之為「別格」，似乎多少有點貶意，但是，他至少注意到庾信的《擬連珠》與通常意義上的「連珠」體有著差異性。這種差異性同樣地將在本文後面部分被加以詳細的討論。

　　總而言之，現存唐以前的「連珠」作品，主要被輯入嚴可均

❸❾另有梁武帝〈連珠〉一首，見〈梁書・到溉傳〉，《梁書》（北京：中華書局，1973年），卷40，頁569-570。

❹〔唐〕道宣著《廣弘明集》，卷30，見日本《大正新修大藏經》（臺北：新文豐出版公司影印，1983年），第52冊，頁2103。

❹❶〔梁〕蕭子顯撰《南齊書》（北京：中華書局，1983年），卷36，頁640-642。

❹❷嚴可均《全後周文》，卷11；李昉《文苑英華》，卷771。

❹❸同注5。

《全上古三代秦漢三國六朝文》，得力於他從各種古籍中鉤沉和整理之功。嚴輯全文共收「連珠」一百五十首，這就是我們目前可以看到的作品。❹作爲一種較爲特殊的文體，「連珠」在文學史上經歷了這麼一段發展過程，對於它的特徵及其在文學史上的貢獻，是值得我們認眞地加以討論的。下面，本文將以陸機《演連珠》爲例，仔細探討「連珠」體在句式結構、借喻用事以及用韻等方面表現出的獨具的特徵，然後通過陸機與庾信作品之比較，討論「連珠」這一文體到南北朝時期發生了怎樣的變化。

三、從陸機《演連珠》看「連珠」體之特色

在本文的開頭，我們已經從傅玄、沈約和劉勰三人解釋的基礎上，對「連珠」體的主要特徵，從篇幅、句式、修辭、用韻等四方面作了簡略的概括。大致上講，陸機五十首《演連珠》在這四方面，都達到了前所未及的高度。首先就其篇幅而言，這種體裁實在簡短得可以。〈文心雕龍・雜文〉所列舉的對問、七發、連珠三種文體中，「連珠」最爲簡短。陸機以前的「連珠」之作，多爲兩三個對句而已，有的看起似乎不夠完整。也許是因爲這個緣故，才被劉勰稱作「碎文璅語」。❺到了陸機，無論句式或文意，都顯得比前人的作品完整，所以劉勰稱他是「裁章置句，廣於舊篇」。❻然而即使如此，陸機的作品仍繼承了篇幅短小這一特色。他的五十首《演連珠》中，最長一篇不過六十三字，其餘絕大部分均在三十多字。由於字數的使用有限制，所論述的道理

---

❹有關唐人所作「連珠」，《文苑英華》卷 771 僅收蘇頲「連珠」二首而已。至於明清時期，也不乏「擬連珠」之作。然而限於篇幅，不在本文討論。

❺〈文心雕龍・雜文〉。

❻〈文心雕龍・雜文〉。

又力求深刻，這就促使文章使用的語言走向精約，如劉勰說的「斷義務明，煉辭務簡」。❼

　　與辭簡義明之特征相對應的，是「連珠」應有的「辭麗」之特色。所謂「辭麗」指的是辭句駢對的結構特征。❽魏晉以來，文章講究對偶漸成風氣。這固然與當時文人對文章對稱結構的重視有關，然而問題絕不僅僅如此，它同時也由於文人對文章內容充實性的關注所致。因為要說明論點，必須列舉論證的材料。一證不足，再舉而成，少既嫌孤，繁亦苦贅。所以，兩個論據的同時使用，在結構上幫助了駢對格式的形成。更重要的是，這兩個論據或者具有相似的關係，或者具有相反的關係，卻都具有支持同一個論點的性質，把它們組合在一個駢對結構中，可以強化對論點的支持力量。有意思的是，即使是論據，作者也盡量把它劃分成兩個部分，以駢對的關係呈現出來，而這兩部分在性質上又是不可分的，必須合成一體，才能體現出完整的意旨，這就是我們通常在駢文中看到的現象。

　　這種駢對的現象即使在陸機《演連珠》這麼簡短的篇幅裡，也受到廣泛的運用。所謂駢對，可以體現在多個層次上，小至一字、一詞組，大至整篇結構。在方式上，劉勰將它分為四類：言對、事對、反對、正對。綜而論之，可分為兩組：一為事對與言對，一則反對與正對。在《演連珠》里，我們看到這兩組方式都得到廣泛的運用，譬如同一篇作品裡，作者既用言對又用事對：

　　臣聞忠臣率志，不謀其報；貞士發憤，期在明賢。(言對)
　　是以柳莊黜殯，非貪瓜衍之賞；禽息碎首，豈要先茅之田。

---

❼〈文心雕龍‧體性〉。
❽「辭麗」一詞或許還可釋為「辭藻華麗」，但在「連珠」體里，這種特征並不突出，因此，本文僅從其駢對特征的角度來討論之。

（事對）⑲

有的以言對、正對與事對交錯使用來構成全篇：

> 臣聞音以比耳爲美，色以悦目爲歡。（言對、正對）

> 是以眾聽所傾，非假百里之操；

> 萬夫婉孌，非俟西子之顏。（事對、正對）

> 故聖人隨世以擢佐，明主因時而命官。（言對、正對）⑳

有的則通篇使用反對：

> 臣聞尋煙染芬，薰息猶芳；微音錄響，操終則絕。

> 何則？垂於世者可繼，止乎身者難結。

> 是以玄晏之風恒存，動神之化已滅。㉑

更爲重要的是，這種麗辭的運用在全篇構成了駢對的句法結構，使作品要表達的意旨不是以單向型的方式引申出來，而是通過兩兩相對，並在相對的關係中互相闡發的方式，使意旨得到顯現。下面讓我們以《演連珠》中的第一首爲例，來詳細地討論這種特徵：

> 臣聞日薄星迴，穹天所以紀物；山盈川沖，后土所以播氣。

> 五行錯而致用，四時違而成歲。是以百官恪居，以赴八音之離；明君執契，以要克諧之會。

從這一首和上面所引的例子中我們看到，陸機所用的駢對，比前人的「連珠」顯得更爲整齊，每句字數的長短雖然還看不出有一定的規定，但同一句中的兩個分句或同一對句中的上下兩句，字數卻相對地整齊，且基本遵循著四四對四四或四六對四六的原則。在上引的《演連珠》第一首裏除了句首共有的句子成分和虛詞外，

---

⑲ 《演連珠》第12首。
⑳ 《演連珠》第27首。
㉑ 《演連珠》第24首。

從頭到尾均由駢對句式構成。第一句中的「日薄星迴」與「穹天所以紀物」構成一個因果句式，第二句中的「山盈川沖」與「后土所以播氣」同樣構成一因果句式。這兩句剛好組成一駢對的關係：在詞性上，「日薄星迴」與「山盈川沖」、「穹天紀物」與「后土播氣」都是整齊的對偶，「所以」一詞的使用，使每一單句同樣內含著因果的性質，這一性質的相同又支持了兩句的駢對關係。在句意方面，兩句的對偶關係就更具意義：「日薄星迴」是兩個不同的天文現象，正好與「山盈川沖」兩個不同的地理特徵相對應，太陽與星辰各有不同的職守，才造成了晝與夜的循環交替；山岳盈滿與江河虛空是那樣的性質相對，然而就是這種相反的特徵，造就了大地風貌的婀娜多姿，陰陽之氣才得以暢通。這個對句講的是：自然界神奇的運作正是異類相存、各司其職的結果。這樣一個道理的闡釋，卻是從兩個方面來實現的：一是天文，一是地理，兩個自然現象雖不同，其性質卻是相同的，相互間形成一正對的關係，因此能夠被作者並置於一個駢對的結構之中。兩個性質相似觀念的並置或兩個相反觀念的對舉，有助於我們對其不清晰的理論的精妙之處，有更全面的理解。❷在第二個對句里，五行更迭盡其所用與四季變更成就終歲組成一駢對結構，兩個現象雖然不同，其性質卻是相同的，在駢偶結構中也呈現出一種正對的關係。這種關係同樣體現在後面的一組對句裡。這是文中最後一個對句，也是全篇論點所在：百官敬事其職，應和八音交響；明君契守權位，迎合群臣的協力。全篇作品共由三組對句組成。其中第一和第二對句里兩組自然現象均作為第三對句的

❷高友工(Yu-kungkao)《中國抒情美學》(Chinese Lyric Aesthetics)，*Words and Images: Chinese Poetry, Calligraphy, and Painting,* Alfreda Murck and Wen C. Fong ed.(Princeton: Princeton University Press, 1991), Part2, p. 65.

論據，目的在於支持第三對句所要表達的政治觀念，因此，它是通過由論點引出論據的方式來展開的。

然而，並非所有的《演連珠》都遵循著先出論據後出論點的順序，在有的作品裡，論據可以出現在論點之後，同樣起著支持論點的作用：

> 臣聞良宰謀朝，不必借威；貞臣衛主，修身則足。是以三晉之強，屈於齊堂之俎；千乘之勢，弱於陽門之哭。❸

> 臣聞性之所期，貴賤同量；理之所極，卑高一歸。是以准月稟水，不能加涼；晞日引火，不必增輝。❹

在上述諸首中，每一對句裡的兩句是均衡的，卻又在此封閉的系統中相互呼應，互相發明、由此構成不可或缺的結構關係，因爲兩者內在的涵義都是指向同一個目標。對句與對句之間看起來似乎各自獨立，然而，由於其內在意涵指向的一致性，則使它們成爲一體，從而體現出論據與論點的和諧統一，達致一種完整的、形同太極圖般的結構。這就是我們在《演連珠》裡看到的一個主要特徵。

這種論據與論點的和諧與完整還因爲結構上的另一種特徵而得到進一步增強，這就是篇章的意旨通過句子的交錯承續來實現。例如：

> 1.臣聞世之所遺，未爲非寶；
>
> 2. 主之所珍，不必適治。
>
> 3.是以俊乂之藪，希蒙翹車之招；
>
> 4. 金碧之巖，必辱鳳舉之使。❺

---

❸《演連珠》第15首。
❹《演連珠》第22首。
❺《演連珠》第4首。

1. 臣聞利眼臨雲，不能垂照；

2. 　　朗璞蒙垢，不能吐輝。

3. 是以明哲之君，時有蔽壅之累；

4. 　　俊乂之臣，屢抱後時之悲。❺❻

上述兩首均有一個共同的特徵：第一、二句提出論點，三四句列舉論據證之。值得注意的是，它們都是以第三句論證第一句，第四句論證第二句：「俊乂之藪，希蒙翹車之招」是爲了說明首句的「世之所遺，未爲非寶」；「金碧之巖，必辱鳳舉之使」是爲了論證第二句的「主之所珍，不必適治」。同樣地，列舉明君有蔽壅之累的現象，是爲了與前面提到的利眼爲浮雲所阻的發論相呼應，賢臣生不逢時的感歎，也與美玉蒙垢的歷史故事相互發明。單句與單句相呼應，雙句與雙句相發明。單句的承遞與雙句的承遞在語意上是並行不悖的，在句法結構上卻是相互交織的。兩條論點與論據的線索也在交織中體現出互相發明的關係，從而使讀者理悟到兩條線索間不可分割的內在聯係。這種在交錯之中層層遞進的句法結構把論點與論據巧妙地統一起來，這就是所謂的「辭句連續，互相發明」。也許是因爲這樣的緣故，「連珠」體才由此得名，因爲它看起來環環相扣，頗像傅玄形容的「歷歷如貫珠」❺❼，沈約也稱它「若珠之結排也」。❺❽這樣的結構方式使作品貌似參差錯落，實爲一意貫之，如江河之澎湃，眩人眼目，卻不妨其一瀉千里，直趨汪洋，它可以幫助駢對的句子形成更加密切的結構關係，從而強化了全篇的整體性質。

　　《演連珠》的對偶句式看起來似乎與律詩的對仗有相似之處，

---

❺❻《演連珠》第13首。

❺❼〈連珠敘〉。

❺❽同注 4。

因為兩者在句意上都存在一種既駢對又相互發明的性質。然而兩者的區別同樣是顯而易見的。首先表現在句式的不同,前者多為偶字對句,或四六對或四四對,即使是奇字對,也與律詩的節奏不同。❺後者是奇字對句,每句或五言或七言。更重要的區別還見於兩者在句型性質上的不同。《演連珠》的對句基本上具有論說的性質:

> 臣聞頓网探淵,不能招籠;
>> 振綱羅雲,不必招鳳。
> 是以巢箕之叟,不眄丘園之幣;
>> 洗渭之民,不發傅巖之夢。❻

而在律詩裡,多數的對句則具有描寫的性質:

> 感時花濺淚,恨別鳥驚心。❻
> 浮雲遊子意,落日故人情。❻
> 春蠶到死絲方盡,蠟炬成灰淚始乾。❻
> 萬里羈愁添白髮,一帆寒日過黃州。❻

由於句型性質的不同,使前者帶有論辯的特徵,而後者則在對人與景物的描寫中,傳達出抒情的意味,這一點也把《演連珠》與律詩區別開來。

由於對偶句式要求整齊,又有字數的限制,作者就必須講究遣詞用句,用盡可能簡約的語言傳達盡可能豐富的意旨。也正是

---

❺王力《古代漢語》曾指出,七言詩句的節奏一般是四三;駢體文七字句的節奏一般是三四、三─三、二五、四一二、二三二等。詳見《古代漢語》(北京:中華書局,1979年),下冊第一分冊,頁1171。
❻《演連珠》第 7 首。
❻杜甫《春望》。
❻李白《送友人》。
❻李商隱《無題》。
❻陸游《黃州》。

出於這樣的需要，陸機對典故的使用十分注重，五十首《演連珠》中，所用典故隨處可見。譬如：

> 巢箕之叟，不眄丘園之幣；洗渭之民，不發傅巖之夢。❺
>
> 都人冶容，不悅西施之影；乘馬班如，不輟太山之陰。❻
>
> 柳莊黜殯，非貪瓜衍之賞；禽息碎首，豈要先茅之田。❼
>
> 眾聽所傾，非假百里之操；萬夫婉孌，非俟西子之顏。❽

典故通常有兩個極點，一個與現實的主題相關，一個與歷史的事件相聯。❾由於兩者具有某種相似或相反的性質，因而能夠共處一體。當歷史被提及時，目的並不在於追溯具體的個人，而是回憶與之相關的事件。如果這種事件以相似的形式在目前的環境中重現，那麼，對歷史的回憶就直接指向了對現實的反思。這就像劉勰講的「據事以類義，援古以證今」。❿下面，讓我們以一篇為例，來討論典故在《演連珠》中使用的特徵及其重要的意義。

> 臣聞祿放於寵，非隆家之舉；
>
> 　官私於親，非興邦之選。
>
> 　是以三卿世及，東國多衰弊之政；
>
> 　　五侯並軌，西京有陵夷之運。⓫

這首作品的意旨在於勸戒君王不要因為偏愛寵臣和親屬，就對他們濫施高官厚祿。為了支持這一論點，作者列舉了兩個歷史事件

----

❺《演連珠》第7首。

❻《演連珠》第9首。

❼《演連珠》第12首。

❽《演連珠》第27首。

❾高友工（Yu-kungKao）、梅祖麟（Tsu-1inMei）〈唐詩的語意、隱喻和典故〉(Meaning, Metaphor, and Allusion in T' and Poetry), *Harvard Journal of Asiatic Studies* (Massachusetts: Harvard-Yenching Institute), vol. 38 (1978), No.2, p.328.

❿〈文心雕龍·事類〉。

⓫《演連珠》第5首。

作為依據。一個講春秋時期魯國桓公的三個後代孟孫、叔孫、季孫在魯國專權，致使魯哀公被逐，事見《左傳·哀公二十七年》。另一個講西漢成帝同日封五位舅舅王譚、王商、王立、王根、王逢時為關內侯。後來五侯掌握大權，西漢王朝走向衰微，事見《漢書·成帝紀》。中國傳統的論辯家歷來重視兩個原則，一是「言之成理」，一是「持之有故」。前者主張論點的闡述要符合一定的邏輯，能講得頭頭是道，自圓其說；後者強調立論要有依據，其依據的材料主要來自前已有之的經典與史籍，因為裡面記載了大量的聖賢之說和歷史人物及其事件。聖賢之說被認為至理名言，而作為後世效法的標準；歷史人物及其事件又常常以相似的形式在目前的環境中重現，因而使今天的人習慣於用歷史的經驗教訓作為現實生活的鑒戒。一篇有力量的論說文章，通常遵循了這兩項原則。即使是所謂「邪說」「姦言」，如果能夠「持之有故」和「言之成理」，也足以欺惑大眾，這是早在先秦時期就已被人注意到的現象。❼像「連珠」這樣短小的篇幅，以少至三十來字最多不過六十來字的容量來闡述一個論點，要做到「言之成理」，還不致於太難，可是要「持之有故」，就顯然遇到了麻煩。因為一個歷史事件的來龍去脈是很難在如此有限的字數裡被交待清楚的。然而，典故的運用使這種不可能的事成為不必要的事：由於論點所依據的歷史事件及其前因後果等種種背景材料都已蘊含於典故之中，詳細的解釋就被簡略的暗示所取代了。當提到「三卿世及」和「五侯並軌」這兩個典故時，所有與之相關的事件和意義都隨之暗示出來。魯公被逐，是因為官私三卿；西漢以亡，是由於祿放五侯。由於這兩個典故與前面兩個對句中涉及

❼見〈荀子·非十二子〉，梁啓雄《荀子簡釋》（北京：中華書局，1983年），第6篇，頁59-70。

的現實主題有著十分相似的性質，因此對它們的回憶，就強化了對現實主題支持的力量。當讀者理解了典故的全部內涵，也就理解了本篇的意旨。

　　把歷史典故與現實主題的特定關係置入駢對的句法結構中，使「連珠」具有一般駢體文的共同特徵。把這種特徵納入簡短的篇幅之中，又使它與一般的駢文相區別。然而，這還不能全面說明「連珠」之所以爲「連珠」，因爲除此以外，它還具有音韻方面的特徵，這一點也把它與其它的駢體論說文相區別。劉勰曾注意到《演連珠》具有「音澤」的特徵。我以爲這種「音澤」的特徵主要體現爲《演連珠》雖是論說文體，卻用了押韻的形式，是有韻的論說文。

　　「連珠」之體，一開始就是韻文。然而，情況卻各有不同。揚雄《連珠》有韻，全篇卻僅有三個對句。班固《擬連珠》有的句句用韻，顯得過密。**❼❸**潘勗的《擬連珠》，押韻也略顯過密。**❼❹**相比之下，陸機《演連珠》中的用韻顯得較爲完整和成熟。這里舉其前面三首爲例：

　　　　臣聞日薄星迴，穹天所以紀物（物韻）；

　　　　山盈川沖，后土所以播氣。

　　　　五行錯而致用，四時遹而成歲（月部）。

　　　　是以百官恪居，以赴八音之離；

---

❼❸班固《擬連珠》：「臣聞
公輸愛其斧，（侯韻）故能成其巧；（幽韻）（侯幽合韻）
明主貴其士（之韻），故能成其治（之韻）。」

❼❹潘勗《擬連珠》：「臣聞
媚上以布利者，臣之常情，主之所患（元韻）。
忘身以憂國者，臣之所難，主之所願（元韻）。
是以忠臣背利而修所難（元韻），
明主排患而獲所願（元韻）。」

明君執契，以要克諧之會（月部）。（物月同韻）

臣聞任重於力，才盡則困。

用廣其器，應博則凶（東韻）。

是以物勝權而衡殆，形過鏡而照窮（冬韻）。

故明主程才以效業，貞臣底力而辭豐（東韻）。（東冬通韻）

臣聞髦俊之才，世所希乏。

丘園之秀，因時則揚（陽韻）。

是以大人基命，不擢才於后土；

明主聿興，不降佐於昊蒼（陽韻）。

這三首中，第一首用「物」韻「月」韻，兩韻可合；第二首用「東」韻「冬」韻，兩韻可通；第三首同韻相押。陸機的《演連珠》並不象前人用韻那樣密，它基本上是隔句押韻，使文章造成一種錯落有致的語音格局。值得注意的是，沈約所稱的那種「前有浮聲，則後須切響，一簡之內，音韻盡殊；兩句之中，輕重悉易」❼的聲律特徵，在這裡已見端倪。晉、宋以來，散文與詩歌日益駢偶化，使文人逐漸注意到音律問題。平上去入四聲的交錯搭配，逐漸被人們在詩文中嘗試。從陸機的《演連珠》裡，我們看到了這樣的努力。

作為駢體文的一種，我們當然不能象對待律詩那樣，要求「連珠」通篇都達到嚴格的平仄相對的標準。然而，從《演連珠》里，我們看到作者似乎有意識地通過平仄相間的搭配，達致沈約所說的那種情況。由於《演連珠》使用的是駢對的句法結構，因此平仄相間的使用就主要在詞組與詞組之間、或句子與句子之間

---

❼〔梁〕沈約〈宋書·謝靈運傳〉，《宋書》（北京：中華書局，1983年），卷67，頁1779。

的對偶關係中體現出來：

> 日薄星迴，穹天（所以）紀物；
>
> 入入平平　平平（上上）上入
>
> 山盈川沖，后土（所以）播氣。❼⑥
>
> 平平平平　上上（上上）去去

平仄相間的特徵在這一對句裡表現在各實詞成分之間的關係上。在第一句里，上半句「日薄星迴」用的是「仄仄平平」格式，下半句「穹天紀物」則與之相對，用了「平平仄仄」格式，兩組成分正好遵循了兩平兩仄交錯搭配的規則。在第二句中，前半句「山盈川沖」連用了四個平聲字，後半句里的「后土播氣」就繼之以四個仄聲字。這樣的平仄搭配，符合沈約所說的「前有浮聲，則後須切響」的特點。如果說這一例子證明了「一簡之內，音韻盡殊」的運用，那麼從下面一例中，則可以看到「兩句之中，輕重悉易」的特徵：

> 髦俊之才，世所希乏。
>
> 平去平平　去上平入
>
> 丘園之秀，因時則揚。❼⑦
>
> 平平平去　平平入平

在駢文的四字句中，第二字與第四字通常是節奏點，因此這兩處的平仄相間顯得格外重要。在上面這一對句裡，上句中的第二、四、六、八字用的是「仄平仄仄」格式，下句里的第二、四、六、八字正好與之相反，用了「平仄平平」格式。兩句作為一個對句，在節奏點上同樣具有了「輕重悉異」的特徵。由於對聲律的注意

---

❼⑥《演連珠》第 1 首。

❼⑦《演連珠》第 3 首。

和嘗試，使《演連珠》讀起來有如詩歌，朗朗上口，既抑揚頓挫，又同聲相應❼❽，從而增強了對讀者的感染力量。

四、陸機與庾信：從說理到抒情

「連珠」作為雜文之一種，基本上具有論說的性質。按照傅玄的解釋，它應當具有「古詩勸興」那樣的功能。從大多數現存作品看來，「連珠」之文常用於作者以君臣治國之道勸戒君王，或談論社會道德教化的場合。由於這樣一性質的規定，「連珠」說理的特徵就顯得格外突出。正如我們已經談到的，由於駢體句式的關係，通常一首的意旨是以兩句相對的形式表達出來的。綜觀陸機五十首《演連珠》，說理的內容不外乎明君與賢臣應當如何相互合作，治理國家；或是如何改善社會以及人們的道德修養。就一般情況而言，既是說理的文章，就至少應當有論述道理的一方或論說的主體，以及聽其論說的一方或施論的對象。這兩者的關係是相互外在的，任何一方都不能包含另一方。由於論說主體旨在向施論對象表達某種論點，是通過由甲方（論說主體）向乙方（施論對象）作表述的方式進行的，因而其表述的特徵是外向型的，所用的句型是表達型的。這是我們在陸機《演連珠》裡通常見到的情況。首先，《演連珠》裡絕大多數篇章涉及的主題是明君賢臣之道，治國之理，其餘的部分主要講的是作為國家的臣子，應當如何完善自己的人格。這也是以間接的方式與君臣之道相關聯。這一點，還可從它每篇都以「臣聞」二字開篇的寫作格式看出。「臣」通常用於朝臣面對君主時的自稱。雖然「臣」還可用於別的場合，然而根據篇中意旨來看，《演連珠》中的「臣

❼❽〈文心雕龍‧聲律〉。

聞」仍有「臣」對「君」的含義。在陸機以前的絕大多數「連珠」
作品，均有這樣的開篇格式，篇旨也多涉及君臣之道。陸機一生，
雖以文學「獨步當時」，然而「三世爲將」的身世背景，促成了
他「志匡世難」。吳滅以後，他著有《辯亡論》二篇，論析孫權
之所以得而孫皓之所以亡。此後，又作《五等論》，縱論歷朝史
事，力陳「聖王經國，義在封建」的主張。❼五十首《演連珠》
裡對君臣治國論題的關注，實在與這些經歷有著密切的關聯。其
次，由於這種論題的緣故，陸機《演連珠》關注的對象是政治的
或社會的方面，因而它的焦點是外的。第三，從陳述的角度看，
陳說主體與施論對象同時存在，甲方向乙方陳述某個道理，這種
關係是明確的。然而，這樣一些特徵在後來庾信的《擬連珠》裡，
卻發生了某些重要的改變。由於這些變化，使我們注意到「連珠」
這一文體到了六朝所發生的重要演變，因爲它爲「連珠」拓開了
一條新的表現的途徑。

　　庾信的《擬連珠》作於他入北以後。❽就其簡短的篇幅、駢
對的句法結構、借喻用事以及音韻的講究諸方面特徵而言，它都
具備了「連珠」體的特定要求。在這方面，它與陸機《演連珠》
是相似的。本部分將要討論的，是兩者在其他多方面存在的各自
不同的特徵。正是通過這些特徵的發現，使我們看到「連珠」這
一文體在從陸機到庾信的兩個階段所發生的重要的演變。

　　首先就兩人作品的整體而言。陸機五十首《演連珠》主要論
述有關治國的常道。由於治國之道體現在多個方面，有爲君之道，

---

❼〈晉書・陸機傳〉，《晉書》（北京：中華書局，1982年），卷54，頁
　1467-1481， 1487。
❽庾信入北，時年四十二，據《擬連珠》第二十七篇言「蓋聞五十之年，
　壯情久歇，憂能傷人，故其哀矣，」是知《擬連珠》作於入北之後，其
　時陳霸先禪梁已五年。

有爲臣之道，還有君臣相互間的關係等等，《演連珠》就從不同
角度分別論述這些道理。這些角度之間的關係可以是並列的或平
行的。如果把論辯所指歸納爲君臣之道這一中心點，則各個論說
角度都指向這一中心。因此，《演連珠》在整體結構上，呈現出
一種由不同方面指向同一個中心點的特徵。庾信的四十四首《擬
連珠》則與之不同。由於它主要涉及的是梁朝之興亡及作者的故
國之思，因此在整體結構上，明顯地呈現出時間的流程。《擬連
珠》中的第一、二首從蕭衍禪齊、梁朝始興敘起，往後幾篇依照
時間順序，談到侯景之亂，臺城失陷；繼而江陵覆亡，朝臣入北；
陳霸先襲殺王僧辯，以陳代梁。這一歷史的過程貫串著前面二十
首。其後的部分雖寫自己入北後的遭遇和心境，也仍舊穿插了陳
周兩朝之通好。個人經歷與故國興亡相互交織，並且以同一時間
流向的方式被加以敘述，它就突破了陸機《演連珠》那種多個角
度平行論證的表達方式，而代之以跟隨時間的指向步步遞進的手
法。雖然庾信在文中所用衆多的典故並沒有遵循時間的先後順序，
然而，如果理解了這些典故所暗喻或指向的現實事件，就不會對
此特點發生懷疑。❸❶總而言之，把陸機與庾信的作品加以比較，
可以看出前者重在論理，其論理是通過以多個角度指向同一中心
點的方式來實現的；後者重在對史的反思，這種反思是按照順時
針的方向來完成的。

　　兩者的不同特徵還體現在其它方面。在庾信的作品裡，主題
多是故國之思。這種心境特別地貫串於第二十一首以後的作品裡。
庾信於梁元帝承聖三年(公元 544)出使西魏到長安，遇梁內亂，
西魏攻陷江陵，梁亡，遂羈留北方。在此期間，他通過多篇文章，

❸❶參見〔北周〕庾信著、〔清〕倪璠注、許逸民校點《庾子山集注》（北
　京：中華書局，1985年），卷 9 。

憑弔梁朝的覆亡，抒發自己的故國之思。關於這點，人們往往
注意到他在《哀江南賦》中抒發的感慨。其實，如果細讀《擬連
珠》，就不難發現里面的感慨並不亞於《哀江南賦》：

　　蓋聞遷移白羽，流徙房陵；離家析里，悽恨撫膺。是以吳
　　起之去西河，潸然出涕；荆軻之別燕市，悲不自勝。❽

此篇由兩組對句組成。它的特色之一是，每組對句都由一對典故
構成。頭一組對句用了兩個典故，一個是春秋時期魯昭公十八年
楚王派王子勝把許國遷移到析地即白羽的故事❽，一個是戰國時
趙王遷被秦國俘獲，流放到房山的事。據說他到房山後，因思念
故鄉，作《山水》之歌，聞者莫不流淚。❽後一組對句同樣用了
兩個典故。一個講戰國時魏將吳起受到讒言，被迫離開西河❽；
一個是戰國時刺客荆軻告別燕太子丹，捨身刺秦王之事。❽這四
個典故蘊涵的意義是相似的，講的都是被迫遷徙的故事。它們被
並置於同一個篇章結構裡，造成對「遷徙」這一題旨的反復詠歎。
四個故事都具有相似的性質：悽恨與悲痛，於是，對這種性質的
反復詠歎強化了作者對故土的思念和對羈旅遭遇的傷感。在這裡，
我們看不到在陸機《演連珠》裡常見的那種外向型的、對君臣之
道的熱切關注，我們看到的是庾信對其故國和個人不幸遭遇的沉
痛的反思和歎惜，這是一種自我的反思和痛惜，其關注的特徵是
內向型的。在陸機《演連珠》里，喻體與本體首先是各自獨立、

---

❽《擬連珠》第24首。見嚴可均《全後周文》，卷11，頁8。
❽事見《春秋左氏傳》昭公十八年。
❽〈淮南子·泰族〉，見《淮南子》（《新編諸子集成》第7冊，臺北：
　世界書局，1978年版），卷20，頁364。
❽〔漢〕高誘注、〔清〕畢沅校《呂氏春秋》（《新編諸子集成》第7冊，
　臺北：世界書局，1978年版），卷11，頁112-113。
❽司馬遷〈史記·刺客列傳〉，《史記》（北京：中華書局，1975年），
　卷86，頁2534。

相互外在的，然後才構成喻體對本體的比喻說明關係。而在庾信這篇作品裡，表面上看通篇全是喻體，沒有本體，而在實際上，本體是以隱含的方式內在於喻體之中，兩者合而爲一。這種情況還可見於《擬連珠》的其它篇章：

> 蓋聞嚴霜之零，無所不肅；長林之斃，無所不摽。是以楚塹既填，遊魚無託；吳宮已火，歸燕何巢？❽

> 蓋聞秋之爲氣，惆悵自憐。耿恭之悲疏勒，班超之念酒泉。

> 是以韓非客秦，避讒無路；信陵在趙，思歸有年。❾

由於本體與喻體的合而爲一，使所有的喻體被賦予了本體的性質。無論是耿恭之悲，或是班超之念，都隱喻了作者的心境；無論是客秦的韓非子或是在趙的信陵君，都暗示了作者的處境；就連那無託的遊魚和失巢的歸燕，也無不打上失去故國的悲哀。當作品不是對外在世界的詮釋而是對自身進行反思，以審視自我現在的心境並試圖找回過去的時候，作品的抒情性質就凸顯了出來，這就是我們在《擬連珠》中看到的最重要的特徵。即使在前面那些詠歎梁朝興亡的篇章裡，也不難看到作者重在對過去經歷的重新反思和審視，而非一般性地敘述史實。正是由於此抒情的特徵，使人們注意到它與《哀江南賦》的密切關係。清人倪璠就曾指出：「觀其辭旨悽切，略同於《哀江南賦》。」❽譚獻（1830-1901）甚至認爲它「與《哀江南賦》相表裡。」❿在我看來，《擬連珠》與《哀江南賦》最大的相似處，在於兩者都抒發了作者痛切的故國之思，羈旅之痛。同時也正是由於此一特徵，使《擬連珠》有別於陸機的《演連珠》。如果說前者重在對個人經歷的反思，

---

❽《擬連珠》第20首，見嚴可均《全後周文》，卷11，頁8。
❾《擬連珠》第28首，同前注。
❽《庾子山集注》（北京：中華書局，1985年），卷9，頁593。
❿同注5，頁297。

對此經歷所引起的心境的審視與體驗，其關注點是抒情的自我，審視的方式是反思式的，內向型的，那麼後者重在對君臣道義的詮釋，其觀注點是政治或國家，詮釋的方式是表達式的，因而也是外向型的。外向型的表達增強了論辯的力量，內向型的反思則強化了抒情的效果，這就是我們從陸機與庾信作品裡看到的不同特徵。

由於側重於對抒情自我的反思，作者不必把內心的體驗向他人訴說，因此在作品裡，陳述的主體與聽其陳述的對象之間的界限很不清楚，對象與主體可能就是同一個人。這是我們從《擬連珠》中看到的又一個特徵。如果注意到陸機《演連珠》裡陳述主體與施論對象間存在的那種明確的界限和關係，就不難理解兩者的又一種差異性。

論　文：「連珠」論
主講人：周建渝講師
講評人：廖國棟副教授

周教授論文對連珠體的源始、流變、特色，以及從陸機到庾信的連珠，從說理到抒情的演變各方面都有詳盡的論述，這篇論文對於研究連珠體有不少寶貴的意見、資料。不過有幾個小問題：

論文第一頁提到孫德謙《六朝麗指》。孫氏於序中題爲癸亥年，而民國第一個癸亥年是民國十一年，而此時范文瀾注文正在纂寫，以此來推，《六朝麗指》的寫成應在清朝。論文第六頁談到連珠的流變引了傅玄〈敘連珠〉：「所謂連珠者，興於漢章帝之世，班固、賈逵、傅毅三子受詔作之，而蔡邕、張華之徒又廣焉。」許多學者引用這段來說明：傅玄認爲連珠體肇始於漢章

帝。周教授對這點似乎沒有肯定，我亦認爲此「興」義是「興盛」而非「肇始」。張華亦非西晉張華，而是與蔡邕同時人。因傅玄〈敘連珠〉是在敘述連珠於漢興盛的情況。傅玄對班固的〈敘連珠〉相當讚美，既是「擬」連珠，應有前人之作，傅氏應不至於認爲連珠體肇始於班固之時。

《文心雕龍·雜文》收了三篇雜文，以《文雕》的標準來說，雜文介於散筆、文筆間；從辭賦的眼光來看，因其對問、齊體的形式，研究辭賦的學者都會將之置於賦。連珠在某些方面與他們亦有相似的關係，如：均具有賦體假設對問的形式，只不過「連珠」將問的人隱藏起來，直接用「曾聞」、「蓋聞」。可能因我是看辭賦的眼光，總覺得該是這樣；但這三種雜文合在一起好像並非巧合。連珠與其他對問、齊體的形式比較，形式較短小，可以一折一折各自獨立，因連珠資料從《藝文類聚》來，我懷疑是否有散佚過程？若看陸機〈演連珠〉表面上是簡短，合起來的話，賦的鋪張仍可見。庾信藉四十四首〈擬連珠〉來傳達他的悲哀，跟賦太類似了；江淹〈恨賦〉、〈別賦〉把一件件的恨分別鋪開的話，連珠有其特殊性，但與辭賦的淵源似乎頗深，論文中對於連珠與辭賦的血緣關係是否可多加考慮？宏觀來看，漢代以降，文不斷在賦化，這個特質在漢代相當普遍。若從說話藝術的角度切入，連珠體語言表達具有三種藝術功能：趣味性、說服力、方便記憶。這三種說話藝術亦可與辭賦作結合，辭賦給人的印象雖是貴族文學，卻也是口語化的。從口頭藝術的角度切入，連珠與辭賦是否也有關係？六朝文學的特色常被認爲是：駢儷、用典、講聲律，這恰又是連珠體的特色。到底是連珠體來帶動大家，或大家帶動連珠體，或連珠體在六朝文學的演變中是一個相當好的小標本。

論漢魏六朝詩的質文與雅俗之變

北京教育學院中文系

張 亞 新

　　江淹《雜體詩序》：「夫楚謠漢風，既非一骨；魏制晉造，固亦二體，譬猶藍朱成彩，雜錯之變無窮。」沈約《宋書·謝靈運傳論》：「自漢至魏，四百餘年，辭人才子，文體三變。」蕭子顯《南齊書·文學傳論》：「今之文章，作者雖衆，總而爲論，略有三體。」確實，漢魏六朝詩在其發展歷程中，風格體貌不斷發生變化，呈現出了多樣化的色彩。詩人和詩論家們追求多樣化的風格，提倡多樣化的風格，並注意根據當時審美發展的趨勢，提出新的審美規範，從理論上加以提倡。要在一篇文章中對這些問題詳加論述是困難的，本文僅就在漢魏六朝時代影響很大的質文與雅俗的問題談一些粗淺的看法，並對其發展變化之迹作一粗略的梳理。

一、質文之變

　　文質是在先秦時期出現的一對範疇，在漢魏六朝時期的審美活動中得到了極爲廣泛的運用。文的本意是彩色交錯。《周易·系辭下》：「物相雜，故曰文」又《禮記·樂記》：「五色成文而不亂。」引申指華麗有文采。質則與文相對，指質樸、樸素。文質最初不是用來評論文學，而是用來稱述人物的。孔子在討論

「君子」的標準時說：「質勝文則野，文勝質則史。文質彬彬，然后君子。」（《論語‧雍也》）何晏《集解》：「包(咸)曰：野，如野人，言鄙略也。史者，文多而質少。彬彬，文質相半之貌。」邢昺疏：「文質彬彬然后君子者，彬彬，文質相半之貌，言文華、質樸相半彬彬然，然后可爲君子也。」意思是，缺乏文化修養、不講禮儀的人會「鄙略」如同「草野之人」，而過分講究禮儀，又會同專掌禮儀的官（史）沒有區別了。君子應當是文華與質樸相半，配合得恰到好處。此后，文質的基本含義沒有太大的變化，但應用的範圍擴大了，在漢代，論人、論政治、論社會生活、論文學藝術都使用了文質這對範疇。

以文質二字來論說文學，對其涵義的理解尚不盡一致，我比較贊成它是就作品的文辭風格而言的說法。文，指作品的語言風格華美。六朝時期，受當時盛行的駢體文風的影響，語言的華美包含了對偶、辭藻、音韻等方面的內容，對偶要求的是一種整飭的形式美，辭藻要求的是一種色光交織的繪畫美，音韻要求的是一種抑揚頓挫的音樂美。此外，講究用典也是一種美。幾個方面結合起來，就是有文采，就是「文」。反之，就是「質」。由於語言風格對作品整體風格的影響甚大，而作品的風格又往往與作家的風格相一致，若干風格相近或相似的作家又往往會影響到一個時代的文學風貌，因此，文質不僅常用來評論作品，也常被用來評論作家甚至是一個時代文學的風貌。

從先秦到漢魏六朝，文學總的說來經歷了一個由比較質樸向華美精巧發展的過程。劉勰在《文心雕龍‧通變》中對這一變化過程作了概括的敘述：

> 推而論之，則黃唐淳而質，虞夏質而辨，商周麗而雅，楚漢侈而艷，魏晉淺而綺，宋初訛而新。從質及訛，彌近彌

澹。

劉勰是就整個文學的質文變化情況來說的，如「楚漢侈而艷」即就辭賦而言，詩除《楚辭》外，就完全不是這樣。此外，由質到文也不是直線式發展的，其間有曲折，有反覆，呈現出複雜的局面。但就總體而言，劉勰說得並不錯。漢魏六朝詩質文變化的情況也是如此。劉勰只說到「宋初」，「宋初」以后，直到陳末，文風日趨華麗的情況並沒有絲毫改變，相反勢頭越來越強勁了。

漢魏六朝詩就地域而言，南朝詩偏于文，北朝詩偏于質，「江左宮商發越，貴于清綺；河朔詞義貞剛，重乎氣質」（《北史·文苑傳序》），前人早就指出了這一點。就時序而言，漢詩偏于質樸，晉宋以下詩偏于華美。前人也早就指出了這一點：

> 夫詩自《三百篇》而下，代有作者。漢、魏去古未遠，猶有詩人之遺風焉。晉、宋而下，齊、梁麗矣，陳、隋靡焉。
> （皇甫汸《盛明百家詩集》）

> 文質彬彬，周也。兩漢以質勝，六朝以文勝。

> 漢人詩，質中有文，文中有質，渾然天成，絕無痕跡，所以冠絕古今。魏人贍而不俳，華而不弱，然文與質離矣。

> 晉與宋，文盛而質衰；齊與梁，文勝而質減；陳、隋無論其質，即文無足論者。（胡應麟《詩藪·內編》卷一）

所論不無偏頗之處，但大抵還是說出了一個基本的事實。漢代，樂府民歌本來就來自民間，其語言自然是質樸通俗的。當時的文人詩不多，已有的文人詩與民歌關係密切，因而也大都不加雕琢，直接抒發感情。劉勰說建安詩「造懷指事，不求纖密之巧，驅辭逐貌，唯取昭晰之能」（《文心雕龍·明詩》），鍾嶸說曹操詩「古質」（《詩品》下），說曹丕「百許篇率皆鄙質如偶語」（《詩品》中），可以說是指出了漢魏詩歌的共同的特點。曹植

詩在當時是最講究辭章之美的，也還是「文采繽紛而不能離閭里歌謠之質」（黃侃《詩品講疏》），保持著樂府民歌質樸的特色。

漢魏以后，追求質樸風格的代不乏人，具有質樸風格的作品不絕如縷。西晉傅玄作樂府詩頗多，語言也比較質樸通俗。左思詩風力遒勁，文辭也較質樸。劉琨詩「自有清拔之氣」（鍾嶸《詩品》中），也不重文辭的修飾。東晉玄言詩平典恬淡，更不講究辭采。陶淵明受玄言詩影響，語言也是質樸自然、不尚藻飾的。到了南朝，在重視藻飾的濃厚風氣中，也還有「清拔有古氣」的「吳均體」（《梁書·文學傳》）存在。尚質的風氣能不絕如縷，與樂府民歌的深遠影響有關，也與崇實尚用的儒家思想和主張「大樸大雕」的道家思想的影響有關，如玄言詩的古樸恬淡，就是與道家思想的影響直接關聯的。

刻意雕琢辭藻、追求排偶、講究音韻之美的風氣是從西晉太康時期開始的。當時的詩人大都注重辭華，從而形成了綺靡的時代風格。劉勰《文心雕龍·時序》：

> 然晉雖不文，人才實盛：茂先搖筆而散珠，太沖動墨而橫錦，岳、湛曜「聯璧」之華，機、云標「二俊」之采；應、傅、三張之徒，孫、摯、成公之屬，並結藻清英，流韻綺靡。

又《明詩》：

> 晉世群才，稍入輕綺，張、潘、左、陸，比肩詩衢；采縟于正始，力柔于建安；或析文以為妙，或流靡以自妍，此其大略也。

沈約《宋書·謝靈運傳論》也說：「降及元康，潘、陸特秀，律異班、賈，體變曹、王，縟旨星稠，繁文綺合。」與劉勰的看法是一致的。如沈約所云，陸機、潘岳在這一文風轉變的過程中表

現得特別突出，鍾嶸《詩品》評陸機「才高詞贍，舉體華美」，「其咀嚼英華，厭飫膏澤，文章之淵泉也」，又評潘岳詩「如翔禽之有羽毛，衣服之有綃縠」，並引謝混語云其詩「爛若舒錦」，也都指出了這一點。潘、陸華麗雕飾的文風對當時及後世的詩人均產生了很大的影響，陸機在《文賦》中更從理論上作了總結和倡導。此外，鍾嶸《詩品》評張華云「其體華艷，興托多奇，巧用文字，務為妍冶」，評張協云「巧構形似之言」，「詞彩葱倩，音韻鏗鏘」，說明他們也是十分注重藻采的。

西晉後期，玄言詩風開始流行，至東晉而極盛。而東晉初郭璞「憲章潘岳，文體相輝，彪炳可玩」（《詩品》中），詩風仍是頗為綺艷的，「始變永嘉平淡之體」，對革除玄言詩風起了一定的作用。

東晉以後，玄言詩風消歇，舖采摛文、雕琢堆砌成為一時習尚，正如《文心雕龍·明詩》所說：「宋初文詠，體有因革，莊老告退，而山水方滋，儷采百字之偶，爭價一句之奇。情必極貌以寫物，辭必窮力而追新，此近世之所竟也。」元嘉三大家顏延之、謝靈運、鮑照無不崇尚聲色之美，顏詩「舖錦列繡，雕績滿眼」（《南史·顏延之傳》），謝詩富麗精工，「尚巧似」，「名章迥句，處處間起，麗典新聲，絡繹奔會，譬猶青松之拔灌木，白玉之映塵沙」（《詩品》上），鮑詩「善制形狀寫物之詞，得景陽之淑詭，含茂先之靡嫚」（《詩品》中），「雕藻淫艷，傾炫心魂，亦猶五色之有紅紫，八音之有鄭衛」（《南齊書·文學傳論》），說明顏、謝、鮑雖各有不同的追求，但在講究辭藻駢偶方面又是有相似之處的。

到了齊梁時期，對綺艷辭采、精工對偶、和諧音韻的追求更成為普遍的風氣，聲律論得到大力提倡，宮體詩瀰漫朝野，「至

是轉拘聲韻，彌尚麗靡，復逾于往時」（《梁書・庾肩吾傳》）。蕭綱、蕭繹等人不僅自己創作了大量「傷于輕艷」（《梁書・簡文帝紀》）的作品，而且大力提倡創作這樣的作品，蕭繹要求爲文「惟須綺縠紛披，宮徵靡曼，唇吻遒會，情靈搖蕩」（《金樓子・立言》），就是一個突出的例子。他們評論詩人，判別高下，也受到這種審美標準左右，蕭綱《與湘東王書》批評裴子野文章「了無篇什之美」，「質不宜慕」，認爲可推舉的文學之士「遠則揚(雄)、馬(司馬相如)、曹、王，近則潘、陸、顏、謝」，均以是否有文采爲准的。沈約《宋書・謝靈運傳論》批評東晉玄言詩缺乏「遒麗之辭」，對三曹的「咸蓄盛藻」、潘陸的「繁文綺合」持肯定態度，鍾嶸《詩品序》以「陳思爲建安之杰，公幹、仲宣爲輔；陸機爲太康之英，安仁、景陽爲輔；謝客爲元嘉之雄，顏延年爲輔」，蕭統《文選》也以選這幾位詩人的作品爲最多，都表明了他們對文采的重視，其立場與蕭綱、蕭繹大同小異。在這種風氣之下，「曹、劉」甚至被「笑爲古拙」（《詩品序》），鍾嶸雖對這種過於極端的做法不滿，譏「笑曹、劉爲古拙」的人爲「輕薄之徒」，但他自己對風格質樸的曹操、陶潛評價也不高，《詩品》將曹操置於下品，將陶潛置於中品。《文心雕龍》全書不提陶潛。蕭統對陶潛的道德文章、人品文品很推崇，「愛嗜其文，不能釋手。尚想其德，恨不同時」（《陶淵明集序》），但在《文選》中卻只選了陶詩八首，數量遠遜於曹植、陸機、謝靈運等人。這些都是當時崇尚綺艷的時代風氣的反映。由於特別崇尚綺艷，以致無數後人將齊梁詩視作綺艷的標本，「齊梁」在不少情況下，由時代概念變成了綺艷風格的代稱。

　　與齊梁緊接的陳，也爲綺艷詩風所籠罩。徐陵是由梁入陳的作家，本來就是宮體詩的代表詩人，曾奉蕭綱之命編《玉台新

詠》，一篇序寫得靡麗之至。江總也是由梁入陳的作家，仕陳，號爲「后主狎客」，詩風「傷于浮艷」（《陳書》本傳）。陳后主「生深宮之中，長婦人之手」，即帝位後只知一味享樂，詩風更是輕蕩靡麗，一曲《玉樹后庭花》，甚至被後人當成了亡國之音的同義詞。

總的看來，質與文是剛好相對的兩種文辭風格，只要「質」不質到質木的程度，「文」不文到輕蕩的程度，其實都有存在的價值。實際上，眞正走到極端的作品還是不多的，多數作品還是質文結合，只不過是或質勝于文、或文勝于質，並在「勝」的程度上有所差別而已。漢樂府總的說來是質的，但也有像《陌上桑》這樣的頗多對偶、語言也較藻飾的作品。古詩「文溫以麗」（《詩品》上）、「直而不野」（《文心雕龍·明詩》），也不完全是「質」的。曹丕一方面是「百許篇率皆鄙直如偶語」，另一方面也有「十余首殊美瞻可玩」（《詩品》中），他自己還提倡「詩賦欲麗」，卞蘭《上贊述太子賦》「作敘歡之麗詩」也以「麗」評他的詩。陶潛一方面是「世嘆其質直」，但也還有「風華清靡」之作，後來蘇軾評陶詩，也有「質而實綺，癯而實腴」（《與蘇轍書》）之語。即使是玄言詩，也並非一味枯燥平淡，其中也還有一些繪聲繪色之作。

而文與質結合得最好的，就時代而言，當數建安詩歌。建安詩歌一方面接受了漢樂府民歌的影響，風格比較質樸，另一方面也注意到了文采之美，使「質」與「文」得到了相當完美的結合。前人對此早有評論，沈約《宋書·謝靈運傳論》云：「至于建安，曹氏基命，二祖陳王、咸蓄盛藻，甫乃以情緯文，以文被質。」所謂「以文被質」，就是以富有文采的辭藻修飾樸素的語言，也就是文質結合、文質彬彬。近人黃侃《詩品講疏》：「文采繽紛，

而不能離閭里歌謠之質。故其稱物則不尙雕鏤，敍胸情則唯求誠懇，而又緣以雅詞，振其美響。」也對建安詩歌質文兼具的特點作了很好的概括。漢詩質勝于文，晉宋以下詩文勝于質，建安詩得兼其所長，成爲漢詩向晉宋以下詩轉變的一個關鍵。

就詩人而言，曹植是質文兼具的最突出的代表，鍾嶸《詩品》：「骨氣奇高，詞彩華茂。情兼雅怨，體被文質。」就明確地指出了這一點。其他如鮑照、江淹、謝朓、後期庾信、何遜、陰鏗等也都是能兼具質文的。其他質勝于文或文勝于質的詩人，也往往作有能質文兼具的作品，並不是鐵板一塊、毫無變化的。

可見，質、文就如兩種最基本的色調，通過彼此的滲透融合，是可以調出各種色調來的，從而形成了漢魏六朝詩並不單調的色彩。問題在於，即使未「質」到質木的地步，也不能長時期地大家都來「質」；即使未「文」到輕蕩的程度，也不能長時期地大家都來「文」。因此，如果讓漢詩那樣的「質」長期延續下去是並不可取的，從建安時代起人們開始提倡「文」、講究「文」是可取的；如果讓晉宋以後那樣的「文」完全籠罩詩壇，並聽任其越演越烈，同樣是不可取的，在這個時期提倡一下「質」，也是完全應當的。就是在這樣的情況下，當時有不少人秉承孔子的「文質彬彬」之說，主張文質相稱，華實相副，彼此不可偏廢。早在東漢，王充就提出了「名實相副，猶文質相稱也」（《論衡·感類篇》）這樣的觀點。班彪論《太史公書》，稱其「辯而不華，質而不俚，文質相稱，蓋良史之才也」（《後漢書·班彪傳》），也是主張文質相稱的。到了南朝，類似的看法更多。沈約指出建安時三曹作品「以文被質」，實際上就是肯定和提倡文質彬彬的風格。劉勰在《文心雕龍·風骨》中要求風骨與文采相結合，在《通變》中要求做到「斟酌乎質文之間」，在《情采》

中要求「文附質」、「質待文」，都是要求文質彬彬。鍾嶸提出詩應「干之以風力，潤之以丹采」，意見與劉勰是一致的。劉勰與鍾嶸主張文質彬彬，其目的在于矯正劉宋以來的浮靡之風，但即使是熱衷浮靡文風的人，他們也並不反對文質彬彬，如蕭綱提出觀賞作品應「精討錙銖，覈量文質」（《與湘東王書》），也就是要從文質兩個方面著眼；蕭繹提出作文應「艷而不華，質而不野」，「文而有質，約而能潤」（《內典碑銘集林序》），也是要求文質彬彬的意思。蕭統的文學主張和審美趣味與蕭綱、蕭繹不盡相同，他提出「夫文典則累野，麗亦傷浮。能麗而不浮，典而不野，文質彬彬，有君子之致」（《答湘東王求文集及詩苑英華書》）的看法，就更不足爲奇了。可見，文質兼具幾乎是大家共同的要求，只不過，人們對什麼才叫「質」、什麼才叫「文」的理解並不完全一致，甚至是有很大的不同，對文質怎樣才能結合得恰到好處，看法也不完全一致，甚至有很大的不同。這就會造成一種偏向，比如蕭綱、蕭繹，他們所創作、所肯定的作品自以爲是文質兼備的，而實際上還是「傷於輕艷」的。但另一方面，人們對文、質理解的差異，又在客觀上造成了審美和創作上的差異，從而在一定程度上避免了模式化作品的出現，使詩歌風格能在相當程度上呈現出多樣化的色彩。

二、雅俗之變

漢魏六朝時代，雅、俗常被用來說明兩種相對立的詩歌風格，成爲詩歌批評的又一重要準則。雅指典雅，在當時得到不少詩人和詩論家的推崇，如劉勰《文心雕龍·體性》將文章風格分爲八體，「典雅」就被列爲第一體。「典」原爲常道，準則之意，《尚書·舜典》：「愼微五典，五典克從。」又有制度、法則之

意，《周禮·天官·大宰》：「掌建邦之六典。」典常、典法皆古已有之，因此「典」用以評詩，便指具有古典色彩的雅正風格。「雅」與「典」相關，指內容雅正，格調高雅。儒家是以頌美王政為雅音的，因此歷代文人常將雅正與「美盛德之形容」的頌聯系起來，如顏延之詩內容多頌美王政之詞，隋代王通便稱其詩合于「上明王綱，下達五常」的詩教，稱得上是「約以則」、「深以典」。這樣的作品，就必須努力學習儒家經書的文風，如劉勰所云：

> 典雅者，鎔式經誥，方軌儒門者也。（《文心雕龍·體性》）
>
> 熔鑄經典之範，翔集子史之林。（《風骨》）
>
> 模經為式者，自入典雅之懿。（《定勢》）
>
> 是立義選言，宜依經以樹則；勸戒與奪，必附聖以居宗。
>
> （《史傳》）

鍾嶸評阮籍云：「洋洋乎會于《風》、《雅》」，評張欣泰、范縝為「不失雅宗」，所標榜的所謂「典雅」，與劉勰是一致的。這樣的作品，在風格上必然「平典不失古體」（《詩品》下），比較質樸。但也並不一味排斥華麗，關鍵是要與典正結合起來，只要麗而能典、舖陳工致，則仍然是標準的「典雅」之作。

「俗」則指淺俗或俗艷。在內容上，這樣的作品是與「美盛德之形容」不相干的，也無關乎「經夫婦，成孝敬，厚人倫，美教化，移風俗」（《毛詩序》）的詩教，而是直寫世俗之事，直抒世俗之情，其中有不少是表現男女之情的，有的還表現得相當直露，相當卑俗。在表現上，語言或質樸通俗，或綺靡華艷。具體說來，這樣的作品主要有兩類，一類是民間歌謠，如漢樂府民歌和南北朝樂府民歌；一類是受民間歌謠影響的文人詩，如建安詩人在漢樂府民歌影響下寫作的一些作品，六朝詩人在南朝樂府

民歌影響下寫作的一些作品，特別是其中的一些語涉艷情的作品。
此外，雅、俗還與詩體有些關係。由於《詩經》多用四言體，因
此四言體被崇尚典雅者視為雅正之體，後起於民間的五、七言體
等則被視作淺俗之體。追求莊重典雅風格的人，往往比較喜歡採
用四言體，反之則比較喜歡採用五、七言體。

　　漢魏六朝時期，詩歌經歷了一個雅而俗、俗而雅的不斷反復
交替的過程。西漢初，韋孟、韋玄成直接紹承《詩經》的四言體，
典則典矣，雅則雅矣，但枯燥說教，質木無文，把四言詩導向了
僵化。接著是漢樂府民歌的興起，主要以五言、雜言反映民間生
活，抒發下層人民的情感，被正統文人視作粗俗之體。漢末無名
氏古詩和建安詩歌接受了漢樂府民歌影響，風格古樸，但已開始
雅化，有了比較明顯的文人詩色彩。正始時期，雅化的傾向更為
突出，阮籍、嵇康已不再像建安詩人那樣，熱衷於擬樂府的創作。
西晉時，由於經學勢力抬頭，統治者提倡重禮、興儒、頌美，詩
壇泛起一片典言雅音，詩歌進一步雅化。進入東晉，一方面民間
新聲俗樂開始興起，另一方面由於詩人熱衷在詩中暢談玄理，詩
歌仍呈現出雅化的傾向，在相當長的一個時期內，擬樂府的創作
被人們冷落，直到東晉後期，這種情況才有所改變。

　　進入劉宋，雅、俗在詩壇同時出現，元嘉三大家中的顏延之、
謝靈運二人崇雅，而鮑照與湯惠休二人趨俗。鍾嶸《詩品》以為
陸機詩「尚規矩，不貴綺錯」，風格雅正，而顏延之詩即「出於
陸機」，「喜用古事，彌見拘束，雖乖秀逸，是經綸文雅才」。
所謂「經綸文雅才」，是指「延年詩長於廊廟之體」（劉熙載
《藝概・詩概》），即頗多廟堂應制之作。這些應制之作，大抵
是為統治者歌功頌德，琢句精工，對仗工整，用典甚多，風格無
不顯得典雅莊重，就像《詩經》中的「三頌」，又像有韻的典誥。

謝靈運詩風與顏延之是有區別的，但其詩也有「麗典新聲，絡繹奔會」（鍾嶸《詩品》上）的特點，也不免有一些廟堂之作，如《九日從宋公戲馬台集送孔令》、《從游京口北固應詔》等，風格也是雍容肅穆、莊重典雅的。

在此同時，南方民歌越來越興旺，其影響也越來越明顯地在文人詩中體現出來，鮑照、湯惠休便是受民歌影響的最突出的代表。鮑照詩有典麗深奧的一面，但也有淺俗的一面，鍾嶸《詩品》中評鮑照：「貴尚巧似，不避危仄，頗傷清雅之調。故言險俗者，多以附照。」《南齊書·文學傳論》論當時鮑照一派詩歌：「發唱驚挺，操調險急，雕藻淫艷，傾炫心魂，亦猶五色之有紅紫，八音之有鄭衛。」「險急」、「鄭衛」也謂其「險俗」。「險俗」二字，基礎是一個「俗」字。「俗」，首先表現在內容上，鮑照由於出身微賤，其詩多反映下層生活，抒寫寒士的不平之鳴。同時，也表現在形式上，鮑照詩語言或比較質樸，或比較華艷，有迎合俗尚的傾向。鮑照還喜歡寫作擬樂府，既有擬南方民歌之作，也有擬北方民歌之作，風格都比較俚俗。湯惠休與鮑照一樣，出身也比較寒賤，加之他是僧人，受頗多艷詞的佛經的影響，因此詩風也有「淫靡」、「綺艷」的特點。沈約《宋書·徐湛之傳》：「時有沙門釋惠休，善屬文，辭采綺艷。」鍾嶸《詩品》下：「惠休淫靡，情過其才。」惠休詩深受東晉南朝所流行的「子夜吳歌」等民歌的影響，今存詩作絕大部分都是情歌，語言通俗流美。惠休詩風與鮑照接近，「世遂匹之鮑照」（《詩品》下），常將兩人相提並論，如顏延之有「休、鮑之論」（《詩品》下引羊曜璠語），鐘憲稱「鮑、休美文，殊已動俗」（同前引），蕭子顯也說：「休、鮑後起，咸亦標世。」（《南齊書·文學傳論》）惠休確也將鮑照引為同道，對鮑十分敬重和親近。其《贈鮑侍郎》

詩云：

> 玳枝兮金英，綠葉兮金莖。不入君王杯，低彩還自榮。想
> 君不相豔，酒上視塵生。當令芳意重，無使盛年傾。

鮑照也有《秋日示休上人詩》、《答休上人菊詩》，表達了親近
的感情。二人互相影響，詩風相近不是偶然的。

顏、謝崇尚博雅的詩風，對齊梁詩有不小的影響，以致造成
了「大明、泰始中，文章殆同書鈔」（《詩品序》）的局面，其中
比較突出的有任昉、王僧孺等。但另一方面，南朝民歌和休、鮑
那些民歌化的詩歌卻對齊梁詩壇產生了更大的影響，齊梁詩人多
不喜歡典雅凝重的廊廟體，而熱衷寫豔情，熱衷以女性和一些瑣
細之事、瑣細之物作為自己描寫的主要對象，風格大都比較俗豔。
沈約是「憲章鮑明遠」，「不閑於經綸，而長於清怨」（《詩品》
中）的，因此在沈約集中，豔情詩已經頗多，有的還寫得相當直
露，民歌情味也相當濃郁，這從《江南曲》、《夜夜曲》、《襄
陽蹋銅蹄歌》、《江南弄》、《陽春曲》、《團扇歌》等詩題便
不難看出。此後，蕭綱、蕭繹、徐陵、庾信、江總、陳后主等人
更發展了此風，在俗豔的道路上越走越遠，以致梁陳詩壇，大體
上都為俗豔詩風所籠罩，典音雅韻雖未完全絕跡，但其聲音已是
相當微弱了。

雅與俗從根本上說來，是兩種相互對立的詩風，因此不能相
容、發生矛盾是必然的。雅與俗之間的較量和鬥爭在詩壇一直存
在，典雅頑強地要維護自己的傳統地位，而新俗潮流則要不斷地
向典雅的傳統地位提出挑戰。這種較量和鬥爭在六朝時期表現得
最為集中、最為突出。顏延之崇尚典雅，因此對民歌和受民歌影
響的詩人均抱輕視態度。《南史·顏延之傳》：「延之每薄湯惠
休詩，謂人曰：『惠休制作，委巷中歌謠耳，方當誤後生。』」

所謂「委巷中歌謠」，即指流行於社會下層的民歌。劉勰推崇典雅，因此也是看不起民歌的。《文心雕龍·樂府》：「若夫艷歌婉變，怨志訣絕，淫辭在曲，正響焉生！」將漢樂府民歌中那些反映愛情、婚姻的作品斥爲「淫辭」。產生於晉宋時期的吳聲歌曲，當時在上層社會中已經頗爲流行，得到不少人的激賞，而劉勰卻不屑一顧，在《文心雕龍》中不予置評。對文人的擬樂府大體也持類似態度，《文心雕龍》大力肯定了建安詩歌，但在《樂府》中指出建安詩歌的「不足」卻是：「魏之三祖，氣爽才麗，宰割辭調，音靡節平。觀其『北上』衆引，『秋風』列篇，或述酣宴，或傷羈戍；志不出於淫蕩，辭不離於哀思，雖三調之正聲，實《韶》、《夏》之鄭曲也。」將頗具建安風骨的《苦寒行》、《燕歌行》這一類作品以「鄭曲」相貶，表現出一種很厲害的偏見。鍾嶸也是倡雅鄙俗的，對具有雅正風格的詩人多所肯定，如評曹植「情兼雅怨」，評阮籍「洋洋乎會於風雅，使人忘其鄙近」，評顏延之有「經綸文雅才」，評任昉「拓體淵雅」，評謝超宗、丘靈鞠等七人「並祖襲顏延，欣欣不倦，得士大夫之雅致」，評張欣泰、范縝「鄙薄俗制，賞心流亮，不失雅宗」。而另一方面，對具有俚俗風格的作家或作品則多所貶抑，如對漢樂府民歌和南朝樂府民歌不予品第，對曹操、曹丕、傅玄、陶潛、沈約等受樂府民歌影響較深或風格質樸的詩人評價較低，甚至連品級也受到影響。評語中還頗多直言不諱的批評，如評嵇康「過于峻切，訐直露才，傷淵雅之致」，評鮑照「頗傷清雅之調」，有「險俗」之病，評沈約「不閑於經綸」，評惠休「淫靡，情過其才」等。蕭統《文選》漢樂府民歌僅選了《飲馬長城窟行》（「青青河邊草」篇）等三首，南朝《吳聲歌》、《西曲歌》之類的民歌絕不闌入，傾向與劉勰、鍾嶸相似。何之元力斥蕭綱

等人「文章妖艷，隳墜風典。誦於婦人之口，不及君子之聽」
（《梁典總論》），更是站在雅正的立場，對俗艷詩風發出的毫
不留情的抨擊。

　　而另一方面，典雅詩風也常受到通俗派詩人的譏刺和批評，
鍾嶸《詩品》載湯惠休語：「顏如錯采鏤金」，《南史·顏延之
傳》載鮑照評顏延之語：「君詩如舖錦列繡，亦雕繪滿眼。」這
些均絕非贊語。蕭綱《與湘東王書》：「未聞吟詠情性，反擬
《內則》之篇，操筆寫志，更摹《酒誥》之作。遲遲春日，翻學
《歸藏》，湛湛江水，遂同《大傳》。」反對將抒情寫景的詩作
弄得像《禮記》、《易經》、《周書》一樣刻板教條，自然更是
不滿過於典正的詩風的。蕭子顯贊美「休、鮑後出，咸亦標世」，
批評以謝靈運為代表的詩體是「典正可采，酷不入情」（《南齊
書·文學傳論》），蕭繹認為「吟詠風謠，流連哀思謂之文」
（《金樓子·立言》），也都是肯定俗而不滿於雅的。徐陵編《玉
台新詠》，專選有關婦女的題材，其中有大量宮體詩，還有一部
分樂府民歌，顯然肯定的也是一種世俗、綺艷的風格，與《文選》
的選詩標準明顯不同，可以說是以選本的形式表達了重俗的文學
主張的。

　　其實，雅與俗只能是各有所長，亦各有所短，都不能簡單地
加以肯定或否定。「雅」如雅到只是儒家經典的翻版，表現的只
是儒家詩教所規範的內容，形式板滯到毫無藝術性可言的地步，
則這種「雅」是絕對無法讓人接受的。而「俗」如俗到卑俗、無
聊、下流的地步，也只能是俗不可耐，不僅不能加以肯定，相反
還必須予以否定。理想的風格應當是雅俗相濟，互相滲透，彼此
融合。六朝的不少詩論家，其實是認識到了這一點的，在這方面
也發表了不少有價值的見解。劉勰《文心雕龍·通變》：「斟酌

乎質文之間，而櫽括乎雅俗之際。」要求文章隨俗（主要是學習時俗文章的綺麗風格）而不失雅正，達到文質彬彬的境界。鍾嶸主張「干之以風力，潤之以丹采」，意思同劉勰是一樣的。蕭統《答湘東王文集及詩苑英華書》：「夫文典則累野，麗亦傷浮。能麗而不浮，典而不野，文質彬彬，有君子之致。」認爲過分典雅、質樸便會顯得「野」（即《論語》「質勝文則野」的「野」），但過分綺麗也不好，主張「麗而不浮，典而不野」，也就是要雅與俗、質與文有機地結合起來。蕭綱《勸醫論》：「若爲詩，則多須見意。或古或今，或雅或俗，皆須寓目，詳其去取，然後麗辭方吐，逸韻乃生。」主張對俗艷之作和古雅之作都加以借鑒學習，從中吸取營養。蕭繹主張「艷而不華，質而不野」，「文而有質，約而能潤」（《內典碑銘集林序》），說的也是這個意思。蕭子顯在《南齊書·文學傳論》中分析晉、宋詩風的三種傾向，一種是「疏慢闡緩」，「典正可采，酷不入情」，而「此體之源，出靈運而成也」；一種是「緝事比類，非對不發，博物可嘉，職成拘制，或全借古語，用申今情」，「此則傅咸五經，應璩指事，雖不全似，可以類從」；三種是「發唱驚挺，操調險急，雕藻淫艷，傾炫心魂，亦猶五色之有紅紫，八音之有鄭衛」，此則是「鮑照之遺烈」。蕭子顯對這三種詩風都有所不滿，認爲理想的詩歌應是「委自天機，參之史傳，應思悱來，勿先構聚，言尚易了，文憎過意。吐石含金，滋潤婉切。雜以風謠，輕唇利吻，不雅不俗，獨中胸懷。」既反對過於典雅的詩風，又反對過於俗艷的詩風，而要求將兩者結合起來，認爲這樣才能切中情懷，獨出胸臆。這些見解，應當說都是避免了或只崇雅、或只尚俗的偏頗的。不過有一點需要說明的是，他們主張雅俗結合，並不是一半對一半，而是各有側重的。劉勰、鍾嶸不滿南朝的綺艷詩風，他

們崇雅的成分更多一些，崇雅的言論也更多一些；蕭綱、蕭繹則尚俗的成分要多一些，尚俗的言論也要多一些。蕭統、蕭子顯則大體能介乎兩者之間。就作品而言，大體也有三種情況，一種是偏雅，一種是偏俗，一種是雅俗結合得比較好。雅到極端或俗到極端的作品雖有，但占的比重總的說來不算大。雅與俗在彼此對立和排斥的同時也在互相滲透，從而形成了詩壇曲折多變，多姿多彩的局面。

論　文：論漢魏六朝詩的質文與雅俗之變
主講人：張亞新教授
講評人：林聰明教授

　　論文探討詩歌的文質、雅俗，抓住了文學研究的兩大課題，理尚辭達，思考層面廣。但題目過於廣泛，論題可寫成二本專書；若能就一個問題專論，處理較能游刃有餘。有幾個小問題可以討論：

　　論文頁一、二說：「對偶要求的是一種整飭的形式美，辭藻要求的是一種色光交織的繪畫美，音韻要求的是一種抑揚頓挫的音樂美。」從文學術語的角度看，對偶、辭藻、音韻均屬於形式範圍，若將形式美、繪畫美、音樂美並列，會誤導讀者辭藻、音韻非形式美。在第二頁中提到「用典」，用典屬於作品的釋意，屬內容範圍，將用典與對偶、辭藻、音韻同列於語言風格，個人不表贊同。同頁又談到，作品的風格或主張相近的作家往往會形成派別，會影響到一個時代的文學風貌。但派別有大小之分，小派別影響時代可能性較小。

　　論文頁二至頁五談到文質不只被用來評論作品，也常被用來評論作家，甚至一個時代的文學風貌。我認為文與質是用來檢視

作品文學成分的程度，將之作爲判斷文學性高低的依據，把文或質作爲文學批評的評論標準或價值，也許會產生見仁見智的問題。第三頁第二段言漢魏至兩晉質樸的作品不絕如縷，即使在南朝也有像吳均體那種清拔有骨氣的作品。但第三段說兩晉太康後，詩人刻意追求雕琢辭藻的綺靡風格，這兩段各自獨立，分別而有矛盾之感。其實魏晉的文學發展雖有逐漸偏於駢偶華美的趨勢，漢質樸風格於魏晉仍存，直至南朝才較全面顯出文勝於質的現象。許多人將質、文視爲絕對的對立，甚至認爲質中無文。但從另一個角度來看，《昭明文選》的選文標準是豐辭藻繪，而姚鼐《古文詞類纂》的標準是質樸剛健，二者選文標準差異如此大，但約有十多篇文章被同時選入此二書中。可見質文之間有相容之處，華美有兩種：穠麗之華、樸中之華。

第五頁中作者認爲要以富有文采的辭藻來修飾樸素的語言。如果一個詩句文辭質樸就不顯得華美，華美就不顯得質樸，好像無法互相修飾。一篇文章中有些句子華美，有些質樸，好像不宜視爲互相修飾的關係。那文質彬彬是什麼意思？文質兼具是當時作家共同的要求，不過大家對文質的理解並不一致；文質該如何結合的恰到好處，前人看法也不盡相同。後代批評總說六朝作品是淫靡浮盪，六朝人不見得贊同，我們是否一定要完全遵守？

作者說《詩經》多用四言體，所以四言詩被視爲雅鄭之體，後代五、七言詩被視爲淺俗之體。但我認爲雅、俗主要是內容及風格的問題，與體制也許關係不大。

《神女傳》與《杜蘭香傳》考論

南開大學中文系
李 劍 國

【內容提要】本論文的研究對象是晉代兩種已經散佚的雜傳體小說，即西晉張敏的《神女傳》與東晉曹毗的《杜蘭香傳》。全文分《〈神女傳〉考》、《〈杜蘭香傳〉考》、《〈神女傳〉與〈杜蘭香傳〉的小說史意義》三部份。《〈神女傳〉考》與《〈杜蘭香傳〉考》根據有關文獻分別對這兩種作品進行了輯佚校訂，以期盡可能恢復其原貌，并考證作者的經歷及創作背景和創作時間，對作品在後世的流傳也作了考證。《〈神女傳〉與〈杜蘭香傳〉的小說史意義》概括地論述這兩種作品在文言小說史上的地位和影響，指出從小說發生學的意義上說它們與其他雜傳小說啓示了唐傳奇的形成，成爲傳奇的一個重要源頭。從小說題材學的意義上說，它們開啓了人神遇合的小說題材，奠定了人神遇合的敘事結構模式，對唐傳奇有重要影響。

　　兩晉時期有兩種雜傳體小說治古稗者很少談到，即西晉張敏《神女傳》和東晉曹毗《杜蘭香傳》。筆者十多年前著《唐前志怪小說史》和《唐前志怪小說輯釋》亦未予以充分注意。這兩篇小說作品原文已經失傳，但所存佚文仍較完整。本文擬對其佚文進行考證和復原，並提出有關問題進行討論。

一、《神女傳》考

《神女傳》史志無著錄。《北堂書鈔》卷一二九引張敏《神女傳）云：

> 班義起感神女智瓊，智瓊復去，賜義起織成裙衫。

引文極簡，但明舉張敏《神女傳》者僅見於此，因此此條資料極爲重要。

智瓊事後又載於《列異傳》❶和東晉干寶《搜神記》。《列異傳》原書已佚，《太平御覽》卷七六一引《列異傳》佚文曰：

> 濟北弦超，神女來游，車上有壺榼、青白琉璃五具。

所引亦片斷。《搜神記》所載見今本卷一❷，智瓊複姓成公，所嫁者弦超，字義起，今本《北堂書鈔》姓氏作班，蓋傳錄之訛。《搜神記》記事多「承於前載」❸，所記智瓊事必是依據張敏《神女傳》或《列異傳》。《搜神記》原書散佚已久，今傳二十卷本可能是明人胡應麟輯錄。❹諸書引《搜神記》此事者有《法苑珠林》卷五❺、《藝文類聚》卷七九、《御覽》卷六七七，《類聚》、《御覽》引文並簡，《珠林》文詳，今本《搜神記》所輯主要依據《珠林》。

五代時期前蜀杜光庭《墉城集仙錄》❻原書亦載智瓊事，今本闕，見引於《太平廣記》卷六一，注出《集仙錄》，題《成公

---

❶《列異傳》撰人有魏文帝曹丕和張華二說，觀其佚文多有曹丕以後事，可能是曹丕原作，張華增補。智瓊事即屬張華增補者。參見拙著《唐前志怪小說輯釋》第 139 頁，上海古籍出版社1986年版。

❷明刊《五朝小說·魏晉小說》傳奇家之《天上玉女記》即取自今本《搜神記》，但妄題撰人爲晉賈善翔。賈善翔，北宋人，著《高道傳》。

❸《搜神記序》。

❹參見拙著《唐前志怪小說史》第282-283頁。南開大學出版社1984年版。

❺此據百卷本，百二十卷本在卷八。

❻原書十卷，今殘存六卷，載《道藏》。

智瓊》❼，文句與《珠林》所引《搜神記》大同而頗有詳於《珠林》處。《墉城集仙錄》序稱「編記古今女仙得道事實」，所記大都依據古來神仙傳記和志怪小說，所謂「纂彼眾說，集為一家」。自序提到十餘種書，其中有《搜神記》，可見智瓊事採自《搜神記》。關於這一點還有一條證據。《珠林》所引《搜神記》末句為「張茂先為作《神女賦》」，《集仙錄》亦云：「張茂先為之賦神女，其序曰」，下為序文。二音相合，只是《珠林》於序文刪而未引。此節非張敏《神女傳》原有文字，干寶在根據《神女傳》或《列異傳》鈔錄下智瓊事後又錄《神女賦序》繫末，杜光庭亦從而錄之，非其自加明甚。

　　胡應麟輯《搜神記》此篇主要依據《珠林》，亦據《集仙錄》補《珠林》之闕，但補而未備。應當說《集仙錄》最接近《搜神記》原文。而《搜神記》所載無論是取自《列異傳》還是徑採張敏原作，都可視為即張敏《神女傳》的文本，古小說陳陳相因，大抵如此。我在《唐前志怪小說輯釋》中曾選錄《搜神記》此篇，并據諸書所引參校。現在看來要復原《神女傳》原文，應據《廣記》所引《集仙錄》及《珠林》、《類聚》、《御覽》等書所引重加校訂，於原傳庶可近之。現據《集仙錄》等將《神女傳》校錄如下：

　　　　魏濟北國（《集仙錄》、《珠林》均作濟北郡，據《晉書·地理志上》、《宋書·州郡志一》，漢置濟北國，宋改郡，今改，下文郡使亦改國使）從事掾弦超，字義起。以嘉平中夜獨宿，夢有神女來從之，自稱天上玉女，東郡人，姓成公，字智瓊。早失父母，天帝哀其孤苦，遣令下嫁從

---

❼《情史》卷一九取此，題《天上玉女》。

夫。超當其夢也，精爽感悟，嘉其美異，非常人之容。覺寤欽想，若存若亡。如此三四夕。一旦，顯然來遊，駕輜軿車，從八婢，服綾羅綺繡之衣，姿顏容體，狀若飛仙。自言年七十，視之如十五六女。車上有壺榼、清白琉璃五具，飲唅奇異，饌具醴酒，與超共飲食。謂超曰：」我天上玉女，見遣下嫁，故來從君。不謂君德，蓋宿時感運，宜爲夫婦。不能有益，亦不能爲損，然行來常可得駕輕車乘肥馬，飲食常可得遠味異膳，繒素常可得充用不乏。然我神人，不能爲君生子，亦無妒忌之性，不害君婚姻之義。」遂爲夫婦。贈詩一篇曰：「飄颻浮勃逢，敖曹雲石滋。芝英不須潤，至德與時期。神仙豈虛降，應運來相之。納我榮五族，逆我致禍菑。」此其詩之大較，其文二百餘言，不能悉錄。兼註《易》七卷，有卦有象，以象爲屬，故其文言既有義理，又可以占吉凶，猶揚子之《太玄》、薛氏之《中經》也。超皆能通其旨意，用之占候。作夫婦經七八年。父母爲超娶婦之後，分日而燕，分夕而寢。夜來晨去，倏忽若飛，唯超見之，他人不見也。每超當有行來，智瓊已嚴駕於門，百里不移兩時，千里不過半日。超後爲濟北王門下掾，文欽作亂，景帝（《集仙錄》原誤作魏明帝，據《三國志·高貴鄉公紀》、《晉書·景帝紀》改）東征，諸王見移于鄴宮，宮屬亦隨監國西徙。鄴下狹窄，四吏共一小屋。超獨臥，智瓊常得往來，同室之人，頗疑非常。智瓊止能隱其形，不能藏其聲，且芳香之氣，達于室宇，遂爲伴吏所疑。後超嘗使至京師，空手入市，智瓊給其五匣弱緋、五端綑紵，采色光澤，非鄴市所有。同房吏問意狀，超性疏辭拙，遂具言之。吏以白監國，委

曲問之，亦恐天下有此妖幻，不咎責也。後夕歸，玉女已
求去，曰：「我神仙人也，雖與君交，不願人知。而君性
疏漏，我今本末已露，不復與君通接。積年交結，恩義不
輕，一旦分別，豈不悵恨。勢不得不爾，各自努力矣。」
呼侍御人下酒啗食，發簏取織成裙衫兩襠遺超，又贈詩一
首。把臂告辭，涕零溜漓，肅然升車，去若飛流。超憂感
積日，殆至委頓。去後積五年，超奉國使至洛，到濟北魚
山下，陌上西行。遙望曲道頭，有一馬車，似智瓊。驅馳
前至視之，果是玉女也。遂披帷相見，悲喜交至。控左授
綏，同乘至洛，遂爲室家，克復舊好。至太康中猶在，但
不日日往來，每於三月三日、五月五日、七月七日、九月
九日、月旦十五輒下往來，來輒經宿而去。

　　張敏還作有《神女賦》，原作亦佚。《藝文類聚》卷七九節
引晉張敏《神女賦》，前有序；《集仙錄》只錄序，較《類聚》
完整；《文選》卷三〇謝靈運《擬魏太子鄴中集詩·擬陳琳詩》
註引張敏《神女賦》二句。❽《集仙錄》與《珠林》所引《搜神
記》均誤以《神女賦》張茂先（張華）作，這不像是干寶原書如
此，干寶不應有此誤，也不像是《珠林》、《集仙錄》或《廣記》
的錯誤，因爲不大可能其誤相同如此，很可能是《搜神記》版本
的錯誤，《珠林》和《集仙錄》沿誤而已。❾現據上三書所引校
錄如下：

　　　　世之言神仙者多矣，然未之或驗也。至如弦氏之婦，則近
　　　　信而有徵者。甘露中，河濟間往來京師者頗說其事，聞之

---

❽《樂府詩集》卷四七王維《祠魚山神女歌》解題引張茂先《神女賦序》，
　實是《神女傳》文字，文簡。
❾汪紹楹校注《搜神記》云「疑《法苑珠林》誤作張華」，非是。

者常以鬼魅之妖耳。及遊東土，論者洋洋，異人同辭，猶以流俗小人好傳浮僞之事，直謂謠訛，未遑考核。會見濟北劉長史，其人明察清信之士也。親見義起，受其所言，讀其文章，見其衣服贈遺之物，自非義起凡下陋才所能搆合也。又推問左右知識之者，云當神女之來，咸聞香薰之氣、言語之聲，此即非義起淫惑夢想明矣。又人見義起強甚，雨行大澤中而不沾濡，益怪之。夫鬼魅之近人也，無不羸病損瘦，今義起平安無恙，而與神人飲燕寢處，縱情兼慾，豈不異哉！余覽其歌詩，辭旨清偉，故爲之作賦。

皇覽余之純德，步朱闕之崢嶸。靡飛除而入秘殿，侍太極之穆清。帝愍余之勤肅，將休余於中州。託玄靜以自處，寔應夫子之好仇。於是主人憮然而問之曰：「爾豈是周之褒姒、齊之文姜，孽婦淫鬼，來自藏乎？儻亦漢之遊女、江之娥皇，猒眞倦(此字疑訛)倦仙侍乎？」於是神女乃斂袂正襟而對曰：「我實貞淑，子何猜焉！且辯言知禮，恭爲令則；美姿天挺，盛飾表德。以此承歡，君有何惑？」爾乃敷茵席，垂組帳。嘉旨既設，同牢而饗。微聞芳澤，心盪意放。於是尋房中之至嬿，極長夜之懽情。心眇眇以忽忽，想北里之遺聲。既澹泊於幽默，揚覺寐而中驚（此二句據《文選》註補）。賦斯時之要妙，進偉服之紛數。俛撫衽而告辭，仰長歎以欷吁。乘雲霧而變化，遠棄我其焉如。

張敏，《晉書》無傳。嚴可均輯《全晉文》，卷八〇輯入張敏《奇士劉披賦》（據《初學記》卷五）、《神女賦并序》（據《藝文類聚》卷七九）、《神女傳》(據《北堂書鈔》卷一二九)、《頭責子羽文》(據《世說·排調篇》注、《藝文類聚》卷一七)。

其小傳云：

> 敏，太原中都人。咸寧中爲尚書郎、領秘書監。太康初出
> 益州刺史。有集二卷。

按《文選》卷五六張孟陽《劍閣銘》注引臧榮緒《晉書》云：
「張載父收，爲蜀郡太守。載隨父入蜀，作《劍閣銘》。益州刺
史張敏見而奇之，乃表上其文，世祖遣使鐫石記焉。」《晉書》
卷五五《張載傳》亦載：「張載，字孟陽，安平人也。父收，蜀
郡太守。……太康初，至蜀省父，道經劍閣。載以蜀人恃險好亂，
因著銘以作誠……益州刺史張敏見而奇之，乃表上其文，武帝遣
使鐫之於劍閣山焉。」此太康初出爲益州刺史之本。《隋書·經
籍志》別集類著錄晉尚書郎《張敏集》二卷，注「梁五卷」，指
梁《四部目錄》著錄爲五卷。《舊唐書·經籍志》、《新唐書·
藝文志》、《宋史·藝文志》均有《張敏集》二卷，《遂初堂書
目》亦有《張敏集》，無卷數。《通志·藝文略》著錄《尚書郎
張敏集》五卷，蓋據《隋志》，非南宋初五卷本尚存。關於張敏
事跡，南宋洪邁《容齋五筆》卷四《晉代遺文》有重要紀載，爲
嚴氏所未見，云：

> 故麓中得舊書一帙，題爲《晉代名臣文集》，凡十四家，
> 所載多不能全，眞太山一毫芒耳。有張敏者，太原人，仕
> 歷平南參軍、太子舍人、濟北長史。其一篇曰《頭責子羽
> 文》，極爲尖新。古來文士，皆無此作。……其文九百餘
> 言，頗有東方朔《客難》、劉孝標《絕交論》之體。《集
> 仙傳》所載《神女成公智瓊傳》，見於《太平廣記》，蓋
> 敏之作也。

洪邁所見《晉代名臣文集》，其中當有《神女賦》，他把《集仙
傳》（即《墉城集仙錄》）中《成公智瓊傳》推斷爲張敏原作，

定是據《神女賦序》。所述張敏里籍仕歷，也是根據《晉代名臣文集》中張敏文章而斷。

張敏初仕乎南參軍，平南指平南將軍，晉將軍稱號。《通志·職官略·武官第八下·四平將軍》云：「平南將軍，晉盧欽、羊祜、胡奮等爲之。」據《晉書》，晉武帝泰始元年（265）盧欽爲都督沔北諸軍事、平南將軍，後入爲尚書僕射，咸寧四年（278）卒。❿羊祜，泰始元年進號中軍將軍，加散騎常侍。四年進尚書左僕射、衛將軍，五年爲都督荆州諸軍事，散騎常侍、衛將軍如故。後加車騎將軍，八年帥兵出江陵拒吳將陸抗失利，貶平南將軍。咸寧二年除征南大將軍、開府儀同三司，四年卒。⓫胡奮，咸寧二年監并州諸軍事，三年自左將軍爲都督江北諸軍事，五年十一月晉大舉伐吳 ，胡奮爲平南將軍，奉命帥軍出夏口 ，次年（太康元年，280）滅吳。⓬平南將軍只設一員，泰始元年至八年爲盧欽，八年至咸寧二年爲羊祜，胡奮咸寧三年後始爲平南，疑羊、胡間還有一人。張敏太康初已爲益州刺史，必不能在此年和上年尚爲胡奮參軍，因此平南將軍非指胡奮。至於盧欽、羊祜和失考的另一人，以盧欽可能性最大，因爲據嚴可均考定，咸寧中張敏已爲尚書郎、領秘書監。⓭

張敏《頭責子羽文》云：「維泰始元年，頭責子羽曰：吾託子爲頭，萬有餘日矣……」知秦子羽泰始元年（265）約三十歲。⓮而序稱「余友秦生者，雖有姊夫之尊，少而狎焉」，子羽乃張

---

❿《晉書，盧欽傳》。
⓫《晉書·武帝紀》及《羊祜傳》。
⓬《晉書·武帝紀》。
⓭嚴氏所據未詳。
⓮《頭責子羽文》序稱秦生「同時好暱」溫顒、荀寓、張華、劉許、鄒湛、鄭詡六子「數年之中繼踵登朝」。六子中張華爲著名文人，仕魏爲太常博士、佐著作郎、長史等，晉立拜黃門侍郎。張華生於魏明帝太和六年（232），泰始元年三十四歲，正與秦子羽年紀仿佛。

敏姊夫，則張敏時二十餘歲。他為平南將軍盧欽參軍，約在泰始頭數年閒。晉制，諸將軍屬官有長史、司馬、功曹、主簿等，「受命出征則置參軍」。❺此後張敏為太子舍人、濟北長史。濟北，晉諸國名，始置於漢。張敏為濟北長史約在泰始、咸寧間。

　　從《神女賦序》所述來看，《神女賦》即作於濟北。弦超在魏嘉平、正元間 (249-256) 任濟北國從事掾、門下掾，遇合神女智瓊即在此時，到甘露中 (256-260) 弦超的傳聞已廣泛流傳於河濟京師，其間才僅幾年的時間。逮及十數年後張敏「遊東土」也就是任職濟北，更是洋洋於耳，「異人同辭」了。張敏正是根據濟北劉長史（按：張敏當代其任）和其他僚吏所述及親見智瓊歌詩，寫出《神女賦》的。《神女傳》之撰則在此後，傳文云智瓊「至太康中猶在」，可見作於太康中 (280-289) 或其後。

　　東晉郭緣生《述征記》亦載弦超智瓊事，《太平寰宇記》卷一三《鄆州·東阿縣·魚山》、《樂府詩集》卷四七有引，《寰宇記》引曰：

> 濟北郡史弦超，魏嘉平中有神女成公智瓊降之。超同室疑其有姦，以告監國，詰問，超具言之，智瓊乃絕。後五年，超使將至洛西，到濟北魚山下陌上，遙望曲道頭有車馬，似智瓊，前到果是，同乘至洛，克復舊好（此句《樂府詩集》引有）。太康中仍存。

所據乃《神女傳》。又有《智瓊傳》，《太平御覽》卷三九九、卷七二八引二節：

> 弦超，字義超（當作起），夢神女從之。自稱天上玉女，姓成（當脫公字）字智瓊。早喪父母，天帝愍之，遣令得

_____

❺見《晉書·職官志》。

下嫁。如此三四旦，覺寤欽想。顯然來遊，乃駕輜軿車，
從八婢，自言「我天帝玉女」，遂爲夫婦。贈詩三百餘言，
又著《易》七卷，起皆能通其旨。

弦超爲神女所降，論者以爲神仙，或以爲鬼魅，不可得正
也。著作郎干寶以《周易》筮之，遇《頤》之《益》，以
示同僚郎，郭璞曰：「《頤》貞吉，正以養身，雷動山下，
氣性唯新；變而之《益》，延壽永年，乘龍銜風，乃升於
天。此仙人之卦也。」

此傳既據原傳敘其事，又記有干寶、郭璞占卦，蓋干寶以後人作。

二、《杜蘭香傳》考

《杜蘭香傳》又稱《杜蘭香別傳》，東晉曹毗撰。曹毗，
《晉書·文苑傳》有傳。字輔佐，譙國人。高祖乃魏大司馬曹休。
❶少好文籍，善屬詞賦。歷仕郎中、佐著作郎、句章令、太學博
士、尚書郎、鎮軍大將軍從事中郎、下邳太守，官至光祿勳卒。
《晉書·樂志下》云：「太元中……乃使曹毗、王珣等增造宗廟
歌詩。」下列曹毗造歌詩十一首，起高祖皇帝，迄哀帝，簡文、
孝武二帝乃王珣造。觀此，曹毗當卒於孝武帝太元中(376-396)，
蓋孝武帝卒時曹毗已亡，故孝武宗廟歌由王珣造。《晉書》本傳
云「凡所著文筆十五卷，傳於世」，《隋志》著錄晉光祿勳《曹
毗集》十卷，又《晉曹毗集》四卷，兩《唐志》作《曹毗集》十
五卷。《隋志》又著錄《論語釋》一卷、《曹氏家傳》一卷。此
外尚撰有志怪小說《志怪》，佚文存一事，魯迅《古小說鉤沉》
輯入。

---

❶《世說新語·文學》注引《中興書》云魏大司馬曹休曾孫。

　　《杜蘭香傳》不見著錄，原傳不傳，但唐宋類書引用佚文頗
多，計有：

　　《齊民要術》卷一〇引《杜蘭香傳》；

　　《北堂書鈔》卷一四三、卷一四八引曹毗《杜蘭香傳》；

　　《藝文類聚》卷八一引曹毗《杜蘭香傳》，又卷七一、卷七
九、卷八二引《杜蘭香別傳》；

　　《太平御覽》卷三九六引曹毗《神女杜蘭香傳》，又卷七五
九、卷七六一、卷八四九、卷九八四、卷九八九引曹毗《杜蘭香
傳》，又卷五〇〇、卷八一六、卷九六四引《杜蘭香傳》，又卷
七六九、卷九七六引《杜蘭香別傳》；

　　《太平廣記》卷二七二引《杜蘭香別傳》。

　　另外，《說郛》卷七《諸傳摘玄》摘《杜蘭香別傳》兩節，
文字與《類聚》卷七九、卷八一所引基本相同，疑即取自《類
聚》。❼

　　以上所引，傳名雖有《杜蘭香傳》、《神女杜蘭香傳》、
《杜蘭香別傳》之別，撰人或題曹毗或不舉姓名，經相互證對，
實都爲同一作品。今以《類聚》爲底本，以他書校補，輯錄如下：

　　　神女姓杜字蘭香（此句原作杜蘭香，從《御覽》卷三九六
　　　改），自稱南陽人。以建興四年春，數詣南郡（此二字據
　　　《御覽》卷八一六補）張傳（《說郛》傳作傳）。傳年十
　　　七。望見其車往門外，婢通言：「阿母所生，遣授配君，
　　　君不（不字據《說郛》補）可不敬從。」傳先改名碩。碩

---

❼《重編說郛》卷一一三及《綠窗女史》卷一〇曹毗《杜蘭香傳》，均取
　《說郛》。胡應麟輯《搜神記》，亦合此兩節爲一篇載於卷一，文字有
　訛誤。所據疑爲《說郛》，因《說郛》未題撰人，遂妄斷爲干寶《搜神
　記》佚文。汪紹楹校注《搜神記》，云此篇「是否本書，俟再考」，亦
　疑其非出干寶。

呼女前，視可十八九（《說郛》作十七八），說事邈然久
遠。自云家昔在青草湖，風溺大小盡沒，香時年三歲，西
王母接而養之於崑崙之山，於今千歲矣（自云至此據《御
覽》卷三九六補）。有婢(原作婦，據《說郛》改)子二人，
大者萱支，小者松支。鈿車青牛，上飲食皆備。作詩曰：
「阿母處靈岳，時遊雲霄際。眾女侍羽儀，不出墉宮外。
飄輪送我來，豈復恥塵穢。從我與福俱，嫌我與禍會。」
爲詩贈碩云：「縱轡代摩奴，須臾就尹喜。」摩奴是香御
車奴，曾忤其旨，是以自御（爲詩至此據《御覽》卷五〇
〇補）。賚瓦榼（《御覽》卷七六一作元榼）酒、七子樏
（《御覽》卷七五九作賚方九子樏、七子樏）。樏多菜而無
他味，亦有世間常菜，輒有三種色，或丹或紫，一物與海
蛤相象，并有非時菜(《御覽》卷九六四作果)。常食粟飯
（據《御覽》卷九六四補）。碩云食之亦不甘，然一食七八
日不飢（賚瓦榼酒至此據《類聚》卷八二補）。蘭香與碩
織成袴衫(此句據《御覽》卷八一六補)。至其年八月旦來，
復作詩曰：「逍遙雲霧間，呼嗟發九巖。流汝（《說郛》
作流女，《重編說郛》作游女）不稽路，弱水何不之。」
出署豫子三枚，大如雞子，云：「食此令君不畏風波，辟
寒溫（以上三字《御覽》卷九八九作可辟霧露）。」碩食
二，欲留一，不肯，令碩盡食（以上九字《御覽》卷九八
九作懷一欲以歸，香曰：「可自食，不得持去。」）。言：
「本爲君作妻，情無曠遠，以年命未合，其小乖。太歲東
方卯，當還求君。」（以上據《類聚》卷七九）碩問禱祀
（此二字《御覽》卷九八四作壽）何如，香曰：「消摩自
可愈疾，淫祀無益。」香以藥爲消摩。（以上據《類聚》

卷八一）香戒張碩曰：「不宜露頭食也。」（以上十一字據《北堂書鈔》卷一四三）杜蘭香降張碩，碩妻無子，取妾，妻妒無已。碩謂香：「如此云何？」香曰：「此易治耳。」言卒而碩妻患創委頓。碩曰：「妻將死如何？」香曰：「此創所以治妒，創已亦當瘥。」數日之間，創損而妻無妒心。遂生數男。（以上據《廣記》）香降張碩，碩既成婚，香便去，絕不來。年餘，碩船行，忽見香乘車於山際。碩不勝驚喜，遙往造香，見香悲喜，香亦有悅色。言語頃時，碩欲登其車，其婢舉扞之，嶷然山立。碩復欲車前上，車奴攘臂排之，於是遂退。（以上據《類聚》卷七一）碩說如此（此句據《御覽》卷五○○補）。

　　以上所輯佚文有不連貫、不清晰之處，為資料所限只能如此。就中有幾點頗有疑問。一是杜蘭香究竟是何處人。《類聚》卷七九所引云「自稱南陽人」，而《御覽》卷三九六所引云「家昔在青草湖」。青草湖在洞庭湖東南，湘水所匯而成，與洞庭沙洲相隔，水漲連為一湖，故唐宋人均以杜蘭香居洞庭湖(詳見下文)。但作南陽并不誤，南陽、京兆乃杜姓郡望，杜蘭香自稱南陽人，乃舉其郡望而已。今本《搜神記》作南康人，大誤。二是張碩究竟是何處人。《御覽》卷八一六引《杜蘭香傳》稱南郡張碩，張碩為南郡人，晉時洞庭湖正在南郡境。《晉書·曹毗傳》稱桂陽張碩，與南郡張碩不合，桂陽郡遠在南郡之南，疑《晉書》有誤。前蜀杜光庭《墉城集仙錄》卷五《杜蘭香》云「其後於洞庭包山降張碩家」，洞庭包山即太湖洞庭西山，而楚地洞庭湖之山乃君山，包山當為君山之誤。唐牛僧孺《玄怪錄》卷二《柳歸舜》寫柳在君山遇鸚鵡仙鳥，一鳥云「杜蘭香教我真籙」，分明以君山為杜蘭香居止之處。後世又傳為金陵人（詳下）。三是杜蘭香降

張碩究竟在什麼時候。《類聚》所引云建興四年（316），乃西晉最後一年。《晉書·曹毗傳》云：

> 毗少好文籍，善屬詞賦。郡察孝廉，除郎中，蔡謨舉爲佐著作郎。父憂去職，服闋，遷句章令，徵拜太學博士。時桂陽張碩爲神女杜蘭香所降，毗因以二篇詩嘲之，并續蘭香歌詩十篇，甚有文彩。

據《晉書·蔡謨傳》，蔡謨（281-356）約在明帝太寧末（325）爲太常，領秘書監，成帝臨軒（325）拜太傅、太尉、司空，其舉曹毗爲佐著作郎當在太寧末領秘書監之時，因爲佐著作郎屬秘書監。❶❽曹毗約卒於太元中，舉爲佐著作郎約二十餘歲。太寧、咸和間所謂神女杜蘭香猶與張碩相往來，可見建興四年乃杜蘭香初降之年。曹毗作此傳大約在咸和（326-334）前幾年間，已去建興四年約十餘年。《御覽》卷五〇〇引《杜蘭香傳》云「晉太康中蘭香降張碩」，誤。今本《搜神記》乃妄稱「漢時有杜蘭香者」，且誤建興爲建業。❶❾

> 金陵西浦，亦云項口，即張碩捕魚遇杜蘭香處也。❷〇

以張碩爲金陵西浦捕魚人，顯然是後世傳聞。又見蜀杜光庭《墉城集仙錄》卷五載：

> 杜蘭香者，不知何許人也。有漁父者，於湘江洞庭投綸自給。一旦於洞庭之岸，聞兒啼哭聲，四顧無人，惟三歲女子在於岸側。漁父憐而舉之還家，養育十餘歲，天姿奇偉，

---

❶❽《晉書·職官志》：魏明帝太和中置著作郎，隸中書省。晉惠帝元康二年改隸秘書省。著作郎一人，佐著作郎八人。

❶❾建業乃地名，治今南京。晉太康元年改秣陵，三年分置見㶏，建興元年避愍帝司馬鄴諱改建康。

❷〇《御覽》卷七五引。《郡國志》、《隋書·經籍志》、《舊唐書·經籍志》無目，《新唐書·藝文志》地理類著錄十卷，不著撰人，殆唐人作。《宋史·藝文志》地理類著錄曹大宗《郡國志》二卷，疑非一書。

靈顏姝瑩，迨天人也。忽有青童靈人，自空玄而下，來集
其家，攜女而去。臨昇天，謂其父曰：「我仙女杜蘭香也。
有過謫于人間，玄期有限，今將去矣。」於是凌空而去。
自後時亦還家。其後於洞庭包山降張碩家，碩蓋修道者也。
蘭香降之三年，授以舉形飛化之道，碩亦得仙。初降時，
留玉簡、玉唾盂、紅火浣布，以爲登眞之信焉。又一夕，
命侍女齎黃鱗羽帔、絳履玄冠、鶴氅之服、丹玉珮、揮靈
劍，以授於碩，曰：「此上仙之所服，非洞天之所有也。」
不知張碩仙官定何班品，傳記未顯，難得詳載也。漁父亦
自老益少，往往不食，亦學道江湘間，不知所之矣。❹

情事有很大變化，突出了道教意味，這顯然是道教徒的加工改造。
元趙道一《歷世眞仙體道通鑑後集》卷五《杜蘭香》，即刪取
《墉城集仙錄》而成。

　　北宋張君房編《麗情集》，中有《賈知微》一篇，寫賈知微
遇杜蘭香事，原作者不詳。《麗情集》原書已散佚，此篇見於
《類說》卷二九、《紺珠集》卷一一摘錄和《歲時廣記》卷七、
《方輿勝覽》卷二九、《孔帖》卷八節引，《異聞總錄》卷二亦
載，文字較詳，當亦本《麗情集》。茲據《異聞總錄》，補以
《類說》，校錄如下：

　　開寶中(據《類說》補)，賈知微寓舟庭，因吟懷古詩云：
　　「極目煙波是九嶷，吟魂愁見暮鴻飛。二妃有恨君知否？
　　何事經旬去不歸？」即岳陽，因賦詩云：「湖平天遣草如
　　雲，偶泊巴陵舊水濱。可惜仙娥差用意，張碩不是有才
　　人。」俄見蓮舟有數女郎，鼓瑟而下。二妃誦李群玉《黃

❹《廣記》卷六二、《御覽》卷六七六有引。

陵廟》詩曰：「黃陵廟前青春草，黃陵女兒茜裙新。輕舟短棹唱歌去，水遠天長愁殺人。」（二妃至此據《類說》補）生目送之，舟通西岸，即曾城夫人京兆君宅。生趨堂，見備筵饌。有三女郎，一稱曾城夫人，一稱湘君夫人，一稱湘夫人。酒行，各請吟詩，生曰：「偶棹扁舟泛渺茫，不期有幸跡仙鄉。玉堂久照星辰聚，雪扇雙開日月長。豈只恩憐爲上客，又容歡笑宴中堂。預愁明發分飛去，衣上人聞有異香。」湘君曰：「南望蒼梧慘玉容，九嶷山色互重重。須知暮雨朝雲處，不獨陽臺十二峰。」湘夫人曰：「夜唱蓮歌入洞庭，採蓮人旅著青蘋。長歌一棹空歸去，莫把蓮花讓主人。」京兆君曰：「一解征鴻下蓼汀，便隨仙馭返曾城。傷心遠別張生去，翻得人間薄倖名。」詩畢，二湘夫人別去，京兆君邀生止宿。明日，命青衣（此三字據《類說》補）以秋雲（此字據《類說》補）羅帕裹定年丹五十粒贈生，曰：「此羅是織女綵玉鷺織成，遇雷雨密收之。其仙丹每歲但服一粒，則保一年。」（曰字至此據《類說》補）。生既受，吟詩謝曰：「丹是曾城定年藥，帕爲織女秋雲羅。勤拳致贈東行客，以表相思恩愛多。」乃拜別去。離岸百步，回視夫人宅已失矣。後大雷雨，見篋間一物如雲煙，騰空而去。（末三句據《類說》補）

文中曾城夫人、京兆君即杜蘭香，《類說》卷二九便稱作曾城夫人杜蘭香。曾城又作增城，相傳西王母所居之崑崙山有曾城九重㉒，而杜蘭香乃西王母養女，故以曾城爲號，至於稱京兆君者，則取杜姓郡望。假托遇合古美女仙姝以逞文人風流是唐宋人慣技，

㉒見《淮南子·墜形訓》。

賈知微遇合杜蘭香的故事反映的正是這種情趣。

三、《神女傳》與《杜蘭香傳》的小說史意義

　　發端於戰國的文言小說從魏晉開始進入繁盛期。魏晉南北朝小說大致有這樣幾種形態：一是志怪小說，如《搜神記》；二是志人小說，或曰人物逸事小說、逸事小說，如《世說新語》，三是雜史小說，如《西京雜記》；四是雜傳小說，如《趙飛燕外傳》。

　　這裏單就雜傳小說提出討論。和雜史一樣，雜傳本是史書的一種體別。《隋書·經籍志》立雜史、雜傳類，舉凡「率爾而作，非史策之正」，「雜以虛誕怪妄之說」，「體制不經」的史書都歸於此。雜史、雜傳是「史官之末事」，有別於正史和編年體史書，故謚之以雜。《文獻通考》卷一九五引《宋三朝志》云：「雜史者，正史、編年之外，別為一家，體制不純，事多異聞，言過其實。」說的雖是雜史，實際也是雜傳基本特性的概括，意思和《隋志》相同。雜史與雜傳之別，在於一記歷史事件，「大抵皆帝王之事」[23]，一記人物事跡，誠如明人焦竑所云：「雜史、傳記皆野史之流，然二者體裁自異。雜史，紀志編年之屬也，紀一代若一時之事；傳記，列傳之屬也，紀一人之事。」[24]焦氏說的傳記，指的是雜傳，非正史之列傳，《崇文總目》別史氏十流，第七為別傳，所指也是雜傳。

　　關於雜傳的產生，《隋志》雜傳類小序對此曾有比較詳細的論述：

　　　　古之史官，必廣其記，非獨人君之舉。……是以窮居側陋
　　　　之士，言行必達，皆有史傳。……漢初……天下計書，先

---

[23]《隋志》雜史類小序。
[24]《國史經籍志》卷三傳記類小序按語。

> 上太史，善惡之事，靡不畢集。司馬遷、班固撰而成之，
> 股肱輔弼之臣，扶義俶儻之士，皆有記錄。而操行高潔，
> 不涉於世者，《史記》獨傳夷齊，《漢書》但述楊王孫之
> 儔，其餘皆略而不說。又漢時，阮倉作《列仙圖》，劉向
> 典校經籍，始作《列仙》、《列士》、《列女》之傳，皆
> 因其志尚，率爾而作，不在正史。後漢光武，始詔南陽，
> 撰作風俗，故沛，三輔有耆舊節士之序，魯、盧江有名德
> 先賢之讚。郡國之書，由是而作。魏文帝又作《列異》，
> 以序鬼物奇怪之事；嵇康作《高士傳》，以敘聖賢之風。
> 因其事類，相繼而作者甚眾，名目轉廣，而又雜以虛誕怪
> 妄之說。推其本源，蓋亦史官之末事也。

《國史經籍志》傳記類小序亦云：

> 古者史必有法，大事書之策，小則簡牘而已。至于流風遺
> 跡，故老所傳，史不及書，則傳記興焉，如先賢、耆舊、
> 孝子、高士、列女，代有其書，即高僧、列仙、鬼神怪妄
> 之說，往往不廢也。

自司馬遷開創傳記體，班固繼之，這種史書體裁很快吸引了著作家的注意力，紛紛操觚，所謂「作者甚眾，名目轉廣」。其體制主要有兩類：一類是單篇傳記，有外傳、別傳、內傳等種種名目。僅外傳一項，《太平御覽經史圖書綱目》就開列了一百一十種。還有許多「因其事類」，「類聚區分」㉕的雜傳集，《隋志》著錄一百四十多種，《御覽綱目》列出五十二種，其名目有先賢、耆舊、列士、高士、逸民、高僧、孝子、孝友、忠臣、良吏、名士、文士、列女、幼童、美婦人、列仙、家傳等。

㉕《史通·雜述》。

　　雜史雜傳多採逸聞而成，劉勰曾批評說：「俗皆愛奇，莫顧
實理，傳聞而欲偉其事，錄遠而欲詳其跡，於是棄同即異，穿鑿
旁說，舊史所無，我書則傳。」❷❻王充也說「短書小傳，竟虛不
可信也」。❷❼雜史雜傳內容的虛化現象——也就是對史實的背離，
造成了對小說的接近和向小說的轉化。這一點前人屢有論述，
《文獻通考》卷一九五引鄭樵語云：「古今編書所不能分者五：
一曰傳記，二曰雜家，三曰小說，四曰雜家，五曰故事。凡此五
類書，足相紊亂。」又引《宋兩朝藝文志》云：「傳記之作……
而通之於小說。」《國史經籍志》傳記類小序亦稱：「雜史、傳
記皆野史之流……若小說家與此二者易淆，而實不同，當辨之。」
如果在從內容的虛實關係進行考察的同時并從文本的史書性與文
學性關係的角度來考察，那麼會發現雜傳呈現三種類型：一類是
基本具備史書品格的雜傳，一類是基本具備小說品格的小說即雜
傳小說，一類介於二者之間，是接近小說的準小說或曰亞小說。
這三種類型反映著史傳在虛化和文學化過程——或者說在向小說
靠近和轉化的過程——中所出現的三種狀態，對於小說的發展來
說當然最有價值的是雜傳小說和亞小說。

　　對於漢魏六朝雜傳小說的判定，即便以苛刻的眼光來看，至
少公認以下作品屬於小說，即《燕丹子》、《趙飛燕外傳》、
《漢武帝故事》、《漢武帝內傳》等。《燕丹子》被胡應麟稱作
「古今小說雜傳之祖」❷❽，大約出自秦漢間。托名班固的《漢武
帝故事》、《漢武帝內傳》，托名伶玄的《趙飛燕外傳》，大約
都是漢至魏晉間的作品。《漢武帝故事》、《漢武帝內傳》都寫

---

❷❻《文心雕龍·史傳》。
❷❼《論衡·書虛》。
❷❽《少室山房筆叢·四部正訛下》。

神仙誕妄之事，一般歸之於志怪小說，但它們的文本體制和作爲
「叢殘小語」的一般志怪小說判然有別，實應看成雜傳小說中一
個類型，而不含或少含怪誕內容的《趙飛燕外傳》和《燕丹子》
則是另一類型。

　　在數量並不很多的雜傳小說中，兩晉的《神女傳》和《杜蘭
香傳》和上述作品構成一種小說體系——即單篇傳記型小說體系，
無疑顯示出其重要性來。它們不僅豐富了雜傳小說的題材，而且
在小說史上也發揮出重要作用。

　　從題材上看，它們都屬於人神遇合題材，寫神女和人間男
子的遇合。人神遇合題材發軔於戰國宋玉的《高唐賦》、《神女
賦》，受其影響，在漢末曾出現過一個竟相撰作《神女賦》的小
熱潮，撰作者有王粲、應瑒、楊修、陳琳等❷，魏初曹植作《洛
神賦》也是同類題材。張敏《神女賦》正是在這樣的背景中產生
的，所不同的是他所描寫的是魏以來廣泛爲世人傳揚的一件人神
遇合奇聞，不像王粲等人所作神女身份大抵模糊，即便是《洛神
賦》所寫洛神有明確的身份，但遇神本身也缺乏事實的支持，事
實上它們都是在表達一種情感性的嚮往和追求。正因爲題材有此
不同，所以張敏才又可能以傳記形式進行再度創作，繼《神女賦》
之後寫出《神女傳》來。

　　從現有材料來看《神女傳》似是最早的一篇人神遇合小說，
具有開創性，曹毗《杜蘭香傳》可說是踵武之作。二者在敘事結
構上有許多相似處，構成一種特殊的人(男)神(女)遇合模式：

　　1.男方爲人間年青男子，女方爲美貌神女；

　　2.神女奉命下嫁；

---

❷陳、王、楊三賦見《藝文類聚》卷七九引，應賦見《太平御覽》卷三八
　一引，皆爲片斷。

　　3.神女出異饌美食，或贈奇物，皆爲人間罕見；

　　4.神女有神術，且能詩。

還須指出的是，男方皆眞實人物，遇合神女實出其自述，只不過由別人記述而已。這種神女下降凡人的模式雖然有可能受到漢以來西王母降漢武帝故事的一定影響，但卻具有全新的結構和含義。它包含著這樣一些社會文化心理和士人心態，一是神仙信仰，二是男子的女色賞玩心理和女才賞玩心理，三是白日夢式的自慰和自娛。這些原本是士人社會中男子們的普遍心態，在人神遇合主題中得到了淋灕盡致的發揚。

　　《御覽》卷五七三引《幽明錄》載狐精惑費升，作歌云：「成公從義起，蘭香降張碩。苟云冥分結，纏綿在今夕。」表明成公智瓊、杜蘭香之事在晉宋流傳極廣，已經成爲遇合掌故。從宗教角度看，《神女傳》和《杜蘭香傳》都反映著晉代士人社會中所流行的道教信仰，成公智瓊、杜蘭香都是仙女。自此以後仙女降眞度授凡世男子成爲道教的一種重要宣傳方式，東晉上清派道教即擅此道，梁陶弘景《眞誥》中保存著這類上清派降眞記錄。其中《運象篇》記錄的升平三年 (359) 愕綠華降羊權，興寧三年 (365) 安鬱嬪降楊羲，興寧三年王媚蘭降許謐，都是採用神女降眞婚合的形式。❸⓿楊羲、許謐等人在東晉哀帝興寧間創上清派❸①，假託得於仙眞傳度，編造道教新神話以爲實錄，其中所謂神女降眞無疑是接受了《神女傳》、《杜蘭香傳》的影響，贈詩贈物的情節都非常相似。而在後世小說中人神或人仙遇合成爲一大宗小說

---

❸⓿臺灣李豐楙《魏晉神女傳說與道教神女降眞傳說》（載《魏晉南北朝文學與思想研討會論文集》，文史哲出版社1991年版）對成公智瓊、杜蘭香、何參軍女及《眞誥》三事有詳細討論，本文有所參考。

❸①參見卿希泰主編《中國道教史》第一冊第三章第六節《上清派的出現》，四川人民出版社1988年版。

題材，不斷見於描寫。以六朝而論，晉宋間陶潛《搜神後記》載有西王母養女何參軍女奉命「與下土人交」而嫁豫章劉廣之事❸，情節與《杜蘭香傳》相較有明顯的因襲處。而梁吳均《續齊諧記》之趙文韶遇清溪廟女神，無名氏《八朝窮怪錄》劉子卿之遇廬山康王廟女神，蕭總之遇巫山神女，蕭嶽之遇東海姑❸，也是同類故事。雖然敘事模式與《神女傳》、《杜蘭香傳》有所不同，都是春風一度的艷遇，但士人豔遇神女這一基本結構是一致的，所包含的情感也有相近處，只不過更強調了文人風流自得的情懷。唐世此類作品尤多，像張薦《靈怪集·郭翰》、戴孚《廣異記·汝陰人》、無名氏《后土夫人傳》(收入陳翰《異聞集》)、陳劭《通幽記·趙旭》、裴鉶《傳奇·蕭曠》等等都是很有名的傳奇作品。❸而像《郭翰》寫天上織女奉上帝命遊人間而降於郭翰，《趙旭》寫天上仙女青童君降趙旭爲妻，敘事結構更接近《神女》、《杜蘭香》二傳，《汝陰人》寫中樂南部將軍之女嫁汝陰許姓男子，所攜食器中也竟有杜蘭香之七子樏❸，更可見出因依之跡。

　　《神女傳》、《杜蘭香傳》都是單篇文本——這是雜傳小說的體制特徵。這種體制與唐傳奇文相一致，都是以較長的篇幅描述故事。魯迅在《中國小說史略》中曾論及傳奇的產生，說：「傳奇者流，源蓋出於志怪。」這個意見不錯，就大多數情況而言，傳奇是志怪的精緻化、文章化，即魯迅所謂「施之藻繪，擴其波瀾」。但大量的單篇傳奇文在體制上與志怪小說的叢集形式不同，而取傳記體，可見唐傳奇還有另一個重要源頭，即六朝的

❸此事《法苑珠林》卷四九、《御覽》卷九八一引作《續搜神記》，《御覽》作王廣，今本《搜神後記》卷五輯入。
❸以上三篇見《太平廣記》卷二九五、卷二九六引。
❸見《太平廣記》卷六二、卷三〇一、卷二九九、卷六五、卷三一一引。
❺《廣記》訛作七子螺。按：樏爲食器，《玉篇》木部：「樏，扁榹謂之樏。」《廣韻》紙韻：「樏，似盤，中有隔也。」

雜傳小說和準雜傳小說。對此胡應麟曾發表過很有見地的竟見，他說：「《飛燕》，傳奇之首也。」❸把《趙飛燕外傳》看作傳奇文的源頭。此傳假托西漢伶玄撰，不可信，有的學者考定爲東晉作品。❹《趙飛燕外傳》是寫實性作品，《四庫全書總目提要》說它「實傳記之類，然純爲小說家言」。它以人物爲描寫中心，描寫趙飛燕、趙合德姊妹與漢成帝的三角關係，人物形象十分生動，是一篇優秀的雜傳小說，故而胡應麟推其爲傳奇之首。但胡應麟的傳奇概念指的主要是寫人事的單篇傳奇文，他在《少室山房筆叢·九流緒論下》中分小說爲六類，傳奇類所舉的作品例證是《飛燕》、《太眞》（《楊太眞外傳》）、《鶯鶯》（《鶯鶯傳》）、《霍玉》（《霍小玉傳》）之類，都是寫人事的單篇作品。其實傳奇不光是單篇傳奇文，還有傳奇集，而且傳奇文不光是寫人事，也寫異事。這樣來看作爲唐傳奇源頭的雜傳小說，就不能只限定《趙飛燕外傳》一家，不能不考慮其他雜傳小說，包括《神女傳》和《杜蘭香傳》。

　　由於原文失傳，無法看到《神》、《杜》二傳的原貌。即就輯文來看，《神女傳》文長七百餘字，《杜蘭香傳》五百五十餘字，篇幅視一般志怪之「叢殘小語」都比較長。敘事比較細緻，運用了一些描寫手段。語言富有文采，還穿插了詩歌，豐富了文本。從這些方面來看，此二傳以單篇體制較爲細緻具體地描述人神遇合故事，其藝術成就雖不及《趙飛燕外傳》，但應當說在文言小說史上具有可忽視的意義。從小說發生學的意義上說它們與其他雜傳小說啓示了唐傳奇的形成，成爲傳奇的一個重要源頭。

---

❸《少室山房筆叢·九流緒論下》。
❹參見薛洪勳《試論〈飛燕外傳〉的產生時代及其特出成就》，《學術研究叢刊》1984年第 1 期。

從小說題材學的意義上說，它們開啓了人神遇合的小說題材，奠定了人神遇合的敘事結構模式，對唐傳奇有重要影響。

論　文：《神女傳》與《杜蘭香傳》考論
主講人：李劍國教授
講評人：王國良教授

　　從此篇論文來看，李先生考證校勘方面的縝密與在材料相關方面的組合推論是相當令人佩服、欣賞的。全文共分《〈神女傳〉考》、《〈杜蘭香傳〉考》、《〈神女傳〉與〈杜蘭香傳〉的小說史意義》三部分討論。在此依所見，提出以下看法，就教於李先生。其一是第四頁中談及張敏對神女、成公智瓊、與弦超之間事情，可見張敏對神女似乎特別感興趣，因此以序和傳的形式來描寫神女，其所表現出的是否有過於關切情形，此處是否可再加解釋，因爲這牽涉到張茂先(華)和張敏的著作權問題。其二，在第四頁提到《集仙錄》與《珠林》所引的《搜神記》，兩版本均誤以《神女賦》是張茂先所作，這是版本上的錯誤，然干寶似乎不應該有這種錯誤。干寶《搜神記》的編纂與張茂先《博物志》、曹丕的《列異傳》是有相當的密切關係，當然干寶是不是一定不會弄錯也是一個問題，不過這是否在作者留下來的時候早已錯誤，抑是後人傳抄時的錯誤，是一個疑慮，有待再思考。其三在第七頁提出現在所見的《神女傳》好像是《智瓊傳》的濃縮改寫，李先生認爲《智瓊傳》有可能是干寶以後的人所做的，但神女也有可能就是智瓊，因爲干寶《搜神記》在多處除了故事之外，會有一些「干寶曰」，這是代表干寶的一點意見，可能更是《搜神記》的原來一種狀貌，但因爲現在看到的《搜神記》是一種集子，所以這部分反而被忽略沒有放進去，這個問題可以考慮。

關於《神仙傳》

韓國延世大學校中語中文科

全 寅 初

一、諸 論

相傳晉代葛洪所作的《神仙傳》是個人作品，但可從不同角度分析它的內容。

第一，從哲學的角度考查。《神仙傳》體現魏晉代知識人的觀念，因此，《神仙傳》裏出現的神仙們的行爲內容，與以談論玄理爲主的清談思想之本體相符。

第二，從社會的角度考查。《神仙傳》反映魏晉、六朝時代的政治社會面貌的一面，所以可通過《神仙傳》的內容了解當時社會、政治狀況。

第三，從歷史的角度考查。如果從文化史的角度把《神仙傳》的內容局限於中國文學史來講的話，《神仙傳》可稱得是當代小說的典型。通過《神仙傳》的內容能夠了解到魏晉小說的一大特點，即志怪的屬性。

本論文將把焦點放在《神仙傳》在小說史上的意義來展開議論。在中國小說的歷史發展過程中魏晉時期的志怪小說該屬形成期。❶把唐代傳奇認爲本格的小說，那麼還沒有出現唐傳奇時，

---

❶筆者已提及了這種觀點於拙稿〈秦漢間的神仙思想及中國小說的形成〉（《東方學志》第40輯，延世大學校國學研究院，1983）。此外，中國小說由漢魏神仙家而形成的見解，可以見於其他諸多小說史書。

魏晉神仙志怪便成了形成小說的母體。尤其是神仙故事，對某一神仙的奇異行迹的記錄，跟古代小說的展開方式完全相符，就是一部小說。

神仙家爲求仙、成仙、得道而做的行爲，盛行於漢、魏、六朝時期。雖然它或者先口傳後記載，或者當代人們把所看、所聽到的東西記錄下來而形成的，因它的故事（story）屬性只能與小說共題並論。

從中國小說史的入場來講，葛洪《神仙傳》雖已具備著做魏晉小說典範的內容，但學界還沒有對其給於足夠的評論和公正的評價。本論文試圖分析諸神仙的面貌來定論本傳在中國小說史上的意義。

二、《神仙傳》的撰者問題

《神仙傳》撰者葛洪的生卒年不詳。據《晉書·葛洪傳》記載享年八十一歲。❷但這八十一歲到底是屬那一年代，沒有確切的考證。到目前，推斷有三種。一種是葛洪生卒年是自魏嘉平二年頃(250?)至晉成帝咸和二年頃(330?)❸，另一種是魯迅《中國小說史略》中提及的二九○年～三七○年。還有近來李劍國推斷葛洪生於晉武帝太康五年(284)，卒於哀帝興寧二年(364)。❹倘

---

❷見《晉書》卷72。
❸見楊家駱主編《中國文學家大辭典》。
❹見李劍國《唐前志怪小說史》(天津：南開大學出版社，1984)，316頁。他按《太平御覽》卷328引《抱朴子》曰：「昔太安二年，京邑始亂，三國舉兵攻長沙王乂，小民張昌反于荊州，封劉尼爲漢主，乃遣石冰擊定揚州，屯于建業。宋道衝說冰，求爲丹陽太守。到郡發兵以攻冰，召余爲貯兵都尉，余年二十一。」又《抱朴子·外篇·自敘》：「洪年二十餘，……會遇兵亂」。考《晉書·惠帝紀》，太安二年五月張昌起兵，七月石冰據揚州，次年(永興元年)正月顧祕討石冰。《晉書·葛洪傳》又載：吳興太守顧祕爲義軍都督，祕檄洪爲將兵都尉。然則永興元年(三○四年)葛洪二十一歲，由此可推知生于太康五年；八十一而卒，則在興寧二年也。

若把與干寶（317年前後在世）共渡人生中年的《晉書·葛洪傳》記載爲根據，可以類推出西晉末，東晉初是葛洪活動最旺盛的時期。《晉書·葛洪傳》裏的葛洪一代記給與本論文暗示不少。首先，葛洪喜歡並陶醉於神仙故事而大量收集《神仙傳》之類的故事的這一事實中，不難想像葛洪已具備編纂《神仙傳》條件的人物。

下面引用與理解《神仙傳》有關的《葛洪列傳》記載部份。

葛洪字稚川，丹楊句容人也。祖系，吳大鴻臚。父悌，吳平後入晉，爲邵陵太守。洪少好學，家貧，躬自伐薪以貿紙筆，夜輒寫書誦習，遂以儒學知名。性寡欲，無所愛翫，不知棊局幾道，摴蒲齒名。爲人木訥，不好榮利，閉門卻掃，未嘗交遊。於餘杭山見何幼道、郭文舉，目擊而已，各無所言。時或尋書問義，不遠數千里崎嶇冒涉，期於必得，遂究覽典籍，尤好神仙導養之法。從祖玄，吳時學道得仙，號曰葛仙公，以其鍊丹秘術授弟子鄭隱。洪就隱學，悉得其法焉。後師事南海太守上黨鮑玄，玄亦內學，逆占將來，見洪深重之，以女妻洪。洪傳玄業，兼綜鍊醫術，皆精覈是非，而才章富贍。

太安中，石冰作亂。吳興太守顧祕爲義軍都督，與周玘等起兵討之，祕檄洪爲將兵都尉，攻冰別率，破之，遷伏波將軍。冰平，洪不論功賞，徑至洛陽，欲搜求異書以廣其學。

…………

干寶深相親友，薦洪才堪國史，選爲散騎常侍，領大著作，洪固辭不就。以年老，欲鍊丹以祈遐壽，聞交阯出丹，求爲句漏令。帝以洪資高，不許。洪曰：「非欲爲榮，以有

丹耳。」帝從之。洪遂將子姪俱行。至廣州，刺史鄧嶽留
不聽去，洪乃止羅浮山鍊丹。

…………

自號抱朴子，因以名書。其餘所著碑誄詩賦百卷，移檄章
表三十卷，神仙、良吏、隱逸、集異等傳各十卷，又抄五
經、史、漢、百家之言、方技雜事三百一十卷，金匱藥方
一百卷，肘後要急方四卷。

洪博聞深洽，江左絕倫。著述篇章富於班、馬，又精辯玄
賾，析理入微。後忽與嶽疏云：「當遠行尋師，剋期便
發。」嶽得疏，狼狽往別，而洪坐至日中，兀然若睡而
卒，嶽至，遂不及見。時年八十一，視其顏色如生，體亦
柔軟，舉尸入棺，甚輕如空衣，世以爲尸解得仙云。

以上記載中足以了解《神仙傳》撰者葛洪的神秘又非凡的一
生。「尋書問義，不遠數千里崎嶇冒涉，期於必得，遂究覽典籍」
的姿勢中表明做爲求仙、得仙而努力的修道者葛洪的人生觀。葛
洪從從祖葛仙翁葛玄的「鍊丹秘術授弟子鄭隱」那裏繼承了從祖
的鍊丹法術，從上黨人鮑玄那裏學到了內學（豫言學）。從此，
葛洪只專攻鍊丹醫術。葛洪與干寶「深相親友」的關係中，可想
像他在編《神仙傳》的過程中受《搜神記》的影響不少。因爲干
寶也曾經歷過不少神秘的體驗，終究搜求鬼神的故事。❺但葛洪
被「親友」干寶薦爲散騎常侍時，他還是「固辭不就」「欲鍊丹
以祈遐壽。」而且葛洪向黃帝「求爲句漏令」也是爲了到「羅浮
山鍊丹。」葛洪著作中把神仙、良吏、隱逸、集異傳各十卷撰寫
的，也是與他這種生活有著密切的相關。「金匱藥方」或「肘後

---

❺干寶撰寫《搜神記》的動機，仔細地記載於《晉書》卷82《干寶傳》。

要急方」，顧名思義，這些書是記述鍊丹方法的書。

　　做為求仙者，比起他的努力，只活到八十一歲，不能算是長壽。但「兀然若睡而卒」的，可稱得是仙人之舉。葛洪人雖死，但「視其顏色如生，體亦柔軟，舉尸入棺，甚輕如空衣」的異蹟也足以說明葛洪得仙而終生。從這些記錄推斷，葛洪留《神仙傳》十卷是當然至極。

　　《隋書・經籍志》史都雜傳類中著錄裏記載著「列仙傳十卷，葛洪撰」。雖然這與《神仙傳》的卷數和撰者相同，但還很難探明《列仙傳》確系葛洪所撰的記錄來源。或許是由於劉向《列仙傳》和葛洪《神仙傳》在內容上有相關之處而引起的誤記。無論如何，《舊唐書・經籍志》、《新唐書・藝文志》中記載著的「神仙傳十卷，葛洪撰」❻與《晉書・葛洪傳》中的記錄是相同的。《新唐書》中只是把它分類於子部道家類。有關上述誤記問題，早在《四庫全書總目・神仙傳提要》中詳細地記述過。❼但筆者認為，劉向的《列仙傳》和葛洪的《神仙傳》內容相仿，因此在出書年代的先後關係上錯把劉向記為葛洪。因為葛洪在《神仙傳・序》的末尾部分提及過劉向的《列仙傳》，如下：

　　　劉向所述，殊甚簡略，美事不舉，此傳雖深妙奇異，不可

　　　盡載，猶存大體。竊謂有愈于劉向多所遺棄也。❽

　　上文中「劉向所述」指的是劉向記述的《列仙傳》。還有「此傳」也指《列仙傳》。總之，葛洪的《神仙傳》是為補充劉向《列仙傳》的內容而撰寫的續作。所以在《隋書》中把《列仙

❻《舊唐書》卷46《經籍志》史部雜傳類。
　《新唐書》卷59《藝文志》子部道家類。
❼《四庫全書總目》卷146《神仙傳提要》云：「惟隋書經籍志稱為葛洪列仙傳，其名獨異。考新舊唐書並作葛洪神仙傳，知今本隋志殆承上列仙傳讚之文，偶然誤刊，非書有二名也。」
❽引文據《龍威秘書》本。

傳》的撰者誤記爲葛洪也並非是偶然的差錯。

　　《神仙傳》版本❾主要有兩個系統：一是《道藏》本。汲古閣本，全十卷，載八十四人，《四庫全書》即據此編纂。另一是明代何允中《廣漢魏叢書》本，十卷，載九十二人，《增訂漢魏叢書》、《龍威秘書》、《藝苑捃華》、《秘書四十八種》、《說庫》，均翻自此書，此本最爲常見。又有涵芬樓本《說郛》卷四十三錄葛洪自序及仙者八十四人姓名里籍，敘事僅存梗概。《說郛》（重編本）卷五十八、《夷門廣牘》、《五朝小說》皆由此書，全一卷，所載仙者或七十九人，或六十六人不等，今傳各本均非葛洪原本。唐梁肅〈神仙傳論〉云：「予嘗覽葛洪所記，……按《神仙傳》凡一百九十人，予所尙者，唯柱史、廣成二人而已，餘皆生死之徒也。」❿梁肅所見之本是否原本不得而知，但可知原書至少有一百九十人，還有考慮到撰寫《神仙傳》的動機是爲了補充《列仙傳》的簡略，不難想出《神仙傳》所收仙者數目遠比今本爲更多。

三、分析《神仙傳》的內容

　　葛洪《神仙傳》所載九十二人物的神仙行爲，按它的內容可分四大類。

　　第一，爲長生不老入山修道，而得道長生之後又百日昇天。如劉安、陰長生(卷四)、巫炎(卷五)等人就是。到了幾百歲，顏色如童子般不老。其所用方法不同，但《神仙傳》整篇的共同點就是「欲長壽」。他們的壽命以普通人的邏輯根本想不到。廣成

---

❾對於《神仙傳》的版本，參考了傅惜華〈六朝志怪小說之存逸〉（《漢學》第1輯，1944)和嚴懋垣〈魏晉南北朝志怪小說書錄附考證〉（《文學年報》第2輯，1940）等。
❿見《文苑英華》卷739。

子一千二百歲，彭祖七百六十七歲，白石先生二千歲。除此之外大部分人物的壽命都達二百～三百歲。

第二，治病和使喚鬼神的內容。如王遠(卷二)、李少君（卷六）、樊夫人（卷七）、玉子、沈羲(卷八)、茅君、蘇仙公（卷九）等人物故事就是。他們能治疫疾，也能叫鬼神，即隨心使喚鬼神，又施術感化鬼神。

第三，占卜禍福吉凶。其中中豫言者有伯山甫（卷二）、尹思（卷九）等人物。

第四，鍊丹服藥來享長壽的內容。如魏伯陽（卷一）、伯山甫、馬鳴生（卷二）、王興、趙瞿（卷三）、劉憑（卷五）、沈建（卷六）、衛叔卿（卷八）、黃化、李修、柳融、離明、宮嵩（卷十）等人物的故事就是。

除此之外，還有無法歸類的神仙故事。比如，會使隱形和遁甲術的李仲甫（卷三）、東陵聖母（卷七）、劉政（卷八），使連行術一日能走數百里的李意期（卷三），使分身和六甲術的張道陵（卷四）、左慈（卷五），使縮地法又出入壺中的壺公（卷五）等神奇多樣的神仙故事就是。還有口中吐火的孫博(卷八)，服用白石長壽的白石先生（卷二）、焦先（卷六），行使陰陽五行之道的天門子（卷八）、皇化（卷十），乘龍昇天的葛越、平仲節（卷十），居住山間穴地不變雅容的孫登（卷六），會使水治療法的玉子(卷八)，用七星散亡讓人不知其所在的陳永伯（卷十），服氣絕穀修得長生道的黃敬、王眞、魯女生（卷十）等等神仙故事。

以上神仙故事都比較簡單。其內容主要是爲享有長壽，入山修道，經苦行，得道之後，使神術，最後昇天。服藥和鍊丹也都是爲了達到這一目的手段而已。這些故事表現當時昏亂的政治給

社會帶來不安，因而有志之士紛紛逃避現實、追求隱逸生活的精神面貌。從魏晉思想史的角度，已研究過不少，是比較普遍的理解。但對其在中國小說史上的意義，儘管很顯然，還沒有足夠的重視。⓫

四、評價《神仙傳》在中國小說史上的地位

《神仙傳》作爲神仙傳記其實也是道家書，所以歷代書目小說類皆不與焉。但鑒於它內容比較豐富，有一定文學性，流行極廣，對後來小說甚有影響，且又雜記諸仙異事，非單人傳記，接近志怪書體式，故亦應與《列仙傳》同例，以備志怪小說之一體。⓬以前有些人是把它當作小說的，顧況云：「志怪之士，劉子政之《列仙》，葛稚川之《神仙》。」⓭魯迅亦云：「此外有劉向的《列仙傳》是眞的。晉的葛洪又作《神仙傳》，唐宋更多，于後來的思想及小說，很有影響，但劉向的《列仙傳》，在當時并非有意作小說，乃是當作眞實事情做的，不過我們以現在的眼光看去，只可作小說觀而已。」⓮

人物、主題、構成是現代小說三要素。評價一部小說的時候通常把這三要素之間的關係協調與否來定其優劣。現在，我們用現代的小說理論來判定古典小說的成敗，也許不太妥。但考慮到一部優秀的作品總是超越時空而永遠存在這一點，也可用現代的尺度來衡量它，並找出新的價值。

下面將舉《神仙傳》裏的兩篇故事來分析它在中國小說史上

⓫拙稿〈秦漢間的神仙思想及中國小說的形成〉（《東方學志》第40輯，延世大國學研究院，1983)，是試圖過給與神仙故事帶來小說史的意義。
⓬李劍國，《唐前志怪小說史》（天津：南開大學出版社，1984)，321頁。
⓭見顧況《戴氏廣異記序》，載《文苑英華》卷737。
⓮見魯迅《中國小說的歷史的變遷》第一講《從神話到神仙傳》。

的意義。

白石先生（卷二）

白石先生者，中黃丈人弟子也。至彭祖時，已二千餘歲矣。不肯修昇天之道，但取不死而已，不失人間之樂。其所據行者，正以交接之道爲主，以金液之藥爲上也。初以居貧，不能得樂。乃養羊牧豬，十數年間，約衣節用，置貸萬金，乃大買藥服之，當煮白石爲糧，因就白石山居，時人故號曰白石先生，亦食脯飲酒，亦食穀食。日行三四百里，視之色如四十餘人，性好朝拜事神，好讀幽經及太素傳。彭祖問之曰：「何不服昇天之藥？」答曰：「天上復能樂比人間乎？但莫使老死耳。天上多至尊，相奉事，更苦於人間。」故時人呼白石先生爲隱遁仙人，以其不汲汲于昇天爲仙官，亦猶不求聞達者也。❺

左慈（卷五）

左慈字元放，廬江人也。明五經，兼通星氣，見漢祚將衰，天下亂起，乃嘆曰：「值此衰亂，官高者危，財多者死。當世榮華，不足貪也。」乃學道，尤明六甲，能役使鬼神，坐致行廚。精思於天柱山中，得石室中九丹金液經，能變化萬端，不可勝記。魏曹公聞而召之，閉一石室中，使人守視，斷穀期年乃出之，顏色如故。曹公自謂：「生民無不食道，而慈乃如是，必左道也。」欲殺之。慈已知，求乞骸骨。曹公曰：「何以忽爾？」對曰：「欲見殺，故求去耳。」公曰：「無有此意。」公卻高其志，不苟相留也，乃爲設酒。曰：「今當遠曠，乞分杯飲酒。」

---

❺引文據《龍威秘書》本。

公曰：「善」。是時天寒，溫酒尚熱。慈拔道簪以撓酒，
須臾道簪都盡，如人磨墨。初，公聞慈求分杯飲酒，謂當
使公先飲，以與慈耳。而拔道簪以畫杯酒中斷，其間相去
數寸，即飲半，半與公。公不善之，未即爲飲。慈乞盡自
飲之。飲畢，以杯置屋棟。杯懸搖動，似飛鳥俯仰之狀，
若欲落而不落。舉坐莫不視杯。良久，乃墮，既而已失慈
矣。尋問之，還其所居。曹公遂益欲殺慈，試其能免死
否，乃勑收慈。慈走入群羊中，而追者不分。乃數本羊，
果餘一口，乃知是慈化爲羊也。追者語：「主人意欲得見
先生，暫還無怯也。」俄而有大羊前跪而曰：「爲審爾
否？」吏相謂曰：「此跪羊，慈也。」欲收之。於是群羊
咸向吏言曰：「爲審爾否？」由是吏亦不復知慈所在，乃
止。後有知慈處者，告公。公又遣吏收之，得慈。慈非不
能隱，故示其神化耳。於是受執入獄，獄吏欲拷掠之，戶
中有一慈，戶外亦有一慈，不知孰是。公聞而愈惡之，使
引出市殺之。須臾，忽失慈所在。乃閉市門而索。或不識
慈者，問其狀。言：「眇一目，著青葛巾、青單衣。見此
人，便收之。」及爾，一市中人皆眇目，著葛巾青衣，卒
不能分。公令普逐之，如見便殺。後有人見知，便斬以獻
公。公大喜，及至，視之乃一束茅，驗其尸，亦亡處所。
後有人從荆州來，見慈。刺史劉表亦以慈爲惑眾，擬收害
之。表出耀兵，慈意知，欲見其術，乃徐徐去，因又詣
表，云：「有薄禮，願以餉軍。」表曰：「道人單僑，吾
軍人眾，安能爲濟乎？」慈重道之。表使視之，有酒一
斗，器盛脯一束，而十人共舉不勝，慈乃自出取之，以刀
削脯投地，請百人奉酒及脯，以賜兵士。酒三杯、脯一

片，食之如常脯味，凡萬餘人皆周足，而器中酒如故，脯
亦不盡。坐上又有賓客千人，皆得大醉。表乃大驚，無復
害慈之意。數日，乃委表去，入東吳。有徐墮者，有道
術，居丹徒。慈過之。墮門下有賓客，車牛六七乘，欺慈
云：「徐公不在。」慈知客欺之，便去。客即見牛在楊樹
杪行，適上樹，即不見，不即復見行樹上。又車轂皆生荊
棘，長一尺，斫之不斷，推之不動。客大懼，即報徐公：
「有一老翁，眇目。吾見其不急之人，因欺之云公不在。
去後須臾，牛皆如此，不知何等意？」公曰：「咄咄！此
是左公過我，汝曹那得欺之！急追可及。」諸客分布逐
之，及慈，羅布叩頭謝之。慈意解，即遣還去。及至，車
牛等各復如故。慈見吳主，孫討逆復欲殺之。後出遊，請
慈俱行。使慈行於馬前，欲自後刺殺之。慈在馬前，著木
履，掛一竹杖，徐徐而行。討逆著鞭策馬，操兵逐之，終
不能及。討逆知其有術乃止。後慈以意告葛仙公，言當入
霍山合九轉丹，遂乃仙去。❻

把這兩篇故事的生成時期追遡到葛洪生存期間，當屬三世紀
中葉(250)至四世紀初(330)之間。要是考慮到這些故事是十七世
紀以前的小說，那麼它的人物、主題、構成非常整齊。

白石先生故事中食煮白石的方法雖奇特，但其拒絕昇天做仙
官，在人間界追求長壽，享受樂趣的人生態度，更令人深思。從
中可以看出作者想說的主題。當時的人們所追求的昇天、得仙都
是空虛的，世俗的榮達也不如長生不老。比起仙界，更值得在人
間界實實存在的做爲人生活。故事的人物和事件的構成雖然比較

❻引文據《龍威秘書》本。

簡單，可就在簡單的故事裏內函者深刻的主題，讓人醒悟什麼叫眞正有價値的生活，它不愧爲一部小說。

左慈的故事梗概比較完整，與現代短篇小說相似，精通星氣的左慈使用萬端的變化躲過曹操的追踪，終沒被曹操抓住。故事展開當中出現的左慈神通般變身術來戲弄反面的曹操部分非常吸引人。故事不僅構成緊湊而且人物結構組成得也很有趣。即有正面人物主人公左慈，也有反面人物魏公曹操。整篇故事始終表現反面人物魏公永遠戰勝不了得道的義人左慈的主題。左慈的故事本身就是一部優秀的短篇小說。

做爲魏晉南北朝典型的志怪小說《神仙傳》，具備著現代小說所具備的內容要素。《神仙傳》豐富了漢代神仙故事的內容，給唐代傳奇故事打了很好的基礎。筆者認爲，這一點就是《神仙傳》在中國小說史上的價値所在。

五、結　論

小說是故事，不管它是虛構（fiction）的，還是口碑（oral）傳承的，都必須具備趣味性，才賦有生命力，讓廣大讀者喜愛。當然，趣味性裏包含著教訓性。如果只有趣味性，缺乏教訓性，那是沒有意義的趣味。

綜合上述，魏晉六朝時代志怪小說的典型《神仙傳》是一部具備內容和形式的當代小說。它用現代的小說理論來衡量也不遜色。因此，很顯然它在中國小說史上的意義。

《神仙傳》裏神仙們行使的遁甲、隱形、縮地、昇天等法術和爲長生不老而鍊丹、服藥等奇異的行爲，不僅給人們帶來無窮的樂趣，還給人以深刻的教訓。教訓人們現實的榮達富貴是虛無的，避世隱逸而悠悠自適是人生至善的境界。

　　總之，本論文通過對葛洪《神仙傳》的重新故事證明它在中國小說史上的意義。《神仙傳》本身是魏晉六朝小說的典型，它不但繼承漢代神仙故事，而且還胚胎著唐代傳奇小說。

參考文獻

何允中，《廣漢魏叢書》，臺北，新興書局影印本。

馬俊良，《龍威秘書》，臺北，新興書局影印本。

房玄齡，《新校本晉書》，臺北，鼎文書局印行。

周紹賢，《道家與神仙》，臺北，中華書局刊。

何啓民，《魏晉思想與談風》，臺北，學生書局，1982。

魯　迅，《中國小說史略》（魯迅全集 9 ），北京，人民文學出版社，1981。

_____，《中國小說的歷史的變遷》（魯迅全集 9 ），北京，人民文學出版社，1981。

葉慶炳，《漢魏六朝小說選》，臺北，弘道文化事業公司，1974。

李劍國，《唐前志怪小說史》，天津，南開大學出版社，1984。

拙　著，《魏晉南北朝志怪小說研究》，國立臺灣師範大學博士論文，1979。

_____，《中國古代小說研究》，漢城，延世大學校出版部，1985。

_____，《中國古代小說史》，漢城，新雅社，1992。

嚴懋垣，〈魏晉南北朝志怪小說書錄附考證〉，《文學年報》第二輯，燕京大學，1940。

傅惜華，〈六朝志怪小說之存逸〉，《漢學》第一輯，北京，1944。

拙　稿，〈秦漢間的神仙思想及中國小說的形成〉，《東方學志》第四十輯，延世大國學研究院，1983。

論　文：關於《神仙傳》
主講人：全寅初教授
講評人：李福清教授

　　一般而言，研究六朝小說者中，研究《神仙傳》方面的比較少，本篇以此作題目並從哲學、社會、文學三個角度來研究，這個方向是不錯的。在此提出以下看法，提供全先生作爲日後繼續研究的參考。即是有關文學的價值方面，因爲葛洪的神仙小說在中國文學上的地位很重要的，但在這論述不多，或可再論述。另外，此處有些立論的問題可加討論的，首先就中國小說的形成而言，短篇小說的來源可分爲志怪小說、志人小說，其中志怪小說的影響可能比志人小說還大。但是類似的神仙傳在西方並沒有影響、發展到小說，在中國則有發展到小說。其次文中提到小說有人物、主題、過程三個要素。但實際上，人物不只是小說的特點，例如傳記也有人物，主題、過程在傳記中也有出現。然而小說中的過程和傳記是不大一樣，因此最重要區分的應該是情節，沒有情節就沒有小說。如果從此眼光來看，是不是所有的神仙傳皆有情節，這是值得再勘酌商榷的。全先生日後或可信一統計，《神仙傳》裏，多少的百分比例是具小說性的。此外六朝小說是民間文學非常重要母題，因此民間文學是運用何方法來利用這些母題，這是一個問題。例如〈白石先生〉故事的白石變成糧，這個母題在中國文學裏的民間文學有出現。此外民間文學的母題，在六朝小說中的神仙傳中都有出現，這題目可以繼續研究。

六朝志怪小說「病瘧」故事研究

東華大學中文系
謝 明 勳

一、引 言

自古以來，人類便時常遭受來自不斷翻新、不時增強的身體疾病的侵襲，並且必須忍受其所造成之精神、肉體上的痛苦折磨；然而由於「認知」上的限制，所以當人們在面對此一人生無可避免之生理現象時，常會顯得不知所措，值此之時，人們總會試圖著要以「有限的」科（醫）學知識與「無限的」宗教神祕力量，去與渺不可測的疾病夢魘相對抗，進而從「信醫」與「信巫」當中，尋找出一種可以解決病痛的根本方法。❶

在中國早期的文獻資料裏，有許多與疾病相關的記載，其事

---

❶陳元朋〈《夷堅志》中所見之南宋瘟神信仰〉一文之「摘要」嘗言：「疾病是人類生命的天敵。自古至今，人類社會就發展出一套對疾病的『因應之道』。這些對策若以內容來區分，則大抵不出對鬼神巫覡的禱訴、以及對醫療技術的倚賴；而今日的『醫療人類學』，則將上述的兩種人類的對疾病的應對方法，統稱之為『醫療體系』——即『信仰』與『行為』的綜合體。」（《史原》第19期，頁39。）質言之，前人在面對疾病時，其所可能採取的對抗方式，不外乎是以「禱之鬼神」的方式，尋求「無形」的神靈、鬼魅的幫助，或者是以當時「有形」的「醫學水準」謀求解決，在有限的人力範疇之內，達到去病的目的。林富士《漢代的巫者》（稻鄉出版社，民國77年4月，初版）第4章〈漢代巫者的職事〉即標舉出「疾疫之事」（頁63-67）、「祝詛之事」（頁72-80），前者強調巫、醫之用，後者強調咒術與鬼神的關係，當即此二端之謂，可參看。

適足以做爲後人理解前人「疾病觀」的重要憑藉。《左傳》宣公十五年，嘗引述晉人伯宗勸諫晉侯之語云：「川澤納污，山藪藏疾，瑾瑜匿瑕，國君含垢，天之道也。」伯宗之意蓋謂，川澤、山藪、瑾瑜雖美，卻仍不免有圬濁、毒害、瑕疵藏乎其中，由此引出「國君含垢」一語，以爲「國君宜以社稷之長遠利益爲重，不宜小不忍而爲害社稷。」❷「政治」意味極爲濃厚；「昭公元年」亦有「山川之神，則水旱癘疫之災於是乎禜之」之言，根據此語觀之，前代在遇到水旱瘟疫之時，山川神靈就會向他們祭祀攘災。此二段文字均認爲，致病的疫鬼是潛藏於山藪之中的，這種以爲山林、澤藪多草木毒害之物的想法，充分顯現出前人以爲神秘荒野之地多藏污穢、疾病的概念。

另外一種對於疾病的解釋，則是以當代之「醫療水準」爲基礎，並附益以「鬼神」之說。《左傳》成公十年云：

> 晉侯夢大厲，被髮及地，搏膺而踊，曰：「殺余孫，不義。余得請於帝矣！」壞大門及寢門而入。公懼，入於室。又壞戶。公覺，召桑田巫，巫言如夢。公曰：「何如？」曰：「不食新矣！」公疾病，求醫於秦。秦伯使醫緩爲之。未至，公夢疾爲兩豎子，曰：「彼，良醫也，懼傷我，焉逃之？」其一曰：「居肓之上，膏之下，若我何？」醫至，曰：「疾不可爲也，在肓之上，膏之下，攻之不可，達之不及，藥不至焉，不可爲也。」公曰：「良醫也。」厚爲之禮而歸之。六月丙午，晉侯欲麥，使甸人獻麥，饋人爲之。召桑田巫，示而殺之。將食，張，如廁，陷而卒。小臣有晨夢負公以登天，及日中，負晉侯出

---

❷見楊伯峻《春秋左傳注》（源流文化公司，民國71年3月，初版），頁759。下引《左傳》之文，均據此。

　　　諸腧，遂以爲殉。❸

　本事以「夢」爲「前兆」，將發生在晉景公夢境前後的事情相互
串連，企圖從中尋找出其事之「關聯性」❹；其事雖可以「死亡
夢」視之，然卻沒有死亡夢「神秘詭譎」、「語意晦澀」的成份
❺，只是以簡單的「直陳」方式，陳說此病「不可醫治」的最後
結論；而其事假晉景公之夢，將原本極爲「抽象」的疾病概念
「具象化」，賦予它在寤寐之中以「兩豎子(童子)」的具體之形
出現的「變化形體」方式，對於後來六朝志怪小說中的「病瘧」
故事，產生相當程度的影響，儼然已經成爲是此一類型故事之原
型。❻但是，當我們在檢討此一類型故事內容時，釐清其事的沿
革變易之跡及詮釋其說之義，相信會有助於我們了解「病瘧」故
事在經由「志怪小說」這一文學體式表現時，志怪作者之所本及
其所欲傳達的眞正意義。

　　六朝志怪小說「病瘧」故事所載述之故事內容，在「志異」
的前提下，記述者顯然是「有意識」的想要對人們之所以會感染
疾病的這一問題，假由故事之陳說──由「患病」到「治療」、
「痊癒」的過程，尋找出一個可以令人信服的「合理」答案。以
下，試依照六朝志怪小說「病瘧」故事所述之故事內容，分別由：

---

❸本事亦見《史記·趙世家》，然其所言極略，僅言：「晉景公疾，卜之，
　不業之後，不遂者爲祟。」可參照。
❹詳參見王鍾陵《中國前期文化心理研究》（重慶出版社，1991年12月，
　第1版），頁525-527。朱存明《靈感思維與原始文化》（學林出版社，
　1995年7月，第1版）以「現代精神分析學」的方法對「病入膏肓」一事
　進行分析，認爲此事只「不過是晉景公對自己的病能否治好擔心的形象
　表現，潛意識中的欲念，在夢境中都編譯成帶形象的事件過程。」（頁
　338-339）亦聊備一說。
❺見吳康《中國古代夢幻》(湖南文藝出版社，1992年6月，第1版)對「死
　亡夢」特點的說解。（頁48-59）
❻參見日人伊藤清司著，劉曄原譯之《山海經中的鬼神世界》（中國民間
　文藝出版社，1990年3月，第1版），頁17-19。

疫鬼之由來、能力、形貌，和致病之緣由及療疾之概念等項，逐一說明之。

二、疫鬼之由來及其能力

先民們對於疾病(或特指具傳染病性質的「瘟疫」而言)何以能夠造成如此巨大的傷害，經常是百思不解，而詮釋人們何以會感染疾病的理由，便在世人一知半解的心態下賦予合理的詮釋：其一是在「災異」、「感應」的原則下，將其委諸於「罕見之物」；另一則是以「鬼神」爲祟之說來加以陳說。現存六朝志怪對於「疫鬼由來」的解說，多與鬼神相關。《玄中記》（《古小說鉤沉》輯本）第二則云：

> 顓頊氏三子俱亡，處人宮室，善驚小兒。漢世以五營千騎，自端門傳炬送疫，棄洛水中。

本事所載略簡，參照今本《搜神記》卷十六「疫鬼」條，當可補其說之不足：

> 昔顓頊氏有三子，死而爲疫鬼：一居江水，爲虐鬼；一居若水，爲魍魎鬼；一居人宮室，善驚人小兒。於是正歲命方相氏，帥肆儺以驅疫鬼。

事實上，這則文字係承自前代書籍而來。根據近人汪紹楹所考，「本條未見各書引作《搜神記》」、「本事見《禮緯稽命徵》、《論衡》〈訂鬼〉及〈解除〉篇、《續漢書‧禮儀志》注引《漢舊儀》，亦見《玄中記》。」❼由汪氏所舉可知，該事在六朝及

---

❼見汪紹楹《搜神記（校注）》（里仁書局，民國71年9月），頁189；下引《搜神記》，均據此。又，徐華龍認爲，顓頊三子化爲疫鬼與媼母爲方相氏的傳說，反映出顓頊一族統治地位低落，黃帝成爲中原地區主宰的歷史現象。見氏著《中國鬼文化》（上海文藝出版社，1991年9月，第1版），頁240。

其之前，確實已有許多相關文獻載錄其事，現傳之典籍雖不足以證明當初《搜神記》一書是否載有此事，然相關資料卻足以顯示，在干寶所處的時代裏，其事之內容當已普遍流傳，六朝志怪對此一問題的描述，基本上只是根據前代典籍載錄其事而已，爲志怪的「書承」形態。

依照本事所言，古代聖王顓頊氏之三子，均在死後化爲「疫鬼」。《搜神記》文末兩句，顯係後人所增❽，《周禮·夏官·方相氏》有「方相氏掌蒙熊皮，黃金四目，玄衣朱裳，執戈揚盾，率百隸而時難，以索室驅疫」之語，當是此兩句之所言者。古人認爲，疫疾的發生都是由於鬼神祟怪所致，當人們遭逢此一困厄，可以通過深具意義的儀式、行爲來確保其生命、財產的安全；其中，或有以「祭祀」爲之者，而祭祀本身便是一種迎合、諂媚鬼神的做法，或有以「驅離」爲之者，而驅鬼行爲便是以巫術的「象徵律」來表示疫鬼已經被驅離患者之身，病人應當恢復健康，上述之「方相氏」，正是「以儺驅鬼」的行爲。

本事所述之「疫鬼」，但具備「行疫」能力，然我們從古人經常以「禍福相倚」、「正反相從」的態度從事「幻設神靈」的現象可以發現，志怪小說所言之「鬼」除具備一般人所熟知之不利於人的「祟人」能力之外，它也擁有一般人所料想不到之「醫

---

❽李豐楙以爲，本事末兩句乃是作者爲解說其爲「儺儀」而所增益者，其說可探。詳參見氏著〈《道藏》所收早期道書的瘟疫觀——以《女青鬼律》及《洞淵神咒經》系爲主〉一文（《中國文哲研究》第 3 期，中央研究院中國文哲研究所，1991年3月），頁425。又，呂宗力、欒保辟編《中國民間諸神》（臺灣學生書局，民國80年10月，初版）庚編「瘟神」條，歷引《龍魚河圖》、《獨斷》、《搜神記》、《夷堅志三補》、《夷堅志補》、《三教源流搜神大全》、《封神演義》、《茶香室叢鈔》等書，並言：「此類傳染病，古人懼之如神，遂神化之。」（頁557-560）其說可茲參考。

人」的神祕力量。試以《幽明錄》（《古小說鉤沈》輯本，下引
同此）第一八七則「劉松」事爲例：

> 劉松在家，忽見一鬼，拔劍斫之。鬼走，松起逐，見鬼在
> 高山巖石上臥，乃往逼突，群鬼爭走，遺置藥杵臼及所餘
> 藥，因將還家。松爲人合藥時，臨熟取一撮經此臼者，無
> 不效驗。

「鬼」在六朝時人的想法裏，經常是以「反面」的祟人形象出現，
然在本則故事之中，出現在劉松家中的鬼(不知其何所爲而來)，
在劉松窮兇極惡的追趕下，好不容易才逃回到山巖之中與衆鬼相
會，不料，劉松竟然沒有因此而停止追趕，反而是乘勝追擊，苦
苦相逼，甚至迫使衆鬼不得不舉家逃跑，匆忙之中並將一些家當
給留了下來。諷刺的是，鬼所遺留下來之「藥杵臼」所特具的神
祕功能，最後竟成爲劉松爲人療疾合藥時的一項治病利器；《搜
神記》卷十五「李娥」條中之「方相腦」，亦是一則妖厲爲祟，
鬼與病方的例子，其事當可與此相參照。

　　此一想法蓋乃是人們將「正、反相對」的不同觀念，同時加
諸在同一件事物之上，使其既具有「祟人」的本領，同時也兼具
「福人」的能耐。❾前人在面對一些「不明究裏」之疑難雜症而
無法以「醫學」解決，只好將其歸於「鬼神祟怪」，並改以「祈
求鬼神賜福」的方式來突破問題瓶頸；此種因「鬼神致病」，而
以「鬼神解決」的思考模式，乃是人類囿於科（醫）學限制，改

---

❾由於「萬物有靈」觀念的存在，使得人們在面對大自然所發生的一切事
　物時，不論好壞，率皆認爲是神靈的做爲。此一特點在對「河川之神」
　的崇信上，誠可謂是表現的最爲清楚。朱天順《中國古代宗教初探》
　（谷風出版社翻印本，1986年10月）中嘗言：「在原始時代，人們並不
　知什麼名山大川，……，不管是利或害，古人都把它看成河神的威力，
　是一種超人的力量在操縱著水流的動靜緩急，有意給人賞賜或懲罰，因
　此，人們不得不向河神祭祀討好。」（頁77）

以尋求冥冥之中不可臆知的神秘力量幫助的一種思考模式❿，若此，則鬼能祟人，亦能福人，當無足爲怪矣。

由上述所論可知，六朝志怪對於疫鬼之「由來」與「能力」的說解，在相關材料及問題的理解上，並沒有跳脫出前人的窠臼之外，亦只是在「有所本」的情況下，單純的承襲前人的一些說法、想法罷了。

三、疫鬼之形貌

「病入膏肓」事所載之「疫鬼」，曾以「小兒」之形在人的夢寐之中出現，然《左傳》通書所述之使人致病之鬼魅的「具體」形貌，實非僅此一說。「昭公七年」另載一事云：

> 晉侯有疾，韓宣子逆客，私焉，曰：「寡君寢疾，於今三月矣，並走群望，有加而無瘳。今夢黃熊，入于寢門，其何厲鬼也？」對曰：「以君之明，子爲大政，其何屬之有？昔堯殛鯀于羽山，其神化爲黃熊，以入于羽淵，實爲夏郊，三代祀之。晉爲盟主，其或者未之祀也乎！」韓子祀夏郊，晉侯有間，賜子產莒之二方鼎。

根據本文所述，初以爲晉侯於夢中所見之「黃熊」乃「厲鬼」所化；然在其事發生之後，韓宣子私下所見之客曾對「鯀化黃熊」沉入羽淵一事進行駁斥，並建議以「郊祀」之法爲晉侯禱祝，而後，晉侯之病果因之痊癒，顯見其事陳說之目的，當只是在強調「禱祝鬼神」一事之靈驗。然以厲鬼具「黃熊之形」說法的出現，

---

❿詳參見英人馬雷特著，張穎凡、汪寧紅譯《心理學與民俗學》（山東人民出版社，1988年8月，第1版）第九章「原始巫醫」一章所論（頁165-186）。又，徐華龍前引書亦立有「驅鬼」一章(同註七，頁212-240)，主張驅除疫鬼，除了醫學方法之外，可以通過心理安撫，或言某種象徵式的模擬儀式，達到此一目的，書中歷舉多例，可參照。

亦引發我們對「疫鬼形貌」爲何的進一步思索；易言之，先民對疫鬼形貌的說解，除「小兒」及「黃熊」二端之外，是否尚有其他說法流傳，實十分值得深究。

在《山海經》這一部專門記載「各方異物」的書籍當中，對於可以引發疫疾之事物的形貌描繪，凡有四則。其中有作「鳥形」者，如〈中山經〉之「跂踵」及〈東山經〉之「絜鉤」：

△(復州之山)有鳥焉，其狀如鴞，而一足彘尾，其名曰「跂踵」，見則其國大疫。❶

△(硘山)有鳥焉，其狀如鳧而鼠尾，善登木，其名曰「絜鉤」，見則其國多疫。

亦有作「獸形」者，如〈東山經〉之「蜚」及〈中山經〉之「𤠏」：

△(太山)有獸焉，其狀如牛而白首，一目而蛇尾，其名曰「蜚」，行則水竭，行草則死，見則天下大疫。

△(樂馬之山)有獸焉，其狀如彙，赤如丹火，其名曰「𤠏」，見則其國大疫。

《山海經》中所述之物，率多出於先民想像，然其將「疫」與具「鳥形」、「獸形」之物相聯並想，除有「神化其事」的企圖，在某種意義上，亦同時反映出先民對於「疾病」發生的普遍想法：以爲在某一特殊「事物」出現之後，必然會有某種重大災厄隨之發生。先民以其自身的感受、觀察去理解未必會有「因果關係」的事情，並將其系統化、體系化，以爲此乃神靈的「兆應」，是以當這些「形體異常」的飛禽走獸「非其時」而出現時，當即是人世之中有重大災疫發生的警兆。此當即是「災異」想法的典型

---

❶見袁珂《山海經校注》（里仁書局，民國71年8月），頁162。又，〈海外北經〉有「跂踵國」，可資參照。本文下引《山海經》，均據袁氏校注本。

呈現。❷而後，與《山海經》具同類性質之《神異經》一書，在
《山海經》的「鳥形」、「獸形」之後，更出現「犯之令人寒熱」
之「山臊」❸的「半人猿」形之「新的」疫疾形象。由此可知，
但凡是神異之物，皆有可能被人們視爲是疫疾的化身；而且，以
純粹之鳥、獸爲主體者，似有逐漸傾向於「人獸合體」的趨勢。

　　上引《左傳》成公十年載晉景公病時，嘗夢見一「厲鬼」披
髮拖地而至，於此所言之鬼，實乃晉侯二年前所殺之趙同、趙括
之祖的鬼魂。❹自從此一「人鬼爲厲」的說法出現之後，具「人」
形貌的「疫鬼」便未見斷絕，諸如：病入膏肓事之「小兒」、
《神異經》「以鬼爲飯」之「黃父鬼」等均是，而志怪小說所載
具人形之疫鬼更夥，如《異苑》（《學津討原》本，下引同此）
卷六「廁中鬼」條中之「狀似小兒」、「麝香辟惡」條中之「鬼
嫗」、及《錄異傳》（《古小說鉤沈》輯本，下引同此）第二十
一則「吳士季」事之「小兒」等。另外，在《素問・刺法論》的
「五疫」一詞，原本未見具體，《搜神記》卷五「趙公明參佐」
條中則出現「上帝以三將軍趙公明、鍾士季，各督數鬼下取人」
的說法，乃晉世當代流傳之趙公明等取代「五瘟」（又稱「五瘟
鬼」）代上帝至人間降瘟的新說法，亦具「人鬼」意味，其說更

---

❷詳參見王景琳《鬼神的魔力──漢民族的鬼神信仰》（三聯書店，1992
　年6月，第1版），頁9–18。
❸見王師國良《神異經研究》（文史哲出版社，民國74年3月，初版），頁
　86。又，周次吉撰有《神異經研究》（文津出版社，民國75年7月），可
　參照。
❹《左傳》以先祖鬼魂哭訴於天，請天帝代爲主持正義的故事模式，六朝
　志怪《冤魂志》摘錄前代典籍，與此類同之例頗多，不煩備舉；然《述
　異記》第五十三則「陶繼之」事（本事亦見《冤魂志》）所載，則是以
　被害者之鬼魂於夢中跳入加害者的肚腹之中，親自報仇，其事與「病入
　膏肓」事多有異同。

開啓「瘟神」傳說的新頁，仙道色彩益趨濃厚。 ⑮

　　洎乎六朝志怪，在濃烈的神秘氣氛及人們推陳出新的心態下，此二種不同系統的說法即便是在不由自主的情況下相互結合，也會被人們視爲是當然之理，此一情況遂使得有關疫鬼形貌的傳聞更加的多樣化。

四、致病之緣由

　　日人伊藤清司嘗以《左傳》爲例，認爲當代人們對於致病緣由的解說，約有二途：一爲「鬼神致病」之說，一爲「與時政、飲食相聯繫」者；前者爲古代傳統的疾病觀，後者乃是新興的疾病說法。 ⑯以下，試以此說爲準，檢視六朝志怪對此一問題的述說與前代之異同。

(一)鬼神致病之說

　　現存六朝志怪對於致病緣由的述說，大抵並未跳脫上述所言，其中又以「鬼神致病」之說尤爲普遍（多指「鬼」言）。茲舉數例如下。《搜神記》卷十五「李娥」條，敘亡者劉伯文之鬼魂與家屬面會，在悲傷斷絕、死生異路的氣氛下，仍不忘叮囑其子劉佗：「來春大病，與此一丸藥，以塗門戶，則辟來年妖瘟矣。」根據本事所述，致使武陵地區大病的「妖瘟」，乃是「鬼祟」所致，而「方相腦」則是祖靈所示之辟鬼秘方。《搜神後記》卷六「腹中鬼」條，敘豫州刺史許永之弟身染心腹疼痛之怪病，歷時十餘年，名醫李子豫爲之診療，究其原因，乃是有一病鬼於患者

---

⑮呂宗力、欒保群前引書云：「自晉以後，世人又傳說趙公明等代上帝至人間降瘟，故隋唐時民間有以趙等爲五瘟神之說。道教移此五瘟神爲匡阜眞人之部將。宋時又有張大王主瘟部說。明小說以呂岳爲主瘟大帝，掌瘟部之神。凡此諸神皆人鬼也。」（同註八，頁560）茲據其說，故言。

⑯此爲《左傳》書中之情況。詳參見伊藤清司上引書（同註六），頁19。

腹中崇怪（其情形頗類同「病入膏肓」事），而「八毒丸方」則是李子豫用以去「鬼病」的無上妙方。❿同書同卷「誤中鬼腳」條，敘一小兒於道中擲塗遊玩，誤中鬼腳，故招致惡鬼報復，身染無名重病，幾致身亡，通過「餽食」的贖罪方式，方能免禍。《冥祥記》（《古小說鉤沈》輯本，下引同此）第六十六則「何澹之」條，敘何澹之因「不信經法，多行不義」，故而得病，病中恒見一「牛頭人身，手執鐵叉」之鬼晝夜守之，其事乃篤信佛教者在「宣教」目的下所提出之「鬼神致病」之說。今本《搜神記》卷二「夏侯弘」條（本事亦見《雜鬼神志怪》（《古小說鉤沈》輯本，下引同此）第十六則），文中所述之「廣州大殺」及繼之而來之「荊揚二州」大疫，均是鬼魅以矛戟刺人心腹所致。

　　姑且不論此數者言事之目的為何，然其事均肯定指出，人之所以致病，都與鬼神為崇作怪相關，屬「鬼神致病」說的例子。

(二)飲食致病之說

　　因「時政」致病之說，於現存六朝志怪之中並未及見，然此一想法於曹魏以降的文獻資料當中卻依然見存❽，顯見其說並未因之中絕。相對於此，六朝志怪描述因「飲食」而致病者，則頗多可見。《搜神後記》卷三「蕨莖化蛇」條云：

---

❿ 見王師國良《搜神後記研究》（文史哲出版社，民國67年6月，初版）頁86。又，《荊楚歲時記》：「正月一日，……服卻鬼丸。」近人張勁松以為，於此以丸藥卻鬼之術，或「源於道教對丹藥的神秘化，認為藥丸有威儡鬼的作用。」（見氏著《中國鬼信仰》，中國華僑出版公司，1991年11月，第1版，頁109）其說足資參照。

❽ 《太平御覽》（臺灣商務印書館，民國75年1月，臺5版）卷742引曹植〈說疫氣〉一文云：「建安二十二年，厲氣流行，家家有僵尸之痛，室室有號泣之哀。或闔門而殪，或覆族而喪，或以為疫者鬼神所作。夫權此者，悉被褐茹藿之子，荊室蓬戶之人耳。若夫殿處鼎食之家，重貂累蓐之門，若是者鮮焉。此乃陰陽失位，寒暑錯時，是故生疫，而愚民懸符厭之，亦可笑。」（頁3425-3426）是知，以為疾病乃「陰陽失位，寒暑錯時」所造成者的觀念，在曹魏時期是依舊見存的。

> 太尉郗鑒，字道微，鎮丹徒。曾出獵，時二月中，蕨始
> 生。有一甲士折食一莖，即覺心中淡淡欲吐。因歸，乃成
> 心腹疼痛。經半年許，忽大吐，吐出一赤蛇，長尺餘，尚
> 活動搖。乃掛著屋簷前，汁稍稍出，蛇漸焦小。經一宿，
> 視之，乃是一莖蕨，猶昔之所食，病遂除。

本事載述太尉郗鑒所屬之一名甲士，因吃食「蕨」而致病，依照
本事的「客觀」描述，該名甲士在歷經半年爲疾所苦的日子後，
竟然由肚腹之中吐出一條長達尺餘之「赤蛇」，其意似謂，爲祟
者當爲此物，而且隱指「蕨」、「蛇」之間的關聯性。類似上述
「錯誤觀察」、「錯誤聯想」的例子，如《異苑》卷三「死人髮
變鱔」條所記「誤髮爲鱔」，及同卷「竹中蛇雉」條表敘之「誤
竹爲蛇」、「誤蛇爲雉」等均是。人們之所以會有此種令人費解
的說法出現，乃是因誤認之物在形貌上與原本之物多所相近所致。
這種「錯誤觀察」的說法，記述者但直觀式的述其聞見，然卻未
對箇中緣由多做說明。事實上，此種素樸觀物方式，與《禮記·
月令》所載之：「鷹化爲鳩」、「田鼠化爲鴽」、「腐草爲螢」、
「雀入大水爲蛤」、「野雞入大水爲蜃」一類的思考模式，誠可
謂是如出一轍。[19]先民因「錯誤觀察」而產生一項結論，之後並
試圖著想要爲已經明顯錯誤的答案尋找一個可以令人信服的「合
理性」解釋。前人因囿於生物知識的不足，強爲其所不知之事作
解，將類似事物朋附並比，其以「想當然爾」的方式構築成的附
會之說，自有其當初認知上的想法，然以今日眼光觀之，其說之
爲謬誤，實無庸置辨矣。[20]

---

[19] 詳參見拙著《六朝志怪小說變化題材研究》(中國文化大學中文研究所，
民國77年碩士論文，自印本）中篇第三章第四節「物物相變的原因」之
「錯誤的觀察」一目所論 (頁106-107)。

[20] 李豐楙《神話的故鄉——山海經》(時報文化出版公司，民國72年11月，

　　上引數事雖不全是因飲食致病之例，然其事發生之地點，或有於出獵時吞蕨得病，或有於河邊、山林遇見怪異現象，其與《左傳》所言「山藪藏疾」、「川澤納污」等語，或有相通之處。人們始終認為，山林水澤乃是疾病的藏身之所，對此藏污納垢之地，通過各種方式要人們加倍小心，此與《抱朴子·登涉篇》「不知入山法者，多遇禍害」之言，當只是人們以明示、暗寓等不同方式告誡時人的一種做法，深具「教化」作用。

　　又，《搜神後記》卷三「斛二瘕」條，另記一則因飲食某物而導致罹患怪病之事，文云：

> 桓宣武時，有一督將，因時行病後，虛熱，更能飲複茗。必一斛二斗乃飽，纔減升合，便以為不足。非復一日，家貧。後有客造之，正遇其飲複茗，亦先聞世有此病，仍令更進五升。乃大吐，有一物出，如升大，有口，形質縮縐，狀如牛肚。客乃令置之於盆中，以一斛二斗複茗澆之，此物吸之都盡，而止覺小脹；又加五升，便悉混然從口中涌出。既吐此物，其病遂差。或問之：「此何病？」答云：「此病名斛二瘕。」

由於該事特別強調「喜食某物」及「量」方面的特點，其他問題，反為其次。又因記述者是以病後虛熱須飲複茗解熱的方式理解其事，然何以人的肚腹之中會有此「狀如牛肚」之物，則未見說解，我們不妨將其視為是該名督將因吃食某物所引起之「腹瘕病」。㉑而病者能飲「一斛二斗」之複茗，「纔減升合，便以為不足」，

初版）云，「變化」是「生命現象的另一種變通方式，乃是不同種類相互變化的生命形態」，並以「偏枯魚」為例，說明古人對「蛇化為魚」現象迷思之原因，乃是「基於變化神話的思惟方式，同時也混淆了古人錯誤的生物觀察」所致（頁264-283），其說可採。

㉑見李劍國《唐前志怪小說輯釋》（文史哲出版社，民國76年7月，再版），頁425。

其事確屬驚人，最後以「逾量」方式，強飲五升，方才吐出一物，久病方差。

六朝志怪對於人們因噉食某物而身染怪病的述說，除上述所言者外，亦有從其他不同角度彰顯其「怪異」特性者，如《異苑》卷八「噉鴨成瘕」條云：

> 元嘉中，章安有人噉鴨肉，乃成瘕病，胸滿面赤，不得飲
> 食。醫令服秫米瀋，須臾煩悶，吐一鴨雛，身、喙、翅皆
> 已成就，惟左腳故綴，昔所食肉病遂獲差。

本事敘一人因噉食鴨肉而致瘕病，此一怪病在當事者飲「秫米瀋」吐出鴨雛之後而告痊癒；惟其所食之物，似在人體之內漸次形成一個新的生命，文末「惟左腳故綴」一語，除「徵實」作用外，似另有含義；設若吐出者乃一完足之物，而非一體不足者，則其情況勢將又多所不同。同卷「誤吞髮成瘕」條另記一事云：

> 有人誤吞髮，便得病。但欲咽豬脂。張口時，見喉中有一
> 頭出受膏，乃取小鉤為餌，而引得一物──長三尺餘，其
> 形似蛇，而悉是豬脂。懸於屋間，旬日融盡，惟髮在焉。

由此可以看出，六朝志怪對於此類因吃食某物而致病的傳聞，均以簡單的「因果律」來詮釋其事，將其理解成是某人於某時吃食某物而所造成者；種種事後的解說，無一不是在為人之所以患此怪病尋找理由，而萌自於心的直觀感受，則是時人根據所見之物詮說的唯一根據。

當然，我們對「飲食致病」說的理解，亦可從古人對事物的「秩序」概念去思索其事。由於古人心中存在著一套思惟「格式化」後的既定秩序，認為每一事物皆自有定所，各自在固有的空間而不相雜廁，倘若一切現象均維持在「正常」的情況下，自不會有異事發生，但是，假使事物的分界遭到橫越，神聖秩序遭受

干擾，則其事將被視爲「不潔」。㉒六朝志怪因吃食某物致有異事、異象發生，或可根據此一觀點論之，意即以「正常」與「非常」的對立觀點對此類情事進行省視。由於每一事物皆有定所，物若「非其地而處」，勢將破壞原有的秩序；同理，每一正常之人皆應有正常的飲食習慣，人若因「不當食而食」（不管是有意或無意），亦將有「非常」之事隨之發生。上述諸事，當只是此一概念的隱微呈現罷了。

五、療疾之概念

人們因罹患疾病而求醫就診，醫者或根據病徵，配合當代的醫學知識進行診治；或以爲患者之所以患病，當與鬼神密切相關，在巫者等具靈媒身份者的指點，經由行爲、儀式上的彌補，達到「祈福禳禍」、「去祟得利」的目的。六朝志怪在「志異」的前提下，對這套科學或擬科學的療疾之方的陳說，或以事物的相剋、相應原理爲主，或以巫醫、巫術想法爲其敘述要點，而「飲食」與「形體變化」這兩項內容，經常會在病瘧故事陳說療疾概念時出現；另外還有一類則是借助「宗教」力量，以達到去病的目的。

(一)具相剋、相應原理者

六朝志怪對於「時行病」這類盛傳於某一時期、某一地域之「流傳性」疾病的說解，有時並不是以「疾病」看待，而是在

㉒詳參見金澤《禁忌探秘》（淑馨出版社，1994年12月，初版）第四章第三節「潔淨與不潔」一目。（頁128-132）眾所周知者，人類對於其所想像神靈種種行爲的臆測，無一不是以人世的應對進退爲依據，在疾病問題的處理上，同樣也感染民俗信仰的成份在內。六朝志怪故事呈現在世人面前的最後風貌，雖多出自文人學士整理，然當代文士對於一些屬於信念上的問題，卻在「記異」的前提下而樂於採錄，不會因對其事不解或可能會對讀者造成困惑而弗記。

「別有目的」的心態下載錄其事❷；然若純粹是以「疾病」視之，則此類故事都會對患病前後的怪異病徵（如「食量大增」、「喜食某物」、「食有定量」等）多所著墨，並在吃食之際顯露出療疾的概念。

　　《齊諧記》（《古小說鉤沈》輯本，下引同此）第四則「郭坦」事，描述郭坦之子在罹患「時行病」病癒之後，竟然可以「日食斛米」，原本富裕的家庭終因無法長期承擔此項沉重家計，遂縱令其外出行乞，自謀生路。其人在飢不可耐的情況下，出人意表的大啖「韮、蒜」等辛辣之物，最後終於導致腹痛不堪，而由肚腹之中吐出一「似龍」之物。根據故事的描述，其人在患病之時，能夠日食斛米，「食量大增」是其事怪異之處，然記述者卻在故事之中加入具「特殊氣味」之「韮、蒜」等物，遂使得其物之所以會由人的肚腹之中吐出，係因所食「逾量」的因素大為降低❷，韮、蒜具「剋制」原理的「食物特性」，才是造成此一結果的主因。❷六朝志怪故事之中，與本事相類之事例頗多，今

---

❷《齊諧記》（《古小說鉤沈》輯本）第二則言「薛道詢」患「時行病」，化成一虎事，其事之所重者，旨在強調「人」、「虎」變化之間的關聯性，與本文所論之「瘧鬼」之事無涉，故未加引論。又，有關「薛道詢」事之後續發展，中國「人化虎」故事主題之演變，李劍國《唐前志怪小說輯釋》（文史哲出版社，民國76年7月，再版）嘗有簡述（頁536-538）；洪瑞英〈小說中巫術與法術之變形 —— 以中國人虎變形故事為考察〉（《逢甲大學學報》第一期，頁239-250）亦有專論，宜參照。

❷《齊諧記》第七則載有一則「逾量」吐物的故事，文云：「周客子有女，嗷膾不知足，家為之貧。自至長橋南，見网者挫魚作鮓，以錢一千，求作一飽。乃擣嗷魚，食五斛，便大吐之。有蟾蜍從吐中出，婢以魚置口中，即成水。女遂不復嗷膾。」文中周客子之女因為吃食魚鮓「五斛」而吐出「蟾蜍」，此與前述因生剋原因而吐物者，顯然大不相同，著重在「量」的部分，其事與前引《搜神後記》「斛二痕」事相類。

❷《南史》卷二十八〈褚澄傳〉云：「建元中，為吳郡太守，百姓李道念以公事至郡，澄見謂曰：『汝有重疾。』答曰：『舊有冷疾，至今五年，眾醫不差。』澄為診脈，謂曰：『汝病非冷非熱，當是食白瀹雞子過多

本《搜神記》卷三「華佗㈡」條載云：

> 佗嘗行道，見一人病咽，嗜食不得下。家人車載，欲往就
> 醫。佗聞其呻吟聲，駐車往視，語之曰：「向來道邊，有
> 賣餅家蒜韭大酢，從取三升飲之，病自當去。」即如佗
> 言，立吐蛇一枚。

文中病咽之人於吃食「蒜韭大酢」後，吐出一物，其所以吐物，
較前引事明確，適見其乃以食物特性立說者。

除上引事外，《孔氏志怪》（《古小說鈎沈》輯本）第三則
另言一事：

> 後漢末，有一人腹內痛，晝夜切痛；臨終，敕其子曰：
> 「吾氣絕後，可剖視之。」其子不忍違言，剖之，得一銅
> 鎗，容可數合。後華佗聞其病而解之，便往，出巾箱內藥
> 以投之，鎗即化爲清酒。

本事亦委言華佗醫解怪病，顯然華佗已經成爲此類故事之「箭垛
式」人物。至若文中所言之「銅鎗」究爲何物？何以與「酒」並
言？證諸《述異記》（《古小說鈎沈》輯本，下引同此）第七十
六則，當可獲知正解。本事云：

> 諸葛景之亡後，宅上嘗聞語聲。當沽酒還，而無溫鎗；鬼
> 曰：「卿無溫鎗，那得飲酒？」見一銅鎗從空中來。

《孔》書所言之「銅鎗」，當是以「銅」爲材質所作之「酒器」，
文中「容可數合」一句及《述異記》「卿無溫鎗，那得飲酒？」
之語，適透露出其事之義。至若文中將此物與「酒」並言，顯然
係就溫鎗之作用及其與酒之「相應」關係著眼。然由於其事但言
怪異現象，除強調華佗醫術之神外，是否另有所指，諸如：何以
肚腹之中會有此銅鎗？此銅鎗之形成緣由如何？是否爲清酒所化
（因酒而生），乃暗喻「飲酒過量」所造成者？則仍有待深究。

　　由於該事與上引《異苑》卷八「噉鴨成瘕」條，在對其所述之「致病之由」與肚腹之中何以有此一「物」的理解上，均頗為曲奧。而其事之所以流傳，除了是因怪異的因素之外，我們對銅鎗之形成及「鎗化為酒」的理解，是否可以透過某種「合理」的思考方式來進行，一如以「蒜、韭」等物剋制某物一般，當是另一值得思索的課題。

(二)具巫醫、巫術想法者

　　六朝志怪載錄之療疾故事所呈現的概念，除上述所言相剋、相應原則外，另有一類則具巫醫、巫術想法，並染有「仙道化」的色彩。

　　前人相信，醫、藥與「鳥」是密切相關的，此一想法不僅在前代文獻資料當中出現，在後來六朝志怪的某些故事裏，也不經意的給顯現出來。如《搜神記》卷一「崔子文」條，敘仙人王子喬變化成「白蜺」❷，持藥送與為求仙目的而來之崔子文，崔子文因不明其事之奧義（可能是仙人王子喬對崔子文的一種「試鍊」），在驚嚇之餘，持戈重擊之，王子喬遂因此回復原形；之後，置於室中之王子喬尸又「化鳥」飛去；該事以物之「變化」

　　所致。』令取蘇一升煮服之，始一服，乃吐出一物，如升涎裏之動，開看是雞雛，羽翅爪距具足，能行走，澄曰：『此未盡。』更服所餘藥，又吐得如向者雞十三頭，而病都差，當時稱妙。」（鼎文書局「新校本」，民國74年3月，四版，頁756）文中「令取蘇一升煮服之」句，書末「校勘記」云：「『蘇』，《太平御覽》723引《南齊書》、738引《南史》並作「蒜」，《通志》同。疑作「蒜」是。」（同上引，頁762）此例當可做為上述說法參照之證。

❷於此所謂之「蜺」，疑當謂「蜩」——「寒蜩」之屬而非「虹」也。因若以虹解之，則虹何以持物？再者，《搜神記》卷17「朱誕給使」條載錄致使朱誕之妻罷患「鬼病」，為祟者乃一名年約十四五，「衣青衿袖，青幘頭」之「小兒」，該名小兒在朱誕舉弓欲射之際，嘗化為大如箕之「鳴蟬」飛去，其後更以類似「病入膏肓」的兩小兒對話形態，透露出其上梁盜藥之事。據此故言。

爲陳說重點，強調「仙人」與「鳥」、「藥」之間的關係。又如
《古異傳》（《古小說鉤沈》輯本）所記：「鴃木，本是雷公採
藥使，化爲鳥」，及《拾遺記》這部明顯具仙道色彩之書，於卷
二中記載周昭王時，有「羽人」爲王易心，以期能得上仙之術，
羽人並贈之以「藥」，臨去之時，又化爲「青鳧」飛入天際❷等。
此數事無非是在說明「仙人」與可以助人成仙的「藥」之間的關
連性，及神仙者流經常會以「鳥」的形體出現。

　　如果我們將上述這一特點與《左傳》「病入膏肓」故事的
「小兒之形」說法結合，則六朝志怪病瘧故事中的病瘧可以化作
「小兒之形」、「鳥形」的祟怪情節，於此便可尋得根源。《錄
異傳》第二十二則「宏公」條，正是此類故事之典型範例。本事
描述一名叫「宏」的人，患「瘧」經年不差，在一次瘧病發作之
際，忽見有數名「小兒」前來戲弄於他，此時，他便以佯裝睡覺
的方式來鬆懈小兒們的警覺之心，進而得以擒獲其中一名。令人
訝異的是，這名小兒在宏公捉住他的一刹那，竟然在目瞬之間
「化成黃鵁」；令人更加驚奇的是，此名爲人所擒，然已變化成
鳥之小兒，竟然可以在重重禁鎖之下，於隔日清晨消失無蹤，而
原先爲瘧病所苦之人，在此一爲祟之物消失之後，其所罹患之病
也在一夕之間不藥而癒。詳究其義，作者似乎是在「強烈暗示」
存在於此數者之間的密切關係；換言之，志怪作者對於宏公所患
之瘧病，認爲乃是由具有「小兒之形」、或「鳥形」之瘧鬼作怪
所致，是以當祟怪之物離人而去之際，亦即是人所患之病痊癒之
時。這種「物在即病，物去即癒」的素樸性想法，乃是時人對於

---

❷見齊治平《拾遺記（校注）》（木鐸出版社，民國71年2月，初版），頁
　53-54。又，孟慶祥、商嫩姝《拾遺記譯注》亦有譯注（黑龍江人民出版
　社，1989年4月，第1版，頁64-65），可參照。

疾病的一種理解。當然,我們也必須指出,宏公「明日當殺食之」之語,係屬於人、鬼「語言溝通」的一種方式❷;「懸物於樹」則是一種巫術行為❷;而瘧病化為「小兒之形」、「鳥形」的想法,則是承繼自前代的疫鬼觀念而來。❸與本事相類之例,亦見載於《甄異傳》(《古小說鉤沈》輯本)第十則「張安」條,其事所言較前引「宏公」之事為略,與之相較,稍有異同:文中主人公所患之病,在其擒獲如「鳥」之物時便獲得舒解,然其物所化非為「黃鸝」,而是形如「鵂鶹」之鳥。❸

另有一些病瘧故事,多半只是描寫患病時的怪異「癥狀」及

---

❷於此,我們必須指出,在由《左傳》「病入膏肓」到六朝志怪的過程中,志怪對於人體之中有「小兒」對話之聲的描述,基本上已經不完全同於《左傳》書中的「疫鬼」形象,有時是以與母體有關之「鬼子」形貌出現。《搜神記》卷6「兒啼腹中」條云:「哀帝建平四年四月,山楊方與女子田無嗇生子。未生二月前,兒啼腹中。及生,不舉,葬之陌上。後三日,有人過,聞兒啼聲,母因掘收養之。」本事旨在強調其事之「怪異」,以為「異常」即為「不祥」,其事少卻了「病入膏肓」故事的「預兆性」作用,怪異氣氛更為強烈。《錄異傳》第十則「胡熙」事,敘述一名未嫁有身之女子,其祖命其母殺之,孰料此時竟有「鬼語腹中」之異事發生,言:「何故殺我母?我某月某日當出。」顯然,此事並不是以「言病」為主,而是以鬼子為其母「伸抱不平」出發。據此二事可知,「鬼」於腹中言語對話的概念,此時依然被志怪作者所襲用,只不過在陳述的重點上,已經或異於前代。然則,於此所言並非否定六朝志怪未見腹中作怪的傳說,《搜神後記》卷6「腹中鬼」條,便是一則極為典型,有所依承的範例。

❷徐華龍前引書載浙西「驅半日鬼」及四川小涼山彝族驅鬼,或以草繩、或以草人,繫諸樹上,或置於路邊(口),用以表示鬼已被人所趕走,病人因之得以舒解。(同註七,頁226-227)其說與此或有相通之處,據此故言。

❸並非所有的志怪病瘧故事都是採取「小兒化鳥」的敘述模式,《錄異傳》第二十一則「吳士季」條,敘說吳士季以「禱祝鬼神」的方式向「武昌廟」的神靈祈求,期能達到遠疾、去病之「斷瘧鬼」的最終目的,由於事涉幽渺,整個故事都在恍惚的睡夢情境中進行。此與前引數例所言,都是由病者當場擒獲為害之物的敘述手法,顯然多所不同,神靈亦可扮演除瘧的角色。

❸以「小兒之形」與「鳥形」可以互變之例,除上引數事之外,亦見載於今本《搜神記》卷17「服留鳥」條,惟其事並未涉及「病瘧」之事,且其事是否為干寶書之文,亦有待稽考,故未徵引。詳參見汪紹楹上引書(同註七),頁214。

強調療疾「秘方」的靈驗，其說多具「民俗療法」、「民間偏方」意味，乃是時人以「巫術」想法用於治療方面的呈現。其中，有在「知己知彼」心態下而採取之「呼死人名」以療疾者❷，如《述異記》第六十一則；有的則是在心理上便認為「吞蜘蛛腳」可以療疾❸，如《幽明錄》第七十八則；有的則採取「同能治同」、「以污治污」的方式，而以「馬尿灑物」療疾者❹，如今本《搜神記》卷二「樊英」條(本事亦見《雜鬼神志怪》第七則)；有的則是承繼自前代想法，或以「烏雞」敷體❺，如《搜神記》卷二「夏侯弘」條（本事亦同見《雜鬼神志怪》第十六則），或

---

❷李豐楙對於人們以各種剋制、厭勝之法應付鬼神，其基本的概念係緣諸於「巫術性」的思考原則，有云：「我知道你的真相，所以你就失去了神祕的力量，不能加害於我。」（同註八，頁 428-429）其說當可援引用來說解志怪此類「以死人名」驅鬼療疾袪病的基本概念。

❸鄭晚晴《幽明錄（輯注）》（文化藝術出版社，1988年12月，第1版）「乾霍亂」條引用明人李時珍《本草綱目》卷40「虫部」「蜘蛛」條之案語云：「蓋蜘蛛服之能令人利也。」（頁28）此說是否能夠完全解答「吞蜘蛛腳」可以療疾的原意，尚有待評估。

❹鄭曉江《中國辟邪文化大觀》（花城出版社，1994年10月，第1版）第六章〈辟鬼魅之邪〉嘗標舉「污穢物辟鬼」一目，文云：「在中國民間一直有以污穢之物來避鬼驅邪的習俗。所說的污穢之物包括人屎、人尿、口痰等穢臭髒物。據說是因為鬼忌怕髒穢之物所致。」（頁398）據此「同能治同」觀念擴而充之，「馬尿」之用當同乎此也。

❺以雞做為驅邪之物，其說由來已久。《青史子》云：「雞者，東方之牲也，歲終更始，辨秩東作，萬物觸戶而出，故以雞祀祭也。」此以陰陽五行之說，言雞為祭神之物，其與神之關係，當已獲得初步建立。迄至漢代，雞之神異性得到更進一步的強化，應劭《風俗通義》卷8〈祀典〉載云：「今人卒得鬼刺痱，悟，殺雄雞以傅其心上，病賊風者，作雞散，東門雞頭可以治蠱。由是言之：雞主以禳死辟惡也。」近人王利器引《志怪》（勳案：當即本處所言「夏侯弘」事）之文，並言：「據此，則以為晉時事，實則此為先民積累之驗方，故神其說若《鬼遺方》也。」（見王利器《風俗通義校注》，漢京文化公司，民國72年9月，初版，頁375-377。）若能明乎其源流，則此一至遲源於漢代的治蠱辟邪之法在六朝志怪中出現，便無足為奇矣。

以「虎印」療疾者❸❻，如《異苑》卷六「床下老公」條。上舉每
一則故事的陳說背後，均隱藏著先民對於疾病診療的神秘看法，
無一不與原始的巫術想法相關。

　　上引數事曾經敘及「鳥」、「蛇」等致疾之物，然何以志怪
作者以此二物與疾病共言，其眞正原因何在？《山海經·大荒南
經》上有「有巫山者，西有黃鳥，帝藥八齋，黃鳥于巫山司此玄
蛇」之語，近人周策縱據此，以之與神醫「扁鵲」事相參論，進
而得出：「『黃鳥』實是一種代表巫醫的神話形象」、「蛇和鳥
都是巫醫的重要象徵」，而神醫扁鵲乃是「以鳥命名的淵源或類
似傳說」等結論❸❼，以此數點驗諸六朝志怪對於「疾病」的描述，
則志怪作者以「鳥」、「蛇」來描述疾病，其間之緣由，自是不
言而喻，此乃其承自前代對於疾病看法的一部分，而其間的差別，
亦只是志怪較爲強調「神異」的這個特點，並將巫醫、巫術想法
與疾病結合的更加緊密。至於志怪作者並未進一步對其事之箇中
緣由進行解說，實因此一問題已經不是志怪陳說「怪異之事」的
要點，是以多付諸闕如。

㈢借助「宗教」力量者

　　明人胡應麟對於魏晉南北朝志怪小說在「不同時期」的敘說

---

❸❻虎之特具驅鬼特性，其說甚早，《續漢書·禮儀志中》注引《山海經》，
　載有神荼、郁壘壘之事，早已開啓此說。《風俗通義》卷八亦有類似之
　說，《論衡·訂鬼篇》更將此一說法做一具體解說。近人漆浩《醫、巫
　與氣功──神祕的中國養生治病術》（人民體育出版社，1990年9月，
　第1版）第四章第五節「巫的治療術」一節中，列舉「虎爪」爲「厭勝
　法」的諸物之一，漆氏並釋其義云：「虎爲陽物之長，百獸之王，而鬼
　神爲陰物，虎爪剛勁而鋒利，又據說虎善食惡鬼，因而虎爪也是好的鎮
　鬼祛病的法物。」（頁158）其說可資參考。
❸❼詳參見周策縱《古巫醫與「六詩」考：中國浪漫文學探源》（聯經出版
　公司，民國75年3月，初版）中篇第二章「巫醫持蛇和棒(兼論扁鵲)」
　（頁83-98）。

重點，嘗有段極爲中肯、精闢的評騭：

　　魏晉好長生，故多靈變之說；齊梁弘釋典，故多因果之談。

　　（《少室山房筆叢》卷二十九）

近人魯迅《中國小說史略》在論述「六朝之鬼神志怪書」時，別立「釋氏輔教之書」一類，以爲其中較具代表性者，凡有五部，分別爲：《冤魂志》、《宣驗記》、《冥祥記》、《集靈記》、《旌異記》。❸魯迅繼而又對此類書之作用提出說明：「大抵記經像之顯效，明應驗之實有，以震聳世俗，使生敬信之心。」（第六篇語）詳究此數書所載之內容，其對「疾病」的理解，係以強烈的宗教宣教情懷出發，企圖借用其事達到弘教目的，是以其所呈現之「輔教」意味，相較於其他志怪書，便變得極其濃洌。其中，有主張「信佛」可以治病癒疾、「念佛」可以辟鬼者，如《冥祥記》（《古小說鉤沈》輯本，下引同此）第二十二則「張應」事（本事亦見《靈鬼志》──《古小說鉤沈》輯本，下引同此──第二十四則）；有主張「佛」可以治病者，如《冥祥記》第一二一則「羅璵妻」事、《齊諧記》第八則「范光祿」事。外此，更有做較爲具體之描述者，諸如：「寫經」可以癒疾，如《祥異記》（《古小說鉤沈》輯本）第二則「釋慧進」事；「誦經」可以治病，如《冥祥記》第二十三則「董吉」事及《靈鬼志》第十則「歐氏」事；「誦咒」可以治病，如《冥祥記》第七則「耆域」事；「奉觀音」可以治病，如《宣驗記》（《古小說鉤沈》輯本，下引同此）第三則「安苟」事及《冥祥記》第三十二則「竺法義」事；「鑄像」亦可治病，如《宣驗記》第九則「史

---

❸事實上，許多其他的志怪書亦同時擁有與之相近似的記載，不過若就全書的整體性質而言，實未若此數部書之有明顯意圖罷了，故下引資料，並不局限此五部書。

雋」事。凡此，皆已經跳脫出「醫學」治療的範疇，近乎精神層面的「心理」治療。

由於此類故事係以「宣教」為目的，所述內容與歷來對疾病治療概念的思考方向有極大差距，在前代既有的療疾概念之外另闢蹊徑，充分將「宣佛」企圖顯現出來，成為六朝志怪病瘧故事療疾概念中異軍突起的一支。

六、結　語

「疾病」是人類與生俱來的生理限制，它不分種族、年齡、性別、身份而普遍存在，它更可以橫跨時空，使人們蒙受不同情況的肉體煎熬與精神痛苦。身為萬物之靈的人類，當然不會束手待斃，他們絞盡腦汁，窮盡一切智慧，亟思各種療疾方法，以便能夠解除肉體、精神上的折磨；不論其所採取的是「訴諸鬼神」的方式，或者是以「科學」的方式尋求解脫，都是人們與疾病抗衡的成長歷史。

中國的六朝時期，政治的長期紛擾不定，造成人心的動蕩不安，在專門記述怪異之事的志怪小說中，我們更不時可以看到許多染有「神異」色彩之有關疾病方面的敘述。如前所述，在現存六朝志怪中的「病瘧」故事，不管是描述疾病的由來、形貌，或者是致病的緣由、作祟的方式，及人們所採取的療疾概念，無一不是有所根源的；絕大多數的故事內容，我們都可以針對不同的情況來加以說解，獲致一個「合理的」解釋。當我們在閱讀這一批以強調「怪」、「異」為重點的志怪故事時，其事適可以將源自於前代想法及當代人們對於疾病的一些觀念，忠實的反映出來。

隨著人類智識日新月異的逐步提昇，人們對於原本渺不可知的世界，有了異乎前代的看法，這一點相信正是促使人類文明大

步躍進的原動力，是以當我們有機會再次重新檢視前人對於某些問題的看法時，絕不能輕率地以「無知」的話語譏評前人，而應該是以「哀矜勿喜」的心態去坦然面對先民當初在遭遇問題時的艱辛成長過程。歷史本身就是一面鏡子，是一部人類成長歷程的寫實記錄，設若沒有前人劈荊斬棘的辛勤耕耘，或許今日的我們將正要走上前人當年已經走過，而被今人視之為愚昧的那一段道路，我們怎能不以誠敬之心去看待古人的成長呢？

論　文：六朝志怪小說「病虐」故事研究
主講人：謝明勳教授
講評人：許建崑副教授

　　謝明勳先生提出本論文，用一個極為貼切生活的角度，讓人耳目一新。六朝人同樣逃離不了生病的折磨；如何生病？如何解釋病情？用什麼方法醫治？這些問題非常有趣。我想從三個方面再深入發掘一些問題，來就教於謝先生。

　　第一個方面，謝先生蒐羅六朝志怪小說有關病虐故事，非常詳盡，但文中似乎少了明白的交代。如果謝先生認為遠離了「文本」的探討，何不將書目、版本擺在附註中？其次，「病虐」故事宜從「人事」說起，證明六朝人只有靠想像的、怪力亂神的「志怪」方式才有辦法解決，這樣就更凸顯本題的意義了。

　　第二個方面，就全文的理路來看。作者從疫鬼之由來、能力、形貌談起，轉到致病之緣、和療疾的探討，會讓讀者以為所有疾病都起於疫鬼。就作者文中，致病仍有因「飲食」而起，療疾的方法也不全然驅逐疫鬼，所以這樣的篇章安排，應該可以重新思考。舉《左傳》疫鬼之例、顓頊三子死為疫鬼之事，以及「銅鎗」的考索，與正文無未必然關係，可移入附註。

第三個方面，談病虐的主題。「疫鬼」不一定做「小兒」形貌，有「黃熊」形象，尚有蛇、鳥、獸形、人獸合體等疫鬼，從圖騰轉變而來，應可論及。作者文中條列《神異經》黃父鬼等五條「疫鬼瘟神」，應該詳述，反而疏略了。再者鉤沉本《述異記》，逢桃杖曾爲「紅豕」困病；《異苑》卷八徐奭郊行遇女所惑，後女化白鶴而去，徐某病年餘；《搜神後記》卷九，婦人好色，爲黃狗化身誘交，慚病而死；作者可以考慮論及。鬼神致病，原因還可細分。至於治療疾病之法，前節灌水一事，應可歸入。文中提出「物在即病，物去即癒」的理論，其實也有「物去病死」的反證。治療會不會有失敗而主角致死的例子呢？謝先生可能自限於「病虐」的探討，所以排除「死於病虐」的例證，限制了舉證範圍。

魏晉南北朝散文的特徵

臺灣師範大學國文系

王　更　生

一、前　言

　　散文之在先秦，只是經、傳、諸子的附庸，無獨立地位。時至西漢，隨著國家的統一，經濟的繁榮，文學性作品的增加，向、歆父子爲了辨章學術，總群書而奏《七略》，才把文學性的詩賦，與經、傳、諸子分開。建安以後，文學發展進入了嶄新時代，不但文學創作受到重視，作家更可以「不假良史之辭，不託飛馳之勢，而聲名自傳於後。」同時，學術界出現了「文」「筆」兩分的論爭，於是偶語爲「文」，單行爲「筆」，成了當時文體分類的依據，茲不但爲文學的獨立與分工，創造了條件，更爲散文發展取得了優勢。

　　魏晉南北朝歷時四百年，中經魏、蜀、吳三國分立，西晉八王之亂，東晉播遷江左，和南北朝的對立與分裂，其間無論是政治、經濟、社會、學術，甚而民族的融合、文化的交流、思想的衝突，一切均如繭破蛹生，充滿了矛盾、苦難、蛻變與希望。以下特從長遠的史實、宏觀的視角，以連類相及的手法，尋繹魏晉南北朝散文的特徵，由於代久年淹，資料搜羅不易；而搜得的資料，又是非夾雜，揀剔困難，文有不及，祈博雅指正。

二、魏晉南北朝散文發展的背景

　　傳統的儒家思想，因為受到長期戰亂和國土分裂的影響，減弱了它的控制力，於是名、法、道、兵、縱橫各家應運而起。知識分子為了逃避現實，免受迫害，思有以解脫；遂寄精神於談玄，騁快意於飲酒，蔑周孔之書，習老莊之教，於是社會風氣為之丕變。所以魏晉南北朝散文，不但充分顯示了時代的複雜性，更醞釀出與前後各代不同的風貌。茲條列其發展的背景如下：

　　㈠**文學獨立地位的取得**：長久以來，因為學術分工的粗糙，人們總視文學為經傳、諸子的附庸或工具，建安以後，文學逐漸掙脫歷史的枷鎖，走上獨立自主之路。其間過程，厥功最偉者首推曹丕。丕以帝室之尊，著〈論文〉評文章得失，將詩、賦與章表奏議並尊，推文學為「經國之大業，不朽之盛事。」為文學獨立做了宣傳的標兵。其次是南朝宋文帝，帝留心藝文，在元嘉十五年（西元四三八年）設國子學，於儒學、玄學、史學三館外，特別設立文學館。❶明帝泰始六年(西元四七〇年)在總明館中，將文學與儒、道、史、陰陽之學並列，視文學為獨立之學科。❷至於以「文章」為名而著書立說的，如西晉摯虞有《文章流別志》四卷、東晉顧愷之撰《晉世文章志》若干卷、宋明帝撰《晉江左文章志》二卷、傅亮有《續文章志》若干卷、張防撰《四代文章記》若干卷、梁任昉的《文章始》❸，更是騰播士林，快炙人口。他們各本立言名世的需要，既對文學提出評價，也反映了文學的

---

❶南朝宋文帝留心藝文，設國子學事，詳見《南史・臨川王義慶傳》。
❷南朝宋明帝設總明館事，詳見《宋書・明帝紀》、裴子野〈雕蟲論〉。
❸上列以「文章」為名的著作，摯虞《文章流別志》、傅亮《續文章志》、張防《四代文章記》、任昉《文章始》，均見於《隋書・經籍志・經籍四》、顧愷之《晉世文章志》，見丁國鈞《補晉書・藝文志・簿錄類》。

獨立地位，足徵「文學」之於魏晉南北朝，已擺脫附庸身分，取得了獨立地位。

㈡**文學作品個性的突顯**：先秦兩漢作品，除少數如屈宋騷賦外，大抵以說理、記事爲主，其高論宏裁，自爲後世莫能及，但其缺乏抒情及明顯的個性成分，實爲不爭的事實。就以氣勢磅礡的《孟子》、樸實少華的《墨子》、汪洋恣肆的《莊子》、博喻醲采的《韓非子》，甚而《國語》、《戰國策》、《史記》，以及陸賈《新語》、賈誼《新書》、和班固〈兩都〉、張衡〈二京〉來說，在他們的作品裡，很少有那種偃仰嘯歌，飽含憂患的情懷，豪氣干雲的個性。建安以後，情況發生變化。尤其知識分子身歷戰亂，對人生體悟深入；在他們的筆下，不論是追求建功立業，還是揭露社會的黑暗；不論哀民生之多艱，還是嘆懷才的不遇；不論是懷念親朋故舊，還是眷戀祖國山河；由於作家的氣質和遭遇有別，就在他們直抒胸臆的筆墨中，突顯了作品的個性。如曹操的通脫、諸葛亮的嚴謹、嵇康的冷峻、李密的委婉、王羲之的清新、陶淵明的淳樸、鮑照的俊逸、酈道元的清麗、劉琨的悲涼、庾信的沈鬱，莫不文如其人，異采紛呈。足徵在魏晉南北朝各階段文學形式雖有不同，但個性的突顯卻爲作家追求的目標。

㈢**文學理論的層出迭現**：先秦時期的文學理論，僅見於群經子史中，雖然片言足寶，但畢竟只是零縑碎金，難成系統。時至兩漢，如王充《論衡》、桓譚《新論》，雖於文學有所雌黃，但不能振葉尋根，觀瀾索源❹，尚嫌美中不足。建安以後，文學理論蓬勃發展。曹丕的《典論·論文》、〈與朝歌令吳質書〉，曹植的〈與楊德祖書〉，正式吹響了文學理論的號角，向文壇掀起批

---

❹此處評語，見劉勰《文心雕龍·序志》篇。

評的訊息。繼而於西晉有陸機〈文賦〉、摯虞〈文章流別論〉，雖然他們的著作有「巧而碎亂」和「精而少功」之病❺，但頗能承前人的緒業，開文論的機運。東晉葛洪《抱朴子》、李充《翰林論》，或強調今勝於古，或論文以采爲尚，其文學主張，正代表了魏晉文壇的新趨勢。南朝宋齊之際，范曄發表〈獄中與諸甥侄書〉，沈約的《宋書·謝靈運傳論》，皆重視聲律與文學創作的關係，提出「以聲律文」的主張，爲文學藝術注入了新的活力。梁劉勰著《文心雕龍》十卷五十篇，體大慮周，籠罩群言，集中國魏晉六朝以前文學理論的大成，被後人尊爲藝苑之秘寶，以爲「綴文之士，苟欲希風前秀，未有可舍此而別求津逮者。」❻其他如鍾嶸《詩品》、裴子野〈雕蟲論〉、陸厥〈與沈約書〉、蕭統〈文選序〉、蕭子顯《南齊書·文學傳論》等，爲數之多，指不勝屈。所以文學理論的層出迭現，是魏晉南北朝散文發展的重要背景。

　　㈣**個人文集的興起與成立**：魏晉南北朝文學的發展，既完全走出歷史的陰霾，成爲一個獨立的學術品種，章學誠在《文史通義·內篇》以爲：「著作衰而有文集，典故窮而有類書。」古代朝有典謨，官存法令，風詩采自閭里，敷奏用於廟堂。未有人自爲書，家存一說之事；自從治學分途，王官失守，百家飆起，處士橫議，於是周秦諸子之學，紛紛擾擾，但亦未嘗欲以文名。兩漢以來，文學漸富，著作雖呈現衰兆，然賈生奏議，編入《新書》、相如辭賦，但記若干篇而已。尚未有裒次諸體，彙爲文集之事。迄乎建安、黃初之間，作家既多，作品日繁，然檢范曄

---

❺此處對陸機、摯虞二家著作的評語，見劉勰《文心雕龍·序志》篇。
❻引文見清黃叔琳〈文心雕龍輯注序〉。

《後漢書》、陳壽《三國志》，其中文士諸傳，亦止云所著詩、賦、碑、箴、頌、誄若干篇，不云某某文集若干卷。自西晉摯虞創《文章流別》，聚古人之作，標爲別集；荀勗《中經》，歸詩賦於丁部，王儉《七志》，納詩賦於《文翰志〉、阮孝緒《七錄》，入文集爲〈內篇〉五錄之一，足證文集之興，蓋始於西晉，成於蕭梁，所謂「治學分而諸子出，言行殊而文集行」，我國學術發展，至此爲之一變。所以個人文集的成立，爲研究魏晉南北朝散文者不可不知。

　㈤帝王兼作家的出而領導：帝王身兼作家，出而領導群倫，開創風氣，對魏晉南北朝文學發展，起了重要的促進作用。如建安文壇，其所以英才秀發，文思廣被，造成空前盛況，正由於曹氏父子首倡之功。《文心雕龍·時序》云：「自獻帝播遷，文學蓬轉，建安之末，區宇方輯，魏武以相王之尊，雅愛詩章；文帝以副君之重，妙善辭富；陳思以公子之豪，下筆琳瑯。並體貌英逸，故俊才雲蒸。仲宣委質於漢南，孔璋歸命於河朔，偉長從宦於青土，公幹徇質於海隅，德璉綜其斐然之思，元瑜展其翩翩之樂，文蔚休伯之儔，于叔德祖之侶，傲雅觴豆之前，雍容衽席之上，灑筆以成酣歌，和墨以藉談笑。」如果拿劉勰的話，和曹丕〈與朝歌令吳質書〉、曹植〈與楊德祖書〉對照，則文壇盛況，可謂空前。同樣的情形又見於魏明帝曹叡，《文心雕龍·時序》說他：「制詩度曲，徵篇章之士，置崇文之觀，何劉群才，疊相照耀。」稱少主高貴鄉公曹髦：「顧盼含章，動言成論。於是正始餘風，篇體輕澹，而嵇、阮、應、繆，並馳文路。」這就是史稱的「正始」文學。由於帝王英俊風雅，倡導文藝，當時代表作家如「竹林七賢」，在文壇上大放異彩。其他如宋武帝劉裕、文帝義隆、孝武帝駿，並有辭章之美，才學之士，遠近畢至。一時

之間，顏謝並起，休鮑後出。❼所以《文心雕龍·時序》云：「自宋武愛文，文帝彬雅，秉文之德，孝武多才，英采雲構。……爾其縉紳之林，霞蔚而飆起；王袁聯宗以龍章，顏謝重葉以鳳采，何范張沈之徒，亦不可勝數也。」至於《南齊書》載高帝蕭道成「博涉經史，善屬文」，故其諸子皆好文學。《南史·武帝本紀》言梁武帝蕭衍「六藝備閑，棊登逸品，陰陽、緯候，卜筮、占決、草隸、尺牘、騎射，莫不稱妙。」故「才秀之士，煥乎俱集。」陳後主叔寶，雖屬末代帝王，根據《陳書·文學傳序》，知他雅尚文詞，是以搢紳之士，咸知自勵。此皆帝王身兼作家者倡之於上，臣工百僚仿效於下，故雖時處亂世，而文學猶呈空前盛況的現象者，原因就在乎此。

　　(六)**佛典論藏的翻譯**：佛教東來，給中國知識分子輸入一種與傳統不同的思維模式。而且佛典又具有高度的文學性，對魏晉南北朝文學創作理論和技巧，是強有力的滋養和補充。王國維〈在近年之學術界〉一文中說：「自漢以後，……儒家唯以抱殘守缺為事，……佛教之東，適值吾國思想凋敝之後，當此之時，學者見之，如飢者之得食，渴者之得飲。」劉熙載著《藝概》，從文學的視角衡論此事說：「文章蹊徑好尚，自《莊》《列》出而一變，佛書入中國又一變。」按佛教本為絕言之道，應無言無說；但卻又要求信眾以無限慈悲渡化眾生，所以佛典十分注意文采，佛經及弟子解經的論，多用生動的譬喻和故事，充滿了智慧，而手法又極度誇張，富於玄想和辨析批駁的議論技巧。尤其在運思綿密，辨理周詳，體制宏偉方面，都有超出當時中國論著之處。魏晉南北朝時期，由於變亂紛乘，佛教勢力迅速擴張，使中國傳

---

❼南朝宋武帝、文帝、孝武帝並有辭章之美，見於《南史·臨川王義慶傳》、《南史·孝武帝紀》、《南齊書·王僧傳》。

統文化的生存，發生根本性的動搖。反佛與擁佛兩派的針鋒相對，
和佛教內部對般若空觀的爭議情形，只要打開梁釋僧祐編的《弘
明集》，便可得知。就連文學思想家劉勰的《文心雕龍》，在內
容、行文和全書的形式結構體系方面，都顯然受到佛典論藏的影
響。所以佛典的翻釋，在文體、文風、聲律以及思想的表述，概
念的辨析，破立結合的論證，語法、詞彙的創新等❽，給魏晉南
北朝散文發展無窮的沾漑。

三、魏晉南北朝散文的特徵

　　魏晉南北朝介於兩漢隋唐之間，其散文發展的榮枯，直接間
接除受到社會條件和自身因素的制約外，整個文學的環境和氣候，
無容置疑地給了它滋長的溫床。在文筆兩分中，檢視散文的長河，
許多名垂不朽的作家，投注其畢生心力，寫下了家喻戶曉的名篇。

　　欲了解此一長達四百之久的散文特徵，必須站在歷史的高度，
用連類相及的手法，去其小異，取其大同。雖然這不是百密無失
的良法，但信可將遺珠之憾，減到最低限度。以下分別從形式、
內容兩方面，別立小目，並援例加以說明。

　　㈠體裁多樣：「體裁多樣」是魏晉南北朝散文的重要特徵。
蓋古人爲文但求有章有序，合乎體要已足，不言甚麼體裁。時至
後代，文明日進，文用既廣，於是墳籍興而文體出，《書》有典
謨訓誥，《詩》有風雅頌。春秋以降，百家飆駭，處士橫議，當
時無獨行之文，有著作之體。孔子刪述，不云其所爲者何體。至
漢，向、歆父子總群書而奏《七略》，於六藝、諸子、兵書、術

❽佛教與中國文學的關係，詳情可參閱張中行著，安徽教育出版社發行的
　《佛教與中國文學》、張曼濤主編，大乘文化出版社印行的《佛教與中
　國文學》、湯用彤著，台灣商務印書館發行的《漢魏兩晉南北朝佛教
　史》，孫昌武著，上海人民出版社印行的《佛教與中國文學》。

數，方技五略之外，僅列「詩賦」略；「詩」分「詩」與「歌詩」為二，「賦」則又分屈原賦、孫卿賦、陸賈賦、雜賦四類，為我國以體論文開其先河。但亦終不言各為何體。故兩漢以前，可謂有文無體的時代。

建安以下，學者專著之書日少，文人單篇之作增多，故不得不分類歸體。曹丕《典論・論文》云：「奏議宜雅，書論宜理，銘誄尚實，詩賦欲麗。」西晉陸機作〈文賦〉以為：「詩緣情而綺靡，賦體物而瀏亮，碑披文以相質，誄纏綿而悽愴，銘博約而溫潤，箴頓挫而清壯，頌優遊以彬蔚，論精微而朗暢，奏平徹以閑雅，說煒曄而譎誑。」二人之於文體分類頗有多寡的不同。摯虞著《文章流別論》，論列各體，惜其內容十不存一，居今難見大略。梁昭明太子編《文選》，按其書前編目，得三十九體：任昉撰《文章始》，錄先秦以迄齊梁的文類，得八十四體，劉勰著《文心雕龍》，在其文體論二十篇中，計韵文之體十篇，散文之體十篇；韵文之體在此姑且不論，論其散文，即有史傳、諸子、論說、詔策、檄移、封禪、章表、奏啓、議對、書記等，如連同各篇附論別出的體類合併計算，散文之體即多達九十一類。

散文文體的發展，由先秦兩漢之有文無體，或文體不分，到魏晉南北朝的文筆兩分，再由文筆兩分衍化為韵散兩體的分庭抗禮，足徵體裁之由單一走向多元，是魏晉南北朝散文的特徵。

㈡**篇幅短小**：從作品形式判斷，魏晉南北朝散文的另一特徵，便是篇幅短小。言作品篇幅之長短，須預知著作之文與獨行之文有別。著作之文，即一書首尾各篇互有關係；獨行之文，即書中各篇各自獨立，彼此不相聯屬。準是而論，則先秦之《周官》《春秋》《國語》與諸子百家，皆著作之文；《書》與《詩》則為獨行之文；至於兩漢，如陸賈《新語》、賈誼《新書》、董仲

舒《春秋繁露》、桓寬《鹽鐵論》、揚雄《法言》、王充《論衡》、仲長統《昌言》、荀悅《申鑒》、徐幹《中論》等爲著作之文，司馬遷《史記》、班固《漢書》爲獨行之文。當時「文」與「學」不分，凡爲文者無一不是長篇鉅製。

　　建安以下，獨行之文既多，文章體類尤繁，清嚴可均輯《全三國六朝文》，在其五百四十二卷，二千三百一十位作家，一萬一千八百五十七篇文章中，除詩、賦、銘、誄、哀祭、墓銘、連珠、歌謠等少數韻文外，大多爲獨行之體的散文。以這樣一部韻散夾雜，內容浩瀚的鉅著，來比較篇幅的長短，頗有困難，不得已，退而就個人庋藏的散文選本，如王洪主編，中國文學出版社於一九九五年出版的〈漢魏六朝散文精華〉❾；陳中凡選注，河洛圖書出版社於一九八〇年印行的《魏晉六朝散文選注》❿；趙景深主編，甘肅人民出版社於一九八九年發行的《魏晉南北朝抒情散文賞析》⓫；曹融南選注，上海古籍出版社於一九八三年發行的《漢魏六朝散文選注》⓬；韋鳳娟注譯，香港三聯書店編輯於一九九一年出版的《魏晉南北朝諸家散文選》⓭，就上開五種選本加以揀剔，得魏晉南北朝作家八十八位，作品一百八十三篇；以如此戔戔之數，自不能與嚴氏《全三國六朝文》相提並論，但以之作爲魏晉南北朝散文的縮影，或可達成取精用弘之效。在這

❾王洪主編的《漢魏六朝散文精華》，共收五十九位作家，一百零九篇作品。
❿陳中凡選注的《魏晉六朝散文選注》，收有二十一位作家，二十三篇作品。
⓫趙景深主編的《魏晉南北朝抒情散文賞析》，收有二十二位作家，二十六篇作品。
⓬曹融南選注的《漢魏六朝散文選注》，兩漢以外，共收十四位作家，十六篇作品。
⓭韋鳳娟注譯的《魏晉南北朝諸家散文選》，收得五十九位作家，八十三篇作品。

一百八十三篇文章中，我們發現千字以上的作品，僅曹操的〈讓縣自明本志令〉一千二百二十一字；嵇康的〈與山巨源絕交書〉一千五百四十二字；其他均在六百字上下。像曹丕的〈與朝歌令吳質書〉七百二十三字，吳質的〈答東阿王書〉五百九十一字，李密的〈陳情表〉四百六十三字，陶潛的〈桃花源記〉三百一十九字，鮑照的〈登大雷岸與妹書〉六百四十八字，孔稚圭的〈北山移文〉六百五十五字，庾信的〈哀江南賦序〉七百一十九字；至於一百五十字左右的作品，如王修〈誡子書〉一百六十六字，周瑜〈疾困與吳王箋〉一百五十六字，阮籍〈奏記詣蔣公〉一百五十七字，陸機〈薦戴淵書〉一百四十六字，蕭統〈與張纘論張緬書〉一百一十二字，吳均〈與宋元思書〉一百四十八字，任昉〈天監三年策秀才文〉一百五十三字；還有不及百字的作品，如曹操〈軍譙令〉八十字，曹丕〈說蒲萄〉剛好一百字，諸葛亮〈答李嚴書〉九十七字，王羲之〈雜帖〉九十五字，謝安〈與支遁書〉八十三字，陶弘景〈答謝中書書〉六十八字，徐勉〈為書誡子崧〉八十一字；另有極短篇，不到五十字的，為數之多，更不可枚舉。

或疑篇幅既短，其於敘事抒情，當不能曲暢其意，此又不然，茲以曹丕〈說蒲萄〉❶觀之，此文不過百字，卻道盡了品賞蒲萄的情趣，行文生動親切，讀後，令人口舌生津；而章法謹嚴，前後呼應，有百讀不厭之感。文章開筆，用「中國珍果甚多，且復為說蒲萄。」單刀直入從蒲萄說起，接著言時間，是「朱夏涉秋，

---

❶曹丕〈說蒲萄〉，原文甚短，錄之以便參考：
中國珍果甚多，且復為說蒲萄。當其朱夏涉秋，尚有餘暑，醉酒宿醒，掩露而食、甘而不饐，脆而不酸，冷而不寒，味長汁多，除煩解倦。又釀以為酒，甘於麴蘖，善醉而易醒。道之固以流涎咽唾，況親食之邪！南方有橘，酢正裂人牙，時有甜耳。即遠方之果，寧有匹者乎？

尚有餘暑」；言食時，是「醉酒宿醒，掩露而食。」言滋味，是
「甘而不飴，脆而不酸，冷而不寒。」言功用，是「味長汁多，
除煩解倦；又釀以爲酒，甘於曲蘗，善醉而易醒。」文末，再以
橘子映襯，說「南方有橘，酢正裂人牙，時有甜耳。」結論以爲
「遠方之果，寧有匹者乎？」不僅文簡義賅，且在遣詞、造句、
安章、謀篇、立意、設色各方面，無不妥貼。如果拿這種短篇小
品和先秦兩漢著作之文，動輒千言或數千言相較，魏晉南北朝散
文，有從過去的宏篇鉅製，走向短篇小品的特徵。

　　㈢**聲律和諧**：魏晉南北朝散文的特徵，充分表現在聲律和諧
上。沈約《宋書·謝靈運傳論》說：「五色相宣，八音協暢，由
乎玄黃律呂，各適物宜：欲使宮羽相變，低昂舛節，若前有浮聲，
則後須切響，一簡之內，音韵盡殊，兩句之中，輕重悉異；妙達
此旨，斯可言文。」所謂「宮羽相變，低昂舛節」，「前有浮聲，
後須切響」，正說明作者爲文，想使「一簡之內，音韵盡殊，兩
句之中，輕重悉異」，必須講求聲律和諧，斯可以言文章之能事。
魏晉南北朝爲我國聲韵之學的萌芽期，當時學術界從事研究而又
有專門著作名世的，如魏之李登撰《聲類》十卷，晉呂靜仿李登
之法，作《韵集》五卷，齊周顒善識聲韵有《四聲切韵》，王斌
著《四聲論》，約撰《四聲譜》，北齊李槩有《音韵決疑》，可
謂極一時之盛。**⑮**然而文人言韵，莫先於陸機〈文賦〉**⑯**，但是
《晉書·律曆志》卻說：「魏武時，河南杜夔精識音韵」，劉勰
《文心雕龍·章句》篇說：「魏武論賦，嫌於積韵，而善於貿

⑮魏李登《聲類》，見於唐封演著《封氏聞見記》。晉呂靜《韵集》，見
　《魏書·江式傳》。齊周顒《四聲切韵》，見於《南齊書·周顒傳》。
　王斌《四聲論》，見於《南齊書·陸厥傳》引。沈約《四聲譜》，見於
　《梁書·沈約傳》。
⑯此說引自清初顧炎武的《音學五書》。

代。」由杜夔、魏武之事，可以推知文重聲律，蓋始於建安。

唐釋道世《法苑珠林》〈唄讚〉篇載曹植〈魚山製契〉故事，云：「植每讀佛經，輒流連嗟翫，以爲至道之宗極也，遂製轉讚七聲升降曲折之響，世之諷誦，咸憲章焉。嘗遊魚山，忽聞空中梵天之響，清雅哀婉，其聲動心，獨聽良久，而侍御皆聞。植深感神理，彌悟法應，乃摹其聲節，寫爲梵唄，撰文製音，傳爲後式。梵聲顯世，始於此焉。」若此說可信，正見魏晉南北朝文士與佛教文化的關係。所謂「轉讚」即「轉讀」，依照天竺方俗，凡歌詠法言，稱爲「梵唄」，詠讀經文，則曰「轉讀」。亦即鍾嶸《詩品》「不被管絃，而有聲律」，與今「徒口成誦」之意相合。

魏晉南北朝既處於聲律方興，轉讀始盛之時，對散文聲律之和諧，必爲作家之共同要求。今試取王羲之〈蘭亭集序〉的前半部分爲例：本文的前半部分，由宴集的時間、地點、緣由、人物、環境、氣候、講到遊賞的感受，寫來辭采清亮，文思幽遠。其聲情之變化是：

起首：總敘集會之故

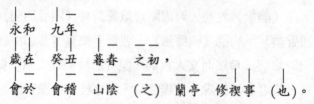

首句二節，仄平相間，次句四節，前二節皆仄，後二節三平，仄平合律。第三句六節，除（之）（也）兩襯字，爲半節，一平一仄外，其他首二節，仄平相間，以下五平三仄，或先抑後揚，或先揚後抑，平仄和諧。尤其用（之）半節，介乎兩平之間作聲調之潤滑，用（也）半節作斬截

之收尾，讀來有聲斷意足之感。

承接：敘亭周山川幽奇與高人宴會之風流勝事。

群賢　畢至
少長　咸集
此地　(有)　崇山　峻嶺
　　　　　　茂林　修竹
　　　又有　清流　激湍
　　　　　　映帶　左右
(引)　以爲　流觴　曲水
　　　　　　列坐　其次
雖無　絲竹　管絃　之盛
　　　　　　一觴　一詠
(亦)　足以　暢敘　幽情。

首二句爲一組，敘與會的人物，用先平後仄，和先仄後平之調，抑揚相對。次二句敘山川情景之幽奇，爲有無句，前(有)字半節，後「又有」爲補充語氣。「此地有」「又有」皆仄聲詞，「崇山」「峻嶺」「茂林」「修竹」，前平後仄，或仄平，平仄相隔，「清流」「激湍」「映帶」「左右」，四平四仄，讀來聲和律調，自然流暢，措山川之美於目前，猶不自覺也。(引)仄聲，半節，此句敘曲水流觴之樂。「以爲」先仄後平，以下四節，前兩節三平一仄，揚起抑收，後兩節，仄起仄收。末句用搖曳之筆，強調宴會風流，以見幽人情懷。「雖無」平聲，以下五節，

皆平仄仄平仄相間，細而玩味，絕不拗口；接著用（亦）
「足以」，先抑後揚，接著再抑的語氣，作振盪；下面兩
節，先抑後揚，尤其作者用八庚韵中的「情」字作收，更
見抑揚不盡的韵味。

轉筆：敘良辰美景，賞心悅目之樂，為下文作伏。

首句言良辰美景，用「是日也」引起，(也)半節，仄聲。
以下四節，皆平仄、仄平相間，或先抑後揚，或先揚後抑，
讀來令人悠然神往。以下「仰觀」「俯察」寫品賞的感受，
共六個小節，聲調完全一致，可說順乎拈來，皆成妙諦。
末句言賞心樂事，「遊目」「騁懷」，揚抑相間，「極」
字半節，以下二句抑揚相間，「信可樂也」，「信」「也」
皆半節，「可樂」一節，四個仄聲詞，串連成一組音綴作
收尾，和上文以平聲搖曳之情作收不同，讀者如緩聲低吟，
深接玩味，自可體悟。

魏晉南北朝散文之奇偶相生，頓挫抑揚，皆與沈約所謂的
「宮羽相變，低昂舛節」「一簡之內，音韵盡殊；兩句之中，輕
重悉異」之說相合。限於篇幅，在此雖只鼎嘗一臠，但亦足以徵

信魏晉南北朝散文聲律和諧之美。

　　㈣**文字駢化**：先秦作家，發言成文，率然爲對；兩漢文壇漸重駢麗；建安以後，陳思王曹植以曠世奇才，高唱駢麗於前，鄴下七子，奮而附和於後；至於西晉，陸機、潘岳喜而效之；衣冠南渡，文風益加豔靡，齊梁以下，聲律之說既興，則尤助長駢麗聲勢，影響所及，即令是散文，作家在行文構詞時，亦有嚴重的駢化傾向。

　　駢化者，蓋指對偶言。世界事物，森羅萬象，其中以對比寄情，襯托得神者，不勝枚舉。如對天而有地，對陰而有陽，對山而有川，對男而有女，對左而有右，對上而有下，莫不相對成文。劉勰《文心雕龍·麗辭》說：「造化賦形，支體必雙；神理爲用，事不孤立」，可見偶對是客觀存在的反映，自然規律的體現。在古代作品中，出現駢偶的詞句，是非常自然的事。如《書》之皋陶贊：「罪疑惟輕，功疑惟重。」益陳謨云：「滿招損，謙受益。」《易》於〈文言〉〈繫辭〉中，言乾卦四德，句句相銜；龍虎類感，字字相儷，乾坤易簡，宛轉相承；日月往來，隔行懸合。❶這些作品，其字句雖有不同，但無不脫口而出，如大匠運

---

❶所謂「序乾四德，句句相銜」，指《易經·乾卦·文言》解釋元、亨、利、貞四德云：「元者，善之長也；亨者，嘉之會也；利者，義之和也；貞者，事之幹也。君子體仁足以長人，嘉會足以合禮，利物足以和義，貞固足以幹事。」文中除「君子」一辭外，八句構成四對，每句銜接無間。所謂「龍虎類感，字字相儷」，指《易經·乾卦·文言》釋九五爻辭說：「同聲相應，同氣相求，水流濕，火就燥，雲從龍，風從虎，聖人作而萬物覩。」除末句外，其中聲氣、應求、水火、濕燥、雲風、龍虎等詞，皆各從其類，上下文句，字字匹對。所謂「乾坤易簡，宛轉相承」，指《易經·繫辭》上：「乾道成男，坤道成女，乾知大始，坤作成物，乾以易知，坤以簡能；易則易知，簡則易從；易知則有親，易從則有功；有親則可久，有功則可大；可久則賢人之德，可大則賢人之業。」全文均以乾、坤爲主體，敘述乾的易知與坤的簡能，句法委婉曲折，互相承接。所謂「日月往來，隔行懸合」，指《易經·繫辭》下：「日往則月來，月往則日來；日月相推，而明生焉。寒往則暑來，暑往則寒來，寒暑相推，而歲成焉。」日月對寒暑，隔開行次，遙相應合。

斤,無斧鑿之痕。

曹子建之於文章,劉勰稱之爲「下筆琳瑯,體貌英逸」。[18]
鍾嶸說他「粲溢今古,卓爾不群。」[19]其〈與楊德祖書〉,可謂
散文的代表,然觀其行文,無不「麗句與深采並流,偶意共逸韵
俱發。」[20]如「人人自謂握靈蛇之珠,家家自謂抱荆山之玉。」
「有南威之容,乃可以論於淑媛;有龍泉之利,乃可以議於斷
割。」「蘭茝蓀蕙之芳,衆人之所好,而海畔有逐臭之夫;咸池
六莖之發,衆人所共樂,而墨翟有非之之論。」本文以散爲主,
但散中有駢,如行雲流水,自然生動,形成情深氣長的風格。

其次,再以晉劉琨〈答盧諶書〉爲例:當五胡亂起,中原板
蕩,劉琨率千餘疲罷之卒,迎匈奴狂飆驟雨般的鐵騎,力戰兵敗,
投奔段匹磾,同時寫了這封信給盧諶。書雖散體,文多對偶。如
「備辛酸之苦言,暢經通之遠旨。」「遠慕老莊之齊物,近嘉阮
生之放曠。」「和氏之璧,焉得獨曜於郢握;夜光之珠,何得專
玩於隋掌。」作者心存社稷,獨撐危局,戎馬邊塞,屢經挫敗,
雖無精雕細琢之心,然卻以清簡勁拔之筆,寫下辭約義豐之作。
可謂無意於文,而其文卻流傳千古。

行文駢化的現象,在魏晉南北朝散文作品中十分普遍。如李
密〈陳情表〉、諸葛亮〈出師表〉、嵇康〈與山巨源絕交書〉、
丘遲〈與陳伯之書〉、劉峻〈重答劉秣陵沼書〉、〈送橘啓〉、
蕭統〈文選序〉等,於此亦可略窺魏晉南北朝散文駢化傾向的一
斑了。

㈤**數典用事**:數典用事或叫典故,或稱事類,或曰事義,或

---

[18]劉說見於《文心雕龍·時序》篇。
[19]鍾說見於《詩品》品上〈魏陳思王植詩〉。
[20]引文見於劉勰《文心雕龍·麗辭》篇。

名隸事，詞雖不同，意皆近似。劉勰《文心雕龍·事類》說：「事類者，蓋文章之外，據事以類義，援古以證今者也。」文章之引用古事或古辭，推明事理，其目的在以片言數語，達成以少總多，化繁爲簡的藝術效果，實乃古人行文技巧之一。

推數典用事的遠源，《六經》之中，早有先例，綜其方式，大別有二：一是略舉古人的事迹，來徵驗文章的內容，如「文王繇《易》，剖判爻位，〈既濟〉九三，遠引高宗之伐；〈明夷〉六五，近書箕子之貞。」二是引用前賢的文辭，來闡明事理，如「胤征羲和，陳政典之訓；盤庚誥民，敘遲任之言。」❷❶；可見數典用事，爲經典寫作的常模。至於屈賦二十五篇，雖引古事，但不取舊辭。到漢代賈誼的〈鵬鳥賦〉，才開始撮引《鶡冠子·世兵》篇中的說法❷❷；相如〈上林賦〉，取用李斯〈諫逐客書〉中的文句。❷❸及至揚雄〈百官箴〉，酌採《詩》《書》的精華，劉歆〈遂初賦〉，列舉紀傳的史實❷❹；到了崔駰、班固、張衡、蔡邕，他們更廣泛蒐集經典史籍上的成語典故，不但辭采義理具備，且能突破數典用事的局限，發揮了多見博聞的妙用。所以「君子以多識前言往行」，便成了從事寫作的共同要求。

建安以後，數典用事的風氣尤烈，鍾嶸〈詩品序〉說：「顏延謝莊，尤爲繁密，于時化之。故大明、泰始中，文章殆同書抄。近任昉、王元長等，詞不貴奇，競須新事，邇來作者，浸以成俗。

---

❷❶以上引文均見於劉勰《文心雕龍·事類》篇。
❷❷賈誼〈鵬鳥賦〉中，多用《鶡冠子》語，說見劉勰《文心雕龍·事類》篇。今傳宋陸佃注本《鶡冠子》十九篇，其中〈世兵篇〉與賈誼〈鵬鳥賦〉文辭多同。
❷❸按司馬相如〈上林賦〉中：「建翠華之旗，樹靈鼉之鼓。」引自李斯〈諫逐客書〉的「建翠鳳之旗，樹靈鼉之鼓。」
❷❹揚雄〈百官箴〉與劉歆〈遂初賦〉，文中採《詩》《書》的精華，列紀傳的史實，說見劉勰《文心雕龍·事類》篇。

遂乃句無虛語，語無虛字，拘攣補衲，蠹文已甚。」所以《南齊書·文學傳論》謂：「今之文章，……緝事比類，非對不發，博物可嘉，職成拘制。或全借古語，用申今情，崎嶇牽引，直爲偶說，唯睹事例，頓失清采。」史稱沈約「博物洽聞，當世取則」❻，崔慰祖稱劉孝標爲「書淫」❼，指的都是以富博爲高，以用事爲工的文風。

由於作者記憶力有限，而時人又以數典爲工，富博爲長，於是有又「類書」的興起。類書者，義以類聚，事以群分。其內容綜括百家，馳騁千載，爲智識的寶庫，屬文的津逮，有節省記憶，尋檢方便的功用。自魏文帝時撰集《皇覽》後，齊有《四部要略》、梁有《類苑》、《華林徧略》、《長春義記》，以及專門爲佛典編纂的《法寶聯璧》❼等，如雨後春筍，層出不窮，亦足以反映當時文人學士對數典用事重視的程度爲如何了。

晉陶淵明作品不多，然其「文章不群，辭采精拔，跌宕昭彰，獨超衆類，抑揚爽朗，莫與之京。」❽我讀〈五柳先生傳〉、〈桃花源記〉，不用典故，不假藻飾，文筆舒展，脫口成章，可謂「瀟瀟澹逸，一片神行」，然而在其〈與子儼等疏〉中，卻數典用事，異於他作。如援引古人事㈤，徵驗文章內容部分：「四友之人」，事見《孔叢子》；「鄰靡二仲」，事見趙岐撰《三輔決錄》；「室無萊婦」，事見皇甫謐《高士傳》；「鮑叔管仲，分財無猜」，事見司馬遷《史記·管晏列傳》；「歸生伍舉，班

❻史稱沈約爲文用事，見王瑤《中古文學風貌·隸事聲律宮體》引。
❼崔慰祖稱劉孝標語，見於劉義慶《世說新語·文學》。
❼《四部要略》千卷，見《南齊書·竟陵王子良傳》。《類苑》一百二十卷，見《南史·劉峻傳》。《華林徧略》七百卷，見《南史·何思澄傳》。《長春義記》若干卷，見《梁書·許懋傳》。《法寶聯璧》若干卷，見《南史·陸杲傳附子罩傳》。
❽引文見梁昭明太子〈陶淵明集序〉。

荊道舊」，事見《春秋·左氏傳·昭公》元年文；「潁川韓元長，漢末名士」，事見范曄《後漢書·獻帝本紀》：「洛北氾雅春，晉時操行人也」，事見房玄齡《晉書·儒林傳》。其次是引用前賢文辭，闡明事理部分：「死生有命，富貴在天」，語出《論語·顏淵》篇；「余嘗感孺仲賢妻之言」，言出范曄《後漢書·列女傳·王霸妻》；「四海皆兄弟」，語出《論語·顏淵》篇；「《詩》曰：高山仰止，景行行止」，引自《詩經·小雅·車舝》。淵明散文，自然樸素，不事雕琢，而〈與子儼等疏〉寥寥四百字，就有引事者七處，引文者四處，其他各家作品，在此雖不能一一檢索，相信數典用事，自炫浩博者必不可免，可見此為魏晉南北朝散文的又一特徵。

㈥**校練名理**：經學獨尊的思想，發展到漢末，經過曹操提倡法術，和用人唯才的影響，到魏文帝時，想再恢復太學，察舉孝廉，維持以往尊經黜子的局面，已完全不可能。於是名、法、道、兵、縱橫各家乘間而起，加以佛學東來，和古文經學的抬頭，因而校練名理的論說文字，為魏晉南北朝的學術發展響起了變革的號角。

劉勰曾透過文學理論的目光，在《文心雕龍·論說》篇，對魏晉六朝校練名理的論著，從宗經、筆法、內容、作家比較與作品特點等方面，作條列式的評價，並在〈時序〉篇對此一時期的作品提出總結。他說：「自中朝貴玄，江左稱盛，因談餘氣，流成文體，是以世極迍邅，而辭意夷暴，詩必柱下之旨歸，賦乃漆園之義疏。故知文變染乎世情，興廢繫乎時序，原始以要終，雖百世可知也。」

校練名理是魏晉南北朝學術思想變化的具體象徵，由於時間漫長，轉折複雜，衝突劇烈，作家眾多，其間糾葛錯綜，所以魏

晉與宋齊梁陳又有不同。魏晉時期，清談可分兩派：王弼、何晏
之文，清峻簡約，文質兼備，雖闡發道家思想，實與名法家言相
近，此派孔融、王粲開其基，至王何集其大成，夏侯玄、鍾會爲
羽翼。至於嵇康、阮籍之文，壯麗多采，雖亦闡發道家思想，實
與縱橫家爲近，此派阮瑀、陳琳已肇其端，而大盛於竹林七賢。
惟阮陳不善持論，孔王雖善持論，而又短於玄思。❷東晉學者，
承西晉清談之緒業，並精名理，善於論難。其間以劉惔、王蒙、
許詢爲宗。其與西晉不同之點，在於放誕的文風，至此已刊落殆
盡。又西晉以前所謂的名理，不越老莊範圍，至於東晉，如支遁、
法深、道安、慧遠之流，並精佛學。其析理之美，陵越西晉；且
才藻新奇，言有深致。此即孫安國所謂：「南人學問，清通簡要」
❸之意。

　　兩晉文士均擅長清言，名理的校練雖各有所重，但其言語文
章卻多饒辭趣，劉勰《文心雕龍‧明詩》篇云：「江左篇製，溺
乎玄風，嗤笑徇務之志，崇盛忘機之談；袁、孫以下，雖各有雕
采，而辭趣一揆，莫能爭雄。」時至宋齊梁陳，文學之士而校練
名理者，於宋有謝靈運、謝瞻、王惠之屬，並以才辨辭義，精言
清理，著名於當代。於齊有張緒，言精理奧，爲一時之宗，其吐
納風流，往往使聽者廢寢忘倦。周顒辭清辯麗，韻味如流，一時
名動太學，爭相華辨。於梁講論風氣，廣被朝野，根據史傳記載，
由於君主的熱心提倡，國學諸生往往以辯論儒玄是務，發題申難，
往還討論，極一時之盛。

　　至於談玄的方式，大多先有一個論題，再互相辯難，如曹魏

---

❷以上本段文義，大致化用劉師培《中國中古文學史》書中言「善言名
　理」部分。
❸孫安國說，見劉義慶《世說新語‧文學》。

時的才性論辨，傅嘏論同，李豐論異，鍾會論合，鍾會又集而論之，撰〈四本論〉；正始年間，何晏作〈無名論〉，唱聖人無情說，嵇康著〈養生論〉、〈聲無哀樂論〉。這些論題，經常是他們談玄的張本。影響所及，如阮籍的「當其得意，忽忘形骸」，陶淵明的「好讀書，不求甚解」，以及竹林七賢之作，王羲之的「一死生爲虛誕，齊彭殤爲妄作」，和那些析理井然的論說，雋語天成的書札，文學理論的興起，均與清談有密不可分的關係。所以校練名理，可謂魏晉南北朝散文發展的重要特徵。

四、結 論

　　魏晉南北朝是個跨世紀、跨民族、跨文化、跨地域的偉大舞臺。不同角色、不同布景、不同道具，藉著不同人物的思維模式和表述技巧，忽而粉墨登場，忽而追殺拼搏，忽而風狂雨驟，喊殺連天，忽而高樓廣廈，粉翠黛綠，忽而山明水秀，鳥語花香，忽而大漠飛沙，荒煙野蔓，在這四百年如朝夕的動態畫面的背後，卻隱藏著民族的血淚，人性的卑賤、社會的破敗、政局的混亂、文化的撕裂、學術的消沈，和遊子他鄉，死生新故的悲情，散文作家們憑著一顆天賦的良知，親身的體悟，用血淚交織的筆觸，寫下了絢爛多采，富有時代特徵的作品。

　　魏晉南北朝是歷史上的大格局，散文只不過是這個大格局中的一顆沉埋千載的明珠。雖然在人生的舞臺上，給民族的融合帶來陣痛，但在散文發展上，卻由轉折的快速，接觸的多元，長時間的醞釀，營造出它獨具的特徵，這些作品再經過歷史的沉澱之後，浮現出作家們的共同心聲，和時代的交移、文化的振靡、社會的隆污，有著呼吸相通的脈動。

　　中國文學史家，向來視詩、賦、駢文爲魏晉南北朝文學發展

的主流，散文不過是他們筆下的一個襯詞而已。如文選學家吳楚材編輯的《古文觀止》，上起周代，下終朱明，共選文章二百二十二篇，向稱研讀中國散文的津逮而傳誦士林，但觀其所選，於魏晉南北朝僅收諸葛亮〈前·後出師表〉、李密〈陳情表〉、王羲之〈蘭亭集序〉、陶淵明〈歸去來辭〉、〈桃花源記〉、〈五柳先生傳〉，以及孔稚圭〈北山移文〉等八篇；姚鼐編《古文辭類纂》，廣收先秦兩漢唐宋以及元明清之佳作，而於魏晉南北朝四百年間的作品，僅選諸葛亮的〈出師表〉、陶淵明的〈歸去兮辭〉和鮑照的〈蕪城賦〉三篇而已。古文大家韓愈在他的〈荐士詩〉裡，以為：「建安能者七，卓犖變風操。逶迤抵晉宋，氣象日凋耗。中間數鮑謝，比近最清奧。齊梁及陳隋，眾作等蟬噪。搜春摘花卉，沿襲傷剽盜。」這固然是為詩作而發，實際上他對魏晉南北朝散文，又何嘗有過關愛的眼神呢！

　　魏晉南北朝散文之影響於中國文學者，除發揮了它上承先秦兩漢，下開唐宋元明的歷史貢獻外，在文學發展的大潮裡，它掙脫傳統的羈絆，取得獨立的地位，並與韻文、駢文鼎足而三，分庭抗禮。至於唐宋以後的山水文學、幽默小品、箋記書札等，也因為它的沾漑，豐富了潛在的生命和發展的活力。

　　回顧這個漫長而變亂紛乘時期的散文發展，想要在作家如林，著作如雨中尋繹它們的共同特徵，勢必要以披沙揀金的耐力，在茫茫荒原裡，才能幸獲其無限生機；但本文畢竟不是散文史，可是又不能不從歷史的天秤上和時代做比較；因此在選樣、取證分析，和表述方法上，難期無病，祈同道先進，賜我教言。

論　文：**魏晉南北朝散文發展的特徵**
主講人：**王更生教授**
講評人：**胡楚生教授**

　　魏晉南北朝時期的文學作品，一般文學史家向來重視的是詩歌、小說、賦、駢文，很少會提到散文。其實魏晉南北朝的散文作品，在中國散文史上是一個非常重要的時代，它承先秦、兩漢，下開唐宋元明，承先啓後，在散文發展過程中，曾產生重大的影響。此篇文章，從宏觀的角度、遼闊的視野，對於魏晉南北朝散文的發展，提出了六項有利於散文的發展「背景」；同時也提出六項魏晉散文的「特徵」，個人十分佩服。

　　有幾個小問題，提出來討論：(1)文中提及散文發展的六項「背景」，對於散文的發展，自然有密切的關係，但第三項「個人文學的興起與成立」，第三頁，引用荀易《中經》、王儉《七志》、阮孝緒《七錄》……等目錄書，證明西晉以下，個人文集已大量出現，這是既定的事實，只是「個人文學的興起與成立」只是一個現象、結果，是不是對於散文發展的一個有利的誘因，值得商榷。(2)第十頁，「數典用事」：作者認爲是魏晉南北朝散文的特徵之一，但作者也談到「數典用事」是古人行文技巧之一，駢文之中也常見。若說「數典用事」是駢文的一項特徵也許更適合；反之，散文中偶爾用典，是否便可稱作是散文的「特徵」之一？似乎還得斟酌。(3)魏晉南北朝的文人學士，多數精通老莊、崇尚自然、愛好田園山水，因此作品中出現大量描寫田園山水的材料，這是否可以算是散文的一項「特徵」？(4)文中第十二頁，提到「經學獨尊的思想」……「於是名、法、道、兵、縱橫各家乘閒而起」，學說的興盛往往附帶著相關典籍的大批出現，可是檢索《隋書經籍志》，除了道家、兵家之書大量出現外，其他名

家、法家、縱橫家之書，都極爲稀少，這種典籍稀少的情形又如
何解釋？

南朝文人對鮑照五言詩的評價❶

新加坡國立大學

蘇 瑞 隆

在中國文學史上，鮑照(414?-466)素以駢文、辭賦與樂府詩聞名後世，其文精采瑰麗，藻思特秀；其詩則孤鷹突起，矯健無前，開一代樂府之風。但南朝文評家劉勰對鮑照隻字不提，而鍾嶸(468-518)於其《詩品》中雖盛贊鮑照的五言詩，卻將其置於中品，並評其風格爲「不避危仄，頗傷清雅之調。故言險俗者，多以附照。」其中所謂「危仄」與「險俗」二辭究屬何指，歷來《詩品》注家或避而不注，或未能得其要旨，遂使鍾嶸之原意晦澀不明。蕭子顯(489-537)在《南齊書·文學傳論》中也指鮑照一派「發唱驚挺，操調險急」，雖然給予一席之地，卻將之比喻爲詩中之鄭衛之聲，似乎也不無貶意。本文將深入探討鍾嶸等文論家之批評的本意，並分析南朝的文藝思想與文學品味的傾向，以解釋南朝人對鮑照文學不同的評價。

摯虞(?-311)在《文章流別論》中推崇四言詩爲古詩之體，而將五言詩貶爲「俳諧倡樂多用之」的一種體裁。❷雖然摯虞可

---

❶本文承東海大學中文系李金星教授不吝斧正，謹此致謝。李先生爲我大學時代的老師，啓發我對中國古典文學的興趣。對他提出的批評，我完全接受，並遵照改正。另外，王鍾陵教授與曹旭教授也對本文提出批評與指正，併此致謝。如文章尙有不完備之處，本人應付全責。
❷見郭紹虞、王文生編，《中國歷代文論選》，第一冊，191。《國語·晉

能是從歷史的觀點來解釋五言詩的地位，足見在當時尚有許多文人仍然以爲五言詩並非雅正之體。雖然在文學觀念上，鍾嶸比摯虞前進了一步，肯定了五言詩已成爲當代的文壇寵兒與詩之主流，但他評詩的系統，仍然脫離不了正宗的觀念。鍾嶸的詩論體系包含三大源流，即《國風》、《小雅》，與《楚辭》。❸他認爲漢魏六朝的詩人之詩學的傳承大抵都來自這三家。在批評個別詩人時，他總是明白指出他們與前代詩人的師承關係。這種分析法當然不能完全客觀，因爲詩人作詩雖無可避免地對前代大家有所祖述。這其中關係非常微妙複雜，很難用這種直線式的推論來說明。然而鍾嶸以他敏銳的品味、豐富的閱讀經驗來闡述詩法傳承，雖不能讓人完全信服，但卻有一定的道理。❹在這三大源流之中，鍾嶸無疑是傾向以《國風》、《小雅》爲代表的《詩經》派的詩人，而與《楚辭》相對，形成《詩》、《騷》兩大流派。因爲前一系列的作家如古詩十九首的作者如曹植（192-232）、左思(約250-305)、陸機(261-303)、謝靈運(385-433)等等，都是漢魏晉六朝詩壇的中心人物，都被列爲上品。這些作者形成了鍾嶸「詩人影響論」的軸心，顯示鍾嶸對《詩經》情有獨鍾，與劉勰《文心雕龍》宗經的正統思想不謀而合。同時期屬於《楚辭》系的詩

語》(四部備要本)，8.1b記載了優施唱的五言歌詩：「暇豫之吾吾，不如鳥鳥，人皆集於苑，己獨集於枯。」
❸參見梅運生《鍾嶸與詩品》(臺北：國文天地雜誌社，1983)爲一深入淺出的研究。
❹西方學者對詩品的研究Hellmut Wilhelm, "A Note on Chung Hung and His Shih-p'in" 和 E. Bruce Brooks, "A Geometry of the *Shi Pin*" 分見Chow Tse-tsung, ed, *Wen-lin:Studies in the Chinese Humanities* (Madison: University of Wisconsin Press, 1968), 111-120和121-50; John Timothy Wixted, "The Nature of Evaluation in the *Shih-p'in* (Gradings of Poets) by Chung Hung(A.D.469-518)",收在Susan Bush and Christian Murck, ed., *Theories of the Arts of China* (Princeton: Princeton University Press, 1983), 225-64.

人如郭璞(276-324)、張華(232-300)、嵇康 (223-262) 等，則多
被列為中品。❺《詩品》的理論體系含有正宗的概念。第一，鍾
嶸不僅以《詩經》源流為正宗，同時大肆表揚能夠承繼《詩經》
之精神的詩人，例如鍾嶸最讚賞的詩人曹植，他的評語是：

> 其源出於〈國風〉。骨氣奇高，詞彩華茂。情兼雅怨，體
> 被文質。粲溢今古，卓爾不群。嗟乎！陳思之於文章也，
> 譬人倫之有周孔，鱗羽之有龍鳳，音樂之有琴笙，女工之
> 有黼黻。❻

他指出曹植的詩作是完美地呈現了雅正的風格與哀怨的情思，結
合了丹彩與風力，文質均衡，因此能上承《國風》，下開建安一
代詩壇。第二，漢代以下的詩歌，鍾嶸以建安詩為正宗，並舉出
曹植和劉楨(?-217)為代表人物。而自劉宋(420-479)以下，惟有
謝靈運一人(屬《國風》派)居上品，其餘均分屬中下品。這種以
古為高的文學觀似乎是南朝文評家所共有的概念。劉勰《文心雕
龍·明詩》篇談到建安詩人時也極力誇贊：「暨建安之初，五言
騰踴。文帝陳思，縱轡以騁節；王徐應劉，望路而爭驅。……慷
慨以任氣，磊落以使才。造懷指事，不求纖密之巧；驅辭逐貌，
唯取昭晰之能。此其所同也。」❼而提到晉宋以下的詩風就批評
道：「正始明道，詩雜仙心，何晏之徒，率多浮淺……晉世群才，
稍入輕綺，張、潘、左、陸，比肩詩衢，采縟於正始，力柔於建
安……宋初文詠，體有因革，莊老告退，而山水方滋，儷采百字
之偶，爭價一句之奇，情必極貌以寫物，辭必窮力而追新，此近

---

❺系統表詳見曹旭《詩品集注》(上海：上海古籍出版社，1994)，24。本
　書為最近註解最完備的詩品版本。
❻《詩品集注》，97-98。
❼周振甫，《文心雕龍注釋》(臺北：仁愛書局，1984)， 6.85.

世之所競也。」❽劉勰所指的這些晉宋之間的詩壇現象是含有貶意的，雖然他指出晉宋詩人的辭彩比建安詩人更爲華麗，修辭技巧變本加厲，但卻缺乏了慷慨悲涼的風骨與剛強磊落的風力。他和同時期的鍾嶸一樣，對當時新起的詩風都感到不滿。

　　無怪乎劉勰的《文心雕龍》雖體大思精，而對鮑照卻不著筆墨；鍾嶸的《詩品》將鮑照置於中品，評價甚高而皮裏陽秋：

> 其源出於二張。善制形狀寫物之詞，得景陽之詠詭，含茂先之靡嫚。骨節強於謝混，驅邁疾於顏延。總四家而擅美，跨兩代而孤出。嗟其才秀人微，故取湮當代。然貴尚巧似，不避危仄，頗傷清雅之調。故言險俗者，多以附照。❾

以下，我將詳細分析鍾嶸這段話的要旨，並檢驗其涵義與準確性。

一、得景陽之詠詭

　　「二張」指的是西晉的張華與張協(?–307或255?–310?)。二張的源頭都是列於上品「文秀而質弱」的王粲。❿對於張協，《詩品》列在上品並評爲：「其源出於王粲。文體華淨，少病累。又巧構形似之言……詞彩葱倩，音韻鏗鏘，使人味之，亹亹不倦。」以二張爲鮑照的詩歌源流，說明鍾嶸認爲鮑照修辭用語的風格與二張相近，尤其是善於描寫的能力特別突出。「詠詭」的風格可以張協抒寫秋夜情懷、異鄉宦遊的十首〈雜詩〉爲例，因爲這些作品最能代表他的詩歌成就。⓫「詠詭」一辭首見於

---

❽同注7。
❾《詩品集注》，290。
❿《詩品集注》，117。
⓫詩見逯欽立《先秦漢魏晉南北朝詩・晉詩》（臺北：學海出版社，1984），7.745–47。這些作品已被譯爲英文並詳細註解，見Chui-mi Lai,

《莊子·德充符》，叔山無趾嘲笑孔子未達至人之境，而妄想以奇誕虛幻的聲譽傳聞天下：「無趾語老聃曰：『孔丘之於至人，其未邪？彼何賓賓以學子爲？彼且蘄以諔詭幻怪之名聞，不知至人之以是爲己桎梏邪？』」⑫成玄英疏爲：「諔詭，猶奇譎也。」陸德明引李云：「諔詭，奇異也。」郭慶藩集釋曰：「諔詭亦作俶詭。(見《呂覽·傷樂篇》。)諔，猶俶也。薛綜注西京賦曰：『詭，異也。』高誘注淮南本經篇曰：『詭文，奇異之文也。』」⑬綜合以上解釋，可見鍾嶸用「諔詭」一辭來描繪張協五言詩的風格，指出了張景陽練字遣辭的特色。清人何焯《義門讀書記》也說：「詩家練字琢句，始於景陽。」⑭他的十首〈雜詩〉展現了幾項特點：長於寫景、對仗句多、不常用典、力避陳言、造語奇詭。如雜詩第四首「翳翳結繁雲，森森散雨足」，其中「雨足」就是張協所獨創的，杜甫的《茅屋爲秋風所破歌》的「雨腳如麻未斷絕」即套用張協之辭。　又如第十首：

　　墨蜺越重淵，商羊儛野庭。飛廉應南箕，豐隆迎號屏。

　　雲根臨八極，雨足灑四溟。霖瀝過二旬，散漫亞九齡。⑮

巧妙運用神話典故來形容天降淫雨，句法對仗工整，是詩歌走向駢體化的象徵；造辭方面則力求創新，其中「雲根」、「雨足」都是別具巧思的新辭。這些例子都指出張協善於鍛字修辭，而鮑照的模山範水一類的詩，如〈登廬山〉、〈登廬山望石門〉、〈從庾中郎遊園山石室〉等等，正是精心練句的例證：⑯

"Autumn, Rain, and Leaving Office: Ten Poems by Zhang Xie" (M. A. Thesis, University of Washington), 21-68.

⑫郭慶藩《莊子集釋》（北京：中華書局，1993），2.204。

⑬以上註解均見《莊子集釋》，2.205。

⑭見引於韓欣泉〈張協〉，《中國歷代著名文學家評傳·續編一》（濟南：山東教育出版社，1983），272。

⑮《先秦漢魏晉南北朝詩·晉詩》，7.747。

⑯關於鮑照山水詩的討論，詳見拙作Su Jui-lung, "Versatility within

〈登廬山〉

懸裝亂水區，薄旅次山楹。千巖盛阻積，萬壑勢迴縈。
巃嵸高昔貌，紛亂襲前名。洞澗窺地脈，聳樹隱天經。
松磴上迷密，雲竇下縱橫。陰冰實夏結，炎樹信冬榮。
嘈囋晨鵾思，叫嘯夜猿清。深崖伏化迹，穹岫閟長靈。
乘此樂山性，重以遠遊情。方躋羽人途，永與煙霧并。**⑰**

　　這些詩運用辭賦化的語言，以奇文瑋字來描繪山水，別出心裁，
締造驚人之句。首句即以山水形象互相對仗，模仿謝靈運的山水
詩，而其雕琢鍛句之功則尤有過之。描寫廬山，鮑照所取的景是
廬山的驚險，嶙峋怪石，高樹蔽天，漫山煙霧，行人為之迷徑，
使人懷疑淵深的懸崖洞穴為修練的異人所據。結尾將廬山想像為
神仙靈異之地，塑造一種飄渺虛無的意境。所謂「景陽之詙詭」
便是指鮑照這種奇崛突起的句法和瑰麗異彩的詩境。另外本詩通
篇不用典故，辭必己出，即便有時襲用前人之句，亦必加以濃縮
化用，這也是鮑詩特點。如「巃嵸」、「嘈囋」雖為賦中用語**⑱**，
而為鮑照巧妙化用，不覺其繁。其中「雲竇」一辭古所未見，則
為鮑照新創之詩語。今人讀鮑詩往往感到佶屈聱牙，其實並非鮑
照好用僻典，恰恰相反，正好是因為作者全不用典，精心造語，
讀者無處察其源流，因此難以理解。

二、含茂先之靡嫚

　　二張中的張華被列為中品詩人，鍾嶸評曰：「其源出於王粲。

Tradition: A Study of Bao Zhao's Literary Works" (Ph.D. Diss.,
University of Washington, 1994), 295-363。
⑰錢仲聯　《鮑參軍集注》（臺北：木鐸出版社，1982），5.263。
⑱同上註。

其體華艷，興托不奇。巧用文字，務爲妍冶。雖名高曩代，而疏亮之士，猶恨其兒女情多，風雲氣少。」[19]王粲之詩以〈七哀詩〉最爲著稱，善寫哀情，文辭清麗，其詩風的確與張華近似。[20]張華現在所存詩篇不多，其中以〈情詩〉最爲引人注目[21]，內容抒寫男女情愛，頗爲細緻動人。如第一首：

> 北方有佳人，端坐鼓鳴琴。終晨撫管弦，日夕不成音。
>
> 憂來結不解，我思存所欽。君子尋時役，幽妾懷苦心。
>
> 初爲三載別，於今久滯淫。昔耶生戶牖，庭内自成陰。
>
> 翔鳥鳴翠偶，草蟲相吟和。心悲易相感，倪仰淚流襟。
>
> 願托晨風翼，束帶侍衣衾。」[22]

所謂「靡嫚」，含有纖弱柔美，華麗奢侈之意，常用來形容美妙的聲色[23]，這些特徵都是張華〈情詩〉中所表現出來的。雖然是張茂先詩之特點，但鍾嶸已暗含貶意，因爲既然是柔美，就意味著缺乏剛強的風力。這首詩雖然不屬樂府，但很明顯是繼承了樂府詩的傳統，開頭的詩句就襲用李延年的歌。[24]接著借用女子的口氣，以彈琴不成比喻自己的憂愁不能解；正如許多樂府詩的主題，本詩描寫閨中女子想念從軍征戰的丈夫，而自己獨守空閨。花鳥的吟唱顯示春天的到來，卻沒有帶來半點歡喜的氣氛，只有讓她更添哀愁。結尾是思婦的願望——願藉晨風鳥的翅膀而去，

---

[19]《詩品集注》，218。

[20]見《先秦漢魏晉南北朝詩・魏詩》，2.365-66。

[21]見《先秦漢魏晉南北朝詩・晉詩》，3.618-19。

[22]同上。

[23]漢語大詞典編輯委員會《漢語大詞典》（上海：漢語大詞典出版社，1993），11.

[24]歌曰：「北方有佳人，絕世而獨立，一顧傾人城，再顧傾人國。寧不知傾城與傾國，佳人難再得！」見班固《漢書》（北京：中華書局，19），97.3951

與情人相會，委婉哀怨。㉕《詩經‧秦風‧晨風》從現代的觀點
來看，是一首思婦感歎哀愁的詩，但《詩小序》卻說是諷刺康公
棄賢臣的詩。㉖張華極可能只是借用其中意象，而無政治意味。
全篇用辭淺顯生動，即使運用了《詩經》中的典故，也是一目了
然。

　　鮑照的詩中，有英風颯爽的邊塞俠客詩，也有許多哀怨動人
的篇章，的確類似張華柔媚之詩風。如〈擬古第七首〉：

　　　　河畔草未黃，胡雁已矯翼。秋蛩扶戶吟，寒婦成夜織。

　　　　去歲征人還，流傳舊相識。聞君上隴時，東望久歎息。

　　　　宿昔改衣帶，朝旦異容色。念此憂如何，夜長愁更多。

　　　　明鏡塵匣中，瑤琴生羅網。

這首是雖然題爲「擬古」，但明顯地是樂府詩的章法，具有故事
性，辭淺意深。敘述一名思婦丈夫被徵召到關外，戍守邊疆，而
自己卻獨守空閨。開頭以北方群雁南翔點出季節的輪逝，轉眼肅
殺的秋天又到來。蟋蟀驚吟於夜空之中與編織寒衣的機杼聲聲掩
映。丈夫音訊只有從回鄉的軍人口中得知，聽說丈夫時時東望家
鄉，衣帶漸寬，容顏消瘦。聽到這樣的消息，閨中人更加憂愁。
最後藉明鏡和瑤琴的意象含蓄地說出思婦因愁緒再也無心化妝彈
琴。比起張華的詩，鮑詩更爲深刻有力地表達了古代女子的閨怨。
比較兩家風格，張華用字淺白，十分含蓄地表達哀怨，鮑照則款
款致意，善於營造感傷氣氛，形象突出，感情奔放。不僅具備張
華的「靡嫚」風格，又比張華更有文采，詩風更爲遒健勁直。

㉕「晨風」爲鳥名，高本漢將之譯爲falcon，是一種鷹類。見 Bernhard
　Karlgren,The Book of Odes(Stockholm: The Museum of Far Eastern
　Antiquities, 1950）, #132.
㉖見《毛詩正義》，《十三經注疏本》（北京：中華書局，1980），6.
　373.b。

三、骨節強於謝混，驅邁疾於顏延

　　鍾嶸指出鮑照的詩涵蓋了二張的長處，這是正確的。鮑照兼善眾體，詩風呈現多樣化的風格，既長於刻劃兒女哀傷的情思，又能取法張協之練字鑄辭，擅長造構形似之語。鍾嶸再進一步提出鮑照詩歌中所體現的雄渾澎湃的氣勢，「骨節」剛強，更勝謝混。謝混為中品詩人，鍾嶸評為：「其源出於張華。才力苦弱，故務其清淺。殊得風流媚趣。」❷謝混詩作僅存五首，很難看出他整體的風格如何，但沈約說：「仲文始革孫、許之風，叔源大變太元之氣。」❷檀道鸞(活躍於公元五世紀)的《續晉陽秋》也指出謝混為晉朝詩風的轉捩點，評價甚高：

> 正始中，王弼，何晏，好老莊玄勝之談，而世遂貴焉。自過江佛理尤盛，故郭璞五言，始會道家之言而韻之。詢及太原孫綽，轉相祖尚。又加釋氏三世之辭，而詩騷之體盡矣。至義熙中，謝混始改。❷

這段話說明了謝混一反孫綽(314-371)與許詢(活躍於358)以來淡乎寡味的玄言詩，將詩壇重新又帶上了重視辭藻的方向。謝混現存的作品以〈遊西池詩〉最有名，被《昭明文選》收錄於〈遊覽〉標題之下：❸

> 悟彼蟋蟀唱，信此勞者歌。有來豈不疾，良遊常蹉跎。
> 逍遙越城肆，願言屢經過。迴阡被陵闕，高臺眺飛霞。
> 惠風蕩繁囿，白雲屯曾阿。景昃鳴禽集，水木湛精華。

---

❷《詩品集注》，277。
❷沈約《宋書》(北京：中華書局，1974)，76.1778。
❷見楊勇校注，《世說新語校牋》(臺北：洪氏出版社，1976)，4.205.
❸見李善注《文選》(臺北：華正書局，1986)，22.312。

褰裳順蘭沚，徙倚引芳柯。美人愆歲月，遲暮獨如何。

無爲牽所思，南榮戒其多。❸

就題材說，這是一首早期可以稱爲山水詩的作品，作者遊覽西池而描繪其中山水，並將自己心中感受融入其間，使情景交融。開頭使用了《詩經》中〈唐風·蟋蟀〉和〈小雅·伐木〉的意象，暗示歲月忽逝，而不得與朋友行樂，含蓄而巧妙地表達自己的感傷。另外值得注意的是詩中提到「蘭沚」一辭，加上攀折芳草的動作，實際上便是用〈離騷〉的典實。由現實寫景突然轉入《楚辭》的香草美人世界，進入屈原的傳統來述說一己之懷。這是漢賦中就可見到的寫法，例如馮衍(約1-76)的〈顯志賦〉，突然由實際的旅程筆鋒一轉而進入〈離騷〉的境界，就是如此。❸這種寫法稍後由謝靈運更加發揚光大，成爲南朝山水詩一項特色。在詩中謝混由高臺眺望，顯示古人登高必賦詩的習慣，而由欣賞美景轉而自憂身世，更表現了中國詩感傷的傳統。他用美人遲暮自喻，接著最後一句引《莊子·庚桑楚》中庚桑子勸戒南榮趎全形保身，勿讓俗慮干擾的典故，勉勵自己不應爲世事所羈絆。❸運用老莊的典故固然是玄言詩的遺風，而謝靈運山水詩更將楚騷典故與老莊融爲一體，成爲南朝山水詩的一大特點，謝混之詩已有開創之功。

謝混詩作所存不多，是否因爲如此，因而鍾嶸認爲他才力不足，不得而知。但從這首詩的風格文字看來，評他清淺，得張華風流，的確有道理。與鮑照相比，其骨氣剛健則遠遠不如。鮑詩中也有遊覽感傷之作，如〈還都道中〉第一首：

---

❸見《先秦漢魏晉南北朝詩·晉詩》，14.934-35.

❸范曄（398-455）《後漢書》（北京：中華書局，1965），28.999.

❸見楊柳橋《莊子釋詁》（上海：上海古籍出版社，1991），19.456。

　　悅懌遂還心，踴躍貪志勤。鳴雞戒前路，暮息落日分。

　　急流騰飛沫，迴風起江濆。孤獸啼夜侶，離鴻噪霜群。

　　物哀心交橫，聲切思紛紜。歎慨訴同旅，美人無相聞。❸

鮑照此詩寫仕宦在外，一旦得以返回首都南京的心情。首句就表明那種還鄉旅人壓抑不住的興奮，心如熱湯沸騰，拼命趕路的情況。清晨上路，一直要到落日時分才休息，行色匆匆，無心戀棧外物。此時忽見大江景色，江上風起水湧，鳥獸失群而哀鳴。藉外物而描寫內心感受，心如江水翻騰，哀鴻孤獸則表達對妻子或友人的想念。末句也與謝混詩相似，巧用了《楚辭》的典故，用美人的意象一方面可以比喻妻子，另一方面則暗喻君王，不相聞問，使之遊宦他鄉，不得早日還都。全詩情景交融，涵蘊悲涼氣概，華而不弱，故言「骨節強於謝混」，實是深得箇中三昧。

　　此外，鍾嶸也指出鮑詩「驅邁疾於顏延」，這主要是指詩的節奏而言，認為鮑詩節奏快速，超越延之。鮑明遠詩用典少，顏延之 (384-456) 則喜句句用典，因此形成一種凝重典雅的詩風，自然不如鮑詩輕快敏捷。其實鍾嶸也十分推崇延之，他說「謝客為元嘉之雄，顏延年為輔」❸，將顏延之置於中品：

　　　其源出於陸機，故尚巧似，體裁綺密。然情喻淵深，動無
　　　虛發，一句一字，皆致意焉。又喜用古事，彌見拘束。雖
　　　乖秀逸，固是經綸文雅，才減若人，則陷於固躓矣。湯惠
　　　休曰：「謝詩入如芙蓉出水，顏詩如錯彩鏤金。」顏終身
　　　病之。❸

湯惠休(生卒年不詳)是劉宋著名的詩僧，樂府與鮑照齊名，常與

---

❸《鮑參軍集注》 5.307。
❸《詩品集注》，28。
❸《詩品集注》，270。

之互相酬唱，應爲生平好友。㊲他評顏謝詩的標準就在自然一辭，
以爲延之雕琢太甚，反傷詩骨。鍾嶸之意與惠休相同，因此引其
語而評之。《南史》也有一段類似的記載，鮑照與延之同在劉宋
爲官，他曾批評顏詩：

> 延之與陳郡謝靈運俱以辭采齊名，而遲速縣絕。文帝嘗各
> 敕擬樂府北上篇，延之受詔便成，靈運久之乃就。延之嘗
> 問鮑照己與靈運優劣，照曰：「謝五言如初發芙蓉，自然
> 可愛；君詩若鋪錦列繡，亦雕繢滿眼。」延之每薄湯惠休
> 詩，謂人曰：「惠休制作，委巷中歌謠耳，方當誤後生。」
> 是時議者以延之、靈運自潘岳、陸機之後，文士莫及，江
> 右稱潘、陸，江左稱顏、謝焉。㊳

後世史家可能將鮑照與湯惠休相互混淆了，但由此可看出鮑、湯
二人對詩歌同樣主張自然，而貶抑雕琢太過的風格，因此與延之
的士大夫體格格不入。顏延之與謝靈運齊名是當時文壇的公論，
他自然不服鮑、湯的評語，是以反唇相譏，尖銳地指出惠休的詩
對當時文壇造成不良影響。所謂「委巷中歌謠」應指晉宋以來的
流行樂府，尤其是吳歌與西曲，顏延之的作品中沒有這類作品，
顯示他對流行樂府詩的輕視，此點稍候再論。㊴

　　從顏延之現存的作品看來，除了〈五君詠〉、〈秋胡行〉等
樂府詩，與少數一些抒發個人情感的詩，較爲清新可讀外㊵，其
餘許多應詔所作的詩，大都表現出刻意雕鏤，板重晦澀的風格，
例如〈贈王太常僧達詩〉：

㊲鮑照曾贈惠休二詩，見《鮑參軍集注》，288-90。
㊳見李延壽《南史》（北京：中華書局，1975），34.881
㊴筆者避用「民歌」一辭來稱呼這些詩歌，因爲這些樂府雖有少數並非文
　人所作，但大部分仍是文人作品，而且其性質也與後代眞正的民歌有別。
㊵見《先秦漢魏晉南北朝詩·宋詩》，5.1228-30；5.1235-1236。

玉水記方流，琁源載圓折。蓄寶每希聲，雖祕猶彰澈。

聆龍瞭九州，聞鳳窺丹穴。歷聽豈多工，唯然覯時哲。

舒文廣國華，敷言遠朝列。德輝灼邦茂，芳風被鄉臺。

側同幽人居，郊扉常晝閉。林閭時晏開，亞迴長者轍。

庭昏見野陰，山明望松雪。靜惟淡群化，徂生入窮節。

豫往誠歡聚，悲來非樂闋。屬美謝繁翰，遙懷具短札。❹

本詩多嚴整的對仗，因為延之為駢文大家，以〈三月三日曲水詩
序〉最為著稱，詩文互相影響，由此可見。詩一開頭即步步典實，
而且典故十分偏僻，有自炫博學的味道。根據《尸子》：「凡水
其方折者有玉，其圓折者有珠。」❷他將王僧達的才德比喻為深
藏不露的珠玉，接著根據這個意象，又說到即使僧達懷寶不露，
但是正如龍藏深淵，鳳居丹穴，而龍吟鳳鳴必定聞於人世，那些
求才若渴的人仍然會聽到他的令譽。❸

延之詩的下半段稱讚僧達的睿智(時哲)足為國家宰臣，接受
皇帝咨詢，並讚美他文采與品德都能廣為流傳，澤被百姓鄉里。
然後筆鋒一轉，描寫自己的隱士生活，只有這個時候，詩境才變
得稍微輕鬆。像「庭昏見野陰，山明望松雪」這樣渾然天成，直
抒胸臆的句子，在顏詩中是不多見的。連表達自己感情的詩句也
用十分晦澀的句法，結尾則是客套語，意味把情誼寄託在短短的
詩札之中。全詩明密雅致，鍾嶸評延之「動無虛發」、「喜用古

---

❹見《先秦漢魏晉南北朝詩·宋詩》，5.1232。

❷見引於李善《文選》，26.367。

❸這種寫法與英國十七世紀的John Donne((1572-1631)賴以成名的複雜的
譬喻(conceit)極為相似，他是形而上詩派(Metaphysical poetry)的領
袖詩人，在一首情詩中，他將一對戀人比喻為圓規的兩隻腳，而整首詩
就圍繞這個意象發展。見Alex Preminger and T.V. F. Brogen, eds.,
The New Princeton Encyclopedia of Poetry and Poetics(New York:
MJF Books, 1993), 232.

事」❹；湯、鮑說他「鋪錦列繡」都是極為中肯的。

鍾嶸對顏延之和鮑照的評價都是根據他們普遍的詩風，因此我們只能舉出鮑照代表性的詩歌來說明鮑詩的節奏。總結來說，鮑照的風格與顏延之相較之下，的確顯得剛強有力，節奏明快。例如他的〈代陳思王白馬篇〉：

> 白馬騂角弓，鳴鞭乘北風。要途問邊急，雜虜入雲中！
> 閉壁自往夏，清野徑還冬。僑裝多闕絕，旅服少裁縫。
> 埋身守漢境，沉命對胡封。薄暮寒雲起，飛沙被遠松。
> 含悲望兩都，楚歌登四墉。丈夫設計誤，懷恨逐邊戎。
> 棄別中國愛，邀冀胡馬功。去來今何道？卑賤生所鍾。
> 但令塞上兒，知我獨為雄。❹

整篇詩敘述邊塞男兒得知北地胡人又起戰亂，立即上馬加入軍隊的情況。用天寒地凍、飛砂走石的邊境，將馬上英雄為守漢境而犧牲自己的精神襯托出來。主帥失策，士兵含恨❹，形成一種悲壯蒼涼的詩境與一氣呵成的節奏感。這些都是顏延之的詩作所缺乏的，鍾嶸之評語，良有以也。

四、貴尚巧似，不避危仄

鍾嶸總結對鮑照的評價，推崇備至，以為他綜合了張協、張華的特長，而超越謝混與顏延，橫跨晉宋兩代，為一代詩家。並慨嘆鮑照出自寒門，人微才秀，不免埋沒於當代，對他的身世充滿了同情。然而如此稱揚之外，他也指出鮑詩弱點，即「貴尚巧似，不避危仄，頗傷清雅之調。」這段話說明了鮑照深得賦家三

---

❹《詩品集注》，270。
❹《鮑參軍集注》3.172。
❹吳摯父以為「沉命對胡封」以下皆鬼語。 即鮑照仿《楚辭·國殤》，以戰士亡魂敘說往事。見《鮑參軍集注》3.173。

昧,長於狀物,運用奇文瑋字,雙聲疊韻的聯綿辭來描繪難寫之物。但《詩品序》指出善於形似之言——亦即「直書其事,寓言寫物」的賦法對作詩而言並非上乘法則❼,鍾嶸說「若專用比興,則患在意深,意深則辭躓。若但用賦體,則患在意浮,意浮則文散,嬉成流移,文無止泊,有蕪漫之累。」❽由這段話看來,雖然多用比興或賦體都同樣是瑕疵,但對鍾嶸而言,似乎專用賦體問題更爲嚴重。例如列在上品的阮籍 (210-263) 的詩多用比興,使人讀之模擬兩可,鍾嶸卻說他「厥旨淵放,歸趣難求,顏延註解,怯言其志。」❾可見到了劉宋時期,阮籍的《詠懷詩》就已經需要註解才能理解,可知其晦澀難通,而鍾嶸並未大加撻伐。另如謝靈運雖列於上品,但長於描寫卻成爲一項缺點:「雜有景陽之體,故尚巧似,而逸蕩過之,頗以繁富爲累。」❺❶這段評語與評鮑照的十分相似,足見鍾嶸重比興,而輕賦體。

鮑照那種得自漢賦,長於描繪的雄健筆力,對南朝詩壇造成極大的影響。但對鍾嶸而言,鮑照與湯惠休同屬於不正的詩風,他明白指出當時詩歌的弊病:

> 次有輕薄之徒,笑曹劉爲古拙,謂鮑照爲羲皇上人,謝朓今古獨步。而師鮑照,終不及「日中市朝滿」,學謝朓劣得「黃鳥度青枝」。徒自棄於高明,無涉於文流矣。❺❶

劉宋末年,鮑照已經成爲時下文人爭相仿效的對象。他們甚至認爲建安詩人曹植與劉楨是「古」和「拙」,相對來說,他們所要追求的就是「新」和「巧」,而且竟然到了奉鮑照爲祖師爺的程

---

❼ 《詩品集注》,39。
❽ 《詩品集注》,45。
❾ 《詩品集注》, 123 。
❺❶ 《詩品集注》, 160 。
❺❶ 《詩品集注》,58。

度，對鮑照之前的詩人都不屑一顧。繼鮑明遠而起的謝朓也以清麗的五言詩獨步南齊，成爲最受歡迎的詩人。而鍾嶸說他「微傷細密」，沈約評他「體裁明密」，實際上就是指他的風格精致，辭句雕琢太甚❷，跟他評顏延之「體裁綺密」意思相近。❸由上可見自劉宋末年以來，鮑照已有許多模仿者，但這些人大都才力不足，而專走偏鋒，僅學得鮑照和謝朓的糟粕，使鍾嶸覺得有必要著書以矯正流俗的不良文風。

「新」和「巧」對鍾嶸和劉勰來說，都是含有貶意的批評辭匯，因爲鍾、劉的文學觀基本上是以古爲高，以今爲下的。鮑照與湯惠休美文名動一時，卻受到批評，正因爲他們的影響力太大，鍾嶸以爲這種情形是極不可取的，他稱頌那些不追隨流行詩風的文人：

> 檀謝七君，並祖襲顏延，欣欣不倦，得士大夫之雅致乎！
> 余從祖正員常云，大明泰始中，休鮑美文，殊已動俗，惟
> 此諸人，傅顏陸體，用固執不移，顏諸暨最荷家聲。❹

檀謝七人師法顏延之的士大夫體，自成一派與鮑照遺烈分庭抗禮；大明泰始年間從457年至471年，爲鮑照晚年，他的文名已達到了頂峰。使得鍾嶸評謝朓、沈約、謝超宗時，都不得不以鮑照爲標準。❺

鮑照如何能夠造成這種風潮？他的詩風必定十分獨特。鍾嶸說鮑照「危仄」、「險俗」，究竟說明了什麼？雖然從上引的段落來看，他可能指鮑照違反了雅正的原則。從現代的觀點來看，鮑照的詩文實在沒有不雅之處。追查「危仄」的本義，危者，險

---

❷《詩品集注》，298；《宋書》67.1779。
❸《詩品集注》，270。
❹《詩品集注》，432。
❺見《詩品集注》，298；321；432。

也。如「危言聳聽」，就是用駭人聽聞的話來說動別人；應用在文章之上，就是故造驚人之語。「危」又有不正、偏頗之義。而「仄」的本義是傾斜狹窄，與側字同義。❺❻「危仄」就是「危側」，基本意義爲偏頗狹隘。《文心雕龍・體性》談到文體的時候，也使用「危側」一辭來描寫風格：「若總其歸塗，則數窮八體：⋯⋯新奇者，擯古競今，危側趣詭者也。」❺❼這段話指的是拋棄古語，創造新風格，而爲了求新求變，必然走向詭異的路線。所謂「險」，就是指修辭方面，變異文法，倒錯句型，以不同於古人。《文心雕龍・通變》曰：「魏晉淺而綺，宋初訛而新。」❺❽其中「訛」（solecism）字，與險、危、新、奇、仄的意思近似，爲避免陳言套語，不惜顚倒句法。《定勢》篇說得最清楚：「自近代辭人，率好詭巧，原其爲體，訛勢所變，厭黷舊式，故穿鑿取新；察其訛意似難，而實無他術，反正而已。辭反正爲奇，效奇之法，必顚倒文句，上字而抑下，中辭而出外，回互不常，則新色耳。夫通衢夷坦，而多行捷徑者，趨近故也；正文明白，而常務反言者，適俗故也。」❺❾爲了追求新奇，不得不走詭譎奇異之路，缺乏才氣者則越走越狹窄，成爲形式主義的奴隸，衆人皆求新好異，因而謂之俗。

　　王鍾陵教授是少數詳細討論鮑詩的學者，他對鮑照的俗有不同的解釋。第一，他認爲鮑詩所以俗，有一部分是指詩歌所表現的內容，因爲鮑照有許多詩描寫下層人的生活，如〈代東武吟行〉描寫一個貧窮的老戰士。第二，他指出「鮑照詩『險』的特癥正

❺❻以上討論，參見《漢語大辭典》與《漢語大字典》（武漢：湖北、四川辭書出版社，1986），不予贅述。
❺❼見《文心雕龍注釋》，27.535。
❺❽《文心雕龍注釋》，29.569。
❺❾《文心雕龍注釋》，30.586。

是他急以怨寒士心理在藝術上的反映。」並指出『險』是『俗』
的一種特定的表達方式。」第三，鮑照的七言詩被認爲俗，特別
是《擬行路難》原爲北方牧豎之歌，被傅玄 (217-278) 視爲體小
而俗。⑥我不完全同意這些解釋，首先《詩品序》中提出的五言
詩家之警策，文彩之鄧林，其中鮑照以戍邊詩，爲鍾嶸所贊賞，
並不覺其俗。⑥江淹 (444-505) 著名的〈雜體詩〉三十首，其中
模仿鮑參軍的就是一首戍邊詩。〈東武吟行〉描述戰士身老沙場，
還鄉後卻一無所有，展現一種無可奈何的悲涼情景。這正是典型
的戍邊詩，因此鮑詩的俗應非指其詩歌內容。第二，王教授並沒
有清楚地解釋「險」與「俗」的關係，大略他認爲「險」指鮑照
那種因「內心激憤和沉鬱」⑥而發出的豪邁音節與奔放的熱情。
如上討論，這不是很明確的說法。鮑照山水詩有明顯模仿謝靈運
的地方，而靈運的句法濃縮典故，顛倒句法，如著名的〈登池上
樓〉中的「園柳變鳴禽」，就可稱的上「險」。⑥但因初期仿效
的人不多，所以不算俗。鮑照之後，人人學樣而才不及鮑謝者，
自然就畫虎類犬，俗不可耐了。所以蕭子顯說這些人是「鮑照之
餘烈」。⑥王教授對鮑詩俗的解釋，實際上是引用了王通《中說
事君篇》：「鮑照、江淹，古之狷者，其文急以怨。」⑥這指出
了鮑照那種滿腔怨氣、跌宕蹭蹬的詩歌內容，而與詩歌的「俗」
沒有直接的關係。方東樹(1772-1851)《昭昧詹言》也說：另外，

---

⑥ 王鍾陵《中國中古詩歌史》（南京：江蘇教育出版社，1988），614-15。
⑥ 《詩品集注》，347。
⑥ 見《中國中古詩歌史》，614。王教授私下指導我的時候，提出貴族不
　寫邊塞詩，因爲只有寒族士人才被派往邊疆。因此鮑照的戍邊詩也可能
　被認爲俗。這是值得深思的。
⑥ 見《先秦漢魏晉南北朝詩·宋詩》，2.1161。
⑥ 蕭子顯《南齊書》（北京：中華書局，1972），52.907-909。
⑥ 見引於《鮑參軍集注》，444。

「謝、鮑、杜、韓造語皆奇險深曲。」鍾嶸將「險」與「俗」並列，足見他也認為這兩者必與遣辭造句有關。傅玄 (217-278) 在〈擬四愁詩序〉中指出七言體小而俗❻❻，但經晉宋兩代，七言詩已逐漸取得地位，如鮑照為始興王劉濬 (活躍於436-453) 所作的〈代白紵舞歌辭〉四首，就純用七言體寫成。❻❼假如劉宋諸王不愛好七言詩，鮑照何以使用七言體裁？演奏舞曲，必須配以舞蹈，一般只有富豪人家或王公貴人才有如此的氣派。劉宋時期，七言詩不僅為宮廷接受，同時剛流行的五言絕句也為上層階級歡迎，譬如鮑照為孝武帝劉駿(活躍於436-453)所寫的十首〈中興歌〉，就是最早的五言絕句。❻❽

　　曹道衡教授也認為鮑照的俗在於他的「相和歌辭」和「雜曲歌辭」，也就是像〈擬行路難〉之類的七言和雜言詩，屬於北方的樂曲，而且不曾入樂，而南方樂曲多為四言或五言的齊言詩，因此不為士大夫所接受。❻❾曹教授立論甚為精審，但鍾嶸所談惟及五言詩，並未提及鮑照七言或雜言詩，因此對這個問題仍有討論餘地。劉孝標 (462-521) 引《續晉陽秋》，認為〈擬行路難〉乃是挽歌之流的作品。❼⓪《藝文類聚》則引《陳武別傳》，將〈行路難〉與〈太山梁父吟〉及〈幽州馬客吟〉一類的挽歌並列。❼❶足證〈行路難〉是挽歌類的作品。曹植、陸機等貴族詩人都曾仿作過〈太山梁父吟〉，而且《世說新語・任誕篇》所提到好唱

❻❻見《先秦漢魏晉南北朝詩・晉詩》，1.573。

❻❼見《鮑參軍集注》，216-219。

❻❽見《鮑參軍集注》，213-216。關於絕句史的發展，目前最詳盡的研究為 Daniel Hsieh, *The Evolution of Jueju Verse* (New York: Peter Lang Publishing, Inc., 1996）.

❻❾見曹道衡〈論鮑照詩歌的幾個問題〉收於《中古文學史論文集》(北京：中華書局，1986)，218-224。

❼⓪見楊勇《世說新語校箋》(臺北：洪氏出版社，1976)，23.571。

❼❶歐陽詢《藝文類聚》(上海：上海古籍出版社，1982)，19.352。

挽歌的是張湛和袁山松，兩人都是士大夫階級，似乎這類挽歌長久以來已爲六朝上流社會所接受。況且〈行路難〉雖然原爲質樸的七言詩，但經鮑照改良，已頗具丹彩，不能說是俗。另外，鍾嶸所討論的是鮑照的五言詩，而非七言，也足以證明「險俗」一辭並非針對〈擬行路難〉而言。其實就鍾嶸的品味來說，鮑照作品中流行南朝的吳歌與西曲，反而較有可能是《詩品》以爲俗的詩歌。因爲鍾嶸本身對這些流行樂府避而不談，的確是懷有極深的偏見的。鮑照與湯惠休正是南朝初期創作吳歌西曲最有名的詩人，詩中常是男歡女愛，加以型式新穎，自然不符合鍾嶸士大夫典雅的品味。劉勰對南朝的民歌也採取同樣貶抑的態度。❷此外，蕭子顯說鮑照的模仿者是「鄭衛」❸，因爲「鄭衛之音」是漢魏六朝人用來泛指一般流行歌曲(俗樂)，也就是說可能是指鮑詩中的吳歌西曲。

五、南朝的文學品味：流行品味與文論家的品味

王夢鷗教授指出，鮑詩的辭彙多是壓縮而成的，濃縮古人之語，再推陳出新。❹舉出數例都頗貼切，如「華志分馳年，韶顏慘驚節」，「限生歸有窮，長意已無年」。❺康達維教授(David R. Knechtges)曾用「crabbed」一字來形容鮑照的山水詩風，並且指出杜甫的寫作風格，可說就是唐朝的鮑照。❻的確杜甫那種詩不驚人死不休的苦吟與鍛字琢句，與鮑照的強鑄新辭十分相似。

---

❷見《文心雕龍注釋》，128。

❸《南齊書》，52.907-909。

❹見王夢鷗〈魏晉南北朝文學之發展〉，收在羅聯添編《中國文學史論文選集》(臺北：學生書局，1984)，222-223。

❺見《鮑參軍集注》，320和285。

❻詳見拙作 "Versatility within Tradition: A Study of Bao Zhao's Literary Works,"第四章。

「Crabbed」這個字的字根，根據英國《牛津大辭典》，原來是指螃蟹那種橫行逆走的姿態和乖張剛愎的脾氣；在形容文體風格時，就指一種蓄意創造出來的困難句法，錯綜繁複，艱難聱牙的風格。這個定義跟「險」、「危仄」相近，都有刻意艱深之意。這種風格在鮑照的山水詩及部分抒情詩中最爲明顯，而其樂府詩則使用了清楚直接的語言。但是在齊梁之間，造成轟動，形成勢力的就是這種新奇詭異的詩風。

　　蕭子顯《南齊書‧文學傳論》在分析當代文壇的流派，將南齊的詩派分爲謝靈運，用典騈偶（應指顏延之形成的流派）和鮑照三大派：

> 五言之製，獨秀眾品，習玩爲理，事久則瀆，在乎文章，彌患凡舊，若無新變，不能代雄。建安一體，典論短長互出；潘、陸齊名，機、岳之文永異‧江左風味，盛道家之言，郭璞舉其靈變，許詢極其名理，仲文玄氣，猶不盡除，謝混情新，得名未盛。顏、謝　起，乃各擅奇，休、鮑後出，咸亦標世。朱藍共妍，不相祖述。今之文章，作者雖眾，總而爲論，略有三體。一則啓心閑繹，託辭華曠，雖存巧綺，終致迂回。宜登公宴，本非准的。而疏慢闡緩，膏肓之病，典正可採，酷不入情。此體之源，出靈運而成也。次則緝事比類，非對不發，博物可嘉，職成拘制。或全借古語，用申今情，崎嶇牽引，直爲偶説。唯覩事例，頓失清采。此則傅咸五經，應璩指事，雖不全似，可以類從。次則發唱驚挺，操調險急，雕藻淫豔，傾炫心魂。亦猶五色之有紅紫，八音之有鄭、衛，斯鮑照之遺烈也。三體之外，請試妄談。❼

這裏我們看到蕭子顯提出「若無新變，不能代雄」的觀點，這種

文學觀與鍾嶸劉勰最大的不同點在於：前者以爲，今之詩文未必
弱於古之詩文，並且要求翻新出奇才能勝於古人。蕭子顯將顏、
謝與休、鮑相提並論，這在南朝文論中是首見的。因爲顏、謝一
向獨佔高譽，齊名江左，而文評家一般不提休、鮑，足見南朝文
藝觀點已開始改變，逐漸承認流行樂府作者的地位。鍾、劉二人
代表了傳統的文學品味，他們寫作《詩品》和《文心雕龍》的目
的之一，也就是矯正流俗的弊病。而蕭子顯的觀點則顯示了南朝
人的貴今賤古的文學品味，他雖然將鮑詩之流風遺韻形容爲鄭衛
之音，但是承認鮑照的詩歌流風所及，已經形成一大詩派，不可
否定。

　　反觀之，鍾嶸則對南朝樂府，特別是逐漸流行的吳歌西曲，
避而不談；而劉勰更對晉宋以來的樂府，不但不予論述，甚至大
加撻伐。《文心雕龍·樂府》載：「若夫艷歌婉變，怨志訣絕，
淫辭在曲，正響焉生！然俗聽飛馳，職競新異，雅詠溫恭，必欠
伸魚睨；奇辭切至，則拊髀雀躍；詩聲俱鄭，自此階矣。」宮體
起於梁代，而《文心雕龍》成書於齊代，當時南朝宮體詩尚未盛
行，因此他所指應是劉宋以來的流行樂府。范文瀾教授進一步地
指出，劉勰抨擊的應是《南齊書·文學傳論》所謂的「鮑照體」，
這個看法是極有見地的。❼❽鍾、劉對流行樂府的鄙視代表了傳統
文論家的文學品味。

　　以上我們分析了鍾嶸《詩品》對鮑照詩歌的評價，發現他和
劉勰都代表士大夫階級傳統，重視雅正的文學品味，以建安詩人
爲依歸，對晉宋以下的詩人懷有偏見，對當時的流行樂府更是嗤
之以鼻。相對地，蕭子顯認爲只有變創體裁風格，才能取代古人，

---

❼❼《南齊書》，52.907-909。
❼❽見范文瀾《文心雕龍注》（臺北：開明書店，1958），2.31b。

自成一派文學，因此在他的文論中承認鮑照詩歌的重大影響力。
蕭子顯的文學進步論與蕭統 (501–531) 基本上是相同的，〈文選
序〉曰：「若夫椎輪爲大輅之始，大輅寧有椎輪之質；增冰爲積
水所成，積水曾微增冰之凜。何哉？蓋踵其事而增華，變其本而
加厲；物既有之，文亦宜然。」❼❾文學進化，後世勝於前代，雖
未明言，意在其中矣。但《文選》卷二十八雖收錄鮑照八首樂府，
全爲漢魏舊曲，吳歌西曲等流行樂府一律不取。只有到了《玉臺
新詠》才打破這種成見，卷九收流行樂府〈代白紵歌辭〉二首，
七言體的〈行路難〉四首。文學品味隨著時間而改變，而在同一
時代中，也可能存在著數種互相衝突的不同品味，譬如鍾、劉二
人的批評與齊、梁之間的鮑詩追隨者。鮑照出身寒微，憑藉著他
遒雄健挺拔、雕藻艷絕的詩歌，在文學史上取得了重要的地位。
但在鮑照死後數年，齊梁文壇就對鮑詩互有褒貶，只有在唐宋之
後，鮑照的聲譽才確定下來。李白的豪邁奔放的樂府與杜甫的千
錘百煉的詩句，無疑地都受到鮑照的影響。在現代，元嘉三雄爲
首的謝靈運和顏延之的詩都缺乏讀者，惟有鮑照的樂府仍受到普
遍的歡迎，文學品味的確是多變的。我們現有的資料只有當時的
文評家的記錄，實際上不僅不能反映他們那整個時代的文學品味，
他們很可能甚至代表了一種反當代潮流的文學觀點，因爲他們都
負有矯正時弊的使命。我們只有從各種角度去分析，從多種資料
去檢驗，才能將歷史的眞相還原。

---

❼❾見《文選》，1。

論　文：**南朝的文學品味與鮑照作品的評價**
主講人：**蘇瑞隆講師**
講評人：**李金星副教授**

　　拜讀〈南朝的文學品味與鮑照作品的評價〉，有一些淺見與心得，謹陳述如下，請討論並予指教：

　　一、題目宜求明確、集中：南朝的文學品味包含宋、齊、梁、陳一百七十年間的文學理論與實踐的相關問題，鮑照作品的評價涉及鮑照賦、表、啓、書、樂府詩及五言詩等作品的評價，這是兩個有特別意義而值得研究的題目，置放一起，主從之間不易區別，研究重點也不易突顯，建議題目改爲「鍾嶸（或南朝）對鮑照五言詩的評價」。

　　二、內容結構宜略作調整：原內容分五節，前四節分析鍾嶸對鮑照的評價，第五節討論南朝的文學品味，爲加強論文結構的有機組合，建議分爲以下四節：㈠前言：研究動機及鮑照作品概述；㈡鍾嶸詩學理論；㈢鍾嶸對鮑照五言詩的評價；㈣結論：審美趣味的個人差異與時代變遷。

　　三、詩品資料應全面掌握：鍾嶸評鮑照，除「中品」專條評語外，其他相關資料數則，或說明鮑詩在當時的流行，或引鮑照作爲批評比較的對象，仍具參考價值，不宜忽略。

　　四、鮑詩個人特徵，應特別討論：鮑照「善制形狀寫物之詞」「險俗」「頗傷清雅之調」等特徵，應專節處理，舉詩例說明。

　　五、其他一些細節問題，應再斟酌：

　　1.論「含茂先之靡嫚」一節，引鮑照樂府「擬行路難」第三首爲論據，不合鮑照只論五言詩之旨。

　　2.論謝混遊西池詩，既說「全篇用典甚少」，又說「運用詩莊騷典故」，前後論點不相一致。

　　3.論「驅邁疾於顏延」一節，偏重討論顏延之，未就鮑照「節奏快速」、「輕快敏捷」一面討論，不免反客爲主。其中引入John Donne詩例，似無必要。

　　4.「貴尚巧似，不避危仄」一節，未見鮑照詩作之分析，與上文體例不相一致，說服力稍嫌不足。

　　5.論鮑照「綜合了張協……四家的特長」，用語欠精確。鮑照對謝混顏延之兩家來說，是超越、提昇，鍾嶸的用語是「疾於」、「強於」而不是對張協、張華比較時說的「得」與「含」。

魏晉文之形式與風格

中央警察大學

陳　松　雄

　　魏晉文章，革易前型，無論體式風格，迥然異趨。蓋兩漢之世，文尚實際，學者嗜愛風騷，猶崇經術之規，大作辭賦，皆寓諷諫之用。東京末造，節義漸衰，建安以來，文學蓬轉，懷經協術之士，不受重用，棄道緣情之流，屢遭喝采。於是公卿士庶，罕能通達經術，青衿學子，務在抒發情性。正始明道，文染仙心，七賢之徒，率多浪漫。太康因於時會，綺靡之風特盛，永嘉溺乎黃老，虛玄之作大興，潘陸虎步於前，孫郭鴻騫於後，尚巧貴妍之篇，時時迭出，仙心佛骨之作，處處間起。所謂文章形式，已翻然改轍，文章風格，亦迥然丕變，空靈矯健之體，涵焉已墜，樸茂淵懿之風，蕩然無存。文體日趨雕蟲之藝，文風漸乖現實之途，崇尚兩漢致用者，以為道喪文弊，雅愛南朝唯美者，稱為技高藝精，褒貶各異，好惡盡殊。然而終兩京之局，啟南朝之疆者，其在茲乎！由是古文章義，寖假隕落，儷體法式，逐事成長，厚「藝」薄「道」之風，傳布天下，重「作」輕「述」之意，薰染人心。然隕落成長之間，厚薄重輕之際，固非一朝一夕，遽爾速化，乃世代相傳，遂成永則者耶！故斯時之文，名稱難訂，既非純粹之散文，亦非定型之駢文，蓋介於駢散之間，立乎古今之際，殆可謂散文之變格，駢文之雛形，筆者才疏學淺，識寡辭拙，鑽

仰有素，寢饋多年，然於吟哦步趨之際，沈潛反復之間，猶不敢
私立名字，妄下稱號，故暫呼爲魏晉文，庶乎無謬耳！

一、魏晉文風轉變之原因

魏晉時代，潮流所趨，學者之思想作風，大異古昔，士子之
文章格調，丕變兩京，原道之製日疏，逐辭之篇愈盛。思想作風
一變，形式體格隨之，二者相須相成，共存共榮，未有輕佻之思
想，而能成典重之文章，亦未有謹愼於修身，而淫蕩於爲文者也。
魏晉文人，身處亂世，當戎馬倥傯之際，在苦悶無聊之餘，操筆
寫志，既不徵聖以宗經，放言遣詞，必多緣情而重藝，較諸兩漢
之醇風懿采，莫能比盛，探討其轉變之因，厥有數端：

㈠儒家學說之衰微

儒者所以闡揚修身之術，通達政事之體，探源道心，以敷卓
絕之章，精研神理，以設不刊之教，然後發揮事業，匡濟民生。
所謂「經國之大業，不朽之盛事」者，豈徒「以翰墨爲勳績，辭
賦爲君子」哉？粵自三代暨於兩漢，聖賢以至文士。無論創典述
訓，設教敷章，莫不深切道德之旨歸，博洽典禮之要義，潛心載
籍，恆究體用之務，見意篇章，常懷經濟之思，勵德樹聲，則以
聖賢爲典範，建言修詞，則以經術爲宗師。逮及魏晉，風氣轉移，
儒學衰微，經術不作，帝王或崇獎跅弛之士，鼓勵敗常之俗❶；
或傾慕通達之方，鄙薄守節之義。❷學者或潛形竹林之中，謝絕
箴規之教，或縱情煙霞之外，遺棄原道之章。以至王綱不攝，禮
義斯毀，飾僞萌生，敦樸盡散。五行六教，已非訓人之本，詩書

❶魏書武帝紀令曰：「負污辱之名，見笑之行，或不仁不孝而有治國用兵
之術，其各舉所知，勿有所遺。」
❷晉書傅玄傳：「近者魏武好法術，而天下貴刑名，魏文慕通達，而天下
賤守節。其後綱維不攝，而虛無放誕之論盈於朝野。」

禮易，不復道德之根。儒學既衰，綱紀圮廢，文人不能遵行原道宗經之正統，自然偏向雕蟲遊藝之途徑，無法表現倫理道德之規範，自然崇尚綺靡瀏亮之詞藻。雖言不合先王，行不順禮義，文無諷諭之用，道無匡濟之功。然個人主義抬頭，浪漫成風，唯我意識獨尊，自由成趣，文藝滋長，必然趨勢。

1.儒學衰微，仁義不彰，學士觀念，轉向勢利

　　學士既鄙棄節義，貪求勢利，一切毀方敗常之舉，違廉悖恥之事，自然層出不窮，無所忌憚。雖知治國用兵之術，督邊馭將之方，而不復以學問為本，專以鑽營為業，則詭譎萌生，權詐迭起。既屬帝王提倡在先，學士追隨在後，風氣一開，天下靡然。顧炎武日知錄云：「孟德既有冀州，崇獎跅弛之士，觀其下令再三，至求不仁不孝而有治國用兵之術者，於是權詐迭起，姦逆萌生。故董昭太和之疏，已謂當今年少不復以學問為本，專以交通為業，國士不以孝悌清修為首，乃以趨勢求利為先……夫以經術之治，節義之防，光武明章數世為之而未足，毀方敗常之俗，孟德一人變之而有餘。」雖曰曹操一人作風而起，豈非時代趨勢使然哉？於是文士由廉讓而競進；文風由功用而言情，亦皆導源於儒學衰微，仁義不彰也。

2.儒學衰微，經術不昌，學士觀念，追慕通達

　　懷經術以治國，則必謹守節義之防，慕通達以應世，則必消遙法度之外。魏晉儒學衰微，經術不昌，而文帝治國，追慕通達，一反乃父之風，雅愛黃老之學。學術宣傳，不重現實之功用，文章表達，每在人生之無常，一時而跟隨者眾，鑽研者深，固有之文物制度，不復維繫紀綱，傳統之倫理道德，無能陶冶人心。且學者故玄經書之旨，力捧老莊之說，或闡述以彰義，或注釋以達理，而辭藝自由之機，充分發展，文學浪漫之風，全面呈現。文

心雕龍論說：「魏之初霸，術兼名法，傅嘏王粲，校練名理，迄至正始，務欲守文，何晏之徒，始盛元論，於是聃周當路，與尼父爭途矣。」儒衰於莊老，經蔽於玄論，指證歷歷，胡庸贅言？

3.儒學衰微，思想無主，學士紛起，投入佛學研究

漢武崇尚儒術，光武獎勵名節，宗經徵聖，思想一尊，但漢末大亂，儒學式微。學者思想無主，徬徨歧路。適佛教教義，傳入中土，桓靈以降，散播日盛。魏晉而來，弘揚益繁。學者在苦悶無依之際，當變故動搖之時，或遁世以超俗，或出家而為僧，終日研究佛理，隨時探討人生，談空空於釋部，論寂滅於梵典。思想衝擊之深，文風變遷之大，蓋史籍之所未見，前載之所靡聞。於是宗經尚用之作，愈沖愈淡，禪心佛骨之什，彌唱彌高。如此運會，文章能不轉型乎？故續晉陽秋云：「過江佛理尤盛……詢及太原孫綽，轉相祖尚，又加三世之辭，詩騷之體盡矣。」

4.儒學衰微，道術靡依，學士紛起，投入佛經傳譯

佛學傳入中土，甚得士子愛好，而佛經之傳譯，亦為熱門之工作。蓋既喜佛經之義，必知傳譯之方，以修其詞藻，悟其旨歸。此勢之所趨，理之固然者也。鳩摩羅什云：「天竺國俗，甚重文製，其宮商體韻，以入絃為善，凡覲國王，必有贊德，見佛之儀，以歌歎為貴，經中偈頌，皆其式也。但改梵為秦，失其藻蔚。」唯恐失其藻蔚，故極力修飾，譯經重雕繪之美，轉讀求宮商之律，陳思深愛歌唄，屬意經音，學者宗之，蔚為風氣。致使魏晉篇章，鬱然有采，若五色之相宣，如音聲之迭代者，豈非深受佛經傳譯所激越，轉讀歌詠之影響哉？釋慧皎高僧傳·經師論曰：「天竺方俗，凡是歌詠法言，皆稱為唄，至於此土詠經則稱為『轉讀』，歌讚則號為『梵音』。」又稱佛經之音律曰：「咸池韶武，無以匹其工，激楚梁塵，無以較其妙。」音律如此激盪，豈容文學靜

寂酣睡乎？

㈡政治社會之因素

　　政治頹唐則社會擾攘，社會擾攘則閭閻不安。文士身處震撼之中，心求盡年之計，或韜光遁世，或全身遠引，逍遙山水之樂，耽嗜蟲藝之功，此自然之趨勢，不爭之事實也。自建安以來，國政日非，曹公用人之術，不顧道德，魏文通達之方，鄙薄仁義，東京名節之防，破壞殆盡，以致三國之鼎立相爭，正始之慘酷傾軋，晉武混一車書，無救平陽之禍；元帝凌江建國，不免胡族之侵。群黎驚銅馬之聲，大地碎山河之影。政治敗壞於上，社會紊亂於下。厄運之極，斯時為最。

　　蓋政治頹唐，風俗衰弊，士以嗜酒任誕為賢，拘謹守禮為恥，此魏晉文人之常態，亦思想變遷之怪象也。夫思想既變，文風隨之，文風不同，形式自異，文心雕龍時序云：「是以世極迍邅，而辭意夷泰，詩必杜下之旨歸，賦乃漆園之義疏，故知文變染乎世情，興廢繫乎時序，原始以要終，雖百世可知也。」魏晉世情，影響文風，稍加剖析，自然可知。

1.魏晉之政治手腕，影響學術

　　魏武好法術、貴刑名，魏文務通達、賤守節。是以政風大壞，思想改易，志道據德之念，黯然銷魂，游藝抒情之章，鬱然有采。復以政治力量，大倡文學，士子則仰關愛之眼神，託後乘以載脂。君臣齊唱，上下一聲。文心雕龍時序云：「自獻帝東遷，文學蓬轉，建安之末，區宇方輯，魏武以相王之尊，雅愛詩章，文帝以副君之重，妙善辭賦，陳思以公子之豪，下筆琳瑯，並體貌英逸，故俊才雲蒸。」詩品序亦云：「降及建安，曹公父子，篤好斯文，平原兄弟，鬱為文棟，劉楨王粲，為其羽翼。次有攀龍託鳳，自致於屬車者，蓋將百計。彬彬之盛，大備於時矣。」政治影響學

術，豈不大哉？

2.魏晉之政治鬥爭，改變士心

士心爲學術之舵手，文藝之檣楫也。蓋學術風氣，源於士子之用心，文藝成長，定乎學者之立志。或崇道宗經，或尋虛逐玄，或善精義入神之用，或誇取青妃白之珍。心志不同，發展各異，驗諸魏晉文風，其理不爽。蓋魏晉之際，鬥爭時起。或皇室以猜疑爲術，羅罪士子，或士子以告密爲忠，陷害同儕。孔融、嵇康之慘死，不其然乎？後漢書孔融傳云「曹操既積嫌忌，而郗慮復搆成其罪，遂令丞相軍謀祭酒路粹枉狀奏融曰：「少府孔融，昔在北海，見王室不靜，而招合徒衆，欲規不軌，云『我大聖之後，而見滅於宋，有天下者，何必卯金刀』。及與孫權使語，謗訕朝廷。又融爲九列，不遵朝儀，禿巾微行，唐突宮掖。又前與白衣禰衡跌蕩放言，云『父之於子，當有何親？論其本意，實爲情欲發耳。子之於母，亦復奚爲？譬如寄物中，出則離矣』。既而與衡更相贊揚。衡謂融曰：『仲尼不死。』融答曰：『顏回復生。』大逆不道，宜極重誅。」書奏，下獄棄市。魏氏春秋云：「初，康與東平呂昭子巽及巽弟安親善。會巽淫安妻徐氏，而誣不孝，囚之。安引康爲證，康義不負心，保明其事，安亦至然，有濟世志力。鍾會勸大將軍因此除之，遂殺安及康。」

曹氏之狠毒，司馬之多猜，文士冤死者，不可勝計，復以長期鬥爭，人命危淺。或故弄玄虛以邀清譽，或潛心藝苑以寄深情，士心一改，文風不變矣。

3.社會長期不安，士子厭棄世事

由於長期戰亂，社會不安，士子厭棄世事，而有及時行樂之意，不拘禮法，而生思想獨立之念。及時行樂，故主縱慾享受，思想獨立，故主任性作爲。於是傳統之觀念瓦解，固有之思想委

靡，人人各行其是，各從所好，個規矩以行事，苟余心之所樂。情感自由，文章必然蓬勃發展。

　　魏晉社會，擾攘不安，黃巾之難，三國之爭，八王之亂，永嘉之禍，局勢動盪，兵連禍結。如此衰世亂朝，四海怨聲載道。所以面郊後市，安仁享閒居之樂❸，世我相遺，陶令有息交之嗟❹，豈非厭棄世事，尋求自由者乎？

　　4.都會莊園興起，文人聚成集團

　　魏晉都會興起，文人會聚，莊園發展，學士遊居，都會繁華，故瓊樓玉宇，別饒鏤刻之工；莊園清秀，故風月池館，極富閒雅之趣。描寫鏤刻之物，故修詞綺麗，抒發閒雅之情，故作風輕倩，綺麗之詞，輕倩之風，魏晉特色，表露無遺。故許都、洛下之文明，金陵、會稽之繁華，皆人文薈萃之區，風雅鼎盛之地。吳蔡齊秦之聲，不絕於耳，魚龍爵馬之玩，無間於目。文士彼此酬唱，揮翰成章，都會之賜，功不可沒。至於莊園勝景，文士遊居，石崇有洛陽金谷，右軍有會稽蘭亭，皆以文會友，清客滿座，用情緯文，麗辭累牘者也。觀其群集吟風弄月，體物緣情，道心敷章之作，不見楮墨之中，神理設教之篇，無勞胸臆之際，以視東京之捃摭經史，斟酌載籍者，徒見改易前轍，而自闢蹊徑也。文心雕龍時序云：「獻帝東遷，文學蓬轉。」思想變遷，文學轉向，雖曰時序使然，豈非都會莊園所促成哉？

　　㈢**人生哲學之轉向**

　　東漢以前，崇尚傳統倫理，魏晉以降，漸重自由主義。講究傳統，故重仁義禮法，為崇德之基，愛好自由，故主逍遙優遊，為養生之論。由人生哲學之易轍，行為標準之重估，則學術探討

---

❸見潘黃門集閒居賦。
❹見陶潛歸去來辭。

之重點，文章表達之術方，自然如響應聲，隨風轉向。魏晉人反對禮法，鄙棄制度，主張逍遙自適，縱情逸樂，或饜飫於酒池肉林，或逍遙乎歌堂舞閣，棄倫理道德之舊觀，展人生哲學之新貌。人性覺醒，何必聖賢相誘，生活自由，非復禮義能拘。是以浪漫之風，形乎動靜之際，怪誕之象，充乎天地之間，一時名士輩出，而清談之風熾矣。

1.縱慾享樂，酗飲無度

不受道德約束，不受禮法干擾，以爲人生至樂，在縱慾享受，如劉伶之頌酒德，阮咸之易酒器，皆豪飲爲樂，而行爲亦怪誕不經。

劉伶酒德頌

有大人先生，以天地爲一朝，萬期爲須臾，日月爲扃牖，八荒爲庭衢。行無轍跡，居無室廬，幕天席地，縱意所如。止則操卮執觚，動則挈榼提壺，唯酒是務，焉知其餘？

有貴介公子，縉紳處士，聞吾風聲，議其所以。乃奮袂攘衿，怒目切齒，陳說禮法，是非鋒起。先生於是捧罌承槽，銜杯漱醪，奮髯箕踞，枕麴藉糟，無思無慮，其樂陶陶。兀然而醉，豁爾而醒，靜聽不聞雷霆之聲，熟視不覩泰山之形，不覺寒暑之切肌，利欲之感情。俯觀萬物，擾擾焉如江漢之載浮萍；二豪侍側焉，如蜾蠃之與螟蛉。

世說新語任誕

「諸阮皆能飲酒，仲容至宗人閒共集，不復用常杯斟酌，以大甕盛酒，圍坐相向大酌。時有群豬來飲，直接去上，便共飲之。」

如此縱慾享樂，酗飲無度，豈復有謹重之思維，而寫實用之

篇章？安能持敬肅之態度，而發益時之著作乎？

2.養生全性，無務憂勞

　　嵇康以爲清虛靜泰，少私寡欲，乃養生之妙方，全性之法門也。故不營傷德之名位，弗顧害性之厚味，此與老子所謂：「夫惟無以生者，是賢於貴生。」及莊子所云：「棄勢則形不勞，遺生則精不虧。夫形全精復，與天爲一」之說不盡同也。蓋老莊在同光和塵，緣督爲經，而嵇康則刻意求生，勞苦無成。終以傲物受刑，非古罹殃，然其人生哲學，養生要道，自足於懷抱之中，縱意於塵埃之外，或可取焉。其言曰：「外物以累心不存，神氣以醇白獨著。曠然無憂患，寂然無思慮。又守之以一，養之以和。和理日濟，同乎大順，然後蒸以靈芝，潤以醴泉，晞以朝陽，綏以五弦。無爲自得，體妙心玄。忘歡而後樂足，遺生而後身存。若此以往，庶與羨門比壽，王喬爭年，何爲其無有哉？」

　　至如葛洪則好神仙導養之法，修煉符籙之事，雖屬茫昧無稽之談，怪誕無聊之思，然其考覽養性之籍，鳩集久視之方，振振有詞，頭頭是道，似足以動人心弦，引人視聽，轉移學術作風，激盪詞藝成長，其功反大於養生之論，延壽之方矣。

　　　抱朴子金丹

> 「夫五穀猶能活人，人得之則生，人絕之則死。又況於上品之神藥，其益人豈不萬倍於五穀耶？夫金丹之爲物，燒之愈久，變化愈妙，黃金入火，百煉不消，埋之畢天不朽，服此二物，鍊人身體，故能令人不老不死，此蓋假求於外物以自堅固，有如脂之養火而不可滅，銅青塗腳入水不腐，此是借銅之勁以扞其肉也。金丹入身中沾洽榮衛，非但銅青之外傅矣。」

3.隱逸田園，言行怪誕

　　阮家叔侄，八達賢豪，隱逸田園之中，吐露怪誕之論。棄彼
榮華，輕彼爵位，崇尚道術，蔑視王侯，馳騁莊門，排登李室，
甚而行徑乖常，禮法皆棄，裸形屋中，脫衣戶外，相彼非禮之舉，
遵乎達生之論。

晉書阮籍傳

> 「籍嫂嘗歸寧，籍相見與別，或譏之，籍曰：「禮豈爲罣
> 我設邪？鄰家婦有美色，當壚沽酒。阮嘗詣飲，醉便臥其
> 側，籍既不自嫌，其夫察之，亦不疑也。兵家女有才色，
> 未嫁而死，籍不識其父兄，徑往哭之，盡哀而還。」

　　如此違俗之行，怪誕之論，放浪形骸，不循禮義，無切切進
德之心，無闇闇修業之實，文學思潮能不翻然易轍乎？

4.寄情山水，心境恬淡

　　山林皋壤，實文思之奧府，風景草木，乃辭章之泉源，通其
奧府，則文思騰湧，清其泉源，則辭章煥發。自昔佳作，莫不乞
靈於物色，由來鴻辭，要皆窺情於風景。詩人流連萬象之際，大
夫徘徊湖湘之間，雖曰才情高絕，抑亦江山之助乎！自漢武宗經、
光武尚節，賦家之舖摛，京殿皆體國之篇，文臣之諷諭，林苑乏
寫景之實。唯張衡特起，擺脫藩籬，去古典之積習，創清新之作
風，開魏晉浪漫之前驅，爲山水文學之先河。蓋魏晉時代，人性
覺醒，優游山水，徜徉自然，而筆致輕倩，自無光大之義矣。茲
以王羲之及陶淵明遊賞之樂，可以知其自由之情趣，清新之筆調
矣。

王羲之與吏部郎謝萬書

> 古之辭世者，或被髮佯狂，或污身穢跡，可謂艱矣。今僕
> 坐而獲免，遂其宿心，其爲慶幸，豈非天賜，違天不祥。
> 頃東游還，脩植桑果，今盛敷榮，率諸子，抱弱孫，游觀

其間，有一味之甘，割而分之，以娛目前。雖植德無殊
邈，猶欲教養子孫，以敦厚退讓，戒以輕薄，庶令舉策數
馬，彷彿萬石之風。君謂此何如，比當與安石，東游山
海，并行田視地利。頤養閑曠，衣食之餘，欲與親知，時
其歡讌，雖不能興言高詠，銜杯引滿語，田里所行，故以
爲撫掌之資。其爲得意，可勝言耶！常依陸賈班嗣楊王孫
之處世，甚欲希風數子，老夫志願，盡於此矣。

　　陶淵明讀山海經之一

孟夏草木長，遶屋樹扶疎，眾鳥欣有託，吾亦愛吾廬，既
耕亦已種，時還我讀書，窮巷隔深轍，頗迴故人車，歡言
酌春酒，摘我園中蔬，微雨從東來，好風與之俱，汎覽周
王傳，流觀山海圖，俯仰終宇宙，不樂復何如。

㈣傳統觀念之反動

　　貴古賤今，崇尙傳統，帝王必稱堯舜，聖人必曰周孔，文則
尙書，詩則風雅。此西京士子之觀念，即傳統學者之主張也。此
之觀念主張，何等泥古不化，應用於學術，則守舊之迹尤顯，曰：
重道而輕藝，重述而輕作，重實用而輕雕飾，重經義而輕文章。
至於「經術頗興，辭人勿用。」「深懷圖讖，頗略文華。」❺逮
王充之憤世嫉俗，痛批儒生❻，孔融之敗倫亂理，非難孝道❼，
傳統觀念之反動，端緒已開，及乎魏晉，變本加厲。尤以葛洪之
尙「作」而卑「述」，崇「今」而抑「古」，反「德本文末」之

────────────
❺見文心雕龍時序。
❻王充論衡謝短：知古不知今，謂之陸沈，然則儒生所謂陸沈者也……夫
　知今不知古，謂之盲瞽，五經比於上古，猶爲今也，徒能說今，不曉上
　古，然則所謂盲瞽者也。
❼後漢書孔融傳：「融前與白衣禰衡跌蕩放言，云父之於子，當有何親，
　論其本意，實爲情欲發耳。」子之於母，亦復奚爲，譬如寄物瓶中，出
　則離矣。」

論，倡「雕文藻飾」之言，更剗除兩京之舊局，而開創六朝之新貌。謂爲傳統之反動，孰曰不宜？

1.尚「作」卑「述」

聖人創典，素王述訓，兩漢宗經，尊儒大義，或註疏以明聖旨，或引述以設鴻敎，此固君子之偉績、學者之輝烈也。縱有創作之文，感性之作，亦以不能揄揚大義，無貴風軌，而鄙薄成小道，非壯夫所當爲也。故不能以翰墨爲勳績，辭賦爲君子，魏晉以降，觀念大改，葛洪更尙「作」而卑「述」。

抱朴子喻蔽

「夫作者之謂聖，述者之謂賢。」

夫以作者爲聖，述者爲賢，較之傳統，翩其反矣。蓋闡述聖賢之旨歸，其名曰「傳」，抒發一己之情志，其名曰「作」，聖賢「經」「傳」，辭章奧府，文士制「作」，經傳枝條，自古尙經傳而輕制作，尊聖賢而卑文士。葛洪發論驚人，一反古道，爲作者之鼓勵，著激昂之宏效焉。

2. 崇「今」而抑「古」

夫貴古賤今，自昔而然，此乃識見之茫昧，心理之作崇耳！今昔之變，乃時間之改易，古人豈皆賢於今人哉？昔之歌樓舞館，或爲今之碎瓦頹垣，昔之瓊葻玉樹，或爲今之荒榛斷梗，其間變化，因時而異，晝夜更迭，花開者謝，春秋代序，物故者新，葛洪深明此理，故崇今抑古，以爲古人非神，無庸崇拜，古書未盡美，何必偏探？

抱朴子鈞世

《尚書》者，政事之集也，然未若近代之優文詔策軍書奏
議之清富贍麗也；《毛詩》者，華彩之詞也，然不及〈上
林〉〈羽獵〉〈二京〉〈三都〉汪濊博富也。……若夫俱

論宮室，而奚斯「路寢」之頌，何如王生之賦「靈光」乎？
同說遊獵，而叔畋「盧鈴」之詩，何如相如之言「上林」
乎？竝美祭祀，而清廟雲漢之辭，何如郭氏「南郊」之豔
乎？等稱征伐，而出軍（孫星衍云，當作車）六月之作，
何如陳琳「武軍」之壯乎？則條舉可以覺焉。近者夏侯湛
潘安仁並作補亡詩〈白華〉〈由庚〉〈南陔〉〈華黍〉之
篇，諸碩儒高才之賞文者，咸以古詩三百，未有足以偶二
賢之作也。

　　葛氏放言落紙，理道圓賅，援古證今，以物喻事，劇力萬鈞，
不容置疑。古未必勝於今，今未必不如古，此觀念一開，影響甚
大，懷鉛吮墨之徒，擁新義而景慕，崇今尚時之輩，望餘暉以自
燭，文學創新之機，於焉點燃。

　3.反德本文末之論

　　自昔以德為本，以文為末，德為首務，文為餘事，有德無文，
不失為君子，有文無德，則流而為小人矣！故文士瑕累，致譏千
古。魏晉以降，務華棄實，文德比重，革易前轍。魏文謂：「古
今文人，類不護細行。」譬如仲宣之肥戀，休伯之無檢，孔璋之
齷疏，文蔚之忿鷙，君子不責，反加讚譽者，以才學卓絕，掩其
瑕疵，朱漆光澤，飾其楨幹也。葛洪更反「德本文末」之說，而
有「德粗文精」之見。

　　　抱朴子尚博

　　「文章之與德行，猶十尺之與一丈，謂之餘事，未之前聞
　　……且夫本不必皆珍，末不必悉薄，譬若錦繡之因素地，
　　珠玉之居蚌石，雲雨生於膚寸，江海始於咫尺爾，則文章
　　雖為德行之弟，未可呼為餘事也。」又云：「德行為有
　　事，優劣易見，文章微妙，其體難識。夫易見者粗也，難

識者精也，夫唯粗也，故銓衡有定焉，夫唯精也，故品藻
難一焉。」

其說以道德爲粗淺，文章爲精微，輕重相較，自然可知，雖
持論大膽，作風先進，而擒文之士，望風披靡，故而文德殊軌，
本末重估，對辭藝發展，具正面效應。

4.倡雕文飾藻之言

夫古人臨篇綴慮，恆以達旨爲主，建言修辭，務在立誠之訓，
初無雕鏤之意，綺錯之思也。及至魏晉，漸重藻繪，陸機以尚巧
貴妍之法，期垂條結繁之實，葛洪繼作，讚聲不絕，謂其「弘麗
妍贍。」爲一代之宗，而態度更爲積極，觀念益見新穎，以爲今
勝於古，麗勝於樸，故倡「雕文藻飾」，爲進步之手法，「汪濊
博富」，爲勝古之象徵。

> **抱朴子鈞世**
>
> 「古者事事醇素，今則莫不雕飾，時移世改，理自然也。
> 至於屬錦麗而且堅，未可謂之減於蓑衣，輨軹好而又牢，
> 未可謂之不及椎車也。」又曰：「書猶言也，若入談語，
> 故爲知音，胡越之接，終不相解，以此教戒，人豈知之
> 哉？若言以易曉爲辨，則書何故以難知爲好哉？」

如此雕文飾藻，反樸素而求妍華，汪濊博富，去平淡而致艱
深。不惟傳統觀念之反動，亦是魏晉思潮之指標，猶且領軍六朝，
呈雕繪之滿眼，垂範梁宮，須綺縠之紛披。

葛洪以思想之大家，談文學之理論，態度激進，觀念新穎，
尚「作」而卑「述」，崇「今」而抑「古」，不以德本文末爲然，
而主德粗文精之見，反宗經致用之說，倡雕文飾藻之言，可謂傳
統觀念之反動，亦爲文藝滋長之導航也。

二、魏晉文章表現之特色

魏晉承兩都之後，古風裊裊猶存，當南朝之前，今體躍躍欲試。魏初諸子，漸尚對偶，正始諸賢，又喜浪漫，太康重形式之美，永嘉多悽戾之詞，形式風格，獨樹一幟。可謂持兩端之觀，兼駢散之見。以言乎散體，則乏兩漢之氣勢，以言乎駢儷，則無南朝之辭華。故評其作風，語其特色，實介於古今之間，夾於駢散之際。妙體奇偶之用，善調文質之宜。雙軌意念之表出，對偶句法之運用，繁文縟采之鋪陳，駢四儷六之工巧，音律宮商之迭代，隸事用典之漸夥，綜此六義，詳加探討，則魏晉文之特色，胥殫乎此。

㈠雙軌意念之表出

宇宙萬象，形體必雙，人之意念，事無孤立。是以天地高下而相懸，日月叠璧而相望。寒來暑往，春秋代序，紅花綠葉，風景殊觀。仰贍宇宙之大，俯察品類之盛，雙軌意念，牢不可破。然刻意於文詞之中，則普遍於魏晉之時。蓋古來文章，間或用之，詩書所載，不乏其例，然皆出率爾，無勞經營。唯自東京以降，作者漸用漸夥，魏晉而還，觀念愈植愈深。以至呈現時代之特色，蔚為文苑之大觀，詩賦文章，莫不皆然。茲舉數例，以為徵言：

1.魏文帝之論、陳思王之書

蓋魏文帝之論，陳思王之書，皆以情理為主，非以辭藝為務，然雙軌意念層出，對偶之詞不絕，似若有心經營，刻意造作，昆仲文章，琳瑯在目，實詞壇之楷模，時代之英傑也。

魏文帝　典論論文

貴遠賤近，向聲背實。

經國之大業，不朽之盛事。

寄身於翰墨，見意於篇籍。

不假良史之辭，不託飛馳之勢。

西伯幽而演易，周旦顯而制禮，不以隱約而弗務，不以康樂而加思。

貧賤則懾於飢寒，富貴則流於逸樂，遂營目前之務，而遺千載之功。

日月逝於上，體貌衰於下。

陳思王　與楊德祖書

人人自謂握靈蛇之珠，家家自謂抱荊山之玉。

設天網以該之，頓八紘以掩之。

有南威之容，乃可以論於淑媛；有龍泉之利，乃可以議於斷割。

詆訶文章，掎摭利病。

建永世之業，流金石之功。

翰墨爲勳績，辭賦爲君子。

2.諸葛之出師，李密之陳情

蓋諸葛出師，存殲滅漢賊之心，李密陳情，懷終養祖母之意，二臣忠孝，表懸天壤，理直而氣壯，事曲而筆達，字字肝膽，句句肺腑，墨痕淚漬，狼藉行間。蓋以忠孝爲宗，非以雕篆爲本，而雙軌意念，吐露楮墨矣。

諸葛亮　前出師表

侍衛之臣，不懈於內；忠志之士，忘身於外。

苟全性命於亂世，不求聞達於諸侯。

顧臣於草廬之中，諮臣以當世之事。

受任於敗軍之際，奉命於危難之間。

李密　陳情表

　　既無叔伯，終鮮兄弟。

　　外無期功強近之親，内無應門五尺之童。

　　前太守臣逵，察臣孝廉；後刺史臣榮，舉臣秀才。

　　生當隕首，死當結草。

㈡排偶句法之運用

　　排偶句法，始於魏晉，所謂排偶者，殆義不孤行，辭多儷雙，一語可盡，或增爲二句，一事未足，或益以二典。蓋齊整唯美之意，均平互扶之方也。魏晉文士，好美尚巧，排偶句法，輻輳不絕。曾國藩云：「自東漢至隋，文人秀士，大抵義不孤行，辭多儷語。即議大政、考大禮，每每綴以排比之句，間以婀娜之聲。」❽

　　王粲云：「臣聞明主舉士，不待近習，聖君用人，不拘毀譽。故呂尙一見而爲師，陳平烏集而爲輔。」❾

　　陸機云：「臣聞祿放於寵，非隆家之舉，官私於親，非興邦之選。是以三卿世及，東國多衰弊之政，五侯並軌，西京有陵夷之運。」❿

　　孫楚云：「夫治膏肓者，必進苦口之藥，決狐疑者，必告逆耳之言。」⓫

　　王羲之云：「或取諸懷抱，晤言一室之内，或因寄所託，放浪形骸之外。」⓬

　　排偶之工整，屬對之貼切，魏晉以來，規矩羅列，而陸機又領銜群彦，垂範後昆。兩京淳樸餘風，隱然消散，顏謝雕琢習氣，

----

❽見曾文湖南文徵序。
❾見王粲連珠。
❿見陸機演連珠。
⓫見孫楚爲石仲容與孫皓書。
⓬見王羲之蘭亭集序。

勃爾興作，觀以下諸家之評論，可以知之矣。

胡應麟云：「魏承漢後，雖寖尙華靡，而淳樸餘風，隱約尙在。……士衡安仁一變而排偶開矣。」[13]

沈德潛云：「士衡詩開出排偶一派，西京以來空靈矯健之風，不復存矣。」[14]

㈢繁文縟采之鋪陳

聖賢書辭，總稱文章，實乃炳耀垂文，彬蔚雕章之意也。然聖賢之作，艷采隨情思而發，古體之美，麗藻依神理而成。東京以降，始肇騁詞之風；太康而還，方開雕章之習，曹王龍姿於前，潘陸虎步於後。於是秀文贏質之作，連篇累牘，尙巧貴妍之篇，積案盈箱。緣情綺靡，常散靈蛇之珠，體物瀏亮，每見荊山之玉。文人學士，發憤製作，鏤心鳥跡之中，雕藻魚網之上。繁文縟采，呈現一代之特色，雕章琢句，鑄造百世之典型。古之評家，言之至明。

魏文典論論文：「詩賦欲麗。」

陸機文賦：「詩緣情而綺靡，賦體物而瀏亮。」

葛洪抱朴子鈞世：「古者事事醇素，今則莫不雕飾。」

理論領導著作，著作呈現風格，則文體文理，互爲表裏，其間相準，影響不差。魏晉既主文學進化之說，又喜文學藝術之美，華靡之作，不乏篇什，詩文辭賦，皆刻意鏤心焉！

陳思王　洛神賦

……其形也，翩若驚鴻，婉若遊龍，榮曜秋菊，華茂青松，髣髴兮若輕雲之蔽月，飄颻兮若流風之迴雪，遠而望之，皎若太陽升朝霞，迫而察之，灼若芙蓉出淥波……

---

[13] 見詩藪。

[14] 見說詩晬語。

陸機 弔魏武文序

……夫以迴天倒日之力，而不能振形骸之內，濟世夷難之智，而受困魏闕之下，已而格乎上下者，藏於區區之木，光於四表者，翳乎蕞爾之土。雄心摧於弱情，壯圖終於哀志，長算屈於短日，遠(五)頓於促路。……

曹陸極鍊句之才力，盡鋪藻之巧思，既尚縟采，又好俳詞，穠艷之章，無待錦匠，雕鏤之巧，有逾畫工，古來評家，讚譽不絕。鍾嶸評曹植曰：「骨氣奇高，辭采華茂。」沈約評潘陸云：「降及元康，潘陸特秀，律異班賈，體變曹王，縟旨星稠，繁文綺合，綴平臺之逸響，採南皮之高韻，遺風餘烈，事極江右。」❶❺故知魏晉文士，善於鋪陳，觀夫以上諸作，及後人評語，其爲雕琢，縟采名矣。

㈣駢四儷六之工巧

四六句法，駢儷上乘，流行於齊梁之間，造極於徐庾之作。溯厥源流，實出魏晉。蓋自建安以來，文尚馳騁，四六爲體，有自來矣。❶❻太康以降，文貴清綺，往往六言之句，間以四言，或四言之句，綴以六言，駢四儷六，創爲新格。文心雕龍章句：「若夫筆句無常，而字有條數，四字密而不促，六字格而非緩，或變之以三五，蓋應機之權節也。」尤以陸機之演連珠，更見典型，足以稱美一時，衣被百代。

陸機 演連珠

臣聞日薄星迴，穹天所以紀物，山盈川沖，后土所以播氣。五行錯而致用，四時違而成歲。是以百官恪居，以赴

---

❶❺見宋書謝靈運傳。
❶❻劉申叔論文雜記云：建安之世，七子繼興，偶有撰著，悉以排偶易單行，即非有韻之文，亦用偶文之體，而華靡之作，遂開四六之先。

八音之離，明君執契，以要克諧之會。

臣聞世之所遺，未爲非寶，主之所珍，不必適治。是以俊
乂之藪，希蒙翹車之招，金碧之巖，必辱鳳舉之使。

故知四六之用，乃修詞之方，古來文士，罕習其術，即便有
之，亦率然成爾，唯太康以降，用之漸博，陸機演連珠，幾於章
章四六，經之營之，遂成規矩，他日顏謝騰聲，徐庾耀采，何非
祖襲陸氏者歟？

㈤韻律宮商之迭代

平仄協和，音聲迭代，可以美化文學，怡悅情性。若或不然，
則吃文爲患，織詞乏頓挫之美，吐音無抗墜之節。而前修用字，
音協自然，縱有高言妙句，亦皆暗與理合。兩漢之際，依稀如昔。
魏晉以降，翻然易轍，韻書叢出，宮商判然。此則音律發展之趨
勢，亦爲魏晉文章之特色。

陸機文賦云：「其會意也尙巧，其遣言也貴妍，暨音聲之迭
代，若五色之相宣。」又曰：「文徽徽以溢目，音泠泠而盈耳。」
陸氏醉心音律，務求迭代，雖無調音之法，實有調音之意，一時
文士，深受影響，潘岳、左思之徒，劉琨、郭璞之輩，所爲詩賦
駢儷，要皆音聲迭代，比響聯辭，務求宮商之美，狀聲會意，極
盡頓挫之致，直是齊梁音律論之先聲，徐庾馬蹄韻之領航者也。
故知魏晉之士，銳意修詞，雖未覩音旨之祕，不達浮切之方。而
宮商迭代之美，無務苦慮，高言妙句之作，有緣天成。

劉琨　答盧諶書

「自頃輈張，困於逆亂，國破家亡，親友凋零，塊然獨
立，則哀怨兩集；負杖行吟，則百憂俱至。時復相與舉觴
對膝，破涕爲笑，排終身之積慘，求數刻之暫歡，譬由疾
疢彌年，而欲一丸銷之，其可得乎？」

情韻俱佳，哀怨並奏，循其聲而意得，望其文而響作，雖不明浮切之用，而實有低昂之節。王文濡評曰：「流於千載，猶有餘響。」設非音聲迭代，烏能獲此佳評哉？

(六)隸事用典之漸夥

自昔載筆摛文之士，揮翰鋪采之徒，莫不據古事以證今情，引彼語以明此意。屈宋諸騷，導夫前路，張蔡賦碑，挹其餘韻。然皆意到筆隨之作，非苦力勞情而爲也。逮乎建安，始專引古之意，迄於正始，方見指事之勤，太康以後，用典益繁，潘岳西征，幾於盈篇事類，陸機連珠，堪稱通幅故實，文章特色，於是乎在。

孫楚　為石仲容與孫皓書

蓋聞見機而作，周易所貴，小不事大，春秋所誅，此乃吉凶之萌兆，榮辱之所由興也。是故許鄭以銜璧全國，曹譚以無禮取滅，載籍既記其成敗，古今又著其愚智矣，不復廣引譬類，崇飾浮辭，苟以誇大爲名，更喪忠告之實。

陸機　演連珠

臣聞飛鸞西頓，則離朱與矇瞍收察，懸景東秀，則夜光與碔砆匿耀，是以才換世則俱困，功偶時而並劭。

故知魏代文士，漸喜用典，而直書其事，尚乏雕飾之功。太康而後，規模已具，或借古語以申今情，或用先典以明近理，要皆修詞熟鍊，不留痕迹，達意流利，無稍阻滯，而運用之繁富，故事之博多，陸機乃一代之翹楚，百世之宗師。**⓱**後之來者，學得其術，苟能博聞廣識，因書立功，則沈深之經典，浩瀚之載籍，皆群言之奧區，才思之神皐，持刀以割，操斧以伐，膏腴不可勝食，山木不可勝用，魏晉引事漸夥，影響百世可知。

⓱李兆洛駢體文鈔評顏延年三月三日曲水詩序曰：「隸事之富，始於士衡。」

三、魏初承建安之餘緒

建安雖漢帝之號，而政出曹氏，魏武以一世之雄，好爲文章，於戎馬倥傯之中，猶流連風雅之事，並設天網以該舉國才俊，頓八紘以掩一時賢豪，因而英傑雲集，風雅鼎盛。故今論魏初文章，實應上及建安，非專指子桓建國之後，魏代奉祀以來而言也，此天下之公論，非一己之私見也。於時陳琳章表殊健，阮瑀書記翩翩，劉楨逸氣未遒，王粲辭賦英傑，應瑒述作斐然，徐幹懷文抱質，孔融雖不預曹公麾下，亦稱七子。他如潘勗、楊修之流，吳質、李康之輩，皆一時精英，魏初賢俊。

(一)魏初文風概述

魏初文人，皆建安耆舊，所以顧慕漢風，雅好慷慨，騁詞之習雖開，矯健之體猶存。時介實用與唯美之際，文在散作與駢體之間，仰而望之，載道之軌尚在，俯而察之，遊藝之途待開，瞻前則樸質依稀，顧後則雕習欲熾，守樸素則玄風頻催，顧玄風則樸素難抑，斯持新舊兩端之觀，挾散駢二體之見，無眞正樸質之作，亦無眞正綺麗之篇，散體尚未消失，駢儷尚未成型。負承先啓後之重責，守舊創新之大任。亦因思想開放，雅好慷慨，直抒胸臆，唯取昭晰。文章雖有繽紛之采，而實不離樸素之質，無論詩文辭賦，格調一致，所謂漢魏風骨，或建安體製者，皆此之謂也。

1.思想開放，雅好慷慨

建安之際，魏代之初，由於風衰俗怨，自由陳詞，思想爲之解放，胸臆因而開闊。情有不通，必任性抒發，行有不得，必慷慨陳述。甚至推舉桀傲不馴之才，揭露當路在勢之罪，亦直道正辭，無所避諱。

　　孔融　薦禰衡表

……鈞天廣樂，必有綺麗之觀；帝室皇居，必蓄非常之
寶；若衡等輩，不可多得。激楚陽阿，至妙之容，掌技者
之所貪，飛兔騕褭，絕足奔放，良樂之所急，臣等區區，
敢不以聞。陛下篤慎取士，必須試效，乞令衡以褐衣召
見，必無足觀采，臣等受面欺之罪。

　　觀其言辭，大直至正，以人頭擔保，以歷史作證，眞慷慨任
氣之作也。他如陳琳爲袁紹檄豫州，更爲理直氣壯，仗義執言，
引古證今，陳說利害，縱橫鞭撻，金鼓雷鳴，且述事舖張揚厲，
鍛語工巧綺美，亦慷慨陳詞之作也。原文過長，茲不引錄。

　　2.直抒胸臆，唯取昭晰

　　魏初英才秀發，彬蔚可觀，雖文彩繽紛，朗麗可翫，然措詞
用字，類無雕縟，直抒胸臆，唯取昭晰之能，布懷騁詞，但以達
意爲宗。

　　　孔融論盛孝章書

……惟會稽盛孝章尚存，其人困於孫氏，妻孥湮沒，單子
獨立，孤危愁苦。若使憂能傷人，此子不得復永年矣。春
秋傳曰：「諸侯有相滅亡者，桓公不能救，則桓公恥之。」
今孝章實丈夫之雄也，天下談士，依以揚聲，而身不免於
幽縶，命不期於旦夕，是吾祖不當復論損益之友，而朱穆
所以絕交也。公誠能馳一介之使，加咫尺之書，則孝章可
致、友道可弘矣……。

　　揄揚賢士，期在被用，獎進孤微，冀能脫困，文辭懇摯，發
自寸衷，可謂直抒胸臆，唯取昭晰之能者，徵諸孔融之作，可以
知之矣。

　　㈡魏初作家評論

　　魏初作家眾多，作品繁富，要皆建安耆舊，東京遺翰，文章則駢散相間，奇偶相生，音韻諧美，語言流暢，數典不啻自其口出，揮翰猶如借書於手。有時代之共同特性，有作家之個別風格，茲分別說明，以見梗概。

1.曹氏父子

　　沈約宋書謝靈運傳論云：「至於建安，曹氏基命，三祖陳王，咸蓄盛藻，甫乃以情緯文，以文被質。」故知曹氏父子，雅愛辭章，至其專擅，各俱特色。

　　(1)曹公以一代之雄，領袖群倫，御軍統將，手不捨書，於征伐戰鬥之中，發為抑揚哀怨之作，措詞古直，發響悲涼，崇尚氣格，不重彬蔚，如幽燕老將，千里不勞，雄渾之氣魄，苦悶之情感，達於詩文，則極悲壯頓挫之致。若其四言詩之籠罩一切，三百篇外，獨樹一幟，既稱前無古人，堪謂後無來者，此則詩學成就，不必多論，至其文章，雄偉哀楚，實開魏代悲壯之派，茲為舉一文，可以覘之矣。

　　　曹操　請卹郭嘉表

　　　臣今日所以免戾，嘉與其功，方將表顯。使賞足以報效，薄命天隕，不終美志，上為陛下悼惜良臣，下自毒恨喪失奇佐。昔霍去病蚤死，孝武為之咨嗟，祭遵不究功業，世祖望柩悲慟。仁恩降下，念發五內，今嘉殞命，誠足憐傷。宜追贈加封，並前千戶，褒亡為存，厚往勸來也。

　　(2)曹丕：

　　曹丕生長於戎馬之間，欲著述其不朽之業，雅慕漢文、南皮會友，致書懇切，賦詩勤勞，以為立德垂文，可以不朽，著書立說，聲名自傳，所以蓄意述作，篤志詩文，典論自序，善述生平，而論文一篇，見重後世，權衡群彥，論說體製，以為辭藝批評之

3

始，文學分科之祖，對後世之觀念，有激濁揚清之功焉。其詩柔媚婉約，情韻俱美，若以乃父之沈鷙雄勁為驍將，則此之娟好婉約為美媛。今論其詩文，貢獻有二，論文一篇，為文藝批評之始祖，燕歌一行，為七言歌行之首創。層層昭晰之論，洋洋清綺之聲，沾溉文苑之深，貢獻詩壇之大，上可凌轢風騷辭賦，下可激發駢儷近體。皇帝作家，文質兼備，辭章豈與政事相妨害、吟詩豈與發令相違背哉？至其文章，率皆修詞安閑，清麗卓約，尤其與吳質諸書，更見辭美情摯，令人一唱三歎，魏志曰：「文帝天資文藻，下筆成章，博聞強識，才藝兼該。」

(3)曹植：

曹植才華曠世，逸氣凌雲，出言為論，下筆成章，而用功甚篤，手無離卷，古來評家，無不推崇備至。茲綜合諸家之評，及其文學貢獻，要義如有可言：

①才華高絕，情感洋溢

子建才華之高，情感之富，直是古今難匹，妙筆難喻。「八斗」之量，固非溢美，「繡虎」之稱，亦非佞譽。觀其舉步成詩，援筆成賦，才華高絕，胡庸待言？而燃其泣釜之悲，同根相煎之怨，愀愴之情，充乎字裡。

曹植　洛神賦（原文過長，僅錄末章）

於是背下陵高，足往神留，遺情想像，顧望懷愁。冀靈體之復形，御輕舟而上遡。浮長川而忘反，思綿綿而增慕，夜耿耿而不寐，霑繁霜而至曙。命僕夫而就駕，吾將歸乎東路。攬騑轡以抗策，悵盤桓而不能去。

觀其頑艷哀感，纏緜悱惻，苦痛難堪，字字血淚，豈非才子多情，佳人薄命，措詞生動，用字傳神乎？李夢陽云：「植詩其音宛、其情危，其言憤切而有餘悲，殆處危疑之際者乎？」其詩

如此，其文亦然。

②辭藻宏富，骨氣雄偉

魏晉文士，重視辭華，鋪采力求綺美，修詞務在巧妙。而綺美巧妙，往往斲傷骨氣。唯子建志足而揮藻，吐納自如，兼具文質之美，獨抒情采之作。於華贍精巧之中，寓雄健沈穩之氣。可謂冠絕群才，爲一代之英傑也。鍾嶸詩品云：「骨氣奇高，辭采華茂。」胡應麟詩藪評之曰：「詞藻骨氣有餘。」觀其篇章，類多如此。今舉其諫伐遼東表，可以知其辭綺而骨勁矣。

　　曹植　諫伐遼東表（文長僅舉末章）

　　……兵不解於外，民罷困於內，促耕不解其饑，疾疹不救其寒。夫渴而後穿井，饑而後殖種，可以圖遠，難以應卒也。臣以爲當今之務，在於省徭役、薄賦斂、勤農桑，三者既備，然後令伊管之臣得施其術，孫吳之將得奮其力。若此，太平之基可立而待，康哉之歌可坐而聞……

③排比整鍊，沾溉駢體

子建文論，頗多建樹，偶對排比之說，則未得聞，但覽誦其篇章，翫賞其辭賦，輒見駢儷滿紙，偶辭累牘。而排比整鍊，句法精工，爲儷體發展，沾溉靡窮。若陸機之崇尚規矩，顏謝之貴重巧似，皆子建之嫡系，排比之高手，其間傳承之跡，顯而易見。至於子建排比整鍊之作，俯拾皆是：

　　曹植　求自試表（文長僅舉其排整鍊者耳）

　　論德而授官者，成功之君也，量能而受爵者，畢命之臣也，故君無虛授，臣無虛受，虛授謂之謬舉，虛受謂之尸祿。

　　身被輕暖，口厭百味，目極華靡，耳倦絲竹。

　　啓滅有扈而夏功昭，成克商奄而周德著。

　　高鳥未絓於輕繳，淵魚未懸於鉤餌。

　　夫君之寵臣，欲以除患興利，臣之事君，必以殺身靖亂。

　　劮之齊楚之路，以逞千里之任，試之狡兔之捷，以驗搏噬之用。

　　觀其對仗之工巧自然，排比之整鍊無痕，典麗而不滯塞，雅健而無拘束。豈文人巧飾可得，詞匠雕縟能成者哉？

　　④辭章屬和，激盪文苑

　　建安以降，政出曹氏，三祖陳王，領袖文壇，子建以公子之豪，篤好風雅。一時文士，稱美者眾。或終日群居，吟咏不輟，或書疏往還，酬唱無間，文人集團，於焉形成。子建每一文出，輒求為屬和，海內希風之士，無不隨之而舞，對文苑之激盪，辭家之鼓勵，必然而無疑者，非特櫟下兔園之比也。子建賦鷦鳥，嘗命和於楊修，修以仰望過深，辭不敢對❸，子建又賦大暑，楊修和之。他如仲宣、孔璋之流、元瑀、休伯之輩，皆高聲唱和，宣騰不已。餘如鸚鵡、彈棊、出婦、浮淮諸賦，同時作者，處處皆是，茲舉其鸚鵡，及他人之和者，以見其盛。

　　曹植　　鸚鵡賦
　　王粲　　鸚鵡賦
　　阮瑀　　鸚鵡賦
　　劉楨　　鸚鵡賦
　　應瑒　　鸚鵡賦

　　如此唱和之廣，交往之密，崇獎風雅之勤，激盪文苑之深。彼此於互切互磋之中，得「互動」之契機，相勗相惜之際，獲「相

───────────

❸文選楊修答臨淄侯箋：「又嘗親見執事，握牘持筆，有所造作，若成誦在胸，借書於手，曾不斯須，少留思慮，仲尼日月，無得踰焉，修之仰望，殆如此矣，是以對鷦而辭，作暑賦，彌日而不獻。」

益」之實效，盛唱辭章屬和，功在滋長文藝，豈子建所逆睹哉？

2.建安七子

建安之際，多士聚集，而所以獨稱七子者，曹丕典論之說，其言曰：「今之文人：魯國孔融文舉，廣陵陳琳孔璋，山陽王粲仲宣，北海徐幹偉長，陳留阮瑀元瑜，汝南應瑒德璉，東平劉楨公幹。斯七子者，於學無所遺，於辭無所假，咸以自騁驥騄於千里，仰齊足而並馳。」七子皆飽學而能文，多才而自負。處天下擾攘之際，當群雄割據之秋，率能慷慨以任氣，磊落以使才。或發雄直駿快之作，或織朗麗哀志之詞。所謂東京餘韻，建安風骨，於七子文中，躍然呈現。若論其造詣，則各擅其美。孔融天性樂善，書表剛健，豪氣干雲，詩文慷慨。曹丕評之爲「體氣高妙，有過人者。」王粲天性素深，梗概多氣，文秀質羸，詞多愀愴，曹丕評之爲「長於辭賦，他文未能稱是。」徐幹性本恬淡，不耽世榮，文甚寬和，閒雅多致。曹丕評之爲「詞義典雅，時有齊氣。」劉楨頗有逸氣，但未遒勁，五言詩作，妙絕當時。曹丕評之爲「壯而不密。」應瑒規諷當道，殷勤指諭，善於辭賦，述作斐然。曹丕評爲「和而不壯。」陳琳初仕袁紹，後歸曹操，軍國書檄，妙絕一時。曹丕評爲「章表殊健，微爲繁富。」阮瑀文詞英拔，見重魏朝，馬上草奏，曹操莫能增損。曹丕評爲「書記翩翩，致足樂也。」斯七子之個別特色，僅作簡略之說明耳。

四、魏季開竹林之清談

魏季亂象，視建安有加，司馬手段，較曹氏爲狠。是文人心態，翻然丕變。「七子」立乎魏闕之下，尚持禮法觀念，「七賢」遊於竹林之鄉，已離社會現實。故魏初文雖綺麗，風骨猶存，魏季文多浪漫，敦樸全消。就學術演變而言，魏季實開清談之端，

先是何晏、王弼之倡導，嗣則嵇康、阮籍之鼓吹。表現之方法，由寫實而象徵，製作之體裁，由抒情而說理。竹林色彩，七賢風格，老莊玄學，浪漫生活，實正始之特徵，兩晉之先導。魏氏春秋：「康寓居河內之山陽縣，與之遊者，未嘗見其喜慍之色。與陳留阮籍、河內山濤、河南向秀、籍兄子咸、瑯琊王戎，沛人劉伶，相與友善，遊於竹林，號為七賢。」七賢之中，四家(山濤、向秀、阮咸、王戎)文篇盡失，僅向秀傳賦一首，又著莊子隱解，發明奇趣，振起玄風，此則非詞藝本色，茲所不論。劉伶僅存酒德一頌，北芒客舍一詩。至於何晏、王弼，蓋以註解古籍為務，不以創作文章為宗。唯此諸子，一時賢俊、思想作風，或沾漑於文壇，而翰墨詞藝，則罕見於卷帙。或寄身於玄論，，或潛心於經子，故今之所論，則以略諸。唯阮旨之淵放難求，嵇文之清峻非凡，風範見重一時，文章影響後世，一則慎於應世，所以人文天全。一則弊在用光，所以廣陵散絕。文心明詩云：「嵇詩清峻，阮旨遙深。」本章所論，舉此二家，則正始明道之文，七賢寄懷之作，可以殫義，可以概全也。

(一)阮籍之淵放難求

阮籍胸次高曠，志氣宏放，本有經世之懷，濟民之意，時屬魏晉擾攘之際，國家多故之秋，神明之德難通，萬物之情難定，闡明易道，既不能救世，精審樂理，亦不能和民。所以由儒入道，由實轉虛，由積極而消極，由救世而避世。終日酣飲，不顧禮法，譬若莊子「乘彼白雲，歸於帝鄉」之逍遙無束也，傾心達莊之作，豈無故哉？錢大昕所謂「典午之世，士大夫以清談為經濟，以放達為盛德，競爭虛浮，不修方幅。」❿張溥所謂「履朝右而談方

---

❿見錢大昕何晏論。

外，驪仕宦而慕眞仙。」此阮生之思想行爲，亦即阮旨遙深之所由來也。

至其論文言理，抒情寫意，詞壇賦苑，莫與爭鋒。以曹丕之龍驤虎步，猶覺名理不足，張衡之精思傅會，實感性靈斲傷。唯阮生之才高學博，名理特長，詞壯旨深，情致纏緜，取效風雅，委婉善諷，寄情詠懷，樸質無雕，爲一時俊彥，百代楷模。茲爲歸納其文學成就，可得而言：

1.才高學博，名理特長

阮生博覽群經，廣涉諸子，尤好周易之學，老莊之術，輔以才華高絕，思慮敏速，是以諸論皆文理兼備，凌駕前賢。

阮籍　達莊論（文長但錄一段）

> 故自然之理不得作，天地不泰而日月爭隨，朝夕失期而晝夜無分，競逐趨利，舛倚橫馳，父子不合，君臣乖離。故復言以求信者，梁下之誠也；克己以爲仁者，郭外之仁也，竊其雉經者，亡家之子也；刳腹割肌者，亂國之臣也；曜菁華、被沆瀣者，昏世之士也；履霜露、蒙塵埃者，貪冒之民也；潔己以尤世、修身以明洿者，誹謗之屬也；繁稱是非、背質追文者，迷罔之倫也；誠非媚悅、以容求孚，故被珠玉以赴水火者，桀、紂之終也；含菽采薇，交餓而死，顏、夷之窮也。是以名利之途開，則忠信之誠薄；是非之辭著，則醇厚之情爍也。

觀其析理定名，汪洋恣肆，如天縱之才，無所拘束，而剖論之間，定義之際，直如駿馬馳騁於原野，鵬鳥圖適於南冥，無所底滯，無所休息。所謂詞達而理舉也。張溥阮步兵集題辭：「嗣宗樂論，史遷不如，通易達莊，則王弼郭象二注，皆其環內也。以此三論，垂諸藝文，六家指要，網羅精閎，曹氏父子，詞壇虎

步，論文有餘，言理不足。嗣宗視之，猶輕塵於泰岱，豈特其人
褌蝨哉？」其才高學博，名理特長，於是可知。

　2.詞壯旨深，情致纏緜

　阮生綜學甚博，捃理至富，當鯨鯢猖披之時，在狐疑多慮之
際，危言危行，處世之要，是以舖采爲文，體物成賦，皆詞壯旨
深，情致纏緜，令人讀之，疊疊忘倦，如一丸消疹，背萱解憂。

　　阮籍　首陽山賦

　正元元年秋，余尚爲中郎，在大將軍府，獨往南牆下北望
首陽山，作賦曰：

　在茲年之末歲兮，端旬首而重陰。風飄回以曲至兮，雨旋
轉而纖襟。蟋蟀鳴於東房兮，鶗鴂號乎西林。時將暮而無
儔兮，慮悽愴而感心。

　振沙衣而出門兮，纓委絕而靡尋。步徙倚以遙思兮，喟嘆
息而微吟。將修飭而欲往兮，眾齷齪而笑人。靜寂寞而獨
立兮，亮孤植而靡因。懷分索之情一兮，穢群偽之亂眞。
信可實而弗離兮，寧高舉而自儻。

　聊仰首以廣頗兮，瞻首陽之岡岑；樹叢茂以傾倚兮，紛蕭
爽而揚音；下崎嶇而無薄兮，上洞激而無依。鳳翔過而不
集兮，鳴梟群而並棲。颷遙逝而遠去兮，二老窮而來歸。
實囚軋而處斯兮，焉暇豫而敢誹？嘉粟屛而不存兮，故甘
死而採薇。彼背殷而從昌兮，投危敗而弗遲，此進而不合
兮，又何稱乎仁義。

　肆壽夭而弗豫兮，競毀譽以爲度。察前載之是云兮，何美
論之足慕？苟道求之在細兮，焉子誕而多辭？且清虛以守
神兮，豈慷慨而言之！

　觀其詞壯旨深，情致纏緜，既善持論，復藻玄思，匪惟班張

所不及，亦是曹王所難其項背也。張溥阮步兵集題辭：「間覽賦苑，長篇爭麗，兩都三京，讀未終卷，觸鼻欲睡。展觀阮作，則一丸消疹，胸懷盪滌，惡可謂世無萱草也。

3.取法風雅，委婉善諷

阮生爲文，善作諷喻，或憤世嫉俗，而口不能直言。或慕仙耽酒，而行必以至慎。雖隨興爲文，自由創作。然觀其委婉善諷，思正疾邪，實乃取效風雅，獲致比興，詩篇如此，文製亦然。張溥阮步兵集題辭：「晉主九錫、公卿勸進，嗣宗製詞，婉而善諷。」鍾嶸詩品評之曰：「其源出於小雅，無雕蟲之功，而詠懷之作，可以陶性靈、發幽思，言在耳目之內，情寄八荒之表，洋洋乎會於風雅。」吾以爲其文之委婉善諷，亦取效風雅者也。

4.寄情詠懷，樸質無雕

阮生性本儻儻，身仕亂世，遭逢不偶，常恐賈禍。是沈酣酒德，遺落世事，率意所爲，不由舊章。心有鬱結，輒發言爲詩，集合平生之作，題爲詠懷。[20]蓋詠懷之作，志在刺激，觀其摛藻，直取自然，初無博古之意，雕蟲之功，而善作隱語，辭多謬悠，言在耳目之內，意在八荒之表，是以百代以下，難以情測。

　　其一

　　夜中不能寢，起坐彈鳴琴。薄帷鑑明月，清風吹我襟。孤鴻號外野，翔鳥鳴北林。徘徊何所見，憂思獨傷心。

　　其二

　　誰言萬事艱，逍遙可終生。臨堂翳華樹，悠悠念無形。彷徨思親友，倏忽復至冥。寄言東飛鳥，可用慰我情。

詩品評曰：「詠懷之作，可以陶性靈，發幽思，言在耳目之

---

[20]吳汝綸古詩鈔云：「阮公雖云志在刺激，文多隱避，要其八十一章，決非一時之作，吾疑其總集平生所爲詩，題爲詠懷耳。」

內，情寄八荒之表。」觀以上諸詩，不其然乎？

(二)嵇康之清峻非凡

嵇康容止清秀，風姿出眾，遠邁不群，恬淡寡欲。爲人若孤松特立，巖然傲俗，醉相如玉山將崩，巍然駭世。博覽群籍，尤好老莊，修養心性，更喜琴藝，詠詩論道，快然自足。雖抱臥龍之志，而攖譖臣之忌，蒙冤下獄，神氣激揚，夕把濁酒，晨張素琴。遭逢幽阻，猶恥訟冤，禍災臨身，不復與明。則冤沈大海，身送東市，世間公理正義，果有伸張之日？朝廷奸臣逆賊，何有伏誅之時？嵇生雖曰不耐人事，不苟物情。則誠呂梁可以遊，陽谷可以浴，南溟大鵬可以觀，何必計較人間之委屈乎？至其文章論著，一如詩作，特色風格，可得而言：一曰：通達莊老，不知逍遙無爲之方，二曰：談論養生，不知明哲保身之術，三曰：訐直露才，有傷淵雅之致，四曰：任眞率性，不見婉轉之調。

1.通達莊老，不知逍遙無為之方

嵇康思想，多合莊老，所著諸論，往往互通，茲引養生論爲例，可以知之。

> 養生論：又呼吸吐納，服食養身，使形神相親，表裡俱濟也。
>
> 莊　子：吹呴呼吸，吐故納新，爲壽而已矣。
>
> 養生論：清虛靜泰，少私寡欲。
>
> 老　子：少私寡欲。
>
> 莊　子：廣成子謂黃帝曰：必靜必清，無勞汝形，無搖汝精，乃可以長生。
>
> 養生論：忘歡而後樂足，遺生而後身存。
>
> 莊　子：天下有至樂，無有哉？曰：「至樂無樂。」郭象曰「忘歡而後樂足，樂足而後身存，莊子曰：

『棄事則形不勞，遺生而精不虧。夫形全精復，
與天爲一。』」

故知嵇康之論，頗通莊老，思想理念，多所切合，而行爲舉止，或相逕庭，不知逍遙以肆志，不知無爲以有爲，是以柳下踞煅，傲睨鍾會，不惑之年，竟遭譖死，廣陵散絕，豈非弊在用光乎？

2.談論養生，不知明哲保身之術

嵇康談論養生之道，而不知保身之方。所謂導養得理，以盡性命，上獲千餘歲，下可數百年，以爲修性可以保神，安心可以全身。既知養生，何以身送東市？既知潛形，何以禍起譖臣？㉑自謂「摯此幽阻，實恥訟冤。」夫冤情得伸，豈復必死，而嵇生恥於訟冤，又何必養生乎？

3.訐直露才，有傷淵雅之致

鍾嶸詩品評嵇康曰：「訐直露才，有傷淵雅之致。」其詩然，其文亦然。蓋嵇康峻切直爽，興高采烈，不事藻飾，有傷淵雅，非如漢音之古樸，亦乏魏采之鮮妍，如養生之論，絕交之書，類多信筆裁成，無復琢煉。陳繹曾詩譜曰：「嵇康人品胸次高，自然流出。」唯其自然流出，故傷淵雅。

4.任真率性，不見婉轉之調

嵇康任真率性，不事修整，爲文則所觸即形，欲言輒盡。初無矜持之意，修飾之功，一往必達，無曲折瀠洄之狀，有感必發，少婉轉含蓄之調。殆以剛直之人，不能作婉轉之思，峻切之性，無法吐含蓄之詞。詩風如此，文風亦然。觀其不遵禮義，不堪世

㉑魏氏春秋曰：「鍾會大將軍兄弟所暱，聞康名而造焉，會名公子，以才能貴幸，乘肥衣輕，賓從如雲，康方箕踞而鍛，會至不爲之禮，會深銜之。」

故，非難湯武，鄙薄周孔，皆一吐爲快，百折不回。陳祚明評其
詩云：「所觸即形，集中諸篇，多抒感憤，召禍之故，乃亦緣茲。
夫盡言刺激，一覽易識，在平時猶不可，況猜忌如仲達父子者哉？
叔夜衷懷既然，文筆亦爾，徑遂直諫，有言必盡，無復含吐之致，
故知詩誠關乎性情，婞直之人，必不能爲婉轉之調審矣」。又曰：
「嵇中散詩，如獨流之泉，臨高赴下，其勢一往必達，不能曲折
瀠洄，然固澄澈可鑒。」㉒若移以評其文，孰曰不宜？

　　他如李密、鍾會之流，亦皆文采斐然，限於篇幅，有不暇及，
至於蜀之諸葛亮，吳之孫登，殆皆講忠講孝，立意爲宗，非能文
爲本，故不暇談論也。

五、西晉雕綺麗之辭華

　　西晉一統，堪稱小康，上結三國分裂之局，下臨永嘉逆胡之
侵，太平之日雖短，而歌頌之習則興。建安敦朴之風脫盡，正始
遙深之旨靡聞。蓋斯時文士，專事形表，承建安之綺辭而遺其風
骨；繼正始之繁藻而乏其意境。無論詩文辭賦，莫不側重藻采，
銳意雕琢，文尚整鍊，詞多儷雙。一改往昔作風，造成華美氣象。
雖損情意之自然，傷文藝之眞實。然而，由草創而文明，由樸質
而華麗，乃物質演變之迹，亦文藝進化之則。太康之不循往轍，
刻畫綺辭，掀起雕琢之風，鑄成駢儷之體，啓南朝之規矩，導四
六之先路。文學演變，獻推轂之大功，辭藝進化，效操舵之巨力。
於是張、陸、潘、左，比肩文衢，各擅才力，各展胸情，詩品序
云：「太康中，三張，二陸，兩潘，一左，勃爾復興，踵武前王，
風流未沬，亦文章之中興也。」八家之中，潘陸稱首，潘才如江，

㉒見采菽堂古詩選。

陸才如海。蓋陸機才高詞贍，崇尙規矩，潘岳情深文綺，舖列錦繡。至於張協則風流調達，曠代高手，左思則辭采壯麗，思維研覈。

㈠陸機才高詞贍，崇尚規矩

陸機少有異稟，頗究儒學，舉止嚴謹，非禮不動。積學十年，由吳入洛，而三張爲之減價矣。張華讚之曰：「人之爲文，常患才少，而子更患其多。」❷葛洪則謂：「機文猶玄圃之積玉，無非夜光焉，五河之吐流，泉源如一焉，其弘麗妍贍，英銳飄逸，亦一代之絕乎。」❷故知洛下風流，陸機稱最。而探其成就，析其貢獻，則上承漢魏風雅，下開六朝聲色，文學理論，衣被藝苑，辭章規矩，導引後生，而藻采之煥綺，音聲之迭代，更足以籠罩一時而光耀百代矣。

1.文學理論，衣被翰苑

陸機文學批評之作，貢獻文壇至深，足以睥睨往代，開啓來茲。蓋文評之作，自古有之，然或片言隻字，或斷章散句，初非刻意之表達，亦無完整之文理。及魏文之論、陳思之書，方見稍具規模，而其說則有未盡。唯陸機特達，奮然爲賦，得才士用心所在，論作文之利害所由。凡文章條理之分析、聲色之繪彩，剪裁之方術，弊病之盪滌，……無不深入探討，而見解獨到，綜合要點，可得而言：

一曰辭采：除內容不可忽視外，更重視外在之辭采，由辭采之雕飾，求聲調之諧美，故其言曰：「理扶質以立幹，文垂條而結繁。」又曰：「其會意也尙巧，其遣言也貴妍，暨音聲之迭代，若五色之相宣。」重視辭采音調，從可知矣。

---

❷見詩紀別集引文章傳。
❷見北堂書鈔引抱朴子佚篇。

　　二曰情思：文學必有情感，方有活躍之生命，又必富於想像，始盡思理之極致，故曰：「籠天地於形內，揩萬物於筆端。」豈非情饒之意乎。

　　蓋嘗論之，文心之意，乃在用文章以談爲文之用心，而文賦之意，則在以賦體論才士之用心，二者相較，各有其長，章學誠謂「文心體大而慮周。」竊以爲文賦詞約而旨隱。以二千字簡短之篇幅，涵蓋整體文論之繁富，固是辭約而旨隱，學者所宜深思研習者也。

　　2.辭章規矩，導引後生

　　王夫之評陸機詩曰：「平原擬古，步趨如一。」鍾嶸評之曰：「尙規矩。」無論步趨擬古，抑或崇尙規矩，皆在循先士之繩墨，踵前修之步伐。束身奉古，雖屬呆板，而塗澤之迹，排比之法，亦足以指示津梁，開啓祕方，譬如規矩之成方圓，模型之鑄器物。

　　(1)駢四儷六之方興

　　四六之法，駢儷上乘。流行於齊梁，登峰於徐庾。溯厥源流，實興於陸機，前第二章已詳述之矣，茲不復贅。詩品評陸機「尙巧似」，評顏延之則曰：「源出陸機，尙巧似……動無虛散。」所謂「動無虛散」，即非對不發，填綴求工之意，其詩如此，其文亦然，茲爲舉例，以明其迹。

　　　顏延之　三月三日曲水詩序

　　　方策既載，皇王之迹已殊，鐘石畢陳，舞詠之情不一。

　　　選賢建戚，則擇之於茂典，施命發號，必酌之於故實。

　　　駢四儷六，已臻成熟，而源出陸機，迹至明顯。

　　(2)隸事用典之始富

　　隸事用典，起源雖早，魏晉以降，用字漸夥，陸機爲一代翹楚，百世宗師。詩品謂顏延之「源出陸機……，喜用古事……」

李兆洛駢體文鈔謂：「隸事之富，始於士衡。」至其博古之例，已見第二章，茲不復贅舉。

(3)音聲迭代之首唱

古人為文，音協自然，縱有高言妙句，清聲雅韻，亦皆暗與理合，匪由思至。至太康之際，陸機特起，措詞務迭代之工，吐音求泠泠之美，體物成賦，則用韻瀏亮。所謂「迭代」、「泠泠」、「瀏亮」，實乃文章之悅耳動聽，如音樂之和諧耳。其後作者，深受影響，承流激盪，追風入巧。如謝靈運之「麗典新聲」，蓋即追求「清濁通流，唇吻調利」，亦即求聲調之美也。溯厥由來，殆陸機音聲迭代為其權輿也。

(4)諷諭塗徑之廣開

陸機諸論，鞭闢入裡，且具勸興之義，諷諭之旨。張溥題辭謂其「弔魏武而老奸掩袂，賦豪士而驕王喪魄，辨亡懷宗國之憂，五等陳建侯之利，北海以後，一人而已。」其機鋒側出之論辨，一往無前之陳說，刺激之旨，充於行間，固無論矣。至其演連珠之作，更開諷諭之途。文心雕龍云：「理新文敏，而裁章置句，廣於舊篇。」自是連珠之義遂廣，諷諭之途大開。庾信復擬其體以喻梁朝之興廢而作擬連珠。倪璠云：「……陸機復引舊義而廣之，謂之演連珠，信復擬其體，以喻梁朝之興廢焉……」故知庾信擬連之作，蓋承陸機演連之制，諷諭之旨，規模更形廣大，由一事之談說，而及於一國之興廢，由理論之剖析，而及於情感之寄託，沿波討源，實陸機之遺則也。

(二)潘岳情深韻美，舖錦列繡

潘岳姿儀俊秀，情感富饒，挾彈洛陽街道，博得婦女歡呼，花鈿滿載，盛譽空前。而文辭艷發，隨處興感。賦體之作，辭藻絕麗，哀誄專擅，古今無兩，潘江陸海，傳誦百代。綜其詩文辭

賦，莫不情深韻美，佳評如潮，文心雕龍體性：「鋒發而韻流。」
才略：「辭旨和暢。」謝混云：「爛若舒錦，無處不佳。」晉書
文苑傳云：「濯美錦而增絢。」云云，蓋不一而足矣。今品其文
章，析其特色，一爲心畫心聲常失眞，二爲駢四儷六多變形，三
爲賦體雕琢之先聲，四爲悼亡詩作之影響。

1.心畫心聲常失眞

世謂潘岳情意富饒，織詞悲切。觀悼亡之作，哀誄之文，悽
愴幽怨，豈止情切而已哉？然心畫心聲，總失眞實，高情閒居之
賦，乃違心強作之詞。觀其板輿輕軒，浮杯高唱，猶似芥千金而
不盼，屣宰輔其如脫者，孰知其仕宦之意重，衣錦之情濃，所以
拜塵之醜，致譏千古。其餘感盪性靈之作，悲切哀怨之音，是眞
情畢露之佳構，抑是爲文造情之篇什乎？

2.駢四儷六多變型

西晉以降，文貴清綺，駢四儷六，已成定格。至潘岳則首尾
絕俳，無處不儷。且於四言六言之句，運以五言七言之型，造句
運思，良多變化，藉以修飾其詞，調暢其氣，甚見瀟洒出塵之態，
靈動流利之美。史臣贊其「思緒雲騫，詞鋒景煥。」此種句法調
整，詞氣暢達，影響賦壇，愈變愈美，南朝初唐，受惠尤大，往
往雜以七言之詩，或綴以五言之句，殆潘岳之遺意，可謂貢獻深
遠者也。

　　潘岳　秋菊賦

　　垂采煒於芙蓉，流芳越乎蘭林，遊女望榮而巧笑，鵷雛遙
　　集而弄音，若乃眞人採其實，王母接其葩，或充虛而養
　　氣，或增妖而揚娥，既延期以永壽，又蠲疾而弭痾。

文中五言、六言、七言交雜爲用，對修詞調氣，裨益甚多，
齊梁以降，初唐之間，賦體字數之變化多端，殆胎息於潘岳之善

用五七言，以暢文氣者也。

3.駢賦製作之先聲

賦之爲體，每多變化，兩漢暨於魏晉，由長篇而短什，魏晉暨於南朝，斯散型而駢儷。其間雕琢之風，建安已著先鞭，而純駢之作，西晉實爲前導。尤以潘岳之善於舖詞，工於排偶，刻意斟酌字句，修飾藻采，賦體雕風盛行，古賦變而爲駢賦。

潘岳　笙月賦（文長僅錄小段）

……樂所以移風於善，亦所以易俗於惡，故絲竹之器未改，而桑濮之流已作，惟簧也，能研群聲之清，惟笙也，能總眾清之林，衛無所措其邪，鄭無所容其淫，非天下之和樂，不易之德音，其孰能與於此乎？

觀其刻意雕畫，傾心對偶，雖是江淹健筆，莫過於此，而時代相去，二百餘年，演變時間之久，從事作家之多，方見駢賦之成熟，始得駢賦之定型，細繹變化之軌跡，探討變化之過程，駢賦之濫觴，非潘岳其誰也？全粗香駢文概論云：「太康以降，文貴清綺，往往六言之制，間以四言，命筆裁篇，漸趨華靡，流至安仁，首尾絕俳矣。」殆於賦中表現，最爲明晰。

4.悼亡詩篇之影響

潘岳悼亡諸作，情感淵深，閨房辛苦之傷，博讀者之悲悽，落葉哀蟬之歎，同武帝之幽怨。其後若有同其遭遇，輒發爲詩歌，雖篇名不同，而寓意則一，江淹悼室之詩，元稹遺悲之什，皆繼悼亡而興悲，洵承潘岳之遺意也。

他如張華之巧用文字，張協之風流調達，左思之辭采壯麗，亦皆一時之選，太康之英，限於篇幅，不復縷縷。

六、東晉騁兩極之文風

　　自中原板蕩，京畿隕喪，五馬南奔，天下囂然。永嘉肇禍，宸極失御。二帝蒙塵之痛，普天共憤，九服崩離之象，率土同驚。共憤故慷慨以悲歌，同驚故消極以遁世，兩極之風，於焉熾烈。先是劉琨之勁氣直達，迥薄霄漢，後爲郭璞之精通儒術，雅嗜緹緗。或以國破室毀，天道不彰。故憤慨長歌，以鳴不平之氣，激烈抒詞，用表沼吳之心。或以世衰俗怨，正義靡愬，故虛玄弄音，以寄困頓之思，平典作論，用闡道佛之義。激烈抒詞，固未可議矣，平典作論，則非文章本色。然流漸已久，積習已深，雖郭璞之創變厥體，猶未能戡彼靡風，劉琨之恃仗剛氣，亦不能動彼流俗，故知文變本乎世情、淳醨繫乎時序。東晉揮翰之士，呈兩極之風。殆緣世當離亂，俗尚玄虛，戡亂則文氣激昂，尋虛則辭意夷泰也。

　　文心雕龍時序：「自中朝貴玄，江左稱盛，因談餘氣，流成文體，是以世極迍邅，而辭意夷泰，詩必柱下之旨歸，賦乃漆園之義疏。」

　　詩品序：「永嘉時，貴黃老，尚虛談，於時篇什，理過其辭，淡乎寡味。爰及江表，微波尚傳，孫綽、許詢、桓、庾諸公，詩皆平典似道德論，建安風力盡矣。先是，郭景純用儁上之才，創變其體；劉越石仗清剛之氣，贊成厥美。然彼衆我寡，未能動俗。」

　　故知東晉文風，崇尚莊老，遒麗之辭，無聞焉爾，郭璞用俊上之才，欲改斯風，劉琨仗清剛之氣，思變厥體，堪稱一時之碩彥，中興之豪傑。他如葛洪崇道家之學，文尚駢儷，王羲之反清談之說，辭極秀雅，孫許禮佛慕仙，桓庾崇文尚駢，殷仲文華綺

冠世，大革孫許之風，謝叔源媚趣逸俗，始變太原之氣，陶潛之純任天機，不事造作，文章軼群，辭采精枚，脫盡鉛華，寄情山水，乃見異軍突起，非復常將能敵矣。而爲篇幅所限，茲不深論。

㈠劉琨煽風流於江左，雅好慷慨

劉琨生逢晉季，國勢頹唐，本無壯志，亦不檢括。既慕莊周齊物，復嘉阮生曠達。然而目覩胡人發飆，凌虐天邑，神器流離，辱於荒逆，國家覆亡之厄運，親友凋凌之慘狀。於是哀怨兩集，百憂俱至，舉觴酣飲，難排終身積慘，聚友同樂，僅得數刻暫歡。慷慨之氣，由茲熾烈，凄厲之辭，於焉傾露。豈不以英雄失路，滿衷悲憤，奔走於傾覆之際，驅馳於危難之間，執槊倚盾，枕戈藉甲，其勁氣直辭，迥薄霄漢，悽聲哀句，激盪人間，豈止荊卿別易、王粲登樓之悲乎？

1.勁氣直辭，迥薄霄漢

劉琨義氣風發，志梟叛逆，聯袂段生，追鞭祖子。具英雄之性格，屬世運之坎廩。故多感慨清拔之辭，富蒼涼激昂之氣。張溥劉中山集題辭云：「想其當日執槊倚盾，筆不得止，勁氣直辭，迥薄霄漢。推此志也，屈平沉湘，荊卿易水，其同聲邪。」或謂其詩之風格如此，然其文亦不例外。當永嘉之肇禍，逢二聖之罹難，琅邪王撫輯流亡，稱制江左，劉琨勤進，上表再三，以爲「方今鍾百王之季，當陽九之會，狡寇窺窬，伺國瑕隙，齊人波蕩，無所繫心，安可廢而不恤哉？」及晉元纘統，衣冠南度，舉國戀鶯飛草長之美，群臣乏同仇敵愾之心，劉琨又再四上表，忠憤耿耿，辭雖勤進，義切復仇，即如包胥哭秦之忠、諸葛出師之表，激切仗義之心，孤憤難宣之氣，有所不能及也。茲舉其數章，以見其概：

勸進第二表

……昔伍員發怒，手撻平王之墓；灌夫慷慨，身蹇吳濞之
旗。皆能宣其臣節，據其私忿，戮尸斬將，存亡罔恨。臣
誠無若人之才，實有此人之憤。苟得上憑天威，展其微
効，雖隕九泉，猶以明白。

勸進第四表

……臣每覽史籍，觀之前載，厄運之極，古今未有。苟在
食土之毛，含氣之類，莫不叩心絕氣，行號巷哭。況臣等
荷寵三世，位廁鼎司，承問震惶，精爽飛越，且悲且惋，
五情無主，舉哀朔垂，上下泣血。

譚復評曰：「誠心所發，乃爲高文，悃悃款款樸以忠，文如
其人，直可追配武鄉侯出師表。」

觀其挺拔之氣，卓爾不群，悃款之忠，沛然充塞。張溥所謂
「勁氣直辭，迴薄霄漢」者，誠貼切之評也。

2.悽聲哀句，激盪人間

劉琨身處亂世，志在復仇，舉目時艱，悲憤滿懷，每覽史籍
所載，不見如此厄運。而君無子胥復仇之志，友乏魯連仗義之心，
只見英雄失路，西狩興悲。是以滿腔熱血，盈懷義憤，冰雪清操，
剛毅浩氣，至情偉烈，充塞宇宙，悽聲哀句，激盪人間。

答盧諶書

……夫才生於世，世實須才。和氏之璧，焉得獨曜於郢
握，夜光之珠，何得專玩於隋掌。天下之寶，固當與天下
共之。但分析之日，不能不悵恨耳。然後知聘周之爲虛
誕，嗣宗之爲妄作也。昔騄驥倚輈於吳坂，長鳴於良樂，
知與不知也。百里奚愚於虞而智於秦，遇與不遇也。今君
遇之矣，勗之而已，不復屬意於文，二十餘年矣。久廢則
無次，想必欲其一反，故稱旨送一篇，適足以彰來詩之益

美耳。

　　王文濡評曰:「慨懷身世,哀與憤并,烈膽忠肝,鑄爲文字,於清剛凌厲之中,而有哀惋蒼涼之致,恍若秋山虎嘯,暮樹猿吟,流於千載,猶有餘響。」其哀怨蓋有如此者。

(二)郭璞振辭鋒於南夏,乖遠玄宗

　　郭璞博學多識,雅好經義,洞知五行卜筮之術,深明經國成務之方。避地過江,見重元帝。嗜愛綵綢,用文事主。好爲神仙之詞,迹近道家之術。遠遜劉琨之雄風,不及祖生之壯志。雖遊仙之作,詞多慷慨,省刑之疏,情極悲憫。然比之勸進之表,義切復仇,追鞭之詞,志梟叛逆。則又面目不同,風格別具。故以劉琨諸作,爲家國之痛,郭璞篇章,爲逃世之思,其源殆出於此乎?㉕

　　蓋郭璞憲章潘岳,文體相輝,情辭並茂,彪炳可翫,無論詩賦誄頌,注疏傳述,標能擅美,一時無兩。詞章與學術俱美,理道共實用兼濟。詩品評爲:「始變永嘉平淡之體,故爲中興第一。」文心評爲:「景純艷逸,足冠中興。」此就詩而論也。然其文亦斐然多采,超世邁俗,朗麗可誦,彪炳可翫,綜觀所作,諸多特色,或摛華競秀,唯務麗藻,或別具巧思,獨成賦格,斯魏晉文風之通則,固無待郭璞而熾烈也。然則言古理奧,句多閎誇,通經達政,文成儒宗,此蓋郭璞獨造之詣,當行之所也。

1.言古理奧,句多閎誇

　　郭璞博學多通,尤精小學,積字成句,積句成章,莫不考辭選義,然後揮翰,由小學以通經學,鎔經句以鑄文章,則牆宇崇

㉕劉大杰中國文學發達史云:永嘉爲晉朝大亂之時,懷愍北去,典午南遷,當日詩人或寫家國之痛,其辭憤激而有餘悲,或抒逃世之情,其詩玄虛而有仙意,前者是劉琨,後者是郭璞。

峻，吐納自深，優遊經傳之淵府，俯仰聖賢之奧區。尤復好道慕
仙，暢曉陰陽五行。自傷坎壈，不能成務，則鬱結於中，言形於
外。又不敢直詞以述情，輒爲影射以寄意。故言古理奧，句多閎
誇，譬若列膏腴以饗飢食，舖錦繡以待寒衣。學者苟能任力以耕
耨，縱意於漁獵，則言古理奧，閎侈誇大，亦足爲饋貧之糧，救
餒之資矣。

郭璞　南山經圖讚（文長僅舉片段以推知其餘）

桂

桂生南裔，拔萃岑嶺，廣莫熙葩凌霜津潁，氣王百藥，森
然雲挺。

迷穀

爰有奇樹，產自招搖，厥華流光，上映垂霄，佩之不惑，
潛有靈標。

狌狌

狌狌似猴，走立行伏，櫂木挺力，少辛明目，蜚廉迅足，
豈食斯肉。

水玉

水玉沐浴，潛映洞淵，赤松是服，靈蛻乘煙，吐納六氣，
昇降九天。

白猿

白猿肆巧綵基撫弓，應眄而號神有先中，數如循環，其妙
無窮。

郭璞　爾雅序

夫爾雅者，所以通詁訓之指歸，敘詩人之興詠，總絕代之
離詞，辨同實而殊號者也。誠九流之津涉，六藝之鈐鍵，
學覽者之潭奧，擒韓者之華苑也。若乃可以博物不惑，多

識於鳥獸草木之名者，莫近於爾雅。爾雅者，益興於中
古，隆於漢氏，豹鼠旣辨其業，亦顯英儒瞻聞之士，洪筆
麗藻之客，靡不欽玩耽味，爲之義訓璞，不揆檮昧，少而
習焉，沈研鑽極，二九載矣，雖註者十餘，然猶未詳備，
並多紛謬，有所漏略。是以復綴集異聞，會瘁舊說，考方
國之語，采謠俗之志，錯綜樊孫，博關群言，剟其瑕礫，
搴其蕭稂。事有隱滯，援據徵之，其所易了，闕而不論，
別爲音圖，用祛未窹，輒復擁篲清道，企望塵躅者，以將
來君子，爲亦有涉乎此也。

　　觀其學問之廣博，功力之深厚，鳥獸草木之名，競風雅而獨
多，山林皋壤之美，比楚騷而爭奇。辨訓詁之源流，明述作之旨
歸，莫不言古理奧，閎侈誇大，史傳謂其「訥於言論。」「好古
文奇字。」殆指此也。

　　2.通經達政，文成儒宗
　　魏晉以降，經義式微，學者所重，偏離儒行。或以老莊爲宗，
而尋虛逐微，或以詞藝爲務，而雕章琢句，求一通經達政、關心
民瘼、歸然爲蒼生請命、爲朝廷盡節、論深切於世事、言不離於
儒經者，殊不多覯。唯郭璞博通經術，深諳治道，妙識曆算之法，
洞知五行之術，見獄訟充斥，怨氣盈積，則奏請發哀矜之詔，引
在予之責。知役賦轉重，任使唯病，則力主頒崇恩之誥，宣布澤
之典。上格君心，下盡臣節，庶德化之廣布，期仁惠之遐被。而
言論便宜，多所匡益，魏晉群臣，罕有其匹，豈非通經達政，文
成儒宗者歟？

　　郭璞　省刑疏
　　「……臣竊觀陛下貞明仁恕，體之自然，天假其祚，奄有
　　區夏，啓重光於已昧，廓四祖之遐武，祥靈表瑞，人鬼獻

謀，應天順時，殆不尚此，然陛下即位以來，中興之化未
聞，雖躬綜萬機，勞逾日昃，玄澤未加於群生，聲教未被
乎宇宙，臣主未宥於上，黔細未輯於下，鴻雁之詠不興，
康衢之歌不作者，何也，杖道之情未著，而任刑之風先
彰，經國之略未震，而軌物之(五)屢遷，夫法令不一，則人
情惑，職次數改，則覬覦生，官方不審，則秕政作，懲勸
不明，則善惡渾，此有國者之所慎也，臣竊爲陛下惜之，
夫以區區之曹參，猶能遵益公之一言，倚清靖以鎮俗，寄
布獄以容非德音不忘，流詠于今，漢之中宗，聰悟獨斷，
可謂令主，然屬意刑名，用虧純德，老子以禮爲忠信之
薄，況刑又是禮之糟粕者乎。」

郭璞　皇孫生請布澤疏

今皇孫載育，天固靈基，黔首顒顒，實望惠潤，又歲涉午
位，金家所忌，宜於此時崇恩布澤，則火氣潛消，災譴不
生矣，陛下上籌天意，下順物情，可因皇孫之慶，大赦天
下，然後明罰(十)法，以肅理官，克厭天心，慰塞人事，兆
庶幸甚，禎祥必臻矣，臣今所陳，蹔而省之，或未允聖
旨，久而尋之，終亮臣誠，若所啓上合，願陛下勿以臣身
廢臣之言，臣言無隱，而陛下納之，適所以顯君明臣直之
義耳。

晉書本傳史臣曰：「景純篤志緜緗，洽聞彊記，在異書而畢
綜，瞻往滯而咸釋。精源秀逸，思業高奇，襲文雅於西朝，振辭
鋒於南夏，爲中興才學之宗矣。」觀其諸疏所論，皆力陳省刑薄
斂，苟非深明儒學，通經達政，則又烏能明夫興亡之迹，盈虛之
數，發此滔滔鴻議，振茲郁郁麗采哉。

魏晉時代，承先啓後，上結兩京之局，下啓南北之疆，論內

涵則稍存兩漢風骨，而彌遠彌淡，論外形則漸具南朝麗體，而愈
近愈濃。是以篤志於古者，不得不讀魏晉之文，以汎其餘波，有
意於駢者，亦不得不讀魏晉之文，以探其先路。而綜觀魏初之藻
飾，魏季之玄思，西晉之雕縟，東晉之質率，亦知文史發展之迹，
散、駢消長之途。文心雕龍時序云：「文變染乎世情，興廢繫乎
時序。」析時序而探世情，論文變而談興廢，乃本文述作之依歸，
研究之重點。然囿於時間，故難以深入探討，限於篇幅，故不宜
巨細靡捐，是以遺珠之憾，時耿耿於余懷，草率之譏，必縷縷於
衆口。此皆勢有所未制，意有所難從，蓋簡明扼要，提綱挈領，
固研討會論文之特色，亦作者所當留意者也。倉卒付梓，謬誤難
免，尚請博雅，不吝指教。

參 考 書 目

書　名	作　者	出版書局
1.漢魏六朝百三家集	張　溥	文津出版社
2.漢魏六朝百三家題辭注	張　溥	河洛圖書出版社
3.昭明文選	蕭　統	華正書局
4.南北朝文鈔	彭兆蓀	世界書局
5.駢體文鈔	李兆洛	世界書局
6.六朝麗指	孫德謙	新興書局
7.駢文通論	錢基博	大華書局
8.駢文指南	謝无量	中華書局
9.駢文與散文	蔣伯潛	世界書局
10.中國駢文史	劉麟生	商務印書館
11.漢魏六朝文學	陳鍾凡	商務印書館

12.魏晉六朝文學批評史　　　　羅根澤　　　商務印書館

13.中國文學發達史　　　　　　劉大杰　　　中華書局

14.中國文學探源　　　　　　　胡毓寰　　　商務印書館

15.魏晉南北朝文學思想史　　　張仁青　　　文史哲出版社

16.中國駢文發展史　　　　　　張仁青　　　中華書局

17.文心雕龍注　　　　　　　　范文瀾　　　開明書店

18.詩品注　　　　　　　　　　汪　中　　　正中書局

19.文體論纂要　　　　　　　　蔣伯潛　　　正中書局

20.南北朝文評注讀本　　　　　王文濡　　　廣文書局

21.劉申叔先生遺書　　　　　　劉師培　　　大新書局

22.後漢書　　　　　　　　　　范　曄　　　洪氏出版社

23.三國誌　　　　　　　　　　陳　壽　　　洪氏出版社

24.晉書　　　　　　　　　　　房玄齡等　　洪氏出版社

25.老子注　　　　　　　　　　王　弼　　　中華書局

26.莊子注　　　　　　　　　　郭　象　　　中華書局

27.論　衡　　　　　　　　　　王　充　　　世界書局

28.抱朴子　　　　　　　　　　葛　洪　　　世界書局

29.世說新語　　　　　　　　　劉義慶　　　世界書局

30.高僧傳　　　　　　　　　　慧　皎　　　商務印書館

31.玄學與魏晉士人心態　　　　羅宗強　　　文史哲出版社

32.竹林七賢　　　　　　　　　李富軒　　　志一出版社

33.漢末士風與建安詩風　　　　孫明君　　　文津出版社

34.魏晉南北朝文學史參考資料　林　庚等

論 文：魏晉文之體式與風格
主講人：陳松雄教授
講評人：李　栖教授

　　作者用駢對的文體來寫本文，功力不簡單。有幾個小問題提出來大家討論。從內容上來看：(1)「魏晉文之體式與風格」題目過大，在這麼短的篇幅裡，從魏到晉全部介紹，略嫌不夠，所以可找某一個人或某一個點來寫，會更精確些。(2)魏晉文應是駢散交雜，在此大多用《文選》或魏晉文的資料，駢的資料未提及，若想用「魏晉時代」此名詞，此篇可以做到；若用現代「魏晉文」這個名詞，似乎應包括宗教、歷史、哲學等文章，非僅美文而已。(3)在「體式與風格」二詞，是文學批評上重要的一個命題，若按照《文心雕龍》中談〈體式〉，相當於今日的風格。若用今日文批的觀念可能談及句式、駢對、修辭、音韻，但在此文中見到較少。(4)駢文是以說情為主、說理為輔；此文中使用許多典故、駢對，所以說理就比較吃虧一點。(5)在內容上分成六大章節，第一章節佔十頁，後面各章節約佔四頁，在比例、份量上不均。

　　第三章〈魏初承建安之餘緒〉分為二：前面三節都有提及文風、作者評論，後面三節只論及作者而已，未約略描述文風。第一章第四節，文中所舉都是《抱朴子》的例子，而《抱朴子》時代是西晉中、後期至東晉中期以後，此時魏晉文風轉變快完成時，此時在舉其例子已嫌稍晚，且單舉《抱朴子》，似乎也太單薄些。對人物的評述長短不一，如曹植用二頁來寫，建安七子只用525字。

南朝「性靈說」芻議

新加坡國立大學中文系
王 力 堅

一、引 言

在中國文學批評史中，倡導「性靈說」最為有力且最有成就者，當屬明代「公安派」的袁宗道、袁宏道與袁中道兄弟，以及清代的袁枚。對於「性靈說」的淵源，劉熙載曾指出：「鍾嶸謂阮步兵詩可以陶寫性靈，此為性靈論詩者所本。」❶劉氏所云，即鍾嶸《詩品》評阮籍詩語：「《咏懷》之作，可以陶性靈，發幽思。」❷其實，袁枚早就已說過：「抄到鍾嶸《詩品》日，該他知道性靈時。」❸因此，當代「性靈說」的研究者都十分注意並強調鍾嶸的評論。如司仲敖云：「隨園詩論之真正淵源，且對其有莫大影響者，可溯自鍾嶸。」❹吳宏一云：「性靈一詞，始見於六朝，例如鍾嶸詩品評阮籍云『咏懷之作，可以陶性靈、發幽思』者是。」❺吳兆路雖然說「劉勰儘管從理論角度最早提出性靈問題」，但也認為鍾嶸的說法「更開放，更鮮明」，因此強

---

❶劉熙載《詩概》，見劉氏《藝概》（上海：古籍出版社，1982），頁84。
❷見何文煥輯《歷代詩話》上（北京：中華書局，1982），頁 8 。
❸《續元遺山論詩》，見袁枚《隨園詩話》（上）（北京：人民文學出版社，1982），頁 146 。
❹司仲敖《隨園及其性靈詩說之研究》（臺北：文史哲出版社，1988），頁89。
❺吳宏一《清代詩學初探》（臺北：牧童出版社，1977），頁 234 。

調：「鍾嶸實已開明清之際性靈文學思潮之先河」。❻由此可見，
人們對「性靈說」的淵源雖溯至南朝，卻是基本上只將焦點放在
鍾嶸身上。其實，如果我們將研究的視野擴大至整個南朝，就會
發現，「性靈說」在南朝已初具規模、漸成氣候，並且對當時的
文學創作產生了頗爲深刻的影響。大體說來，南朝「性靈說」有
對前代文學理論的繼承與發展，更有對前代文學理論的超越；它
深刻地影響了南朝文人的文學觀念、創作思維以及創作題材，並
且爲後世性靈文學的發展開了先河。

二、繼承與發展

據筆者初步統計❼，南朝重要的文論家及作家如劉勰、鍾嶸、
謝靈運、沈約、周顒、顏延之、陶弘景、蕭繹、蕭綱、何遜、王
筠等皆有與「性靈」有關的言論；南朝文賦中涉及「性靈」概念
者至少有二十九處；其中三處寫作「靈性」，四處寫作「情靈」，
然含義與「性靈」無異。另外，還有顏之推所言二處，庾信所言
五處；顏、庾皆爲由南入北之人，他們的主張當是南方文化的產
物，因此，本文將顏之推與庾信的「性靈」言論歸并爲南朝的
「性靈說」。同時，與「性靈說」有關聯的概念，如「情性」、
「性情」及「性」、「靈」、「心」、「神」等，更是不勝枚舉。
南朝這些有關「性靈」的言論，雖然並非全屬文學理論範疇，但
是對探析「性靈」的性質與特點，以及「性靈說」在南朝文學中
的作用有莫大的幫助。

❻吳兆路《中國性靈文學思想研究》（臺北：文津出版社，1995），頁
　49-50。
❼所參考的主要書籍爲：嚴可均輯《全上古三代秦漢三國六朝文》第六、
　第七、第八冊(臺北：世界書局，1969)；梅鼎祚輯《釋文紀》（臺北：
　彌勒出版社，1982）；《文心雕龍注》（香港：商務印書館，1960）；
　庾信撰、倪璠注《庾子山集》（上海：商務印書館，1935）。

在探討南朝「性靈說」時，我們不能不考慮到「性靈」與「緣情」的關係。陸機「詩緣情而綺靡」❽的主張，對中國文學創作的影響十分深遠。隨之而來的南朝文人，更是將「緣情說」奉為文學創作的主要標誌之一：「若乃緣情體物，繁弦縟錦，縱橫艷思，籠蓋辭林。」❾「況復麗藻星鋪，雕文錦縟，風雲景物，義盡緣情。」❿而南朝的「性靈說」，亦明顯地表現出對「緣情說」的繼承：「吟咏性靈，豈惟薄伎；屬詞婉約，緣情綺靡。」⓫「至乃鄭衛繁聲，抑揚絕調，足使風雲變動，性靈感召。」⓬在此，「性靈」與「情」幾乎是完全等義的；前例中的「緣情綺靡」，更顯然是脫化自陸機的「詩緣情而綺靡」。劉勰在《文心雕龍》的「情采」篇中也有類似的言論：

> 若乃綜述性靈，敷寫器象，鏤心鳥迹之中，織辭魚網之上，其為彪炳，縟采名矣。故立文之道，其理有三：一曰形文，五色是也；二曰聲文，五音是也；三曰情文，五性是也。五色雜而成黼黻，五音比而成韶夏，五情（疑作性）發而為辭章，神理之數也。⓭

所謂「綜述性靈」，相對於「敷寫器象」──即「體物」來說，當是「抒情」。而整段文字，其實就是陸機「緣情綺靡」主張的展開表述：以抒情為裏，以美文為表。「情采」篇名本身，似乎就蘊含著這個意思。值得注意的是，「情采篇」中，只有一處提到「性靈」，其他地方皆使用「情」或「情性」、「性情」

---

❽《文賦》，見柯慶明、曾永義編輯《中國文學批評資料匯編──兩漢魏晉南北朝》（臺北：成文出版社，1978），頁188。
❾蕭子範《求撰昭明太子集表》，同8，頁256。
❿李昶《答徐陵書》，同8，頁301。
⓫王筠《昭明太子哀册文》，同8，頁278。
⓬何遜《七召》，見《何遜集》（北京：中華書局，1980），頁63。
⓭《文心雕龍注》（下冊）（香港：商務印書館，1960），頁537。

等術語：「文質附乎性情」，「夫鉛黛所以飾容，而盼倩生於淑姿；文采所以飾言，而辯麗本於情性。故情者文之經，辭者理之緯。」⑭

由上可見，在南朝的「性靈說」中，「性靈」往往與「情性」或「性情」相通，前後者是可以相互替換的概念。⑮這首先表明了，南朝「性靈說」與陸機「緣情說」有一脈相承的關係；而「綺靡」的傾向得到了進一步的加強，前引王筠與劉勰的言論即體現了這一點；梁代文壇領袖蕭繹、蕭綱更是主張：「至如文者，惟須綺縠紛披，宮徵靡曼，唇吻遒會，情靈搖蕩。」⑯「此皆性情卓絕，新致英奇。」⑰邢臧則徑直宣稱：「吟咏情性，往往麗絕當世！」⑱總的來說，在「情」、「形」、「聲」諸方面都強調唯美的表現。

而且，南朝「性靈說」更為注重個體自然情感的抒發，抗拒對傳統經道禮義的依附，即所謂「罔不擯落六藝，吟咏情性」⑲。鍾嶸將阮籍的詩推為上品，便是認為「《咏懷》之作，可以陶性靈，發幽思」⑳，即抒發詩人的幽怨情思；蕭綱更是坦然表白：「未聞吟咏情性，反擬《內則》之篇。」㉑反對將文學創作與儒

---

⑭同13，頁537，538。
⑮明清的「性靈說」，尤其是袁枚的「性靈說」也正是明顯地表現出這個特徵，吳兆路即指出：「至清代袁枚的『性靈說』，又有了新特點，甚至就可徑稱為『性情說』。在他的討論體系中，不僅『性情』一詞用得最多，而且『性情』與『性靈』在許多場合都可以互相代替。」見吳兆路《中國性靈文學思想研究》（臺北：文津出版社，1995），頁13。正因如此，本文在討論南朝「性靈說」時，也包括某些含義與「性靈」相同的「性情」、「情性」的概念在內。
⑯蕭繹《金樓子·立言》，同8，頁251。
⑰蕭綱《答新渝侯和詩書》，同8，頁244。
⑱邢臧《與王昕王暉書》，同8，頁299。
⑲裴子野《雕蟲論》，同8，頁277。
⑳同2。
㉑蕭綱《與湘東王書》，同8，頁245。

家經典混爲一談。

　　劉勰的情形則較爲複雜。曾有論者指出，劉勰的文學思想有「雜糅與矛盾」的現象❷。而這種「雜糅與矛盾」的現象也正體現在其「性情—性靈」觀念上。他在《文心雕龍》的「情采」篇中說：「蓋風雅之興，志思蓄憤，而吟咏情性，以諷其上，此爲情而造文也。」表現出頗爲濃重的儒家「詩以言志」的影響；然而，同樣在「情采」篇中，劉勰又說：「夫鉛黛所以飾容，而盼倩生於淑姿；文采所以飾言，而辯麗本於情性。」完全是基於「緣情綺靡」的立場去闡述「美好的情性」與「辯麗的辭采」的關係❷；還是在「情采」篇，劉勰所說的「若乃綜述性靈，敷寫器象，鏤心鳥迹之中，織辭魚網之上，其爲彪炳，縟采名矣」，更是體現出返本溯源的自然本位意識。在《文心雕龍·明詩》篇中，劉勰則說：「人稟七情。應物斯感，感物吟志，莫非自然。」❷既說「七情」又說「吟志」，確有雜糅之嫌，然其「七情」，當指人天生稟具的喜、怒、哀、懼、愛、惡、欲等自然之情❷，「吟志」而又強調「自然」，其「志」的內涵，顯然就是趨向人的自然天性之情。

三、超越及成因

　　以上在討論「性靈」與「緣情」的關係時，「性靈」的含義

---

❷參見劉紹瑾《「依經立論」與「文的自覺」——論〈文心雕龍〉理論體系的雜糅與矛盾》，載饒芃子主編《文心雕龍研究薈萃》（上海：上海書店，1992），頁 390-403。

❷參見郭紹虞主編《中國歷代文論選》第一冊(上海：古籍出版社，1979)，頁275，注16。

❷《文心雕龍注》，同13，上冊，頁65。

❷《禮記·禮運》：「何謂人情？喜、怒、哀、懼、愛、惡、欲，七者弗學而能。」，參見《禮記鄭注》【四庫備要·經部】（上海：中華書局，無出版時間），頁82。

只是表現爲常態情感，即日常生活中的喜怒哀樂之情。然而，如果我們對南朝「性靈說」作進一步探究，便會發現難以用常態情感對更多的「性靈」概念作通融無礙的解釋。如劉勰的「綜述性靈，敷寫器象」㉖中的「性靈」固然可以解釋爲常態情感（見上文），但是其「惟人參之，性靈所鍾，是謂三才」㉗，「洞性靈之奧區，極文章之骨髓者也」㉘，「性靈鎔匠，文章奧府」㉙，「歲月飄忽，性靈不居」㉚等語中的「性靈」含義，卻不可能解釋爲常態情感。同樣，庾信「性靈屈折，鬱抑不揚」㉛及「含吐性靈，抑揚詞氣」㉜中的「性靈」，可解釋爲常態情感，但是其「年發已秋，性靈久竭」㉝，「四始六義，實動性靈」㉞，「性靈造化，風雲自然」㉟中的「性靈」，也是難以解釋爲常態情感的。這些「性靈」概念的含義，當是心靈、精神、本性、自然生命意識乃至宇宙本體意識。

由此可見，對「緣情說」的繼承與發展，只是南朝「性靈說」的一個表現方面，而且是一個較爲次要的表現方面；其主要的表現，換言之，南朝「性靈說」更值得注意的是，它對前代文學理論的超越。

或許，我們可以從「性」與「靈」分、合的概念含義入手，分析南朝「性靈說」超越前代「緣情」理論的表現及其成因。

㉖同13。
㉗《文心雕龍·原道》，同13，上冊，頁 1。
㉘《文心雕龍·宗經》，同13，上冊，頁21。
㉙《文心雕龍·宗經》，同13，上冊，頁23。
㉚《文心雕龍·序志》，同13，頁 725。
㉛《擬連珠》，見庾信撰、倪璠注《庾子山集》（下冊）（上海：商務印書館，1935），頁 419。
㉜《趙國公集序》，同31，頁 453。
㉝《答趙王啓》，同31，頁 389。
㉞《謝趙王示新詩啓》，同31，頁 390。
㉟《榮啓期三樂讚》，同31，頁 442。

　　「性」的本義即指人的自然天性：「性，人之陽氣，性善者也。」❸「凡性者，天之就也，不可學，不可事。……不可學不可事而在人者，謂之性。」❸南朝人所云之「性」也多爲此義：「一壺之酒，足以養性；一簞之食，足以怡形。」❸「夫衣食，人生之所資；山水，性分之所適。」❸「性愛山泉，頗樂閑曠。」❹「靈」的本義，則來自充滿濃鬱自然生命意識的巫史文化：「靈，巫以玉事神。」❹到了南朝，「靈」就往往用來表示人的生命意識、精神活力以及自然本能：「人爲生最靈，膺自然之秀氣。」❹「民秉天地之靈，含五常之德。……秉氣懷靈，理無或異。」❹「木秉陰陽之偏氣，人含一靈之精照。」❹「天地之中，唯人最靈；人之所重，莫過於命。」❹而「性」與「靈」合用，亦多爲表示自然本性、生命意識以及宇宙本體：「受山川之英靈，有清明之淑性。」❹「降七緯之禎靈，五行之正性。」❹「秉靈造化，愚賢之情不一；托性五常，強弱之分或舛。」❹「凡含靈之性，莫不樂生。」❹此時，「性」、「情」的配用以及「性情」、「情性」，也常常指人的自然天性與生命意識：

❸許慎《說文解字》（北京：中華書局，1983），頁217。
❸《荀子·性惡》見王先謙《荀子集解》〔諸子集成·第二冊〕（北京：中華書局，1993），頁290。
❸蕭方等《散逸論》，見嚴可均輯《全上古三代秦漢三國六朝文》（臺北：世界書局，1969），第七冊，全梁文，卷22。
❸謝靈運《游名山志》，同38，第六冊，全宋文，卷33。
❹張纘《謝東宮賚園啓》，同38，全梁文，卷64。
❹同36，頁13。
❹朱世卿《法性自然論》，梅鼎祚輯《釋文紀》（臺北：彌勒出版社，1982），頁621。
❹沈約《宋書·謝靈運傳記》，同8，頁265。
❹蕭琛《難神滅論》，同42，頁460。
❹蕭綱《勸醫論》，同38，全梁文，卷11。
❹裴子野《劉虬碑》，同38，全梁文，卷53。
❹裴子野《司空安城康王行狀》，同38，全梁文，卷53。
❹任昉《禪位梁王璽書》，同38，全梁文，卷41。
❹沈約《因緣義》，同42，頁494。

「性愛山泉，情篤魚鳥。」❺⓪「抱疾就閑，順從性情。」❺①「情性曉昧，理趣深玄。」❺②「心游五表，不滯近迹，脫落形骸，寄之遠理，性情勝致，遇興彌高。」❺③

自東漢後期以來，政治黑暗，戰亂頻繁，天災人禍連年不斷，西漢時期空前大一統的帝國氣象已不復存在；因而，逃避現實，嚮往自然，重視自我，愛惜生命成爲愈來愈盛的社會思潮。正如衛鑠所云：「近代以來，殊不師古，而緣情棄道。……自非通靈感物，不可與談斯道。」❺④此間之「情」，即爲基於自我個體之情，陸機的「緣情說」便是產生於這樣的社會背景之中。到了南朝則進一步演變爲秉持個體生命意識的「性靈說」：「夫性靈之爲性，能知者也；道德之爲道，可知者也。」❺⑤「靈性特達，得自懷抱。」❺⑥「聚石移果，雜以花卉，以娛休沐，用托性靈。」❺⑦「或立教以進庸怠，或言命以窮性靈。」❺⑧

爲什麼「性靈說」得以產生於南朝？除了上面所說的原因之外，應該還有某個關鍵的成因。依我之見，這個成因就是佛教盛行。

佛教自從西漢末年傳入中國以後，經過四百多年的發展，至南朝達到空前鼎盛：「佛化被於中國已歷四代，塔寺形象所在千計。」❺⑨後人所謂「南朝四百八十寺，多少樓臺煙雨中」❻⓪，實

---

❺⓪ 何胤《答皇太子啓》，同38，全梁文，卷40。
❺① 謝靈運《山居賦序》，同38，第六冊，全宋文，卷31。
❺② 沈約《神不滅論》，同42，頁498。
❺③ 蕭衍《敕何點弟胤》，同38，全梁文，卷4。
❺④ 《筆陣圖》，北京大學哲學系美學教研室《中國美學史資料選灌》(上)（北京：中華書局，1982）頁160。
❺⑤ 張融《答周顒書並答所問》，同42，頁356。
❺⑥ 沈約《內典序》，同42，頁490。
❺⑦ 徐勉《爲書戒子崧》，同38，全梁文，卷50。
❺⑧ 劉峻《辯命論》，同38，全梁文，卷57。
❺⑨ 何尚之《答宋文帝讚揚佛教事》，同42，頁224。
❻⓪ 杜牧《江南春絕句》，見《全唐詩》(下)（上海：古籍出版社，1991），頁1323。

不爲誇張。

佛經、佛論尤其喜用「心」、「神」、「性」、「靈」等形而上的概念：「所染得除，即空成性。」[61]「足下謂法性以即色圖空，則法性爲備矣。」[62]「莫言心王，空無體性。……」心性雖空，能凡能聖。」[63]「夫天地有靈、精神不滅明矣。……有神理必有妙極，得一以靈，非佛而何！」[64]「神通不測，靈迹甚多。」[65]「惟此靈覺，因心則崇。」[66]同時，南朝佛教基本上仍是格義佛教，即在譯經和弘教方面，揉合佛、儒、道三家思想，借用儒、道的詞語乃至思維方式表達、詮釋佛教教義。[67]因此，儘管南朝佛教主張諸法性空，卻沒有完全擯棄現象世界，而是「資靈妙以應物，體冥寂以通神，借微言以津道，托形象以傳眞」[68]，即通過「假有」的現象世界感悟「眞空」的佛教義理；由「出世間」轉向「在世間」[69]，然而也的確是更爲關注人的心靈、精神與生命。「心」、「神」、「性」、「靈」以及「性靈」等術語頻繁出現於佛經、佛論便說明了這一點。雖然儒、道亦有這樣的表現，亦用「性靈」概念，如：「潛志百氏，沉神六經，

---

[61]沈約《懺悔文》，同42，頁511。

[62]周顒《重答張長史書並重問》，同42，頁360。

[63]大士傅弘《心王銘》，同42，頁574。

[64]宗炳《明佛論》，同42，頁260，263。

[65]蕭子顯《御講摩訶般若經序》，同42，頁529。

[66]范泰《佛讚》，同42，頁211。

[67]參見孫述圻《六朝思想史》(南京：南京出版社，1992)，頁94。孫氏將格義佛教時期界定爲東漢以後至東晉十六國鳩摩羅什譯經時代以前（見該書頁113），然而，從謝靈運、宗炳、蕭子良、蕭衍、蕭綱、蕭繹，蕭統、釋慧皎等南朝人的佛論來看，仍然有頗明顯的格義特徵。參見《釋文紀》，頁211-221；251-266；315-354；378-399；400-431；432-440；440-453；569-572。

[68]釋慧皎《義解論》，同38，全梁文，卷73。

[69]孫述圻《六朝思想史》，同67，頁99。

冥析義象，該洽性靈。」❼「任性靈而直往，保無用以得閑。」❼但是，佛教更爲執著，佛家的「性靈」觀更具心性本原論意義：「夫靈源啓潤，則萬流脉散；玄根毓萌，則千條雲積。何者？本大而末盛，基遠而緒長也。」❼「六經典文，本在濟俗爲治耳。必求性靈眞奧，豈得不以佛經爲指南邪？」❼

　　從數量上看，南朝三十六處「性靈」言論，有關佛教者爲十三處，僅次於涉及文學的十六處。提倡「性靈說」的文人如謝靈運、宗炳、沈約、顏延之、周顒、蕭綱、蕭繹、蕭子顯、劉勰、王僧孺、王筠等，皆不同程度崇信佛教，故佛教對文人思想意識的影響是毋庸置疑及顯而易見的❼。據此，無論是從概念背景抑或社會背景來看，佛教對南朝「性靈說」的產生，應該是有十分密切的關係。也正是由於佛教的影響，南朝「性靈說」雖然繼承了「緣情說」，但更超越了「緣情說」而表現出對心靈、精神、生命本原的探索與追求，後者對文學的影響也更爲顯著而深遠。

四、性靈與艷情

　　雖說佛教在南朝達到空前繁盛，但從整體上看，儒、道、釋在南朝仍是形成鼎立局面的❼，名士與沙門同游，道風並儒聲俱起，爲南朝常見的社會現象；儒、道、釋三家思想都對南朝文人產生了不同程度的影響，反映到文學思想上，也就出現了既繼承「緣情」傳統，又超越「緣情」傳統的南朝「性靈說」。因此，

---

❼江淹《知己賦》，引自胡之驥注《江文通集匯注》（北京：中華書局，1984），頁89。
❼陶弘景《答趙英才書》，同38，全梁文，卷46。
❼釋僧祐《出三藏記集雜錄序》，同42，頁551。
❼何尙之《答宋文帝讚揚佛教事》引范泰謝靈運語，見同42，頁224。
❼參見孫昌武《佛教與中國文學》（上海：人民出版社，1988），頁61-85。
❼參見《六朝思想史》，同67，頁268-273。

南朝「性靈說」對文學的影響，也主要體現在繼承「緣情」傳統與超越「緣情」傳統兩方面。

前文說過，繼承「緣情」傳統的南朝「性靈說」主張抒發人的常態情感，要補充說明的是，這裡所說的「常態情感」，應是基於人的自然天性──自然生命意識的個體情感。James J.Y.Liu曾針對袁枚的「性靈說」指出：「所謂『性靈』(native sensibility)概念的意蘊，即是詩人必須保持赤子自然之情(袁枚云：『詩人者不失赤子之心者也。』)，並且應同時具有基於自然本質的高度感性。」[76]這種情感最富於感性，極少理性的負荷，並抗拒社會性的約束，力求以無滯無礙的狀態獨騁於抒情文學領域。這一表現，在南朝文學中是甚為普遍的，但最為集中體現於梁陳時期的宮體詩創作之中。

蕭綱在《戒當陽公大心書》中說：「立身之道與文章異：立身先須謹重，文章且須放蕩。」[77]蕭綱具有統治者兼詩人的雙重身份。從統治者的身份出發，加上他推崇儒、佛二教[78]，故而必然要求立身要謹重；但是從詩人身份出發，他又要求為文必須采取與立身相異的「放蕩」態度。「放蕩」在此指放任不拘。蕭綱主張為文「放蕩」，使基於自然生命意識的個體情感，在文學創作中得以無拘無束地闡揚。其結果，即不可避免地發展至宮廷女性欲黛啼紅的豔情抒發[79]；正如蕭綱所云：「雙鬢向光，風流已

---

[76] James J.Y. Liu, The Art of Chinese Poetry (Chicago and London: The University of Chicago Press, 1974), p. 74.

[77] 見同8，頁244。

[78] 蕭綱云：「有梁正士，蘭陵蕭世纘，立身行道，終始如一。」(《幽縶題壁自序》，同38，卷12)即表明對儒道的推崇；又云：「削除七慢，折制六根。」(《悔高慢文》，同38，卷14)即表明對佛道的謹守。

[79] 南朝宮體詩中的情感抒發有頗為多樣的表現。詳見拙文《試論南朝宮體詩中「情」的表現》(載於湘潭《中文韻文學刊》1996年第1期，頁28-37)。

絕；九梁插花，步搖爲古。高樓懷怨，結眉表色；長門下泣，破
粉成痕。復有影里細腰，令與眞類；鏡中好面，還將畫等。此皆
性情卓絕，新致英奇」❽，這就是梁陳之際宮體詩風的盛行❽。
James Robert Hightower便指出，徐陵的艷情詩總集《玉臺新咏》
反映了蕭綱的文學觀及審美趣味。蕭綱宣稱文學要掙脫傳統詩教
的羈絆而獨立，其主張是「無拘束的情感抒發」（unrestrained
expression of the feelings），而其重心的傾斜便是導向對艷
情的追求❽。林田愼之助亦認爲：「鍾嶸、蕭綱(簡文帝)的『吟
咏性情』說，在南朝文學中建立起了一種非拘束的理論，它對代
表時代精神的創作動向作了最敏銳的反映。不過，由於這一時代
的文學作者多爲貴族，他們的生活圈子都缺乏現實感，因此他們
所寫的作品大都放蕩情感，只流於描繪花鳥風月和艷情，具有很
大的脆弱性，已經喪失掉了投身現實鬥爭的能動性之『志』，這
也是事實。」❽

但是，梁陳宮體詩爲自然生命意識張目，張揚自然生命本能
的表現，也不能決然全盤否定。相反，後世「性靈」詩人對此甚
爲推崇：「艷詩宮體，自是詩家一格。」❽「情所最先，莫如男
女。」❽後世艷情詩人，也往往是「性靈說」的倡導者。如晚唐

---

❽蕭綱《答新渝侯和詩書》，同8，頁244。
❽事實上，南朝宮體詩產生的背景與動因是較爲複雜多樣的。參見拙文
《宮體正義》（載於廣州《學術研究》1995年第5期，頁109-112）。
❽ James Robert Hightower, Topics in Chinese Literature (Cam-
bridge, Massachusetts: Harvard University Press, 1966), p.46。
James Robert Hightower 所說的「unrestrained expression of the
feelings」當指蕭綱《誡當陽公大心書》中的「文章且須放蕩」。
❽林田愼之助著、盧永璘譯《漢魏六朝文學理論中的「情」與「志」問
題》，見《古代文學理論研究》第十三輯(上海：古籍出版社，1988)，
頁30。
❽袁枚《再答沈大宗伯書》，見郭紹虞主編《中國歷代文論選》(第三冊)
（上海：古籍出版社，1981），頁473。
❽袁枚《答戥園論詩書》，引自同83，頁474。

艷詩大家李商隱便宣稱：「人稟五行之秀，備七情之動，必有咏嘆，以通性靈。」⑧

　　還值得注意的是，南朝「性靈說」對基於自然生命意識的個體情感的強調，也使情感的感性特質更進一步與審美的特質相通交匯，從而促使南朝「性靈說」的理論發展日趨與唯美追求合流。因此，南朝「性靈說」對「文」的審美表現尤其強調，前面所引的「新致英奇」、「麗絕當世」、「屬詞婉約」、「綺縠紛披，宮徵靡曼，唇吻遒會」等，無一不是旗幟鮮明的唯美主張。甚至可以說，南朝「性靈說」一面世，便與強烈的唯美追求緊密結合，成為南朝唯美文學創作的理論主導，充分肯定、張揚了文學的審美價值。這一點，也正是南朝「性靈說」與後世「性靈說」的相異之處。

五、性靈與山水

　　前文說過，南朝的「性靈說」既有對陸機「緣情說」的繼承，更有對「緣情說」的超越，後者對文學的影響更為顯著而深遠。我們還分析過，南朝「性靈說」之所以表現出對陸機「緣情說」的超越，是由於南朝佛教的影響。因此，要進一步探討南朝「性靈說」對文學的影響，就不得不再次將關注點轉回南朝佛教。

　　佛教義學的核心問題是心性。唐代名僧宗密即一言敝之：「一藏經論義理，只是說心。」⑧劉宋顏延之亦早就指出：「崇佛者本在於神教，故以治心為先。」⑧梁代的大士傅弘更作《心

⑧李商隱《獻相公京兆公啓》，引自羅聯添輯《中國文學批評匯編——隋唐五代》（臺北：成文出版社，1978），頁228。
⑧《禪源諸詮集都序》，見《中國佛教思想資料選灌》㈢（臺北：彌勒出版社，1983），頁428。
⑧《庭誥二章》，同42，頁266。

王銘》宣稱:「識心見佛,是心是佛。……淨律淨心,心即是佛。除此心王,更無別佛。」❽佛家所謂之「心」,不僅具有緣慮的功能,更具有無窮的創造力:「心作萬有,諸法皆空。」❿「三界所有,皆心所作。」❑

佛教的心性學說對南朝文人產生了巨大的影響。文壇、畫壇,「心」論蜂起,並且成為南朝「性靈說」十分關鍵的有機組成部分。❒

南朝「性靈說」對「心」的強調,表現為如下三個方面:

㈠**確立「心」為文學本原的地位**:「惟人參之,性靈所鍾,是謂三才。為五行之秀,實天地之心;心生而言立,言立而文明;自然之道也……有心之器,其無文歟!」❓「夫文心者,言為文之用心也。昔涓子琴心,王孫巧心,心哉美矣,故用之焉。」❔這麼一來,便使文學由面向社會轉回面向人心;由以社會大眾為本位轉向以個人自我為本位。從整體上來說,南朝文學無疑正是體現了這一根本的轉型。

㈡**強調「心」作為作者精神主體的無窮活動力**:「靈而動變者心也。」❕「文章者,蓋情性之風標,神明之律呂也。蘊思含毫,游心內運,放言落紙,氣韻天成。」❖「心游五表,不滯近

---

❽同42,頁 574。

❿宗炳《明佛論》,同42,頁 251。

❑鳩摩羅什譯《大智度論》卷29,《大智度論》(上)(臺北:新文豐出版公司,1993),頁 114。

❒鈴木虎雄即認為:「性靈在普遍的意義上可視為『心』的概念。」,見鈴木虎雄著、許總譯《中國詩論史》(南寧:廣西人民出版社,1989),頁 110。

❓《文心雕龍·原道》,同13,上冊,頁 1。

❔《文心雕龍·序志》,同13,頁 725。

❕王微《敘畫》,引自同54,頁 179。

❖蕭子顯《南齊書·文學傳論》,同8,頁271。

迹，脫落形骸，寄之遠理，性情勝致，遇興彌高，文會酒德，撫際彌遠。」⑰實際上，這就是強調了作者的主觀能動作用，由此也就引發出自我個體情感的抒發、精神對物質的支配、心靈與外物的交感等一系列相關問題。

　　㈢與傳統的心物感應說結合，強化了「心」的靈妙創造力：「春秋代序，陰陽慘舒，物色之動，心亦搖焉。」「情以物遷，辭以情發。一葉且或迎意，蟲聲有足引心。」「山沓水匝，樹雜雲合。目既往還，心亦吐納。」⑱「夫以應目會心為理者。類之成巧，則目亦同應，心亦俱會。應會感神，神超理得。」⑲「凡斯種種，感蕩心靈。」⑳

　　葉嘉瑩曾經指出，性靈「重在心靈與外物相交的一種感發作用」。㉑這裡需要補充的是，南朝的「性靈說」除了繼承傳統的心物感應說㉒之外，還受到南朝佛教的影響而表現出新的特點。佛教般若學認為，現象世界的一切皆為因緣和合而成，因而是無自性的、瞬息萬變的「假有」：「時則無止，運則無窮，既往積劫，無數無邊，皆一瞬一閱，以及今耳。」㉓但「假有」又是諸法實相（「真空」）的現實存在，人們必須通過瞬息萬變的現象世界感悟諸法實相，也就是僧肇所說的「立處即真」、「觸事而真」。㉔這一觀念貫徹到文學創作的心物感應理論中，使文人更

⑰蕭衍《敕何點弟胤》，同38，全梁文，卷4。
⑱俱見《文心雕龍・物色》，同13，頁693-695。
⑲宗炳《畫山水序》，同54，頁178。
⑳鍾嶸《詩品序》，同2，頁3。
㉑葉嘉瑩《〈人間詞話〉境界說與中國傳統詩說之關係》，見葉氏《迦陵論詞叢稿》（上海：古籍出版社，1980），頁314，注6。
㉒成書於戰國的《禮記・樂記》即云：「凡音之起，由人心也。人心之動，物使之然也。感於物而動，故形於聲。」見《禮記鄭注》，頁131。
㉓宗炳《明佛論》，同42，頁263。
㉔《不真空論》，同42，頁167。

爲注意並且強調現象世界瞬息萬變的本質特點：「屬文之道，事出神思，感召無象，變化無窮。」⑩⑤進而形成一整套以思維的直覺性、靈感的突發性、想像的超時空性爲核心的意象生成理論。⑩⑥正如後世的「性靈」派文人所標舉的：「夫性靈竅於心，寓於境；境所偶觸，心能攝之；心所欲吐，腕能運之。……以心攝境，以腕運心，則性靈無不畢達，是之謂眞詩。」⑩⑦

由上可見，對佛教心性學說的接受與發展，使南朝「性靈說」超越了對常態情感的執著，而趨向對心靈、精神的探索；在創作實踐中，則超越了抒情的傳統而走向審美的追求。南朝山水文學的創作，最能集中體現這一新的變化。

中唐古文運動領袖之一的元稹曾批評南朝山水文學：「宋、齊之間，教失根本……蓋吟寫性靈、流連光景之文也，意氣格力無取焉。」⑩⑧清代文論家劉熙載則爲之辯護道：「元微之作《杜工部墓志》，深薄宋、齊間吟寫性靈、流連光景之文。其實性靈光景，自風雅肇興便不能離，在辨其歸趣之正不正耳。」⑩⑨元、劉二人所爭辯的焦點，便是南朝山水文學緣情體物、即景抒情的傳統表現。也就是說，二人所謂「性靈」，即是前文所說的常態情感。南朝山水文學當然不乏這類緣情體物、即景抒情的表現，然而，南朝「性靈說」對山水文學的影響，當體現爲如下：

深受佛教影響的南朝文人，對山水自然抱著一種崇敬與欣賞

---

⑩⑤蕭子顯《南齊書·文學傳論》，同8，頁272。
⑩⑥因篇幅有限，恕不展開討論，請參見拙著《六朝唯美詩學》（臺北：文津出版社，1997），頁60–65。
⑩⑦江盈科《敝篋集敘》引袁宏道語，轉引自袁震宇、劉明今《明代文學批評史》（上海：古籍出版社，1991），頁456。
⑩⑧《唐故工部員外郎杜君墓系銘并序》，同83，第二冊，頁65。
⑩⑨劉熙載《藝概·詩概》，同1。

相混合的態度：「山水質有而趣靈」⑩，「自然之神麗」⑪，「（山水）懷靈蘊德，孕寶含奇。」⑫因此，他們對山水自然尤感興趣，也頗為重視，並以之作為感悟諸法實相的主要媒介：「山水以形媚道。」⑬反映到文學上，便形成借山水闡佛理的創作手段。然而，文人在創作中對山水之「形」的直觀描摹，以及「媚」的感性表現，卻使這個創作手段輕而易舉地從悟理轉變為審美。⑭

謝靈運可謂最有代表性的人物。謝靈運是南朝山水詩的開山鼻祖，同時又篤崇佛教，有深厚的佛學造詣，曾撰《辨宗論》闡發竺道生的頓悟之義。⑮他以「賞心」為標識的山水審美觀，充分體現了佛教心性學說的影響：「將窮山海迹，永絕賞心悟。」⑯「賞心不可忘，妙善冀能同。」⑰由「治心」（顏延之語）到「賞心」，便完成了哲思到審美的轉變。同時，即景抒情的傳統，在謝靈運山水詩中也起了微妙的變化：謝詩並不乏各種人世常態情感的表現，但通過觀照山水以感悟義理的過程，情感漸漸平息，而轉化為淡泊疏散的心境，即如詩人自己所云：「感往慮有復，理來情無存。」⑱可以說，謝靈運山水詩創作的重心不在抒情，

---

⑩宗炳《畫山水序》，同54，頁177。
⑪謝靈運《山居賦》，同38，第六冊，全宋文，卷31。
⑫蕭綱《秀林山銘》，同38，全梁文，卷13。
⑬宗炳《畫山水序》，同54，頁177。
⑭參見拙作《山水以形媚道──論東晉詩中的山水描寫》，載哈爾濱《學術交流》1996年第3期，頁102-106。
⑮參見湯用彤《理學·佛學·玄學》（北京：北京大學出版社，1992），頁239-243。孫述圻《六朝思想史》，頁174-185。
⑯《永初三年七月十六日之郡初發都詩》，見丁福保編《全漢三國晉南北朝詩》（上冊）（北京：中華書局，1959），頁636。
⑰《田南樹園激流植援》，同116，頁642。
⑱謝靈運《石門新營所住，四面高山，回溪石瀨，茂林修竹》，同116，頁643。

而在造境。

謝靈運山水詩的意境，往往就是通過心物和諧交匯的瞬間直覺感興得以呈現。葉夢得評謝靈運《登池上樓》詩中「池塘生春草，園柳變鳴禽」⑲二句云：「世多不解此語為工，蓋欲以奇求之耳。此語之工，正在無所用意，猝然與景相遇，借以成章，不假繩削，故非常情所能到。詩家妙處，當須以此為根本，而思苦言難者，往往不悟。」⑳說的正是謝靈運詩中「池塘」這一意境，產生於澄虛心境「無用意」地與眼前之景猝然相遇的瞬間直覺感興。

這種情形在謝詩創作中是較普遍的，Eugene Eoyang便指出：「謝靈運的詩不僅描繪了他所見的自然(以往的詩人已這樣做了)，還表現了山水自然中所獲得的美感經驗。所以，他的詩既包含了山水自然，也包含了與自然猝然相遇(encounters with nature)的美感再創造。」㉑倘若從謝靈運精通佛教義理的背景看，「池塘」意境的產生，還應該有「頓悟」的意味。宋代詩論家吳可即一針見血地指明：「學詩渾似學參禪，自古圓成有幾聯？春草池塘一句子，驚天動地至今傳。」㉒

謝靈運山水詩意境的表現，偶爾也有如「清霄颺浮烟，空林響法鼓」㉓之類點明佛地特徵的表現，但是大都皆為純然以山水畫面所呈現的意境：「雲日相輝映，空水共澄鮮。」㉔「密林含

---

⑲見同116，頁638。

⑳《石林詩話》(卷中)，見同2，頁426。

㉑Eugene Eoyang, "Moments in Chinese Poetry: Nature in the World and Nature in the Mind", in Ronald C. Miao (ed.), Studies in Chinese Poetry and Poetics (San Francisco: Chinese Materials Center, Inc., 1987), Vol.1, pp.111-112。

㉒《學詩詩》其三，同83，頁345。

㉓《過瞿溪山僧》，同116，頁651-652。

㉔《登江中孤嶼》，同116，頁639。

余清，遠峰隱半規。」⑫「猿鳴誠知曙，谷幽光未顯。」⑫或許，詩人的意圖是要通過這些或明麗澄淨，或迷茫朦朧，或空靈清幽的意境，來反映諸法性空的佛理；⑫然而其客觀效果，卻使謝詩超越了即景抒情的傳統，轉向營造、表現山水自然的神韵靈趣之美。⑫後世的論者對此推崇備至：「詩以達性，然須清遠爲尙。……『白雲抱幽石，綠篠媚清漣。』清也；『表靈物莫賞，蘊眞誰爲傳？』遠也；……總其妙在神韵矣。」⑫

謝靈運以「賞心」爲標識的山水審美觀，得到後來南朝山水詩人的繼承：「寄言賞心客，得性良爲善。」⑬「囂塵自茲隔，賞心於此遇。」⑬「一同心賞夕，暫解去鄉憂。」⑬「伊余本羇客，重睽復心賞。」⑬同時，謝靈運詩展現山水神韵靈趣之美的創作特點，也在後來的南朝山水詩中得到發揚：「餘霞散成綺，澄江靜如練。喧鳥覆春洲，雜英滿芳甸。」⑬「江千遠樹浮，天末孤烟起。江天自如合，烟樹還相似。」⑬「風遲山尙響，雨息雲猶積。巢空初鳥飛，荇亂新魚戲。」⑬「露清曉風冷，天曙江

---

⑫《游南亭》，同116，頁638。
⑫《從斤竹澗越嶺溪行》，同116，頁644。
⑫唐代的元康在其佛論《肇論疏》(卷上)的序中，稱讚謝靈運的山水詩：「又如作詩云『白雲抱幽石，碧篠媚清漣』，又『雲日相輝映，空水共澄鮮』，此復何由可及？」(轉引自孫述圻《六朝思想史》，同67，頁178)可見謝詩的意境與佛理有關。
⑫關於謝靈運的山水詩，請參見拙作《選自然之神麗──謝靈運山水詩之探討》，載廣州《廣東社會科學》1996年第1期，頁100–105。
⑫王士禎《池北偶談》引孔文谷語，見王士禎《帶經堂詩話》(上)(北京：人民文學出版社，1982)，頁73。
⑬謝朓《游山》，同116，頁806。
⑬謝朓《之宣城郡出新林浦向板橋》，同116，頁810。
⑬何遜《慈姥磯》，同116，(下冊)，頁1159。
⑬何遜《入西塞示南府同僚》，同116，(下冊)，頁1144。
⑬謝朓《晚登三山還望京邑》，同116，頁811。
⑬范雲《之零陵郡次新亭》，同116，(下冊)，頁1060。
⑬丘遲《侍宴樂游苑送張徐州應詔詩一首》，同116，(下冊)，頁1063。

光爽。薄雲巖際出，初月波中上。」⑬「穴去茅山近，江連巫峽
長。帶天澄迴碧，映日動浮光。」⑬歷代論者對這類詩作亦甚爲
欣賞：「(謝朓詩)斐然之姿，宣諸逸韵；輕清和宛，佳句可賡。」
⑬「范（雲）詩清便宛轉，如流風回雪；丘（遲）詩點綴映媚，
似落花依草。」⑭「其（何遜詩）探景每入幽微，語氣悠柔，讀
之殊不盡纏綿之致。」⑭「（陰鏗詩）琢句抽思，務極新雋；尋
常景物，亦必搖曳出之，務使窮態極妍，不肯直率。」⑭而神韵
靈趣，恰恰是當代的評論家對「性靈」美學特徵的概括：「假使
說『性』近於韵，則『靈』便近於趣；而隨園詩論又可說是韵與
趣的綜合。」⑭

六、結　語

綜上所述，南朝「性靈說」產生所受的影響主要有兩方面，
一是前代(主要是陸機)的「緣情」理論，一是南朝佛教。因此，
南朝「性靈說」既關注社會、人生，又重視心靈、精神。它對文
學的影響亦同樣體現在兩個方面：一方面，繼承、發展前代的
「緣情」理論，強調抒發基於自然生命意識的個體情感，並進一
步突出「綺靡」的唯美表現；並直接引發梁陳宮體詩的創作浪潮，

⑬同 133 。
⑬陰鏗《渡青草湖》，同166，（下冊），頁 1360 。
⑬陳祚明《采菽堂古詩選》卷20，引自北京大學中國文學史教研室編《魏
晉南北朝文學史參考資料》(香港：中華書局香港分局，1986)，頁549。
⑭鍾嶸《詩品》（中），同2，頁 15 。
⑭陸時雍《詩鏡總論》，見丁福保輯《歷代詩話續編》（下）（北京：中
華書局，1983），頁1409。
⑭陳祚明《采菽堂古詩選》卷29，同139，頁669。
⑭郭紹虞《中國文學批評史》（上海：新文藝出版社，1956），頁 495 。
郭紹虞還認爲「性靈說」與「神韵說」是相通的：「神韵說與性靈說同
樣重在個性，重在有我，不過程度不同：神韵說說得抽象一些。性靈說
說得具體一些罷了。」見同書，頁 493 。

對南朝唯美文風的興盛起到了推波助瀾的作用。另一方面，佛教心性學說的影響，促使南朝「性靈說」超越對世間常態情感的執著，而走向對心靈及精神世界的探索，南朝的山水詩集中體現了這一理論的新發展；並在山水詩歌的創作實踐中，開拓了以追求神韵靈趣爲特徵的新的詩歌美學境界。

　　當然，由於處在中國性靈文學的初始階段，南朝「性靈說」確實存在著不可避免的不足之處（如不夠精確化、條理化、系統化等），儘管如此，南朝「性靈說」畢竟在理論與創作兩方面，都進行了可貴的探索，並且取得了甚爲可喜的成就；同時，也更爲後世性靈文學的發展積累了寶貴的經驗，並且奠定了頗爲堅實的基礎。

論　文：南朝「性靈說」芻議
主講人：王力堅講師
講評人：周質平教授

　　作者將南朝詩文中的「性靈」二字，依其出現頻率和上下文文意，作了一定的整理與解釋。我個人認爲，此論文是對「性靈」一語的詞義演變，作一斷代研究。而較之於後來的「性靈說」，南朝的「性靈」應屬在初期階段，並未形成有系統的理論，故本文用「性靈說」實不妥。作者同時拿晚明公安三袁和乾隆時袁枚（採劉若愚先生的講法）所講的性靈，與南朝時的「性靈」作繫聯，二者間最大的區別卻是：前者對於唯美的形式採鄙薄的態度，而後者卻強調在一定本事中唯美的形式。當作者在作這樣的繫聯時，難免會引人誤會。

　　對於本文，個人最大的困惑之處即是：作者在提出一結論、前提，讀者正等待他作進一步的解釋時，他卻沒有解釋，使文中

的引文，不但未能清楚的彰顯出作者的原意，反而使意思變得曖昧不清。例如：「而南朝的『性靈說』，亦明顯的表現出對『緣情說』的繼承」（見本文第二頁），這是作者重要的論點，之後他所列的：『吟詠性靈，豈惟薄伎；屬詞婉約，緣情綺靡』……等句（見同頁），卻無助於讀者對其立論的理解。在本文第七頁中講到：「佛家的『性靈』觀更具心性本原論意義」，接著即是「夫靈源啓潤，則萬流脈散；玄根毓萌，則千條雲積。何者？本大而末盛，基遠而緒長也」這樣的引文，不知道它在此能說明什麼？同樣的問題，在文章中的第八、九頁都可見，不再例舉。這些引文本身是不清楚的，是需要作者用現代的語言再作解釋，可惜作者並未如此做。

　　除此而外，在文章中出現這樣的因果推斷：「自東漢以來，政治黑暗，戰亂頻繁，天災人禍連年不斷。因而，逃避現實，嚮往自然，重視自我，愛惜生命成為愈來愈盛的社會的社會思潮」（見本文第六頁），也是很有問題的。有那一個時代的人，是不嚮往自然，重視自我，愛惜生命？作者應把他們的特殊性表達清楚。而對於「性靈」一語，在本文中，並沒有作者自己的定義與解釋，若僅是用南朝人的說法來說明，那對所謂性靈的理解仍是很有限的。

地區性陶淵明研究述評

廣州暨南大學中文系
李　文　初

　　近四十年來，陶淵明一直是大陸學術界研究的一個熱點。參與研究的人，大多是高等學府和研究機構中的專業人員，屬世人所說的「學院派」。文化大革命的災難結束後，經過撥亂反正，清除「四人幫」在學術輿論界的流毒，關於陶淵明的評價和歷史定位，又引起學界的濃厚興趣。隨著經濟體制改革的深入開展，對外開放的格局逐漸形成，各地的旅遊業蓬勃地發展起來，自然景觀、人文資源的開發被提上議事日程。地方志編纂機構的普遍設置，各種地區性文化研討活動的舉辦，蔚成一股遍及全國的地方文化熱。陶淵明是江西人，江西提出爲本省歷史名人立像、建館，於是在與陶淵明有關的地區（有的甚至在江西省以外）就出現了各種紀念、研討陶淵明的活動，現分別介紹如下：

一、建陶淵明紀念館

　　率先建館的是江西省九江縣。該館於1985年７月30日在九江縣縣治沙河街落成，並正式開館。館址占地1600平方米，除新建的展廳外，還將明嘉靖年間建於面陽山陶墓左前方的靖節祠搬遷至此。館內展出與陶淵明相關的歷史文物圖片、論著、陶氏家譜及各種版本的陶淵明集。

　　九江縣是九江市的郊縣。位於九江市西南（廬山西北麓），著名的東林寺即在該縣境內。縣治沙河街距九江市區約23公里。縣政府原在九江市，1961年搬遷至此。

二、《九江師專學報》開闢「陶淵明研究」專欄

　　九江師範專科學校是一所培養中學師資的大專院校。該校學報爲探求刊物的個性，發揮地方人文資源的優勢，特於1984年春天推出全國獨家專欄「陶淵明研究」，至今已出了37輯，刊載論文、資料一百餘篇。從這個專欄的稿源看，它實際上聯繫了全國各地的研陶學者，成了全國陶淵明研究與交流的一個信息中心，與海外學者也有一定的聯繫。該專欄於每年的第一期都要刊登一篇上年的「全國報刊陶淵明研究索引」，便於專家、讀者查找有關資料。

三、主辦陶淵明研討會

　　地方策劃、組織、主持的陶淵明研討會，據我所知，至少有五次：

　　㈠1985年2月，由江西省宜豐縣主辦，約50餘人參加，主要來自江西省內，整個研討會圍繞《陶淵明始家宜豐》（胡紹仁著）這篇論文展開。同年12月，該縣再次召開「陶淵明始家宜豐學術研討會」，並向與會者提供一本《陶淵明始家宜豐研究》的鉛印本，其中披露了不少《秀溪陶氏族譜》中的材料，引起與會者的極大興趣。會上，江西省文聯副主席黃宗林作了熱情洋溢的講話，宣稱「陶淵明確是生長宜豐，二十九歲以後才遷居潯陽，五十多歲時又曾回到這裡住了好幾年，最後卻又逝世在潯陽」。據說當時連香港《文匯報》也報導了這一消息。

㈡1985年 7 月30日，在九江市南湖賓館召開，主辦單位是江西省文化廳和九江市。有王瑤、廖仲安、袁行霈、吳云等80餘人參加。會議期間，還組織與會者瞻仰面陽山陶墓和新落成的陶淵明紀念館。會後將提交大會的論文選編成《陶淵明研究》（內部發行）。這次盛會，實際上是建國以來第一次全國性的陶淵明研討會。

㈢1986年 7 月30日，在星子縣秀峰賓館召開，由星子縣政協主辦。出席會議的有王瑤、王拾遺、高揚、謝天佑、李文初、蘇者聰等60餘人，實爲第二次全國陶淵明研討會。會議期間，組織大家參觀了陶墓、醉石、斜川、玉京山、陶村，並泛舟鄱陽湖上體驗陶令「歸去來」時那種「舟搖搖以輕揚，風飄飄而吹衣」的情景。會後，將提交大會的論文、詩詞以及會議期間的活動照片編印成《陶淵明研究》一書（內部發行）。

星子縣位於廬山東南面，濱臨浩淼無際的鄱陽湖，立足縣治南康鎮，翹首便可望見五老峰和大漢陽峰（當地人稱「南山」）。

㈣1987年11月15日，在九江縣陶淵明紀念館召開。出席會議的主要是江西省內的學人，外地與會者只有李華、李伯齊等十餘人，規模比前幾次小，傳媒也少有報導。

㈤1992年3月27日，在湖南省桃源縣召開，由湖南省文化廳、建設廳、常德市、桃源縣聯合主辦。有廖仲安、敏澤、李華、李文初、陶文鵬等50餘人參加。會議期間組織大家考察了桃花源秦人村、武陵源等地。陶淵明未曾到過武陵，只因根據當時武陵地區的民間傳說寫了一篇《桃花源記並詩》，用以寄托他的理想和情懷，沒想到竟會引起後人那樣大的反響和興趣，以致生起種種對武陵的想望。這次研陶會只是當地主辦的「桃花節」的一個組成部分，與桃花節的中心主題(商品展覽會和貿易洽談會)相比，

無論規模和熱烈程度，都似乎是一種點綴。

四、發掘遺落民間的研究資料

遺落民間的研究資料主要包括族譜和有關傳聞。

已知的各種陶氏宗譜，計有江西省的高安《三石陶氏宗譜》、彭澤《定山陶氏宗譜》、都昌《西溪陶氏宗譜》、宜春《仰山陶氏家譜》、宜豐《秀溪陶氏族譜》，安徽省的黟縣《陶氏宗譜》等，披露了不少鮮為人知的信息。尤其《秀溪陶氏族譜》，首卷三十九目，大部分都是有關陶淵明的記載，或溯其宗支之源，或述其世系之流，或記其生平行事，或考其有關遺址（共18處），在現存陶氏譜牒中，材料之豐，實屬罕見。這些譜牒資料，至今尚未引起研陶學者的注意，是真是偽？其可信度有多大？都有待學界同仁作審慎、深入的研究。

關於陶淵明的各種傳說，在民間流存甚多，尤其是那些自稱陶淵明後裔居住的地區，甚至還有各種遺址佐證。其中，陶淵明描繪過的「桃花源」，自然成了人們的熱門話題，於是在不同地區相繼發現「桃花源」的消息也就被傳媒炒得十分火爆。先是關於「康王谷」（在廬山西南部，俗名廬山壠）的報導。這個地處廬山河上游，全長30華里的山谷，相傳楚康王南巡至此，秦滅楚後，康王的子孫曾逃到此地避難。由於康王谷地貌酷似陶淵明筆下的「桃花源」，故被認為是陶淵明賴以妙筆生花的現實原型。後來，安徽黟縣又有所謂「小桃源」的發現，甚至更遠的貴州、四川也有類似的發現和報導。

五、出版刊物和研究成果

各地自籌資金出版小型刊物、編印研究成果（包括論文集和

資料匯編），主要在八十年代。如星子縣「陶淵明研究會」編印的《陶淵明研究》小報（不定期刊行），內容有論文和詩詞；九江縣「陶淵明紀念館」編印的《陶淵明研究通訊》等。研究成果結集印行的有星子縣的《偉大詩人陶淵明》（第一、二集）、《陶淵明研究》（1986年7月研討會論文集）、九江縣的《陶淵明研究》，宜豐的《陶淵明始家宜豐研究》等。

地區性的陶淵明研究有其明顯的優勢：一是在考察陶淵明的生平、作品上有地理、民俗、語言上的方便；二是有本地方志、族譜等資料作參考。從總體上看，陶淵明研究目前正處在徘徊難進的狀態，許多疑難問題一時難有重大的突破；若能熟悉前人研究成果，充分掌握現有資料，再結合地方發掘的新資料、提出的新問題，或能在某些方面獲得新的進展。然而，目前的研究大體處於各自為政的分散狀態，「學院派」和地方陶學研究者缺乏溝通和合作。就是地方之間也是壁壘森嚴，缺乏科學、冷靜的態度和全局觀念，甚至出現「爭奪」陶淵明的不團結現象，因此，儘管由地方主持開了幾次研討會，大家也不便在會上暢所欲言。這種狀況，對陶淵明研究的深入開展是十分有害的。要提倡顧全大局，這個大局就是如何提高陶淵明研究的整體水平，去迎接21世紀的到來。這種全局觀念還應該包括這樣一個內涵，那就是陶淵明的輝煌，絕不是屬於哪一個縣、哪一個省的，他是全中國人民的陶淵明，乃至全世界人民的陶淵明。因此，提倡彼此之間的團結合作和互相尊重是至為重要的。比方說，如果有哪個出版單位牽頭，各地合力共振，編一本輯錄方志、族譜中的陶淵明資料的匯編，給研究者一個方便，那就功德無量了。

對於地方上發掘的新資料，也要有一個實事求是的科學態度。不能因為某些新說與傳統看法相左，就不加分辨地一概否定；也

不要以爲見諸文字的就絕對可靠。一般地說，過去參與編寫方志
（如府志、縣志）的人多是本州、本縣文化水平較高的人，對已
有資料進行過不同程度的考訂。而族譜的編纂者，多半是本鄉本
村的鄉紳或科舉落榜的教書先生，學術視野和文化水平都有限。
這些地方史家的宗法思想、門第觀念和光宗耀祖的意識都較重，
對人對事常常帶有很濃的主觀色彩。因此，對方志和族譜中提供
的資料，不能不信也不能盡信，客觀地審愼地進行綜合、比勘是
十分必要的。尤其是對那些較爲重大的問題，更不能憑孤證下結
論。下面列舉數例加以討論：

　　比方說陶淵明的籍貫就是一個十分敏感的問題。顏延之《陶
征士誄並序》作「尋陽陶淵明」，沈約《宋書·隱逸傳》作「尋
陽柴桑人」。雖然陶淵明的出生地究竟屬於今九江縣還是星子縣
還有較大的爭議，但柴桑在今九江地區境內卻是毋庸置疑的。這
是一種最傳統的看法。然而，這種傳統之見受到了江西宜豐的挑
戰。1986年宜豐縣編印了《陶淵明始家宜豐研究》，認爲陶淵明
出生宜豐，二十九歲外出做官，才把家眷帶到九江一帶居住。根
據是北宋樂史《太平寰宇記》的記載：「淵明故里，《圖經》云：
『淵明始家宜豐，後徙柴桑。』宜豐，今新昌也。」三國吳大帝
黃武中始置宜豐縣，東晉太元中并入望蔡，梁初復置。這本《圖
經》據說是梁朝時宜豐本地的地理著作，這樣，它的產生年代就
與沈約的《宋書》大致同時，說明「淵明始家宜豐」之說也是古
已有之的，只是鮮爲人知罷了。宜豐於北宋太平興國六年 (981)
改置新昌縣，南宋熊良輔《新昌圖經序》云：「由漢晉以來，先
賢遺躅，如梅之尉山，陶之故里，皆在境內。」此外，還有族譜，
不僅宜豐的《秀溪陶氏族譜》，而且高安的《三石陶氏宗譜》，
彭澤的《定山陶氏宗譜》，宜春的《仰山陶氏家譜》也都認爲陶

淵明是宜豐人。證據的確不少，應該引起研陶學者的重視，不要以爲沈約的說法就那麼絕對可靠。

又如陶淵明的家世，他的父、祖是誰？至今仍是一個謎。沈約《宋書》只說「曾祖侃，晉大司馬」，《晉書》始言「祖茂，武昌太守」。均不交待其父名爵。陶淵明留下一首《命子》詩，其中談到他的祖父和父親；可惜語焉不詳，很難據此弄清問題，但大概輪廓尚在，至少爲我們判辨各種說法提供了某種依據。《命子》詩這樣述及他的祖父：「肅矣我祖，愼終如始，直方二台，惠和千里。」《漢官儀》云：「御史台，內掌蘭台秘書，外督諸州刺史。」《宋書·謝晦傳》云：「申二台之匪辜，明兩藩之無罪。」此「二台」當指中央王朝的監督機構。《漢書·嚴延年傳》云：「幸得備郡守，專治千里。」《晉書·何曾傳》云：「郡守專任千里，上當奉宣朝恩，以致惠和。」詩的後二句是說其祖在官場是以爲人方正知名的，其政績能惠和千里轄區人民。證明他的確擔任過郡守之職。然而，是否就是《晉書》說的武昌太守陶茂，因無其他材料佐證，無從與《命子》詩提供的情形對照。同樣是《晉書》，《陶侃傳》只說「侃有子十七人，唯洪、瞻、夏、琦、旗、斌、稱、范、岱見舊史，餘者不顯」。陶茂既做過武昌太守，總不能說太守「不顯」吧！何況還是「武昌」的太守呢？所以，陶淵明的祖父究竟是誰，還是一個有待查考的問題。至於陶淵明的父親，正史均無記載。南宋鄧名世《古今姓氏書辨證》云：「侃生員外散騎岱，岱生晉安城太守逸，逸生彭澤令、贈光祿大夫潛，潛生族人熙之，宋度之尙書。」又李公煥於《命子》詩注引陶茂麟《家譜》，亦以淵明祖爲岱，父爲逸。茂麟《家譜》僅見於《宋史·藝文志》，其書早已不傳。據陶澍《陶靖節年譜考異》稱：「今昌邑《陶氏族譜》有宋仁宗至和元

年江州從事贊皇李慶孫舊序，茂麟孫鑒立石。」陶茂麟為宋朝人，
其孫陶鑒求李慶孫撰寫序文並立石，目的在於「以永陶氏之世」。
而這篇序文所敘的陶氏世系，就是根據陶鑒提供的「數紙」材料
——「或中而斷，或尾而續，或行而闕，或字而破」，只「可究
其一二」了。其中，不見有淵明及其父、祖的記載。鄧名世《古
今姓氏書辨證》成書於紹興四年（1134），距陶鑒勒石約八十餘
年；李公煥比鄧名世更晚（當生活在宋元之際），他們看到的茂
麟《家譜》，居然比陶鑒、李慶孫輩看到的更詳備。這在今天看
來，自然都是汗漫難考的懸疑。至於現存宜豐的《秀溪陶氏族
譜》，系宣統三年（1911）所修，已是第七次修訂。該譜始修於
宋寶佑六年（1258），稱秀溪陶姓是陶淵明幼子佟之後裔，故尊
淵明為「一世祖」。其中，明言陶茂，武昌太守，子回，名麟，
字若愚，茂長子，姿城太守，孟嘉以二女妻之，子三：長曰注，
次曰淵明，三曰敬遠，承繼包弟延。宜豐的同仁認為，陶淵明的
父親陶回，就是《晉書》卷七十八那個陶回。《晉書》陶回系丹
楊人，父名抗。蘇峻亂時，與陶侃、溫嶠並力攻峻，以功封康樂
伯，後受王導器重，曾任吳興太守，在郡四年，征拜領軍將軍，
加散騎常侍。「性雅正，不憚強御。……諡曰威」。有四子：汪、
陋、隱、無忌。「汪嗣爵，位至輔國將軍、宣城內史，陋冠軍將
軍，隱少府，無忌光祿勛，兄弟咸有干用」。這與秀溪族譜中的
陶回，很難令人相信是同一個人：一是丹楊陶回與陶侃同時，若
系侃之孫，理當有所交待。二是丹楊陶回未曾任姿城太守。三是
其四子中無淵明；宜豐的同志說，「隱」就是「潛」，「少府」
即縣官。這種解釋是毫無根據的，說潛「或又名隱」，純屬主觀
臆斷；至於稱縣令為明府，縣尉為少府，那是唐以後才有的事，
且淵明在彭澤是「令」不是「尉」。更值得懷疑的是丹楊陶回與

《命子》詩所述，完全是兩種相反的性格：一個是「性雅正，不憚強御。……謚曰威」，可謂嫉惡如仇，不畏強暴；而陶淵明筆下的父親形象則是「淡焉虛止」、「冥茲喜慍」——情志淡泊，喜怒不形於色。所以說，《晉書》中的陶回與《秀溪陶氏族譜》中的陶回不可能是一個人。

再如陶淵明的作品，過去都說《歸園田居五首》是彭澤辭官歸田後所作；《秀溪陶氏族譜》另有新說：「丙辰冬，（淵明）乃與翟氏攜幼子佟還宜豐，詩曰：『命氏(室)攜童幼，良日登遠游。』葺南山舊宅而居之。……時公去此垂三十矣。遍訪舊游，逝者過半，慨嘆不已，每形於吟咏，俱見《歸園田居》等詩。」「丙辰」系晉安帝義熙十二年 (416)。關於陶淵明的仕履，無論如何計算也不夠「三十年」，實際在官，據王瑤先生估算，不過四五年之久(見《陶淵明集・前言》)，所以歷代注家都懷疑「一去三十年」這句詩有誤，種種妄改也就發生了。然而，無論從版本或遣詞上看，這三十年都是陶詩的原話，且有同詩第四首「一世異朝市」（「一世」即三十年）作證。這個矛盾，若以彭澤歸田作背景來解釋，是很難說通的。《秀溪陶氏族譜》從淵明離故居宜豐（《雜詩》第七首有「去去欲何之，南山有舊宅」，宜豐的同志說，此「舊宅」即「園田居」，今秀溪仍有「南山」在）算起，至晚年攜妻子歸來，前後大約近三十年。這種解釋的確比傳統說法要合理，可備一說供研究者們參考。

至於地方上種種關於陶淵明的傳說，那就只好姑妄聽之了；因為傳說不等於信史，這是常識範圍內的道理。比方說，傳媒關於發現「桃花源」的各種報導，就沒有提供任何可靠的根據。陶淵明寫作《桃花源記並詩》是根據傳說還是實例，已是千古難辨的問題了；現在發現的「桃花源」是陶淵明創作時根據的那個

「桃花源」，抑或是像他筆下描繪的「桃花源」，則是性質不同的兩回事。可是傳媒都稱發現了「桃花源」，彷彿就是陶淵明當時聽到或看到的那個「桃花源」。過去有一種看法，認爲陶淵明是根據武陵地區的民間傳說創作《桃花源記並詩》的，我以爲比較合理，因爲這個傳說的梗概還保存在《搜神後記》中。陶淵明對民間傳說的「改造」不僅僅表現在文字上，更重要的是他掃除了民間傳說的神秘色彩，將「桃花源」這個神仙洞府寫成了遠離塵俗的人間「樂土」，用以寄托他的理想和情懷，這正是他的偉大之處。至於說他在創作中參照了廬山康王谷的地貌民俗，那也只能是「想當然」罷了。而安徽黟縣「小桃源」的發現，亦不具有傳媒所宣揚的那種意義：「《陶氏宗譜》的發現和黟縣至今仍保留著的古老中國的民間風貌，能否說明這裏就是陶淵明的《桃花源記》裏記述的地方，這是需要考據家費一番功夫的。」我想，這裡無須考據家下功夫，即使下功夫也是徒勞的；因爲沒有任何證據證明陶淵明生前與黟縣「小桃源」有關聯，即使他的子孫後來流徙黟縣，也與他沒有任何關係。現在的傳媒好獵奇，完全不顧科學研究的基本規範，安徽「小桃源」的報導，就是典型的一例。

論　文：地區性陶淵明研究述評

主講人：李文初教授

講評人：方祖燊教授

　　李教授的論文分兩部份，前半段談江西地區研究陶淵明的狀況；後半段就地域性觀念提出新的問題。我就從幾個問題來談。論文第四頁談到陶淵明的籍貫問題，張教授認爲沈約的說法不那麼絕對可靠，他提出許多證據說明陶淵明應是宜豐人。陶淵明的確在宜豐生活、作過官，但不能就此證明他即是宜豐人。論文第五頁在討論陶淵明的家世，祖、父是誰，張教授認爲《晉書》的說法不對，我卻有不同的意見。《晉書》言陶潛「祖茂，武昌太守」，我認爲這是對的，因爲陶淵明的外祖父是孟嘉先生，曾長時間住於武昌。孟嘉先生娶陶侃之女，孟嘉先生嫁女給陶侃之子陶茂極有可能。《晉書》言陶茂作武昌太守，武昌是孟嘉先生的老家，陶茂娶孟嘉先生的女兒也合理。而《秀溪陶氏祖譜》言淵明之父爲陶回是有爭議性的，因爲敬遠是淵明的從弟，非親弟。淵明有二詩談到其從弟，說自己與敬遠父同生，母爲從母。乃指兩人之祖父相同，兩人之母親爲姊妹關係。又一般認爲《歸園田居五首》是陶潛彭澤辭官歸田後所作（義熙元年），但張教授認爲《秀溪陶氏祖譜》記載的才正確（義熙十二年）。看《歸園田居》第一首有「久在樊籠裡，復得返自然」之句，應是辭官後所作（義熙元年），若將之視爲義熙十二年作就不合理了。且第四首言其朋友均故，徒留景物，而《秀溪陶氏祖譜》中說「遍訪舊游，逝者過半」就與原詩不合，所以《秀溪陶氏祖譜》的資料不正確。

由劉勰六觀析論《文心雕龍》

國立臺灣師範大學國文系

蔡 宗 陽

　　沒有實踐的理論是空洞理論，沒有理論的實踐是盲目的實踐。劉勰不僅是理論家、批評家、思想家，並且是實踐家。

　　劉勰係奇人，《文心雕龍》係奇書，奇人撰奇書，《文心雕龍》成為一部體大慮周，籠罩群言，陶冶萬彙，組織千秋的不朽名著，既是文學理論的精心傑作，又是文學批評的專門著作。本文擬以劉勰《文心雕龍・知音》❶的六觀詮證《文心雕龍》原文是否符合自己的文學理論。所謂六觀，是指觀位體、觀置辭、觀通變、觀奇正、觀事義、觀宮商。茲逐項闡論之。

一、觀位體

　　「觀」，是「觀察」之意。「位」，是「安排」之意。「體」字有狹義、廣義之分。狹義之「體」字，是指「體裁」或「體類」，這是一般的釋義。廣義之「體」字，是指「體類、體製、體勢」三項，這是王禮卿先生的詮釋。❷就狹義而言，所謂「觀

---

❶自此以下，引用《文心雕龍》原文或篇名，逕註篇名，不再冠上書名。
❷見王禮卿《文心雕龍通解》，頁892，黎明文化事業股份有限公司印行，民國75年10月初版。

位體」，是指觀察「設情以位體」做得如何，看看是否根據作者
所要表達的思想、感情來安排文章的體裁，是否根據體裁明確了
規格要求。❸如劉勰於〈封禪〉闡述封禪文寫作要領，提出「構
位之始，宜明大體，樹骨於訓典之區，選言於宏富之路；使意古
而不晦於深，文今而不墜於淺」，這是「位體」的狹義。就廣義
而言，所謂「觀位體」，是指觀察體類、體製、體勢是否適合所
居之位，而恬然相洽。「體類」之義，如〈明詩〉至〈諧讔〉是
有韻之文，〈史傳〉至〈書記〉是無韻之筆。「體製」之義，正
如〈附會〉所云：「夫才童學文，宜正體製：必以情志為神明，
事義為骨鯁，辭采為肌膚，宮商為聲氣。」情志迥異，文體紛雜。
「體勢」之義，誠如〈定勢〉所云：

> 章、表、奏、議，則準的乎典雅；賦、頌、歌、詩，則羽
> 儀乎清麗；符、檄、書、移，則楷式於明斷；史、論、
> 序、注，則師範於覈要；箴、銘、碑、誄，則體制於弘
> 深；連珠、七辭，則從事於巧豔；此循體而成勢，隨變而
> 立功者也。

典雅、清麗、明斷、覈要、弘深、巧豔，即「體勢」之義。
章表奏議、賦頌歌詩、符檄書移、史傳序注、箴銘碑誄、連珠七
辭，皆依體裁形成各種姿態，再由姿態變化而呈現其創作功效。
諸文體各具特色，位體須擇其所宜，體製既安，務必精純。❹
「位體」二字，各家解說紛紜，除廣義、狹義外，另外一種詮釋，
「位體」，指全文的結構布局；「觀位體」，是指觀察全文的整

---

❸見詹鍈《文心雕龍義證》，頁1853，上海古籍出版社印行，民國78年9月
　初版。
❹參閱沈謙《文心雕龍之文學理論與批評》，頁212，華正書局印行，民
　國79年7月再版。

體架構是否安排妥當。❺綜觀所述，「觀位體」，是指先觀察作者是否依照自己思想、感情來安排文體，再觀察其文學作品所呈現的文體是否符合全文的布局。

茲依「觀位體」，析論《文心雕龍》全書結構。《文心雕龍》全書五十篇，是依《周易・繫辭上》所云：「大衍之數五十，其用四十有九。」〈序志〉是緒論，與文用毫無關係，因此「其爲文用，四十九篇而已」。❻〈原道〉至〈辨騷〉等五篇，爲文原論；〈明詩〉至〈書記〉等廿篇，係文體論；〈神思〉至〈總術〉等十九篇，是文術論；〈時序〉至〈程器〉等五篇，乃文評論；文原、文體、文術、文評都是文用，共計四十九篇。〈序志〉雖然不是文用，但卻是有控馭全書的作用，所謂「長懷〈序志〉以馭群篇」❼是也。

再依「觀位體」，析論《文心雕龍》文原論之布局。〈序志〉云：

> 蓋《文心》之作也，本乎道，師乎聖，體乎經，酌乎緯，變乎騷，文之樞紐，亦云極矣。

「本乎道」，即〈原道〉；「師乎聖」即〈徵聖〉；「體乎經」即〈宗經〉；「酌乎緯」即〈正緯〉；「變乎騷」即〈辨騷〉。文原以〈宗經〉爲主，〈原道〉、〈徵聖〉係正面闡述文原，〈正緯〉、〈辨騷〉爲反面詮證文原；此五篇爲文原論，其布局縝密，層次分明。

最後依「觀位體」，析論《文心雕龍》文體論各篇全文之布

---

❺參閱王師更生《文心雕龍選讀》，頁475，巨流圖書公司印行，民國83年10月初版。
❻見《文心雕龍・序志》。
❼同註6。

局。〈序志〉云：

> 若乃論文敘筆，則囿別區分，原始以表末，釋名以章義，
> 選文以定篇，敷理以舉統。

〈明詩〉至〈書記〉等二十篇文體論之全文布局，皆依「原始以表末，釋名以章義，選文以定篇，敷理以舉統」四大綱領。所謂「原始以表末」，是指闡述文體的起源和變遷。所謂「選文以定篇」，是指列舉文體的代表作家和作品。所謂「敷理以舉統」，是指闡論文體的作法和特徵。但四大綱領不盡統一，「原始以表末」和「釋名以章義」往往有前後顛倒的情況，「原始以表末」和「選文以定篇」，常常因行文之便，混合不分。如《論語》中的「論」為例：「聖哲彝訓」至「聖意不墜」，為「釋名以章義」；「昔仲尼微言」至「而研精一理者也」，乃「原始以表末」；「是以莊周齊物」至「寧如其已」，是「選文以定篇」；「原夫論之為體」至「安可以曲論哉」，係「敷理以舉統」；這是全文布局依照四大綱領，但「原始以表末」與「釋名以章義」前後倒置。又如〈明詩〉之全文布局：「大舜云」至「有符焉爾」係「釋名以章義」；「人稟七情」至「而綱領之要可明矣」，為「原始以表末」與「選文以定篇」兩者混合運用而不分；「若夫四言正體」至「故不繁云」，乃「敷理以舉統」；這也是全文依照四大綱領，但「原始以表末」與「敷理以舉統」，卻是混而不分。

通觀所論，依劉勰「觀位體」的文學批評方法，析論《文心雕龍》全書結構，、文體論、〈明詩〉、〈論說〉皆符合「觀位體」的文學批評理論。若依「觀位體」，析論《文心雕龍》各篇及各類文論亦符合劉勰的文學批評理論，因篇幅所囿，不克逐一闡析。

二、觀置辭

「置」，本是「放置」之意，再引申爲「鋪張」、「運用」。所謂「觀置辭」，是指觀察文學作品文辭藻飾的運用，不論謀篇、裁章、鍛句、鍊字，是否平穩妥貼；易言之，觀察文學作品字句修辭、篇章修辭是否恰到好處。誠如〈章句〉所云：

> 夫人之立言，因字而生句，積句而爲章，積章而成篇。篇之彪炳，章無疵也；章之明靡，句無玷也；句之清英，字不妄也；振本而末從，知一而萬畢矣。

字、句、章、篇，是文章四重結構。句係由字組成，章係由句組成，篇係由章組成，因此用字、造句、裁章、謀篇之修辭，皆須表達妥貼。一篇文章之所以文彩煥發，是由於段落明潔清麗、句子清順雋美，用字明確精當。換言之，一篇佳作必須用字、造句、分段都四平八穩，適當妥貼。但評論文學作品須從謀篇、裁章，再到造句、用字。〈附會〉云：

> 總文理，統首尾，定與奪，合涯際，彌綸一篇，使雜而不越者也。若築室之須基構，裁衣之待縫緝矣。

觀置辭之大端，首在謀篇。謀篇之術，在於「務總綱領，驅萬塗於同歸，貞百慮於一致，使衆理雖繁，而無倒置之乖；群言雖多，而無棼絲之亂；扶陽而出條，順陰而藏跡，首尾周密，表裡一體」。❽簡言之，謀篇之始，應先規畫大體，明立骨幹，首尾圓合，表裡如一；若謹知細節，而忽略全貌，必有倒置、棼亂之弊。茲以〈宗經〉爲例，首段析論五經之重要，並詮釋「經」字之名義；次段先闡明《五經》之體製及其文學成就，再比較《尚

---

❽見《文心雕龍・附會》。

書》、《春秋》行文之異同；三段由思想上，肯定《五經》之價
值、影響；四段闡述文必宗經之理，並詮證後世文體源於《五
經》；末段強調宗經之美，力挽流弊。〈宗經〉以《五經》之重
要、體製、價值、影響，再論文必宗經，是以首尾相應，表裡一
體。題目是文章內容的縮小，文章內容是題目的放大。〈宗經〉
是題目，《五經》之重要、體製、價值、影響及文必宗經，皆是
文章的內容，文章內容與題目切合，誠屬篇章修辭之平穩妥當。
《文心雕龍》其它各篇皆能妥當運用篇章修辭，限於篇幅，不克
逐篇探析。

至於裁章造句，必先定章旨，再尋脈絡，正如〈章句〉所云：

> 句司數字，待相接以爲用；章總一義，須意窮而成體。

章句之作用，在於控引情理。宅情謂之章，位言謂之句，章
句在篇，如抽繭出絲，章章須首尾圓合，前呼後應，層次分明，
是以搜句忌於顛倒；裁章貴於順序。茲以〈知音〉爲例，全文以
文學批評爲主題，首段闡述文學批評之蔽障，在於貴古賤今、崇
己抑人、信僞迷眞；次段詮證文學批評之蔽障，在於文情難鑒；
三段析論文學批評之蔽障，在於知多偏好；四段闡明文學批評之
方法，在於博觀、六觀；五段論述文學批評之訣竅，在於沿波討
源；六段闡論見廣識遠之文學批評者多留意，必有所獲。全文六
段皆扣緊文學批評加以論證，由文學批評之蔽障、方法、訣竅，
至勸勉文學批評者多垂意，層次井然，而無顚三倒四之弊，章章
扣緊篇旨，句句扣緊章旨，前後呼應，首尾縝密。

至如綴字原則，必先抉擇，劉勰在〈練字〉中云：

> 綴字屬篇，必須揀擇：一避詭異，二省聯邊，三權重出，
> 四調單複。

爲文綴字，必須避免字體詭怪、半字同文、同字相犯、瘠字

累句、肥字積文，是以善爲文者，富於萬篇，貧於一字，一字非少，相避爲難。《文心雕龍》之原文除舉詮證外，皆能忌用不常見生字難詞，同偏旁的字忌用太多，詞彙力求變化，切忌連用筆畫太多的字。

　　劉勰「觀置辭」，不止觀謀篇、裁章、造句、用字，亦觀各種修辭技巧。《文心雕龍》〈附會〉、〈章句〉、〈練字〉、〈鎔裁〉，論修辭技巧者有〈麗辭〉、〈比興〉、〈夸飾〉、〈隱秀〉、〈指瑕〉、〈事類〉等篇，《文心雕龍》原文運用修辭技巧有十六種之多❾，其中運用譬喻技巧者甚夥，黃亦眞《文心雕龍比喻技巧研究》、劉榮傑《文心雕龍譬喻研究》全書皆詮證《文心雕龍》運用譬喻的修辭技巧。❿茲舉一、二例，以闡析之。

　　〈麗辭〉言對偶，《文心雕龍》原文運用對偶者，如〈情采〉云：

> 諸子之徒，心非鬱陶，苟馳夸飾，鬻聲釣世，此爲文而造情也。

　　此言爲文而造情之狀況。其中「鬻聲釣世」，「鬻」對「釣」、「聲」對「世」，是句中對，又叫當句對。又如〈宗經〉：「正末歸本。」〈明詩〉：「感物吟志。」〈情采〉：「繁采寡情。」〈鎔裁〉：「游心竄句。」〈知言〉：「貴古賤今。」這些例句皆是句中對。又有單句對，又叫單對，如〈才略〉：「一朝綜文，千年凝錦。」「一朝」對「千年」，「綜」對「凝」，「文」對

---

❾詳見蔡宗陽〈文心雕龍的修辭技巧〉，此文收在日本九州大學中國文學會主編《文心雕龍國際學術研討會論文集》，頁146-171，文史哲出版社印行，民國81年6月初版。

❿黃亦眞《文心雕龍比喻技巧研究》，學海出版社印行，民國80年2月初版。劉榮傑《文心雕龍譬喻研究》，前衛出版社印行，民國76年11月初版。

「錦」。又如〈神思〉：「疏瀹五藏，澡雪精神。」也是單句對。
尚有隔句對，也叫扇對、扇面對，如〈原道〉：「雲霞雕色，有
踰畫工之妙；草本賁華，無待錦匠之奇。」〈神思〉：「寂然凝
慮，思接千載；悄焉動容，視通萬里。」

〈比興〉論譬喻，《文心雕龍》原文運用譬喻者，如〈原道〉
云：

> 林籟結響，調如竽瑟；泉石激韻，和若球鍠。

就整體而言，是運用一個對偶；就部分而言，是運用兩個譬
喻。「(林籟結響之)調」、「(泉石激韻之)和」是喻體，「如」、
「若」是喻詞，「竽瑟」、「球鍠」是喻依，這是兩個譬喻中的
明喻。又如〈宗經〉：「子夏歎《書》，昭昭若日月之代明，離
離如星辰之錯行。」〈誄碑〉：「觀風似面，聽辭如泣。」〈附
會〉：「絕筆斷章，譬舟之振楫；會詞切理，如引轡以揮鞭。」
〈知言〉：「平理若衡，照辭如鏡。」也是運用兩個明喻。譬喻
中的略喻，如〈事類〉：「山木為良匠所度，經書為文士所擇。」
此言為文用事，貴在匠心。此句乃倒裝式略喻，原文當作「經書
為文士所擇（如）山木為良匠所度」。省略喻詞，因此是略喻。
譬喻中的借喻，如〈序志〉：「振葉以尋根，觀瀾而索源」原文
當作「(探本窮源)(如)振葉以尋根，觀瀾而索源」，省略喻體、
喻詞，所以是借喻。

三、觀通變

「通變」，是指通古變今；通指繼承方面，變指創新方面。
所謂「觀通變」，是觀察文學作品的繼承與創新；易言之，觀察
作者對傳統的會通與新變是否能夠推陳出新。作者不止須繼承傳
統的優點，亦須因通求變，由變創新；因為文學與時更新，時代

不同，文學亦異，而新變由於推陳，所謂「變則堪久，通則不乏」⓫，正如姚姬傳於〈劉海峰先生八十壽序〉所云：「爲文章者，有所法而後能，有所變而後大。」劉勰《文心雕龍》揭櫫通古變今之理，談〈徵聖〉、〈宗經〉，俾讀者探本溯源，知有典範；論〈通變〉、〈辨騷〉，使作者另立新意，自成名家。茲就崇古宗經、酌今貴創、通古變今之項，逐項詮證。⓬

　　爲文的要訣，首在崇古宗經，擷取傳統的精華，這是「通變」之「通」，在於「繼承」。《文心雕龍》的文原論，以〈原道〉、〈徵聖〉、〈宗經〉爲本。〈原道〉所以推原文章之道，在於自然；〈徵聖〉所以徵法於聖哲，由於道不可見，唯聖哲知悉；而聖哲去世，無法徵信，惟「道沿聖以垂文」，是以可由〈宗經〉獲致，誠如〈序志〉所云：「唯文章之用，實經典枝條，五禮資之以成文，六典因以致用，君臣所以炳煥，軍國所以昭明，詳其本源，莫非經典。」崇古宗經，於文體，如〈宗經〉所云：

> 論說辭序，則《易》統其首；詔策章奏，則《書》發其源；
> 賦頌歌讚，則《詩》立其本；銘誄箴祝，則《禮》總其端；
> 記傳盟檄，則《春秋》爲根。

　　後世文體源於《五經》。《文心雕龍》文體論皆以崇古宗經爲主，不是引用古人，便是援引經書，如〈明詩〉引用大舜云：「詩言志，歌永言。」這是援引古人之言。〈議對〉援引〈周書〉曰：「議事以制，政乃弗迷。」這是引用《尙書》之語。文原論也崇古宗經，如〈原道〉引用《易》曰：「鼓天下之動者存乎辭。」〈徵聖〉援引《書》云：「辭尙體要，不惟好異。」引用顏闔以爲：「仲尼飾羽而書，從事華辭。」文術論亦崇古宗經，

⓫見《文心雕龍·知音》。
⓬參閱同註 4，頁 44-57。

如〈情采〉援引「韓非云:『豔乎辯說』,謂綺麗也。」〈麗辭〉
引用《尙書》云:「滿招損,謙受益。」文評論也崇古宗經,如
〈知音〉云:「昔屈平有言:『文質疏內,衆可知余之異采』,
見惟知音耳。」劉勰引用屈原之語,闡述欣賞特異之文采,只有
靠知音之士。,〈程器〉云:「〈周書〉論士,方之梓材,蓋貴
器用而兼文采也。」此引用《尙書》之言,闡論「士先器識而後
文藝」。

　　爲文不特須崇古宗經,亦須酌今貴創,是「通變」之「變」,
在於「創新」。漢賦、六朝駢文、唐詩、宋詞、元曲、明清小說,
這是文學的演進,足見一代有一代的新作,因此爲文既要繼承傳
統,又要不斷創新,正如傅庚生《中國文學批評通論·自序》所
云:「有志於文學創作者,首必求能多了解他人之作品,繼之以
摹倣,終之以創作。」「了解他人之作品」、「摹倣」皆是「通
變」的「通」,「創作」才能走向「通變」的「變」。獨「通」
不足以「創作」,惟有「通」與「變」結合才能「創作」,表面
上是由「通」,走向「變」,其實是「通」與「變」的結晶。劉
勰有鑒於當時唯美主義風行,重文輕質,於是提倡文質並重。茲
就《文心雕龍》書名而言,「文心」係文章的內容,「雕龍」則
是文章的形式。就《文心雕龍》篇名而言,如〈情采〉、〈鎔
裁〉,皆是文質並重。「情感」、「鎔意」,都是指文章的內容。
「文采」、「裁辭」,皆是指文章的形式。六朝盛行駢文,劉勰
認爲「心生文辭,運裁百慮,高下相須,自然成對,奇偶適變,
不勞經營」。❸劉勰主張爲文迭用奇偶,證之《文心雕龍》原文,
如〈神思〉:「至精而後闡其妙,至變而後通其數,伊勢不能言

───────────

❸見《文心雕龍·麗辭》。

鼎，輪扁不能語斤，其微矣乎！」第一、二句，第三、四分句皆
是「偶句」，但「微矣乎」則是「奇」句。該「奇」則「奇」，
該「偶」則「偶」，一切順其自然。又如〈徵聖〉：「襃子產，
則云：『言以足志，文以足言』；泛論君子，則云：『情欲信，
辭欲巧。』此修身貴文之徵也。」末句爲「奇」句，其餘則是
「偶」句，此亦順其自然耳。《文心雕龍》原文雖多是「偶」句，
但「奇」句亦不鮮。如〈原道〉：「辭之所以能鼓天下者，迺道
之文也。」〈宗經〉：「經也者，恒久之至道，不刊之鴻教也。」
〈頌讚〉：「頌者，容也，所以美盛德而述形容也。」〈物色〉：
「然屈平所以能洞鑒〈風〉、〈騷〉之情者，抑亦江山之助乎？」
〈序志〉：「夫文心者，言爲文之用心也。」

　　爲文不止崇古宗經，酌今貴創，更要通古變今。通古變今之
法，〈通變〉云：

> 文律運用，日新其業。變則堪久，通則不乏。趨時必果，
> 乘機無怯。望今制奇，參古宗法。

　　此言文學演進的必然趨勢。文學技巧之運用，在於參古宗法，
望今制奇。參古定法，既是崇古宗經，也是繼承傳統；望今制奇，
既是酌今貴創，又是推陳出新。劉勰《文心雕龍》運用「通變」
者甚多，如〈辨騷〉云：

> 固知《楚辭》者，體憲於三代，而風雜於戰國，乃〈雅〉、
> 〈頌〉之博徒，而詞賦之英傑也。觀其骨鯁所樹，肌膚所
> 附，雖取鎔《經》者，亦自鑄偉辭。

　　此言屈原的《楚辭》，是善於「通變」的代表作。「雖取鎔
《經》意，亦自鑄偉辭」，是傳統與創新結合的最好明證。又如
〈哀弔〉云：「及潘岳繼作，實鍾其美。觀其慮贍辭變，情調悲
苦，敘事如傳。結言摹，促節四言，鮮有緩句，故能義直而文婉，

體舊而趣新，〈金鹿〉、〈澤蘭〉，莫之成繼也。」潘岳的哀辭，
也是善於「通變」的代表。「體舊而趣新」，也是傳統與創新結
合的最佳例證。又如〈通變〉云：「黃、唐淳而質，虞、夏質而
辯，商、周麗而雅，楚、漢侈而豔，魏、晉淺而綺，宋初訛而
新。」由此九代六變之說，可見通古變今是文學的必然趨勢。今
日的傳統是昨日的創新，今日的創新是明日的傳統，因此為文不
止要通古，也要變今。劉勰《文心雕龍》取材的態度，皆能本乎
通古變今之道，正如劉勰所云：「品評成文：有同乎舊談者，非
雷同也，勢自不可異也；有異乎前論者，非苟異也，理自不可同
也。同之與異，不屑古今，擘肌分理，唯務折衷。」❹所謂「折
衷」者，通古變今也。

四、觀奇正

「奇正」有兩種含義：一是奇異與正常，一是新奇與雅正。
❺前者的「奇」，是對《離騷》型的浪漫主義而言，劉勰主張以
「正」為主，以「奇」為副，要「酌奇而不失其貞(正)」❻「執
正以馭奇」❼；後者的「奇」，是針對南朝追逐新奇的形式主義
而言，劉勰反對「逐奇而失正」。❽所謂「觀奇正」，是指觀察
在奇與正的關係上處理得如何，是否能夠「執正以馭奇」，不致
「逐奇以失正」。「正」是指文章的內容。「奇」是指文章的形
式。《離騷》的辭藻「自鑄偉辭」，以致雖然「驚采絕艷」，但
「取鎔《經》旨」，因此能夠「依《經》立義」，做到「酌奇而

❹同註6。
❺參閱同註3，頁1854。
❻見《文心雕龍·辨騷》。
❼見《文心雕龍·定勢》。
❽同註17。

不失其貞，翫華而不墜其實」。⑲〈辨騷〉列舉《離騷》四項，
同於經典，做到「逐奇而不失其正」，如「陳堯舜之耿介，稱禹
湯之祇敬，典誥之體也；譏桀、紂之猖披，傷羿、澆之顚隕，規
諷之旨也；虬龍以喻君子，雲蜺以譬讒邪，比興之義；每一顧而
掩涕，歎君門之九重，忠怨之辭；觀此四事，同於〈風〉、〈雅〉
者也。」〈辨騷〉又列舉《楚辭》各篇，本著「酌奇而不失其貞」
的態度，如「〈騷經〉、〈九章〉，朗麗以哀志；〈九歌〉、
〈九辯〉，綺靡以傷情；〈遠遊〉、〈天問〉，瑰詭而慧巧；
〈招魂〉、〈大招〉，豔耀而采華；〈卜居〉標放言之致，〈漁
父〉寄獨往之才。」

　　《文心雕龍》不止〈辨騷〉列舉《離騷》、《楚辭》做到奇
正兼顧，華實並包，〈正緯〉也闡述緯書「事豐奇偉，辭富膏腴，
無益經典，而有助文章」。「《經》正《緯奇》」，《緯》的「奇」
雖然與《經》的「正」不合，但不能一味宗經去緯；因爲《緯》
係「事豐奇偉，辭富膏腴」，就文學創作而言，卻是上好的文章
材料，有助於文章。此外，其他各篇亦言及「奇正」，如〈夸飾〉
云：

　　　　言峻則嵩高極天，論狹則河不容舠，說多則子孫千億，稱
　　　　少則民靡孑遺；襄陵舉滔天之目，倒戈立漂杵之論。

　　前四分句出於《詩經》，後二分句源自《尙書》，此六分句
皆夸飾，本乎「酌奇而不失其貞」；因爲此六分句夸飾不僅能做
到「夸而有節，飾而不誣」，並且也能「酌《詩》、《書》之曠
旨」。〈定勢〉云：

　　　　舊練之才，則執正以馭奇；新學之銳，則逐奇而失正；勢

⑲以上引文，同註16。

流不反，則文體遂弊。

〈夸飾〉列舉六例，皆能「執正以馭奇」，不致「逐奇而失正」。所謂「逐奇」，是指「儷采百家之偶，爭價一句之奇，情必極貌以寫物，辭必窮力而追新」。❷⓿所謂「失正」，是指「建言修辭，鮮克宗經」。❷❶「鮮克宗經」的結果，如「壽陵餘子之舉行於邯鄲，未得國能，反失故步」❷❷，誠屬得不償失。「文能宗經」，具有六項優點：一是「情深而不詭」，二是「風清而不雜」，三是「事信而不誕」，四是「義貞不回」，五是「體約而不蕪」，六是「文麗而不淫」。❷❸「情深」、「風清」、「義貞」屬於文章內容的「正」，「事信」、「體約」、「文麗」屬於文章形式的「奇」。爲文以「正」爲主，以「奇」爲副，正如〈情采〉所云：「桃李不言而成蹊，有實存也；男子樹蘭而不芳，無其情也。夫以草木之微，依情待實；況乎文章，述志爲本！」文章當以述志爲本，爲文先「理正」，後「摛澡」，所謂「理定而後辭暢」❷❹是也。又如〈鎔裁〉云：「情理設位，文采行乎其中。」「情理」是文章的內容，「文采」是文章的形式；這是闡述爲文以內容爲主，以形式爲副，所謂「綴文者情動而辭發」❷❺是也。

創作文學作品以內容爲先，形式爲後，但批評文學作品則以形式爲先，內容爲後，誠如〈知音〉所云：「觀文者披文以入情。」內容與形式本是一體兩面，文學創作者先構思，再寫作，

❷⓿見《文心雕龍·明詩》。
❷❶見《文心雕龍·宗經》。
❷❷事出《莊子·秋水》：「子獨不聞夫壽陵餘子之學行於邯鄲與？未得國能，又失其故行矣，直匍匐而歸耳。」
❷❸以上引文，同註21。
❷❹見《文心雕龍·情采》。
❷❺同註11。

由無形的內容，走向有形的形式；而文學批評者先看到文章的形式，才知悉文章的內容；因此，〈體性〉云：「情動而言形，理發而文見。」沒有形式，那來內容？沒有文學作品，那來文學批評，所以〈知音〉云：「操千曲而後曉聲，觀千劍而後識器；故圓照之象，務先博觀。」文學批評的方法，先博觀形式，才洞悉內容。內容、形式雖有先後之分，但仍以內容爲主，形式爲副。若文不對題，即使形式再優美，亦無價值、無意義可言。若內容切合題旨，形式切合內容，內容亦有雅俗、廣狹、深淺之分，形式亦有新舊、良窳、美醜之別。職是之故，「觀奇正」必須兼顧內容的「雅正」、形式的「新奇」，以免偏頗。《文心雕龍》全書各篇形式之美多用駢偶，善用修辭，內容之美多有創見，富有價值。

五、觀事義

「事義」又叫「事類」，就是「典故」，也是「材料」，是指「據事以類義，援古以證今」。❷所謂「觀事義」，是指觀察文學作品運用材料是否眞實允當，運用成語典故是否確實精當。〈事類〉云：

> 昔文王絲《易》，剖判爻位，既濟九三，遠引高宗之伐，明夷六五，近書箕子之貞；斯略舉人事，以徵義存也。至若胤羲和，陳政典之訓，盤庚誥民，敘遲任之言；此全引成辭，以明理者也。

此言「事義」的運用有二：一是「略舉人事以徵義」，二是「全引成辭以明理」。前者是用古事，旨在援古事以證今情；後

---

❷見《文心雕龍·事類》。

者是用成辭，旨在引彼語以明此義。

《文心雕龍》援古事者，如〈知音〉云：

> 昔〈儲說〉始出，〈子虛〉初成，秦皇漢武，恨不同時；
> 既同時矣，則韓囚而馬輕，豈不明鑒同時之賤！至於班固、
> 傅毅，文在伯仲，而固嗤毅云：「下筆不能自休。」及陳
> 思論才，亦深排孔璋；敬禮請潤色，歎以爲美談；季緒好
> 詆訶，方之於田巴；意亦見矣。故魏文稱：「文人相輕。」
> 非虛談也。至如君卿脣舌，而謬欲論文，乃稱：「史遷著
> 書，諮東方朔。」於是桓譚之徒，相顧嗤笑。彼實博徒，
> 輕言負誚，況乎文士，可妄談哉！

劉勰列舉秦始皇與韓非子、漢武帝與司馬相如的故事，闡述
貴古賤今之理；又舉班固與傅毅、曹植與丁敬禮的故事，詮證崇
己抑人之理；再舉樓護的故事，說明信僞迷眞之理；這是援引古
事，以證驗意義的最好印證。援引古書，又如〈神思〉云：

> 相如含筆而腐毫，揚雄輟翰而驚夢，桓譚疾感於苦思，王
> 充氣竭於思慮，張衡研京以十年，左思練都以一紀，雖有
> 巨文，亦思之緩也。淮南崇朝而賦《騷》，枚皋應詔而成
> 賦，子建援牘如口誦，仲宣舉筆似宿構，阮瑀據鞍而制
> 書，禰衡當食而草奏，雖有短篇，亦思之速也。

劉勰援引司馬相如、揚雄、桓譚、王充、張衡、左思等六人
的故事，以闡論他們雖然創作鉅著長篇，但文思遲緩，又引用劉
安、枚皋、曹植、王粲、阮瑀、禰衡等六人的故事，以闡明他們
雖然創作短篇小品，但文思敏捷；這是援引古事，以證驗意義的
最佳例證。又如〈史傳〉云：

> 自平王微弱，政不及雅，憲章散紊，彝倫攸斁。昔者夫子
> 閔王道之缺，傷斯文之墜，靜居以歎鳳，臨衢而泣麟，於

是就太師以正〈雅〉、〈頌〉，因魯史以修《春秋》，舉
得失以表黜陟，微存亡以標勸戒；褒見一字，貴踰軒冕，
貶在片言，誅深斧鉞。然睿智幽隱，《經》文婉約，丘明
同時，實得微言，乃原始要終，創爲傳體。

劉勰舉孔子根據魯國歷史，撰《春秋》，寓褒貶，以闡述
《春秋》的微言大義，制定紀傳的體制。

《文心雕龍》明引古人的言辭、古書的文辭，又暗用古書的
詞句者甚夥。《文心雕龍》明引古人的言辭者，如〈辨騷〉云：

昔漢武愛《騷》，而淮南作傳，以爲：「〈國風〉好色而
不淫，〈小雅〉怨誹而不亂，若《離騷》者，可謂兼之。
蟬蛻穢濁之中，浮游塵埃之外，皭然涅而不緇，雖與日月
爭光可也。」班固以爲：「露才揚己，忿懟沉江；羿澆二
姚，與左氏不合；崑崙懸圃，非《經》義所載；然其文辭
麗雅，爲詞賦之宗，雖非明哲，可謂妙才。」王逸以爲：
「詩人提耳，屈原婉順，《離騷》之文，依《經》立義，
駟虬乘鷖，則時乘六龍；崑崙流沙，則〈禹貢〉敷土；名
儒辭賦，莫不擬其儀表，所謂「金相玉質，百世無匹」者
也。」及漢宣嗟歎，以爲：『皆合經傳』揚雄諷味，亦言：
「體同《詩·雅》」。

劉勰引用淮南王、王逸、漢宣帝、揚雄的言論，闡述《離
騷》合乎經典。淮南王劉安從思想內容上肯定《離騷》義兼〈國
風〉、〈小雅〉，可與日月爭光。王逸認爲「《離騷》之文，依
《經》立義」。漢宣帝以爲「皆合經傳」，揚雄也認爲「體同
《詩·雅》」。王逸撰〈楚辭章句序〉，推衍劉安之說，特別申
論「《離騷》之文，依《經》立義」，駁斥班固以爲《離騷》不
合經傳的理論。又如〈風骨〉云：「魏文稱：『文以氣爲主，氣

之清濁有體，不可力強而致』；故其論孔融，則云：『體氣高妙』；論徐幹，則云：『時有齊氣』；論劉楨，則云：『有逸氣』。公幹亦云：『孔氏卓卓，信含異氣，筆墨之性，殆不可勝』；並重氣之旨也。」這也是引用古人的言辭，以徵驗意義的例證。

《文心雕龍》援引古書的文辭者，如〈附會〉云：「此《周易》所謂『臀無膚，其行次且』也。」又如〈徵聖〉云：「《易》稱：『辨物正言，斷辭則備。』」暗用古書的詞句者甚多，如〈神思〉云：「形在江海之上，必存魏闕之下。」是暗用《莊子·讓王》：「身在江海之上，心居乎魏闕之下。」〈知音〉云：「日進前而不御，遙聞聲而相思。」是暗用《鬼谷子·內揵》的詞句。〈序志〉云：「生也有涯，無涯惟智。」是暗用《莊子·養生主》：「吾生也有涯，而知也無涯。」〈正緯〉云：「河不出圖，夫子有歎。」是暗用《論語·子罕》：「子曰：『鳳鳥不至，河不出圖，吾已矣夫。』」〈明詩〉云：「三百之蔽，義歸無邪。」是暗用《論語·為政》：「子曰：『詩三百，一言以蔽之，曰思無邪。』」《文心雕龍》各篇援引古人之言、古書之語及暗用古書的詞句，皆能運用得十分允當。

六、觀宮商

所謂「觀宮商」，一般是指觀察宮、商、角、徵、羽五音在詩賦等韻文是否調配得適當，在此指觀察文學作品的音節語調是否和諧鏗鏘。易言之，觀察文學作品的韻律節奏是否和諧。〈聲律〉云：

> 夫音律所始，本於人聲者也。聲含宮商，肇自血氣，先王因之，以制樂歌。故知器寫人聲，聲非埒器者也。故言語

者，文章關鍵，神明樞機，吐納筆呂，脣吻而已。

人所發出的聲音，含有宮、商、角、徵、羽五音，此五音來自人的血脈氣息。聲音既是文章的關鍵，又是神明的樞紐。劉勰論聲律，一是有形的平仄押韻，一是無形的自然旋律。「平仄」，就是〈聲律〉所謂「異音相從謂之和。」「押韻」，就是〈聲律〉所謂「同聲相應謂之韻。」《文心雕龍》各篇文句，多半平仄協調。如〈正緯〉云：「先《緯》後《經》。」「先緯」是「平仄」，「後經」是「仄平」，因此平仄協調。又如〈樂府〉云：「韶響難追，鄭聲易啓。」上句是「平仄平平」，下句是「仄平仄仄」，所以平仄也和諧。又如〈鎔裁〉云：「芟繁剪穢。」「芟繁」是「平平」，「剪穢」是「仄仄」，因此平仄也協調。又如〈程器〉云：「聲昭楚南，采動梁北。」上句是「平平仄平」，下句是「仄仄平仄」，所以平仄也和諧。平仄協調，音律自然和諧，正如〈聲律〉所云：「宮商大和，譬諸吹籥；翻迴取均，頗似調瑟。」

「觀宮商」不止可以觀察平仄和諧，也可以觀察押韻情形。《文心雕龍》各篇「贊曰」皆有押韻，韓耀隆〈文心雕龍五十篇贊語用語考〉[27]論述頗為詳盡。茲舉數例，以詮證之。如〈徵聖〉云：

> 妙極生知，睿哲惟宰。
> 精理為文，秀氣成采。
> 鑒懸日月，辭富山海。
> 百齡影徂，千載心在。

「宰」，作亥切；「采」，倉宰切；「海」，呼改切；「在」，

---

[27] 見黃師錦鋐等《文心雕龍研究論文集》，頁 33-69，淡江文理學院（即今淡江大學）中文研究室印行，民國59年11月初版。

昨宰切;四字皆在《廣韻》上聲之十五海韻。又如〈諸子〉云:

> 丈夫處世,懷寶挺秀。
>
> 辯雕萬物,智周宇宙。
>
> 立德何隱,含道必授。
>
> 條流殊述,若有區囿。

「秀」,息救切;「宙」,直祐切;「授」,承呪切;「囿」,于救切;四字均見《廣韻》去聲之四十九宥韻。又如〈隱秀〉云:

> 文隱深蔚,餘味曲包。
>
> 辭生互體,有似變爻。
>
> 言之秀矣,萬慮一交。
>
> 動心驚耳,逸響笙匏。

「包」,布交切;「爻」,胡茅切;「交」,古肴切;「匏」,薄交切;四字皆在《廣韻》下平聲之五肴韻。又如,〈物色〉:

> 山沓水匝,樹雜雲合。
>
> 目既往還,心亦吐納。
>
> 春日遲遲,秋風颯颯。
>
> 情往似贈,興來如答。

「合」,侯閤切;「納」,奴答切;「颯」,蘇合切;「答」,都合切;四字均見《廣韻》入聲之二十七合韻。又如〈序志〉:

> 生也有涯,無涯惟智。
>
> 逐物實難,憑性良易。
>
> 傲岸泉石,咀嚼文義。
>
> 文果載心,余心有寄。

「智」,知義切;「易」,以豉切;「義」,宜寄切;「寄」,居義切;四字皆在《廣韻》去聲之四十六寘韻。《文心雕龍》每篇「贊曰」皆四字八句,偶句入韻,平、上、去、入四聲韻均有

運用。

　　觀諸《文心雕龍》制作，宮商和諧，聲調抑揚，不止平仄協調，「贊曰」皆偶句押韻，正如〈聲律〉所云：「聲轉於吻，玲玲如振玉；辭靡於耳，纍纍如貫珠矣。」又云：「古之佩玉，左宮右徵，以節其步，聲不失序。音以律文，其可忽哉！」誠哉斯言。

　　文學作品的美感，不僅見諸情志、辭采、更藉資於聲和律諧，情韻悠揚，而平仄押韻是有形的聲律，又有無形的自然旋律。「聲有飛沈」❷❸即平仄；「響有雙疊」❷❾，即押韻。自然旋律，如〈原道〉云：「（人）為五行之秀氣，實天地之心，心生而言立，言立而文明，自然之道也。」又云：「林籟結響，調如竽瑟；泉石激韻，和若球鍠；故形立則文生矣，聲發則章成矣。」這是無形的自然旋律。《文心雕龍》各篇「贊曰」皆押韻，因此劉勰說：「綴文難精，作韻甚易。」❸❶但各篇文句平仄協調者較難，所以劉勰說：「屬筆易巧，選和至難。」❸❶所謂「和」，即平仄。「屬筆易巧」、「作韻甚易」，八字皆是仄聲，很難平仄和諧，此其明證。

　　劉勰提出「六觀」為文學批評的準則，《文心雕龍》原文多半能符合「六觀」；《文心雕龍》論及「六觀」相關理論，《文心雕龍》原文亦能實踐其理論。劉勰不愧是理論家兼實踐家，《文心雕龍》不愧是中國古代文學理論的秘寶。劉勰將「六觀」的理論，融入《文心雕龍》全書各篇、各詞句之中，誠屬理論與

---

❷❸見《文心雕龍·聲律》。
❷❾同註28。
❸❶同註28。
❸❶同註28。

實踐合一，知行合一，這不止是劉勰的特色，亦是《文心雕龍》的特色。

論　文：由劉勰六觀析論《文心雕龍》
主講人：蔡宗陽教授
講評人：沈　謙教授

　　蔡教授這篇論文具有籠罩全局視大體的眼光，掌握核心，有堂堂大將之風。他研究六觀不只從〈知音篇〉，〈知音篇〉是《文心雕龍》講批評最重要的一篇，六觀是最重要的批評，論文以〈知音篇〉爲核心，擴散到全書各篇來印證、探討，作學問理當如此。在這裡我稍提出我個人的看法作補充。基本上劉勰的理論都是二元論，一方面主張崇古宗經，汲取傳統精華，一方面主張變、有創造性；一方面強調內容的重要，一方面重形式雕琢。《文心雕龍》的名本身即是二元的，一方面提出批評的理論，一方面從事實際批評。蔡教授的論文本身也是二元論，用劉勰六觀的批評方法來分析劉勰寫作《文心雕龍》是否達到自己的理想。這樣的論文很符合我個人一向標榜《文心雕龍》研究的三個層面：基礎方面、貫串源流、鎔鑄新說，整理發揚這些理論，並作適當調整，使之能運用於今之文學批評，蔡教授的論文與我不謀而合。只是有點小意見提出說明。

　　蔡教授宣讀論文時說六觀是批評方法，文字卻沒說明，結論卻說是批評準則，究竟六觀是批評方法或準則或理論，在前言、結語該作個澄清。論文結論只有180字，如此短不需要標出結論，因沒有「論」，當個結語就好了，前言亦可不必。用劉勰的理論觀照全書，非常好。由劉協六觀析論《文心雕龍》，但作者在書中有無運用六觀這個理論從事實際文學批評？運用六觀的理論來

分析《文心雕龍》，劉勰作得很不錯，而〈文體論〉又許多從事實際批評是用六觀的理論，是否也可以考慮？可以再作一篇論文討論。六觀重通變，一方面汲取精華，一方面是如何創造。劉勰本身是通變的實踐者，蔡教授亦是，但仍有許多論六觀的文章可以參考，是否可以納入？報告到此，謝謝。

六朝文學的發展和
「風骨」論的文化意蘊

北京大學中文系
張　少　康

　　「風骨」論是六朝時期文學理論批評中所提出的一個十分著名的文學理論批評標準。它首先由劉勰提出，後來鍾嶸又有所發展。《文心雕龍》中的風骨論是歷來研究者所特別重視的，它也確實是劉勰文學理論體系中的重要組成部分，然而，風骨的含義究竟是什麼，卻一直是眾說紛紜，始終沒有一個能爲大家所認同的解釋。原香港大學教授陳耀南先生在《文心風骨群說辨疑》❶一文中曾將六、七十家之說歸納爲十餘類，近年來又有一些新的解釋，但沒有什麼大的發展。我在《齊梁風骨論的美學內容》一文及後來的《文心雕龍新探》一書中也提出過自己的看法。現在回顧和檢討有關風骨論的研究，我認爲以往我們的研究有一個根本性的缺點，就是偏重於從文學理論批評中有關「風骨」的論述，來對「風骨」的具體含義來作詮釋，而較少從廣闊的中國歷史文化背景上來考察「風骨」的意義與價值，因此這種具體的詮釋往往就失去了其正確的導向，而不能揭示其深層意蘊，也容易在表層意義解釋上產生某種片面性，難以使人信服也不可能得到多數

---

❶見台灣學生書局出版的《文心雕龍綜論》頁37-72。

人的認同。

　　劉勰對風骨的重視和他提出的「風清骨峻」審美理想，和中國的文化傳統中所表現的主要精神，有十分密切的關係。在中國古代文化傳統中我們可以看到，在先進知識分子的精神品格上有非常可貴的一面，這就是：建立在「仁政」、「民本」思想上的，追求實現先進社會理想的奮鬥精神和在受壓抑而理想得不到實現時的抗爭精神，也就是「爲民請命」、「怨憤著書」和「不平則鳴」的精神，它體現了我們中華民族堅毅不屈、頑強鬥爭的性格和先進分子的高風亮節、錚錚鐵骨。「風骨」正是這種奮鬥精神和抗爭精神在文學審美理想上的體現。中國古代文論特別講究人品和文品的一致，劉勰在《文心雕龍・情采》篇中，曾嚴厲地批評了人品和文品不統一的創作傾向，他說：「故有志深軒冕，而泛咏皋壤、心纏幾務，而虛述人外，眞宰弗存，翩其反矣。夫桃李不言而成蹊，有實存也；男子樹蘭而不芳，無其情也。夫以草木之微，依情待實；況乎文章，述志爲本！言與志反，文豈足徵？」劉勰所說的「風清骨峻」不只是一種藝術美，更主要是一種高尚的人格美在文學作品中的體現，它和中國古代文人崇尚高潔的精神情操、剛正不阿的骨氣是分不開的。文學批評中的「風骨」本是源於人物品評的，在六朝人物品評中「風骨」是一個常用的概念。例如《宋書・孔覬傳》中說：「少骨梗有風力，以是非爲己任。」《世說新語・賞譽》說：「王右軍目陳玄伯，壘塊有正骨。」又其注中引《晉安帝紀》說：「羲之風骨清舉也。」《宋書・武帝紀》說高祖劉裕「身長七尺六寸，風骨奇特。」人物品評中所說的這些「風骨」，正是指一種高尚人品的表現。而這種特點又是和我國的文化傳統，特別是知識分子的人格理想、精神情操緊緊地聯繫在一起的。《論語・子罕》中記載孔子說：

「歲寒，然後知松柏之後凋也。」這是從松柏之不畏嚴寒來比喻
人應當有不怕強暴的堅毅品格。故劉勰《徵聖》篇說：「夫子風
采，溢於格言。」孟子說過：「富貴不能淫，貧賤不能移，威武
不能屈；此之謂大丈夫。」（《滕文公下》）能成爲這樣的「大
丈夫」，才富有骨氣，具備了理想的人格精神。「大丈夫」的社
會政治理想是建立在「民貴君輕」思想基礎上的「仁政」，爲此，
就要加強道德修養，使自己具有「配義與道」的「浩然之氣」。
劉勰對孟子的思想人格是很佩服的，其《時序》篇云：「齊開莊
衢之第，楚廣蘭台之宮，孟軻賓館，荀卿宰邑；故稷下扇其清風，
蘭陵郁其茂俗。」莊子對當時社會的黑暗腐朽有非常清醒的認識，
他在《在宥》篇中曾說：「今世殊死者相枕也，桁楊者相推也，
刑戮者相望也。」所以，楚王雖派人以「千金」聘他爲相，但是，
他爲了保持自己清高的骨氣情操，堅決地拒絕了，他說：「我寧
游戲污瀆之中以自快，無爲有國者所羈，終身不仕，以快吾志
焉。」屈原之所以「發憤以抒情」，正是出於對腐朽黑暗現實的
不滿，「長嘆息以淹涕兮，哀民生之多艱」，爲了實現「仁政」
的理想，他「雖九死其猶未悔」，寧「從彭咸之所居」，而不與
惡濁小人同流合污。他這種高潔品質在漢代受到劉安、司馬遷等
的高度評價，贊揚他「雖與日月爭光可也」。劉勰說屈原的作品，
「觀其骨鯁所樹，肌膚所附，雖取熔經旨，亦自鑄偉辭。」「故
能氣往轢古，辭來切今，惊采絕艷，難與並能矣。」（《辨騷》）
正是說明屈原的作品有《風骨》篇所強調的以風骨爲主、辭采爲
輔的藝術美。漢代的司馬遷遭受殘酷宮刑折磨，能夠「就極刑而
無慍色」，「雖萬被戮，豈有悔哉！」（《報任安書》）爲的就是
把自己理想寄托於《史記》的寫作。他贊揚屈原「直諫」精神，
認爲「屈平之作《離騷》，蓋自怨生也。」並結合自己的切身遭

遇，提出了著名的「發憤著書」說，充分體現了不屈服的奮鬥精
神。劉勰稱其《報任安書》「志氣槃桓」而有「殊采」（《文心
雕龍·書記》），也是贊揚他作爲一個有正義感的知識分子的骨
氣。

　　六朝文學是在先秦兩漢文學基礎上的發展，特別是建安文學
把中國古代文學的優良傳統發展到了一個新的輝煌時期，而其主
要特色正是在於：把自先秦以來知識分子的這種追求實現先進社
會理想的奮鬥精神，和在受壓抑而理想得不到實現時的抗爭精神，
從詩歌創作中極其鮮明地突現了出來。但是，後來六朝文學的發
展並沒有完全沿著建安文學的道路前進，在某些方面則背離了建
安文學注重「風骨」的傳統，而朝著追求華麗綺靡的形式美方向
發展，劉勰和鍾嶸都對這一點有所不滿，以他們爲代表的六朝
「風骨」論的提出，正是爲了解決這個問題。他們對建安文學都
給予了崇高的評價，對其主要特色的理解和認識也是一致的。鍾
嶸所概括的「建安風骨」，就是建安詩人對動亂現實的悲憂和對
壯志抱負的歌頌在藝術風貌上的表現。以三曹和七子爲代表的建
安詩人在漢魏之交都是有理想、有抱負的政治家和文學家。故劉
勰說：「觀其時文，雅好慷慨，良由世積亂離，風衰俗怨，並志
深而筆長，故梗概而多氣也。」（《文心雕龍·時序》）這裡所說
「志深而筆長，故梗概而多氣」，也就是鍾嶸所說「建安風骨」。
曹操是建安文學的創始者，他在幾首著名的詩中，非常鮮明地表
現了他對這個動亂時代的深沉感慨，以及實現統一、振興國家的
理想願望。他對民生凋弊的現狀十分關切，「白骨露於野，千里
無雞鳴。生民百餘一，念之斷人腸。」（《蒿里行》）爲此感到
深深的憂慮，「慨以當慷，幽思難忘。何以解愁？唯有杜康。」
同時也表現了「山不厭高，水不厭深。周公吐哺，天下歸心」

（《短歌行》）的雄心壯志。鍾嶸說：「曹公古直，甚有悲涼之
句。」這種慷慨悲涼的特色也就是「建安風骨」的主要內容。曹
植被鍾嶸稱為五言詩人最傑出的代表，也是體現「建安風力」的
典範，《詩品》中說他「骨氣奇高，詞采華茂，情兼雅怨，體被
文質」。曹植是一個有遠大理想抱負的詩人，在《與楊德祖書》
中說他的志願是：「戮力上國，流惠下民，建永世之業，流金石
之功。」如果這種政治理想不能實現，他也要「采庶官之實錄，
辨時俗之得失，定仁義之衷，成一家之言」。由於受到曹丕的排
擠和迫害，他鬱鬱不得志，心情十分淒苦，所以在詩中充滿了強
烈的憤激之情、悲壯之氣。他感慨世態的炎涼：「高樹多悲風，
海水揚其波。利劍不在掌，結交何須多？」（《野田黃雀行》)他
苦於壯志不遂：「江介多悲風，淮泗馳急流。願欲一輕濟，惜哉
無方舟。」（《雜詩》之五）他滿懷豪情然而又不得使展：「撫
劍而雷音，猛氣縱橫浮。泛泊徒嗷嗷，誰知壯士憂！」（《鰕䱇
篇》）他內心積壓著深深不平：「鴟梟鳴衡軛，豺狼當路衢。蒼
蠅間黑白，讒巧令親疏。」（《贈白馬王彪》）「不見魯孔丘，
窮困陳蔡間。周公下白屋，天下稱其賢。」（《豫章行》）從曹
植的詩中可以看出他為實現進步理想而與命運拚搏的奮鬥精神和
堅毅性格，這就是他的「骨氣奇高」之所在。建安七子中，鍾嶸
對劉楨的評價最高，說他：「壯氣愛奇，動多振絕。眞骨凌霜，
高風跨俗。」早在建安時代，曹丕曾在《典論論文》中說：「劉
楨壯而不密。」又在《與吳質書》中說：「公幹有逸氣，但未遒
耳，其五言詩之善者，妙絕時人。」謝靈運《擬魏太子鄴中集詩
·劉楨》詩序中也說他：「卓犖偏人，而文最有氣，所得頗經
奇。」劉勰在《文心雕龍·體性》篇中說：「公幹氣褊，故言壯
而情駭。」他們和鍾嶸的看法是一致的。劉楨現存的詩並不多，

比較有代表性的詩作是《贈從弟》三首之二，其云：「亭亭山上松，瑟瑟谷中風。風聲一何盛，松枝一何勁。冰霜正慘凄，終歲常端正。豈不罹凝寒，松柏有本性。」它通過對松柏不畏嚴寒的歌頌，表現了作者不與世俗同流合污的高潔情操和堅貞骨氣。唐人也常常曹、劉並提，如杜甫說：「方駕曹、劉不啻過。」（《寄高適》）元稹在《唐故工部員外郎杜君墓系銘并序》中曾說杜甫「氣吞曹、劉」。宋人嚴羽於是有所謂「曹劉體」之說，其特點就是重在氣骨，也就是風骨。後來，元遺山《論詩絕句》因謂「曹、劉坐嘯虎生風，四海無人角兩雄。」其實，這都是強調曹植、劉楨詩中所體現的傳統知識分子的理想人格精神。

建安之後，以阮籍、嵇康爲代表的正始文學，雖然藝術風貌和建安文學有所不同，但基本上是承繼了「建安風骨」的精神的，阮籍和嵇康同爲「竹林七賢」的代表人物，他們都是胸懷大志，醉酒佯狂，嘯傲山林，不拘禮法，品格高尚，而不滿於污濁、黑暗的現實的有骨氣的知識分子。阮籍的《咏懷詩》也有建安文學那種慷慨悲涼的情調，但是由於他處在司馬氏專權的黑暗恐怖的險惡政治環境之下，所以寫得較爲隱晦曲折，誠如鍾嶸所說：「可以陶性靈，發幽思。言在耳目之內，情寄八荒之表。洋洋乎會於《風》、《雅》，使人忘其鄙近，自致遠大。頗多感慨之詞。厥旨淵放，歸趣難求。」其《咏懷詩》八十二首之一云：「夜中不能寐，起坐彈鳴琴。薄帷鑒明月，清風吹我襟。孤鴻號外野，翔鳥鳴北林。徘徊將何見，憂思獨傷心。」其中多處可看出所受曹植、劉楨、王粲等詩歌影響❷，在思想藝術風貌上均與建安詩

---

❷如首二句源於王粲《七哀詩》「獨夜不能寐，攝衣起撫琴。」三四句與劉楨《贈五官中郎將詩》「明燈曜閨中，清風凄已寒」頗爲相近。後四句則明顯受曹植《雜詩》「孤雁飛南游，過庭長哀吟」，「形影忽不見，翩翩傷我心」影響。

歌十分接近。他在《咏懷詩》第三十九首中寫道：「壯士何慷慨，
志欲威八荒。驅車遠行役，受命念自忘。良弓挾烏號，明甲有精
光。臨難不顧生，身死魂飛揚。」這就明顯地表現了建安時代那
種慷慨悲涼的特色。從正始以後，文學創作如鍾嶸所說「陵遲衰
微」，劉勰《文心雕龍・明詩》篇也說：「晉世群才，稍入輕綺，
張潘左陸，比肩詩衢、采縟於正始，力柔於建安，或析文以爲
妙，或流靡以自妍。」也就是說文學創作的詞采愈來愈華靡，而
風力則愈來愈薄弱。不過還沒有把「建安風骨」完全拋棄。據鍾
嶸《詩品》的論述，他直接講到有「建安風骨」影響的至少還有
左思、劉琨、陶淵明等人。他在論陶淵明詩時說「又協左思風
力」，說明左思的詩作也是有「風骨」的。左思是一位對六朝門
閥社會「上品無寒門，下品無世族」的封建等級制度十分不滿的
詩人，他在《咏史》詩中曾說：「世胄躡高位，英俊沉下僚。地
勢使之然，由來非一朝。」又說：「被褐出閶闔，高步追許由。
振衣千仞岡，濯足萬里流。」這種對門閥世族壓迫的抗爭和布衣
之士的清高之氣，是傳統知識分子理想人格的體現，也是他的
「風力」之所在。鍾嶸說劉琨的詩有「清剛之氣」、「清拔之氣」，
都是指「風骨」而言的，這顯然是和劉琨的詩歌表現了他與祖逖
「聞雞起舞」的愛國主義情操分不開的。劉琨是一個具有報國壯
志，爲反抗外族入侵勇猛戰鬥的英雄，他在《扶風歌》中寫道：
「繫馬長松下，發鞍高岳頭。烈烈悲風起，泠泠澗水流。揮手長
相謝，哽咽不能言。浮雲爲我結，歸鳥爲我旋。去家日已遠，安
知存與亡。慷慨窮林中，抱膝獨摧藏。……惟昔李騫期，寄在匈
奴庭。忠信反獲罪，漢武不見明。我欲竟此曲，此曲悲且長。棄
置勿重陳，重陳令心傷。」慷慨悲壯之情溢於言表。但他壯志未
酬而爲段匹磾所害，臨死前所寫的《重贈盧諶》中云：「功業未

及建，夕陽忽西流。」「何意百煉剛，化爲繞指柔。」正是對他
奮力抗爭、至死不渝的精神氣質和高尚品德的眞實描寫。鍾嶸所
說陶淵明「又協左思風力」，也是針對陶淵明的崇高人格的贊美。
陶淵明也有濟世安民的雄心壯志，他在《雜詩》中說：「憶我少
壯時，無樂自欣豫。猛志逸四海，騫翮思遠翥。」他也曾投身仕
途，但他深刻地認識到當時政治的腐敗，不願與黑暗的現實同流
合污，遂辭官隱居躬耕田園，以保持自己高潔的情操，而決「不
爲五斗米折腰」。他在《雜詩》中說：「芳菊開林耀，青松冠岩
列。懷此貞秀姿，卓爲霜下傑。」這不僅是對大自然的讚美，也
是對自己理論人格的歌頌。雖然他也爲自己的「猛志」不得實現
感到悲哀，「日月擲人去，有志不獲騁；念此懷悲凄，終曉不能
靜。」(《雜詩》)但是他更爲自己能擺脫世俗羈絆，遠離污濁的
社會，回到純樸的大自然中去獲得心靈的淨化和解脫，感到無比
的高興。他說：「久在樊籠裡，復得返自然。」(《歸田園居》)
「靜念園林好，人間良可辭。」(《庚子歲五月中從都還阻風於
規林》)所以他的詩突出地體現了他作爲深受儒、道兩家思想影
響的士大夫之骨氣。從阮籍、嵇康到陶淵明，都比較鮮明地表現
了魏晉名士的風流曠達。這種名士風流與建安時代的豪情壯志，
表現在文學風貌上是頗有不同的，但是它們都是在不同的社會政
治環境下知識分子的人格美理想的體現。劉勰和鍾嶸都是強調以
風骨爲主、辭采爲輔的，要求兩者完美的結合。他們認爲在六朝
文學發展的過程中，逐漸出現了忽略風骨而偏重辭采的傾向，而
且有愈來愈嚴重的趨勢，所以他們特別強調風骨的重要。劉勰和
鍾嶸都不否定華艷辭采的意義與作用，他們是很重視文學作品的
華艷辭采的，但是他們認爲必須要正確處理好風骨和辭采的主從
關係。劉勰《文心雕龍·風骨》說：「若風骨乏采，則鷙集翰林；

采乏風骨，則雉竄文囿；唯藻耀而高翔，固文章之鳴鳳也。」鍾
嶸在《詩品序》中說文學創作必須要「干之以風力，潤之以丹
采」，方能「使味之者無極，聞之者動心」。陸機是西晉初期具
有代表性的重要詩人，鍾嶸曾說他「爲太康之英」，說他「才高
詞贍，舉體華美」，但又嚴厲地批評他：「氣少於公幹，文劣於
仲宣，尙規矩，不貴綺錯，有傷直致之奇。」劉勰在《文心雕龍
·議對》篇中說：「及陸機斷議，亦有鋒穎，而腴辭弗剪，頗累
文骨，」上引《明詩》篇文亦有類似批評，這些都是說的陸機作
品缺少風骨，而偏重於辭采的華美。鍾嶸對張華、潘岳的評價也
是如此。其評張華詩云：「其體華艷，興托不寄。巧用文字，務
爲妍冶。雖名高曩代，而疏亮之士，猶恨其兒女情多，風雲氣
少。」而評潘岳云：「《翰林》嘆其翩翩，亦如翔禽之有羽毛，衣
被之有綃縠，猶淺於陸機。」東晉的玄言詩人作品則「理過其
辭，淡乎寡味」，「平典似《道德論》」，自然也毫無風骨可言。

　　經過上面的分析，我們再來看劉勰的《文心雕龍·風骨》篇
以及其他各篇中有關風骨的論述，也許可以有一點新的體會和認
識。劉勰在《風骨》篇中說：「昔潘勖錫魏，思摹經典，群才韜
筆，乃其骨髓峻也；相如賦仙，氣號凌雲，蔚爲辭宗，乃其風力
遒也。」這是劉勰在全篇中所舉出的唯一的「骨髓峻」和「風力
遒」的作品範例。潘勖《冊魏公九錫文》是爲漢獻帝寫的封賜曹
操的符命，今存《文選》卷三十五，文中歷數曹操護衛皇室、平
定各路諸侯叛亂、統一天下的功績，基本上是符合事實的，文辭
典雅而有力量，故說是「骨髓峻也」。劉勰對曹操的評價是比較
公正的，雖然不贊成他的專權暴虐，但無論在政治上還是文學上
都肯定了他的歷史作用，並沒有封建正統的偏見，所以他評陳琳
的《爲袁紹檄豫州》一文時說：「陳琳之檄豫州，壯有骨鯁；雖

奸閹攜養，章實太甚，發丘摸金，誣過其虐，然抗辭書釁，皦然露骨矣。敢指曹公之鋒，幸哉！免袁黨之戮也。」既有肯定也有批評，認爲它有過於偏激而失實之處。而所謂「壯有骨鯁」，是指陳琳敢於在曹操威振天下之時，「抗辭書釁」，毫不懼怕地大膽揭發其專橫暴虐行爲。很有意思的是：潘勗和陳琳的這兩篇文章在對曹操的態度上是尖銳對立的，然而劉勰卻認爲它們都具有骨力，這當然是因爲曹操作爲一個歷史人物本身存在著矛盾的雙重性，但同時也可以看出劉勰不論是評人還是評文，都重在全面圓通不落一端、折衷於自然情理的思想方法特點。凡是表現出了作者義正辭嚴的人格力量的文章，劉勰都認爲是有骨力的好作品。司馬相如的《大人賦》，見《史記·司馬相如傳》，是一篇意在諷諫漢武帝「好仙道」的作品，「相如以爲列仙之傳居山澤間，形容甚臞，此非帝王之仙意也，乃遂就《大人賦》。」故以「大人」喻天子，而寫其游仙之狀，指揮衆神，氣度恢宏，目的在說明這種游仙實際上是不可能的，然而結果卻正好相反：「相如既奏大人之頌，天子大說，飄飄有凌雲之氣，似游天地之間意。」（《史記·司馬相如傳》）從《大人賦》本身來看，它是模仿騷體的作品，頗有屈原《離騷》翱翔九天的壯闊氣勢，體現了鄙棄世俗的高潔情操，故劉勰說它是「氣號凌雲，蔚爲辭宗」，因而說是「風力遒也」。劉勰在《風骨》篇中提出的「風清骨峻」的審美理想，也很具體地表現在《文心雕龍》全書對許多作家作品的評論中。以「風清」而論，如《時序》篇說「櫻下扇其清風」，即指孟子學派所體現的「浩然之氣」；《誄碑》篇云「標序盛德，必見清風之華」，說明「清風」正是「盛德」之體現；《銘箴》篇說崔駰、胡廣等的《百官箴》有周代辛甲之遺風，善於針砭天子過失，故能「追清風於前古」；《宗經》篇提出的「六義」中，

「情深而不詭」與「風清而不雜」分列爲兩條，可見「清風」正
是指一種高尚的精神情操和人格美而言的。以「骨峻」而論，
《文心雕龍》講到文骨的地方，都是指作品的「事義」所表現的
和經典相近的思想力量而言的。例如《誄碑》篇說蔡邕的《司空
文烈侯楊公碑》「骨鯁訓典」，即指其善用《尙書》典故敘述楊
賜生平事蹟，充分表現了他清正廉明的政績，樹立了高大形象，
碑文很有說服力量。《封禪》篇說封禪之文的寫作，必須「樹骨
於訓典之區，選言於宏富之路；使意古而不晦於深，文今而不墜
於淺；義吐光芒，辭成廉鍔，則爲偉矣。」此處所說的「骨」正
是就文章的事義之高古而有光芒而言的。《奏啓》篇說「楊秉耿
介於災異，陳蕃憤懣於尺一，骨鯁得焉。」說明楊秉和陳蕃爲人
忠貞耿直，敢於對天子進行直諫和大膽地揭露時弊，所以他們的
奏啓「骨鯁得焉」。由此可見，「風骨」實是指作家的高尚人格
在作品中的體現，而它又是和中國文化傳統中先進知識分子的精
神面貌有著不可分割的密切聯繫的。

　　「風骨」的這種深層文化意蘊也可以從劉勰、鍾嶸以後的有
關「風骨」論述中得到證明。陳子昂感嘆：「漢魏風骨，晉宋莫
傳。觀齊梁間詩，彩麗競繁，而興寄都絕。」（《與東方左史虬
修竹篇序》）他強調「風骨」是和他提倡「興寄」分不開的，而
這種「興寄」又是和他的民本思想與仁政理想密切聯繫在一起的。
他在《感遇詩》中尖銳地批評了當時政治的弊端，表現了對人民
苦難的同情，既有「感時思報國，拔劍起蒿萊」的豪情壯志，也
有「歲華盡搖落，芳意竟何成」的憂傷悲嘆。特別是他的名作
《登幽州台歌》：「前不見古人，後不見來者。念天地之悠悠，
獨愴然而涕下！」充分展示了一個憂國愛民的志士感世傷時的深
沉情懷。所以，陳子昂所讚美的「漢魏風骨」，也就是指三曹七

子詩歌中對理想抱負的追求，對殘破社會現實的悲慨，對壯志不得實現的怨憤，對世態炎涼、人情菲薄的感嘆，以及由此而形成的「慷慨悲涼」、「梗概多氣」的特徵。李白對「蓬萊文章建安骨」的讚賞，是與他「濟蒼生」、「安黎元」、「安社稷」的政治理想分不開的。杜甫稱讚元結的《春陵行》和《退賊示官》時說道：「道州憂黎庶，詞氣浩縱橫。兩章對秋月，一字偕華星。」（《同元使君春陵行》）這就是元結詩中的「風骨」。杜甫並在詩序中說他「知民疾苦」，認為有了元結這樣的愛民之吏，「天下少安可待矣」，可見元結詩中浩氣縱橫的特色，正是他「為民請命」的抗爭精神之表現。從六朝到盛唐時文學思潮中對「風骨」的推崇，不僅僅是對一种藝術美的追求，而是有著很深刻的文化思想背景的，它上承先秦兩漢時期「發憤抒情」、「發憤著書」的傳統，下啓「為民請命」、「不平則鳴」的奮鬥精神，是先進的知識分子所理想的有強烈正義感、始終不屈服的人格精神的表現，這種人格精神需要有與之相適應的文辭來表現，因為文學是語言的藝術，一切都要通過語言來表達，所以風骨和辭采都是不可缺少的，但是它們之間有主次之分，必須以風骨為主而以辭采為輔，這一點在劉勰的《文心雕龍・風骨》篇中闡述得很清楚。從中國文化傳統的特點來看待「風骨」的意義與價值，不僅可以把握劉勰提倡「風骨」的深層意蘊，而且可以比較正確地理解《文心雕龍・風骨》篇的內容以及劉勰對「風骨」的解釋，特別是可以清楚地認識到「風即文意，骨即文辭」以及由此派生出來的各種說法實是不確切的。劉勰說「怊悵述情，必始乎風」，「情之含風，猶形之包氣」，「深乎風者，述情必顯」，都是講「情」和「風」的關係，說明作者有高尚的人格理想和精神情操，則其「情」必然含有「風」，故「意氣駿爽，則文風清焉」。劉

勰又說道「沉吟鋪辭，莫先於骨」，「辭之待骨，如體之樹骸」，
「練於骨者，析辭必精」，都是講「辭」和「骨」的關係，說明
作者有義正辭嚴的思想立場，文章有剛直有力的敘述內容，則其
「辭」中必然有「骨」，故「結言端直，則文骨成焉」。所以，
「風骨」雖是對作品的一種美學要求，但它的基礎是在作者的人
品，它是中國知識分子的高尚人格理想的體現。

　　以上是我近年來對「風骨」論研究的一點新體會，現提出來
向各位專家學者請教。

論　文：六朝文學的發展和「風骨」論的文化意蘊
主講人：張少康教授
講評人：黃景進教授

　　在閱讀本文之前，不妨參考張先生於1997年發表在大陸《文
學評論》第二期的文章，這兩篇文章有密切的相關性。本篇主在
解決六朝「風骨」這個概念問題，依張先生最近的看法是認為
「風骨」其實是中國古代的一個最主要的精神，且在當代也有很
高的現實精神價值。對張先生這篇文章的主要觀念大致上同意，
例如在提到文學批評的一些重要概念，若從文論本身是沒有辦法
去澄清的，因為很多術語有從人物品鑑、畫論、書法評論中產生
出來。並且提出「風骨」可由人物品評的概念而轉移到文學評
論，其特別強調古代知識分子具有很強烈的理想精神，在六朝文
學裏，建安文學可說是具備文學風骨的一種典範。另外張先生也
提到鍾嶸、劉勰他們之所以要提出「風骨」，其實是要用「風骨」
這個概念來糾正六朝末期的輕靡文風，這是非常具有啟發性的。
此處有個劉勰在使用「風骨」的問題，即是關於風骨的概念，現
代學者多有解釋，其中歧異性最大者，主要是在《文心雕龍》的

風骨。因此不知劉勰在運用風骨時，是否有加以改造過或加上自己特殊的獨特見解，所以導致後代的人在解釋風骨時，產生了困難；且是否有些評論家在使用這概念時也有他自我特殊用法。張先生在此文中比較著重在共通性，就是大家在使用風骨這概念時共同的用法，共同的內涵，而有些評論家會不會在使用這概念時，也掺著了他自我特殊的用法，這點是可以再斟酌考慮的。

論六朝祖餞詩群對
文類學原理的背離

中國文化大學中國文學系

洪　順　隆

一、序　言

　　一個時代的詩歌類型的研究，是研究該時代整體詩歌體系風貌的基礎。詩歌類型的系統確定，不但可弄清該時代的詩歌文體，而且通過研究過程各類型詩歌的內容和形式的分析，亦可呈現該時代各體詩歌文類內容和形式的共性和個性，從而把該時代詩歌的總的特色凸顯出來，並提供詩歌文類發展史以客觀而可靠的文類研究成果。

　　六朝詩歌的文體類型因研究視點不同，而可成立各種類型系統。傳統文類的設定者，雖已知道「群分類聚」的分類邏輯原理，卻未進一步留意分類視點的統一，以致「類聚」的標準有所分歧，「群分」的角度發生交錯，造成文體混雜，類別交疊，系統雜駁，文類疆界不清的現象。爲使文體研究科學化，文類劃分明晰化，文體系統條理化，各文體流變涇渭化，對傳統文類的設定標準作一番科學的分析，以斷定其分類視點，弄清其文類性格，釐定其在時代整體文類系統中的地位，俾其「類聚」的次元因子，各就其列，各得其位，各歸其所，消除鳩居鵲巢，迷途不反的文類亂象。最後在明晰的概念，統一的標準指導下，釐清傳統的文類系統，乃是今日傳統文體研究者所當認知的研究取向。

　　我在二十多年前，由題材視點研究六朝詩，終於發現六朝詩由題材的角度觀察，可分抒情和敘事兩大系統，各系統下又可分出所屬次元題材，以此次元題材爲類型單元共分十六個題材類型以統攝所有六朝詩。各題材詩又從概念、作品分布，內容和形式、源流等方面論述其共性和個性，並歸納出題材詩與題材詩之間的區劃因子，劃清各題材詩的界限。前年發表的〈六朝題材詩系統論〉一文，就是爲往日題材類型的劃分提供理論依據的。至此，我的六朝題材詩研究本可告一段落，然而，有的同行，因見傳統的六朝詩歌文類中，有的不在我的系統中，而提出質疑。爲消除同行的疑問，解答我對傳統文類取捨的問題，乃感有必要對傳統非題材類詩體作一番澄清。去年第三屆中國詩學會議舉行時，我提出〈六朝祖餞·贈答詩論略〉❶一文，即是論證傳統祖餞詩和贈答詩的文類性質和題材風貌的。當時，由於篇幅限制，未能暢所欲言。這篇論文專就六朝祖餞詩再作整體的統計和分析，文中先由詩題和題材，歸納其作品；再據主題、題材和形式論證其對文體分類學的背離。而在論證過程中，藉對文體類型性質和詩群所含蘊的題材類型的詮釋，凸現其題材風貌，釐定其在我的六朝題材詩系統中的地位。這樣，我的六朝題材詩系統中，何以沒有祖餞詩一類，也就明白了。

二、《文選》〈詩歌·祖餞類〉的分類因素

　　「祖餞詩」的產生導源於祖餞風俗文化，祖餞風俗文化早在《詩經》時代已出現其蹤跡。❷其後，歷代送別詩中，無不運載

---

❶見《第三屆中國詩學會議論文集——魏晉南北朝詩學》（國立彰化師範大學國文系編、1996、5）。
❷見《詩·邶風·泉水》、《詩·大雅·烝民》、《詩·大雅·韓奕》等。

其語言。到了梁時《昭明文選》編者，在選詩類別中，立「祖餞」
這一類，遂有「祖餞詩類」的名號行世。但《文選‧詩歌‧祖餞
類》只收錄八篇作品，這八篇作品分屬七位詩人：即①曹子建
〈送應氏二首〉、②孫子荊〈征西官屬送於陟陽候作詩〉、③潘
安仁〈金谷集作詩〉、④謝宣遠〈王撫軍庾西陽集別時為豫章太
守庾被徵還東〉、⑤謝靈運〈鄰里相送方山詩〉、⑥謝玄暉〈新
亭渚別范零陵詩〉、⑦沈休文〈別范安成詩〉。❸此外，編者對
「祖餞詩」的概念隻字未提，對於選詩標準更無交代。後來之人，
也未見對祖餞詩群作更周延的歸納。因此，要知道六朝詩中那些
是祖餞詩，就只有由《文選‧詩歌‧祖餞類》探究它們群聚的因
素，再根據其群聚因素，到六朝詩中去辨認祖餞篇什了。

　　觀《文選》祖餞類所收八首詩，以「送」為題的有四首；以
「別」為題的有三首；以「集」為名的有一首。「送」和「別」
都意指「送別」的意思。《爾雅‧釋言》：「集，會也。」《廣
雅‧釋詁‧三》：「集，聚也。」《晉書‧杜預傳》：「因宴集
醉臥。」可見「集」是「宴會」、「聚宴」、「宴集」的意思，
指的是「送別時聚會飲宴」，與「餞」同義。八首詩的詩題都含
有「祖餞」習俗的語言符號，表示詩與「祖餞」有密切關係。再
看各詩的內容，曹詩其二云：「願得展嬿婉，我友之朔方。親昵
並集送，置酒此河陽。中饋豈獨薄？賓飲不盡觴。」含有三分之
一強的「祖餞」題材，但其他三分之二的題材，不是嘆「人命苦
朝霜」、「嘉會不可常」；就是訴「友愛」，抒「別情」，而且
「友情」是基調，「別情」是「友情」的區徵，表識友情的時間
類別和感情內涵的性質，是次元的旨意，而「祖餞」題材正是為

❸見《昭明文選》第二十卷〈祖餞〉。

表現「別情」而陳列的，用以標示詩中的「別情」是「祖餞」時興發的。因此，詩人寫這首詩的主題基因是抒發「送別」時的「友情」，而不是以寫「祖餞」活動為目的，「祖餞」題材在詩中，只起了標示用途的作用，並非表現主題的核心題材。所以，編者將這首詩列於祖餞類，只因為是用於祖餞的篇什，才那樣做的。謝瞻詩云：「舉觴矜飲餞。」「分手東城闉。」謝客詩云：「豈伊年歲別」。沈約詩云：「分手易前期。」「勿言一樽酒，明日難重持。」等，祖餞題材在各詩中只是少數，而且只作為點示詩中感情基調的屬性和用途而存在，詩中的主題核心都是友情中的別情。謝瞻詩的主題是惜別，謝客詩的主題是臨別訴懷，訴懷在於表示友情；謝朓詩有較多的送別場面，但那也是為寫別情而設，非專寫送別之事；沈約詩的主調在寫別時的心境，「樽酒」只是言別的輔助題材。這五首主題是抒朋友情，詩的內容雖都穿插有祖餞題材，然它們的祖餞語言都只用在標示詩情發越的時間和詩創作的用途，不是為表現祖餞之事而被運用的材料。其次孫楚詩寫他人送己，也出現「傾城遠追送，餞我千里道。」的祖餞場面題材，但整首詩玄言玄語，詩人是在與官屬乖離，道珍重時，與他們大談玄理，歷來都把它當玄言詩看待；潘岳詩也有「親友各言邁」、「飲至臨華沼」等祖餞題材，也有「悵有違」、「敘離思」等別情表現，「投分」的訴情，但那畢竟少數，詩中大部分的題材是金谷山水風景，詩人是在祖餞時，大寫他看到的山水景觀，別情離思反是次要的，反被山水景色淹沒了，所以，歷來也都把它當山水詩看待，以它為山水詩的代表作；再次看曹植詩第一首，內容描寫祖餞時所看到洛陽殘破荒涼的景象，反映了對戰亂給社會造成慘重破壞，給人民帶來深重災難，所引起的內心的悲痛。詩中並未出現「祖餞」生活題材。我們覺得編者只

是因其題目有「送」字，加上它與其二那首同屬一組，判斷它也是用於祖餞之途的篇什，才把它同列祖餞類的。

　　綜合上面的分析，我們知道，《文選》祖餞詩，詩題均有祖餞風俗語言符號標示，詩的內容大多有「別」和「餞」之類的祖餞生活題材，只有一首例外，但其詩中的祖餞題材屬少數，只作爲區徵，標示主題的屬性，非主題本身的主體。所以，七首有祖餞題材的詩，有四首是抒別情的友情詩，有一首是狹義詠懷詩，一首玄言詩，一首山水詩。而另一首內容不見祖餞題材的，則是狹義詠懷詩。八首詩，內容的題材類型如此歧異，那麼，編者何以將它們收錄於祖餞類呢？換句話說，八首詩的分類因素是什麼呢？答案是「用途」，這些詩都用於祖餞，表現祖餞時的人、事、物、景。「祖餞」是標示用途的區徵。

三、六朝的祖餞詩群

　　《文選》的〈祖餞類〉才錄八首詩，它雖提供了祖餞詩的範例，並由是暗示了祖餞詩的義界和文體性質，但是它遠遠不足以代表六朝的祖餞詩，也不足以映現六朝祖餞詩的實際風貌。要呈現六朝祖餞詩的實際風貌，還得依《文選》〈祖餞類〉的分類因素，去觀察，去辨認自晉至隋的六朝詩歌，由中歸納出六朝祖餞詩群。但我們如何知道那些詩是用於祖餞的呢？首先，《文選》八首祖餞詩詩題均有祖餞風俗語言符號，因此，我們辨認的第一條準則，是題目有祖餞語言；其次，《文選》〈祖餞詩〉多數內容有祖餞題材，因此，辨認的第二條準則是內容有祖餞題材的；再次，《文選》〈祖餞詩〉有一首詩題有祖餞語言而內容無祖餞題材的，這一首範例範示了正反兩面，只要詩題或內容的一方有祖餞題材或符號，就可斷定它用於祖餞的。因此，詩題或詩內容

之有無「祖餞題材或符號」，是我們驗明祖餞詩身份，歸納祖餞詩群的好憑藉。

用這一驗證憑藉，去檢驗六朝詩的結果，我們發現《全晉詩》中有29首、四首殘句；《全宋詩》中有13首；《全齊詩》中有18首；《全梁詩》中有67題次71首、1首殘詩；《全北魏詩》中無；《全北齊詩》中有1首；《全北周詩》中有11題次12首；《全陳詩》中有19題次20首；《全隋詩》中有11題次12首。共得173題次181首（包括5首殘句）。❹

在一百七十三題次一百七十六首完整的六朝祖餞詩中，就詩題而論，標示有祖餞風俗語言的，以「別」最多，有五十五題次；其次是以「送」爲題的作品，共二十九題次；再次是以「送別」爲題的作品，共十七題次（作「送……別」的有五題次）；又次是以「餞」爲題的作品九題次；「宴餞」爲題的作品十一題次；作「餞……離」的五題次；作「餞別」的二題次；作「送……餞」的一題次；以「祖道」爲題的作品凡有九題次；以「祖」爲題的有五題次；以「祖會」爲題的有二題次；以「祖餞」爲題的作品有一題次；又次是以「集」爲題的作品，共七題次；以「集別」爲題的有一題次；以「集送」爲題的有二題次；以「送……集」爲題的作品有二題次；又次是以「離」爲題的作品，共三題次；又次以「宴離」爲題的作品有一題次；以「離……宴」爲題的作品有一題次；以「會」爲題的作品有一題次。題目無祖餞風俗語言出現的作品有四題次。

總之，由詩題出現祖餞風俗語言的現象看，六朝祖餞詩的詩題類型有二十一種之多。我們如把古來祖餞風俗活動分爲祖（祭

---

❹參看附表一〈六朝祖餞詩朝代分布表〉。以下引用逯欽立《先秦漢魏晉南北朝詩》簡稱《逯書》。

道神）、餞（別宴）、別（單純的送別）等三部分，則所有六朝
祖餞詩題中的祖餞風俗語言，可出現下列諸類型：①只含「別」
所代表的單純送別活動的詩題(簡稱「別」類)有一〇九題次（包
括「送」、「送別」、「送……別」、「離」、「別」諸類）、
②只含「祖」所代表的單純祭道神活動的詩題（簡稱「祖」類）
有十三題次(包括「祖道」和「祖」二類)；③只含「餞」所代表
的宴別活動的詩題(簡稱「餞」類)有二十九題次（包括「會」、
「集」、「餞」三類）；④含「祖」和「餞」結合所代表的祖餞
風俗活動的詩題（簡稱「祖」、「餞」類）有三題次（包括「祖
會」、「祖餞」二類）；5.含「餞」和「別」結合所代表祖餞風
俗活動的詩題（簡稱「餞」、「別」類）有十五題次（包括「餞
別」、「餞……離」、「集別」、「送……餞」、「送……
集」、「集送」、「宴離」、「離……宴」等八類）6.無祖餞風俗語言
標示的詩題，而由詩歌內容出現祖餞題材判定為祖餞詩的（簡稱
「無」類）有四題次。這二十一細類、六大類、一百七十三題次
一百七十六首、五個殘句之所以被選收入六朝祖餞詩群，是因為
它們含有祖餞風俗語言，而祖餞風俗語言在這些篇什的出現約有
下列諸種情況：①詩題出現祖餞風俗語言，詩的內容出現祖餞題
材；②詩題含祖餞風俗語言，詩的內容不見祖餞題材；③詩題無
祖餞風俗語言，詩的內容有祖餞題材。它們是詩中具備上述三種
現象之任何一項而被選上的。祖餞風俗語言在這些詩中出現的型
態，無論二十一種的細分，或六類的概括，都要比《文選・詩歌
・祖餞類》的七例、三類要多得多。不過所有出現的祖餞風俗語
言，其基因意象、核心含蘊要不出「祖」、「餞」、「別」所代
表的意旨，不離《文選》祖餞類詩題所含祖餞風俗語言的概念範
疇，即「無」類四首的題材內容亦然。因此，我們可以斷定它們

都屬於《文選》祖餞類的同族，以它們爲六朝祖餞詩群是正身眞我，非外道贋品，邪是無可置疑的。既然如此，以它們爲證驗文體屬性的對象，當可得到正確的結論，出現本尊的形象。

四、六朝祖餞詩與文類學原理

六朝祖餞詩的成立由《文選‧詩歌‧祖餞類》始，我們依《文選》編者類聚〈祖餞詩〉的體例，由詩題和內容之有無「祖餞風俗」語言和題材，選出六朝祖餞詩群。下面我們該進一步論證這一詩群與文類學的關係，它合不合文類學的歸類原理？要弄清這問題，首先得明白什麼是文類學，文類學歸類的原則又是如何？

㈠文類學與歸類的兩大原則

文類是指某一時代文學作品在某一共同視點下群聚的類例，所以韋勒克和華倫說：「文學上的種類是一種制度。」「類型的理論是基於秩序的原理。」「類型，我們認爲它是文學作品的一種組合，在理論上基於外在形式（特別是韻律和結構）以及內在形式（態度、語調、目的—更明白的說：題材和讀者。」而分類工作的進行，應遵循兩個原則：①分類過程必須是嚴格的推理過程；②同一功能性範疇的分類系統中，不可以使用多重標準。❺遵循這兩個原則進行分類，所建立的文類方能完成分類的功能系統。然而六朝祖餞詩群的外在形式和內在形式如何？它的分類過程合不合乎上述兩個原則呢？下面先討論其外、內在形式：

❺參考《文學論——文學研究方法論》第七章〈文學的類型〉（王夢鷗、許國衡譯、志文出版社、1987）P378～P387。張漢良《比較文學理論與實踐》第三篇〈文學研究〉、〈何謂文類？〉一、〈文類的認知基礎〉（東大圖書公司、1986.2）P111。

㈡六朝祖餞詩的形式和內容

1.六朝祖餞詩的形式

六朝祖餞詩的形式可分詩題和詩歌語言兩方面來談。就詩題說，六朝祖餞詩有 97% 以上的作品含有祖餞風俗活動語言，卻仍有 3% 例外，可見祖餞語言在六朝祖餞詩題上並不具普遍性。詩題如此，內容又如何呢？據上面一百七十三題次的祖餞詩分析的結果，其內容出現祖餞風俗語言情況：①「別」類，有六十七題次；②「祖、餞、別」三種并有的，二題次；③「祖、別」二種同現的，有二題次；④「餞」類，有十六題次；⑤「餞·別」類并現的，有五十二題次，佔 80%。可是無祖餞風俗語言出現的，也有三十四題次，佔 20%。可見祖餞風俗語言在六朝祖餞詩中也不俱普遍性。由祖餞語言看如此，再由語句字數看，有四言，有五言，詩群中各詩的句型並不一致。

2.六朝祖餞詩的內容

六朝祖餞詩的形式上的特色如上，至於六朝祖餞詩的內容又如何呢？文學作品的內容由主題和題材組合而成，對於六朝祖餞詩的內容，我們也可分這兩方面加以探討：

(1)六朝祖餞詩的主題風貌

祖餞詩是用於表現祖餞(送別)時的人、事、情、景的篇什。常在詩題或內容（題材）出現祖餞的標示語詞或題材，而且往往詩題和內容，「不必同其情」、「不必同其義」❻，此有彼無，成為互補性的存在。即使大部分篇什以「送別」為基調，以表現「別情」為主旨(主題核)，如傅漢思（Hans H. Franke1）《中國

---

❻顧炎武《日知錄·藝文·詩題》：「〈郊祀歌〉、〈鐃歌曲〉，各以篇首字為題；不如王、曹皆有〈七哀〉而不必同情；六子皆有〈雜詩〉而不必同其義。」

詩選譯隨談》〈送別〉(Parting) 一節，以離情之抒發作爲專門
課題討論，所顯示的；王國瓔〈《昭明文選》祖餞詩中的離情〉
一文所認爲的：《文選》祖餞詩「皆以臨別個人情懷爲其共同題
旨，強調的都是離情之依依。」「其最要的共同特色是，離情之
抒發。」❼但那也只是多數的現象而已，並非必然的事實，絕對
的規律；比方說，「別情」並不是「祖餞詩」主題的專利，情人、
親人、友人等相隔兩地，無祖餞活動發生，也會抒發「別情」、
「離思」，如熊甫〈別歌〉、謝朓〈答王世子詩〉❽等，它們的
主題都是抒別情，詩中卻無祖餞題材，不是祖餞詩；又「別情」
並非祖餞詩主題所必有 ，如陸機〈元康四年從皇太子祖會東堂
詩〉、〈祖道潘正叔（原誤作「清正」詩〉❾等都是祖餞詩，但
就主題而言，前者在於頌美皇太子，後者頌美友人潘尼，詩中不
見「別情」，不用祖餞風俗題材。可見，「別情」不能作爲祖餞
詩主題的共同特色，祖餞詩的主題不只「別情」一類，具有多樣
性。這一點留在下面論題材類型時再加闡發。

(2)六朝祖餞詩的題材類型

　　祖餞風俗的主要活動是「送別」、送別時的主要活動因素是
①人物：主持餞宴的人、被餞別的人、受命作詩的參與送別的詩
人；②事跡：主持餞宴者的事跡（功德），被餞別者的事跡；參
與送別活動的詩人自己的事跡；餞別當日的活動事跡；③情感：
別情；頌美敬慕關注之情；詩人自己的情懷；④景物：祖餞的時
空風景、被送者欲往的地方的景物；送者留居的地方的景物。由

---

❼見王國瓔〈《昭明文選》祖餞詩中的離情〉（《漢學研究》第七卷第一
期、民國78.6）P355引，又見同P365。
❽逸書P859、P1425～P1426。
❾逸書P676。

於這四種祖餞活動的構成因素，經過詩人創作構思的排列組合，就形成六朝祖餞詩題材類型的多樣性。大致說來，在六朝祖餞詩群中，有七種題材類型，特論述如下：

①**狹義抒情題材詩**：抒情詩是詩人抒寫自己的感情的篇什。在六朝祖餞詩中，有以抒發「別情」為主調的。詩人臨祖餞時，向其臨別友人、親人、情人抒發友情、親情、愛情，創作而成友誼詩、親情詩、愛情詩等。在這些詩中，表現的是關注敬慕之情、愛慕思念之情、傷別愛惜之情。詩因寫祖餞時的情，用於祖餞場合，所以向來被列於祖餞詩類。下面分三類論證之：

甲、友誼詩：六朝祖餞詩中，有的是詩人在祖餞時向友人表示別情的作品，如李充〈送許從詩〉（晉27）。這首詩是詩人李充送別友人許從的篇什，詩寫聚散之感。詩中以「別」為人生之常，勸慰友人不用悲傷。再如謝朓〈新亭渚別范零陵雲詩〉（齊7），范雲要往零陵郡赴任，謝朓在建業江邊送他。兩人同為竟陵「八友」的文人集團，又是詩友，情誼逾恆。詩寫惜別，感情真切淒楚。首二句點明友人的去處，詩人運用黃帝作樂洞庭和娥皇女英游瀟湘的神話，為友人的去處揮灑了一層蒼茫神秘的空間感和淒楚的氣氛；三、四兩句將那份蒼茫的空間感現實化，交代了兩人去留之地，將巨大距離的空間緊緊聯繫在一起，令「別」的意緒形象化，一個象一朵白雲飄向蒼梧之野，一個象江漢的流水歸向建業，雲水的形象展示了兩人逆向而行，傳達了別後距離的遙遠、分別的長久、相會難期的預感心理，並由這種心理表達了對友人的同情和關心。五、六兩句在上二聯的離情醞釀基礎上，推進一步，使全詩抒情訴感達高潮，「停驂」、「悵望」、「輟棹」、「夷猶」等人物動作和心理的細節刻畫，把雙方的無限依戀、不忍分手的激動感情，渲染得躍然紙上。離別是無可奈何，只好懸

想未來，關心前途，所以七、八兩句又運用在晉廣平太守任上政
績斐然的鄭袤和在漢得到天子賞識的司馬相如兩典故，期許對方，
希冀自己，藉以把友誼和關注融化在未來的想像中。結尾二句，
向友人傾訴自己心中的別愁。這首祖餞詩純寫友情中的別情。主
題是訴別情，用的手法有直述和用典，無論直述或用典，其運用
的題材都在釀製「別」的形象和情緒，向友人訴別，它是詩人主
觀感情的流露，與後面要討論的，以客觀的敘事為主的敘事系統
祖餞詩不同。它屬六朝詩抒情系統的狹義抒情詩。在六朝祖餞詩
中，這類抒情詩最多，是祖餞詩中的主流。這類祖餞型友誼詩，
有時多人同時作，抒發同一別情，各人運用的題材也都是用於塑
造「別」的形象和渲染「別」的情緒的，主題和題材類似，具有
共性，構成組詩形式。如謝朓由建業要往荊州任隨王文學時，同
朝僚友諸賢聚集祖餞，並寫詩送別，這組祖餞詩由沈約〈餞謝文
學〉（梁17）、虞炎〈餞謝文學離夜詩〉（齊14）、范雲〈餞謝
文學離夜詩〉（梁2）、王融〈餞謝文學離夜詩〉（齊4）、蕭琛
〈餞謝文學詩〉（梁44）、劉繪〈餞謝文學離夜詩〉（齊15）等
六人作品構成，同題共作，有共同的主題—詠別，運用的題材也
都是塑造「別」的形象，渲染別情的。對此，謝朓也寫了酬和之
作〈和別沈右率諸君〉，謝詩的主題也是對六位友人表別情，傳
達思念之意，加入六人作品，便是七首成組的祖餞詩。如依謝詩
與六位友人的對應關係，酬酢用途而言，便是贈答組詩了。這種
以組詩的形式共抒別情，讓別情在組詩中交流激盪，沖激起友誼
的浪花，表達了詩友之間社交往來的情誼，塑造了臨別時共同的
懷戀和關注，強調了離情依依，是典型友誼詩中的別情組詩⑩，

---

⑩朱子南主編《中國文體學辭典》（湖南教育出版社、1988.11）P39云：
「將反映近似的生活情景，表現同一主題的若干首組合在一起，形成有

不但祖餞詩中，贈答詩中亦不少。六朝祖餞詩中，除上述的敘友情、抒別情的篇什外，尚有表現思情的一類。建元元年 (479)，齊文惠太子封南郡王，進號征虜將軍，沈約為征虜記室、帶襄陽令，范雲任征北南郡王刑獄參軍事、領主簿，與沈約同事，同在楚地。永明元年 (483) 世祖武皇帝即位，南郡王入京居東宮為太子，沈約隨太子入為步兵校尉，范雲為約餞別，寫下〈送沈記室夜別詩〉。詩的開端二句泛敘楚地山水，點明時間，為餞別的環境勾畫了廣闊的畫面，渲染了朦朧的離別背景，醞釀了人物的淒惶無依的心理氣氛。三、四句借「秋風」、「秋月」點明別時的節候；以「兩鄉怨」、「千里分」，寫別後阻隔和怨思，使思友之情空間化、具象化；五、六兩句以現實的不得共遊，寫別後思友的殷切，「寒枝」不能共采，「寒猿」不能同聽，這是「別」為詩人生活帶來交往阻礙，這阻礙凸現了思友的情感。結尾二句想像約捫蘿時想起自己，告訴約自己折桂時也會想他。「憶」和「思」是詩眼，點示了主題。「捫蘿」是攀援藤蘿，「折桂」是折桂枝。由表層看這兩種行為是沈約范雲在楚地登覽時的共同生活經驗，此時提起，所以喚起回憶，表現友誼，屬於友情題材；由深層看，「捫蘿」象徵沈約回京攀援文惠太子，將步步高升，「正憶我」，想像沈約不忘自己，必也想拉自己一把；「折桂」用晉郤詵對策及第，自喻是折得桂林一枝、崑山片玉的典故。喻比自己將來入京，向天子獻策求重用，也希望沈約支援自己折得桂枝。借期望沈約對自己的提拔引導，把兩人互相思念，情誼交流，寫得淋漓盡致。另外，尚有一種借送別以表現棄絕的感情的，如〈雜曲歌辭‧送別詩〉(隋9)，崔瓊《東虛記》云：「此詩作於大業末年。實指煬帝巡遊無度。縉紳瘁況已甚，下逮閭閻。而佞人曲士播弄威福，欺君上以取榮貴，上二句盡之。又謂民財窮

窘，至是方有〈五子之歌〉之憂，而望其返國也。」⓫然則，這位無名氏諫人是以祖餞行諷刺之事了。

以上，論述祖餞詩中，主題在敘別、抒思、行諷；而題材都用於形象「別」，具象「思」的篇什，由於主客兩造人物的關係都是朋友，故稱這一類爲友誼詩。

乙、親情詩：六朝祖餞詩中，又有親人相送，寫下表現親情的狹義抒情詩。下面分兄弟別情、父子別情、姻親別情三方面論之。如鮑照〈送從弟道秀別詩〉（宋10），就是以表現兄弟惜別之情爲主題。一開始詩敘悲別之念，自「參差生密念」至「揚袂別所思」，反覆訴說離情別意；「浸淫旦潮廣」至「路遠常早辭」四句，以節候氣象象徵心中悲傷氛圍、表達別時的感受，結尾二句，訴說別後無意緒，「杯酒無持」，只有借詩表白相思。全詩運用的也都是刻畫「別」的題材，形容「思」的意象。唯此等篇什，內容塑造的均是一般別情，如不看題目便不知是兄弟之別，移之朋友別詩也未嘗不可。其次論父子祖餞詩，如蕭繹〈送始安王方略入關〉⓬（梁1），《南史》卷五十四〈始安王方略傳〉：「始安王方略，元帝第十子，貞惠世子母弟也。母王氏，王琳之次姊。元帝即位，拜貴嬪，次妹又爲良人，並蒙寵幸，方略益鍾愛。侯景亂，元帝結好于魏，方略年數歲便遣入關。元帝親送近畿，執手歔欷，既而旋駕，憶之，賦詩曰：……。」元帝這首

機整體，稱爲〈組詩〉。從而擴大了詩歌表現生活的容量和審美功能。」在六期祖餞詩中，多人唱和的篇什合起來固是組詩；一人同題，作二首以上，如蕭繹〈別詩〉二首者；一人多章成詩，如潘岳〈金谷集作詩〉、潘尼〈獻長安君安仁詩十章〉等也都是組詩。

⓫ 逸書 P2753 注引。

⓬ 這首詩、丁福保、逯欽立均誤爲梁武帝作品。參考拙論〈送始安王方略入關詩考〉（見〈漢魏六朝文學叢考·續篇〉《華岡文科學報》第二十一期）

詩，寫他送愛子入魏的別情，憐愛之情溢於言表。詩中的題材也都是用以運載親情的。再如江淹〈外兵舅夜集詩〉（梁10），屬姻親別情，詩人寫他送任職外兵曹的舅父，先以送別時的山水秋景渲染別時的氣氛，是以山水題材烘托別緒，再直抒臨別的悵望情思，用的是抽象的、表現別情的概念題材。

丙、愛情詩：在六朝祖餞詩中，更有男女相送，寫下纏綿的愛情篇什。如范雲〈送別詩〉（梁４），詩人代女子寫給送別她的丈夫，表白她的依戀不捨，悲傷憂懼，期望丈夫對愛情忠貞。女子的深沉愛戀，似水柔情，細膩豐滿地在詩中呈現。首二句寫春景，敘送行，點明送別時間，製造人物出場的氣氛，推出送行河梁的背景；詩人是有意引讀者聯想漢代霸橋送別，折柳贈行的風俗，一開始就讓女主角進入感情衝突最尖銳的時分，以展示她美好眞摯的感情；二、三兩句寫祖餞，祖餞場面只是「愛情」發生波動的時間標籤，不是詩中思想感情的主體，所以略而帶過，「未盡樽前酒」，把酒宴融入生動的惜別的場面，接以「淚千行」，刻畫了感情豐富的妻子形象，她的傷痛、悲切、難捨難離的心情，全在這十個字中抖露出來，使詩中所要表現的「愛情」具體化、形象化，成爲「愛情詩」文體的不二標幟。五、六兩句，寫女主人翁的擔心和恐懼，由她的憂慮苦心，刻畫了離別前少婦的惴惴心境，寫出了她對丈夫的愛戀，濃化了「愛情詩」的色彩，加深了「愛情」的意象。結尾二句相囑珍重。向丈夫提出「白首約」，傾訴自己的忠心貞懷；期望丈夫專情，「早歸航」，訴說自己的關愛、期待，把「愛情」推向高潮。祖餞詩中，容納有如此穠密的男女愛情詩，當令以祖餞詩爲同性朋友別情載體論者驚訝吧。

在六朝祖餞詩中狹義抒情詩約有120首。其中友誼詩有109首，佔

絕對多數；然而，親情詩有6首、愛情詩有5首。⓭親情詩和愛情
詩在祖餞用的狹義抒情詩中雖是少數，但眞理是不能以多數爲代
表的，親情詩和愛情詩的存在，已足以動搖「朋友別情論」。而
在這 120 首祖餞用的篇什中，無論友誼詩、親情詩、愛情詩，都
屬於六朝題材詩抒情系統狹義抒情詩一類。

　　②狹義敘事題材詩：敘事詩是以事件的敘述爲主調的篇什。
在祖餞活動中，詩人奉命作詩，詩多歌頌主持餞宴的主人(天子、
太子、王侯、將相）的事跡；有時歌頌被餞別的人（友人或詩人
自己）的事跡；也有敘述餞別場面的時候，於是創作了不少用於
祖餞的敘事篇什。我們由題材的角度稱它「狹義敘事題材詩」。
這些篇什的內容，不以抒情爲能事而以敘事爲本色。祖餞抒情詩
中那份詩友之間社交往來的情誼所傳達的別情離思，不見蹤影，
或藏頭露尾，詩中充斥的是敘事表現，陳列的是人物事跡和功德、
祖會的場面等題材，別情離意要讀者到言外去體會，往事表去尋
味。下面分四方面引例論證之：

　　甲、頌主持餞宴的人：祖餞風俗活動既是一種社交禮儀，其
爲統治者所重視，乃理所當然的事。統治者（天子、皇太子、王
侯、將相）或送別重臣出鎭，或餞別王臣朝使，舉行餞會，乃禮
儀行事之常有 ；詩人參與其宴，受命作詩 ，衡情權禮，藉機輸
誠，亦人之心懷所常見。於是祖餞吟詩，乃以歌頌主持餞宴的人
爲能事，寫成篇什，舖敘主宴者的功德成了詩中主調，別情離意
反成爲標籤式的次要點綴了。如陸機〈元康四年從皇太子祖會東
堂詩〉（晉13），這是參加皇太子主持的祖會作的。元康是晉惠
帝年號，《晉書·惠帝紀》：「太熙元年四月己酉，武帝崩。是

⓭參考附表二〈六朝祖餞詩題材類型表〉。

日，皇太子即皇帝位，大赦，改元爲永熙（290）。秋八月壬午，
立廣陵王遹爲皇太子，改永熙二年爲永平元年（291），三月壬
辰，大赦改元（291改爲元康），九年十二月壬戌，廢皇太子爲庶
人。」則元康四年爲惠帝即位後第四年(294)，皇太子是司馬遹。
詩未言及祖餞、別情，內容均頌美天子與太子。詩的表現以敘事
爲主調，頌美的對象是主持祖會的人，題材多爲皇太子事跡。又
如陸雲〈太安二年夏四月大將軍出祖王、羊二公於城南堂皇被命
作此詩六章〉（晉17），晉惠帝太安二年四月，王粹、羊玄之二
公奉天子詔命，往北方鄴京，詔示大將軍成都王司馬穎接受永寧
元年封賜的九錫之禮，並加封太子太保之職。大將軍成都王穎在
鄴城城南堂皇舉行祖餞之宴，餞送王、羊二公回首都洛陽，陸雲
被命寫這首詩。詩敘述穎功高勞大，天子遣王臣王粹和羊玄之二
公齎旨往鄴都，勸穎接受前封賜的九錫禮和加封太子太保新職，
祖餞在王臣離鄴返洛時舉行。全詩的主旨在於頌美成都王的功德
和他的盛宴。詩由六章成組，以組詩的形式進行舖敘，陳列事件，
組織情節，借事件的推演，展現穎的功德，令功德具象化，完成
頌美的目的。第一章自「時文唯晉」至「棟隆玉堂」，敘述穎輔
惠帝平趙王倫之亂；第二章由「惟帝思庸」至「王人言告」，敘
述惠帝派王人至鄴宣旨，勸受九錫，加封新職，由天子寵遇優渥，
頌美穎得天眷；第三章由「翼翼王人」至「噓天載步」，敘述王
人對穎的敬慕以及車駕之美，由王人的心理和車服反映穎的美德；
第四章從「我有高夏」至「獻酬交泰」，敘述祖餞盛況，藉以烘
托設宴者的氣派；第五章由「攸攸昊天」至「貽宴于歡」，敘述
祖餞時的節候，預宴者的歡樂，藉以頌美穎的設宴得天時人和；
第六章自「懸象西頹」至「結轡臺省」，敘述王人返洛途中「顧
懷」、「引領」、「遺思」鄴京，留戀成都王穎，以頌美穎的得

人心。全詩運用客觀的敘述手法，無一語涉及詩人自己的感情和人際關係，敘述的聚光燈一直把焦點對準成都王的事跡，成都王是全詩的軸心、主線，主導著全詩的六個環節。爲詩的敘事性格提供明顯的內容和形式。

乙、頌被餞送的人：在六朝祖餞敘事詩中，有的詩篇是以歌頌被餞送者的事跡(功德)爲主調的，如王讚〈侍皇太子祖道楚、淮南二王詩〉（晉22），晉武帝太康十年，楚王瑋和淮南王允受命之國，分別要出鎮荊州和揚、江二州。臨別皇太子司馬衷爲之祖餞。王讚時爲太子舍人，參與盛會，爲賦此詩，以頌主宴者和二王。詩的主題藉敘述祖餞盛況，以達頌美的目的。首層自「於明聖晉」至「俾侯授土」，頌美晉王朝深謀熟慮的封建制度；「郁郁」二句，頌美二王，是第二層；「睹離」二句，敘述祖餞之盛，以見被餞者之受寵遇，是第三層；「皇儲」四句，藉頌美皇太子以反映二王之德，是第四層；結尾二句，頌行役者(二王)「迴心」朝廷的忠藎。詩用直陳式的敘述法，且以事件爲主，敘述的焦點集中於二王，它的內容和形式都凸現了中國固有敘事詩的特色。再如潘尼〈獻長安君安仁詩十章〉（晉23），晉惠帝元康二年五月十八日，潘岳奉命由洛陽赴長安任職，親戚聚集郊外爲他送行。岳從子潘尼寫這首詩送他。詩的主題是歌頌從叔岳，表示懷慕。第一章自「峨峨嵩岳」至「應期翼晉」，敘述受祖餞者家族，言潘氏出自嶽神，祖先英傑，代有其人；第二章由「翼晉伊何」至「庶獄既清」，由宗族史入個人史，頌美岳爲國家楨榦，才智聲譽超群，地位崇高；第三章自「邦人宗德」至「百郡望塵」，敘述潘岳治績，頌美政事；第四章自「出不辭難」至「三命而逝」，敘述潘岳職歷，頌其爲政美善；第五章自「赫矣舊都」至「勛績維明」，由個人的過去進入現在，敘言其時，長

安治安紛亂，潘岳以賢吏，受天子重任往治；第六章自「西京伊何」至「綏之斯和」，述長安險峻遙遠，預期岳往治將威柔兼用，以化平其地；第七章自「卓公化密」至「於茲亦盛」，以東漢卓茂化密，春秋子產治鄭，喻比潘岳任長安令，預敘其教化治政的成就，頌美其才德；第八章自「僕夫授策」至「宴不及娛」，敘述潘岳心繫王命，宴不及終即匆忙出發；第九章自「曜靈速邁」至「入侍紫微」，敘述潘岳投觴即路後，自己期望其功成回朝，入輔天子；第十章自「否泰靡常」至「舒憤獻詩」，勉勵從叔光熙帝載，表示自己內心的懷慕。詩的主題是敘事頌德；而組詩形式的結構展現了由族史而個人史，由個人的過去而現在而未來，成直線的順時型時間推演，與蔡琰〈悲憤詩〉、〈胡笳十八拍〉的結構模式相近，而其推演的思維形式完全採用敘述方法；內容裝載的全是人物事件，其為敘事類篇什，特徵昭然。再者，詩人乃被餞送者的侄子，其敘潘岳氏族來源、先祖、潘岳，亦即敘己族歷史與現實事跡，詩的創作與接受雙方，在心理機制上產生了同化的美感作用，從而塑造成這首詩的家族史詩性格。再如范廣淵〈征虜亭餞王少傅〉(宋4)，元嘉十六年(439)，王裕字敬弘東歸，京邑人士祖餞於征虜亭，范廣淵參加餞宴而作此詩。詩的主題也在於頌美被餞送者王敬弘。開端兩句借東漢蓬萌和高鳳的隱遁故事，喻敘王敬弘歸隱；「結轍」二句，敘述祖餞盛況，以見被祖者的得人心，將其德之在人心者形象化；「韓卿」二句，借春秋晉卿韓無忌讓薦弟弟韓宣子（起）的史事，喻敘王敬弘薦從弟王弘之，舉「內外英秀」、「版築高逸」，代己為太子太傅等事；又借漢宣帝時疏廣、疏受叔侄辭官歸隱喻敘王敬弘的離京回鄉，臨行受餞盛事；結尾二句，頌美王敬弘的「素德」、「玄軌」。詩人創作的思維形式以敘述為主，題材多為事件，可以證明它的

頌德型敘事詩性格。也就是友僚頌詩的典型作品。

丙、敘祖餞飲事：詩人參加祖餞禮儀活動，爲祖餞寫詩，有時著眼於祖餞活動本身，在詩中陳述宴飲、樂奏，藉以凸現別時場面，於是創作便傾向於敘事，抒情在詩申隱微成爲次元性的。這種篇什也成了祖餞詩中含敘事系統作品的證例。❹如陸機〈祖會太極東堂詩〉（晉12），惠帝元康四年，機以誅賈謐功賜爵關內侯，受詔預洛陽太極殿東堂餞會。詩中所敘全爲祖餞事，是名符其實的祖餞詩，可不抒別情而敘餞事，又是「朋友別情論」的另一反證。再如陸雲〈太尉王公以九錫命、大將軍讓、公將還京邑、祖餞、贈此詩六章〉（晉16），晉惠帝永寧元年六月，兼太尉王粹奉命到鄴都，冊封成都王穎爲大將軍、都督中外諸軍事、假節、加黃鉞、錄尙書事、加九錫殊禮。穎受徽號，讓九錫禮。王粹於季夏春光未闌春林尙茂之際到鄴，至秋時歲將云暮才反旆歸洛。臨行穎以宴餞送他。陸雲寫此詩贈王粹，時在永寧元年七月左右。詩的主題是敘祖餞的緣起、經過、尾聲。內容穿插有頌德，抒別，但頌德和抒別只是次元性的存在。首章自「烈文辟公」至「天造芒芒」，敘成都王穎才德、事功（平趙王倫之亂）以爲冊封鋪墊；二章自「天子念功」至「徽音孰嗣」，敘天子派王人冊封穎，以上是引子，敘祖餞緣由；三章自「后命既靈」至「清暉映蓋」，由序幕入正事，敘述穎祖餞王粹；四章自「思樂中陵」至「酢爾征人」，敘述餞事盛況；五章自「悠悠征人」至「伏載稱徽」，敘述餞事尾音，王人返旆，賓主言別；六章由「聖澤既

---

❹六朝詩可分敘事和抒情兩大系統。敘事系統下，分建國史詩、家族史詩、詠史詩、遊獵詩、游俠詩、征戍詩、邊塞詩等七類；抒情系統中分隱逸詩、田園詩、游仙詩、玄言詩、山水詩、詠物詩、狹義抒情詩、狹義詠懷詩、宮體詩等九類。見拙論〈六朝題材詩系統論〉（在南京大學中文系主辦的魏晉南北朝文學國際學術研討會上發表、1995.11）

渥」至「以歌以吟」，續敘祖宴歡樂場面，樂奏盛況，然後以歌吟悲離作結。結構也是以組詩形式推演祖餞情節，人物頌美成了修飾性的題材，惜別之情只曲終奏雅地成了詩的尾巴。詩是以敘餞事爲本色的。

丁、詩人敘自己事跡：詩人參與祖餞，有時成了受餞人，而向餞人告別，於是寫下的篇什多爲敘己事。如謝朓〈忝役湘州與宣城吏民別詩〉(齊8)，齊明帝建武三年(496)，朓受命由宣城往湘州祀南岳，臨行吏民爲他祖餞，他作此詩與宣城治下官吏和群衆來餞者告別。詩自「弱齡」至「何由導」，敘自己治宣城經歷；「汨祖」以下敘赴湘事；「吐納」二句告別。**⓯**是一首帶抒情尾巴的敘事詩。

以上論六朝祖餞詩中所含四種狹義敘事題材詩，它們都以敘事爲主體，結構採展現事件的形式，往往具情節性，題材以事件居多，具中國固有敘事詩性格。據粗略調查，在這類篇什中，頌主宴者有7首；頌被餞送者有8首；敘餞事的有18首；敘己事的有3首，合計36首（組詩中，多章成詩算1首，多人唱和者各算1首）在六朝祖餞詩中數量居第二位。它們也是「朋友別情論」的漏網之魚。

③山水題材詩：六朝人參與祖餞，操筆揮灑，有時用心於祖餞時所見山水美景，於是以山水題材敷演成篇，所作乃成山水篇什。如潘岳〈金谷集作詩〉(晉10)，據石崇〈金谷詩序〉**⓰**，元康六年(291)石崇從太僕卿、出爲使、持節、監青徐諸軍事、征虜將軍、時征西大將軍、祭酒、王詡當還長安，崇與衆賢共爲王詡送行，乃往金谷澗晝夜遊宴，參加者有三十人。可見〈金谷集

⓯見洪順隆《謝宣城集校注》（台灣中華書局、1969）P284該詩箋評。
⓰見嚴可均《全上古三代秦漢三國六朝文》卷三十三〈全晉文〉P 1651。

詩〉當是眾賢唱和之作，應三十成組，然而今唯存潘岳這一首。
詩雖是祖餞時作的，主題卻在寫金谷山水美景。開端二句「王生
和鼎實，石子鎮海沂。」敘征西大將軍梁王肜屬下祭酒王詡要回
長安「和鼎實」，石崇要出鎮「海沂」（下邳）事，點明祖餞出
遊的緣由；自「親友各言邁」至「攜手遊邦畿」，敘至金谷澗遊
覽，是寫景的序幕；自「朝發晉京陽」至「茂林列芳梨」十二句，
敘遊覽，寫其時眼中所見之景，辭藻精妙，呈現幽美的自然景觀；
自「飲至臨華沼」至「簫管清且悲」六句，敘自然景觀中的祖宴
盛景。把祖餞之事、人、樂等融入自然美景中，當作美景一部分
寫，並以樂音之「悲」透露了別情，情景合一，韻味倍增，是人
文與自然合一的寫景法。中間這十八句是全詩重點所在，具此詩
文類性格的關鍵色彩。「春榮誰不慕，歲寒良獨希。」由景生慨，
李善說：「春榮，喻少；歲寒，喻老也。」以自然節候之景喻比
人事；由自然景觀拉回人事感慨。春日眾木繁茂，不枯者稀少。
感慨隱藏在自然景觀深處，這兩句仍是以寫景為本色，卻虛實兼
備。結尾二句，言自己和石崇意氣相投，至老情志所歸仍同，傾
心相寄。在寫景之餘拖一條抒情短尾巴。全詩題材充斥自然景觀，
除了開端敘遊覽緣由；結尾拖抒情尾巴外，詩的整個軀幹都是遊
覽寫景，連祖餞也投入寫景機能中運作。何焯《義門讀書記》第
四十六卷評云：「勝地盛游，兼敘景物。擬建安公宴，猶與應氏
為近❼。」點出了這首詩的山水篇什特性。又如吳均〈送柳吳興
竹亭集詩〉(梁35)，梁天監中，柳惲為吳興太守，於天監二年曾
邀吳均前往，但均很不得意，一度離去，後又重返吳興，惲待之
如故，交誼甚厚。天監六年，朝廷徵惲為散騎常侍❽，惲欲由吳

---

❼見《文選全譯》（貴州人民出版社、1994.11）卷第二十P1217〈金谷集
　作詩一首題解〉引。

興赴建鄴，吳均在吳興竹亭宴集，餞送惲，因此作此詩，詩題柳吳興即柳惲。詩的開端二句即寫送別時所見之景，把場面放在滄茫廣闊的「平原」，「千里」「波瀾」興起一片前途遙遠，人生不可測的茫然氣氛；自「夕魚」以下至「晦昧崦嵫色」，寫祖餞時近景、暮色，「竹亭」附近汀下魚戲，箬中羽樓，空中白雲，附近青峰，由山下來的牛羊，織成送別時「晦昧崦嵫色」，結尾二句寫柳惲到「西光匿」了，仍捨不得離開，把一片依依不捨的別情融合在夕陽暮色中，更添幾分深情蜜意。人稱吳均「工于寫景」，誠然。這首祖餞詩，句句寫景，情只在景中閃示，所以主題和題材都融化在景中，景就是一切。它成了祖餞詩中含有山水題材詩的有力證據。在六朝祖餞詩中，屬於這類山水篇什的有9首。⑲它們都與祖餞詩「朋友別情論」的說法相違迕。

　　④玄言題材詩：六朝詩人在祖餞活動中寫詩，有時藉玄思示別，有時用玄理訴情，寫下的篇什便玄言玄語，如孫楚〈祖道詩〉（晉2）云：「仰天惟龍。」語出《易·乾·九五》：「飛龍在天。」又云：「御地以驥。」語出《易·坤》：「元亨利牝馬之貞。」又云：「利有攸往。」語出《易·坤》：「君子有攸往，先迷後得主，利西南得朋。」全首主題向被祖道者說玄理，道別情，詩的題材語言皆出自《易·乾·坤》二卦，是一首標準的玄言詩。再看孫楚〈征西官屬送於陟陽候作詩〉（晉4），晉武帝咸寧三年八月癸亥征西大將軍扶風王司馬駿由任地入朝，時駿所錄官屬在任所陟陽候舉行宴會祖餞駿，孫楚預宴，寫下這首詩。⑲詩的主題在於以達人大觀的懷抱贈別共勉。詩的首二句寫送別的時

⑱見《南史》卷七十二〈文學傳·吳均傳〉、《梁書》卷二十一〈柳惲傳〉。
⑲《文選·呂向注》云：「駿下官屬住者送至陟陽候。故于此作也。陟陽，亭名。候，亭也。」

間。「晨風飄歧路」，出發在早晨；「零雨被秋草」，是仲秋八月
節候，與征西大將軍司馬駿咸寧三年八月入朝的時間相符；三、
四兩句寫送別，由任地到首都建鄴，路途遙遠，故云「千里道」，
孫楚也隨行，故云：「餞我」，送者戀戀不捨，故云：「遠追送」。
詩自此以下即抒發自己的玄思。「三命皆有極，咄嗟安可保？」
李善注引《養生經》云：「黃帝曰：『上壽百二十，中壽百年，
下壽八十。』」咄嗟：呼吸之間，以三命之長壽爲咄嗟之間，
「皆有極」、「安可保？」以壽夭爲齊等，《養生經》乃道家之
書，「三命」是道家語，壽夭同「有極」，道家思想已露；七、
八兩句「莫大于殤子，彭聃猶爲夭。」語出《莊子·齊物論》：
「莫壽於殤子，而彭子爲夭。」彭祖壽八百，李聃百六十餘歲，
而「猶爲夭」，「殤子」大齡莫可比，是以齊物觀對待世俗的
「皆有極」、「安可保？」的無常感。九、十兩句「吉凶如糾纏，
憂喜相紛繞。」是道家禍福觀的宣言，《易·繫辭》：「吉凶生
矣。」《老子五十八》：「禍兮福之所倚，福兮禍之所伏。」正
是其語言與思想根源。十一、十二兩句「天地爲我鑪，萬物一何
小？」也是莊子齊物思想的套用，《大宗師》云：「以天地爲大
鑪。」《齊物論》云：「萬物一馬也。」言個體與天地、萬物齊
一，不足恃，不足愛，不足憂也。十三、十四兩句「達人垂大觀，
誠此苦不早。」也是玄語、玄思，《易·觀》：「大觀在上，順
而巽，中正以觀天下。」《莊子·天下》：「惠施以此爲大觀於
天下。」言三玄的作者是達人，把物我齊一，貴賤相等，逍遙自
在的人生觀流傳下來，所以，人生應以達人大觀爲誡，不要太自
愛自貴。詩人接連以十句玄言所運載的齊物觀、逍遙想相告，然
後才回到祖餞場面，十五、十六兩句「乖離即長衢，惆悵盈懷
抱。」透露別情，然後「孰能察其心，鑒之以蒼昊。」言自己所

領會達人大觀，願與人共享，希望友朋同悟斯道；結尾二句「齊
契在今朝，守之以偕老。」期與悟道諸友白頭偕老，終身遵守達
人大觀的懷抱，與老子同壽。班固〈幽通賦〉：「若胤彭而偕老，
訢來哲而通情。」李善註：「言人若欲胤彭祖之年，偕老聃之壽，
當訊之來哲，與之通情，非己所慕也。」又是帶有玄言的尾巴。
顯然，這首詩像韞玉之櫝，玄言是玉，餞別是櫝。詩的主題在於
留別贈言，而所贈之言即「達人大觀」，詩人所預期的接受對象
是來送的征西府官屬，甚至司馬駿。《晉書‧孫楚傳》載他「參
石苞驃騎軍事，負其才氣，頗侮易於苞。」司馬駿又是他的「舊
好」，以詩告誡，不但可能，也符合詩人的個性。《文心雕龍‧
明詩》：「正始明道，詩雜仙心。」鍾嶸《詩品‧序》：「（永
嘉）時貴黃老，尚虛談，於時篇什，理過其辭，淡乎寡味。」已
指出玄言浸透西晉詩章。而沈德潛謂孫楚此篇以「齊物」作送別
詩，王闓運說他「離別而談道。」何焯《義門讀書記》云：「浪
漫無歸，等於狂易。時方貴《老》、《莊》而見于詩，亦爲創變，
故舉世推高。」[20]也透露了這首詩玄言體性質。王國瓔說：「這
首詩合併離情與玄理。」「是早期玄詩的代表。」「亦是當時送
別詩的代表。」[21]我卻認爲它是送別詩其皮，玄言詩其骨。詩人
是以玄言和玄學思想輸送他的離情，借離情表達玄者告誡之意。
由用途看是祖餞詩，由主題和題材內容看是玄言詩。與上述〈祖
道詩〉同屬抒情系統的玄言類。六朝祖餞詩中，這類玄言詩有 4

----

[20]沈德潛《古詩源》：「送別詩以〈齊物〉作之，古人用意不粘著，此亦
一體也。」王闓運語，見王國瓔〈《昭明文選》祖餞詩中的離情〉引
《古詩源》和駱鴻凱《文選學》（《漢學研究》第七卷第一期P359）、
何焯語見于光華輯《評注昭明文選》（台北、萬國圖書公司、1956、卷
5，頁129）。《文選全譯》（張啓成、徐達等譯注、貴州人民出版社）
卷第二十 P1215〈題解〉引。
[21]見王國瓔〈《昭明文選》祖餞詩中的離情〉。

首。

　　⑤狹義的詠懷題材詩：六朝詩人在參與祖餞活動時湧現社會感受與身世之思，於是寫詩乃傾向於直抒胸臆，傾訴懷抱，成爲狹義詠懷題材類的篇什。㉒如劉孝綽〈侍宴餞張惠紹應詔詩〉（梁48），就是好例子。梁武帝天監年間（約六年以後），張惠紹由左衛將軍出爲持節、都督司州諸軍事、信威將軍、司州刺史、領安陸太守，由建鄴往任所，梁武帝祖餞他，召免官在家的孝綽侍宴。所以孝綽奉命寫了這首詩。詩的主題在於向梁武訴懷。首二句點明祖餞地點，鋪寫宴會環境、殿堂的廣大高峻，俱帝王氣勢。三至六句借寫景敘宴會時間，寫光景的艷麗、節候的和潤。和風送芳，鳴鳥戲枝，一派芳春氣象，似寫景，實點時節。七、八兩句先敘祖餞目的——班賜張惠紹新職；次抒己情，言天子不棄輕累，召自己侍宴。原來到洽劾孝綽「攜少妹於華省，棄老母於下宅。」孝綽坐免官，而天子仍召其預宴，故云：「光私獎輈吝。」結尾二句自抒心懷，訴說感受，言自己謬誤違背以一反三的道理，如何能窺見蓬山的崇高呢？由詩中的主題和題材，可證明它是抒懷之類篇什，應屬狹義的詠懷詩類。詩人是利用祖餞時節，向天子訴懷。在六朝祖餞詩中，這類篇什有 3 首。

　　⑥詠物題材詩：六朝詩人參與祖餞活動，有時與與會之人競賦題詩爲戲。藉競賦以惜別，寫下詩篇，乃成詠物的篇什。如王胄〈賦得鴈、送別周員外戍嶺表詩〉（隋4）。王胄字承基，琅邪臨沂人，王筠孫，王祥子。少有逸才，大業初爲著作佐郎。㉓周員外不詳，詩作於周員外「戍嶺表」前，王胄參與餞別。詩的主

───────────────

㉒參考洪順隆〈六朝詠懷題材詩論〉（《漢學研究》第14卷第2期）P265-P288。
㉓參考《隋書·王胄傳》。

題是賦鴈以敘別。自詩的表層看，全詩寫鴈。寫鴈飛別衡陽，途中爲箭所傷，嘆鴈以能鳴受害，不如方塘之鷟安然無恙。雖然詩人寫這首詩，因心理的聯想作用，把鴈擬人化了，深層之處鴈已轉化成周員外。可是就文體學的理論看，它是道地的詠物詩，那是表層的主題和題材所能證實的。王胄是把詠物主題和題材放在祖餞的用途上吟詠的。在六朝祖餞詩中，這類詠物篇什有 2 首。

　　⑦隱逸題材詩：六朝詩人參與祖餞活動，吟詩敘別，有時寫的是自己的隱逸心思。於是寫的篇什就成了隱逸題材的詩歌了。如吳均〈別王謙詩〉(梁39)。王謙，不詳何人。《隋書》有王謙其人，或梁時與均相識，不敢肯定。均在詩中，借東漢光武帝時高士嚴光自喻。又天台山是隱遁的勝地；甘泉宮乃漢的名殿。詩中敘自己因不狎政治中心所在（甘泉）；要返回山野（天台），王謙爲他祖餞。與王謙言別，預約將來在「東山」候駕。東山也是隱者所居，謝安曾隱於彼。全詩充斥隱逸題材，散發著隱遁心思，無疑地它是一首隱逸詩。雖然六朝祖餞詩中，隱逸題材篇什，只此一首，但已足增加祖餞類非題材性的證據力量了。

　　綜合以上對六朝祖餞類詩群中分布的七種題材類型篇什的論析，證明六朝祖餞詩群的題材內容並不一致。這七種題材詩在六朝祖餞詩群中的分據現象，請參看〈六朝祖餞詩題材類型表〉。❷❹

(三)六朝祖餞詩群對文類學原理的背離

　　前面說過，一群作品的類聚必是群中各組成因子具有某種的共同因素才能成立。而一種文體的成立必然地要求同文體中各組成因子，在形式上或內容方面或形式和內容同時具備某種共同因素。然而，根據上面多方的論述，我們發現，祖餞詩的思維形式

---

❷❹注13。

不外是敘述、描寫、說明、議論；技巧不外是直陳、比喻、用典、對偶等，沒有獨有的特色可言。再者祖餞詩的布局並不完全依祖餞活動的時序，無獨特的結構可言。唯一能表現其形式特色的是祖餞風俗語言。然而，祖餞風俗語言在祖餞詩中，只擔任標示用途的角色以表現詩中的人、事、情、景等出現的的時限，不是祖餞詩詩體性格組構因素，加上它在詩題和詩歌內容的出現，都不具備普遍性，不能成爲所有六朝祖餞詩的共同語言，無法成爲六朝祖餞詩詩體成立的共同語言依據。就題材內容而言，六朝祖餞詩雖有 60% 含有祖餞風俗題材，可仍有20%的篇什例外，這20%的篇什，雖然內容不見祖餞風俗題材，卻因詩題出現祖餞風俗語言，才被歸入祖餞詩群的。如李密〈賜餞東堂詔令賦詩〉云：「人亦有言，有因有緣。官無中人，不如歸田。明明在上，斯語豈然？」據《晉書・李密傳》載：「密有才能，常望內轉（時爲溫令），而朝廷無援，乃遷漢中太守，自以失分懷怨。及賜餞東堂，詔密令賦詩。」李密身爲受餞人，奉令賦詩，不寫祖餞而寫怨憤之懷，可見祖餞風俗題材，在六朝祖餞詩群中也不具備普遍性，不能成爲所有六朝祖餞詩的共同題材，無法成爲六朝祖餞詩詩體成立的共同題材依據。因此，祖餞風俗語言和題材都不是六朝祖餞詩類聚的因素，更不是六朝祖餞詩詩體成立的因子。六朝祖餞詩群的類聚正如前面所論是用途，只要它用於祖餞就類聚在一起，《文選》編者就把它歸爲祖餞類。但如何判斷其用於祖餞呢？那就是看詩題和詩的內容。詩題和詩的內容只要一方見祖餞語言或題材就足以證明其用於祖餞。就如前面所析李密詩就是憑詩題定的；還有詩題不見祖餞語言，如晉杜育〈金谷詩〉殘句，潘尼〈獻長安君安仁詩十章〉、宋・謝靈運〈贈從弟弘元時爲中軍功曹住京詩五章〉、周・庾信〈將命至鄴詩〉等，卻因其詩的內容出現祖

餞風俗題材㉕，證明其用於祖餞。

　　依用途歸類的詩體，由於用途與詩的形式和內容沒有本質上的必然關係，因此才產生六朝祖餞詩類的形式(語言)和內容（題材）游離了普遍性和共同因子性。那些祖餞語言和題材在六朝祖餞詩群中，只充當標示用途的符號角色，不成爲文體的決定因素。由此，乃產生六朝祖餞詩群的題材類型多極化，各篇什的語言和主題以及題材，乃隨著各自的題材類型而有抒情、敘事、山水、玄言、詠懷、詠物、隱逸等分歧。在六朝祖餞詩群中，出現語言和題材的反祖餞詩群的類聚性和背離祖餞詩群的共同性，那就等於宣告六朝祖餞詩群在內容和形式上群性的瓦解。

　　在本文肆之一，我們提出文類學與歸類的兩大原則，首先文類的產生，應立於作品的內容和形式的基礎上，而分類工作的進行，應遵循兩個原則：㈠分類過程必須是嚴格的推理過程；㈡同一功能性範疇的分類系統中，不可以使用多重標準。遵循這兩個原則進行分類，所建立的文類方能完成分類的功能系統。拿我們依《文選、詩歌、祖餞類》的分類標準和歸類因素辨認而得的六朝祖餞詩群，置於文類學原理原則的格局中，我們發現以用途爲分類標準，遠離了文類的生產土壤；將用於祖餞的作品以用途的共性歸入一類，缺乏嚴格的內容和形式的分析，文類的推理過程不嚴；將眾多的題材類型納於一類，乃產生文類重疊、混淆的現象。我們如以《文選、詩歌》類作爲傳統詩歌分類代表和六朝祖餞詩群中七種題材類型比較，就可發現，「狹義敘事詩」、「狹義詠懷詩」、「隱逸詩」等分別與《文選》〈詠史類〉、〈招隱

────────────────

㉕杜育詩有「離析」，潘尼詩有「祖餞」、「投觴」；謝靈運詩有「餞此離襟」、「分手望渚」、庾信詩有「四牢盈折俎」、「三獻滿罍樽」、「眷然惟此別，夙期幸共存」等。

類〉、〈反招隱類〉、〈詠懷類〉等相交疊；〈山水詩〉與《文選》、〈遊覽類〉相重複。如拿它和《文選》後，傳統詩歌文類比較，則七類皆有所混淆。這種現象說明以《文選》為代表的詩歌分類，在同一功能性範疇（詩歌）的分類系統中，使用了多重標準（用途和題材），所造成的結果。而六朝祖餞詩以用途為分類標準，背離了文類學分類的土壤——內容和形式，乃產生題材的多重標準現象，違反了文類學的規律性和分類原理。顯現其假性文類的面目。

五、結　論

　　祖餞本是一種文化禮俗活動，這種禮俗活動以神話傳說為源頭，且引神話為其活動的理論依據。祖餞活動起先流行於生活民俗活動中，成為生活的一部份。文學是表現生活的，禮俗既進入生活，自然便轉進文學作品中，成為文學作品中的部份題材。文學作品中最早出現祖餞題材的是《詩經》，《詩經》把祖祭、送別、餞宴等吸入詩中，保留了古代的祖餞風俗文化。其後，祖餞風俗仍流行著，於是，詩人由題材的吸收運用，轉而專在祖餞時作詩，形成了祖餞用途的篇什。祖餞風俗本以祖祭求祐為尚，後來祖祭在詩中漸失蹤影，餞宴、別情成了祖餞詩中的主調。到了齊、梁時，多數祖餞詩皆以惜別、宴別、送別為標誌，凡為送別而作的篇什皆為祖餞詩，作品大增。《文選》編者因見祖餞用篇什之多，乃以「用途」為標準，群分類聚，選其代表作品，舉「祖餞」為其類目，傳統祖餞詩類於焉成立。

　　《文選·詩歌·祖餞類》的歸類既以「用途」為標準，我們依《文選·詩歌·祖餞類》的類型因素辨認所得的六朝祖餞詩群，其類聚標準自然也以「用途」為依歸。以「用途」為標準而類聚

的詩群，無論是《文選》或整個六朝祖餞類，均出現祖餞語言和題材不具普遍性，不能成爲祖餞類文體構造共同因素，因而產生題材類型的分化和多樣性，題材類型的分化和祖餞語言的不具普遍性，就是六朝祖餞詩的主題、題材和語言等均對祖餞詩體的成立原理和分類原則產生背離作用的表現。所以它們在六朝祖餞詩的題材和語言的共性運轉上，均不具絕對性的對個別篇什的制限作用，不能成爲建構祖餞詩體的功能系統的因子。所以，六朝祖餞詩不是單一題材文類的眞身，而只是《文選》編者在「用途」的共性視角下，營構的，由眾多題材文類組成的假文類形象。

　本論文從祖餞文化源頭尋起，循祖餞題材在文學的發展追蹤，據祖餞文類成立點《文選》究析祖餞文類的歸類因素和文體性質，並據以辨認六朝祖餞詩群。再以整個六朝的祖餞詩爲探究對象，論證其詩題、題材、主題和形式，證實其文體以「用途」爲類聚的標準，其語言和題材類型對文類學原理和分類原則產生著背離作用。在論證過程中，我們除了確切地證明六朝祖餞詩群是由「用途」視角類聚而成外；又詳析其詩群的題材風貌，俾呈現六朝祖餞詩的題材類型，期在祖餞類型瓦解後，各題材類型在同一功能性範疇的分類系統中，依自己的題材標準，進入各自的分類功能系統中，以免螢居祖餞類以與題材視角功能系統中的同題材類型篇什唐突枝梧。

附表一　〈六朝祖餞詩朝代分布表〉

作品 朝代	代碼　／　作者　／　作品　／　頁碼(註)
晉 全 詩	1.李密〈祖餞東堂詔令賦詩〉（p579） 2.王濬〈祖道應令詩〉（p591） 3.孫楚〈祖道詩〉（p599） 4.孫楚〈征西官屬送於陟陽候作詩〉（p599～600） 5.孫楚〈之馮翊祖道詩〉（p600） 6.張華〈祖道征西應詔詩〉（p616） 7.張華〈祖道趙王應詔詩〉（p616） 8.潘岳〈北芒送別王世冑詩五章〉（p630～631） 9.潘岳〈金谷會詩〉殘句（p632） 10.潘岳〈金谷集作詩〉（p632） 11.何劭〈洛水祖王公應詔詩〉（p648） 12.陸機〈祖會太極東堂詩〉（p677） 13.陸機〈元康四年從皇太子祖會東堂詩〉（p678） 14.陸機〈祖道清正詩〉（清正當是潘正叔之誤）（p678） 15.陸機〈祖道畢雍孫劉邊仲潘正叔詩〉（p683） 16.陸雲〈太尉王公以九錫命大將軍讓公將還京邑祖餞贈此詩〉六章(p699) 17.陸雲〈大安二年夏四月大將軍出祖王羊二公於城南堂皇被命作此詩〉 　　六章（p699～700） 18.陸雲〈從事中郎張彥明爲中護軍奚世都爲汲郡太守各將之官大將軍崇賢 　　之德既遠而厚下之恩又隆悲此離析有感聖皇既蒙引見又宴于後園感〈鹿 　　鳴〉之宴樂詠〈魚藻〉之凱歌而作是詩〉六章（p700～701） 19.牽秀〈祖孫楚詩〉殘句（p727） 20.張載〈送鍾參軍詩〉殘句（p743） 21.杜育〈金谷詩〉殘句（p757） 22.王讚〈侍皇太子祖道楚淮南二王詩〉（p760～761） 23.潘尼〈獻長安君安仁詩〉十章（p762） 24.潘尼〈送盧弋陽景宣詩〉（p769） 25.潘尼〈送大將軍掾盧晏詩〉（p770） 26.王浚〈從幸洛水餞王公歸國詩〉（p774～775） 27.李充〈送許從詩〉（p857） 28.王彪之〈與諸兄弟方山別詩〉（p922） 29.殷仲文〈送東陽太守詩〉（p934） 30.謝混〈送二王在領軍府集詩〉（p935） 31.卞裕〈送桓竟陵詩〉（p950） 32.陶潛〈與殷晉安別詩〉（p981） 33.陶潛〈於王撫軍座送客詩〉（p981）
宋 全	1.謝瞻〈王撫軍庚西陽集別時爲豫章太守庚被徵還東詩〉（p1133） 2.謝靈運〈贈從弟弘元時爲中軍功曹住京詩〉五章（p1155） 3.謝靈運〈鄰里相送至方山詩〉（p1159） 4.范廣淵〈征虜亭祖少傅〉（p1203） 5.孔法生〈征虜亭祖王少傅〉（p1204） 6.顏延之〈爲皇太子侍宴餞衡陽南平二王應詔詩〉（p1228） 7.鮑照〈吳興黃浦亭庚中郎別詩〉（p1287～p1288） 8.鮑照〈與伍侍郎別詩〉（p1288）

詩	9. 鮑照〈送別王宣城詩〉（p1288） 10. 鮑照〈送從弟道秀別詩〉（p1288） 11. 鮑照〈和傅大農與僚故別詩〉（p1289） 12. 鮑照〈送盛侍郎別餞候亭詩〉（p1289） 13. 鮑照〈與荀中書別詩〉（p1289～1290）
全 齊 詩	1. 王延之〈別蕭諮議詩〉（p1377～1378） 2. 王儉〈後園餞從兄豫章詩〉（p1380） 3. 王融〈蕭諮議西上夜集詩〉（p1396） 4. 王融〈餞謝文學離夜詩〉（p1401） 5. 王融〈別王丞僧孺詩〉（p1396） 6. 謝朓〈別王丞僧孺詩〉（p1427～1428） 7. 謝朓〈新亭渚別范零陵雲詩〉（p1428） 8. 謝朓〈忝役湘州與宣城吏民別詩〉（p1428） 9. 謝朓〈和別沈右率諸君詩〉（p1448） 10. 謝朓〈離夜詩〉（p1448） 11. 謝朓〈送江水曹還遠館詩〉（p1449） 12. 謝朓〈送江兵曹檀主簿朱孝廉還上國詩〉（p1427～1428） 13. 謝朓〈臨溪送別詩〉（p1449） 14. 虞炎〈餞謝文學離夜詩〉（p1459） 15. 劉繪〈餞謝文學離夜詩〉（p1468） 16. 劉繪〈送別詩〉（p1470） 17. 江孝嗣〈離夜詩〉（p1478） 18. 王常侍〈離夜詩〉（p1478）
全	1. 蕭繹〈送始安王方略入關〉（p1538） 2. 范雲〈餞謝文學離夜詩〉（p1545） 3. 范雲〈送沈記室夜別詩〉（p1549） 4. 范雲〈送別詩〉（p1549） 5. 范雲〈別詩〉（p1553） 6. 宗夬〈別蕭諮議衍詩〉（p1554） 7. 江淹〈劉僕射東山集詩〉（p1560～1561） 8. 江淹〈陸東海譙山集詩〉（p1561） 9. 江淹〈無錫縣歷山集詩〉（p1561） 10. 江淹〈外兵舅夜集詩〉（p1561） 11. 江淹〈應劉豫章別詩〉（p1563） 12. 任昉〈別蕭諮議衍詩〉（p1599） 13. 虞羲〈送友人上湘詩〉（p1607） 14. 虞羲〈送別詩〉殘句（p1609） 15. 沈約〈送別友人詩〉（p1635） 16. 沈約〈去東陽與吏民別詩〉（p1635～1636） 17. 沈約〈餞謝文學離夜詩〉（p1648） 18. 沈約〈別范安成詩〉（p1648～1649） 19. 何遜〈贈江長史別詩〉（p1686～1687） 20. 何遜〈送韋司馬別詩〉（p1687） 21. 何遜〈南還道中送贈劉諮議別詩〉（p1687） 22. 何遜〈與崔錄事別兼敘攜手詩〉（p1688） 23. 何遜〈別沈助教詩〉（p1688） 24. 何遜〈與沈助教同宿湓口夜別詩〉（p1688） 25. 何遜〈與蘇九德別詩〉（p1689） 26. 何遜〈贈韋記室離別詩〉（p1689）

梁 詩	27.何遜〈從鎮江州與遊故別詩〉（p1703） 28.何遜〈與胡興安夜別詩〉（p1703～1704） 29.何遜〈相送詩〉（p1710） 30.朱記室〈送別不及贈何殷二記室詩〉（p1716） 31.吳均〈王侍中夜集詩〉（p1729） 32.吳均〈發湘州贈親故別詩三首〉（p1735） 33.吳均〈同柳吳興烏亭集送柳舍人詩〉（p1736） 34.吳均〈同柳吳興何山集送劉餘杭詩〉（p1736） 35.吳均〈送柳吳興竹亭集詩〉（p1736～1737） 36.吳均〈壽陽還與親故別詩〉（p1737） 37.吳均〈酬聞人侍郎別詩三首〉（p1743） 38.吳均〈贈鮑春陵別詩〉（p1743） 39.吳均〈別王謙詩〉（p1744） 40.吳均〈別夏侯故章詩〉（p1750） 41.吳均〈送呂外兵詩〉（p1753） 42.王僧孺〈送殷何兩記室詩〉（p1767） 43.蕭統〈餞庾仲容詩〉（p1801） 44.蕭琛〈餞謝文學詩〉（p1804） 45.徐勉〈送客曲〉（p1811） 46.蕭子顯〈侍宴餞陸倕應令〉（p1819） 47.劉孝綽〈侍宴餞庾於陵應詔詩〉（p1828） 48.劉孝綽〈侍宴餞張惠紹應詔詩〉（p1828） 49.劉孝綽〈餞張惠紹應令詩〉（p1829） 50.劉孝綽〈侍宴離亭應令詩〉（p1829） 51.劉孺〈侍宴餞新安太守蕭幾應令詩〉（p1851） 52.張纘〈侍宴餞東陽太守蕭子雲應令詩〉（p1861～1862） 53.蕭綱〈餞廬陵內史劉孝儀應令〉（p1933） 54.蕭綱〈餞臨海太守劉孝儀蜀郡太守劉孝勝詩〉（p1933） 55.蕭綱〈餞別詩〉（p1952） 56.蕭綱〈送別詩〉（p1952） 57.庾肩吾〈侍宴餞湘州刺史張纘詩〉（p1984） 58.庾肩吾〈侍宴餞張孝總應令詩〉（p1984） 59.庾肩吾〈送別於建興苑相逢詩〉（p1993） 60.庾肩吾〈侍宴餞湘東王應令詩〉（p1994） 61.庾肩吾〈侍宴餞東陽太守蕭子雲詩〉（p1996） 62.王筠〈侍宴餞臨川王北伐應詔詩〉（p2012） 63.蕭繹〈別詩二首〉（p2059） 64.蕭繹〈送西歸內人詩〉（p2059～2060） 65.劉孝勝〈冬日家園別陽羨始興詩〉（p2064） 66.朱超〈別劉孝先詩〉（p2093） 67.朱超〈別席中兵詩〉（p2093）
全北齊詩	1.鄭公超〈送庾羽騎抱詩〉（p2266）
全北魏詩	（0）
全 北	1.王褒〈別陸子雲詩〉（p2337） 2.王褒〈別王都官詩〉（p2340） 3.王褒〈送別裴儀同詩〉（p2340） 4.王褒〈入關故人別詩〉（p2342） 5.庾信〈將命至鄴詩〉（p2358）

周 詩	6.庾信〈別周尙書弘正詩〉（p2387） 7.庾信〈別張洗馬樞詩〉（p2387） 8.庾信〈別庾七入蜀詩〉（p2387） 9.庾信〈送周尙書弘正詩〉（p2402） 10.庾信〈重別周尙書詩二首〉（p2402） 11.庾信〈贈別詩〉（p2402）
全 陳 詩	1.陰鏗〈奉送始興王詩〉（p2451） 2.陰鏗〈廣陵岸送北使詩〉（p2451～2452） 3.陰鏗〈江津送劉光祿不及詩〉（p2452） 4.周弘正〈隴頭送征客詩〉（p2463） 5.顧野王〈餞友之綏安詩〉（p2469） 6.張正見〈征虜亭送新安王應令詩〉（p2486） 7.張正見〈別韋諒賦得江湖汎別舟詩〉（p2490） 8.張正見〈秋日別庾正員詩〉（p2497） 9.徐陵〈別毛永嘉詩〉（p2531） 10.徐陵〈秋日別庾正員詩〉（p2531～2532） 11.徐陵〈征虜亭送新安王應令詩〉（p2532） 12.徐陵〈新亭送別應令詩〉（p2532） 13.徐陵〈和王舍人送客未還閨中有望詩〉（p2532） 14.樂昌公主〈餞別自解詩〉（p2565） 15.江總〈贈洗馬袁朗別詩〉（p2580） 16.江總〈別南海賓化侯詩〉（p2581～2582） 17.江總〈別袁昌州詩二首〉（p2589） 18.江總〈別永新侯詩〉（p2594） 19.何處士〈別才法師於湘還郢北詩〉（p2599）
全 隋 詩	1.尹式〈送晉熙公別詩〉（p2659） 2.尹式〈別宋常侍詩〉（p2659） 3.王胄〈別周記室詩〉（p2902） 4.王胄〈賦得鴈送別周員外戍嶺表詩〉（p2702） 5.孔德紹〈送蔡君知入蜀詩二首〉（p2723） 6.劉斌〈送劉員外同賦陳思王詩得好鳥鳴高枝詩〉（p2724） 7.魯范〈送別詩〉（p2730） 8.劉夢予〈送別秦王學士江益詩〉（p2734） 9.無名氏〈雜曲歌辭·送別詩〉（p2753） 10..慧曉〈祖道賦詩〉（p2774） 11.釋智才〈送別詩〉（p2777）

註：逯欽立《先秦漢魏晉南北朝詩》。

附表二　六朝祖餞詩題材類型表（表中數字，代表〈附表一〉中各朝代祖餞詩數碼）

類型		全晉詩	全宋詩	全齊詩	全梁詩	全北齊詩	全北周詩	全陳詩	全隋詩	統	計
狹義抒情詩	友情詩	5 11 14 15 18 25 27 29 30 31 33	2 3 5 7 8 9 11 12 13	1 3 4 5 7 9 10 11 12 14 15 16 17 18	2 3 6 7 8 9 13 15 17 18 20 22 23 24 25 26 27 28 29 30 32 33 34 36 37 38 40 41 42 44 45 54 56 58 60 63 66 67	1	2 3 7 9 10 11	1 2 3 4 6 8 9 10 15 16 17 18 19	1 2 3 5 7 8 9	102 題	113 題
	親情詩	28	10	2	1 10		8			6 題	
	愛情詩				4 59 64			13 14		5 題	
狹義敘事詩	主宴者	2 6 7 13 17	6		51					7 題	
	被餞者	8 22 23 24 32	2 4		62					8 題	
	餞事	12 16 26	2 4		21 43 46 47 49 50 52 53 55 57		1 4	5 11 12		18 題	
	自己			8	16		6			3 題	
山水詩		10		6 13	11 15 31 36 61			7			9 題
玄言詩		3 4						7	10 11		4 題
狹義詠懷詩		1			48 65						3 題
詠物詩									4 6		2 題
隱逸詩					39						1 題

論　文：論六朝祖餞詩群對文類學原理的背離
主講人：洪順隆教授
講評人：王國瓔教授

　　歷來把六朝祖餞詩作爲專題討論的，且對六朝祖餞詩作整體統計和分析的，本篇論文可說是第一篇。就論文宗旨而言，主要是通過六朝祖餞詩的整體統計和題材文類的分析，來證明六朝祖餞詩並不符合作爲一種詩歌文類。全文除了序言和結論之外，論文主體分爲四小節，且層層推進。論文的內涵可分爲三：一是《文選·祖餞詩》的分類因素，以《文選》收錄的八首祖餞詩群爲標準，認爲其中祖餞詩所以群聚一起，作爲詩歌類型，是以詩的「用途」爲條件；二是六朝的祖餞詩群，是依《文選·祖餞詩》的分類條件，去辨認自晉至隋的六朝詩歌中，歸納出祖餞詩群；三是六朝祖餞詩與文類學原理的關係，主要論證這些祖餞詩群的題材類型並藉以證明其是否符合文類學的歸類原理。在論文構構層次看，首先文類學與歸類的兩大原則是文類之成立基於外在形式(特別是韻律和結構)以及內在形式(態度、語調、目的)，其分類的原則即嚴格的推理過程與同功能性範疇的分類系統中不能使用多重標準。其次是六朝祖餞詩的形式和內容，這是本論文最主要的論證部分。最後探論六朝祖餞詩群對文類學原理的背離。

　　從文中的分析討論，可進一步思索的是，中國詩歌類型，往往有兩種，甚至兩種以上主題多樣題材合流的現象，例如遊仙詩中有隱逸情懷，和山水詩中有時除了山水狀貌聲色之美與情趣之外，還會夾雜著莊老名理的領悟、或仕宦生涯的感嘆，這就造成要像兩分文類那樣嚴格的單一主題的分類，比較困難，或許中國詩歌類型只能從寬處理。

運用文心雕龍理論分析文選作品

彰化師範大學國文系所教授
游 志 誠

【內容提要】本論文有鑑於近世龍學研究，理論闡述多，實際運用少。又以爲古代文論研究結合古代作品，互爲參補，既可收理論驗證之功，尤可藉之鑑賞古代作品。故而撰作此文，特標「運用」題名。

其於理論部份，主要援引《文心雕龍》一書說及「理」字者，以旁參它篇，共爲歸納，得出理字義蓋指今人所謂思想內涵。乃據以論述本文。

其於古代作品部份，以陸機〈演連珠〉五十首（編入《文選》卷五十五）爲例，分析其中「理」字，終而得知「理新文敏」評語何謂？蓋以爲此五十首之理兼含儒、道、玄諸種思想。相對於前此之作品與並世之佳篇，此五十首之「理」可謂新奇。至此，論證完足，所據《文心雕龍》之「理」論，終能驗之於《文選》所收作品。理論與實際結合於此又得一例。

一、理新文敏「新」在何處

據《文心雕龍・雜文》說，劉勰以爲連珠之體，自揚雄創之，其下擬作間出，但都未必有好作品。唯獨到了陸機寫〈演連珠〉（今收入《文選》卷五十五）才賦予這一文體的新生命。劉勰說

道：「唯士衡運思，理新文敏。而裁章置句，廣於舊篇。」這一段批評語句，重點在看重陸機作品的文理之「新敏」。可知，劉勰對「理」字在文學作品的作用，頗為注意。尤其是作品中的理要能新。

倘再聯系「裁章置句」的用語，則《文心雕龍》全書設有〈鎔裁〉與〈章句〉兩篇，可自其中理解他何以用「裁章置句」的詞彙評價陸機。

然而，有關文理之理字，《文心雕龍》全書並沒有設專篇討論。所以，對陸機評語用「理新文敏」的理解，便只有從分散於各篇的「理」字含義索之。一旦理字得解，則一篇作品的理之新或不新，即可立判。

今從理字的本義看。《文心雕龍》言理，多以「情理」對言。目前龍學專家對這一字之解釋，大多自分散於各篇之理字文句歸納之，以分類理字之在文心全書有四義。如繆俊傑〈情動而言形，理發而文見〉乙文即用此法，謂文心所說的理有「神理」「文理」「一般事理」以及做動詞「理會、整理」的理等四義。（此文收入《文心雕龍研究薈萃》，頁 270-280）誠然，文心之理義大抵如此，但歸納法以「見字即錄」的作法實有不足。尚須結合「它篇並參法」，以全書總體對照個別文句，方能更通徹地解釋理字之義。

以神理而言，首見於文心〈原道〉篇，而〈原道〉那一段文句講的神理，主要以《周易》之神理為據。這就必須把《周易》的「神」字，謂「陰陽不測之謂神」與「神也者，妙萬物而為言也」這兩層含義，連繫到文心〈原道〉的神理。從而認識劉勰心目中之神，亦含神理。當然，此理亦如「神」之不可測，之妙用。並此而所謂神理，亦有類似之境。據是，文心之「神理」一詞，

有其抽象形上之意。那麼，這一理字，此刻是安在文學的「原則論」「本原論」這一層次講之。

這種談法，就像最早說文學本源有「詩言志」，再到「詩緣情」，然後才結合而成「情志論」。情志合一，正是劉勰一貫「折衷論述」的方式之一。

明乎此，對照「情志」「情理」二詞之關係，試問理字志字之聯想若何？在心為志，發言為詩，那麼，由作者之志變到詩作之「理」，此一理字又當何說？以及，由自然之神理（或周易之神理），經作者仰觀俯察，表現到文學作品中之「理」，又是何樣之理？

經此質疑，我因此認為僅用歸納式的理解，一定有所不足。今試從關係聯想法，與範疇法分析理字。則理有在世界自然之理，有在作品之理，有在讀者批評鑑賞之理。如是，理在「世界—作家—作品—讀者（評論詮釋）」等四方域各有不同。今以繆俊傑歸納的四理按之，神理在世界，文理在作品，一般理可在作品亦可在讀者，而動詞之理只可當作作品文句的考釋。至於作者之「志」與作品之「道」，與乎評論詮釋所運用的「理」義，均不在繆說歸納之列。

賈錦福亦用歸納法，謂文心理字有「情理」「義理」，屬內容的範疇。（《文心雕龍辭典》，頁 277）吳林伯亦用此法，謂文理有三義，皆稱作品之文辭與情理。（《文心雕龍字義疏證》，頁338）但另增加歸納「思理」一詞。以為「古來能文者，無不重其思理也」（同前引書，頁 410）此一思理當屬作者創作方法之理。可謂補充繆氏漏說者。

今總以上三家之理義，回觀劉勰評陸機用「理新文敏」之理字，應是何義呢？實難定於一解。今若改用四層次說，即「世界

一作家—作品—讀者」四範疇按索之。劉勰作為「平理若衡，照詞若鏡」之一圓通評論家，於作者陸機之理，只能猜測，故而此「理新文敏」之理不應是作者層次。

然則，〈演連珠〉原篇俱在，字斟句酌，其中必藏有文理。故而「理新文敏」之理字，劉勰當自作品之文義理讀而得知，知而得解，解而定評。此「理」字必為作品〈演連珠〉所表現之思想內容可定知矣。然則，思想內容之「理」又為如何？

這個「理」字，宜就六朝文論家的習慣用語看。蓋因六朝文論家每每批評「近代」以來的文學風氣之弊，率多指責過江以後的文風，弊在「理過其辭」。如鍾嶸《詩品·序》有云永嘉開始，已經貴尚黃老，當時的篇章是「理過其辭」。這個「理」字，即指黃老之「理」。黃老是文心〈諸子〉篇所謂的「入道見志之書」。可知當用「理」字說文章時，蓋指文章之思想。且此思想實可依其側重歸入九流十家的何家何派。由此而使用的「文理」「義理」二詞，其與言志引伸的「情志」乙詞自是截然有別。

據王叔岷的箋證《詩品》，於過江文風的類似見解，分見於《世說新語·文學篇》注引《續晉陽秋》有云：「至過江，佛理尤盛。」又《宋書·謝靈運傳論》有句：「馳騁文辭，義殫乎此。」，而《南齊書·文學傳論》亦云：「江左風味，盛道家之言。郭璞舉其靈變，許詢極其名理。」，至於《文心雕龍·時序》篇云：「中朝貴玄，江左稱盛。…………詩必柱下之旨歸，賦乃漆園之義疏。」（《鍾嶸詩品箋證稿》，頁64-65）以上諸書引句，不論是說道家，說佛，說玄，其在過江以後之文學表現，均用一個「理」「義」字說之。可證六朝文論以「理」字說諸子百家，乃一般用語習慣。

據此「理」字用語含意之解，反觀文心全書之「理」字，亦

不例外。理字，除了如繆俊傑等人所作歸納法得出之意義，做為「思想」之理，特別是諸子百家所述之「理」這一層，尤其隨處可見。諸如下列各句：

「理正而後摛藻」（〈情采〉）

「理有恆存」（〈總術〉）

「理拙而文澤」（〈總術〉）

「理侈而辭溢」（〈體性〉）

「理周辭要」（〈章表〉）

「理殊趣合」（〈麗辭〉）

「理發而文見」（〈體性〉）

「理融而情暢」（〈養氣〉）

「理隱文貴」（〈正緯〉）

以上諸句中的「理」字，蓋指作品中表現之「理」，此「理」縱然不必定指為某家某派思想，然以「思想」之角度考之，均可據作品中主要思想而得知為何派別。準是，陸機作品〈演連珠〉「理新文敏」之評。亦唯自思想門派考之，方能知其文中之理新在何處？❶

二、從結構體系說文理

緣於文心全書用駢文寫，須守字句章法的文體內在規則。很

----

❶歷來對陸機文章的總評，向不出「清新相接」四字。「新」字，尤其是陸文特色。最早用此字為評者，當屬陸雲。今存《陸雲集》卷八有〈與兄平原書〉乙文，綜錄雲致兄書簡。除了《文心雕龍·鎔裁》篇轉引「清新相接」乙簡，尚有「極不苦作文，但無新奇」（黃葵點校本《陸雲集》，頁140）以新奇視陸機文。又「新聲故自難復過」之句，（同前，頁141）標示新聲。但此「新」字，作何解？據劉師培之見，以為「新者，惟陳言之務去也」（《漢魏六朝專家文研究》，頁30）劉說重點在陸機作品的文辭語言之新。我以為還有它意，因別就文意思想求之。

多術語常有互換或相通之意。例如：情性、情理，每每有用體性與性靈代情性，用文理代情理。理字，則有用「意」字代替。意字又與「道」字相通。性靈也與性情相涉。而神理與文理關係甚密。因之，單一個「理」字之解，只從字面與出句，不能盡通。

我今想出二途試解之。其一是仿照前揭作家、世界、作品、讀者四範疇論，將相關術語歸類。譬如自世界而言，心生而言立，言立而成文，這是自然之理。三才皆文，動植皆文，這個文是易道神理般之自然。此際之理，宜言「神理」，而不得曰文理。但易而爲作品之理，乃是研究文章自然之道。所以，文章之理，只可以說是「文理」，而不得曰神理。當然，人人皆知神理與文理有類似存在之共同性。

依此，在作家可言性情，但表現於作品中，宜曰「情理」。作家爲詩爲文，在乎「言志」。但志之顯隱於作品，只可說是「意」，是「道」，是「理」。

按照如此範疇定位以解術語之法，劉勰評陸機「理新文敏」，乃是以讀者地位評價作品。故言「理」。此理字在作品中之總表現，當即作者之「志」的具體落實。而理字又與作品之「意」有涉，爲作品之「道」的一部份。

至此，理字所關涉者，當須自文心全書結構體系觀之。何以然？蓋文心全書所論有總則，有文體，有創作法，有批評法。簡言之，可曰文質並重，內外合一體。於是，情、意、辭三個單字詞可代表文心這個體系。依此三個字，每一個皆可孳乳擴充延伸，使與該字主要概念相關係者皆有可尋。

這三個字要放在文心全書體系中，才更能說明其括舉之功。情、意、辭。情字當然是情采之情，亦包括作家性情，天地性靈。意字即理字，也即是作品中的「道」。辭字即有關技術一面，舉

凡文法章句修辭與聲律等一切作品之語言文字技巧俱屬之。試想，衡量文學作品的總體面，情、意、辭三者均已包括之。

這就須從文心全書結構上輔證。何以然？

首先，文心全書據〈序志〉篇，從〈原道〉到〈辨騷〉是文之樞紐。其下分上篇與下篇。上篇是「論文敘筆」，也就是自〈明詩〉至〈書記〉的文體論。下篇即〈神思〉以下各篇。上篇的體系結構，龍學家大抵無異議。但下篇的爭議，近年以來愈演愈烈。至有因此而全書重新架構體系者。據李淼的研究，結構部份，即有二分法、三分法，以至七分法之多。至於體系，則也有數家說法，例如「剖情析采」說，「情理正變」說，「兩大脈絡」說云云。（《文心雕龍學綜覽》頁88-90）李淼的歸納各家說可謂齊備，但近年出現的兩家說法，即郭晉稀與日人安東亮的討論，相當有創意性，由於晚出，未爲李淼論列。今即從郭、安二氏的討論說起。❷

安東亮主要是針對郭晉稀體系論的修正，其後，郭晉稀亦有回應之文。現將下篇依安東亮新編的體系列表於下：

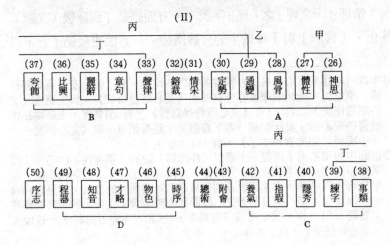

礫漸猖Ａ丙位置代表其它龍學家的體系論，而新編的ＡＢＣＤ
位置才是安東亮的體系。兩相比較，可知安東亮的新體系凸顯了
〈情采〉〈鎔裁〉兩篇的重要性，以之作爲下篇上承定勢以前的
五篇，下開聲律以後各篇的中介點。安東亮之體系，因而可名之
曰「情采中心論」。他認爲文心全書的下篇體系，主要是以開展
情：內容，采：形式。即文章的內容與形式爲主的論述。❸

　　這個新體系論，啓發我進一步思考〈情采〉與〈鎔裁〉兩篇
何以依次相連？情是內容，采是形式，那麼〈鎔裁〉應以內容形
式爲規範，何以在〈鎔裁〉篇竟而提出有名的「三理」論？在情
與采的論題之下，又增加了「理」字，即文理的重要。

　　於是，透過〈情采〉與〈鎔裁〉原文字句的新解讀，與其它
相關篇章的「理」字之說。我才終於發現劉勰文論，其實是情、
意、辭三位一體的綜合論。也終於能體會〈情采〉是專講情與辭。
正如安東亮說的內容與形式沒錯。但緊接而來，是擴大情的內涵。
即把「言志」與「緣情」，以及近代流行起來的一股「玄風」之
味，一統合之。即所謂「望今制奇，參古定法」，劉勰由此而提
出「情理」「文理」之「理」字說。一方面總結了到陸機〈文賦〉
爲止，「言志」與「緣情」的分殊兩途。一方面也接納了晉宋以

❷李淼所舉述的文心體系論各家說，海內外均收。除了漏列安東亮與郭晉
　稀二家之外，台灣龍學家亦僅列龔菱《文心雕龍研究》，與王更生《文
　心雕龍研究》二書。(見《文心雕龍學綜覽》，頁90)其實，王夢鷗亦曾
　根據研究心得，重新架構一套下篇體系，甚有創見。參《文心雕龍──
　(中國歷代經典寶庫本)》，頁 134-136 。
❸這圖中的甲乙丙丁位置，主要以〈序志篇〉說的「摛神性」(甲)，「圖
　風勢」(乙)，「苞會通」(丙)，「閱聲字」(丁)四句爲依據，各
　家分合大同小異。安東亮討論的對象是郭晉稀所分的篇目。那是在1984
　年上海復旦大學「中日學者文心雕龍學術討論會」上提出的。郭晉稀有
　文質疑，曰〈 關於文心雕龍下篇篇次 ── 和安東亮君商討 〉，後收入
　《剪韭軒述學》，頁 298-304 。

來所謂「新思想」的介入溶合。此「理」字何以必加入情志之論的緣由所在。試析讀以下引句可知之矣：

> 1.況乎文章，述志爲本，言與志反，文豈足徵？是以聯辭結
> 采，將欲明經（經注本作理）；采濫辭詭，則心理愈翳。
> （〈情采〉）

案：這一句，仍宗「言志說」，就志與辭的關係提出二者的配合，功在「明理」，文章是以「明理」爲本的。❹玩索「聯辭結采」一句，知劉勰用「采」與「辭」，蓋互易而已。由詩的「言志」，轉化到文章的「明理」，此乃劉勰之創說。但不論言志明理，均須「聯辭結采」。

> 2.夫能設謨（謨謝云當作模）以位理，擬地以置心；心定而
> 後結音，理正而後摛藻。（同前）

案：此句標出「位理」，即位體之理，但此理字亦當有如前句「明理」之理字意涵。所以說，「理新文敏」的文理，也含有此意。

> 3.情理設位，文采行乎其中。剛柔以立本，變通以趨時。立
> 本有體，意或偏長；趨時無方，辭或繁雜，蹊要所司，聲
> 在鎔裁。（〈鎔裁〉）

案：此句，首次把情理一詞提出，並將之與「位體」連繫起來，遂有「情、理、體」三者通貫之說。而文采即是用來表現這三位一體，把「意」寫出來。

---

❹「將欲明理」，理字有作「經」字者。近人已有多家校，當作理字。楊明照總結之，據元本、弘治本、活字本、佘本、張本、兩京本、胡本、訓故本、合刻本、謝鈔本、四庫本等各本均作理字。出校云：按上下文驗之，理字是。（《文心雕龍校注拾遺》，頁263）案：楊說甚是。但其所引元本實非元本。今據上海古籍出版社近刊《元刊本文心雕龍》，確爲元刊至正本，乃今存最早之文心刻本，亦作「理」字。可輔證各家校。

4.凡思緒初發，辭采苦雜，心非權衡，勢必輕重；是以草創
　鴻筆，先標三準：履端於始，則設情以位體；舉正於中，
　則酌事以取類；歸餘於終，則撮辭以舉要。（同前）

案：有名的三準理論，首揭「位體」爲第一準。此一體字，
應視如前句「情理設位」之位理。即曰位體含有位理。故而言體，
而理字意字皆在其中。玩索以上所列四句出現在〈情采〉與〈鎔
裁〉兩篇的本文，可知劉勰以文術論爲主的下篇，若按照安東亮
的新體系論，以〈情采〉〈鎔裁〉兩篇爲承先啓後的樞紐。則劉
勰所討論的文術，即文章技法，注意內容與形式的並重。但內容
者何？須進一步理解爲不止是情采的情字。實含有情志，情理與
位理等諸術語。因之「理新文敏」的理字，即可由此角度去理解。
此即龍學領域中，以主要術語連繫關係術語的研究法之一得。

三、五十首連珠「理」意歸類

既然「理新文敏」之理字，即「道理」之意，也是〈諸子〉
篇所謂「諸子者，入道見志之書也」的道字義，凡文心全書言及
今人所謂「思想」者，皆可依據思想派別，加以歸類。

今若能自歸類中，探得各家思想所佔比例，復由此比例輕重，
比較陸機所處時代以前的思想流派，便能看出陸機五十首連珠體
如何被稱作「理新文敏」了。今製一表，分別以一二言簡括各首
主旨，再據「先秦諸子流派」之分類，試加分類，以得出五十首
連珠體的理意歸類如下：

編　　號	道　　　　　　理	思想流派	未定	備　　註
第一首	君臣比擬天地之和諧	易學(天地人)		❺
第二首	才位要相當	儒家		
第三首	人才遇時而生	易學(時)		
第四首	棄賢而親邪	民間宗教		金馬碧雞

第五首	譏評世卿	儒家(尊君)		
第六首	至道大化	道家		❻
第七首	隱士不仕	道家		巢箕洗渭
第八首	以精神治民	易學(道家)		
第九首	崇實去虛	儒家		
第十首	比喻賢者不遇	易學(時)		
第十一首	才大無所依傍	儒家		
第十二首	忠臣賢士	儒家		
第十三首	信讒	儒家		
第十四首	貞節	儒家		
第十五首	戒剛強	道家		
第十六首	時中	儒家(中庸)		
第十七首	時中	儒家(中庸)		
第十八首	明實用	墨家(尚用)		
第十九首	小大相助	道家		
第二十首	賞罰公平	法家		
第二十一首	神妙之道	易學		
第二十二首	性理一定	儒家(中庸)		
第二十三首	妙理妙義	易學		
第二十四首	神化之理	易學		玄晏動神
第二十五首	聽之以心	道家(莊子)		
第二十六首	去讒言	儒家		
第二十七首	隨時用賢	易學		隨卦
第二十八首	下愚不可救	儒家		
第二十九首	人心難知天	儒家		天何言哉
第三十首	用各有殊	儒家		人盡其才
第三十一首	名垂沒世	儒家		
第三十二首	修己以安百姓	儒家		論語憲問
第三十三首	時勢造英雄	易學		
第三十四首	由近可以知遠 由微可以知顯		∨	
第三十五首	虛己應物	道家(莊子)		
第三十六首	為政以和	儒家		
第三十七首	喻人無兼才		∨	
第三十八首	知足不辱	道家(老子)		
第三十九首	物無常性唯人所化		∨	
第四十首	故舊不忘	儒家		論語泰伯
第四十一首	無為而成	道家		
第四十二首	薪窮火傳	道家		❼
第四十三首	隨宜異用	儒家		
第四十四首	守身重義	儒家道家		
第四十五首	通變守要	易學		
第四十六首	貴探本	儒家		
第四十七首	遠近深淺難測	易學		陰陽不測
第四十八首	士節不可奪	儒家		
第四十九首	理數有定分	易學		
第五十首	貞士不易節操	儒家		

四、文心理論的新巧說

今由五十首連珠大要主旨之分析，得出陸機〈演連珠〉的「理」，玄學化很重。理之巧，理之新，主要在這方面表現。故而劉勰用「理新文敏」評之，顯然，劉勰之「思想史觀」，蓋以玄學爲新學，視玄學之特質在新。

此觀點宜自《文心雕龍·論說》篇述玄學思想的一段話，得到印證。劉勰云：

> 次及宋岱、（岱元作代）郭象，（象元作蒙朱據舊本改）
> 銳思於幾神之區，夷甫、裴頠，交辨於有無之域；並獨步
> 當時，流聲後代。然滯有者全繫於形用，貴無者專守於寂
> 寥，徒銳偏解，莫詣正理，動極神源，其般若之絕境乎？
> 逮江左群談，惟玄是務，雖有日新而多抽前緒矣。

---

❺本篇論文分析陸機連珠體各首之主旨大意，主要參考于光華《文選集評》
　所錄明清各家集評。另外今人所編譯的五種注譯本，也參考。如張啓成
　等編譯《文選全譯》，趙福海等《昭明文選譯注》，周啓成等《新譯昭
　明文選》，李景濚《昭明文選新解》，馬清福主編《新注昭明文選》等。
　以上各說如有可斟酌者，乃斷以己意。
❻此首歸類爲道家，主要是根據「至道之行」與「大化既洽」這兩句。至
　道不能說成儒家之道，大化也不一定是教化。諸家譯解無有說是道家者。
❼此首主題思想，各家多有異解。周啓成等人的註譯本以爲是談人性和情
　慾。 張啓成的譯解說成是情慾與性理的消長。 李景濚的譯注改譯爲質
　性，性爲情緒，說是：「質性充實就會使情緒簡約。」，以上三家解，
　雖均以「性」「情」爲火與煙之比喻，但因性理之說，各派思想都有說，
　很難定此詩爲那一家。于光華註云：文勢遞引而出，又一格也，坊註俱
　失解。據此知于氏不滿意於舊解。直到今人張厚惠的注，始明言此首乃
　用《莊子·養生主》之薪窮火傳意，（見《昭明文選譯注》六冊，頁
　169)案：若然，則此首宜歸之道家。張注所據者，即錢鍾書之說。錢云：
　「按前之道家，後之道學家，發揮性理，亦無以逾此。」（《管錐篇》
　冊三，頁121)據此，則此首不惟可歸之道家，亦有道學家之思。當然，
　道學家後出於陸機，陸氏未必先見。至於道家莊學，爲當時盛稱，知此
　首可歸之。

這段話，引宋岱注《周易》、郭象注《莊子》，已將易學與道學結合起來。因而發展爲魏晉玄學的崇有崇無論。於是，玄學遂成一代之學，因而，「獨步當時，流聲後代」。

但劉勰也注意到玄風眞正大暢，要到「江左」以後。江左的玄風，劉勰的評價是「雖有日新而多抽前緒」。仍用一個「新」字以評價江左玄風。可見劉勰以「新」做爲「思想之理」的評斷語，乃是注意到玄學的特創之「新」。若持以評價陸機五十首連珠體，多表現「玄道」之現象看，劉勰以「新」說之，誰曰不宜？

然而，單只評一篇作品的「理」新，實有不足？因爲劉勰論文之三大綱目，即情、意、辭。已如前述。試問以「理」爲重的論說之文，是否可以偏理而輕辭略情乎？是又不然。

劉勰於〈論說〉篇有二段話，直接點明論體作法云：「義貴圓通，辭忌枝碎；必使心與理合，彌縫莫見其隙；辭共心密，敵人不知所乘。」這樣看，劉勰以爲論體之「理」，固然宜新，然論體之辭，尤其要配合「理」的合宜。使理辭皆能圓通合密。

至於辭如何做到不枝碎？劉勰有第二段話，乃評價鄒陽說吳梁的作品，以爲「喻巧而理至」。特別標出「喻巧」，此巧字專對論說體之比喻手法而言。可知，欲使論體之辭不枝碎，則設喻之巧，乃不二法門。今據此以驗五十首連珠，不惟理新，亦且喻巧，正合乎劉勰的衡量標準。

五、文心雕龍理論中的「新」

在析論劉勰文心理論中的「理」字爲何義？既如上述，所餘者，當驗明劉勰所謂的「新」，新在何處？何者可曰新？而且也要問劉勰在文心全書中對「新」的態度若何？茲抄錄劉勰《文心雕龍》言及新字者分見如下：

戰代枝詐，攻奇飾說。漢世迄今，辭務日新。（〈養氣〉）

若總其歸途，則數窮八體：一曰典雅，二曰遠奧，三曰精約，四曰顯附，五曰繁縟，六曰壯麗，七曰新奇，八曰輕靡。（〈體性〉）

因方以借巧，即勢以會奇，善於適要，則雖舊彌新矣！（〈物色〉）

宋初文詠，體有因革，莊老告退，而山水方滋，儷采百字之偶，爭價一句之奇，情必極貌以寫物，辭必窮力而追新。（〈明詩〉）

新學之銳，逐奇而失正，勢流不反，則文體遂弊。（〈定勢〉）

生于好詭，逐新趨異。（〈聲律〉）

魏晉淺而綺，宋初訛而新。從質及訛，彌近彌澹。（〈通變〉）

從以上見於文心一書的新字而觀，新每與奇合言，故而「新奇」連詞，遂爲文心一書用來評判文學作品之準繩。但文心全書所指稱的新奇，其時代專指劉宋以下。但是劉宋之前，也有部份的「新奇」醞釀，此即「漢世迄今，辭務日新」一句之所由出。

然則，新奇特指劉宋以後文體與思想內容的新變，那麼，劉宋以前的陸機之〈演連珠〉一作，劉勰竟用「理新文敏」稱之，即目陸機此作爲「新奇」，可見這是劉勰對陸機作品的特別評判。

此一評價，本文自思想內容的「理」字意解之，已知其故，原來是因爲〈演連珠〉乙文中的巧喻巧譬，隱含了多家思想內容，特別是不專宗儒家經典，而廣取《易經》思想與老莊學說。其混雜合用之句甚多，致使不少詞句，可容許不同的多樣解釋，言外重旨，篇中秀句，頗令讀者臆想。如是以觀，文心的新奇說，用

來評價陸機的〈演連珠〉一作，甚合其味。運用文心雕龍理論以
印證分析《文選》乙書作品，於茲又得一例。

六、引文參考書目

周啓成等，1997，《新譯昭明文選》。台北：三民書局。

楊明照（主編），1995，《文心雕龍學綜覽》。上海：上海書店
　　出版社。

張啓成等，1994，《文選全譯》。貴州：貴州人民出版社。

吳林伯，1994，《文心雕龍字義疏證》。武昌：武漢大學出版社。

趙福海等，1994，《昭明文選譯注》。長春：吉林文史出版社。

李景濚，1993，《昭明文選新解》。台南：暨南出版社。

賈錦福(主編)，1993，《文心雕龍辭典》。濟南：濟南出版社。

郭晉稀，1993，《剪韭軒述學》。蘭州：甘肅人民出版社。

劉勰，1993，《文心雕龍》(元刊本)。上海：上海古籍出版社。

中國文心雕龍學會(編)，1992，《文心雕龍研究薈萃》。上海：
　　上海書店。

王叔岷，1992，《鍾嶸詩品箋證稿》。台北：中央研究院中國文
　　哲研究所。

陸雲，1988，《陸雲集》（黃葵點校本）。北京：中華書局。

楊明照，1985，《文心雕龍校注拾遺》。台北：崧高書社股份有
　　限公司。

王夢鷗，1983，《古典文學的奧祕──文心雕龍》。台北：時報
　　文化出版企業有限公司。

劉師培，1982，《漢魏六朝專家文研究》。台北：臺灣中華書局。

錢鍾書，1981，《管錐篇》。北京：中華書局。

于光華，1977，《評注昭明文選》。台北：學海書局。

論　文：運用《文心雕龍》理論分析文選作品
主講人：游志誠教授
講評人：張雙英教授

　　本文由結構上來看，游先生的方法是融合理論與實踐的批評在內。就論證過程而言，主要是討論劉勰《文心雕龍》雜文中曾經評到《昭明文選》擬連珠這五十首，爲「理新文敏」；接著證明何謂「理新」？何謂「文敏」？首先就研究《文心雕龍》的學者們，對「理新文敏」中「理」字的綜合看法舉出了躍俊傑、賈景福和吳林伯的看法，歸納出「理」大概是「文理」、「一般事理」、「情理」、「義理」或者是「思理」等等。這些說法雖是有依據，但是缺乏縱觀全書的觀照面，因此游先生提出亞伯拉罕文學理論架構，從「世界—作家—作品—讀者」四項觀點來衡量。然而在這四項裏面，「理新文敏」絕對與「作家」無關，這是游先生提出來補充的。接著再進一步把文心和文選放到六朝文學架構去看，並舉鍾嶸《詩品》、《世說新語·文學》、《續晉陽秋》、《宋書·謝靈運傳》、《南齊書》的文學傳論等等，特別說明在當時這是一種非常廣泛的用詞，他們的內容非常混雜。游先生指出《文心雕龍》前25篇結構，郭近溪和日·安東亮兩種說法可供參考。後25篇結構，突出兩篇的是〈情采〉與〈鎔裁〉。劉勰所討論的文術即文章技法，注意內容與形式的並重。而「情」字實含有情志，情理與位理等諸術語。之後進一步分析陸機的擬連珠五十首。

　　此處由游先生的論述分析裏，提出三個看法，以供討論。其一是全論文以大篇幅討論「理新」，對於「文敏」只做一些強調性的說明，或可就「文敏」再多做闡釋。其次題目是從運用《文心雕龍》的理論來批評《昭明文選》的作品與透過劉勰的「理新

文敏」，提出論述說明劉勰在文學批評、文章批評方面最基本的
分析和看法似乎有距離。第三是引安東亮的「情采」「鎔裁」上
承「思想」下開「技巧」，即是情指內容，采指形式，但采它是
否只有文辭、修辭或者是不是一種結構、一種設計等等，這些都
可以再仔細去討論的。

〈與嵇茂齊書〉作者辨

東海大學中文系

楊　承　祖

一、引　言

　　嵇康之死，是一場歷史悲劇，令後代愛好文學和檢討歷史的人深深感動，無限惋傷。他被殺的時代與個人因素，論者已多，而當時定罪，總有一個具體的罪名。由於爰書不存，而相關史料，則出現矛盾混淆、引生疑寶的現象，故有探究的必要。《文選》所收〈與嵇茂齊書〉，題作者爲「趙景眞」，而篇首則作「安白」。李善注：

> 《嵇紹集》曰：「趙景眞與從兄茂齊書，時人誤謂呂仲悌與先君書，故具列本末。趙至字景眞，代郡人，州辟遼東從事。從兄太子舍人蕃，字茂齊，與至同年相親，至始詣遼東時，作此書與茂齊。」干寶《晉紀》以爲呂安與嵇康書，二說不同，故題云「景眞」，而書曰「安」。

是從晉朝起，在惠帝永興元年（西元 304 年）嵇紹殉難以前❶，便有兩種不同的說法。昭明選文時，大概難以決定何者爲是，便採取騎牆的兩存之法。這種不合常理的處置，可以解釋爲編者依資料照鈔，懶得加以考證，但也未嘗不是要給讀者留下探索眞象

---

❶嵇紹死於是年七月，見《晉書·卷四》〈惠帝紀〉。

的餘地。由於這封信有可能涉及嵇康被殺的罪狀，所以不乏論者，其中清代俞正燮和近時戴明揚所論尤為深入。

俞氏主張是嵇康的追隨者趙至寫信給康兄喜之子茂齊（蕃）的，由於信中言語可疑，於是構陷嵇呂的人，假稱是呂安寫信給嵇康的，用以說動司馬昭，將兩人處死❷。

戴氏則主張是呂安寫給嵇康的，以為信中的確表現出「澄清中原，翦除司馬之惡勢力」的心志；構陷嵇呂的人，據此認定兩人終將為不利，於是說動司馬昭殺之以除後患❸。

要討論〈與嵇茂齊書〉究竟是誰寫的，除了相關史料，最重要的是解釋信中的文字，俞、戴的解釋雖頗深入，但仍有滯礙之處，因此本文擬作更合理的闡析疏通，以期考明這一封信與嵇康之死有無關係。

二、基本資料

〈與嵇茂齊書〉自然是最重要的資料，見於《文選》卷四十三，及《晉書》卷九十二〈文苑・趙至傳〉。此不具錄，附於篇末，以供檢覽。討論時僅節引原文。既然最早出現的材料認為這封信是趙至寫的，應該先看他的史料：

> 《世說新語・言語第二》：「嵇中散語趙景真」條，劉孝
> 標注：
> 嵇紹〈趙至敘〉曰：「至字景真，代郡人，漢末，其祖流
> 宕，客緱氏。令新之官，至年十二❹，與母道旁共看。母
> 曰：『汝先世非微賤家也，汝後能如此不？』至曰：『可

---

❷詳俞正燮《癸巳存稿》卷七；又見戴明揚《嵇康校注》頁434-435，河洛影覆1962北京人民文學本，民67，臺北。
❸詳見戴明揚〈與嵇茂齊書之作者〉，見上注：頁435-443。
❹《晉書》卷九十二〈趙至傳〉二作三。

爾耳！』歸就師誦書。晝聞父耕斥牛聲，釋書而泣。師問
之，答曰：『自傷不能致榮華，而使老父不免勤苦。』及
年十四，入太學觀，時先君在學寫石經古文，事迄，去，
遂隨車問先君姓名。先君曰：『年少何以問我？』至曰：
『觀君風器非常，故問耳。』先君具以告之。至年十五，
陽病，數數狂走五里三里，爲家追得。又灸身體十數處。
年十六，遂亡命，徑至洛陽，求索先君，不得。至鄴，沛
國史仲和，是魏領軍史渙孫也，至便依之，遂名翼，字陽
和。先君到鄴，至具道太學中事，便逐先君歸山陽，經年。
至長七尺三寸，潔白，黑髮，赤脣，明目，鬢鬣不多，閒
詳安諦，體若不勝衣。先君嘗謂之曰：『卿頭小而面銳，
瞳子白黑分明，視瞻停諦，有白起風。』至論議清辯，有
縱橫才，然亦不以自長也。孟元基辟爲遼東從事，在郡斷
九獄，見稱清當。自痛棄親遠遊，母亡不見，吐血發病，
服未竟而亡。」

《晉書》卷九十二〈文苑·趙至傳〉大致與嵇紹所敍相同，
不重錄，但有下列幾點小異：

㈠述籍貫作「寓居洛陽」，與「其祖流宕，客緱氏」似異而
　實無別，緱氏爲河南屬縣。

㈡述初見嵇康後，作：「後乃亡到山陽，求康，不得而還。
　又將遠學，母禁之，至遂陽狂，走三五里，輒追得之。」
　說出他「陽狂」的原因，但未言「灸身體十數處」。

㈢述十六歲後，作：「年十六，游鄴，復與康遇，還山，改
　名浚，字允元。」無依史仲和一節，所改名字也不相同。

㈣述嵇康死後，趙至曾遊漢中，投張嗣宗，並隨至漢上，作：
　「及康卒，至詣魏興，見太守張嗣宗，甚被禮遇。嗣宗遷

江夏，相隨到湞川，欲因入吳，而嗣宗卒。」按魏興在今
陝西安康；江夏郡治在今湖北安陸，湞川流經其地。

㈤述赴遼西事，作：「嗣宗卒，乃向遼西而占戶焉。初，至
與康兄子蕃友善，及將遠適，乃與蕃書敘離，並陳其志曰：
『昔李叟入秦，及關而嘆。』」（下與《文選》所收同，
此略。）所述往遼西一節，與〈趙至敘〉出入；又《文選
・李善注》作往「遼東」。

㈥述其在遼西仕宦及死較詳，作：「遼西舉郡計吏，到洛，
與父相遇。時母已亡，父欲令其宦立，弗之告，仍戒以不
歸。至乃還遼西。幽州三辟部從事，斷九獄，見稱精審。
太康中，以良吏赴洛，方知母亡。初，至自恥士伍，欲以
宦學立名，期於榮養，既而其志不就，號憤痛哭，歐血而
卒。時年三十七。」

又《世說新語・言語第二》「嵇中散語趙景眞」條「有白起
之風」下，還有：

「恨量狹小」。趙云：「尺表能審璣衡之度，寸管能測往
復之氣，何必在大，但問識如何耳。」

上面三種資料，可能出自較完整的嵇紹〈趙至敘〉❺，由於
徵引取捨不同，以致各有詳略；也可能後二者於〈趙至敘〉外，
另有依據。

如果只依嵇紹和《晉書》的說法，解釋爲趙至致書嵇蕃，原
無問題，但又有呂安致嵇康之說，尤其戴明揚氏頗據書信的原文
分析其何以應爲呂安、而非趙至所作，因此討論這個問題，除了
要分從嵇康及呂安、嵇康與趙至的關係，以及當時的環境入手考

---

❺《嵇紹集》唐世尚存，見於《隋書》卷五三、《舊唐書》卷四七〈經籍
志〉，及《新唐書》卷六十〈藝文志〉。

察，還須就趙至及呂安的性格與行爲特色來分析，比較與書信情辭的吻合度，藉以判斷此信的作者與寫信的目的。

爲求論述明析，以下逐節列出子題來分項討論。

三、論嵇紹〈趙至敘〉可以信據

討論〈與嵇茂齊書〉是否趙景眞所作，先需考慮〈趙至敘〉和《晉書‧趙至傳》是否可信。《晉書》以趙入文苑，但傳中並未特別贊揚他的文學，也不言有文集行世，而所敘又大都相同，所以極可能是由嵇紹此敘和〈與嵇茂齊書〉爲館臣重視而入史，也就是說，《晉書》所用的原始材料，極可能就是嵇紹的〈趙至敘〉。因此，應先檢討〈趙至敘〉的可信程度。

永興元年（309）八月，惠帝討成都王穎之役，嵇紹爲侍中，父執王戎爲司徒，從弟嵇含爲中書侍郎，同時從征，而紹死難。在此以前，與王戎都在中朝，當有過從，而嵇含更嘗與嵇康同居❻。紹作〈趙至敘〉，不容不爲所見，倘或失實，爲人論揭，必所不堪。尤其趙至既與含父蕃爲好友，又頗長時間居留嵇家，他的爲人行事，當爲全家所悉，如果嵇紹所敘扭曲不實，恐怕也不是性情「剛烈」的嵇含所能默爾的❼。史言嵇紹風操，「曠而不檢，通而不雜」❽，其敘趙至，應不至誕曲不實。退一萬步，〈與嵇茂齊書〉如果眞非趙至所作，而是嵇紹想假托於他，則所寫更不應失眞，否則將爲識者所誚責，連帶所要假託的部分，也將見疑於人了。

---

❻分詳《晉書》卷四〈惠帝紀〉及，卷八九〈嵇紹傳〉與所附〈嵇含傳〉。
❼帝婿王粹館宇甚盛，請含作讚，乃爲弔文以譏之，使主人有愧色，其剛燥如此，見注 6 引〈嵇含傳〉。
❽見注 6 引〈嵇紹傳〉。

再者，嵇康死時，嵇紹以已十歲❾，趙至正依嵇家「經年」，則所得印象，應很深刻。據《晉書》的傳，趙至在嵇康死後，曾投靠張嗣宗，至嗣宗卒，方往遼西。凡此都能遇到見證，不容捏造，所以嵇紹所敘，應該是很眞實的。因此，以〈趙至敘〉爲基礎來討論〈與嵇茂齊書〉的問題，應該可靠。

肯定了〈趙至敘〉的可靠，並不包括〈與嵇茂齊書〉是趙至所作的命題；卻是要利用對趙至性行的解析，來論證他是否是此書的作者。

四、論嵇呂之死不必涉及〈與嵇茂齊書〉

俞正燮《癸巳存稿》卷七〈書文選幽憤詩後〉說：

> 康死文案，以呂安與書，而身保任之。實則安書乃趙至書。趙書言：「思披艱掃穢，蹴崑崙，蹋泰山，而垂翼遠世，翹翮摧屈。」則似安語。鍾會言「不如因此除之」是也。……其實康死以〈與山巨源書〉「事顯不容」之語，而假安書誣陷之。

俞氏此說，曾被戴明揚駁斥，理由是：

> 不思既爲趙至之書，則必作於嵇呂死後，豈有能以傳致康死之理哉？❿

根據《晉書》趙至在嵇康死後纔去遼西，戴氏駁論非常有理；俞說不能成立。

戴明揚氏則主張信是呂安徙邊時寄給嵇康的，此說最早見於干寶《晉書》⓫：

---

❾同上注。
❿見注2引戴書頁442。
⓫引見《文選》卷十六〈思舊賦〉李善注。干寶此書或稱《晉紀》。

> 安，巽庶弟，俊才。妻美，巽使婦人醉而幸之。醜惡發露，
> 巽病之，告安謗己。巽於鍾會有寵，太祖遂徙安邊境。遺
> 書與康：「昔李叟入秦，及關而嘆」云云。太祖惡之，追
> 訴下獄，康理之，俱死。

這大概就是根據嵇紹所謂「時人誤謂呂仲悌與先君書」的當世傳言而來。但《魏氏春秋》敘此❷，則無呂安徙邊遺書嵇康的記載。可見晉代撰史者，本有不同的資料和判斷。

關於呂安是否曾徙邊暫且不論；而即令被徙邊郡，並且曾寄信嵇康，甚至因而獲罪，卻不能率爾推定「昔李叟入秦，及關而嘆」這一篇〈與嵇茂齊書〉就是罪名之所繫，因為嵇呂之死的罪證，不一定是此信；也可能另有一封；也可能只是由呂安的供詞牽連，並不與任何書信相干；也可能仍是由〈與山巨源絕交書〉而定罪。至於呂安曾否徙邊，也未必不是問題，因為也可能正由誤謂〈與嵇茂齊書〉是呂安寄嵇康，而書中所寫又恰好是北土邊荒，便認為是呂安遭徙遠郡，於是因以入史，有因果倒置的可能。因此，干寶《晉紀》，也未必可信。

戴氏等對干寶一派的史料幾乎從未懷疑，其實孫盛《魏氏春秋》的可信度，應該是與之相當的。總之呂安徙邊與否，不能作為討論問題的依憑；嵇康、呂安之死，也不必一定涉及〈與嵇茂齊書〉。

五、論呂安獲罪同時嵇康與呂巽絕交

戴明揚氏論〈與嵇茂齊書〉的作者，首先提出呂安徙邊的問

---

❷同見注11《文選·李善注》引，未題作者，當是孫盛撰。

題⓭，大意以爲呂安必嘗徙邊，才會有呂安自邊郡致書嵇康的傳說。但徙邊事容或有之，也不必一定曾寄此書，只能說有此傅會而已。上節已作討論，此不重贅。

戴氏更就嵇康〈與呂長悌絕交書〉⓮，認爲：「呂安獲罪時，嵇康並無所累，故尙能從容作書，以絕呂巽。」這是對的。但又說：「所謂獲罪，即指被判徙邊。其後安被追收，康乃牽連下獄。」則並無可信的實據。戴氏想解釋爲呂安徙邊致書嵇康，纔牽連嵇康下獄；但也想到：

> 如不然者，「獲罪」兩字，僅指呂安被告下獄而言，並非既已判徙；是則安一下獄，康即與巽絕交，絕交之後，即被牽連下獄。以此爲解，似亦可通。

其實這是很自然的解釋，因爲〈與呂長悌書〉說：

> 阿都(呂安小字)去年，向吾有言，誠忿足下，意欲舉發，吾深抑之；亦自恃每謂足下不足迫之，故從吾言。……蓋惜足下門戶，欲令彼此無羔也。

這是說當初呂巽淫污安妻，安要告發，嵇康爲了呂家門戶，勸止了呂安，也相信呂巽不致反害呂安。下文則說：

> 足下陰自阻疑，密表繫(一作擊)都，先首服誣都。此爲都故信吾，故無言，何意足下包藏禍心耶？都之含忍足下，實由吾言，今都獲罪，吾爲負之。……若此，無心復與足下交矣。古之君子，絕交不出醜言，從此別矣，臨別恨恨。

此則明斥呂巽背信「密表繫都」，「今都獲罪，吾爲負之」。而所謂「獲罪」，就是被呂巽「先首服誣都」，呂安纔下獄，未必已經判刑，更談不上「被判徙邊」。戴氏曾作一項推理，說：

⓭詳見注2引戴書頁438-443。
⓮載《嵇康集》卷二，又見注2引戴書頁131-133。以下引文不更注。

> 康前此調停於呂氏兄弟之間者，固欲委曲求全，則安未判
> 決之前，康必不遽與呂巽絕交也。

這是很有問題的。殊不知當初調停呂氏兄弟，是不願見其家醜沸揚，骨肉反目，「欲令彼此無恙」，所以能夠委曲求全。但呂巽竟然失信，誣陷其弟，而嵇康以為呂安受害，都由於聽信自己，所以氣忿難平，遽與絕交。前後事理情況有別，不能輕易判斷嵇康不會在呂安下獄之初立即與呂巽絕交。其實，戴氏也說過：「嵇呂二人，皆龍性難馴，原不如山濤之有養也。」由嵇康的性格而言，正可見其「必遽與呂巽絕交也」。

因此，嵇康與呂巽絕交，應該是在呂安下獄同時，而不久也牽連下獄；不必解釋為呂安自邊郡再被追收後，嵇康才因呂安來書而坐罪。

六、論〈與嵇茂齊書〉仍以趙至作為是

〈與嵇茂齊書〉的作者既有趙至和呂安兩種說法，如需分辨孰是，最根本的，是就書中文字生疑問處，以兩人的身世背景、性格行誼，配合解釋，看何者滯礙，何者通順來決定。戴氏論此書作者，也是用這種方法，因此在相同的文辭上，有不同的詮析，正是本論文希望就教於大家的重點。以下先舉原文，然後討論：

(一)「夫以嘉遯之舉，猶懷戀恨，況乎不得已者哉！」

戴氏說：

> 此語歸之呂安乃合，歸之趙至，則無病呻吟矣。安被判徙
> 邊，可云不得已，至被辟為遼東從事，不就即巳，何云不
> 得巳耶？

戴氏只用〈趙至敘〉，所以作出這樣的結論。《晉書·趙至傳》則記他在嵇康卒後，先到魏興，求謁太守張嗣宗，再隨張到安陸，

及嗣宗卒，「乃向遼西占戶焉」❺。他初往遼西是「占戶」定居，並非受辟爲從事，然則說「不得已」，蓋就離中原走邊郡而言，故不及「嘉遯」之爲愈；辭氣之間，倒是吻合。反之，如果是呂安遭放逐，以「嘉遯」爲比，措語殊不恰當。

關於趙至遠去遼西，自然與他無門第有關。雖然發憤求學，力圖進取，但在魏晉之際，孤寒如彼，是很難出頭的。先追從嵇康，又依史仲和，並先後改名字，大約是想求得身份上的變革。既依嵇康，康死赴漢中依張嗣宗，嗣宗歿則更遠走遼西。試看「其祖流宕，寓緱氏」或「寓居洛陽」，可見實無著籍，不易取得「鄉舉」，只好到處流宕。然則「向遼西占戶」，一方面是去求發展，相對而言，也形同自我放逐，所以「嘉遯猶懷戀恨，況乎不得已」的話，出諸趙至，正合解釋。

㈡「惟別之後，離群獨遊，背榮宴，辭伉好。」

戴氏沒有討論。

這幾句的涵意，在於遠行離友，寫孤清之感而已，殊無痛遭家難，及身蒙冤抑的悲情，與呂安的況遇不符，與趙至則甚爲相合。

㈢「經迴路，涉沙漠，⋯⋯涉澤求蹊，披蓁覓路，嘯詠溝渠，
　　良不可度；斯亦行路之艱難，然非吾心之所懼也。至若蘭
　　芷傾頓，桂林移植，根萌未樹，牙淺絃急，常恐風波潛駭，
　　危機密發，斯所以怵惕於長衢，按轡而歎息者也。」

此一段先寫行役之艱難，而說非心所懼；後寫自棄不用，如蘭之傾，如桂之移，而「根萌」二句，則言根柢未深，故有下「常恐風波潛駭，危機密發」，都是就世途險巇，立身艱難而言。

---

❺詳見上文第二節。

戴氏解釋作：「此則直恐呂巽遣人隨而狙擊矣。如以爲趙至之書，則此之云云，但爲長衢之間，恐遭劫掠。」坐實如爲呂安則恐遭狙殺，如爲趙至則恐遭劫掠，不免失之過份拘限於現實的想像。「風波」兩句，辭面的確聳動，但未必即指暴力相加。這一段可利用趙至的身世背景、行爲模式和性格特色，來分析他遣辭造語何以務求駭目驚人。

試看趙至少年時嘗「亡命」，或「陽狂」遠走，一遇見投緣可親的人，便進求相依，且數度改名，這都可看出他的激越衝動和率性認眞。又由於身家寒素，卻力學不懈，自然易有簡傲疾世的心理。從他少時曾自灸身體十數處，後乃「閒詳安諦」，而嵇康則說他「頭小面銳，瞳子黑白分明，有白起之風，恨量狹小」，可知他的才氣性格，實極銳利而有鋒鋩，但也能外持鎭定。如此矛盾的性格與敏感的情緒，發爲文章，自然會有驚人之語，駭世之辭。

嵇康之死，趙至內心的悲慟悽傷，不待於言。嵇呂無罪被殺，必然讓他有危疑憂懼之慮，「風波」、「危機」便會噴薄而出，就像「風波失所」一類的話，詩人筆底，實屢屢可見，無須太過拘實解作遇刺或遭搶。因之，即就此條而論，作者歸之趙至，較呂安更爲恰當。

　㈣「又北土之性，難以托根，投人夜光，鮮不按劍。今將植
　　橘柚於玄朔，帶華藕於脩陵，表龍章於裸壤，奏韶武於聾
　　俗，固難以取貴矣。夫物不我貴，則莫之與，莫之與，則
　　傷之者至矣。飄颻遠游之士，托身無人之鄉，……吁其悲
　　矣，心傷悴矣！然後知步驟之士，不足爲貴也。」

這段文字，主要在說，非其地，無其人，縱懷美材，難以取貴。以趙至自南方來，占戶遼西，思求拔用的情況，書中情辭，

正好符合。若以呂安作解，便極爲扞格。因爲呂安本有門閥，如果以見逐之身，被徙邊郡，怎會希望托根於北土呢？歷來論者，對這一段較不經意，其實則是辨解作者爲誰極好的證據。「投人夜光」，對趙至而言，正如他希望見賞於人；而「鮮不按劍」，則是感慨爲人所忌，但呂安豈須如此？更何況負罪遭逐，又豈宜自炫求售？

至於戴氏就「北土之性，難以托根」致疑，認爲「呂安東平人，可詈北土，趙至代郡人，正北土也，何云難以託根」？豈北土之詞，專以指遼東耶？」此所謂「北土」是指遼東或遼西，但趙至實際上是洛陽人，代則郡望而已；洛陽緯度比東平還稍南。至於說「北土之性，難以託根」，仍要就地理與人事兩層著眼，下面文字，纔好理解。其實後來趙至在幽遼受辟爲州從事，以吏能稱，倒是託根了的。

㈤「若乃顧影中原，憤氣雲踊，哀物悼世，激情風烈，龍睇大地，虎嘯六合，猛氣紛紜，雄心四據，思躡雲梯，橫奮八極，披艱掃穢，蕩海夷岳，蹴崑崙使西倒，蹋泰山令東覆，平滌九區，恢維宇宙，斯亦吾之鄙願也。時不我與，垂翼遠逝，鋒距靡加，翅翮摧屈，自非知命，能不憤悒者哉！」

戴氏解釋說：

明是呂安欲澄清中原翦除司馬之惡勢，故對中原而憤氣哀悼，更有艱穢之詞。司馬本穢，剪除誠亦甚艱也。

又《文選集注》引《文選鈔》則說：

「若說是景眞爲書，……景眞爲遼東從事，於理何苦而云『憤氣雲踊，哀物悼世』乎？實是呂安見枉，非理徙邊之言也。但爲此言，與康相知，所以得使鍾會構成其罪。」⑯

雖然兩者解釋的憤氣對象不同，但都由於這段文字，主張信是呂安所作。

但這兩種說法，皆未必能成立。因為這些文字，都可以解釋為作者只想一吐胸臆，故為誇張豪放；可以視作快意之詞，毋須認為其人真要「平滌九區，恢維宇宙」❶。

這段文字，原不難懂，但若求之過深，則反而變得費解。戴氏對「顧影中原」作了許多解釋，如謂「中原」可作「原中」；如指中國，則謂三分之勢，即將統一，晉有天下，已成定局，又何須如趙至者「顧影中原，憤氣雲踊」？於是得出「呂安欲澄清中原，翦除司馬」的結論。這是有問題的。戴氏沒有掌握「顧影中原」的意思。

「顧影中原」是承接上文「固難以取貴矣」和「乃知步驟之士不足為貴也」兩段，而作一大轉折，並從而發抒出強烈的情感，一吐積年的憤懣。「顧影」是自顧其身，等於檢討反省；「中原」指中土，相對於遼西或遼東而言，也就是回顧自己在中土所經歷奮鬥的一切。作者在投身邊郡，倍感孤寂，悲悴心傷之際，致書友生，傾吐肺腑，以極端的狂放，發為驚心動魄的豪縱之辭；一章所呈，氣吞六合，精采絕倫，然後以「時不我與」收轉。作者把所有的壯志豪情，憤悒悲恨，都發洩在這封信裡，而並未涉及任何具體的事件或意圖。所以像戴氏費盡心力所作的解釋，總不免滯礙扞格。其實只要稍稍冷靜地想，便知道如果呂安纔出監獄，以罪徙邊，又深知其兄勾結鍾會，要對自己下毒手，還會寫出這

---

❶同註三，頁 433-434。

❷黃侃《平點文選·趙景真與嵇茂齊書》云：「如非嵇呂往還，何得有『平滌九區，恢維宇宙』之議。干生之言，得其實矣。」（此條承汪中教授檢示；據林尹、許世瑛、黃念容諸先生過錄本，亦見上海古籍出版社印本。）戴氏解此，或即本諸黃季剛先生。然此二語，未必可為嵇呂欲覆司馬之證，亦不能謂必嵇呂往還然後能有。辨詳下文。

樣夸誕狂縱的信、予人把柄嗎？而且全篇毫無冤抑被罪的痕跡，所以要解釋爲呂安所作，可說極難講通；而歸之於趙至，則以他的身世背景之孤立無助，抱器懷才而絕無施展，加上性格的狂熱敏感，所追隨者先後棄世，於是決心遠走幽邈，迥絕中原，幾同投身異域。這樣多的因素刺激，終令寫出如此精壯的奇文；也只有趙至這樣的主客觀條件，纔能寫出這樣一篇奔逸惝恍，似有難測機杼，其實光明偉峻、英邁雄奇的文章，無怪乎能入《文選》作者之林。

㈥「吾子植根芳苑，擢秀清流，布葉華崖，飛藻雲肆，俯探潛龍之淵，仰蔭棲鳳之林，榮曜眩其前，豔色餌其後，良儔交其左，聲名馳其右，翱翔倫黨之間，弄姿帷房之裏，從容顧盼，綽有餘裕，俯仰吟嘯，自以爲得志矣，豈能與吾同大丈夫之憂樂者哉？」

這一節所寫，自來學者多以爲不似嵇康生平，而與嵇茂齊(蕃)太子舍人的身份則相合。戴氏書曾引多家說法，此不贅錄。戴氏加意彌縫，以爲當指嵇康，但頗爲勉強，不欲深辨。其實只要想到一點，便不難明白：就呂安與嵇康的交情之深，尤其如果獲罪徙邊，以書相寄，絕不可能深交而作淺語，甚至有調侃的意味。畢竟呂安兄事嵇康，又在痛遭家難之際，豈能有「自以爲得志」和「與吾同大丈夫之憂樂」這樣的言辭？所以絕不可能是呂安嵇康間的通信；而歸之爲趙至與嵇蕃，則極好解釋。

七、結　論

〈與嵇茂齊書〉的作者問題，自晉朝已有歧說，一主趙景眞（至）與嵇茂齊（蕃），一主呂安（仲悌）與嵇康（叔夜）。

嵇康之子嵇紹的〈趙至敘〉，原應最爲可信，但是晉代史籍

已不乏主張是呂安所作，於是迄今疑而難辨。近人戴明揚氏校《嵇康集》，並以《呂安集》列入附錄，戴氏力主此書爲呂安與嵇康者，頗就書信的本文分析檢討，以爲「此書出於呂安，誠無可疑」；並且改題篇目爲〈與嵇生書〉。

本論文也是依據〈與嵇茂齊書〉的本文來作分析，結論仍舊以爲應該是趙景眞寫給嵇康姪嵇茂齊（蕃）的；因爲就呂安所作解釋，滯礙甚多，而就趙至所作解釋，可說全無困難。

論　文：〈與嵇茂齊書〉作者辨
主講人：楊承祖教授
講評人：汪　中教授

楊承祖先生的這篇論文，寫得極詳細，並且能言之成理。在文章中主要討論的重點，是關於〈嵇茂齊書〉究竟爲何人所作的問題。一般學者對這個問題，主要有兩種看法：一是趙景眞與嵇茂齊；一是呂安與嵇康。而楊先生之所以要研究這封書信的用意，則是期望藉由對它的理解，能有助於辨析此封書信與「嵇康之死」的關係。

在本文中，楊先生從史書、地理考察等方面引證資料，作了深入、多面的考證與疏通之後，認爲趙景眞與嵇茂齊一說，較能把文章說通。尤其是他個人能細讀文章，如論文裏他對「顧影中原」一語的解析(見第九頁)，即充分讓讀者感到作者講解文章的精彩。然而，〈與嵇茂齊書〉作者爲何人的疑問，依我個人閱讀作品的感覺看來，這個問題或許開始即弄不清，糾纏由來已久。黃季剛先生的說法，應也是贊成干寶的解釋（即此信爲呂安與嵇康）。加上魏晉之人，多雄才大略，採呂安與嵇康此說，是不是與文章中表現出的口吻較符合？

文學與慈悲

中山大學中文系
王 金 凌

一、前 言

　　文學有技巧之理，有文類之理，有文體之理，而劉勰《文心雕龍‧徵聖》說：「情信而志足，言文而辭巧，迺含章之玉牒，秉文之金科。」情信志足是什麼理？陸機〈文賦〉自述屬文之際，恆患「意不稱物，言不逮意」，前者為文意，後者為技巧。情信志足既不屬於技巧之理，也不是文類、文體之理，而是文意之理。然而古今文學多如繁星，其意不同，似萬物各異其貌，是否有一理如情信志足存乎其中？安知此理不是前人取之以附會於文學？

　　思維有歸現象於一理的傾向，諸現象能否歸於某理則未必然。文學技巧、文類、文體能歸於一理，繁賾的文意能否歸於一理如情信志足、如無邪、如慈悲，這是拙文旨趣所在。

　　文學之意不出人心營構，人心營構以其生活、生命的經驗為對象，由此而有情志。文學所顯的情志多不平、無奈、憂悶、悲慨、自勵、放曠，偶而遊心天地山川林木人物樓台宮宇之美，也是光影乍現，旋歸離騷。如果生活一片舒坦，生命宛然中和，則不需有此文學，即使有，那是另一番言語。如果不平、無奈、憂悶、悲慨都能消融，也不需有此文學，即使有，那是另一番學問。而古今此種文學不絕，則是生活不得舒坦，生命不得中和，情志

陷於不平、無奈、憂悶、悲慨，卻又亟思脫離困頓。因此，文學是入乎情志之中，又有出乎情志之外的意向，入乎不平、無奈、憂悶、悲慨、甚至美樂之中，又思出乎其外。如何出乎其外？文學既以生活、生命經驗爲對象，而入乎此情志之中，又古今綿延不絕，則人的生命、文明應有其甚難化解的內在衝突。文學描述了這衝突的種種變相和身處其中的感懷。若要出乎其外，莫如探本索源，認識這內在衝突的根由。而繁賾的文學之意若能歸於一理，此理應是隱伏在生命的內在衝突中。

二、生命的內在衝突

(一)生存欲望和群性的潛在衝突

生命，不論植物或動物，都有天生動力。使生命存續的是欲望，它依於天生動力而追求一目的。最根本的欲望是生存欲望。動物的生存欲望體現在攝取和滿足。攝取是以感官分解、吞噬外物，而得到滿足。攝取前的渴望，攝取中失與得的緊張、焦燥、快感，攝取後的滿足，這些反應類似人的心理活動，甚至精神活動中的物我合一和圓滿，但是意義截然不同。由於本能的限制，動物攝取外物有其特定的對象。在特定對象的範圍之內，攝取的行動是任意的，因缺乏自覺意識，也可說是盲目的。正因盲目，生存欲望以攝取爲本性，而具有盡噬一切的傾向。

動物的生存欲望中蘊涵群性。動物生命並非以個體狀態而存在，而是以群體狀態而存在。個體的生存雖是首出的欲望，但是以個體狀態而存在對生存實潛藏莫大的威脅。因此，生存欲望必須延伸而蘊涵群性。群性是以類爲群，而群性含縱橫兩個向度，橫向者爲同代之群，縱向者爲繁衍之群。群的辨識依軀體、依感官知覺而辨識軀體，因此，群性和生存欲望一樣深固的蘊藏在軀

體。而軀體寄寓在天地川山草木之間，不自覺的具有強烈的依賴性。

雖然群性、依賴性由生存欲望延伸而來，二者卻具有潛在的矛盾。生存欲望具有盡噬一切的傾向，群性、依賴性卻至少必須保全同類。如果伸張生存欲望，則不得有群性、依賴性，如果伸張群性、依賴性，則生存欲望無法絕對滿足。因此，從理論上說，生存欲望和群性是衝突的。可是在事實上，這個衝突卻未出現或不易出現。在同類之外，還有異類可以作爲生存欲望的對象。異類緩解了生存欲望和群性之間的衝突。因此，這兩者之間的衝突是潛在的。當人類以其動物生命而發展出理性時，這個潛在的衝突就更明顯。

(二)自我權力欲望和群性的衝突

理性使動物的生存欲望轉化爲權力欲望；使群性從軀體延伸爲心理，從不自覺變爲自覺。理性激化了權力欲望和群性的衝突。

理性的認識能力基於動物生存欲望所需的感官認識能力而有跳躍的發展。感官認識以具體而個別的事物爲對象，理性則以抽象物爲對象；感官認識對自我缺乏自覺，理性則能思維自身，而有自我意識。動物感官認識的最後歸趣是吞噬對象，以滿足生存欲望，但是動物的吞噬受器官限制而以滿胃爲限。人的理性認識類似動物的吞噬，將對象攝入自我意識，所不同的是對象依然存在於客觀世界。動物的吞噬將對象和軀體合一，理性認識則以另一種方式將對象與自我意識合一。

雖然理性認識比感官認識有一大跳躍，而有如此差異，但是理性認識仍然必須附麗於動物生存欲望，而成爲工具。如果生命消亡，理性也無從發用。理性作爲生存欲望的工具而將對象與自我意識合一。在生存欲望的驅使下，感官和對象是緊密的接觸、

吞噬，理性則以遺物存理的方式將對象攝入意識之中。於是人類生存欲望的對象從具體而個別的事物擴大到抽象物。因自我意識之故，生存欲望自覺的以對象從屬於我，爲我所有。於是生存欲望轉爲自我的權力欲望。

在自我權力欲望下，一部份具體而個別的對象被軀體所攝取，使生存欲望得到滿足；抽象的對象則被攝入意識，使權力欲望的心理得到滿足。正因理性能將具體而個別的對象攝入意識而對象仍存在於客觀世界，當具體而個別的對象目前不爲軀體所需時，權力欲望可以佔有而不吞噬這些對象，於是在權力欲望的活動中就有「儲存」現象。這個現象使生存欲望得到更多保障，也使權力欲望的心理得到滿足和安定。

然而保障、滿足、安定等心理感受是相對的，以生存欲望、權力欲望吞噬一切、操縱一切的傾向之故，這些心理感受也有極大化的傾向。要使這些心理感受極大化，就必須使權力欲望的對象極大化。換句話說，盡量實現其吞噬一切、操縱一切的傾向。因自我意識之故，權力欲望的對象屬於非我。因群性之故，有同類的非我和異類的非我。於是每一個人的自我權力欲望便和群體發生衝突，不但在對異類的控制權上有衝突，彼此之間也有控制與反控制的衝突。而這和人的群性、相互依賴是違背的。理性使動物生存欲望和群性的潛在衝突轉化爲自我權力欲望和群性的衝突。這個衝突仍需仰賴理性緩解。

㈢自我權力欲望和規範的衝突

生存欲望和權力欲望對象的極大化必須仰賴群體去開發，而開發出來的資源卻是每一個個體吞噬、佔有的對象，這和相互依賴的群性衝突。於是理性創設了規範以緩解衝突。開發生存欲望和權力欲望所需的資源涉及生產與分配，則欲望和群性的衝突即

生產與分配的衝突，規範也是涉及生產和分配的規範。依此而立的規範略有四類：一是關於組織的規範，它規定了成員的條件。二是生產的規範，它規定了個體的工作。三是分配的規範，它規定個體的所得。四是權力的規範，它規定了成員的權力範圍，以防止規範被操縱。這四類規範以或大或小，或柔或剛的強制力發揮其效能，使群性和生存、權力欲望間的衝突得以緩解。然而這個緩解是暫時的。規範本身的不等、限制、兩難、週期等特性隨時都會再引起個體間權力欲望的衝突，而這種衝突，就個體本身而言，是生命中權力欲望和群性的內在衝突。

歸範本具強制性。若無或柔或剛的強制力，就無法適當抑制生存欲望、權力欲望的吞噬傾向，也就不成其為規範。雖然如此，生存欲望、權力欲望只是被暫時壓抑下去而已，隨時可藉理性為工具衝決規範的限制。尤其規範暴露出不等性，變為不公平時，生存、權力欲望。即以理以力攻之，而不等又是規範的本性之一，它源自分立。

分工是依個體特質而界定其工作質量。而個體的才性特質不同，於是在資源的生產和分配上也隨之不同。規範依分工而釐訂時，這個差異是必需的。另一方面，權力欲望的滿足已進至心理的滿足，不再是動物生存欲望的感官滿足。其吞噬傾向受規範限制，退而求其次，轉以平均為目標，以心理平衡為滿足。於是規範所需的差異和不同在權力欲望下變為不平等、不公平，二者有了衝突。權力欲望受壓抑而轉為羨慕、嫉妒、怨恨、無奈、憂傷等情緒。雖然人的社會活動有各種領域如政治、軍事、經濟、法律、藝術……等，使個體能在不同領域滿足其權利欲望，每個領域仍然是個規範體系，因此規範和權力欲望的衝突仍在。規範係依生活實況而訂。生活有各種不同的領域，規範隨之而異。這就

預設沒有任何一個規範能含盡全部生活領域，從而預設了各種規範可能會不相容。於是使人陷於兩難選擇。

規範既依生活實況而制訂，當生活實況因自然災害、新工具、新資源、世界觀、價值觀等因素而變動時，規範就從有效變爲失效，於是不得不重訂規範。而生活實況的變動是文明之常，因此，規範就有「有效—失效」的週期性，雖然週期長短不一。規範有效時，仍不免和權力欲望有激烈程度不等的衝突；失效時，這個衝突更不能免。

強制、不等、兩難、週期既使規範和權力欲望的衝突不可避免，而外現爲個體間的衝突，則理性至此仍無法消融生命中權力欲望和群性的內在衝突。從動物生存欲望的吞噬外物，到理性攝外物於意識中，都有與物合一的傾向，因此，衝突不是生命的最終目標。生命的最終目標是超越衝突。理性、規範既無法消融衝突，不得不乞靈於情感。

三、生命內在衝突的消融

(一)情感具有超越生命內在衝突的趨向

感官受刺激而有情緒，這是動物本能的制約反應。人也有這種情緒。人的情緒突發時，可以任其發洩，但是理性也可以認知此情緒及其成因，如各種規範的壓抑或個體間的衝突。當理性以情緒及其成因爲對象時，突發的情緒便混雜著知識，而減緩其力量。隨著理性作用的深廣，誘發情緒的那些利害、是非逐漸被客觀化，自我權力欲望的得失感不再那麼立即而強烈，於是情緒逐漸轉化爲情感。因此，情緒是立即的反應，情感則是內省的感溫。內省的深淺影響情感的純駁，也影響情感的粗猛和細膩。

雖然情感減緩了情緒的力量，從而減緩了權力欲望和群性衝

突的強烈程度，但是衝突並未消失。情感只是對衝突有自覺的反應，是弱化、柔化、複雜化的反應。不論情感如何，人對情感偏好愉快，不喜痛苦，偏好歡樂，不喜憤怒、憂傷、悲哀。帶來愉快、歡樂的情感生自和諧，而帶來痛苦的情感生自衝突。因此，情感本身具有超越衝突的趨向，這也是理性以規範無法消融權力欲望和群性內在衝突之後，不得不乞靈於情感的理由。

(二)**情感轉化為情操**

所謂乞靈於情感，仍是以理性思維此情此感。理性能以此情此感的意境為對象，也能以引發此情此感的因由為對象，前者轉化為美感，後者則轉化為情操。這是理性思維情感的兩個向度。

當理性思維情感時，意識中呈現的不止是此情此感，還有引發此情此感的事物。情感不自生，而是從這些事物間散發出來。意識中不止呈現引發此情此感的事物，記憶中的經驗內容也聯想式的浮現，交織在這些事物間，使不同時空中的事物匯聚，而構成一個境域或意境。因此，理性去思維特定的此情此感和引發此情此感的事物時，具有擴散而普遍化的趨向。一己之情轉為共有之情。

對意識中的意境，理性可以把焦點放在引發情感的因由上，而注意那些事物的關係。那些事物的關係其實就是自我權力欲望和群性衝突時的種種是非、利害，或個體間衝突時的種種是非、利害，而情感就生於對那些是非利害的得失之念。理性認知那些事物為是為非或為利為善，乃是依所秉持的是非利害之理。而理性對是非利害之理的認知，係個體在社會化過程中習得的各種規範。因此，理性實是秉持既有規範以判定引發情感的那些事物，辨知其是非利害。如果理性不能從其所是，則退墮為權力欲望的工具，仍然陷於生命的內在衝突。如果理性執其所是，經久而成

為言行特質，此即情操。情操既立，對於令人愉悅的情感固然能夠欣賞，對於令人不悅的情感如悲慨、憂悶也能忍受而不移。人在衝突中不再一任以令己愉悅的情感為目標，而是歸止於是非之理。

依生活而立的規範本有多種，使人容易陷於兩難選擇。理性既秉規範，執其所是以判定引發情感的那些事物，辨其是非，而樹立了情操，另一方面，也因兩難選擇，而不免有所遺憾。遺憾正是衝突仍在的表徵，衝突已從權力欲望和群性之間、從個體之間轉化為規範之間。而人偏好愉快的情感，愉快生自和諧，因此帶有遺憾的情操在情感本性之下仍需向上一著，轉為悲憫、轉為慈愛。

㈢情感轉化為美感

另一方面，理性也可以把焦點放在意識中引發情感的那些事物，而不顧那事物何以會引發如此情感。由於理性去思維情感具有從特定的一己之情擴散而普遍化的趨向，於是權力欲望中的得失之念逐漸消退。理性又不把焦點放在引發情感的因由，以探索其間的是非利害，於是尋求那些事物之理的旨趣也消退。那麼，理性除了認知那些事物及其間所散發出來的情感之外，別無所用，於是剩下感性周流於意境中的事物和情感而浮升美感。此時，意識中既無個體間的衝突，也沒有規範間的衝突。生命中權力欲望和群性的內在衝突止息。

雖然情操使人能知引發情感的因由，而自持其是，堅其品格，仍然未能消融衝突而有所遺憾。況且，在衝突中，權力欲望也可能轉為熾盛，而使情操潰決，甚至不自知而淪為工具。至於美感，誠然能止息衝突，卻無法永遠停駐於此，終須回到日常生活，面對衝突。則權力欲望和群性、個體之間、規範之間的衝突終至此

無消融的可能。

人如果要消融二者的衝突，唯有轉化權力欲望或群性。群性不可能轉化，群性所需的規範只能變革，無法轉爲非規範，因此唯有轉化權力欲望才能消融衝突。

(四)情操轉化為慈悲

理性使動物生存欲望轉爲自我權力欲望，其吞噬的本性甚爲強固。但是在理性所創立的規範下，權力欲望受到遏抑，衍生了情緒或情感。理性復以情感爲對象，而使情感轉化爲情操時，自我認識了其他個體與我皆有同情共感，於是權力欲望被壓抑的吞噬本性頗受柔服。當理性使情感轉化爲美感時，自我竟能暫時全然擱下權力欲望，而入渾然忘我之境，足見權力欲望有轉化的可能。美感因渾然忘我而能全然擱下權力欲望，則轉化權力欲望的最後關鍵在於忘我。可是美感不可能永駐，終須回到日常生活，於是轉化權力欲望必須寄託在情操。理性省察情感的原因，因自持其是而成情操，則情操的自我之執甚強。執持情操也表示理性至此對消融衝突無能爲力，雖然能夠辨正是非，卻有無可奈何之感。這種情感就是悲感。但是這個悲感不是對一己的處境而生，是對人所共有的處境而生。人所共有的處境是無力消融衝突，因此，人是孤弱的，對此孤弱而有憐憫之感。所以理性去思維情操始末，自能升起悲憫。悲憫的對象遍及一切人，故爲大悲。

人對情感既喜愉悅，不好痛苦，則悲憫之感升起時，自然懷著使人脫離衝突困境的願望，而不至於只是一任悲憫而已。這個願望實含愛心爲動力，其對象又遍及一切人，故有大慈。慈悲既具普遍性，則非且不隸屬依於自我權力欲望所引發的特定情緒或情感，反而含容超越這些特定的情緒或情感。含容意謂瞭解權力欲望的滿足是個事實，超越則意謂能使權力欲望轉化爲吞噬本性

已被消融的活動。吞噬本性既被消融，則是忘我，於是生命的內在衝突止息。但是慈悲的忘我不似美感遊心於意境，而是遊心於理性所創的規範世界，即使規範不合理亦然。正因慈悲的忘我，理性所創的規範可以得其正，而使生存欲望和群性臻於和諧。從生命的內在衝突和消融來看，文學所示正是衝突中的情志和消融的契機。

四、情信志足的意義

(一)文學情感的真實與圓成

劉勰以「情信志足，言文辭巧」爲文學創作的玉牒金科。其中，「情信志足」爲作品文意的歸趣，無論文意如何變化，最後都應該歸於「情信志足」之理。然而在作品中看不到此理，那麼爲何文意應該歸本於此理？這個問題可從「情信志足」的意義索解。

情指情感，志指志意，前者是感性的，而後者是理性的。在創作中，情感與志意交揉互動，難以強分，那麼情在什麼情況之下始爲信？志在麼情況之始爲足？

文學創作緣於顧念昔日經驗，既是顧念，則不是感官的制約反應，因此，創作的初念無論是人、或事、或物、或情緒、或昔日經驗中的情感，終將歸於新生的情感。以初念所生的情感爲「文學情感」，則昔日經驗中的情感爲「生活情感」。這兩種情感有所不同。生活情感緣於日常事務而發，切於是非、善惡、利害，要而言之，得失之心存乎其中。文學情感則緣於將生活情感攝入創作時的意識活動而生，具有超越生活情感的傾向。即使生活情感中的得失之念甚強，而攀援依附於文學情感，二者所引發後果也不同。生活情感中的得失之念引發爲日常行動，文學情感中的得失之念引發文學寫作。

這兩種情感的根本差異使其焦點有別。情感緣事（事指人藉物而互動）而發。生活情感因得失之念重，因此以事為焦點，情感隨之；文學情感因顧念、回憶而柔化、弱化了緣事而起的得失之念，於是以情感為焦點，而事務隨之。在生活中，事為特定之事，思維對象受局限。在文學創作中，因顧念、回憶、想像、聯想都足以使生活情感所涉特定之事擴散，其情其事遂有普遍化的趨向。

生活情感和文學情感的不同既然如此，則文學創作要求「情信」若指作品合於生活情感及其所涉之事，在事實上不可能。這也是文學所以為虛構的理由，它相對於生活情感及其所涉之事而稱為虛構。情信是指作品合於文學情感，合於創作思維時的意識內涵。

如果作品都能合於作思維時的意識內涵，則不須特別標舉情信。而今特別標舉情信，則是作品未必合於創作思維的意識內涵。何以如此？禁忌之故。創作而顧念、回憶昔日經驗，甚至想像、聯想時，意識內並非一片空白，而是充滿知識、價值觀、和是非利害的選擇心態。若文學情感及其所涉之事不合於價值觀，或違背社會、政治禁忌，或有損自身的利益，往往遭受扭曲或刪略。而悖離「情信」。若違犯禁忌而仍堅持情信，唯有出之以興寄。

然而文學創作何以應該情信？追溯本始，生活情感本是緣於生命內在衝突而生，即使在衝突中尋求喜樂，也不免在追求過程中衍生痛苦。人對情感既好愉悅而惡痛苦，如今創作顧念、回憶生活情感，本有緩解衝突所生之情的意向，而創作若不能情信，本身即含衝突，則創作不能情信是相矛盾的。再者，緩解衝突必需知其實情，才能有對應之法。創作既有緩解衝突所生之情的意向，自應求其真實，求其情信，而不受禁忌扭曲，才能有對應的

緩解之法。雖然文學情感和生活情感有別，只是思維對象的焦點和廣狹不同而已，其緩解衝突所生之情的性質是一樣的。

創作思維時，意識的內容雖有其內在理路，不免紛雜或歧出。以此發為作品，固然情信，卻因紛雜或歧出而掩蔽其情。意識內容既有其內在理路，則顯示理性在創作思維中有所作用。理性具有將思維內容條理、統一的作用，則紛雜或歧出的意識內容將因充分的理性作用而圓成，使文學情感得以呈現。情信既使作品合於意識內涵，意識內涵因想像、聯想之故而不免紛雜或歧出，則志足的作用正是使真實而紛雜或歧出的文學情感趨於圓成。

(二)文學情感的轉化

因此，情信志足是文學情感真實圓成之理。可是它的意義不僅止於此。如果情信志足只是作品圓滿的合於意識內涵，而意識內涵充滿了生命內在衝突所生之情，則文學作品只是重溫或沉耽於那些情感。然而創作本有緩解生命內在衝突所生之情的意向，則情信志足不是僅止於合乎意識內涵，使作品成為重溫或沉耽文學情感，而是超越文學情感，使意識內涵不只是一些情感現象，且能轉生出情操或美感。

創作中既有理性的作用，當作品圓滿的合於意識內涵而能情信志足時，其文學情感仍然和生活情感中的悲喜怨樂相似，只是更細膩、更趨向普遍化而已。這些情感本是緣於生命內在衝突所生。基於人對情感喜愉悅而惡痛苦，理性自能以這些情感為對象而思之。其思維向度有二：一是以此文學情感所涉事物構成的意境為對象；一是以引發此文學情感的因由為對象。前者轉生出美感，而後者轉生出情操。其過程一如拙文第三節「生命內在衝突的消融」所述。在這個過程中，「志足」意謂理性以文學情感為對象，充分發用之後，文學情感轉化為其情操或美感。則「情信」

不再僅止於作品合於只有情感的意識內涵，更提升爲意識內涵中的情操或美感。若以作品合於只有情感的意識內涵爲「眞(實)」，則由文學情感轉化而來的情操便是「善」，由文學情感轉化而來的美感便是「美」。於是「情信」意謂作品合於意識內涵中的情感、情操、美感，「志足」則有二義，一是轉化文學情感爲情操或美感的理性作用，一是將創作思維中充滿紛雜、歧出的意識內涵加以圓成。

　　古今作品的文意變化萬端，似乎盡在情信志足之理的範圍內。文學之事似乎已盡。其實不然。創作緣於顧念、回憶生活情感及其所涉事物，生活情感又緣於生命內在衝突而生，則創作具有超越生活情感和消融衝突的意向。在情信志足的作品中，其文學情感不論是憂悶、快意、悲慨、欣喜、悵惘、怡然，仍然是生命內在衝突的表徵，足以令人深切的入乎其中，卻無法實現創作的本懷，使衝突消融。其情操雖善，能自持其是，堅其品格，也無法消融衝突而有所遺憾。至於美感，能暫得遊心意境的悅樂，卻無法永駐，而須回到日常生活，猶如風中之燭，隨之明滅。消融衝突的創作本懷自此僅能披露生命的內在衝突，則人的種種理性與感性活動實無能爲力，而由此生起悲憫的情感。悲憫之中實含慈愛。若無慈愛，對種種理性與感性活動的無能爲力只是知之而已，無由升起悲憫。因此，由創作本懷而言，情信志足的作品不必顯露慈悲，其文學情感、情操、和美感卻含蘊了轉生慈悲的因子。

五、結　語

　　王國維《人間詞話》論宋徽宗與李後主有言：「尼采謂：一切文學，余愛以血書者。後主之詞，眞所謂以血書者也。宋道君皇帝燕山亭詞亦略似之。然道君不過自道身世之戚，後主則儼有

釋迦、基督擔荷人類罪惡之意，其大小固不同矣！」其浣溪沙則說：「山寺微茫背夕曛，鳥飛不到半山昏，上方孤磬定行雲。試上高峰窺皓月，偶開天眼覷紅塵，可憐身是眼中人。」此文或可敷暢靜安之意，只是慈悲大願的雄健，靜安恐怕稍弱而已。

論　文：文學與慈悲
主講人：王金凌教授
講評人：彭錦堂助理教授

　　討論人很欣賞本篇論文的主題關懷。也推許本文綿密繁複的論證推理，以及全文構思追求完整系統的用心。在一些內容細節方面，討論人提供一些具體意見：

　　一、關於「慾望」與「權力」：作者似是視此為人的負面的本能，一般理論家則持較中立態度，認為此二者兼具正負面的可能性。

　　二、關於個體生存欲望與群性「衝突」：在本文中作者提到「從理論上說，生存欲望和群性是衝突的」（見本文第二頁），而西方學者，如：佛洛伊德（Sigmund Freud）、拉崗（Jacques Lacan）……等，多認為個體與群性的衝突是後起的（小孩認識鏡子中之我為我是較晚的發展，嬰兒在孕育期是依賴母親維生的，而母親也正是嬰兒接觸到的第一個社會）。作者所論當另有所本，希望能略加交代。

　　三、關於「理性」：不少西方學者，（如Jurgen Habermas），對啟蒙運動以來的理性傳統做肯定的修正與開展，但對懷疑者，如傅柯（Michel Foucault）等，亦有強有力而貼近現實及時代的反駁。本文作者對理性議題的取向，明顯傾向前者，若能在此立場上，同時有力地回應後一類的思想家所提出的問題，當更具說

服力。

　　討論人仰慕本文作者理論文字的功夫。因自身深覺理論文字的困難，討論人（非針對本文而發）認為理論應建立在文化上而發展出特色，但第一步應是以普通語言做明白曉暢切近常識的敘述。這是現今世界理論界的趨勢；討論人以此與聽眾共勉。另外，討論人希望本文作者能將此文之大課題寫成書，並以具體的文學為例證。好的理論多具「針對性」，像德希達（Jacques Derrida）的理論影響面廣，原來是從討論盧梭（Jeau-Jacques Rousseau）而出發的。

陶潛「五柳先生傳」寓意試探

東海大學中文系

薛　順　雄

　　晉代大詩人陶潛（字淵明），曾經寫過一篇標題爲：「五柳先生傳」的自寓式短文，在這一篇文章中，他曾寫下如此具有寓意的句子，所謂：

　　　　「宅邊有五柳樹，因以爲號焉」

在這裡，很明顯地，他是以「五柳」來作爲自己的「自號」。從此以後，「五柳」或「五柳先生」一語，無形中便成爲陶氏（或「隱士」），在後世中的代稱，誠如：

　　北周・庾信「和王少保遙傷周處士」詩云：「三山猶有鶴，五柳更應春」

　　唐・王維「田園樂」詩云：「一瓢顏回陋巷，五柳先生對門」

　　劉長卿「送柳使君赴袁州」詩云：「五柳閉門高士去」

　　周賀「送張諲之睦州」詩云：「過門五柳開」

　　雍陶「和孫明府懷舊山」詩云：「五柳先生本在山，偶然爲客落人間」

　　李群玉「送陶少府赴選」詩云：「仍傳五柳舊琴書」

　　皮日休「新秋言懷寄魯望三十韻」詩云：「仕應同五柳」

　　宋・王百穀「九日邀友人書」云：「空齋無枝菊，大爲五

柳先生挪揄」

值得我們注意的，就是為什麼？陶氏要以「柳」樹來作為他自己的特別「自號」？而不用其他的植物。因為在陶氏的詩中，我們發現他是一位很喜愛花木的人，在其庭院裡，除了種有柳樹外，還種有竹、榆、桃、梅、李、松、蘭等植物，證據如下：

「時運」詩：「林竹翳如」

「歸園田居」詩(五首之一)：「榆柳蔭後簷，桃李羅堂前」

「和郭主簿二首」(之一)：「芳菊開林耀，青松冠巖前」

「飲酒二十首」（之八）：「青松在東園」

「蠟日」詩：「梅柳夾門植」

「擬古」詩：「榮榮窗下蘭」

然而，為何陶氏偏要用「柳」來加以自寓，而不採取其他的植物，是否因為他特別鍾愛「柳」樹，所以才以它來作為「自號」。答案是，否定的。因為在陶氏所寫的「歸去來兮」一文中，他所表現出特別關懷的，是庭院裡的「松」與「蘭」，所謂：「三徑就荒，松菊猶存」，根本就沒有提到過「柳」。既然如此，陶氏又為何以要特意寫一篇「五柳先生傳」，明白告訴後人，他是以「柳」來作為「自號」，到底陶氏的用意為何？而他透過以「柳」來作為「自號」，是想顯示什麼樣的特殊意義呢？這一些問題，事實上都值得我們進一步去加以探討的，相信在其寓意謎底揭露時，必將更有助於我們對於陶氏的加深認識。所以，筆者本著學術上「小題大作」的探索原則，對此加以深入的追探，或許有愚者一得之勞。

一、問題的提出

以植物作為「人」的文學表現法，在春秋時期已有所見，最

顯明的例子，就是孔子曾經說過這樣的話，所謂：

> 「歲寒，然後知松、柏之後凋也」❶

據此可知，在孔子的那個時代，「松與柏」已經被借用來，作為「人」道德原則與堅毅意志的一種表徵。特別是「君子」（有人格的智識份子），更是要像「松柏」一樣，必須經得起外在最惡劣的社會環境的考驗。自此以後，「松樹」一直就被借用為眞正「君子」的人格表徵，而延續到如今。在魏晉時期，「松樹」依然有詩人運用它來入詩，以作為「君子」的表徵。像魏朝劉楨所寫的「贈從弟」（三首之二）一詩，便云：

> 「冰霜正慘悽，終歲常端正
>
> 豈不罹凝寒，松柏有本性。」

在此，劉氏就正面運用「松柏」天生不畏外在「凝寒」的特性，來勉勵其從弟應效法此種「松柏」的精神，不論處於任何惡劣的環境下，都要學習「松柏」能終年維持「端正」的行徑。陶潛是很欣賞社會上像「松柏」這一類的「君子」，特別是在黑暗的時代，更須要這種人來支撐，才能為人類從黑暗中帶來一線的光明與希望。所以，陶氏在其「歸去來兮」一文中，才會特意寫出：「景翳翳以將入，撫孤松而盤桓」的句子，表達出其由衷喜愛「孤松」（有獨立人格的君子）的情懷。既然如此，陶氏又為何不以「松柏」來作為自寓，反而寫出標題為「五柳先生傳」的文章？若用「松柏」，豈不是更可以讓世人瞭解其在黑暗中堅持道德原則的「松柏」人格，為何卻偏要選用「柳」來作為自我的寫照？這眞是個耐人尋思的問題，頗引起我們探討的興味。

其次，除「松柏」之外，「菊」也是被晉朝時期的文士所喜

---

❶見「論語」「子罕」章。

愛，並加以稱頌的一種花木。何以「菊」會特別被人贊賞？那是因爲它具有特殊的靈性，誠如晉朝詩人袁崧「菊」一詩所云：

> 「靈菊植幽崖，擢穎陵寒飆。
>
> 　春露不染色，秋霜不改條。」

從這幾句詩裡，讓我們感知到「菊」之所以值得被珍視與尊重，乃是它不在乎其所生長處境，是在於不受「人」注意的「幽崖」（幽靜的山崖），還是能不受任何因素的影響而自我良好生長，並能抗拒所有外來的「寒風」吹襲，顯示出其堅毅的靈性。特別是，當春臨大地時，一般的花木，只要獲得了春天「雨露」天恩的寵賜時，無不立即受「染」，而改變了本來的顏「色」，不像「菊」能那樣地堅守自己的「本色」。等到外在的環境又產生變化，一旦秋季來臨，嚴霜時下，一般的花木，大都經不起這種霜降的嚴重考驗，紛紛先後顯示出其蕭條的景色，失去了其本來的容貌，而「菊」卻依然能抗拒嚴霜，不改變其原有形象，所謂：「春露不染色，秋霜不改條」。這種的精神與行徑，才足以作爲眞正有人格的智識份子的表率，所以用「菊」來象徵「君子」，確實是很合宜的。陶氏之所以特別欣賞「菊」，相信是有其「君子」人格上象徵的潛存寓意。可是，陶氏也不採用「菊」來作爲自己正面的「自號」寓意，而選用「柳」，這種作法確實是令人納悶。怪不得，胡適在民國十七年四月廿日遊廬山的陶潛故居遺跡時，所寫下的「廬山遊記」中，會說出這樣的一段啓人尋味的話語，他說：

> 嘗記得前人題詩云：
>
> 五字高吟酒一瓢，廬山千古想風標。
>
> 至今門外青青柳，不爲東風肯折腰。
>
> 我讀此詩，忽想起一感想：陶淵明不肯折腰，爲什麼卻

愛那最會折腰的柳樹？今日從溫泉回來，戲用此意作一首
詩：「陶淵明同他的五柳」當年有個陶淵明，不惜性命只
貪酒。骨硬不能深折腰，棄官回來空兩手。甕中無米琴無
弦，老妻嬌兒赤腳走。先生吟詩自嘲諷，笑指籬邊五株
柳：看他風裡儘低昂，這樣腰肢我沒有！

從胡適所寫：「看他風裡儘低昂，這樣腰肢我沒有！」這樣的詩
句中，我們可以推知，胡氏應是認爲，陶氏所以在「五柳先生傳」
中會說出：「宅邊有五柳樹，因以爲號焉」的話，是有意運用文
學表現技巧上「反諷」的手法，來暗示自己是個絕不「折腰」的
君子性格。至於胡氏何以會有如此的詮釋法？那是因爲「柳」在
後世中，給人普遍的印象是較善於「隨風」而「折腰」的一種植
物，所以才會引起胡氏有如此的聯想。再加上，在梁朝昭明太子
蕭統所撰的「陶淵明傳」上，曾寫有陶氏自己說過的話，所謂：
「我豈能爲五斗米，折腰向鄉里小兒？」，更證明了他是一個絕
對不肯隨便向人「折腰」的人。另外，在陶氏所寫的「與子儼等
疏」一文中，陶氏也正面說明了自己是：「性剛才拙，與物多
忤」。所以，胡適才會從「反諷」的寫作手法立場來詮釋，陶氏
在「五柳先生傳」中，以「柳」來作爲「自號」，是有意借「柳」
來反諷當時「折腰」的文人，應是有其深刻的涵意存在。胡氏這
種的推想，從表面上來看，似乎是可以言之成理。然而，若是我
們再深一層去探究「五柳先生傳」一文，我們會發現胡氏的這種
想法，只是一廂情願而已。因爲陶氏寫這篇「五柳先生傳」，在
文筆與內容上，都是很平實而誠懇的，絕無任何調侃的意味。全
文只申述自己，絕無批判他人。並且，從陶氏的爲人而言，他是
一位對人很「眞誠」的人，相信不會故意運用「反諷」的文學手
法，去嘲諷別人，以期達到抬高自我人格與身價的目的才對。更

何況，以「柳」來作爲「人」不良行爲的象徵，在唐朝以前，我們並沒有任何相關文獻的發現。所以從考據的立論上言，胡氏的「反諷」說法，是難以成立的。因此，要想對於陶氏以「柳」作爲「自號」的詮釋，我們必須要作另類的思考。由於，陶氏在其「五柳先生傳」中，很清楚的闡述了他是：

　　「常著文章，頗示己志」

可見，陶氏所寫的「文章」（文學作品），都是有意顯示其自己的思想，「五柳先生傳」當然也不例外。更何況，在此文中，他又那麼正面的先知我們，他是：「宅邊有五柳樹，因以爲號焉」。可見，他特意種植了爲數五顆的「柳」樹，並用它來作爲「自號」，不應該完全沒有任何的寓意吧！要想揭開這個答案，我們還得從「柳」被運用作爲文學表徵的探源及演變上去追探尋，才能理清脈絡，而見其眞象。

二、「柳」樹的寓意

　　「柳」被採取用之於文學的表徵上，最早是見於「詩三百篇」，所謂：「楊柳依依」（見「小雅」「采薇」章）。從此以後，「柳」在文學上所呈現的觀感，都是趨向於這種「柔弱」的反映，當然這是適合於「柳」的天生本性。誠如北宋徽宗朝學者陸佃所撰「埤雅」一書中所說：「柳，柔脆」，明朝學者李時珍的「本草綱目」書裡亦詮釋：「柳枝弱而垂流，故謂之柳」。因此，在文獻上，我們時常有所發現闡述「柳」特性的詞句，所謂：

　　　「弱柳向低風」（南齊・劉繪「送別」詩）

　　　「柳條通體弱」（「隋書」「柳調傳」）

中唐詩人孟郊，還寫有「搖柳」一詩，特意來顯示「柳」的這種屬性，詩云：

「弱弱本易驚，看看勢難定。

　因風似醉舞，盡日不能正。」

可見，「柳」在詩人的心目中，確實是被認為是一種屬於很會隨「風」而搖擺，並難以永保端「正」的植物。然而，值得我們注意的，就是一直到唐朝，我們並沒有發現有以「柳」來象徵「折腰」的詞句。倒是借用「柳」來形容女人柔細善舞的「腰」，而稱之為「柳腰」或「舞腰」，則常有所見，像以下的這些詩句，都足以為證：

　　北周・庾信「和人日晚宴昆明」詩云：「上林柳腰細」

　　唐・韓愈「醉唱歌」詩云：「腰身如柳枝」

　　楊炎「贈元載歌妓」詩云：「猶自風流勝舞腰」

　　趙嘏「東亭柳」詩云：「猶自風流勝舞腰」

　　韓偓「頻訪盧秀才」詩云：「柳腰蓮臉本忘情」

　　白居易「新樂府」第廿四「兩朱閣」詩云：「柳似舞腰池似鏡」

　　北宋・韓琦「和春卿學士柳枝詞」云：「可能渾忘舞時腰」

　　南宋・陳與義「柳絮」詩云：「柳送腰肢日幾迴」

　　元・馬臻「見柳詠懷」詩云：「事去卻憐橋畔柳，春來猶學舞兒腰」

莫怪，明代詩人袁宏道會寫出：「笑殺陶家五楊柳，春來依舊折腰肢」❷，如此頗具嘲諷意味的詩句，那是因為他還是依據唐朝以後對於「柳」的觀念，才會說出這樣的話語。

　　事實上，若是我們能夠不停留在「柳腰」、「舞腰」、「柔弱」等觀念上打轉，而另闢途徑去加以探索。我們可以從現存的

──────────

❷見其「閒居雜題」六首之五。

文獻中，發現到「柳」樹在魏晉時期，並不完全被認定是一種「柔弱善變」的植物，反而是被視爲具有某種特殊屬性的「珍樹」。在魏朝曹丕（文帝）所寫的「柳賦」中，有很明白的指出，所謂：

> 「伊中域之偉木兮，瑰姿妙其可珍。稟靈祇之篤施兮，與造化乎相因。……含精靈而寄生兮，保休體之豐衍。惟尺斷而能植兮，信永貞可羨。」❸

在這裡，曹氏正面稱贊「柳」是一種「偉木」，並認爲它是具有「永貞」的良好品性，更是天地精靈之所「寄生」，雖然遭受到被「尺斷」（被斷切成約一尺長）的傷害，它依然還是能夠堅強活下去，並不曲服、委縮、變形，所謂：「惟尺斷而能植兮，信永貞而可羨」，所以曹氏才會認爲它是一種「可羨」的植物。曹氏對於「柳」的這種看法，大異於後世對它的觀感，這是很值得我們注意的一件事。因爲曹氏的時代離陶潛較近，這種觀念的提出又在陶氏之前，有可能是代表當時文人對於「柳」的一種普遍看法。若是我們再參證西晉武帝朝的文人傅玄所撰的「柳賦」，將可對「柳」的觀念有更深入的認識，此賦云：

> 「美允靈之鑠氣兮，嘉木德之在春。何茲柳之珍樹兮，稟二儀之清純。……參剛柔而定體兮，應中和而屈伸。……是精靈之所鍾兮，蔚鬱鬱以依依。居者觀而弭思兮，行者樂而忘歸。夫其結根建本，則固於泰山。兼覆廣施，則均於昊天。雖尺斷而逾滋兮，配生生於自然。無邦壞而不植兮，象乾道之屢遷。」❹

從上述曹丕與傅玄先後所寫的二篇「柳賦」裡，我們可以得知在

---

❸見清、康熙四十五年刊行，陳元龍奉勅編纂之「御定歷代賦彙」卷116六「草木」「柳賦」類。
❹見仝上。

魏晉時期的文人，他們認爲「柳」是具備有以下幾項的特色：

㈠它是被視爲是天地精靈之氣所聚集，因而產生的一種珍奇的植物，所謂：「含精靈而寄生」、「是精靈之所鍾」，所以能被稱之爲「偉木」或「嘉木」。

㈡它能剛柔並濟，隨時地而屈伸，以應中和生存之道，而保休（美）體的豐衍，絕不作無意義的犧牲，以尊重自我的生命，並保有自我有用生命的豐盛，所謂：「參剛柔而定體」、「應中和而屈伸」、「保休體之豐衍」。

㈢它能結根建本，有原則，能堅守，絕不任意動搖自我的根本，是值得受敬重的，所謂：「結根建本，則固於泰山」、「信永貞而可羨」。

㈣它的生命力特別旺盛，能突破一切的困境而生長。儘管是被「尺斷」(從原樹上被切斷，而成爲約一尺長的片段加以移植，在先天上受了很大的傷害）， 卻依然還是能夠堅強地活下去，並且還活得頗爲滋長，其生命的強韌性，完全能不受惡劣生長環境的影響，所謂：「惟尺斷而能植」、「雖尺斷而逾滋」。

㈤它在突破任何困境而茁強生長之後，其茂盛的枝葉，不但能給人予生命力的啓發，亦能予行人遮蔭，並使人樂涼而忘歸，有益於人類，所謂：「是精靈之所鍾兮，蔚鬱鬱以依依」、「居者觀而弭思兮，行者樂而忘歸」

㈥它茂盛的枝葉，能不分彼此而平等兼覆廣施，普蔭衆生，並造福群類，所謂：「兼覆廣施，則均於昊天」。

㈦它能不受地理條件的限制，而廣泛地自然生長。不管在任何的地域，皆能不受扭曲地正常發展自我，適應天道的能力極強，所謂：「配生生於自然」、「無邦壤而不植」、「象乾道之屢遷」。

從以上所歸納出來「柳」的這些特色，可知，在魏晉時期文士對於「柳」的這種評價，完全打破了後代把「柳」視之為「柔弱善變」的不良印象。另外值得一提的，就是在西漢武帝朝的學者孔臧，在其所撰的「楊柳賦」中，亦曾寫下有如此的幾句話。此賦說：

> 「飲不至醉，樂不及荒。……惟萬物之自然，固神妙之不如。意此楊柳，依我而生。未丁一紀，我賴以寧。暑不御箑，淒而涼清。內蔭我宇，外及有生。物有可貴，云何不銘」❺

這裡所寫的：「飲不至醉，樂不及荒」，以及「意此楊柳，依我而生」等話，好像是專為此後的陶潛而預說似的。又此文寫「柳」是：「惟萬物之自然，固神妙之不如」，強調此樹的「自然」，又似乎是陶氏喜愛「自然」本性的寫照。儘管陶氏是否讀過此賦，我們無法查知。但是陶氏以「柳」作為「自號」的寓意作法，豈是完全沒有前人的歷史根源。至少在陶氏之前，已經有人說出：「意此楊柳，依我而生」的話語來了。陶氏在其「感士不遇賦」中，也說出了「懷正志道之士」（陶氏語）不得志時，則是以「文」而伸已懷，所謂：

> 「古人所以染翰慷慨，屢伸而不能已者也。夫導達意氣，其惟文乎？」

可見，陶氏特意寫一篇「五柳先生傳」來自況，也應是一種「導達意氣」的作法。陶氏在題目上自訂為：「五柳先生」，並在文中，告知世人自己是：「因以為號焉」，說明這是他本人親定的「自號」。據此可知，「柳」在魏晉時期，文人所賦予它的多樣

❺見清、孫星衍編「續古文苑」卷二。

特色來看，它是「松」與「菊」所無法全部加以取代的，所以陶氏才會不取「松」與「菊」來作爲「自號」，而徑取「柳」是有其道理在的。要是我們從陶氏整體的思想、個性、處境、行爲等多方面來看，只有「柳」在當時文人心目中的特別意義，才能涵蓋陶氏是有別於同時代，一般文人的人生原則與處世方法。陶氏的自動辭官，不同於一般文人的歸隱，而是認眞地回歸到自己的土地上，當一個眞實的農夫，既平凡又平實，把自己的生命眞正落實在土地，效法先賢，樂食自力，上無愧於天，下不尤於人，誠如其「勸農」詩所云：「傲然自足，抱朴含眞」、「舜既躬耕，禹亦稼穡」、「民生在勤，勤則不匱。宴安自逸，歲暮奚冀」。陶氏的自我處世方法，在其「神釋」詩中有所申述，所謂：「縱浪大化中，不喜亦不懼」，這種中和的原則，豈不是跟「參剛柔而定體兮，應中和而屈伸」的精神相符。陶氏的人生原則，在其「和郭主簿二首」(之一)詩裡亦有所說明，所謂：「營己良有極，過足非所欽」，所以辭官歸農，依然能「力耕不吾欺」（「移居二首」詩之一）、「不言春作苦」（「丙辰歲八月中於下潠田舍穫」詩），當個踏實的農夫，活得自然而自在，這種的行徑，不正是「無邦壞而不植兮，象乾道之屢遷」二句的涵意寫照！

　　還有，「柳」對陶氏而言，除上述的多樣涵意外，也寓有他所敬慕的先賢「柳下惠」的爲人。這在陶氏所寫的「飲酒二十首」（之十八）詩裡，可以找到印證。因爲在此詩中，他曾寫下如此的句子，所謂：

　　「有時不肯言，豈不在伐國？

　　仁者用其心，何嘗失顯默。」

此處所說的「仁者」，指的正是「柳下惠」。在班固「漢書」的「董仲舒傳」中，有很清楚的說明，所謂：

> 「聞昔者，魯公問柳下惠：『吾欲伐齊，何如？』」，柳下
> 惠曰：『不可！』。歸而有憂色，曰：『吾聞伐國不問仁
> 人，此言何爲至於我哉？』」

陶氏把這一段典故濃縮寫入其詩意中，正足以顯示其對柳下惠崇
高人格的敬仰，以及表露反對戰爭的「仁者」思想。在陶氏詩中，
亦曾說過：「何以慰吾懷？賴古多此賢」(「詠貧士七首」之二)，
以及「朝與仁義生，夕死復何求！」(之四)的話，都足爲明證。
所以，陶氏生前的至友顏延之，在陶氏身後而爲其所撰的「靖節
徵士誄」，便直接把陶氏拿來跟「柳下惠」相比擬，所謂：

> 「黔婁既沒，展禽（柳下惠）亦逝。
>
> 其在先生，同塵往世。」❻

依上所析，我們可以推知，陶氏用「柳」來作爲「自號」，其所
涵蓋的寓意應是多重而深刻的，不但能「暗示」出其處於亂世時
不作無謂的犧牲，以及堅守爲「人」的永貞原則，更能顯露出其
突破困境，回歸自我（農夫）的生命韌性，並時懷福蔭衆生的素
志。若想選用具有上述如此多重性的寓意來作爲「自號」，依當
時代而言，除了「柳」之外，實別無他物可及，所以陶氏才會借
用「柳」來作爲自我的表徵。至於說，爲何要用「五柳」？據其
所自述，乃是：「宅邊有五柳樹」，因而用「五柳」，應該只是
一種實情的反映而已。也許有人會臆推，陶氏「五柳」的用法，
跟當時人的「五斗」用語相似，喜以「五」爲數有關，可能是一
種時代的習慣用語。因查無確實的證據，故不敢作任意的推測。

---

❻「淮南子」「說林」篇云：「柳下惠見飴曰：可以養老」。高誘注云：
「柳下惠，魯大夫展無駭之子，名獲，字禽。家有大柳樹，惠德，因號
柳下惠」

三、何以不用梅、竹、蘭

　　在我們一般人的心目中，一向都是把「菊、竹、梅、蘭」視
之爲「四君子」，所以陶氏要是以其中的任何一物，來作爲其自
我人格的象徵，豈不是也很合宜，爲何捨而不用？何況，陶氏在
其庭院中也種有這些植物。可能會有人提出這種的疑問？要想解
答這個問題，則必須先要理清植物在傳統的文化上，被借用來作
爲「人格」象徵是有時代性的，並非一開始便全部被借用來作爲
「君子」的人格象徵。就文獻的顯示，最早被借用來作爲「君子」
的人格象徵植物是「松」。其次，則是「蘭」。在「離騷」一文
上，便曾出現有以「蘭」爲「君子」象徵的句子，所謂：

> 「余既滋蘭之九畹兮，又樹蕙之百畝。……雖萎絕其亦何
> 傷兮，哀眾芳之蕪穢。」

可見，以「蘭」作爲「君子」的象徵，是在於陶潛所處時代之前。
然而，在陶氏的時代，「蘭」並不很受人重視。除了成公綏寫過
「木蘭賦」，曾經說過這樣的幾句贊美話，所謂：

> 「顧青翠之茂葉，繁猗旎之弱條。諒抗節而矯時，獨滋茂
> 而不凋」❼

在其他同時代文人的詩文中，我們並沒有發現有以「蘭」來表徵
「君子」的任何文學作品。據此推想，陶氏之所以不採用「蘭」
來作爲「自號」，或許是因爲「蘭」在當時，並不具有普遍性的
象徵意義，所以才捨「蘭」而取「柳」，並且「蘭」所表現的單
一「抗節」特徵，也無法涵蓋陶氏所想表露的多重性象徵意義。
　　至於「竹」，就現存的文獻所得，在晉朝江逌的「竹賦」中，

---

❼見「歷代賦彙」卷 117。

已寫有如此盛贊的話語，所謂：

> 「惟修竹之勁飾，偉聖賢之留賞。……惟貞心與勁節，隨
> 春冬而不變。考眾卉而爲言，常最高於歷選」❽

可知，在晉朝時期，確實已有文人拿「竹」的貞心與勁節，來作
爲「君子」人格與行爲的象徵。可是，除了江氏這一篇「竹賦」
之外，同樣地我們在其他文人的文學作品中，也再看不到有任何
贊美的詞句。可見，「竹」在晉朝時期被取用作爲「君子」的象
徵也不普遍，因而陶氏才沒有採取作爲「自號」。當然，「竹」
的貞心與勁節，也不能完全顯示陶氏所欲暗示的多重性的人生象
徵意義，所以也只好捨「竹」而取「柳」了。

關於「梅」之被用來象徵「君子」的人格，那是到了唐朝才
有所見，在陶氏的當時並沒有出現。就算是在南北朝時期，「梅」
這種的植物，甚至於還被文人認爲是一種不良的物品，宋朝鮑照
的「中興歌」便云：

> 「梅花一時艷，竹葉千年色」

拿「竹」來跟「梅」相比，「梅」只是一時之「艷」，豈能同
「竹」的「千年色」相比擬，對於「梅」的評價實在不高。到了
梁朝吳均的「梅花」詩，還出現過有如此的句子，所謂：

> 「梅性本輕蕩，世人相陵賤」

可見，「梅」在南北朝時期，還是一種不被重視的植物。一直要
到了中唐時期，詩人朱慶餘的「早梅」詩才有如此的描述，所謂：

> 「天然根性異，萬物盡難陪。
>
> 自古承春早，嚴冬鬥雪前。
>
> 艷寒宜雨露，重冷隔塵埃。

---

❽見「歷代賦彙」卷 118。

　　堪把依松竹，良塗一處栽。」

在這裡，朱氏才正式把「梅」與「松」、「竹」同列，並視之為相等地位的良善植物。當然，這都是陶氏身後的事，當然無法取「梅」來作為「自號」，所以就植物象徵的時代性而言，取「柳」為自寓，我們是可以理解其原由的。至於說，桃、李、榆等植物，因一向不被取為「君子」的象徵，則不用討論。

　　總之，陶氏是一位素來被公認為有學識、有人格、並極為愛好自然的大詩人。雖然被後代標示是「隱士」的表率，事實上，他並不贊成歸隱，因為他曾說過：「良才不隱世」（「與殷晉安別」詩），他對自己的希望，則是能：「立善有遺愛」（「影答形」詩）。可惜，所處的時代是：「天道幽且遠」（「怨詩楚調示龐主薄鄧治中」詩），因而當官以後發現到：「商歌非吾事」（「辛丑歲七月赴假還江陵夜行塗口」詩），所以歸去為農，誠心耦耕，所謂：「秉耒觀時務，解顏勸農夫」（「癸卯歲始春懷古田舍二首」之二），沒有任何怨尤，並說：「但願長如此，躬耕非所歎」（「庚戌歲九月中於西田穫早稻」詩）。這種自願辭官事農，而能活得自在，豈不正跟「柳」的「雖尺斷而逾滋兮，配生生於自然」的精神相契合。南宋高宗朝的學者洪邁曾說：「淵明詩文，率皆記實，雖寓興花木間，亦然」。❾據此，我們透過陶氏以「柳」作為「自號」的寓意探索，對於這位大詩人作另類更深一層認識，豈不也是一項研究的樂事。

────────────

❾見其「容齋三筆」卷12「淵明孤松」條。

論　文：陶潛〈五柳先生傳〉寓意試探
主講人：薛順雄副教授
講評人：陳怡良教授

　　薛先生大作陶潛〈五柳先生傳〉寓意試探，與他於民國七十七年發表於《東海中文學報》第八期上的〈論陶潛五柳的象徵意義〉一文，在資料與點觀上都很近似。陶淵明〈五柳先生傳〉這篇短文，研討與發表過的文章很少，薛老師這篇對此文的寓意探討，是很有心並且值得肯定。

　　發表人這篇論文中，以「柳」樹在當時魏晉文人心目中的特色爲重點，極力去闡明陶淵明爲何不用「菊竹梅蘭」四君子其中一物，來作爲人格的象徵。他最後得到的結論是：陶淵明在這篇短文中，有意改變歷來把柳視爲「柔弱善變」的不良印象，另寓有敬慕先賢柳下惠爲人的意涵。總結來說，在這篇論文裏，作者仍是在「五柳」的「柳」樹，寓意如何這問題上發揮。

　　根據我個人粗淺的見解，對這篇作品，或許能由另一個角度來思考。一、從宏觀的角度來看整篇〈五柳先生傳〉的寓意，而非單從「柳」樹來微觀此文。陶潛家中庭院種有柳樹，是事實。如〈歸園田居〉詩中有「榆柳蔭後園」句，〈擬古〉詩中有「密密堂前柳」句，可見陶公家中種柳樹。宋傳稱「潛少有高趣，嘗著五柳先生傳以自況，時人謂之實錄」。這與蕭傳、蓮傳、南傳、晉傳上的說法都同。二、個人並以爲可從「作品繫年」的角度，去理解作者創作本文的動機，及其身處的時代背景，如此在探討本文的寓意爲何時，也許較有一定的方向可循，或有助於豐富對本文的解析。對本文的寫作年代，如逯欽立先生以爲是陶公在五十六歲前後完成；而齊益壽先生據《宋書》以爲是少作。大陸學者王定瑋《陶淵明懸案揭密》（四川大學出版社），分析整篇文

章，認爲是在那個門閥之風盛行，族屬群望被視爲一個人無形生命的時代，陶淵明居然把他的出身、家門、郡望、族屬，甚至於連自己的姓字，都一概闕如，實際上是詩人以調侃的意趣、戲謔的筆調，向門閥士族、家族譜諜，作了無情的嘲弄與冷峻的挑戰。除此尚可參看大陸學者魏正申先生《陶淵明探稿》的論見。

《詩品》所存疑難問題研究

上海師範大學研究生部

曹　　旭

　　本世紀興盛起來的《詩品》研究，百年來已取得了重大的進展。但是，在世紀即將結束的時候，《詩品》中還有一些疑難問題沒有解決。這些疑難問題包括：㈠鍾嶸身世中的疑點——曾祖父爲什麼任後魏永安太守了？㈡《詩品》中的兩條注文；㈢《詩品》中詩人的職銜稱謂；㈣《詩品》中的誤文；㈤未品詩人研究。

　　本文即最大程度地收集資料，並在前人研究的基礎上對《詩品》所存疑難問題作一點自己的解釋。

一、鍾嶸身世中的疑點
——曾祖父為什麼任後魏永安太守？

　　鍾嶸身世有一個疑點：曾祖父鍾源任後魏永安太守。

　　這個問題，以前沒有發現。一般研究者以爲，鍾嶸高祖、曾祖、祖父史無其名，不可考稽。後來，查閱他家譜時發現，鍾嶸高祖、曾祖、祖父三代均有其名，不僅有姓名、字號，還有仕宦情況：高祖鍾靖，字道寂，爲穎川太守；曾祖鍾源，字循本，爲後魏永安太守；祖父鍾挺，字發秀，爲襄城太守，封穎川郡公。

　　又進一步發現，《新唐書·宰相世系表》上也有記載，其世系雖與《鍾氏家譜》有出入，但「三祖」的部分完全相同，經比

較考察，此世系是可靠的。七世祖鍾雅至鍾嶸世系爲：

鍾雅──鍾誕──鍾靖──鍾源──鍾挺──鍾蹈──鍾嶸

發現新材料，對考證鍾嶸的身世很有幫助，但鍾嶸身世，竟有我們完全沒有了解的一面。隨之產生的疑問是：

爲什麼高祖鍾靖爲潁川太守，曾祖鍾源卻任後魏永安太守？祖父鍾挺又爲襄城太守、封潁川郡公？

我們知道，鍾氏歷仕漢、晉要職，七世祖鍾雅因護元帝過江，爲建立東晉王朝作出貢獻，封廣武將軍。此後鍾氏便世居建康（今南京），何以高祖鍾靖仕潁川？曾祖鍾源仕後魏？祖父鍾挺又仕襄城？其時，潁川早已淪爲北方政權的轄地。

是不是根據當時的習慣，人在南朝，官封北地，這些官銜只是空的封號？

即使「潁川太守」、「潁川郡公」是，「後魏永安太守」也絕不是，因爲它屬於北方政權，應是實有其職，實行其權的。那麼，這個「後魏永安太守」與前面的「潁川太守」，後面的「潁川郡公」是什麼關係？祖孫三代犬牙交錯的仕宦經歷，顯然隱藏著一段不爲人知的疑點。對此應該如何解釋？

我的假想是，鍾氏的高祖、曾祖、祖父，其仕宦經歷會不會與當時的陳伯之有類似之處？

陳伯之爲齊江州刺史，梁武帝起兵討齊，陳伯之降梁，協助平齊有功，封豐城縣公；梁天監元年，他又投降北魏；梁伐魏時，由於丘遲的勸說，陳伯之重新降梁。在鍾嶸高祖、曾祖、祖父，包括鍾嶸生活的時期，南方政權與北方政權互相對峙，長期進行拉鋸戰爭。雙方你來我往，互相攻伐，混亂紛紜，階級矛盾和民族矛盾，包括少數民族之間的矛盾交織在一起。這不僅帶來城市的殘破，萬姓的死亡，還使土地歸屬屢易其主，將帥郡守朝叛夕

降成爲那一時代特殊的景觀。

陳伯之降魏時，其親屬、妻妾仍在梁地。梁武帝的政策如丘遲在《與陳伯之書》中所說的，是「松柏不翦，親戚安居；高臺未傾，愛妾尙在。」假如鍾源任後魏太守，身居僞官，其家屬子女仍在南朝，情況與陳伯之相同，那鍾嶸的家庭無疑會受到牽累，並與東晉政權處於某種對立的地位，由此蒙受巨大的政治陰影和生活悲痛是不言而喻的。

鍾嶸與父祖輩的關係，鍾嶸只提從祖鍾憲，列於「下品」，與謝超宗等人同條，並轉述：「余從祖正員常云：『大明、泰始中，鮑、休美文，殊已動俗。唯此諸人，傳顏、陸體。用固執不移，顏諸暨最荷家聲』」由此，我們知道二點：

一是，鍾嶸寫作《詩品》，事實上有家學淵源，先輩指導，這是人們忽視的；第二說明，鍾嶸與祖父一輩尙有接觸、交流；鍾憲能對鍾嶸談詩，鍾嶸記住並寫進以後的著作，可見鍾嶸當時年齡已不在小，由此推斷，鍾嶸應該有與父親鍾蹈、祖父鍾挺，甚至曾祖鍾源共同生活的經歷，了解在這個家庭內所發生的一切。鍾嶸在《詩品》中沒有提鍾蹈、鍾挺、鍾源，也許他們不善五言詩，無法評論？也許有一個鍾憲代表就夠了，自己的父親、祖父、高祖，直系親屬應該避嫌疑？

不管怎麼說，鍾源仕北魏的經歷，會使他們家庭處於山川的阻隔，政治的磨難，親人的思念，分離的痛苦之中，儘管這一變故到鍾嶸祖父和父親時已經結束，但創傷和陰影會重重地壓在他們心裡。

從祖鍾憲在評價詩歌，並對大明、泰始詩風作出批評的同時，會不會把家庭的悲劇，把詩歌的感蕩和人生的感蕩告訴鍾嶸。在解釋大明、泰始詩風漸趨華美的同時，有意無意地向鍾嶸表明情

性與詩歌的對應，悲劇與情感的發生？不得而知。

但是，鍾嶸的詩學理論，既有時代風氣的影響，前代文論家的遺傳，也會與自己的身世有關。從宋都建康，到後魏永安，再到襄城，必定悲歡離合，魂夢飛揚。鍾嶸也會由家庭的悲劇，聯想「楚臣去境，漢妾辭宮」的歷史悲劇，聯想屈原的《九章》、《九歌》和《離騷》，領悟人生悲劇和詩歌發生的關係；從家庭個人的艾怨，聯想整個社會的怨悱，貫穿漢魏晉宋以來「以悲爲美」的傳統；理解江淹《別賦》、《恨賦》所蘊涵的社會意義，最後把「怨」與「雅」同時作爲重要的審美標準，以評判詩歌的優劣高下。

鍾嶸論詩歌的作用是「嘉會寄詩以親，離群托詩以怨。」從鍾嶸的身世可知，這並不是簡單重複孔子「詩可以群，可以怨」的陳言，而有自己家庭悲劇的「潛台詞」。

在當時的文論家只把「自然感蕩」和「四季感蕩」作爲詩歌發生的根源時，鍾嶸卻說：「至於楚臣去境，漢妾辭宮，或骨橫朔野，或魂逐飛蓬；或負戈外戍，殺氣雄邊；塞客衣單，孀閨淚盡；又士有解佩出朝，一去忘返；女有揚蛾入寵，再盼傾國：凡斯種種，感蕩心靈，非陳詩何以展其義？非長歌何以騁其情？」把「人際感蕩」也作爲詩歌發生的重要原因，超越了同時代的批評家，也許並非鍾嶸一時心血來潮，天才創造，而是融入了自己的身世？表達了家庭的悲愴？總之，決非泛泛虛語。

假如是這樣，我們就能找到隱藏在鍾嶸文學觀念背後的社會原因和家庭原因。這就是，中國古代文論家在構造理論，形成觀念，提出自己新見解的時候，一如古代詩人在寫他們生命的歌，同樣有他個人身世和家庭命運的參與。

當然，在有新材料證明以前，以上說法僅僅是個假設。但我

相信由此深入，弄清鍾嶸身世及其詩學理論的關係，《詩品》研究便會有一個新的突破。

二、《詩品》中的兩條注文

　　《詩品》中有兩條注文，既不知何時注？也不知何人注？兩條注文都在《上品·宋臨川太守謝靈運》條。

　　一是，《吟窗雜錄》本、《格致叢書》本、《詩法統宗》本、《詞府靈蛇》本一系，「宋臨川太守謝靈運」標題下，均注有「小名客兒」四字。

　　二是，退翁書院本和《歷代詩話》本系統各種明、清版本，條末「故名客兒」後，均注有「治，音稚；奉道之家靖室也」十字。由於現存四十多種版本都有此注，故以《津逮秘書》本、《夷門廣牘》本和《歷代詩話》本爲底本的新注都攜帶此注，但只說「原注」、「舊注」，沒有，也無法弄清何人注？何時注？頗有些來路不明，故亦屬疑難雜症。

　　第一個注在《吟窗雜錄》。難點是，現存的《吟窗雜錄》本是宋人輯，明人刻。此是宋人注？宋以前人注？還是明人注？都有可能。

　　最大的可能是明人注。因爲明人刻《吟窗雜錄》時，對其中所輯的內容，包括對《詩品》作了刪節，《上品·宋臨川太守謝靈運》條，即刪去「頗以繁蕪爲累」至「故名客兒」品語。

　　是不是刊行者擔心讀者讀不懂謝靈運小名的來歷，故在「謝靈運」標題下注「小名客兒」？

　　但這樣的話，又何必先刪「故名客兒」再注「小名客兒」，豈不多此一舉？還有，假如宋，或宋以前謝靈運標題下即有此注，何以明刻時刪正文而不刪注文？這也是令人難以理解的。也許先

有一種版本刪去「故名客兒」，後來刻的覺得看不懂，又注上「小名客兒」？但目前所見的版本，都是刪、注並存，未見只刪不注的存在。

第二個注同樣不知注者，亦不知注於何時？日本學者清水凱夫教授甚至以爲是鍾嶸自注：「或爲撰《詩品》之時，或其近期所加」，「看來很可能是自注。」，《詩品》成書時即有❶。

我以爲，清水凱夫教授說的「自注」可能性不大。鍾嶸不可能爲自己著作的某個字面加注，因爲這樣做，無疑是先畫一條蛇，再添一只足，不僅破壞全書的結構體例，也會產生不匀稱和失衡的感覺。既然「治」字要注，書中其他僻字難句何以不注？這是講不通的。而且，從「治，音稚；奉道之家靖室也」的口吻看，也與拙文《詩品流傳史》明代部分所舉鍾惺、馮惟訥的注法類似。屬明人口吻，不合齊梁人的習慣甚明。

在現存的版本中，最早出現這一注文的是明正德元年（公元1506）退翁書院鈔本。此外還有明正德丁丑（公元1517）顧元慶的《顧氏文房小說》本，再往前追溯就沒有線索。比退翁書院鈔本略晚的《吟窗雜錄》本系統，因刪去該條的後半段，「故名客兒」後有無注釋不得而知。元刊《群書考索》及其系統本雖無此注，但《群書考索》屬類書，有可能只錄品語不錄注文，因此也無法斷定。這些都給弄清注者和時代增添了麻煩。

何人注？何時注？是否鍾嶸自注？弄清這一問題，對《詩品》流傳史、研究史及版本的研究都有好處。

在目前無法證明宋、元以前即有此注的情況下，我的看法是，仍把此二注歸於始見的明代，一并作爲此時代「校注的出現」。

---

❶詳參清水凱夫《詩品謝靈運條逸話考》，載日本立命館大學中國藝文研究會《學林》第11號，1988年11月10日。

此外，自「初，錢塘杜明師夜夢東南有人來入其館」至「十五方還都，故名客兒」一段，亦疑爲注竄入本文者。

韓國車柱環《鍾嶸詩品校證》謂此段「與謝詩了無相干，疑亦後人所注誤入本文。」路百占《鍾嶸詩品校勘記》曰：「《御覽》引，無上數句，《竹庄詩話》引同。此故事之篡入也。」楊祖聿《詩品校注》亦以爲此五十四字，「與鍾品之體例文詞不一。鍾氏若引故事，必以之證詩人之詩，如『中品』江淹條、謝惠連條；『下品』區惠恭條。故疑此五十四字原稿本無（陳學士《吟窗雜錄》本即無此五十四字），或爲後人引《異苑》爲注而傳鈔刊刻竄入也。」說皆可參。

唯「二注」各本刻作小字，爲注甚明。而此皆刻作大字，與正文相同。各家均理校無版本根據，故未能遽斷。

三、《詩品》中詩人的職銜稱謂

《詩品》既品一百二十三位詩人的优劣等第，就應該對這些詩人的職銜稱謂法有一個統一的規定。但目前詩人的職銜稱謂存在某種程度混亂：

一是稱名、稱字的混亂；二是職銜稱法的混亂；三是人名前職銜稱謂缺漏的混亂。有的可以解釋，有的解釋不通，故屬疑難雜症。

(一)稱名、稱字的混亂

最早注意到《詩品》中稱名、稱字有問題的是紀昀。他在《四庫提要》中說：《詩品》「一百三人之中，惟王融稱元長，不著其名。或疑其有所私尊。然徐陵《玉台新咏》亦惟融書字。蓋齊梁之間避和帝之諱，故以字行，實無他故。」

紀昀的說法不對。故古直《鍾記室詩品箋》反駁說：「案：

見行《詩品》，如汲古閣本、《歷代詩話》本、《漢魏叢書》本、嚴可均輯《全梁文》本，均稱「齊寧朔將軍王融詩」，不稱元長，與《提要》異，不知《提要》所據何本也。『齊司徒長史張融』亦不稱字，知非避和帝諱矣。《提要》誤也。」

我懷疑紀昀沒有看過《詩品》全文，至少沒有看仔細。怎麼對「王融」、「張融」，標題上兩個「融」字都視而不見，致使大學問家犯了低級錯誤？

《詩品》稱名、稱字確實存在混亂，但王元長沒有錯，紀昀說錯了，紀昀的錯誤因古直駁正而變得爲人關注。

由此可以看出鍾嶸在稱謂上的體例：

鍾嶸大致的體例是：標題中稱名，在序或品語中稱字或稱名，稱字可使品評的口吻顯得更加親切，語調和緩，古人稱謂法如此，《詩品》亦如此。如對王融、劉繪等大多數詩人皆是，混亂來自例外。

譬如，《下品·宋記室何長瑜、羊曜璠》條中的「羊曜璠」（羊曜璠名羊瑞之，字曜璠）、《下品·晉東陽太守殷仲文》條中的「殷仲文」、《下品·晉參軍毛伯成》中的「毛伯成」（毛伯成名毛玄，字伯成）、《下品·齊高帝》等人條中的「齊太尉王文憲」（王文憲名王儉，字仲寶，謚文憲），共四人。

四人中，三人稱字，一人稱謚號。爲何？

我的理解是，四人情況並不一致。其中殷仲文、王文憲比較好解釋。

殷仲文以字行；字仲文，故當時或後世皆稱殷仲文。如《晉書》本傳、《世說新語·言語》篇注引《續晉陽秋》等。《宋書·謝靈運傳論》說：「仲文始革孫、許之風。」《南齊書·文學傳論》說：「仲文玄氣，猶不盡除。」《隋書·經籍志》謂有

「晉東陽太守殷仲文集七卷。」謝靈運嘗云：「若殷仲文讀書半袁豹，則才不減班固。」是皆稱殷仲文。《詩品》稱法相同，當無疑義。

王儉不稱名，不稱字，而稱諡號王文憲，乃是私尊。王儉是鍾嶸的老師和恩人。《南史·鍾嶸傳》說：永明中，鍾嶸爲國子生時，「衛將軍王儉領祭酒，頗賞接之。」《梁書》還說王儉曾荐舉鍾嶸爲「本州秀才」，對鍾嶸特別關愛，鍾嶸由是感激，故《詩品》中稱「文憲」，不直呼其名，品語中亦稱「王師文憲」，見其私尊，這也好理解。難解釋的是羊曜璠和毛伯成：

毛伯成無緣無故，又不屬私尊。我懷疑毛伯成也以字行。《世說新語·言語》篇說「毛伯成自負才氣。」《隋書·經籍志》謂有「晉毛伯成集一卷，毛伯成詩一卷。」唯《世說新語》注引《征西寮屬名》曰：「毛玄，字伯成，潁川人。」鍾嶸未見《征西寮屬名》？或是從俗稱毛伯成？難以斷定。

羊曜璠最大的可能，是原標題脫漏，後人增補致誤。因爲通行本《詩品·宋記室何長瑜、羊曜璠》條：「才難，信矣！以康樂與羊、何若此，而二人文辭，殆不足奇」原脫，與「宋詹事范曄」合爲一條。今據明刻《吟窗雜錄》本補入。明刻《吟窗雜錄》本因有大量刪節而頗爲複雜。會不會整條原文脫漏的同時，羊曜璠的標題也脫漏了？後人因品語中有「以康樂與羊、何若此，而二人文辭，殆不足奇」句，而在標題上增「羊曜璠」三字？

值得懷疑的地方還有，「羊曜璠」名字前脫去職銜稱謂，羊曜璠曾任「臨川內史」，按《詩品》體例應稱之爲「宋臨川內史羊曜璠」，一如同條何長瑜稱「宋記室何長瑜」一樣。現標題稱謂脫漏未加。又，品語稱「羊、何」，羊曜璠在前，何長瑜在後，但標題卻是何長瑜在前，羊曜璠在後，是不是脫漏增補留下的痕

迹？

我初步以為，標題不稱名稱字稱諡號的四人：二人以字行；一人私尊；一人標題脫漏增補致誤。

㈡職銜稱法的混亂

譬如陸機：《上品·晉平原相陸機》條稱陸機「平原相」，張錫瑜《鍾記室詩平》改「平原相」為「平原內史」。校云：「《晉書·職官志》：『王國改太守為內史省相』。《地理志》有平原國。則此云『相』，非也。本傳及《隋志》並稱『平原內史』。」

《上品·宋臨川太守謝靈運》條稱謝靈運為「臨川太守」，亦頗有爭議。張錫瑜《鍾記室詩平》改《上品·謝靈運》條中「臨川太守」為「臨川內史」云：「內史，原作太守。《宋書》本傳及《隋志》并云『臨川內史』。考《宋書·州郡志》，作內史是也，今據改。」

張氏改得對不對？今人鄭騫《鍾嶸詩品·謝靈運條訂誤》說：「太守與內史，名義不同，實際則一樣，這是晉宋時的官制。《晉書》卷二十四《職官志》云：郡皆置太守，諸王國以內史掌太守之任。《宋書》卷四十《百官志》下亦云：宋用晉制，王國太守稱內史。宋時臨川郡是王國，撰《世說新語》的劉義慶即是臨川王，所以《宋書》卷三十六《州郡志》二：江州諸郡長官皆稱太守，只有臨川稱內史。謝靈運的官銜當然是臨川內史，《詩品》太守之稱，實與當時官制不合。」

韓國車柱環《鍾嶸詩品校證》說：「鄭說是也。當據《宋書》作『臨川內史』為正。」

理論上雖然如此，但州郡長官，稱名屢變，歷代又有反復，故世多混用，實際稱法並不那麼嚴格。如謝靈運，《宋書》本傳、

《隋書·經籍志》稱「內史」；劉敬叔《異苑》稱「太守」，《文選》注引《宋書》亦稱「臨川（太）守」。

相同的例子還有《中品·晉清河太守陸云》條，《晉書》陸云本傳稱「清河內史」，《隋書·經籍志》稱「清河太守」；《詩品》通行本稱「清河守」，《吟窗雜錄》一系稱「清河太守」。

《詩品》標題習稱「太守」，也許當時流傳兩種稱法，稱「太守」是其中的一種選擇。正如當時對王粲、劉楨、潘岳、陸機的評價，江淹說「家有曲直」、「人立矯抗」，但鍾嶸選擇了劉楨和陸機一樣。

唯《下品·晉中書張載》等人條標題「晉司隸傅玄、晉太傅傅咸」，張錫瑜《鍾記室詩平》作「晉太傅傅玄、晉司隸傅咸」，傅玄、傅咸前官職顛倒。張校云：「《晉書·傅咸傳》：咸以議郎兼司隸校尉而卒。初無為太傅之事。唯咸父玄乃嘗拜太傅而後轉司隸校尉。仲偉蓋以玄、咸父子同官，嫌無識別，故以太傅稱玄，司隸稱咸。而為後人所亂。」至於錯誤的原因，張錫瑜以為品語稱「長虞（傅咸字）父子」，乃以卑統尊（以子統父），疑此本原作「晉司隸傅咸、晉太傅傅玄」，與品語相合，「後人覺其不順，又不深考玄、咸歷官之詳，但互易其名而致此誤耳。」今疑不能明也。

《詩品》職銜稱法的混亂，也許與鍾嶸品詩不喜拘泥的觀念有關。張錫瑜《鍾記室詩平》說：

> 至於諸人歷職，多是隨便而稱，不盡舉其所終之官，難以例定。就其無例之中，細加撿覈，略以顯近。為重歷者，必稱顯近；若同則舉其最。未據要路，乃稱外官；未登王朝，始稱府佐。

可見，《詩品》中稱謂的標準：一是，稱其顯近之職，舉其

官職之最，這是古之作者遵循的慣例；二是從俗，從實際出發，有時爲服從具體的品評內容而改變稱謂。譬如，《中品·漢上計秦嘉、嘉妻徐淑》條：

秦嘉最顯也最通行的官職是「黃門郎」，《詩品》當稱「漢黃門郎秦嘉」才是。《隋書·經籍志》正稱「後漢黃門郎秦嘉」。但因與徐淑同條，夫婦同品，品語內容又與夫婦贈答有關。秦嘉後雖任「黃門郎」，但贈答時任「上計掾」，《詩品》遂稱之爲「漢上計」，而不計其職銜之大小遠近也。

再是，《下品·齊黃門謝超宗》等人條中亦頗有趣，丘靈鞠曾遷尚書左丞，歷通直常侍、正員常侍、車騎長史，終於太中大夫，有很多顯赫的官銜，但《詩品》卻稱其「潯陽太守」，不稱其顯要之職。是否鍾嶸以爲丘靈鞠重要的創作在「潯陽太守」時期？但假如是這樣的話，謝朓任「宣城太守」時詩歌創作最爲輝煌，《詩品》稱謝朓「吏部」，不稱「謝宣城」，是不是鍾嶸和謝有私交，平時就這麼稱，是遵循他們平時的習慣稱法？又，《南齊書·文學本傳》稱丘靈鞠爲「潯陽相」，均未詳何義。《詩品》一書，其稱謂時有與眾不同處，大抵如此。

㈢詩人職銜稱謂的缺漏

詩人職銜稱謂的缺漏，《詩品》中亦有數例：

一是「下品」的「羊曜璠」；

二是「中品」的「宋謝世基」。

羊曜璠職銜稱謂，當爲脫漏，前文已有假說。當補爲「宋臨川內史羊曜璠」。張錫瑜後，韓國學者車柱環、李徽教亦有論述；但恨無版本根據耳。

「謝世基名前也僅有一個「宋」字，沒有任何職銜稱謂。張錫瑜《鍾記室詩平》說：「謝世基上亦當有稱謂，傳寫脫去耳。」

韓國李徽教《詩品匯注》說：「『宋』字下，脫其官名數字。」
韓國車柱環《鍾嶸詩品校證》疑「世基『橫海』，顧邁『鴻飛』」
下「本有品語，與上文一律。今本蓋誤脫也。」但楊祖聿《詩品
校注》謂：「《宋書》亦未言世基官位，或非誤脫。」我贊成誤
脫說，但證明還有待於將來。

四、《詩品》中的誤文

《詩品》中的誤文可分三類：

(一)詩人名前時代的錯誤

《詩品》中，冠諸詩人名前的時代多有錯誤。如：

《中品‧宋僕射謝混》條中的「宋僕射」當作「晉僕射」；

《下品‧晉侍中繆襲》條中的「晉侍中」當作「魏侍中」；

《下品‧齊高帝》等人條中的「齊征北將軍張永」當作「宋
征北將軍張永」；

《下品‧齊參軍毛伯成》等人條中的「齊參軍」當作「晉參
軍」；

同條中，吳邁遠的「齊朝請」當作「宋朝請」；

《下品‧梁秀才陸厥》條中的「梁秀才」當作「齊秀才」等
等。

這些錯誤都很明顯，因此也不難證明：

謝混，字叔源，小字益壽；為謝安之孫，謝靈運族兄，歷任
中書令、中領軍、尚書左僕射。因與劉毅關係密切，於晉安帝義
熙八年（公元 412）為劉裕所殺，未能入宋。劉裕受禪，謝晦恨
不得謝益壽奉璽綬。《隋書‧經籍志》謂有「晉左僕射謝混集三
卷」。故當稱「晉僕射」，不得稱「宋僕射」。

繆襲，字熙伯，歷事魏四世，累遷至侍中光祿勛；卒於魏正

始六年（公元 245 ），未及晉。事見《三國志·魏書·劉劭傳》附。《隋書·經籍志》謂有「魏散騎常侍繆襲集五卷」。故當稱「魏侍中」，不得稱「晉侍中」。

張永，字景云，宋明帝時，爲金紫光祿大夫，後都督南兗、徐、青、冀、益五州諸軍事，任征北將軍。卒於宋元徽三年（公元475 ），未及齊世，故當稱「宋征北將軍」，不得稱「齊征北將軍」。

毛伯成，名毛玄，字伯成，《世說新語》注引《征西寮屬名》謂毛伯成任東晉征西參軍；《隋書·經籍志》謂有「晉毛伯成集一卷，毛伯成詩一卷」。可知毛伯成爲東晉人，故當稱「晉參軍」，不得稱「齊參軍」（錯兩個時代）。

吳邁遠，字與籍貫不詳，曾任宋奉朝請、江州從事。因參與桂陽王劉休範謀反，兵敗，宋元徽二年（公元 474 ）被殺。未及齊世，《隋書·經籍志》謂有「宋江州從事吳邁遠集一卷。」故當稱「宋朝請」，不得稱「齊朝請」。

陸厥，字韓卿，齊永明九年 (公元491) 舉秀才。因父陸閑被誅，陸厥被繫在獄，後遇赦，感痛而卒於齊永元元年(公元499)，未及梁世，《隋書·經籍志》謂有「齊後軍法曹參軍陸厥集八卷。」故當稱「齊秀才」，不得稱「梁秀才」。

這些都是明顯的錯誤。此外，還有不明顯或處於兩可之間的有：

《上品·晉步兵阮籍》條中的「晉步兵」；

《中品·晉中散嵇康》條中的「晉中散」；

《下品·魏倉曹屬阮瑀》等人條中的「魏倉曹屬」；

《下品·齊惠休上人》等人條的「齊惠休上人」和「齊道猷上人」；

《下品·齊鮑令暉》等人條中的「齊鮑令暉」等等。

阮籍、嵇康的卒年相同，均卒於魏景元四年（公元 263，不及晉世，阮籍的步兵校尉又屬王官，理論上不當稱「晉步兵」，而應該稱「魏步兵」。

嵇康的情況更荒謬，嵇康因為不肯依附司馬氏被殺，張錫瑜《鍾記室詩平》說：「冠以『晉』字，不唯失其實，且乖其意矣。」《隋書·經籍志》稱有「魏步兵校尉阮籍集」、「魏中散大夫集嵇康集」可證。但《晉書》又為阮籍、嵇康立傳。其時雖屬魏，而大權已旁落司馬氏手中，阮籍、嵇康均與司馬氏周旋，或苟存，或被殺，故習慣上把他們劃入晉代。

同樣的情況有阮籍的父親阮瑀，阮瑀曾任司空曹操的倉曹掾屬，為「建安七子」之一，其所任亦為府佐，並非國官，卒於建安十七年（公元 212），未及魏世，《隋書·經籍志》稱有「後漢丞相曹屬阮瑀集」亦可證。但出於同樣的習慣，《詩品》仍稱他「魏倉曹屬」。

惠休、道猷生卒年均不詳。惠休本姓湯，字茂遠，法名惠休。曾入沙門，宋孝武帝劉駿命使還俗；官至揚州從事。《隋書·經籍志》謂有「宋宛朐令湯惠休集三卷」。張錫瑜、古直均引《宋書·徐湛之傳》：「時有沙門釋惠休」語，以為當稱「宋惠休上人」；但韓國李徵教以為此時距齊受宋禪「不過三十二年」，惠休若與徐湛之同年，活到齊時，也只有七十四歲，「古氏安得斷云惠休不能活至七十四歲耶」「總之，存疑可也」。

道猷姓馮，改姓帛，山陰（今浙江紹興）人，入沙門後，居若耶山，為吳人生公弟子。張錫瑜《鍾記室詩平》、許印芳《詩法萃編》本均校改為「晉道猷上人」，古直《鍾記室詩品箋》引《高僧傳》謂「宜正曰『宋道猷上人』」。然各本均作「齊惠休

上人」，故可進一步研究。

鮑令暉爲鮑照妹，生卒年不詳，當稱宋，未知是否入齊？亦難遽斷，這些都給繼續研究留下了空白。

㈡詩人名的錯誤

《詩品》中，還有一些詩人名的錯誤。如：

《詩品·序》：「子卿雙鳧」中的「子卿」；

《詩品·序》：「謝客山泉」中的「謝客」；

《上品·宋臨川太守謝靈運》條中的「旬日而謝玄亡」中的「謝玄」；

《下品·晉中書張載》等人條中的「孝衝」等等。

因爲元、明、清各本均是如此，沒有異文。故糾正這些錯誤，意見頗爲歧紛。

按照《詩品》的邏輯和品評範圍，作「子卿」是明顯的錯誤。這裡的「子卿」（蘇武）當作「少卿」（李陵）。

梁任公以爲也許別指六朝的「子卿」。葉長青《詩品集釋》反駁說：「梁任公謂：『乃六朝另一子卿，非漢之子卿。』然《哀江南賦》：『李陵之雙鳧永去，蘇武之一雁空飛。』六朝另有一蘇子卿，六朝另有一李陵乎？《古文苑》載《蘇武別李陵詩》云：『雙鳧俱北飛，一鳧獨南翔。』即本《李陵錄別詩》『爾行西南游，我獨東北翔』及『雙鳧相背飛』諸句。」

杜天縻注：「《詩品》不列蘇武，此云子卿，恐非蘇武字也。」

日本中沢希男《詩品考》說：「《詩品》不列蘇武，然此『子卿』可疑。恐子卿爲少卿（李陵）之訛。《古文苑》卷四載《蘇武別李陵詩》一首，中有『雙鳧俱北飛，一鳧獨南翔』之句。『子卿雙鳧』指此。《古文苑》此詩題爲『蘇武』之作，而《初

學記》十八引則題爲《李陵贈蘇武詩》（《初學記》『雙鳧』作『二鳧』）。庾信《哀江南賦》曰：『李陵之雙鳧永去，蘇武之一雁空飛。』此即六朝人以『雙鳧』詩爲李陵作的一個證據。原文爲『少卿雙鳧』，『子卿雙鳧』當爲後人妄改。」

日本立命館大學《詩品》研究班《鍾氏詩品疏》云：「或如中沢氏之所言，『子卿雙鳧』爲後人妄改。然而，若聯系此詩『子當留斯館，我當歸故鄉』句的史實來看，則也許把子卿的蘇武設想爲作者是合理的。」

韓國車柱環《鍾嶸詩品校證》云：「《詩品》三品中皆未列子卿。……考『雙鳧詩』乃李陵贈蘇武之作。《初學記》十八引李陵《贈蘇武詩》曰：『二鳧』（《古文苑》作『雙鳧』）俱北飛，一鳧獨南翔。子當留斯館，我當歸故鄉，……竊疑『子』、『我』二字當互移，本作『我當留斯館，子當歸故鄉。』因『子』、『我』二字錯誤，《古文苑》遂列入蘇武別李陵之作矣。……幸《初學記》引此爲李陵《贈蘇武》詩，此文『子卿』爲『少卿』之誤，可得而正。又據金王朋壽《類林雜說》七云：『陵贈武五言詩十六首，其詞曰：『雙鳧俱北飛，一鳧獨南翔。我獨留斯館，子今還故鄉。一別秦與胡，會見誰何殃。幸子當努力，言笑莫相忘。』出《臨川王集》中。」……《初學記》、《古文苑》『子當留斯館，我當歸故鄉，二句『我』、『子』二字之錯誤，《類林雜說》所引，正可以證其誤。則此詩爲少卿贈子卿之作，可成定論。而《詩品》此文『子卿』爲『少卿』之誤，亦決無可疑矣。」諸說可參。

「謝客山泉」中的「謝客」，亦頗令人費解。

車柱環《鍾嶸詩品校證》云：「上文已舉靈運之《鄰中詩》，則此不得復舉其詩，上下文皆單舉一人。此謝客疑本作『謝朓』。

謝朓《忝役湘州與宣城吏民別》詩甚佳，且其中有『山泉諧所好』之句，《直中書省》詩尤佳，末有『聊恣山泉賞』之句，可爲本作『謝朓山泉』之證。此作謝客，蓋後人僅知謝客長於山水詩而臆改。『泉』與下文「宴」、「邊」爲韻，則《詩品》本不作『山水』明矣。」

日本立命館大學《詩品》研究班《鍾氏詩品疏》云：「『謝客山泉』，當指謝靈運所作眾多的山水詩。江淹《雜體詩三十首》中，亦有《謝臨川靈運·游山》的模擬之作。然謝靈運已見於上文的『靈運鄴中』，此重出，故車柱環氏疑『本作謝朓』。云其詩有『聊恣山泉賞』之句，故可從之。然此處列舉，似皆限於建安以後及宋代詩人之作，中間插入齊代詩人謝朓恐爲不妥。而同一詩人重出亦不妥，故『謝客』成爲謝莊之誤。『客』、「莊」二字，草體相似，可知有訛誤可能。」

日本清水凱夫教授《詩品研究方法之探討與五言警策等問題的探究》云：「既然在同組詩人（《中品·謝瞻、謝混、袁淑、王微、王僧達》條）中，評價明顯居於下位的王微亦被列入『五言之警策』，而與謝混齊名，在同組詩人中評價最高的謝瞻，則當然更應該列入『五言之警策』。而且從越石——景純——王微——謝客——叔源——鮑照的排列順序及與『王微風月』的對仗方面來看，把謝瞻排列在『謝客』之處，可以說各方面都最合適。」「謝瞻是靈運的從兄，特別賞愛年輕的謝靈運的詩才，傾慕他的詩風。很可能受靈運詩的影響，創作過不少像靈運山水詩那樣描寫自然的詩。」

由此可知，「謝客山泉」中的「謝客」有四說：1.謝靈運？2.謝朓？3.謝莊？4.謝瞻？未知孰是。

同在《上品·宋臨川太守謝靈運》條，有「旬日而謝玄亡」

一語。「謝玄亡」，顯誤。張錫瑜《鍾記室詩平》說：「本傳云：祖玄，晉車騎將軍。父瑍，生而不慧。靈運幼便穎悟，玄甚異之，謂親知曰：『我乃生瑍，瑍哪得生靈運？』考靈運見誅，在宋文帝元嘉十年，年四十九。逆數之，生於晉孝武帝太元十年。《晉書‧謝玄傳》：玄以太元十三年卒。則玄之卒，靈運生四歲矣！『旬日玄亡』之語，近出無稽。則唯靈運生已四歲，漸有知識，故玄得見其穎悟而加稱嘆。若止旬日，尚自蒙昧無識，玄何由發此語？此蓋《異苑》妄談，仲偉不察而誤筆之耳。」

「旬日亡者」非謝玄，則爲何人？近有二說：

一說爲許文雨《鍾嶸詩品講疏》：「仲偉殆誤其父瑍爲祖玄歟！」逯欽立《鍾嶸詩品叢考》說：「『玄』，應作『瑍』。」車柱環《鍾嶸詩品校證》說：「以常情而論，祖死，不可謂『子孫難得』。疑本作瑍，由瑍、玄音近，又由聯想而誤。」日本高松亨明《詩品詳解》亦從謝瑍說。

二爲葉笑雪《謝靈運詩選》：「據《通鑒》的記載，謝安卒於太元十年八月二十二日，恰好與鍾嶸的說法相合，可證鍾嶸記錯了人。」鄭騫、楊祖聿、清水凱夫、楊勇、呂德申諸氏均從「謝安說」。

按，《晉書‧謝玄傳》云：「子瑍嗣，秘書郎，早卒。」謝玄卒，謝瑍始能嗣而襲封康樂縣公，任秘書郎。謝玄卒時，靈運已四歲，可證，「旬日亡」者亦非謝瑍。「玄」當爲「安」之形誤。

此外，《下品‧晉中書張載》等人條：「孝沖雖曰後進，見重安仁。」其中「孝沖」，當爲「孝若」。

孝若「見重安仁」，事見《世說新語‧文學》篇：「夏侯湛作《周詩》成，示潘安仁。安仁曰：『此非徒溫雅，乃別見孝弟

之性。」潘因遂作《家風詩》。」夏侯湛字「孝若」,「孝冲」
乃夏侯湛弟夏侯淳字。

糾正這類錯誤不難, 但是鍾嶸記錯了人 ? 還是後世版本錯
誤?沒有新材料則很難判斷。

㈢品語中的誤文

除標題時代,詩人姓名誤訛外,品語中也有一些令人頭疼的
疑難雜症。如:

《下品·晉中書張載》等人條「唯以造哀爾」中的「造哀」;

「唯以造哀」,語出《詩經·小雅·四月》:「君子作歌,
維以告哀。」「告」、「造」不同,語義有別。張錫瑜《鍾記室
詩平》以爲:「此致不滿之詞, 當是以其劣, 故殿之」許文雨
《鍾嶸詩品講疏》謂繆襲《挽歌》詩「哀涼獨造」,則「造哀」
並非貶詞。日本高木正一氏釋「唯以造哀」爲「僅有悲傷的詞句,
缺少深婉的感情,故雖有哀詞,也只能給予較低的評價。」❷意
同張錫瑜。呂德申《鍾嶸詩品校釋》以爲:「『造哀』實爲『告
哀』之誤。」,「王粲《爲潘文則作思親詩》:『詩之作矣,情
以告哀』,亦作『告哀』。」

繆襲《挽歌》詩云:「生時游國都,死沒棄中野;朝發高堂
上,暮宿黃泉下。白日入虞淵,懸車息駟馬;造化雖神明,安能
復存我?形容稍歇滅,齒髮行當墜;自古皆有然,誰能離此者!」
此磋人生怢忽,離亂哀傷,正與作歌告哀意合。故何義門《讀書
記》說:「繆熙伯《挽歌》詩,詞極峭促,亦淡以生悲。」觀此

---

❷高木正一注云:「若『造哀』作『告哀』,意亦可通。只是貶詞成爲褒
　詞,評價正好相反,拙文暫不采用褒詞說。」見《鍾嶸的文學觀》,文
　載《日本學者中國文學研究譯叢》第 3 輯,吉林教育出版社1990年 3 月
　版。筆者譯。

條同評五人，各有勝擅，張載雖不及其弟張協，但「近超兩傅」；玄、咸父子，「繁富可嘉」；夏侯湛見賞於潘岳；均無貶詞，知此亦不當貶繆襲。《詩品》「造」字凡六見，唯此「造哀」不詞。「告哀」為六朝習見語，故「造」當為「告」之形誤。

再如，《下品·宋詹事范曄》條「亦為鮮舉矣」中的「鮮舉」，古直《鍾記室詩品箋》以為：「『鮮舉』當為『軒舉』，形近而訛也。《世說新語·容止》篇曰：『林公道王長史曰：『斂衿作一來，何其軒軒韶舉。』曹植《與楊德祖書》：『然此數子，猶復不能飛軒絕迹，一舉千里。』」日本中沢希男《詩品考》說：「此句不順，恐『鮮舉』二字有誤。古直《箋》以為『鮮舉』為『軒舉』之訛。然毋寧說誤在『舉』字。『舉』成為『華』之訛。『鮮』字則似與《中品·袁宏》條『鮮明緊健』中『鮮』字意同。」韓國車柱環《鍾嶸詩品校證》謂：「古說疑是。『軒舉』為復語，軒亦舉也，故又可分用。顏延之《咏白常侍詩》有云：『交呂既鴻軒，攀嵇亦鳳舉。』即其比。」

《詩品》中的文字錯誤還有很多，弄不清即影響對原文的理解。如：《上品·古詩》條「陸機所擬十二首」（原作十四首）；《上品·阮籍》條「無雕蟲之巧」（原作「無雕蟲之功」）；《中品·張華》條「置之甲科疑弱，抑之中品恨少」（原文作「置之中品疑弱，處之下科恨少」），《下品·齊鮑令暉》等人條「齊武以為韓公」（原作「齊武謂韓云」）；「唯《百韻》淫雜矣」（原作「唯百願淫矣」）等等。但這是屬於通行本的錯誤，是通行本在流傳抄寫過程中產生的，今有不同版本、類書或宋詩話可以校勘證明，與此所謂「誤文」不同。本節所論，是指各種版本完全一致，沒有任何異文可供校勘的純粹的文字上的疑難雜症。

這些文字上的「疑難雜症」是怎麼產生的？是鍾嶸理解錯誤？

知識性錯誤？筆誤？屬《詩品》本身？還是有其它原因？目前弄不清楚。按理說，鍾嶸與其中大多數詩人生活的時代很近，有的還是同代，相互之間有交往，對詩人的時代、姓名、職銜、字號不應該出錯。

現在問題是，除張錫瑜、古直、許文雨、呂德申外，不少注家對《詩品》中的「誤文」並未重視，有的沒有核對版本，以爲是通行本的錯誤；對於誤文，有的不注，有的照錯的底本注；即如張、古、許、呂，也有部分誤文未注，這些任務，都留給了後人。

五、未品詩人研究

鍾嶸《詩品》品評自漢迄梁一百二十三位詩人，什麼人該品，什麼人不品？什麼人置上品？什麼人置中品？什麼人入下品？可謂殫精竭慮，凝聚了一生的心血。

品總有品的原因，從什麼詩人置於何品，可以研究《詩品》的詩歌美學和批評標準，這方面的例子很多，幾乎所有的研究都循此途。但是，不品的也有不品的道理，如果從未品詩人入手，同樣可以研究鍾嶸的文學觀念和審美原則。

譬如，只寫四言的不品；五言寫得不好的不品，成就太小的不品。

清人許印芳對此不理解，《詩法萃編》本頗多質疑，《上品·漢都尉李陵》條下說：「兩漢詩人，枚、馬、張、蔡，傅毅、孔融皆不錄；蘇李並稱，不錄子卿，疏謬甚矣。」《上品·漢婕妤班姬》條下說：「兩漢能詩婦人，可考者十餘人，何僅收班姬及徐淑耶！」《上品·魏侍中王粲》條下說：「仲宣同時詩人，尚有陳孔璋琳，名在七子中，何以遺之？」此外，許氏提出質疑

的還有魏代的甄后；晉代的束哲、慧遠；宋代的謝道韞等人。末
了又作解釋說：「漢京作者，既多遺漏；魏、晉、宋、齊，亦未
賅括。於魏不錄陳琳，爲其《飲馬長城窟》，工樂府也；於晉不
錄束哲，爲其《補亡詩》，工四言也；錄晉之帛道猷，而不錄同
時之慧遠；錄宋之鮑令暉，而不錄魏之甄后，晉之謝道韞。殆未
見三人五言爾。」

　　儘管許氏說《詩品》不評樂府詩，說法大謬；所舉遺漏的例
子也不能說明問題，如西漢詩人，《詩品》只錄李陵、班婕妤兩
家，未錄枚乘、蘇武，其實只是當時通行的看法，因爲作者和作
品眞僞，都有弄不清的地方，江淹《雜體詩》擬漢詩，也只擬李
陵、班婕妤兩家；劉勰《文心雕龍·明詩》篇也說「李陵、班婕
妤，見疑於後世」。但許氏的這番言論，還是啓發了對未品詩人
的研究，因爲，確有今天看來是重要的詩人和詩歌作品，《詩品》
未予置評的，譬如：

　　《陌上桑》等一些漢樂府五言詩未品；

　　《孔雀東南飛》未品；

　　卓文君的《白頭吟》未品；

　　蔡琰的《悲憤詩》未品；

　　爲什麼評無名氏的《古詩》，不評同爲無名氏的《陌上桑》、
《相逢狹路間》、《雙白鶴》、《艷歌行》和《隴西行》？評班
婕妤的《怨歌行》，不評卓文君的《白頭吟》？強調作品的怨深
文綺，不評《孔雀東南飛》；重視女子的情緒天地，不評蔡琰的
《悲憤詩》？

　　這些問題在《詩品》的文本中並不存在，但是，假如深入探
討，這些仍是疑難問題，存在於我們的研究視野而不能不對此作
出解釋。

　　《孔雀東南飛》最早見於徐陵的《玉台新詠》，題爲「古詩爲焦仲卿妻作」，作者爲「無名人」。徐陵沒有說明此詩的來源，從何處采得？假如此詩在當時並未流傳，徐陵直接采自民間，來於里巷，鍾嶸沒有見過此詩的可能性是存在的。又此詩作年尙有爭議，假如產生於鍾嶸寫《詩品》到徐陵編《玉台新詠》的半個世紀內，鍾嶸也同樣未及一睹。但假如鍾嶸看到這首詩，會不會品評？我以爲不會。與《古詩》同時，無名氏的《陌上桑》，辛延年的《羽林郎》，鍾嶸是應該看到的。《上品·古詩》條說「其外『去者日以疏』四十五首」，可見，鍾嶸當時看到的這類詩比我們多得多。還有，蔡琰的《悲憤詩》著錄於范曄的《後漢書》。《詩品》說范曄詩「不稱其才」，可見鍾嶸注意到范曄在寫《後漢書》時表現出的文學才能，當然也會看到蔡琰的《悲憤詩》。看到那些驚心動魄，催人淚下的場面。諸如：

　　　　卓眾來東下，金甲耀日光。平士人脆弱，來兵皆胡羌……
　　　　馬邊懸男頭，馬後載婦女。長驅西入關，迴路險且阻……
　　　　旦則號泣行，夜則悲吟坐。欲死不能得，欲生無一可……

　　中國文學史上少有這種正面的血淋淋的描寫，把悲憤撕碎了給人看：先被董卓亂軍所虜，一路受盡凌辱折磨；入蕃後被迫嫁給胡人，內心痛苦自不必說，已經在蕃地生兒育女，意想不到的回漢，又使她必須捨棄親生兒女。兒女漸漸長大，聽說母親離開他們，一去不返。有些似懂非懂——

　　　　兒前抱我頭，問『母欲何之？人言母當去，豈復有還時？
　　　　阿母常仁側，今何更不慈？我尚未成人，奈何不顧思？』
　　　　見此崩五內，恍惚生狂痴。號泣手撫摩，當發復回疑……

　　這種生離死別，欲行不行的悲痛場面，撕肝裂肺，令人心折骨驚，其情景，比江淹的《別賦》更眞實，更強烈，也更難忘，

更具感染力。而回漢後，自己還將面臨改嫁，托命新人的不幸。種種淒涼，種種悲愴，其反映社會歷史的深廣度，表現個人內心痛苦的烈度，比曹植的《贈白馬王彪》都有過之而無不及。以今天的眼光看，實爲建安時代的傑作。鍾嶸推尊曹植，將「陳思贈弟」列爲五言警策的首篇，但卻不提蔡琰的《悲憤詩》。這與未品漢樂府五言詩、《陌上桑》、《孔雀東南飛》是一致的。妄加推測，也許有以下幾個原因：

第一，《詩品》評五言詩，更是評五言詩人。學班固「論人」，劉歆「裁士」，均以詩人爲骨架，沒有詩人，組不成三品。漢樂府五言詩年代久遠，多已不知作者，有的雖標作者，卻眞僞不辨，難以品評。《白頭吟》之類也許就是例子。故許印芳以爲《詩品》只評五言詩而不評樂府詩。《詩法萃編》本謂「(鍾嶸)自序所錄止於五言，而無一語及於樂府。意謂漢人論文，詩、樂分體（自注：如劉子政是也），五言古詩，不宜闌入樂府。」

此說雖不確，《詩品》品評，包括許多警策佳篇都屬樂府詩。如《詩品·序》列舉鮑照的「日中市朝滿」、虞炎的「黃鳥度青枝」、劉琨的《扶風歌》（「越石感亂」）、鮑照的《代出自薊北門行》（「鮑照戍邊」）；上品曹植的「置酒高殿上」、「明月照高樓」；班婕妤的《怨歌行》（「《團扇》短章」）；下品魏侍中繆襲的《挽歌》等等皆是❸。評漢詩不可能不及漢樂府。但《詩品》一般不評無名氏的作品，當是撰例。唯《古詩》影響深遠❹。列入上品，是一個例外。

---

❸ 參考拙文《詩品撰例考之二：嶸今所錄，止乎五言》。

❹ 《古詩》佳麗，人所共識；故魏晉以來，多有擬作。陸機所擬十二首，爲蕭統《文選》所錄。《世說新語·文學》篇載：「王孝伯在京，行散至其弟王睹戶前，問：『古詩中何句最佳？』睹思未答。孝伯詠『所遇無故物，焉得不速老』：『此句最佳。』」又劉勰《文心雕龍·明詩》篇亦稱《古詩》爲「五言之冠冕」。

第二、鍾嶸的詩學理想是「情兼雅怨，體被文質」，而這些漢樂府古辭多來自民間，以當時的審美眼光，不免格調卑俗，少淵雅之致，若以「文溫以麗，意悲而遠」的古詩來衡量，則大異其趣。如《陌上桑》中對羅敷美麗的描寫：

> 行者見羅敷，下擔捋髭須；少年見羅敷，脫帽著帩頭；耕者忘其犁，鋤者忘其鋤；來歸相怨怒，但坐觀羅敷。

這段文字，儘管我們今天覺得它誇張恢諧，生動有趣。以賦鋪陳的手法，從不同人對羅敷的觀看，表現羅敷驚人的美麗。但以當時的審美標準，卻類近俳優，淫雜不文，不過逗人笑笑而已。劉勰《文心雕龍》斥此類詩為「淫辭」，可見這並不是個別評論家的意見。而鍾嶸不評漢樂府古辭，用的仍是「雅」、「怨」兩把標尺。

第三，《詩品》基本上不品敘事詩。

儘管，鍾嶸認為五言詩的特點是「指事造形，窮情寫物」。寫景、狀物、抒情之外，也包涵敘事的成分。但從「吟咏情性」詩歌本質論出發，在潛意識裡，仍把詩與抒情詩劃上等號，以為只有寫景狀物的才是詩歌。

反觀《孔雀東南飛》也好，蔡琰的《悲憤詩》也好，儘管抒情意味很濃，但在本質上都是敘事詩。

敘事詩當時只在民間流傳，見誦閭里，格調卑俗，不在鍾嶸的批評範圍之內。凡受民歌影響，帶有敘事成分的詩人，大多遭到鍾嶸的批評。如批評鮑照「險俗」、「頗傷清雅之調」；批評沈約「淫雜」、「見重閭里，誦咏成音」；批駁時人誣蔑陶淵明詩為「田家語」等等；《詩品·序》自謙自己的作品是「農歌轅議」，只能「周旋於閭里，均之於談笑」，均與此相表里。

真偽難以確定；「情兼雅怨，體被文質」的詩學理想；不品

敘事詩，也許是《詩品》未品《陌上桑》、《孔雀東南飛》、卓文君《白頭吟》和蔡琰《悲憤詩》的原因。

如果這些分析成立，則反映了鍾嶸重雅，輕俗；重抒情，輕敘事的美學思想。由此可見齊梁時代和我們在詩體和詩歌審美上的差異。

直至清代的王世禎，《漁洋答問》還說：「議論、敘事(詩)，自別是一體。」明、清詩論家都認為：只有抒情詩才是中國詩歌的正格，敘事詩是別體，是「以文為詩」，是「文章傳記之體」，近於小說家之言。這些看法，都源於對詩歌本質是「吟咏情性」的確認和誤導 。 加上鍾嶸倡導的「 文已盡而意有餘 」，並確立「滋味說」，只為抒情詩提供理論庇護，而後世的詩論家承承相因，很少有人為敘事詩做理論上的闡發，這是中國敘事詩不發達的原因之一。❺

以上從五方面對《詩品》所存疑難問題作出自己的解釋。

儘管這些解釋還證據不足，有的只是筆者的臆測和假說，有些問題一時還無法解決，但把這些疑難問題集中起來引起讀者的重視，可為二十一世紀的《詩品》研究提供方向和線索。

本世紀的《詩品》研究是不完善的研究，唯其不完善，才有魅力。

---

❺參見王運熙老師《從詩論看我國古代敘事詩不發達的一種原因》（收入《中國古代文論管窺》，齊魯書社，1987年）。

論　文：《詩品》所存疑難問題研究
主講人：曹　旭教授
講評人：楊祖聿副教授

　　《詩品》成書後沉寂至明朝才逐漸受人注目，詩註家多引鍾氏語，翻刻之風轉盛。民國十六年陳延傑《詩品注》問世，爾後爲之注疏校正者踵接，風氣所播，遠至日、韓、歐美等地。大陸因政治狀況特殊，要到1986年才有這方面研究，因地力之便可見到些罕見版本。但因訊息閉塞，對外界研究所知有限。一直要到曹教授的博士論文（《鍾嶸詩品研究》，復旦大學，1988）才改觀。1994年曹教授又出版《詩品集注》和這方面的論文，使得大陸的詩品研究打破侷限，能夠寬廣的搜集版本、校刊注疏，並直接吸收日本研究成果，提出日本和歌中受詩品影響之所在，都是把詩品研究範圍擴大的貢獻。

　　曹教授討論了許多問題，譬如：鍾嶸身世，歷來所知有限，曹教授親至潁川長社（今河南長葛），遍訪耆舊，得鍾氏家譜數種，參酌新唐書宰相世系表等資料，加以探索，初步建構了潁川鍾氏世系，並提出鍾嶸曾祖父鍾源嘗任後魏永安太守，正因南人任北官，使得鍾嶸家受牽累，生活在政治迫害中。但曹教授引丘遲〈與陳伯之書〉：「松柏不翦……愛妾尙在」這段文字，那能斷言鍾嶸「一家受牽累……生活悲痛」？又南北朝時，北方文學之士有一重要來源，便是南人入北，如王褒、庾信、王克等，是否可以從這些例子來證明鍾源北宦之後果。《上品·謝靈運》條：「初，錢塘杜明師夜夢……故名客兒」共 55 字，曹先生引車柱環、路百占及本人之說並舉。其實本人在校正《詩品》全文時，苦無版本之依據，不得不將此55字家括號，以示區分。

　　曹教授有時候態度十分謹愼，如《上品·晉步兵阮籍》條中

的晉步兵，《下品·魏倉曹屬阮籍》條中的魏倉曹屬實際上該稱「魏步兵」、「漢倉曹屬」，未改是因「沿用習慣」；但《中品·晉中散嵇康》條曹氏集注卻逕改作「魏中散」。我覺得有時可以單純化些，官職朝代的錯誤，有史書爲根據，儘管多家版本沿襲錯誤，甚或鍾嶸發初就已錯了，我們是可以大膽更正的。

又「未品詩人研究」一節，從逆向入手，同樣可印證鍾嶸的文學觀念和審美原則。其實也反映了當代的文藝思潮。鍾嶸不品敘事詩，我們亦可證諸《文心雕龍》、《昭明文選》等同時代的最重要著作及選本，可見此乃時代風尙所趨。

《詩品》尙有疑難，並未取得一致的看法，如《詩品》三序的次序，又《吟窗》本可靠到什麼程度？這些年來大陸方面的整理研究，有沒有比《山堂考索》更早的版本？曹教授可藉此討論會多加說明。

謝靈運《臨終詩》異文之商榷
——兼論謝靈運之死

國立臺灣大學中文系
齊　益　壽

一、前　言

　　謝靈運於宋文帝元嘉十年(四三三)在廣州行棄市刑，享年四十九，臨死作《臨終詩》。這位「衣冠世族，公侯才子」、「詩冠江左，世推富豔」❶的大詩人，何以在晚年臨川內史任內，會將宋文帝之弟、位高權重的司徒劉義康派去收捕他的官員，給反押起來，並且率領部眾反叛？何以在十幾年前晉宋易代之際，謝靈運並無忠憤的表示，而有「媚裕(劉裕)」之辭❷，但卻在宋已代晉十幾年後才忽然拋出一首五言四句的反詩：「韓亡子房奮，秦帝魯連恥。本自江海人，忠義感君子。」(此詩後人題爲《臨川被收》。顧紹柏《謝靈運集校注》附錄二《謝靈運生平事蹟及作品繫年・元嘉十年》有云：「郝昺衡《謝靈運年譜》……以爲

---

❶語見明張溥《謝康樂集題辭》，《漢魏六朝百三名家集》四、頁2565，台北文津出版社，民國68年8月。
❷如《九日從宋公戲馬台集送孔令》詩中有「良辰感聖心，雲旗興暮節」之句，此詩爲義熙十四年九月九日，劉裕於彭城戲馬台歡送辭官歸隱的宋國尙書令孔靖，命群僚賦詩，故謝靈運及其堂兄謝瞻等，均即席賦詩。此年六月，劉裕始受相國、宋公之命，而二人詩中均以「聖心」諛媚劉裕，故謝榛《四溟詩話》卷一有云：「二公（指謝靈運、謝瞻）世臣，媚裕若此！」(《續歷代詩話本》四，頁4，台北藝文印書館)。

《臨川被收》、《臨終》詩亦係偽造，覺無據，故不敢苟同。」
本文亦以爲《臨川被收》及《臨終》二詩並非偽造。）？何以要
把本來只是由於在郡遊放無度之罪，大不了革職免官，卻要鬧到
非自陷於死地不可？這種種悖亂反常的行爲背後，究竟是基於什
樣的心理因素，使他對生命不復留戀，一味猖狂恣肆，不計後
果？要觸探這些隱衷，《臨終詩》應該是極重要的一條線索。但
是由於《臨終詩》在唐代便已有兩種不同的面貌，一載於《宋書
·謝靈運傳》，一見於《廣弘明集》。兩種本子不僅句數不同，
句次有別，而且句中異文甚多。明代以後，又出現多種不同的本
子，但顯然是以《廣弘明集》本爲底本，因爲在句數及句次上，
完全與《廣弘明集》一致，只有在異文上，或取《宋書》本，或
取《廣弘明集》本，互有出入，但皆不出這兩本的範圍。至於爲
這兩本所無的新增的異文，雖然間亦有之，但應是出於手民之誤，
不足爲論。因此，對於《臨終詩》的異文，應當將《宋書》本及
《廣弘明集》本視爲母本，明以後的本子視爲子本。母本的異文
有尚在流傳的《謝靈運集》爲依據。但謝集亡佚於南宋初年，子
本的異文便無所依據，而是逕從兩種母本自作取捨。二者不可一
視同仁，等價齊觀。因此本文將以兩種母本的異文作爲商榷的對
象。對明代以後的各種子本，只將彼此在異文上的出入加以說明。
各子本對於異文的取捨，其所持的理由，不得而知，不免使人遺
憾。本文將從謝詩結構偶對的謹嚴精切、謝靈運佛學造詣的精深
等特色的掌握，並深入探索其致死的主客觀因素，以作爲解讀該
詩商榷異文的依據。

二、《臨終詩》的母本與子本

謝靈運的《臨終詩》，今所見者，最早載於沈約《宋書》卷

六十七《謝靈運傳》。《宋書》共一百卷，其中本紀、列傳佔七十卷，已先於齊武帝永明六年（四八八）完成❸，上距謝靈運之死，不過五十五年；其次則收在唐釋道宣《廣弘明集》卷三十上。《廣弘明集》的編成，未題年月，但釋道宣卒於唐高宗乾封二年(六六七)❹，上距《宋書》本約一百八十年。這兩種《臨終詩》爲明代以後各本所從出，故當視爲母本。茲將這兩種《臨終詩》對列如下：

句次	《宋書》本	《廣弘明集》本
1.	龔勝無餘生	龔勝無遺生
2.	李業有終盡	季業有窮盡
3.	嵇公理既迫	嵇叟理既迫
4.	霍生命亦殞	霍子命亦殞
5.	悽悽凌霜葉	悽悽後（一作凌）霜柏
6.	網網衝風菌	納納銜風菌
7.	邂逅竟幾何	邂逅無竟時（一作幾何）
8.	修短非所愍	修短非所愍
9.	送心自覺前	恨我君子志
10.	斯痛久已忍	不得巖上泯
11.	恨我君子志	送心正覺前
12.	不獲巖上泯	斯痛久已忍
13.		唯願乘來生
14.		怨親同心朕

---

❸見沈約《宋書·自序》，頁 246，台北鼎文書局。
❹沙門贊寧《高僧傳三集》卷14《唐京兆西明寺道宣傳 》、「……爾後十旬安坐而化，則乾封二年十月三日也，春秋七十二。」頁 347、台北台灣印經處。

顯而易見，《宋書》本《臨終詩》爲十二句，《廣弘明集》本爲
十四句，後者較前者多出第十三、十四兩句，此爲二者句數之不
同。《宋書》本第九、十兩句，第十一、十二兩句，即五六兩聯，
正好與《廣弘明集》本的次序顛倒，此爲二者句次之參差。此外，
《宋書》本十二句中，除「修短非所愍」、「斯痛久已忍」、
「恨我君子志」三句外，其餘九句皆與《廣弘明集》本有異文，
一句中異文有一處者共五句（《宋書》本爲第一、三、四、九、
十二句；《廣弘明集》本爲第一、三、四、十一、十句）；有二
處者共三句（第二、五、七句）；有三處者僅一句（第六句）。
總計兩本的異文共九句十四處。

　　黃節《謝康樂詩注序》云：

　　　　鄭漁仲《通志·藝文略》載《臨川內史謝靈運集》二十卷。
　　　　馬貴與《經籍考》不復著錄；即晁公武、陳振孫兩家志
　　　　錄，亦闕不書；是謝集二十卷已散亡於宋季。逮明李獻
　　　　吉、黃勉之、沈道初諸人先後蒐集，焦弱侯始爲合刊，成
　　　　書四卷。其一、二卷爲賦，四卷爲文，三卷則樂府及詩
　　　　也。視二十卷所傳，散亡實多矣！❺

有關《謝靈運集》的著錄情形，《隋書·經籍志四》云：「《謝
靈運集》十九卷。梁二十卷、錄一卷。」《舊唐書·經籍志下》
及《新唐書·藝文志四》所著錄的《謝靈運集》均爲十五卷。鄭
樵爲南宋高宗紹興時人，其《通志·藝文略七》所著錄的《謝靈
運集》竟是北宋所未見的二十卷本，不免令人懷疑是否只是轉錄
而非親見。而仕於孝宗、時代略晚於鄭樵的晁公武，其《郡齋讀
書志》中亦不著錄謝集，以後仕於理宗時代的陳振孫及元初的馬

────────────

❺《謝康樂詩注》頁1，台北藝文印書館，民國56年12月。

端臨，二人在《直齋書錄解題》、《文獻通考·經籍考》中，亦均未著錄謝集。如果鄭樵《通志》所著的《謝靈運集》，是親見而非轉錄，則謝集當散亡於南宋孝宗之後；若非親見而是轉錄，則謝集殆散亡於南北宋之交，比黃節散亡於「宋季」之說，都要早。

　　既然《謝靈運集》到南宋初已散亡，因此元明之後出現的《謝靈運集》，皆自總集、類書、正史、方志等古籍中鉤輯而來。明代焦竑將李夢陽等三人鉤輯所得加以校勘，合為《謝康樂集》，僅得四卷；只佔二十卷本的五分之一，散亡的多達五分之四！

　　林文月先生在《謝靈運臨終詩考論》❻中，列舉八種《臨終詩》的本子，其中《南史》卷十九《謝靈運傳》中的《臨終詩》，只有前四句，顯係節錄，文字與《宋書》本並無出入，故可置之不論。如此八種實為七種。此七種中除上述《宋書》本及《廣弘明集》本外，其餘五種中輯於明代的有兩種，一為明馮惟納《古詩紀》本（簡稱馮本），一為明張溥《漢魏六朝百三家》本（簡稱張本）。其餘三種均刊行於民國以後，這三種是：丁福保《全漢三國晉南北朝詩》（簡稱丁本）、黃節《謝康樂詩注》（此集以明焦竑本所編先後失序，乃重編之，簡稱黃本）、逯欽立《先秦漢魏晉南北朝詩》本(簡稱逯本)。這五種明以後的《臨終詩》，在句數句次上皆與《廣弘明集》本相同，顯然是以《廣弘明集》為底本的。至於異文，則或取《宋書》本，或取《廣弘明集》本，互有異同。茲將這五種本子的異文，與《宋書》本（以下簡稱甲本）及《廣弘明集》本（以下簡稱乙本）的異同條列如下：

　　1.第一句甲本「餘」與乙本「遺」之異：

---

❻本文收入林著《中古文學論叢》，台北大安出版社，頁 232-252，民國78年 6月。

馮本、張本、丁本同甲本。

黃本同乙本。

逯本同甲本；注云：乙本作「遺」。

2. 第二句甲本「李」與乙本「季」之異：

馮本、張本、丁本同乙本。

黃本同甲本。

逯本同乙本；注云：甲本作「李」。

3. 第二句甲本「終」與乙本「窮」之異：

馮本、張本、丁本同甲本。

黃本同乙本；注云：甲本作「終」。

逯本同甲本；注云：乙本作「窮」。

4. 第三句甲本「公」與乙本「叟」之異：

馮本、張本、丁本同甲本。

黃本同乙本；注云：甲本作「公」。

逯本同甲本；注云：乙本作「叟」。

5. 第四句甲本「生」與乙本「子」之異：

馮本、張本、丁本同甲本。

黃本同乙本；注云：甲本作「生」。

逯本同甲本；注云：乙本作「子」。

6. 第五句甲本「凌霜葉」與乙本「後作凌霜柏」之異：

馮本、張本、丁本同乙本。

黃本「霜柏」二字同乙本；但「後」字列爲注文，正文作「陵」。

逯本同乙本；注云：甲本作「凌霜葉」。

7. 第六句甲本「網網衝」與乙本「納納銜」之異：

馮本、張本三字全同乙本；丁本「納納」二字同乙本，

「衝」字同甲本。

黃本同甲本；「網網」下注云：一作「納納」。

逯本「納納」同乙本；注云：甲本作「網網」。「衝」同
甲本；注云：乙本作「銜」。

8.第七句甲本「幾何」與乙本「無時^{一作幾何}」之異：

馮本、張本、丁本、黃本同乙本。

逯本取甲本「幾」字，又取乙本「時」字，而成「幾時」；
注云：乙本作「無時^{一作幾何}」。

9.甲本第九句「自」與乙本第十一句「正」之異：

馮本、張本、乙本、逯本均同乙本；唯逯本注云：甲本作
「自」。

10.甲本第十二句「獲」與乙本第十句「得」之異：

馮本、張本、丁本、黃本同乙本。

逯本同甲本。

由此可見，明以後五種本子的異文，雖然頗爲參差，但可以說並
未超出甲乙兩本的範圍，不過是就甲乙兩本的異文，取捨互有異
同罷了。至於取捨的理由，則未作交待。因此在林先生所列七種
本子中，甲乙兩本即《宋書》本與《廣弘明集》本，乃是明以後
諸本之所從出，應當以母本視之。明以後諸本應以子本視之。母
本中的異文與子本中的異文，二者不可同日而語，不宜一視同仁。
因此要商榷謝靈運《臨終詩》的異文，應以甲乙兩本爲對象，才
不至模糊了焦點。

至於五種子本中新增的異文，而爲甲乙兩本所無者，約有兩
處：一爲張本將「斯痛久已忍」中的「已」，誤作「鬼」字，
「久鬼忍」，義不可解，當是手民之誤。二爲「不得嚴上泯」中
的「上」字，甲乙兩本均同，並無異文，而馮本誤作「下」字，

張本、丁本、逯本同。黃本雖作「上」字，但注云：「一作下」。逯本作「下」，復注云：「《宋書》作『上』，《廣弘明集》同。」按誤「上」爲「下」，此爲校勘所常見的聯想之誤。

在林先生所舉民國以後三種子本（即黃本、丁本、逯本）之外，尚有一本爲林先生撰文時所未及見者，即顧紹柏《謝靈運集校注》（簡稱顧本），中州古籍出版社出版。顧本無論在輯佚、校注以及研究整理各種謝靈運有關的資料上，其成績皆超過前人。而顧本的《臨終詩》，則以甲本即《宋書》本爲底本，而以乙本即《廣弘明集》爲參校本。在詩的句數上，顧本將乙本末兩句補入甲本，即同意當從乙本作十四句。在詩句的先後順序上，則依從甲本，將「送心自覺前，斯痛久已忍」一聯，置於「恨我君子志，不獲巖上泯」一聯之前。在異文上，除了認爲甲本第六句「綱綱衝風菌」中的「綱綱」一詞費解，而乙本作「納納」則「略可通」，態度上較偏向乙本，其餘的異文則均依甲本，但在注中，則列出乙本及若干子本的異文。因此在句次及異文方面，同樣也是子本的顧本，顯然與宗乙本的黃本、丁本、逯本，大有區別。

三、兩種母本句數及句次之商榷

甲本的《臨終詩》爲十二句，乙本爲十四句。何者爲優？何者爲劣？從明以後各種子本都一致依從乙本十四句，而不取甲本十二句，當不難窺知箇中消息。雖然各子本皆未對十四句的乙本爲優的理由作出說明，我們不難就詩歌內容以及史書引文習慣兩方面，來說明爲什麼應取十四句的道理。十二句本由於少了末兩句「唯願乘來生，怨親同心脫」，使這首詩語意既不完足，語勢亦欠平穩。因爲此二句原是與「送心正（「自」字當作「正」字，

詳後）覺前，斯痛久已忍」一聯相呼應的。所謂「送心正覺前」
的「正覺」乃梵語「三普提」之意譯，謂一切諸法之眞正覺知，
故成佛亦稱成正覺。謝靈運問佛之心萌芽甚早，隆安三年（三九
九）才十五歲時，便想去廬山師事高僧慧遠而未果（義熙十三年
謝靈運在其所撰的《廬山慧遠法師誄并序》中有云：「予志學之
年，希門人之末，惜哉！誠願弗遂」）。❼永初三年秋(四二二)
至景平元年(四二三)秋，謝靈運在永嘉太守仕內，作《辯宗論》，
與竺法綱、釋慧琳二法師以及衛將軍、江州刺史王弘（王導的曾
孫），往復辯論有關頓悟漸悟問題，深爲主張頓悟的竺道生所讚
許。竺道生《答王衛軍書》有云：「究尋謝永嘉論，都無間然。
有同似若妙善，不能不以爲欣」❽景平元年秋至元嘉三年（四二
六）三月，謝靈運返回始寧山居，並在石壁山構築招提精舍，招
待四方過往僧人。而曇隆法師且與謝靈運過從甚密達兩年之久，
既得切磋佛理之趣，復有相偕登臨之樂，所以謝靈運在《曇隆法
師誄并序》中有動人的回憶：「接棟重崖，俱抱回澗，茹芝朮而
共餌，披法言而同卷者，再歷寒暑。……嗚呼哀哉！緬念生平，
同幽共深。相率經始，偕是登臨。開石通澗，剔柯梳林。遠眺重
疊，近矚嵔嶔。事寡地閒，尋微探賾。何句不研，奚疑弗析。帙
舒軸卷，藏拔紙襲。問答來往，俾日餘夕。」❾此外，謝靈運又
有《金剛般若經注》❿，並與京師東安寺釋慧嚴、道場寺釋慧觀
一起，對北涼曇無讖於沮渠蒙遜玄始十年(四二一)所譯《大涅槃

❼《廣弘明集》卷23，頁 326，台灣商務印書館大本四部叢刊。
❽同上，卷18，頁 254。
❾同注7，頁235-326。
❿見《文選》卷59王屮《頭陀寺碑文‧是以如來利見迦維、託生王室》句
　李善注：「謝靈運《金剛般若經注》曰：『諸法性空，理無乖異，謂之
　爲如。會如解故，名如來。』」頁82上，台北華正書局1977年 3 月。

經》四十卷本,重加斟酌潤色⓫,而成三十六卷本,世稱南本,
而稱曇無讖所譯四十卷本爲北本。由此可見,謝靈運的佛學造詣
甚深,向佛之心非淺。雖然如此,但距離一切諸法的眞正覺知,
仍屬遙遠。古今成佛者能有幾人?謝靈運功名心重,對祖宗的豐
功偉業念念不忘,今生是無法修成正覺了,這就是「送心正覺前」
的意思。至於「斯痛久已忍」,其久忍之痛,正是前面所說的
「邂逅竟無時」之痛,這無時的悲痛隱忍既久,如今已到忍無可
忍;活長活短,非所措意。情懷如此激烈,如果僅以「恨我君子
志,不獲巖上泯」二句收尾,表示唯以不能死於家鄉始寧山居爲
憾⓬,便嘎然而止,終覺輕重失衡,故必須再有「唯願乘來生,
怨親同心脁」二句,寄希望於來世,以慈悲爲懷,不再恃才傲物,
不再以門第自高,破除我執我見,將一切以平等心看待,無所厚
薄,對所怨所親,一視同仁,如此才有可能修成正覺,來作爲
「送心正覺前,斯痛久已忍」此一遺憾的回應與補充,語意才能
完足,語勢才能平穩。所以乙本十四句才是可取的。甲本之所以
缺末二句,則可能由於史書引文多有省略裁節的習慣。與謝靈運
同時的陶淵明,他的集子一直流傳不絕,不像謝集亡於南宋之初。
《宋書》卷九十三《隱逸傳·陶潛傳》中所引《五柳先生傳》,
便只是引到「嘗著文章自娛,頗示己志,忘懷得失,以此自終」
爲止,比《陶淵明集》中的《五柳先生傳》,少了整整一段「贊」

⓫《高僧傳》卷7《宋京師東安寺釋慧嚴傳》:「《大涅槃經》初至宋土,
文言致善,而品數疏簡,初學難以厝懷。(慧)嚴迺共慧觀、謝靈運等,
依《泥洹》本,加之品目,文有過質,頗亦治改。」頁176、台北台灣
印經處,民國47年10月。
⓬黃節注以爲「巖上泯」乃暗用摩訶迦葉於狼跡山入「滅盡定」之事。
「滅盡定」又曰「滅盡三昧」,即「滅盡」六識心、心所而不使起之禪
定。「六識心」指眼耳鼻舌身意六官對外的感受作用;「心所」指貪瞋
等別作用之心法。要滅盡這些,乃極高的禪定境界,當非身深以邂逅無時
爲憾且即將棄市的謝靈運所顧慮者,故黃說似不宜從。

辭。此段「贊」辭共八句四十八字。《陶潛傳》中又引錄著名的
《歸去來兮辭》，但卻將這篇辭賦前約二百字的一段序文全部省
去一字不提。又如《南史》卷十九《謝靈運傳》，前面已提到傳
中所引《臨終詩》僅四句，便是節錄而非全詩。

在句次方面，甲本五、六兩聯即「送心自（當作「正」）覺
前，斯痛久已忍」、「恨我君子志，不獲巖上泯」，乙本正好顛
倒。雖然明以後各個子本如馮本、張本、丁本、黃本、逯本皆依
從乙本，但並未說明理由。只有顧本依從甲本。這兩聯的先後，
究竟應如何安排，或許不免見仁見智。個人的看法以爲甲本的句
次較爲可取。因爲如果照乙本的句次，把「恨我君子志，不獲巖
上泯」一聯，置於「送心正覺前，斯痛久已忍」之前，則此久忍
之痛，不但指「邂逅竟無時」之痛，而且還兼指「不得巖上泯」
之痛，所以林文月先生在《謝靈運臨終詩考論》中對「斯痛久已
忍」句即云：

> 「斯痛」，謂與前舉四子「邂逅竟無時」之痛，兼指「恨
> 我君子志，不獲巖上泯」之痛也。❸

然而「恨我君子志，不獲巖上泯」是遺憾未能死於家山，而行將
棄市於異鄉廣州，不同於四君子之死於鄉閭。但此痛乃新痛，非
「邂逅竟無時」那種終生之痛。如此「不得巖上泯」與「邂逅竟
無時」，二者之輕重久暫，迥然有別，是以「斯痛久已忍」之痛
當指「邂逅竟無時」之痛，不應兼指「不得巖上泯」之痛，方爲
合理。因此我以爲甲本的句次較爲可取。

---

❸同注6，頁238。

四、兩種母本異文之商榷

前面提到甲乙兩種母本的異文多達九句，各句中的異文，有一字、二字、三字，不等。以下擬將異文分成三類處理：即字異義同的異文；字異義異而取捨容易的異文；字異義異但取捨困難的異文。

㈠字異義同的異文

甲本的「餘生」與乙本的「遺生」(第一句)，甲本的「終盡」與乙本的「窮盡」(第二句)，甲本的「嵇公」與乙本的「嵇叟」(第三句)，甲本的「霍生」與乙本的「霍子」(第四句)，甲本的「不獲」(第十二句)與乙本的「不得」(第十句)，意思均完全一樣。這「餘」與「遺」、「終」與「窮」、「公」與「叟」、「生」與「子」、「獲」與「得」五處異文，無論作如何取捨，詞意均不生影響。由於甲本年代早於乙本一百多年，故這五處的異文，與其取年代較晚的乙本，不如取年代較早的甲本。唯一例外的是第四句的異文，乙本較爲可取，因爲若取甲本作「生」，便與首句「餘生」的「生」在一首詩中重複出現，不如取乙本作「子」爲善。

㈡字異義異而取捨容易的異文

甲本的「李業」與乙本的「季業」(第二句)，甲本的「自覺」(第九句)與乙本的「正覺」(第十一句)，「李」與「季」、「自」與「正」，應該是比較容易取捨的。李業的事蹟見於《後漢書》卷八十一《獨行傳》：

> 李業字巨游，廣漢梓潼人也。少有志操，介特……元始（漢平帝年號，西元元年～五年）中，舉明經，除爲郎。會王莽居攝，業以病去官，杜門不應州郡之命。……王莽

以業爲酒士，病不之官，遂隱藏山谷，絕匿名蹟，終莽之世。及公孫述僭號，素聞業賢，徵之，欲以爲博士，業固疾不起。數年，述羞不致之，乃使大鴻臚尹融持毒酒奉詔命以劫業：若起，則受公侯之位；不起，賜之以藥。業乃嘆曰：「親於其身爲不善者，義所不從。君子見危授命，何乃誘以高位重餌哉？」……遂飲毒而死。❶

可見李業正如龔勝、嵇康❶、霍原一樣，都是寧可爲保全志節，而犧牲性命；不肯屈己違願，去奉事新主。四君子所處時地不同，典型則一。龔勝不仕於新莽，絕食而亡（《漢書》卷七十二《龔勝傳》）；嵇康不肯臣服於司馬昭，受刑東市（《晉書》卷四十九《嵇康傳》）；霍原不肯支持王浚謀僭稱制，遭捕被害（《晉書》卷九十四《隱逸傳》）。

謝靈運在《臨終詩》一開始，便將四個殉節的英烈形象，排比開來，不但筆勢沉厚，而且悽惻動人。可見甲本作「李業」絕對是正確的。乙本的「季業」，顯然是由於「季」與「李」形近而誤，因爲未聞有「季業」其人。至於「自覺」與「正覺」，皆爲佛家語，但二者境界有別。「自覺」是阿羅漢的境界；「自覺」又能「覺他」則是菩薩境界；能「自覺」、「覺他」又能「覺行圓滿」，三覺皆具，則爲佛的境界。❶從志學之年便傾心向佛的謝靈運，禮敬高僧，終其一生，對佛學理論造詣甚深，其送心輸誠之所至，如果不是以「正覺」爲最終目標，而僅僅以「自覺」

❶台北鼎文書局，頁2668-2669。民國68年2月。

❶「嵇公理既迫」句中之「嵇公」，或以爲是嵇康，或以爲是嵇康之子嵇紹，頗有異議。林文月先生《謝靈運臨終詩考論》一文中，對此有詳細的考論，認爲是嵇康而非嵇紹，當可視爲定論，茲從之。

❶參見《妙法蓮華經》卷3《授記品第六》孫藩聲注釋十：「正覺：能自覺，覺他，覺行圓滿的，即成佛果，故成佛又曰『正覺』。」頁82，台中慈光雜誌社印行，民國59年3月。

爲止限，不免過於謙抑，不類高傲的謝靈運的爲人。對於事佛精
懇而悟性不高的會稽太守孟顗，謝靈運不是輕蔑他：「得道應須
慧業，丈人生天當在靈運前，成佛必在靈運後」？❼謝靈運是沒
有理由不以「正覺」成佛爲終極目標，而以「自覺」成阿羅漢來
地畫地自限的。因此乙本作「正覺」顯然較甲本作「自覺」爲可
取。

㈢字異義異但取捨困難的異文

在《臨終詩》的異文中，取捨困難的恐怕要數「悽悽凌霜葉」
與「悽悽後霜柏」、「網網衝風菌」與「納納衝風菌」、「邂逅
竟幾何」與「邂逅竟無時」這三組異文了。茲分別辨析如下：

1.「悽悽凌霜葉」與「悽悽後霜柏」

甲本「凌霜葉」與乙本「後霜柏」，雖然只有「凌」與「後」、
「葉」與「柏」兩字之差，但二者的意象卻大有逕庭。「凌霜葉」
是說一般樹葉爲嚴霜所欺凌侵犯，其枯萎凋落，乃必然之事。
「後霜柏」乃松柏後凋於歲寒之意，雖有嚴霜侵犯，但松柏能抗
禦之，而不凋謝。面對這兩個喻意可謂適得其反的意象，當如何
取捨？頗費躊躇。雖然明以後各子本如張本、丁本、逯本均從乙
本；黃本作「陵霜柏」，林先生在《謝靈運臨終詩考論》中作
「凌霜柏」，亦均近於乙本。林先生且謂「取義，『葉』不如
『柏』」。❽但作「葉」是否眞的不如「柏」呢？這就要看對這
首詩前四句中四君子的剛烈形象，是從什麼角度去把握。四君子
威武不能屈，大義凜然，名耀史冊，聲流千載，此與松柏不畏霜

---

❼《宋書》卷67《謝靈運傳》，頁1776-1777，台北鼎文書局，民國68年2
月。唯其中「丈人」作「文人」，不妥，從《南史》卷19《謝靈運傳》
改之。
❽同注6，頁236。

雪，經多猶茂，千年萬載卓然挺立於天地之間，二者在精神上確有相類之處。但如果是從此一角度來把握，則「後霜柏」三字之上，便不該是「悽悽」一類悲哀的狀詞，而當是「凜凜」一類堅忍卓絕、堅毅不屈的狀詞才是。然而謝靈運既用「悽悽」，不正顯露出他借喻於此四君子，是側重於哀歎四君子生不逢時，如綠葉橫遭嚴霜而枯萎凋零？而哀四君子即所以哀謝靈運自己。由於謝靈運在臨終之際是充滿自哀的心情借四君子以為喻的，所以應取甲本的「悽悽凌霜葉」才是。乙本「悽悽後霜柏」，「悽悽」這悲哀的狀詞，與「後霜柏」這堅拔的意象，二者實有齟齬之處，似不可取。而對於「悽悽」與「後霜柏」之間的不協調，前人似也曾有所覺察，所以逯本的《臨終詩》，在「悽悽」兩字下引大正藏本《廣弘明集》的注：「宮本作『萋萋』。」（《四部叢刊》本《廣弘明集》則未有此注。）「萋萋」為草木茂盛之意，如此與「後霜柏」之間的齟齬或能減緩一些。但是如作「萋萋後霜柏」，則既與下句「網網銜風菌」（或「納納銜風菌」）的象喻大異其趣，又與四君子生不逢時的悲情很不搭調。因此，甲本的「悽悽凌霜葉」應該是正確的選擇。

　　2.「網網銜風菌」與「納納銜風菌」

　　甲本的「網網」一詞，不可解，故明以後各子本，多從乙本作「納納」。「納納」一詞，見於劉向《九歎‧逢紛》：「裳襜襜而含風兮，衣納納而掩露。」王逸《楚辭注》云：「納納，濡濕貌。」洪興祖補注云：「說文云：納，絲溼納納也。」⑲「納納」是指衣物被雨露所濡濕，一幅濕答答的樣子。「納納銜風菌」意謂本就脆弱的菰菌，復為雨露所濡濕，上重下輕，更加弱不禁

⑲洪興祖《楚辭補注》卷16，頁467，台北藝文印書館，民國57年11月。

風，易被吹折。如此義雖可解，但與上句「悽悽凌霜葉」，則非妥貼的偶對。由於謝靈運詩結構謹嚴屬對精密，不難覺察到「納納」與「悽悽」在狀詞性質上尙非相近。因爲「悽悽」乃情感的狀詞，而「納納」爲物貌狀詞。再從《臨終詩》的結構脈絡來看，此句與上句在詩中爲五、六兩句，與前四句一脈相承，是以兩個平行的象喻，來悲悼四位前賢「邂逅」之「無時」。如此「銜(衝)風菌」三字上面的疊字狀詞，自然應與「悽悽」爲同類的情感狀詞才是。如謝靈運《道路憶山中詩》：「悽悽明月吹、惻惻廣陵散。「悽悽」與「惻惻」均爲情感的狀詞，便是妥貼的偶對。「納納」一詞義雖可解，但仍不足取。

林文月先生認爲「網網」當「借作罔罔」，予人很大的啓發。只是林先生引《禮記·少儀第十七》鄭玄注：「罔，猶罔罔，無知貌」，以「無知貌」解釋「罔罔」，並以《莊子·逍遙遊》：「朝菌不知晦朔」作爲「無知貌」之例證[20]，似意有未安。其實「罔」乃「網」之本字，亦作「网」，爲敀獵捕魚之具。說文：「网，庖犧氏所結繩以田以漁也。」但《論語·爲政篇》云：「學而不思則罔」，則「罔」字己引伸有「罔然無所得」[21]之意。《文選·宋玉神女賦序》云：「罔兮不樂，悵然失志。」李善注：「罔，憂也。」[22]則「罔」字又有志願落空憂愁不樂之意。由此可知甲本的「網網」當作「罔罔」，或「惘惘」。「惘」同「罔」，當爲後起字。《楚辭·九章·悲回風》云：「撫珮衽而案志兮，超惘惘而遂行。」王逸注：「整飭衣裳，自寬慰也。失志偟遽，

---

[20] 同注6，頁236-237。
[21] 《十三經注疏》本第八冊《論語》，何晏《集解》引包咸語。頁18，台北藝文印書館，民國68年3月。
[22] 同注10，卷19，頁261。

而直逝也。」❷王逸以「失志徨遽」釋「惘惘」，乃失志憂懼之意。總之，「罔罔」或「惘惘」在此詩中乃憂懼之意，謂菰菌橫遭強風而斷折，使人憂懼。如此「惘惘」「悽悽」同為表情的狀詞，屬對方為精切。

由此可知「網網」與「納納」均不可取，而「網網」當作「罔罔」或「惘惘」。一旦確定了「網網」乃「罔罔」或「惘惘」之誤，另一個「衝」字與「銜」字之異，便迎刃而解。既然上句「悽悽凌霜葉」中第三字作「凌」（「凌」，欺也，犯也。），那麼下句的第三字就必須作「衝」（「衝」，犯也，冒也。）才能旗鼓相當。「惘惘衝風菌」意為菰菌為強風所衝犯，其斷折零落，令人憂懼。與上句「悽悽凌霜葉」謂樹葉為嚴霜所欺凌，其枯萎凋零，使人悲悽，可謂屬對精切之至，妥貼之至。因此這一組異文，乙本既不可取，甲本則必須將「網網」改正為「罔罔」或「惘惘」，作「罔罔（惘惘）衝風菌，」方為正確。

3.「邂逅竟幾何」與「邂逅竟無時」

在五、六兩句當作「悽悽凌霜葉，罔罔（惘惘）衝風菌」的析辨之後，第七句究竟當從甲本作「邂逅竟幾何」，還是應從乙本作「邂逅竟無時」，更是難以取捨。困難在於這句詩的甲乙兩本既非義異，亦非義同，而是義近。「邂逅」一詞，典出《詩經·鄭風·野有蔓草》：「邂逅相遇，適我願兮。」《毛傳》：「邂逅，不期而會，適其時願。」❷「幾何」，猶蔡琰《悲憤詩》「人生幾何時，懷憂終年歲」之「幾何時」，謂能有幾時，即甚為短暫之意。「邂逅竟幾何」當謂雖曾「邂逅相遇」，但為時甚短。「邂逅竟無時」則謂無緣相遇，終身未遇。遇短而離長，固

────────────

❷同19，卷4，頁 261。
❷同注21，《十三經注疏》本第二冊《詩經》，頁 182。

爲可悲；但始終未遇，其悲更甚。因此甲本乙本義實相近，只有
程度之別。至於「邂逅」的對象則正如《鄭風・野有蔓草・小序》
所說：「思遇時君也。」❷如果就謝靈運一生的仕宦經歷來看，
晉安帝義熙元年（四〇五）二十一歲起，到宋文帝元嘉十年（四
三三）四十九歲去世止，約三十年間，謝靈運除了兩度隱居於始
寧墅，一次在景平元年（四二三）秋至元嘉三年（四二六）春，
爲時兩年半；一次在元嘉五年（四二八）至元嘉八年(四三一)，
爲時三年；隱居時間兩次不過五、六年，其餘二十三、四年多在
仕途之中，所擔任的重要官職內則三品的秘書監、侍中，外則五
品的永嘉太守、臨川內史。這樣的經歷究竟是「遇」呢？還是
「不遇」？唐白居易以爲「不遇」，其《讀謝靈運詩》云：「謝
公才廓落，與世不相遇。壯士鬱不用，須有所泄處。泄爲山水詩，
逸韻諧奇趣。」❷宋葛立方則以爲「遇」，有云：「武帝、文帝
兩朝遇之甚厚，內而卿監，外而二千石，亦不爲不逢矣，豈可謂
『與世不相遇』」乎？❷葛立方以爲宋武帝、文帝兩朝都對謝靈
運相當厚遇，謝靈運雖未位至三公，但已做到侍中、秘書監等相
當於九卿的祿位，他因而不能苟同白居易的「與世不相遇」之說。
然而是否與世相遇，不該僅以官位品級的高低來論斷；是否「適
其時願」，對謝靈運而言，毋寧更爲重要。因此我們對謝靈運的
志趣願望，不能不略有了解。

　　謝靈運是非常以其門第自豪，以祖宗的豐功偉業自傲的。晉
孝武帝太元八年(三八三)淝水之戰，苻堅大敗，北方四分五裂；

---

❷同注24。

❷《白氏長慶集》卷7，頁 67，《白香山詩集》本，台北世界書局，民國
　58年 5 月。

❷《韻語陽秋》卷8，頁340上，《歷代詩話》本，台北藝文印書館，民國
　48年 8 月。

東晉得以偏安，免於披髮左衽。這曠世殊勳，便是謝家所締造的。
因此謝安及弟謝石，謝安子謝琰，侄謝玄，均晉封公爵。一門四
公，光彩榮耀，無與倫比。其中尤以祖父謝玄、曾叔祖謝安的勳
德，最爲謝靈運所景仰，在詩文中一再提到，如《述祖德詩序》
云：「太元中，王父(祖父謝玄)龕定淮南，負荷事業，尊主隆人
（當作民，避唐太宗名諱而改）。逮賢相（謂謝安）謝世，君子
道消，拂衣蕃岳，考卜東山。事同樂生之時，志期范蠡之舉。」
❷又如《撰征賦序》云：「昔皇祖作藩，受命淮、徐，道固苞桑，
勳由仁積。年月多歷，市朝已改，永爲洪業，纏懷清曆。於是采
訪故老，尋履往蹟，而遠感深慨，痛心殞涕。遂寫集聞見，作賦
《撰征》，俾事運遷謝，託此不朽。」❷又如《山居賦·自注》：
「余祖車騎（謂車騎將軍謝玄）建大功淮、肥，江左得免橫流之
禍。後及太傅(謂謝安)既薨，遠圖已輟，於是便求解駕東歸，以
避君側之亂。廢興隱顯，當是賢達之心，故選神麗之所，以申高
樓之意。經始山川，實基於此。」❸謝靈運一再追憶的不僅是先
祖淝水一役彪炳的戰功，更有淝水戰後謝安以謝玄爲前鋒都督，
乘勝追擊，光復黃河南北各州的失土。然而此一「遠圖」，卻因
謝安去世（太元十年，三八五），司馬道子專權，阻梗北伐，而
被迫輟止。謝玄因而辭去都督徐、兗、青、司、冀、幽、并七
州諸軍事，帶病改任會稽內史，開始經營東山，作爲幽棲之地：
「隨山疏濬潭，傍巖藝枌梓，遺情捨塵物，貞觀丘壑美。」❹謝
靈運於是將謝玄比成樂毅，而鄙夷司馬道子爲燕惠王之流。在義

---

❷同注5，頁 51。
❷同注17，頁1744。
❸同注17，頁1756。
❹同注5，頁 55。

熙十二年(四一六)仲冬，謝靈運奉朝廷之命，去慰勞劉裕北伐暫
駐在彭城的軍隊，足跡所至，正是祖父三十二年前（時爲太元九
年，三八四）北征所經之地。雖然時隔一世，市朝已改，謝靈運
仍然爲祖父的壯志未酬而深慨，而痛心落淚。於是勤訪故老，採
擇聞見，將祖父的勳德和遺憾，都寫入《撰征賦》中，作爲永久
的紀念。

　　謝玄的勳德情操，是如此深深烙印在謝靈運心中，成爲他所
仰望的典型，成爲謝靈運「愚志」的來源。對這一點若無所認知，
我們便不易了解元嘉五年春天，謝靈運被朝廷以賜假之名行免官
之實，就在東返始寧山居的前夕，何以突然要上書勸文帝北伐，
並義正辭嚴地列舉北伐的三大理由：㈠國恥宜雪：武帝死後，黃
河以南的大片土地爲北魏所攻佔，這是國恥，令人憤歎。㈡百姓
宜救：陷沒之地，橫徵暴斂，百姓身禍家破，苦不堪言，仁者爲
之傷心。㈢時來之會，有機可乘：東虜（魏）與西虜（夏）互相
攻伐，夏敗而復振，攻佔關中，牽制魏大量兵力。謝靈運這封上
書，載於《宋書》本傳。傳中雖未見文帝對這封上書有何反應，
但兩年後，即元嘉七年三月，宋文帝下令大舉北伐，光復了黃河
南岸失土。然而翌年魏滅夏後，揮軍南下，黃河以南的洛陽、滑
台、虎牢等大城又全都得而復失。一個被諷旨解職的人，卻要將
其憤慨傷心的「愚志」，向文帝「昧死以聞」，這難道不是委婉
地在抗議文帝對他「唯以文義見接，每侍上宴，談賞而已」？❷
「靈運詩書皆兼獨絕，每文竟，手自寫之，文帝稱爲二寶。」❸
謝靈運詩書雙絕，人所共知；但其迷悶深苦的「愚志」，卻是鮮
有知音。所以白居易說「謝公才廓落，與世不相遇」，葛立方不

---

❷同注17，頁1772。
❸同注32。

能了解。元遺山有詩云：「謝客風容映古今，發源誰似柳州深？朱弦一拂遺音在，卻是當年寂寞心。」❸❹謝靈運「與世不相遇」的一顆「寂寞心」，只有白居易、元遺山等少數人才能體會。

　　仕途坎坷，一再蹭蹬，壯志莫展，迷悶深苦。這是謝靈運之所以發出「邂逅竟無時」的浩歎的原因所在。

　　在謝靈運的仕宦經歷中，可以看到三次大挫折。第一次是義熙八年(四一二)，這時謝靈運已追隨劉毅七年之久，劉毅是軍功僅次於劉裕的討伐桓玄的義軍將領，時為衛將軍、荊州刺史，陰有圖裕之志，與位居尚書左僕射的謝靈運的族叔謝混深相結納。劉裕先殺謝混，繼滅劉毅。身為劉毅衛軍從事中郎的謝靈運，賴劉裕寬大，未受株連，改任太尉劉裕的參軍。然而跟錯人的這一次挫折，使謝靈運的仕途終生蒙上一層陰影。

　　第二次大挫折是永初三年（四二二）至景平二年（四二四）之間。謝靈運是晉恭帝元熙元年(四一九)，在建康任世子（劉裕長子劉義符）左衛率之職。❸❺同年九月，劉裕自解揚州牧，以次子司州刺史劉義真為揚州刺史，鎮石頭。❸❻石頭城為建康三城中的西城，謝靈運與劉義真的結識當從這時候起到永初三年，約三、四年的光景。由於劉義真愛好文義，與謝靈運、顏延之、慧琳道人等情款異常，「得志之日，以靈運、延之為宰相，慧琳為西豫州都督」❸❼的話，不脛而走，騰播於外。永初三年五月劉裕去世，

<hr>

❸❹《元遺山詩集箋注》卷11，頁530，台北世界書局，民國53年2月。
❸❺《晉書》卷79，《謝玄傳》：「子瑍嗣，秘書郎，早卒。子靈運嗣。……永熙中(四一九～四二)，為劉裕世子左衛率」。頁2085-2086，台北鼎文書局。並參見顧紹柏《謝靈運集校注》附錄二《謝靈運生平事蹟及作品繫年》，頁415，鄭州中州古籍書版社。
❸❻《宋書》卷61《廬陵孝獻王義真傳》，頁1635，台北鼎文書局。又見《資治通鑑》卷118，頁3730，台北世界書局。
❸❼同注36，頁1636。

少帝即位，權在大臣。於是徐羨之、傅亮立刻將此一集團驅散，把謝靈運出為永嘉太守，顏延之為始安太守，慧琳派往虎丘，劉義真出鎮歷陽，就南豫州刺史之職。美麗的永嘉山水，能使謝靈運寫出出色的山水詩，卻不能治療其心中所受的創痛。到任才一年，便再也無法忍受，任憑從弟謝晦、謝曜、謝弘微如何飛書勸止，謝靈運還是拂袖而去。少帝景平二年(四二四)，劉義真被廢為庶人，徙新安郡，接著被殺。同年少帝也被廢、被弒。是以永初三年被貶永嘉，是謝靈運在權力較量下的一次重大挫敗。景平二年劉義真的被害，謝靈運既痛悼知己的夭枉，更悲歎美麗憧憬的幻滅。

第三次的大挫折是元嘉五年(四三八)。元嘉三年春，宋文帝殺掉權臣徐羨之、傅亮，為廬陵王義真平反，並召回當年被徐、傅所排斥的謝靈運、顏延之和慧琳道人。謝靈運由秘書監而侍中，文帝日夕引見，但卻被當做文學侍從之臣，而無法參與時政。靈運心中不滿，不去朝直，不理公事，文帝就要他自上辭呈。

高傲的謝靈運，仕途上一而再、再而三遭受如此重大挫折，又如何能不興「邂逅竟無時」之歎呢？

在邂逅無時之外，更殘酷陰險的命運，正悄悄地張開一張看不見的大網，向謝靈運撲來，使他無法掙脫。那便是他和會稽太守孟顗之間的衝突，肇始於謝靈運的出言不遜，但竟因此而結下無法化解的深仇大恨，而終至付出棄市於廣州的慘重代價。《宋書·謝靈運傳》有這樣的記載：

> 太守孟顗事佛精懇，而為謝靈運所輕，嘗謂顗曰：「得道應需慧業。丈人❸生天當在靈運前，成佛必在靈運後。」

---

❸原作「文人」，《南史·謝靈運傳》作「丈人」，茲從之。

顗深恨此言。會稽東郭有迴踵湖，靈運求決以爲田，太祖令州郡履行。此湖去郭近，水物所出，百姓惜之，顗堅執不與。靈運既不得迴踵，又求始寧岯崲湖爲田，顗又固執。靈運謂顗非存利民，正慮決湖多害生命，言論毀傷之，與顗遂構釁隙。因靈運橫恣，百姓驚擾，乃表其異志，發兵自防，露板上言。靈運馳出京都，詣闕上表曰……太祖知其見誣，不罪也。不欲使東歸，以爲臨川內史，加秩中二千名。在郡遊放，不異永嘉，爲有司所糾。司徒遣使隨州從事鄭望生收靈運，靈運執錄望生，興兵叛逸，遂有逆志，爲詩曰：「韓亡子房奮，秦帝魯連恥。本自江海人，忠義感君子。」追討禽之，送廷尉治罪。廷尉奏靈運率部眾反叛，論正斬刑。上愛其才，欲免官而已。彭城王義康堅執，謂不宜恕。乃詔曰：「靈運罪釁累仍，誠合盡法。但謝玄勳參微管，宜宥及後嗣，可降死一等，徙付廣州。……有司又奏依法收治，太祖詔於廣州行棄市刑。臨死作詩曰……」**❸❾**

由這段記載可知造成謝靈運悲劇的兩個關鍵人物，一是孟顗，一是劉義康。謝靈運與孟顗之間的結怨，起於謝靈運對孟顗事佛態度的譏嘲，言論的中傷；孟顗反擊之道，一是拒絕謝靈運兩次決湖爲田的請求，二是給謝靈運戴上有「異志」的大帽子，一面發兵防備，一面露板上書，向皇帝報告。後面這一招殺氣騰騰，極其狠毒。謝靈運連夜趕到京都，詣闕上表。文帝知道謝靈運被誣告，但也不讓他東歸，免得與孟顗再起事端，於是命他去就臨川內史之職。

---

❸❾ 同注17，頁1775-1777。

　　誣告謝靈運的孟顗，仍然做他的天下三大名郡之一的會稽郡的太守(其他二郡爲丹陽郡、吳郡)，自元嘉五年起已經隱居於始寧三年的謝靈運，卻被派往偏遠的臨川。謝孟之間的衝突，孟顗顯然佔上風，謝靈運又一次落敗。在謝靈運心中，仕途上的三次大挫折之外，也許還要加上這一次被誣陷，而成第四次大挫折。

　　在赴臨川途中，一種不祥的預感，在謝靈運心中揮之不去。而悽惻的哀音，在詩中也不時流露。如《初發石首城》詩：「重經平生別，再與朋知辭。故山日已遠，風波豈還時？迢迢萬里帆，茫茫終何之？」⓭又如《道路憶山中》詩：「楚人心昔絕，越客腸今斷。斷絕雖殊念，俱爲歸慮款。存鄉爾思積，憶山我憤懣。追尋栖息時，偃臥任縱橫……懷故叵新歡，含悲忘春暖。悽悽明月吹，惻惻廣陵散。」⓮又如《入彭蠡湖口》：「客遊倦水宿，風潮難具論。千念集日夜，萬感盈朝昏。」⓯一路風波不停，日夜萬感交集，美麗的故山那裏還能回去？茫茫的前程，已操之在人，豈能自主？眼前雖是春天，竟感覺不出陽光的和暖，景物的可喜；盤旋在耳際的無非是悽悽惻惻的《關山月》、《廣陵散》一類的離別曲。而《廣陵散》正是嵇康臨刑時所奏的曲子，不由得一陣寒氣從心中冒起。

　　到了臨川後，謝靈運仍然遊放無度，一如當年在永嘉時，以發洩他的不滿，表現他的倔強。然而情勢已變，今非昔比。過去在永嘉遊放所作的每一首山水詩，是遠近欽慕，貴賤競寫，名動京師。如今則爲有司所糾舉，遠在京師的宰相彭城王劉義康更指派人逮捕他。這樣的舉措，頗不尋常。劉義康是文帝之弟，於永

⓭同注5，頁145。
⓮同注5，頁147-148。
⓯同注5，頁150。

初元年(四二〇)封爲彭城王；元嘉三年(四二六)，爲都督荊、湘、雍、梁、益、寧、南北秦八州諸軍事、荊州刺史；元嘉六年（四二九）被徵入朝，爲侍中、都督揚、南徐、兗三州、司徒、錄尚書事、領平北將軍、南徐州刺史，持節如故，與王弘共輔朝政。元嘉九年（四三二）王弘去世，劉義康又領揚州刺史，「專總朝權，事決自己，生殺大事，以錄命斷之。凡所陳奏，入無不可，方伯以下，並委義康授用。由是朝野輻湊，勢傾天下。」（《宋書》卷六十八《彭城王義康傳》）。如此一位勢傾天下的宰相親王，何以偏不能寬恕謝靈運？當廷尉判決謝靈運的死罪，文帝因愛才，只欲免靈運的官，何以劉義康堅執不肯？文帝只好以謝玄蓋世功勳爲由，讓謝靈運由死罪降一等，流放廣州，劉義康才肯妥協。但這不過是在敷衍文帝，等謝靈運押解上路了之後，劉義康相機行事，自編自導，找一些無賴，說是奉謝靈運之命來劫囚，人証物証都有，逼得文帝不得不同意下達死刑的旨令。劉義康如此堅執非置謝靈運於死地不可，竟究是所爲何事？令人納悶。顧紹柏在《謝靈運集校注・前言》中有這樣的分析：

> 他(劉義康)不學無術，昧於大體，不能像文帝那樣愛惜人才，他不僅一手製造了謝靈運的悲劇，後來又矯詔殺害了曾使北族聞風喪膽的著名功臣檀道濟。他與靈運等人本無宿釁，之所以那樣做，大約是爲了試一試自己的權威。或是給以後篡取皇權掃清障礙。因此，我們沒有理由認爲靈運的流放、棄市，是文帝和義康合演的一齣雙簧劇。❹

我們可以同意謝靈運的流放、棄市，不是一齣文帝與義康合演的雙簧劇。但說殺死謝靈運只是爲了試一試劉義康的權威，或爲以

---

❹同注35，頁15–16。

後的篡奪鋪路，恐不免迂遠。至於說劉義康與謝靈運本無宿釁，則值得商榷。

劉義康固然與謝靈運沒有直接的仇怨，但有間接的仇怨，因為劉義康是為孟顗而殺謝靈運的。何以見得？因為孟顗是劉義康的岳父。

《宋書》無孟顗傳。《南史》則在卷十九《謝靈運傳》後附有孟顗的略傳：

> 孟顗，字彥重，平昌安丘人，衛將軍昶之弟也。昶、顗並美風姿，時人謂之雙珠。昶貴盛，顗不就辟。昶死後，顗歷侍中、僕射、太子詹事、散騎常侍、左光祿大夫。嘗就徐羨之因敍關洛中事，顗歎劉穆之終後便無繼者，王弘亦在，甚不平，曰：「昔魏朝酷重張郃，謂不可一日無之。及郃死，何關興廢？」顗不悅，眾賓笑而釋之。後卒於會稽太守。❹

在此僅百餘字的略傳中，可以看出孟顗這人大有來歷，因為他是孟昶之弟，而孟昶則是與劉裕共同發難討伐桓玄的二十七人之一，歷任丹陽尹、吏部尚書、尚書左僕射等要職（參《資治通鑑》晉安帝元興三年、義熙四年、義熙五年）。而孟顗在徐羨之、王弘等大臣前盛讚劉裕的肱股劉穆之，以為其亡後無人可繼，沒把徐、王放在眼裡，亦可見他在朝中自視甚高。至於他與劉義康的關係，則在《宋書》卷六十六《何尚之傳》中，才見到至可珍貴的資料：

> 孟顗，字彥重，平昌安丘人，兄昶貴盛，顗不就徵辟。昶死後，起家為東陽太守，遂歷吳郡、會稽、丹陽三郡，侍中，僕射、太子詹事，復為會稽太守，卒官。贈左光祿大

---

❹頁541-542，台北鼎文書局，民國68年3月。

夫。子劭，尚太祖第十六女南郡公主；女適彭城王義康、
巴陵哀王休若。㊺

這段不及百字的小傳，卻將孟顗仕宦經歷交待甚爲完整，內而侍
中、尚書僕射、太子詹事；外而周歷三大名郡：吳郡、會稽郡、
丹陽郡，晚年又再度爲會稽太守，死後追贈左光祿大夫。由此可
見孟顗在元嘉諸大臣之中，位遇隆重，屹立不搖。況且又是皇親
國戚，子爲駙馬，二女均爲王妃，其中之一更是權傾天下的彭城
王劉義康的王妃，可見孟顗正是劉義康的岳丈。劉義康之所以必
置謝靈運於死地，原因在此。孟顗由於歷經內外要職，有權有勢，
財力雄厚，其事佛之道，當然會與辨析佛理、注解佛經、以佛理
入詩作贊、爲高僧撰誄作銘的謝靈運不同。孟顗奉佛虔誠，但他
是以大施主的身份，多造寺廟，資給僧徒，出錢譯經，總之，是
就布施方面大做功德。因此當謝靈運以士族高門的文化優越感，
譏嘲非士族出身的孟顗缺乏「慧業」，難以得道成佛的時候，正
擊中了孟顗的文化自卑感，難怪他會惱羞成怒，深恨在心。關於
孟顗的布施功德，葉笑雪從《高僧傳》找到一些資料，載入他所
著的《謝靈運傳》中，值得參考：

> 孟顗事佛精懇，是當時佛教界的大檀越，他因欽慕慧覽，
> 替他在鍾山定林寺造禪室（《高僧傳》卷十一《慧覽傳》）；
> 曇摩密多跟他同遊浙右，就在鄞縣（寧波）建寺（《高僧
> 傳》卷三《曇摩密多傳》）；遣使迎接超進，把他安置在
> 山陰靈嘉寺（《高僧傳》卷七《超進傳》）；又於餘杭造方
> 顯寺，請僧詮住持（《高僧傳》卷七《僧詮傳》）；出守會
> 稽，曾固請畺良耶舍同行（《高僧傳》卷三《畺良耶舍

㊺頁1737，台北鼎文書局，民國68年3月。

　　傳》）；又提倡譯經事業，覺賢譯《華嚴經》，他和褚叔
　　度爲檀越。❹

　　然而士族高門的優越感，到謝靈運時已所剩無多，在文化上還能充充門面，至於政治、軍事方面，均非非士族出身的劉裕集團的對手。謝安、謝玄之後，已看不到士族在政治、軍事上傑出的人才。一場以孫恩爲首的五斗米教之亂，士族高門不但無力應付，而且傷亡慘重，僅就陳郡謝氏一族而論，死的就有謝安的次子謝琰，謝琰之子謝肇和謝峻；還有謝鐵的次子謝邈，謝邈弟謝沖，謝沖子謝明慧（過繼爲謝汪之子）。而最終平定孫恩及其餘黨盧循、徐道覆的，則爲劉裕。桓玄的篡位，僅維持百日的局面，又是被劉裕所擊垮。因此桓玄正代表了東晉自王敦、桓溫以來，士族高門政治勢力的迴光返照，也爲士族高門的篡奪政權，奏出悽涼的輓歌。陳郡謝氏最後握有實權的人是謝晦，他是謝靈運的堂弟，元嘉元年（四二四），爲荊州刺史，據上流，擁強兵。元嘉三年（四二六）文帝殺徐羨之、傅亮兩權臣後，揮師西上，這位當年允文允武深受武帝賞識的謝晦，此刻竟前後判若兩人，變成既無謀又無勇。誠如其《哀人道詩》中所自述的：「乏智勇之奇正，忽孟明之是遵……恨矢石之未竭，遂擁師而覆陳(陣)」❹謝晦既兵敗被擒，受他株連遇害的尚有其弟謝嚼、謝遯，子謝世休，姪謝紹(謝瞻子)、謝世基、謝世猷(皆謝絢子)、謝世平（謝嚼子)等七人。

　　謝晦等八人被誅，下距謝靈運作《臨終詩》不過七年，當隨州從事鄭望生來到臨川出現在謝靈運之前，奉司徒劉義康之命收

---

❹見葉笑雪《謝靈運詩選》附錄《謝靈運傳》，頁 174，台北河洛圖書出版社影印版，國69年1月。

❹《宋書》卷44《謝晦傳》，頁136。台北鼎文書局，民國68年2月。

捕他時，謝靈運不會不知道劉義康和孟顗的關係，心裡立即明白閻羅王已差小鬼來了，逃也逃不掉。是俯首就擒，然後在他們所亂加的罪名下受辱受刑呢？還是反正活不了，不如死在自己所甘心的罪名之下？以謝靈運傲慢的性格，自然選擇後者。但要加給自己什麼罪名呢？想起謝氏一族，自從劉裕崛起之後，一再挫敗，連連送命，族叔謝混既死於劉裕之手，謝晦等三個堂弟，謝紹等又五個姪兒，又死於文帝之手，心中對劉宋新朝的怨恨，早已江海所不能容。但過去必須形跡外就，強自隱忍，現在既然就要死在孟顗、劉義康之手，便無需顧忌了。因此，藉著郡府裡還有幾個兵丁，先把鄭望生反押起來，公然反抗，一吐怨氣。然後再從言詞上公開抒發其怨憤之情，而留下「韓亡子房奮，秦帝魯連恥。本自江海人，忠義感君子。」這樣的詩句，以表達他對劉宋新朝的強烈怨恨。這四句詩不當解讀爲謝靈運忠於晉朝的表示，因爲魏晉之時，君臣之節，多已徒具虛名，所謂「主位雖改，臣任如初。……君臣之節，徒致虛名。貴仕素資，皆由門慶；平流進取，坐至公卿。則知殉國之感無因，保家之念宜切。」（《南齊書》卷二十三《褚淵‧王儉傳》史臣語）蕭子顯這一段評論，確實是魏晉六朝君臣關係最眞實的寫照。

因此，在「邂逅竟幾何」與「邂逅竟無時」二者之間，應取後者。因爲只有「邂逅竟無時」這句詩所發出的悲痛，才足以涵蓋謝靈運仕途一再蹭蹬、飽受挫折、未能適其所願、伸其「愚志」的主觀情愫，以及陳郡謝氏一族政治勢力早已時移事異、今非昔比、江河日下、欲振乏力的客觀情勢。在這主客觀因素的交織之下，生命對於謝靈運而言，只有無盡的迷悶深苦，不復有値得掛懷之處，當然也就「修短非所愍」了。

五、結　語

　　本文因鑒於謝靈運《臨終詩》異文衆多，版本紛雜，取捨困難，在拜讀林文月先生《謝靈運臨終詩考論》宏文之後，得到啓發，茅塞漸開，乃撰成此稿，聊爲野人獻曝，以就正於方家。

　　在紛雜的版本之中，最重要的是《宋書》本(甲本)與《廣弘明集》本(乙本)，因爲這兩種是唐以前所流傳的版本，二者已有句數、句次之異，以及多達九句十四處的異文。至於明以後的版本，則由於《謝靈運集》已亡佚於南宋初，一般總集又不選錄這首不著名的《臨終詩》，這些明以後出現的本子，是否在甲、乙兩本外別有所據呢？但實在看不別有所據的跡象。由於明以後版本的句數、句次與乙本完全一致，便知道這些本子都是以乙本爲底本的，只是在異文的取捨上，或取甲本，或取乙本。這說明了明以後出現的本子，都從甲乙兩本而來，只是取捨互有異同罷了。因此本文將甲乙兩本視爲母本，明以後的視爲子本，母本子本二者的重要性不同，不宜一視同仁。因此對於句數、句次及異文，本文直接以兩種母本爲商榷的象，以免治絲益棼。對於各種子本，則比較其間異文的出入，以見其並未超出兩種母本的範圍。而間有一二處爲母本所無的異文，則可以看出應屬手民之誤，不足爲論。

　　句數方面，應取乙本的十四句，不取甲本的十二句。因爲十四句本語意完足，語勢平穩，能產生前後呼應的效果。

　　句次方面，甲乙兩本第五、六聯，即第九與第十句，第十一與第十二句，次序正好顛倒。雖然明以後各本皆依乙本，只有顧本例外，本文則與顧本一樣，以爲應取甲本的句次。因此「斯痛久已忍」這久忍之痛，當指「邂逅竟無時」之痛，不應兼指「不

獲嚴上泯」之痛，後者乃眼前之新恨，非久忍之陳痛。

　　異文方面，將九句十四處異文分爲三類：第一類字異義同者，應取年代較早的甲本，唯一例外的是第四句「霍生」（甲本）與「霍子」（乙本），應取乙本，以免「生」字在一首詩中重複出現。第二類字異義異而取捨容易者，「李業」(甲本)與「季業」（乙本），應取甲本。因爲劉宋以前的史書未見有「季業」其人。「自覺」（甲本）與「正覺」（乙本），應取乙本。因從謝靈運向佛之心萌生之早，及其對佛學研究造詣之深，自當以修成「正覺」即成佛，爲最終目標；不當以阿羅漢之「自覺」境界，畫地自限。第三類是字異義異但取捨困難者，即「悽悽凌霜葉」（甲本）與「悽悽後霜柏」(乙本)、「網網衝風菌」(甲本)與「納納衡風菌」（乙本）、「邂逅竟幾何」（甲本）與「邂逅竟無時」（乙本），這三組異文，前二組必須從謝靈運詩結構嚴謹、偶對精切、層次分明、環環相扣等特色之掌握來辨析；後一組必須從謝靈運一生仕宦之飽受挫折、一再蹭蹬、未能適願抒志的主觀因素，以及陳郡謝氏一族自謝安、謝玄之後，早已時移事異、今非昔比、犧牲慘重、欲振乏力等各觀因素，來敲開謝靈運的心扉，才能透視他內心抑鬱悲苦之深沉，而在「竟幾何」與「竟無時」僅有程度之別、極難取捨之中，作出準確的選擇。因此前二組均應取甲本，作「悽悽凌霜葉」、「網網衝風菌」，但「網網」當改正爲「罔罔」或「惘惘」。至於後一組，則應取乙本作「邂逅竟無時」。

　　在深入了解謝靈運一生邂逅無時的沉痛之後，看他最後遠謫臨川，像一隻負傷累累之獸，一旦孟顗的女婿司徒劉義康派人來收捕他，我們對他所產生的強烈的反彈，所作出的困獸之鬥，所激起的悖亂反常、猖狂幼稚的行逕，除了錯愕驚怪之外，也許也

會心生一分悲憫吧？

《臨終詩》的異文經過以上的辨析探討之後，茲將商榷所得，整理成下面的樣貌，以結束本文：

謝靈運《臨終詩》

> 龔勝無餘生，李業有終盡。
>
> 嵇公理既迫，霍子命亦殞。
>
> 悽悽凌霜葉，惘惘衝風菌。
>
> 邂逅竟無時，修短非所愍。
>
> 送心正覺前，斯痛久已忍。
>
> 恨我君子志，不獲巖上泯。
>
> 唯願乘來生，怨親同心朕。

論　文：謝靈運《臨終詩》異文之商榷—兼論謝靈運之死
主講人：齊益壽教授
講評人：楊承祖教授

雖然齊教授說題目似乎有些糾纏，但能把問題講清楚較重要。論文中有一半是校讎，文學校勘與經部、史部比起來困難很多。因為不能完全靠文法、理路去判別，相當不易判斷誰是誰非，齊教授做了相當不易的工作。尤其是要來解析像謝靈運這樣的詩人，事業上很有成就、命運卻悲慘的詩人的心魂，非常好，很有貢獻。齊教授談到《臨終詩》的版本，這不完全是校勘問題，實際亦牽涉到作者的認知。他最後是依《宋書》本加上《廣弘明集》本最後的兩句，我也相當贊同。不過，孟顗的政治背景和他是彭城王劉義康的女婿這一層，是顧紹柏或齊教授發現，可以把這個貢獻來源說出來。論文頁十七「邂逅竟無時」，「邂逅」改「幾何」較好。因為前四句用了龔、李、嵇、霍四個人名，和再來的

兩句都在講生命無常、難免速死。所以下面接著就要講「邂逅竟
幾何」，邂逅有多久。邂逅用《詩經毛傳》的解釋：不期而遇。
不期而遇是說人生是一個偶遇，所以「修短非所愍」，否則這句
話就與「邂逅竟無時」分開來兩層意思。齊教授解釋「邂逅竟無
時」講成人生的一種志願不能達成，也許他已經快死了，那些是
是非非已經不想了。「邂逅竟無時」可能就說沒有達成邂逅。
「邂逅竟幾何」就說人生白駒過隙而已。另外根據黃惠文先生的
謝詩注「恨我君子志」，《易·困卦》的《象辭》：「澤無水，
困。君子以致命遂志。」孔穎達的正義講：「君子之人守道而死，
雖遭困厄之世，期於致命喪身，必當遂其高志，不屈撓而移改也，
故曰致命遂志也。」孔注雖然晚出，但我想六朝時《易經》的解
釋也是差不多的，所以「不得巖上泯」，雖然我的人生是這樣，
但我那種要成道成佛的志向就沒有能像摩訶迦葉那些人在佛祖死
了以後可以在狼跡山入「滅盡定」之事。黃先生說「巖上泯」是
按用此事，我想這個講法最簡單。所以這二句可以解爲：恨我守
正而死，不能如摩訶迦葉等人隨佛滅盡定。不知我這個想法對不
對？佛教人士圓寂時多半作偈，這首詩可視爲謝靈運身爲佛教中
人臨終前作的偈文，那後面的二句「唯願乘來生，怨親同心膂」，
「恨我君子志，不獲巖上泯」這與學佛的人能成道有關係。

論顏謝、沈謝齊梁間
地位的升降得失

福建師範大學古籍研究所

陳　慶　元

　　顏延之、謝靈運是劉宋元嘉時期的兩位代表詩人，沈約、謝朓是南齊永明聲律的倡導者，永明新體詩的代表詩人，他們的詩歌在當時和身後都產生很大的影響。毫無疑問，顏謝、沈謝這兩對詩人都是南朝非常重要的詩人，但是在齊梁間各個階段，他們的地位並非一成不變。齊梁間顏謝、沈謝地位的升降得失約略分為四個階段：南齊永明至梁天監中（沈約去世前）為第一階段；梁天監中後期為第二階段；梁普通至中大通中(昭明太子去世前)為第三階段；梁中大通中以後為第四階段。研究顏謝、沈謝齊梁間地位微妙的變化，不僅有助于了解這一時期文論家的文學觀，而且有助于觀照齊梁間詩體的嬗變和詩歌發展的情況。

一

　　謝靈運（385～433），「少好學，博覽群書，文章之美，江左莫逮」（《宋書》本傳），他在東晉末年文名已盛，超過其他作家。劉裕北伐，作《撰征賦》，全文載于《宋書》。入宋以後，詩名更是大震，「每有一詩至都邑，貴賤莫不競寫，宿昔之間，士庶皆遍，遠近欽慕，名動京師」（《宋書》本傳）。顏延之（384～456），史稱「好讀書，無所不覽，文章之美，冠絕當時」

（《宋書》本傳）。東晉義熙十二年（416）奉使至洛陽，道中作詩二首，文辭藻麗，受到謝晦、傅亮的推賞。「延之與陳郡謝靈運俱以詞彩齊名，自潘岳、陸機之後，文士莫及也，江左稱顏、謝焉」（《宋書》本傳）。

　　顏延之過世時，沈約(441～513)已經十六歲。沈約歷仕宋、齊、梁三代，早在宋泰始中郢州刺史蔡興宗就對諸子說：「沈記室人倫師表，宜善事之。」（《梁書·沈約傳》）時沈約僅二十七歲❶。南齊永明六年，撰成《宋書》，其《謝靈運傳論》首揭聲律理論，《南齊書·文學陸厥傳》云：「永明末，盛爲文章。吳興沈約、陳郡謝朓、琅玡王融以氣類相推轂。汝南周顒善識聲韻。約等文皆用宮商，以平上去入爲四聲，以此制韻，不可增減。」沈約詩文兼善，從永明中至去世，一直是當時的文壇領袖，故史稱「一代詞宗」（《梁書·任昉傳》）。謝朓(464～499)，「少好學，有美名，文章清麗」，永明中曾與沈約、王融等游于竟陵王蕭子良西邸，長于五言詩，所作《齊敬皇后哀策文》「齊世莫有及者」（《南齊書》本傳）。

　　一個詩人在身前、身後的地位，首先取決于他的作品在那個時期的影響和反響。影響，是對其他詩人的創作而言，就是說這位詩人的作品其題材、語言風格、結構等是否能引起其他詩人的重視、學習甚至仿效；反響，是就整個社會文化層面而言（包括詩壇和讀者群），就是說這位詩人的作品能否引起同行的高度重視，認可，能否引起眾多讀者的喜愛，傳誦廣度如何。其次，還要看看批評家對他們的評價如何。批評家的品評，有時能分辨出詩人們的優劣高低。這兩者雖然有區別，但也有聯系，因爲有些

---

❶詳拙文《沈約事跡詩文系年》，《沈約集校箋》附錄，杭州、浙江古籍出版社，1995。

批評家本身也是詩人；有些詩人雖不一定是批評家，但偶然也有片言只語的評論。

顏延之、謝靈運在齊代仍有很高的地位。沈約《宋書·謝靈運傳論》云：「爰逮宋氏，顏、謝騰聲。靈運之興會標舉，延年之體裁明密，並方軌前秀，垂范后昆。」沈約認爲顏、謝往前可以與歷代著名詩人曹植、王粲、潘岳、陸機相比並，在齊代和後世，都足以令詩人所學仿。顏延之詩甚爲繁密，不僅于時化之，「近任昉、王元長等，詞不貴奇，競須新事，爾來作者，寖以成俗」（《詩品序》）。學謝靈運的詩人更多，見于記載的就有武陵昭王蕭曄❷、王籍❸、伏挺❹。劉勰《文心雕龍·明詩篇》雖然沒有直接提到謝靈運的名字，但寫道：「宋初文詠，體有因革，莊老告退，而山水方滋；儷采百字之偶，爭價一句之奇，情必極貌以寫物，辭必窮力而追新；此近世之所競也。」講的則是謝靈運開創山水詩派，句子講究儷偶，字辭追求新奇，謝靈運之後，大家爭相仿效。《文心雕龍》作于南齊末，所謂「近世」，指的是謝靈運去世到齊末這一時期。沈約和謝朓的詩都受到謝靈運的影響。沈約《鍾山詩應西陽王教》、《遊金華山》、《登玄暢樓》、《新安江水至清淺深見底貽京邑遊好》、《早發定山》等，都是摹山範水之作。謝朓則是繼謝靈運之後的又一傑出山水詩人，故後人把靈運與謝朓並稱爲「大小謝」。謝朓五言詩清麗，當得力于謝靈運清水出芙蓉之作，此外，謝朓詩的語匯、句法、章法結

---

❷《南齊書·高祖十二王傳》。

❸《梁書·文學傳》。王、伏雖都是入梁詩人，但王生于齊建元二年（公元480年，據蕭繹《法寶聯璧》推算），伏生于永明二年(公元484年)，齊時已有詩名。

❹同注❸。

構及某些表現手法對謝靈運也有所承襲❺。爲節省篇幅，永明至天監初一些詩人如范云、劉繪等受大謝詩的影響和啓示，不再展開論述。

入齊之後，顏謝在詩壇和社會的影響和反響仍然相當巨大，這是一方面；另一方面，隨著聲律論和永明新體詩的興起，顏謝在永明至天監初的地位已經受到嚴峻的挑戰❻，江左以來「文士莫及」的至高地位開始動搖。永明中，沈約在《宋書·謝靈運傳論》中首先提出聲律論：「宮羽相變，低昂舛節，若前有浮聲，則後須切響。一簡之內，音韻盡殊；兩句之中，輕重悉異。妙達此旨，始可言文。」沈約認爲，這一理論自屈原以來一直未被揭示，「張、蔡、曹、王，曾無先覺，潘、陸、顏、謝，去之彌遠」。顏謝雖去古未遠，但也在不懂聲律之列；如果顏謝生在永明之世，則沒有資格言文。這是顏謝最大的缺陷。反過來說，有資格言文的是他自己，以及他的朋友謝朓、王融等人。

永明聲律說初起，倡導和實踐聲律理論的詩人成績還不顯著❼，像謝朓，他的名篇多作于永明末以後。在實踐過程中，謝朓的詩最能代表永明詩人的成績，沈約曾經說：「二百年來無此詩也。」（《南齊書·謝朓傳》）當時社會也流傳著「謝朓今古獨步」（《詩品序》）這樣的評價。從嵇康、阮籍去世，到謝朓出生，正好二百年；從潘岳、陸機去世，到謝朓去世，約略也是二百年；從永嘉之亂、司馬睿在南方建立東晉政權到謝朓去世，則

❺詳拙文《論謝朓對謝靈運詩的繼承和發展》，《中古文學論稿》，天津人民出版社，1992。

❻據《南齊書·高祖十二王傳》，武陵昭王曄詩學謝靈運體，高祖蕭道成說：「康樂放蕩，作體不辨首尾，安仁、士衡深可宗尙，顏延之抑其次也。」這是入齊以後對顏謝，特別是對謝的嚴厲批評。

❼鍾嶸《詩品》中說「永明相王愛文」，「于時謝朓未遒」，「范雲名級故微」。

近二百年，「二百年來無此詩」，至少是說江左以來無此詩。如果說顏謝「自潘岳、陸機之後，文士莫逮」在永明中還說得過去的話，隨著永明末謝朓的崛起，顏謝至高的地位就得讓位給謝朓了，在沈約看來，自潘陸（或嵇阮）之後，謝朓詩文士（包括顏謝）莫逮。謝朓去世後，沈約作《傷謝朓》以追懷之，詩共八句，「前四，美其高才」，「後四，惜其冤死」（張玉穀《古詩賞析》卷十九），前四云：「吏部信才傑，文峰振奇響。調與金石諧，思逐風云上。」調諧金石，說的是謝朓詩諧合聲律理論，聲韻鏗鏘；思逐風云，則是說謝朓詩想象力豐富新奇，能啓示讀者產生聯想。《傷謝朓》是一首懷舊詩，不是論詩詩，所以不可能對謝朓詩作全面評價。但是，調諧金石、思逐風云這兩方面，確也是謝朓詩最突出的，爲顏謝詩所不及。沈約《宋書·謝靈運傳論》論西晉至宋初文體，分爲三期三變，限于《宋書》的體例，未能論及永明，而從該文的內容看，永明聲律說的提出，則又是新的一期一變，即沈謝聲律新體大變元嘉顏謝之風。沈謝作爲新體詩的領袖出現在詩壇，具有很大的號召力和影響力，從此，元嘉以來處在至高地位的顏謝便很難繼續展現昔日的光輝。

劉勰《文心雕龍》對劉宋以後的作家，只用「王袁聯宗以龍章，顏謝重叶以風采，何范張沈之徒，亦不可勝數也」這樣的句子加以籠統概括，不僅對沈謝未做具體評價，即使是對顏謝也不輕易置一詞。然其《通變篇》云：

> 黃唐淳而質，虞夏質而辨，商周麗而雅，楚漢侈而艷，魏晉淺而綺，宋初訛而新。從質及訛，彌近彌淡。何則？競今疏古，風末氣衰也。今才穎之士，刻意學文，多略漢篇，師范宋集，雖古今備閱，然近附而遠疏矣。

這裡雖然沒有出現顏謝、沈謝的字樣，但也不是無跡可尋的。

「宋初訛而新」，當然包括顏謝在內，而主要指謝。沈約評顏謝，以爲可以「方軌前秀，垂範後昆」，劉勰則以爲顏謝前不可與漢魏諸賢比并，後難爲今士之楷模。他認爲，今世的文風弄到「訛」、「新」、「衰」以及「奇」、「巧」、「詭」（《定勢篇》）、「采濫忽眞」（《情采篇》）的地步，顏謝等宋代詩人有著不可推諉的責任。平心而論，劉勰對劉宋初年的詩歌還是較爲肯定的，例如說其時「莊老告退，山水方滋」等。而包括沈謝在內的當世文士，劉勰的批評就更爲尖銳了。《文心雕龍》爲了扭轉當世文風的某些不正，例如爲文而造情等等。用意是好的，論述也有不少精采之處，但對當世文學貶抑太過，只見其弊而不見成績未免偏頗。顏謝之宋集尚且不可學，遑論沈謝之作了！所以，從南齊永明至沈約去世的天監中，沈謝方軌甚至超過顏謝的地位雖然逐漸在確立之中，但未取得文壇上的一致認可。

二

據「不錄存者」的原則，《詩品》登錄最後一位詩人爲沈約。沈約于天監十二年（公元513年）過世，《詩品》成書年代最早在此年。鍾嶸過世于天監十七年（公元518年）❽。鍾嶸的《詩品》對顏謝、沈謝有較爲詳細的品評，所以，我們在論述這兩組詩人地位的得失升降時，把天監中後期視爲第二期。

總的說來，南齊永明中至梁初，顏謝的地位較劉宋時有所下降，而完成于天監中後期的《詩品》，顏謝（特別是謝）又上升了。《詩品序》認爲顏謝與曹植、劉楨、王粲、陸機、潘岳、張協諸人一樣，都可以稱得上「五言之冠冕，文詞之命世」；相反，

---

❽詳段熙仲師《鍾嶸與〈詩品〉考年及其他》，《文學評論叢刊》第三輯，北京，中國社會科學出版社，1979。

沈謝無此殊榮。鍾嶸論「五言之警策」所舉的例子，就有「靈運
《鄴中》」、「謝客山泉」❾、「顏延入洛」諸例，而未及沈謝。
和沈約《宋書》顏謝並稱不同，《詩品》以爲「謝客爲元嘉之雄，
顏延年爲輔」，有主次之分。品第顏謝時，謝在上品、顏在中品，
有高下之分。評謝云：「才高詞盛，富艷難蹤，固已含跨劉、郭，
凌轢潘左。」又云：「體貳之才，銳精研思。」又云「名章迴句，
處處間起：麗典新聲，絡繹奔會。」在鍾嶸的眼中，魏晉以來最
突出的只有三個人：曹植、陸機和謝靈運。謝靈運的地位不可謂
不高。相對而言，顏延之的地位就沒有那麼突出了。鍾嶸對顏的
批評，主要集中在用事方面，或云「尤爲繁密」，或以爲「喜用
古事」，彌見拘束。除了這一點，鍾嶸對顏詩還是相當肯定的：
「動無虛散，一句一字，皆致意焉……是經綸文雅才。」雅，是
《詩品》批評的常用術語，被鍾嶸肯定或贊賞的稱爲「雅才」、
「淵雅」、「閑雅」、「清雅」、「雅致」、「雅宗」，反之，
則以爲「傷淵雅」、「傷清雅」❿。顏雖不及謝，但作爲元嘉的
次席詩人，其地位足以同建安、太康諸次席詩人劉楨、王粲、潘
岳、張協比肩。可見地位還是相當高的。

　　對于沈謝，《詩品》的評價就比較低了，首先，在《序》中
沒有任何肯定贊許的話，有的只是尖銳的批評。

　　　　千百年中，而不聞宮商之辨，四聲之論……王元長創其
　　　　首，謝朓、沈約揚其波。三賢或貴公子孫，幼有文辯。于
　　　　是士流景慕，務爲精密，襞積細微，專相陵架。故使文多

----

❾謝客或以爲爲謝瞻或以爲爲謝朓，今暫從衆說，指靈運。
❿詳中品「晉中散嵇康」、「宋參軍鮑照」、「梁太常任昉」及下品「魏
　白馬王彪魏文學徐幹」、「宋光祿謝莊」、「齊黃門謝超宗……」、「齊
　雍州刺史張欣泰梁中書郎范縝」諸條。

拘忌，傷其眞美。余謂文制，本須諷讀，不可蹇礙，但令
清濁通流，口吻調利，斯爲足矣。

次有輕薄之徒，笑曹、劉爲古拙，謂鮑照義皇上人，謝朓
今古獨步。而師鮑照，終不及「日中市朝滿」，學謝朓，
劣得「黃鳥度青枝」，徒自棄于高明，無涉于文流矣。

沈約認爲聲律說是他們的獨得之秘，「妙達此旨，始可言文」，
永明詩人較顏謝等前輩的高明之處正在此，而鍾嶸《詩品》批評
得最尖銳的也正在此。關于四聲八病，鍾嶸說：「平上去入，則
余病不能。」四聲，不是所有詩人都分辨得清，未必能爲詩壇所
接受；「蜂腰鶴膝，閭里已具」，連市井都能懂的東西，還有什
麼創新可言；既然聲律說站不住腳，既然聲律說不能被廣泛接受，
那麼沈謝的地位就值得懷疑。再說，沈謝的詩也不怎麼好，不值
得學。劉勰說，宋集不可學，鍾嶸沒有那麼絕對，只說鮑照不可
學，而最不可學的則是齊梁之際的詩人謝朓、王融和沈約。學謝
朓，是「徒自棄于高明，無涉于文流矣」，更不用說學成績在謝
之下的王融、沈約！鍾嶸對時人謂「謝朓今古獨步」甚爲蔑視，
實際上，「今古獨步」無非是「二百年來無此詩」的另一種說法
而已。鍾嶸以爲說「謝朓今古獨步」的人是些「輕薄之徒」，那
麼說「二百年來無此詩」的沈約又是什麼呢？總之，鍾嶸對沈謝
是不滿的。

其次，在中品具體品評沈謝詩時，鍾嶸也有較多的保留。沈
約是齊梁之際文壇的領袖，這一點似不必懷疑⑪，而鍾嶸卻認爲
沈約當初獨步永明有點偶然性，「于時謝朓未遒，江淹才盡。范

⑪詳拙文《一代辭宗——齊梁之際文壇領袖人物沈約》，沈陽，《遼寧大
學學報》，1996年第3期。

雲名級故微」，機遇促成了他。中品品齊梁詩人，計有謝朓、江淹、范雲、丘遲、任昉和沈約，共六人。在六人中，鍾嶸認爲江淹的成就高于沈約諸人❷。鍾嶸說沈約「憲章鮑明遠」。我們知道，鮑照也是鍾嶸評價偏低的一位詩人，《詩品》批評他：「貴尚巧似，不避危仄，頗傷清雅之調。故言險俗者，多以附照」，在《詩品》中，「俗」是與「雅」相對的一個概念，鍾嶸品詩重雅輕俗。依附鮑照，則爲險俗者，沈約憲章明遠，「見重閭里，誦詠成音」，當也在險俗者之列。鍾嶸又云：「約所著既多，今剪除淫雜，收其精要。」就是說，沈約好詩有一些，總體看，是多而雜。鍾嶸對謝朓的評價高一點，但「末篇多躓」、「才弱」的批評，語氣也是很重的。「朓極與余論詩，感激頓拙過其文」，謝朓詩論沒有流傳下來，在鍾嶸看來，謝朓詩不如詩論。

　　《詩品》品漢魏以來五言詩122家，而齊梁的現當代詩人約占三分之一，較之于劉勰有意回避劉宋以來作家的做法，表現出批評家應有的膽識。但是，評價現當代詩人確有其困難的地方，批評家對現時的環境和人事不能不有所考慮。蕭衍也是竟陵八友之一，他既不懂四聲，也不用四聲。鍾嶸對沈謝的批評，側重點在聲律說方面，不能說一定是迎合當今皇帝的蕭衍的胃口，因爲鍾嶸本身不懂四聲可能與蕭衍不謀而合，再說，批評家也允許有自己批評的標準。齊梁之際，蕭衍的詩名不如沈謝，但鍾嶸品詩既然涉及現當代詩人，他所說的「方今皇帝」，「昔在貴游，己爲稱首」，也可能是違心之論，即便以年資論，蕭衍在蕭子良西邸也不可能「稱首」。再說，沈約晚年有志台司，策栗事，論張稷事，臨終上赤章事，都不同程度得罪了武帝，故沈約卒後，武

❷詳拙文《鍾嶸當代詩歌批評》，鄭州，《中州學刊》，1990年第1期。

帝仍不放過他，曰：「懷情不盡曰隱。」(《梁書·沈約傳》)改
有司諡「文」爲「隱」。在諸種情況的制約下，《詩品》若充分
肯定沈約在齊梁間文壇的領袖地位，若給予沈謝以很高的評價，
將置武帝于何地？

　　在鍾嶸完成《詩品》前後，蕭子顯撰寫了《南齊書·文學傳
論》。《南齊書》作于何年，史無明文，據《梁書·蕭子顯傳》，
子顯著《鴻序賦》，得到尙書令沈約的賞識，「又采衆家《後
漢》，考正同異，爲一家之書。又啓撰《齊史》，書成，表奏之，
詔付秘閣。累遷太子中舍人，建康令，邵陵王友……」沈約爲尙
書令在天監六年至九年（公元507～510年），詹秀惠先生考訂，
蕭子顯撰《南齊書》的時間在天監六年至十八年之間❸，大抵是
不錯的。天監六年，蕭子顯只有二十一歲，史學家和文學家不同，
文學家二十來歲就可以寫出優秀的傳世之作，而史學家需要更多
的積累。如果《梁書·蕭子顯傳》是按時間順序來載述史實的話，
子顯在撰《南齊書》之前，先已完成了一部《後漢》異同的書，
假設每部書都得花兩三年的時間，《南齊書》完成最早當在沈約
去世的天監十二年左右。假如我們這一推測不誤，那麼《南齊書
·文學傳論》的完成當與《詩品》相近——至于孰先孰後，則無
法考訂。

　　沈約《宋書·謝靈運傳論》、裴子野《雕蟲論》、鍾嶸《詩
品》都是顏謝並提（雖然鍾嶸認爲顏略遜于謝），都把顏謝當成
劉宋一代的代表詩人，《南齊書·文學傳論》雖然也是顏謝並提，
但顏謝之後又多了休(惠休)鮑(照)一對詩人：「顏、謝並起，乃
各擅奇，休、鮑後出，咸亦標世。」在蕭子顯的眼中，顏謝仍是

---

❸《蕭子顯及其文學批評》第二章，附錄《蕭子顯年譜》，台北，文史哲
　出版社，1994年。

代表詩人，只不過，他們的「擅奇」較多局限于劉宋前期，至于後期，則是休鮑「標世」的時代。

蕭子顯把當今的文章約略分爲三體：

　　　「一則啓心閑繹，託辭華曠，雖存巧綺，終致迂回。」
此體源于謝靈運。

　　　「次則緝事比類，非對不發，博物可嘉，職成拘制。」
此體源于晉傅玄和應璩。當今學者多認爲顏延之和謝莊也屬于此體。

　　　「次則發唱惊挺，操調險急，雕藻淫艷，傾炫心魂。」
此體源于鮑照（惠休）。

對于三體，子顯都有所肯定，也有所批評。近丁福林先生撰文，以爲子顯對顏鮑謝三體較爲傾向鮑，對顏謝的批評比較激烈⓮，聯系上文提及的顏謝擅奇，休鮑標世之說，蕭子顯的確對鮑照相當重視，至少，鮑照也是足以同顏謝抗衡，子顯這一看法，既與前人異趣，也與《詩品》有很大不同。蕭子顯對顏的批評與鍾嶸大體相同，而對謝的批評則迥異。鍾嶸雖然也指出謝的不足：「尚巧似，而逸蕩過之。頗以繁蕪爲累。」但他又回護說，謝詩的逸蕩、繁蕪，是由于他學多才博，思如泉涌，外界事物無不可入詩所致，與其說是「逸蕩」、「繁蕪」，不如說是「繁富」！而繁富對于一個詩人和他的作品來說並沒有什麼不好。「逸蕩」、「繁蕪」是時論，「繁富」才是鍾嶸自己的見解。即使謝詩雜有一點「灌木」、「塵沙」，但他的名章迥句、麗典新聲，「譬猶青松之拔灌木，白玉之映塵沙，未足貶其高潔也。」與鍾嶸的態度相反，蕭子顯對謝靈運的批評就沒有那樣客氣、那樣婉轉了，

⓮《〈南齊書·文學傳論〉對文壇三派的評價》，沈陽，《遼寧大學學報》，1996年第3期。

他在稱讚謝詩「啓心閑繹，托辭華曠」後接著說：

> 雖存巧綺，終致迂回。宜登公宴，本非准的。而疎慢闡
> 緩，膏肓之病，典正可採，酷不入情。

蕭子顯的批評，一是「迂回」，即齊高帝（子顯之祖）所批評的
「康樂放蕩，作體不辨首尾」（《南齊書·高祖十二王傳》）。
二是「疏慢闡緩」，《文選·馬融〈長笛賦〉》：「安翔駘蕩，
從容闡緩。」疏慢闡緩原指樂聲的疏緩徐舒，擬之以詩，似可指
作品的冗長不簡練。如果僅僅是作品冗長不簡練，恐怕還不至于
病入膏肓。這裡的「闡緩」可能襲用沈約《與陸厥書》語：「若
以文章之音韻，同弦管之聲曲，則美惡妍蚩，不得頓相乖反。譬
由子野操曲，安得忽有闡緩失調之聲。」「闡緩」與「失調」連
用，當指聲律不協，作品冗長；聲律不協，則為膏肓之病，難于
救藥。三是雖典正而不入情。鍾嶸品詩，極重視典雅，許謝以
「麗典」，評價很高❶。蕭子顯認為，謝詩典則典矣，但不能表
現眞情實感，矯情或者節情，雖典何益？「膏肓之病」，「酷不
入情」，下語極重，直截了當，子顯之前，謝靈運何嘗遭到這樣
激烈的批評！

三體之外，蕭子顯又說：

> 若夫委自天機，參之史傳，應思悱來，勿先構聚。言尚易
> 了，文憎過意，吐石含金，滋潤婉切。雜以風謠，輕唇利
> 吻，不雅不俗，獨中胸懷。

詹秀惠先生認為，蕭子顯《南齊書·文學傳論》所論實際上是
「四體」，「委自天機」云云為「理想詩體」❶。「四體」之說

---

❶詳張伯偉《鍾嶸〈詩品〉謝靈運條疏證》，《鍾嶸詩品研究》附錄，南
京大學出版社，1993。
❶《蕭子顯及其文學批評》第四章，台北，文史哲出版社，1994。

甚爲有見，而「理想詩體」的提出，在我看來，蕭子顯是基于對
以沈謝爲代表的新體詩方興未艾的認識。理想詩體，兼有三體之
優，而克服三體之弊。這種詩體，出于自然，少雕繢，無鑿跡；
雖然也用史傳事典，但不至于「職成拘制」、「崎嶇牽引」，仍
不失清采；文尚簡易，實則與沈約的「三易」說相通，反對冗長
拖沓，文過其意；主張文章要有聲律之美，金石溫潤，摒棄「疏
慢闡緩」之病；采民間風謠入詩，便于吟詠，能收到「傾炫心魂」
的效果；不一味講雅，但也不過于俚俗，以能獨抒胸懷之情爲佳。
沈謝之詩，當然不可能每一篇都達到這樣的標準，但從總體上看，
則基本與此吻合。如果我們這樣分析大體不誤的話，在蕭子顯的
心目中沈謝的地位無疑高于顏謝（還有鮑）。

　　南齊永明間聲律說的發明，新體詩的出現，在實踐過程中，
可能有這樣或那樣的不足，鍾嶸不懂四聲，又誇大聲律說初起的
不足，進而否定聲律在詩歌的運用，因而認爲沈謝不可學（沈憲
章鮑，鮑不可學，沈當然也不可學），沈謝詩不及顏謝。蕭子顯
正好與鍾嶸針鋒相對，認爲顏謝詩雖有長處，但欠缺之處也很
多，而恰恰以沈謝爲代表的新體詩才能發揚顏謝（還有鮑）的長
處，而克服其短處，以沈謝爲代表的新體詩才是當今詩歌發展的
方向。「若無新變，不能代雄」，如果只一味強調學顏謝（劉勰
甚至認爲宋集亦不可學，只宜學漢），如果不去研究新體詩，發
現它的長處，如果無視沈謝已經產生的巨大影響，就無異于倒
退。鍾、蕭之爭，表面上看是顏謝、沈謝的地位之爭，實則是元
嘉古體與永明新體之爭，中國的詩歌發展到梁天監中，是回到元
嘉顏謝的路數還是順沿著永明新體變革的方向發展？

三

第三階段，我們將著重討論昭明太子蕭統對顏謝、沈謝的評價，以見這兩對詩人在這一階段地位的升降得失情況。

昭明太子蕭統生于齊中興元年（公元501年），當年被立爲太子，三歲時就開始接受傳統教育，五歲遍讀五經。七歲，尚書令沈約行太子少傅；沈約行太子少傅一直到去世時的天監十二年，這一年蕭統十三歲。蕭統文學活動開始很早，在沈約行太子少傅期間，他已寫下《大言詩》和《細言詩》。梁武帝蕭衍很注意培養蕭統的文才，沈約卒後，又選派各種年齡段的十個文士入東宮，《南史·王錫傳》云：「武帝敕錫與秘書郎張纘入宮，不限日數，與太子游狎，情兼師友。又敕陸倕、張率、謝舉、王規、王筠、劉孝綽、到洽、張緬爲學士，十人盡一時之選。」太子官屬，除上述諸人，先後還有陸襄、殷芸、劉勰、明山賓等。

蕭統的文學成就，主要是在普通元年（公元519年）、即十九歲之後。《梁書·昭明太子傳》：「所著文集二十卷；又撰古今典誥文言，爲《正序》十卷；五言詩之善者，爲《文章英華》二十卷；《文選》二十卷。」據劉孝綽《昭明太子集序》，昭明文集編于「梁二十一載」，即普通三年（公元522年）。《文選》所錄最後一個作者陸倕，卒于普通七年（公元526年），可知《文選》編于此年之後，蕭統去世的中大通三年（公元531年）之前。除了《文選》流傳下來，文集由後人重輯外，蕭統其他著作都已失傳。《文選》是我們研究蕭統文學思想最重要的依據。

蕭統沒有直接論述顏謝、沈謝的文字傳世，我們只能從《文選》登錄顏謝、沈謝詩的情況作些分析。《文選》登錄齊梁間詩人九家，詩77篇，其中沈約13篇，謝朓21篇，兩家合計34篇，占

總數的 44%，客觀說，不算少了。在蕭統的心目中，沈謝在齊梁間的地位是比較高的。但是，在77篇中，江淹就獨占32篇（包括《雜體詩三十首》），即便不說江淹地位比沈謝高，至少說明江與沈謝在齊梁間都非常重要。再看看顏謝，《文選》登錄顏延之詩17篇，謝靈運40篇。沈比顏約少20%，小謝比大謝約少50%。一比較，可以發現，蕭統對顏謝比對沈謝來得重視。

永明新體詩最基本的特色，一是講聲律，二是體制比較短小。近人王闓運依據這兩個特點，在他的《八代詩選》中于「五言」之外別立「齊已後新體詩」一類。《文選》謝朓詩 21 篇，被王闓運確定爲新體的只有《新亭渚別范零陵詩》、《同謝諮議銅雀台》、《鼓吹曲·入朝曲》及《和徐都曹》4篇，占19%；沈約13篇，新體只有《別范安成詩》、《冬節後至丞相第詣車中》、《詠湖中雁》3篇，占23%；沈謝新體共 7 篇，只占入選齊梁詩77篇的9%。而像謝朓的《始出尚書省》、《和伏武昌登孫權故城》、《和王著作八公山》，沈約的《鍾山詩應西陽王教》、《應詔樂遊苑餞呂僧珍詩》等，都比較古奧，篇幅也長些，更加接近元嘉顏謝的風格。總的看來，蕭統對沈謝詩還是相當喜愛的，對新體詩也不排斥，但也應該說，在接納聲律理論方面並不積極❶。至于如何評價顏謝、沈謝的地位，蕭統的態度大體游移于元嘉古體和永明新體之間。

從流傳下來的《答湘東王求文集及〈詩苑英華〉書》、《陶淵明集序》、《文選序》等文看，蕭統的文學觀不守舊，也不激進，對各種文學問題的看法比較平穩，這或許與他的「寬和容衆」（《梁書·昭明太子傳》）的性格有關。在東宮官屬中既曾有過

---

❶詳拙文《蕭統與聲律說》，鄭州《中州學刊》1996年第 3 期。

聲律理論的領袖人物沈約、梁天監中之後作新體詩相當活躍的名
家王筠以及劉孝綽，也有著名的經學家明山賓、著名的文學批評
家劉勰，蕭統所受到的熏陶是多方面的。這裡我們也不應忘記另
一個極爲重要的人物——蕭統的父親梁武帝蕭衍對他的影響。蕭
衍早年雖曾游于蕭子良西邸，但他對待永明新體詩態度比較折衷，
他不提倡聲律說，但也沒有明顯反對的態度。對謝朓的詩他極爲
欣賞，以至說：「不讀謝詩三日，覺口臭。」（《談藪》，《太
平廣記》卷一九八引）梁武帝又好作或喜歡他人作二、三十韻，
甚至五十韻的長詩⑱。蕭統也善作長詩，「每遊宴祖道，賦詩至
十數韻。或命作劇韻賦之，皆屬思便成，無所點易」（《梁書·
昭明太子傳》）。蕭統編《文選》也是在蕭衍直接關心和影響下
編成的⑲。蕭統的文學思想和蕭衍比較接近，蕭統對顏謝、沈謝
的看法，可能也是蕭衍的看法。

　　梁天監中後期，鍾嶸針對聲律說實踐過程中出現這樣或那樣
的問題，提出尖銳批評，以爲沈謝不可學，並大力提倡顏謝元嘉
古體。蕭子顯針鋒相對，認爲劉宋于顏謝之外，尚有休鮑，顏謝
二體之外，還有鮑體，三體都不完美，都需要變革，因此，只有
沈謝的新變體才是理想的詩體，才是詩歌發展的出路。普通之後，
蕭統已經逐漸走向成熟，並儼然成爲文壇領袖。他的著論，例如
「夫文典則累野，麗則傷浮，能麗而不浮，典而不野，文質彬彬，
有君子之致」（《答湘東王求文集及〈詩苑英華〉書》）之類，
大抵平穩妥貼。《文選》所選顏謝、沈謝詩以及所反映出來的對
待元嘉古體與永明新體的態度，比較折衷，似有調和鍾嶸、蕭子

---

⑱詳《梁書》中的《劉洽傳》、《羊侃傳》、《諸翔傳》、《文學劉沆傳》、
　《文學謝徵傳》，以及《南史·蕭綸傳》等。
⑲詳拙文《蕭衍文學論》、《藝文述林》第1輯，上海文藝出版社，1996。

顯兩派意見的用意。而蕭統很年輕就成爲新一代文學家的領袖，並調和折衷二派的意見，則是與梁武帝蕭衍做他的強大後盾分不開的。

四

蕭統卒于中大通三年（公元531年），時三十一歲。這一年，他的三弟，後爲梁簡文帝的蕭綱已經二十九歲，七弟，後爲梁元帝的蕭繹已經二十四歲。他們和蕭統一樣，年紀很小就開始受到良好的教育，孩童時就能寫詩作文，有著很好的天賦。普通、大通年間，蕭綱、蕭繹陸續成人，不僅有了個人的好尚，而且已嶄露出文學才華。但昭明在上，地位不可動搖，他們倆似不便于發表有悖于昭明的文學見解。

昭明太子卒後，被立爲太子的蕭綱毫無愧色地認爲，當今的文壇他自己是領袖人物，其次是七弟蕭繹，其《與湘東王書》云：「文章未墜，必有英絕，領袖之者，非弟而誰？每欲論之，無可與語，思吾子建，一共商榷。」蕭綱把蕭繹比作曹植，自己當然是曹丕（已立爲太子）了，說蕭繹是領袖英絕，實際上自己更是領袖英絕。從當時客觀情形看，蕭統謝世之後，文壇領袖人物確非蕭綱莫屬，他人似難以充任。蕭綱以太子之尊、文壇領袖來說話，顧忌自然就少了，《與湘東王書》云：

> 比見京師文體，儒鈍殊常，競學浮踈，爭爲闡緩。玄冬修
> 夜，思所不得，既殊比興，正背《風》、《騷》。若夫六
> 典三禮，所抱則有地，吉凶嘉賓，用之則有所。未聞吟詠
> 情性，反擬《内則》之篇；操筆寫志，更摹《酒誥》之作；
> 遲遲春日，翻學《歸藏》；湛湛江水，遂同《大傳》。
> 吾既拙于爲文，不敢輕有掎摭。但以當世之作，歷方古之

才人，遠則揚、馬、曹、王，近則潘、陸、顏、謝，而觀
其遣辭用心，了不相似。若以今文爲是，則古文爲非；若
昔賢可稱，則今體宜棄。俱爲盍各，則未之敢許。又時有
效謝康樂、裴鴻臚文者，亦頗有惑焉。何者？謝客吐言天
拔，出于自然，時有不拘，是其糟粕；裴氏乃是良史之
才，了無篇什之美。是爲學謝則不屆其精華，但得其冗
長；師裴則蔑絕其所長，惟得其所短。謝故巧不可階，裴
亦質不宜慕……決羽謝生，豈三千之可及；伏膺裴氏，懼
兩唐之不傳……

至如近世謝朓、沈約之詩，任昉、陸倕之筆，斯實文章之
冠冕，述作之楷模……

沈約卒後，鍾嶸出來反對聲律說，蕭子顯則加以維護，兩派相持，
普通至中大通間，蕭統出面調和，從天監中後期至中大通末，聲
律說和新體詩的發展並不十分順利。一般說來，京城反對和折衷
的勢力大些，外藩則相對弱一些。蕭綱從天監九年（公元510年）
起，先後出爲南兗州刺史、荊州刺史、江州刺史、南徐州刺史、
雍州刺史等職❷，普通七年（公元526年）才還都，《梁書·簡文
帝紀》云：「雅好題詩，其序云：『余七歲有詩癖，長而不倦。』
然傷于輕艷。」蕭綱長期在藩鎮，京城的氛圍對他影響不大，梁
武帝和蕭統調和折衷的思想也不能對他起太大的束縛作用。沈約
謝世時蕭綱已經十一歲，從七歲起他就有詩癖，當時風靡的新體
詩一定給他留下深刻的印象。他回到京師後，感覺和外藩很不一
樣，怎麼還有一大幫人詩學謝靈運、文師裴子野呢？《與湘東王
書》第一段雖然沒有直接提到謝靈運，但「浮疎」、「闡緩」，

---

❷蕭綱在天監十七、十八年間曾在京師任職。

實則是蕭子顯批評謝靈運體時所說的「疎慢闡緩」，誠如上文所分析，是批評謝詩冗長不精練、聲律不協。蕭綱認爲，詩應用來抒情寫志，其功用與典籍不同，如果詩寫得像《內則》、《酒誥》、《歸藏》、《大傳》那樣，就不成爲詩了。這是對蕭子顯批評謝體所說的「典正可采，酖不入情」的發揮。蕭綱沒有提到顏延之，因爲鍾嶸、蕭子顯在評價顏時意見基本一致，到了大通、中大通間顏體已經沒有太大市場。蕭綱之所以重申蕭子顯批評謝的觀點，一方面固是學謝體還有很大的勢力，一方面可能是蕭子顯之論發布後受到非議，蕭綱有意爲他申張。

　　蕭綱並不認爲謝靈運詩不可學，而是認爲謝精華與糟粕並存，學謝應學其「吐言天拔，出于自然」的優點，摒棄浮疏冗長之弊。在此，蕭綱提出了一個理論問題，即一代有一代的文學，一代有一代的代表作家，漢的揚雄、司馬遷，魏的曹植、王粲，晉的潘岳、陸機，宋的顏延之、謝靈運，「觀其遣辭用心，了不相似」，他們之所以取得可觀的成就，主要的不在于因襲前人在于獨創。「若以今文爲是，則古文爲非；若昔賢可稱，則今體宜棄。」表面看，這兩句話並沒有側重，實際上，肯定今文以否定古文的不一定有其人，而稱贊昔賢以否定今體的大有人在，並有相當勢力。大肆稱贊謝靈運，極力主張學謝以至到了盲目的地步，其用意恐怕不僅僅是爲了抬高謝的地位，而是爲了否定新體──講究聲律情性，體制比較短小的新體詩，否定新體的代表詩人謝朓和沈約。

　　《梁書·文學庾肩吾傳》介紹蕭綱寫這封書信的背景云：「齊永明中，文士王融、謝朓、沈約文章始用四聲，以爲新變，至是轉拘聲韻，彌尙麗靡，復逾于往時。」就是說，蕭綱被立爲太子之後，以運用四聲爲標幟的新體詩有了長足的發展。沈約卒後，新體詩的發展雖然沒有中止過，但如前所述，並沒有被詩壇

充分地接受，還有不少懷疑甚至反對的意見。到了蕭綱寫這封書
信時，情況有了很大的轉變，新體詩的地位不僅超過天監中以來
的任何時候，也超過了新體詩初起的時期。而要進一步推進新體
詩的發展，提高新體詩的地位，重要的是確立沈謝不可動搖的地
位：「至如近世謝朓、沈約之詩……斯實文章之冠冕，述作之楷
模。」「冠冕」，是說沈謝地位之高；「楷模」，是說沈謝成績
之傑出，學新體詩應從沈謝入手。從劉勰主張近世之詩不可學
（反對「師范宋集」）到鍾嶸不贊成學沈謝所引起的爭論，至此
宣告結束——終梁一代，新體詩和沈謝的地位不再動搖。

　　蕭繹在新體詩方面的觀點，基本與蕭綱相同。《八代詩選》
錄蕭綱詩83篇，新體就有76篇，占90%以上。錄蕭繹詩33篇，全
部都是新體。蕭繹和蕭綱一樣，大部分著作已經散佚，今存評沈
謝的議論僅有兩條，值得注意的是，《詩品》「五言之冠冕」的
名單有顏謝而無沈謝，蕭綱評沈謝以「冠冕」，當有感而發，而
蕭繹這兩條也都是針對鍾嶸《詩品》而發的：

　　　　詩多而能者沈約，少而能者謝朓、何遜。（《梁書·文學何
　　　　遜傳》）

這一條針對「嶸謂：約所著既多，今剪除淫雜，收其精要，允為
中品之第矣。」鍾嶸說沈詩多而淫雜；蕭繹說，不對，沈是多而
能。

　　　　至于謝玄暉，始見貧小，然而天才命世，過足以補尤。
　　　（《金樓子·立言篇》）

這一條是針對「善自發詩端，而末篇多躓。此意銳而才弱也」。
鍾嶸說謝才弱，因而末篇多躓；蕭繹說：不對，謝是天才命世，
天才足以彌補其不足。

　　齊梁沈謝與顏謝地位之爭，事關聲律理論，新體詩與古體之

爭，不能不辨。從永明間沈謝崛起于詩壇到中大通被蕭綱確立爲文章冠冕、述作楷模，五十年間，沈謝在詩壇的地位並非始終處在直線上升的狀況。從永明中沈約撰《宋書》說顏謝足以「方軌前秀，垂範後昆」，到天監中後期鍾嶸、蕭子顯對顏提出尖銳的批評，直至中大通中蕭綱指出謝詩的聲韻、情性、篇章多方面的不足，顏謝的地位下降了，然而五十年間，顏謝的地位也並非始終處在下降的狀況。沈謝地位的上升，顏謝地位的下降，整個過程是曲折的，齊梁間聲律說、新體詩的發展道路也是曲折的，只有到中大通中沈謝冠冕，楷模的地位被確立，聲律和新體詩才被廣泛地接受，才不再出現論爭，也才不再有反復；同時，顏謝、沈謝地位之爭至此也就告了一個段落。

論　文：論顏謝、沈謝齊梁間地位的升降得失
主講人：陳慶元教授
講評人：李建崑副教授

　　陳先生《沈約集校箋》，浙江古籍出版社1995年12月版，對照的版本很多，校勘精細。教學之需，常置案頭，讀後十分佩服。陳先生論文除去簡短的序言，分爲四個時間階段，以四節的篇幅論析顏延之謝靈運、沈約謝朓在齊梁51年間 (483-534) 地位的升降得失。一方面試圖瞭解這一時期文論家的文學觀，另一方面觀照齊梁間詩體的嬗變和詩歌發展情形。這是一個文學史的論題，陳先生所使用的文獻資料，嚴格限定在齊梁兩代的史書傳論、詩文論資料。以有限的資料，作成文長一萬五千字，如此精細的闡析，實在不容易。這篇論文論證有據，推論合理，本人基本同意他的看法。就幾個小問題就教於陳先生。

　　首先，本文的打字錯誤太多，可能是因爲簡化字轉爲正體

字所造成的手民之誤。另外是材料的徵引問題，如頁五引用《詩品序》是下品序或上品序應略作說明，頁六應是詹秀惠而非唐秀惠。又蕭子顯《南齊書文學傳論》的徵引與詮釋待商榷。蕭子顯將文章分爲三體，然而又說：「若夫委自天機，參之史傳，應思悱來，勿先構聚。言尙易了，文憎過意，吐石含金，滋潤婉切。雜以風謠，輕脣利吻，不雅不俗，獨中胸懷。」陳先生接受詹秀惠的說法，認爲蕭子顯所論是四體。本人較贊同王運熙、楊明《魏晉南北朝文學批評史》的說法，蕭子顯說的這一段話是對三體作分析，是構思與詩文審美評準的看法，這是否與評價沈謝地位有關？再看頁十一蕭綱《與湘東王書》的徵引應分爲三段，在「又時有效謝康樂、裴鴻臚文者」處再起一段，我亦贊同王、楊的看法，蕭對於謝靈運之「吐言天拔，出于自然」還是很激賞的。「儒鈍」、「浮疏」、「闡緩」不一定是批評謝詩本身，而是批評那些京師學謝者學得不好。

仙詩、仙歌與頌讚靈章
——「《道藏》中的六朝詩歌史料及其研究」緒論

中央研究院中國文哲研究所
李　豐　楙

　　有關六朝詩的輯校，凡經數人，至近人逯欽立已大體周備。
❶而專門針對衆多的詩歌進行分類，研究其不同類型的藝術風格，
也在學者諸多嘗試之後獲致了可觀的成就。然則是否可以從中再
另闢蹊徑，開出一些新的研究領域？在此將從宗教文學、道教文
學的觀點，針對前此的輯校及類型學重作思考，從《道藏》中輯
出一批詩歌史料，這是逯氏曾進行而未竟其業之處。❷對於這套
道教一切經的大叢書，如何使用這批浩繁的原始資料，就需要
具有六朝經派史的歷史認識，才能釐清衆多詩歌的不同性質，從
而在解讀文本時能夠將它放在適當的歷史文化脈絡中，確定其爲
「道教文學」的藝術特質。❸不過如果從文學史、詩歌史的源流
正變的立場，到底應該如何看待這些仙詩仙歌及頌讚靈章，才能
給予較適當的歷史定位，就不能不從詩歌的藝術起源原理入手，

---

❶丁福保所輯之本，本地是世界書局版；而逯欽立所輯的則是木鐸的翻印
　版。
❷近兩、三年筆者在國科會的專題研究下，由研究助理林帥月小姐幫助下
　正進行一項研究「《道藏》中的六朝詩歌史料及研究」(1995-1997)。
❸在筆者的系列研究中，提出建立「道教文學」的觀念，詳參《憂與遊：
　六朝隋唐遊仙詩論文集》（台北：學生書局，1996）。

認真地思索宗教「如何」影響文學？在藝術創作上，先秦的文學源頭中到底有那些是與宗教祭祀有關，而在這一「如何」啓發的意義上，六朝道教中的仙歌乃是傳承並繼續發揚者。在此將從源流發展的文學史立場分別論述道教詩歌與宗教祭儀、修行體驗的密切關係，從而說明不同經派中不同性質的詩歌，都各自具有其宗教儀式上的功能。本研究的最終目的就在嘗試建立「道教文學」之可能，這應是當前文學研究中一個有待嚴肅思考的課題。

一、有關宗教詩歌問題的提出

關於「道教文學」一觀念的提出，如果只是「道教學」研究架構中的一體，那就只是道教研究的內部問題，乃是在六朝詩歌的大歷史中，當時勃興的新興宗教如何受到一時詩風的「影響」：道教中人如何巧妙借用了六朝期的「詩歌形式」，用以表現其獨特的宗教體驗。所以是整體六朝詩歌史的一個支流，以往所有的文學史多只是在樂府詩的研究中略微以些許篇章加以容納：諸如步虛辭之類。❹這是緣於文學史家研究或六朝詩歌的學者在基本史料的使用上，多少限制於當時的輯佚、校證成果上，也就是基礎性輯校工作的整理成果會影響到研究者的視野，因此文學史的歷史考察就很難再超出這一先天的限制。從明人馮惟訥所輯的《詩紀》起，廣爲王漁洋、楊守敬等所贊賞，就可知它在詩史、詩學史上所發生的影響。近代丁福保所編的《全漢三國晉南北朝詩》，問世較晚流行較廣，它在文學史研究上所發生的作用更是一個有待評估的課題，只是類此文學總集與文學研究的互動關係，在六朝文學研究上尚缺少較深入的考察。

---

❹有關樂府詩的研究凡有多種是如此地處理步虛辭，如蕭滌非《漢魏六朝樂府文學史》（台北：長安出版社，1976）。

　　晚近在這一系譜下的輯校工作，應以逯欽立多年的辛勤成果
最爲可觀。由於它在搜羅的完備、考證的精詳上遠邁前修，也就
成爲六朝詩研究的新基礎，其影響固然也有賴今人的評估。不過
可確定的就是他在「後記」中曾特別提及一個易被忽略的問題，
其實也正是他自認爲有新發現之處，就是有關道教史料中的詩歌
問題。一是在可以據信的程度之上，提及考訂工作時，把《眞誥》
的依託詩歌編入晉代，把《老子化胡經》的玄歌編次於北魏。❺
不過他在有關輯、校體例中對於有關「不收」之例中，特別再提
及曾從《道藏》搜集了許多歌詩，最後卻只僅僅選錄其中一部分
略有時代可稽的，應是指前述的《眞誥》中楊羲、許謐之類。❻
如果從《道藏》研究史考察，在中國大陸六〇年代的那段時期，
要想確定這部道經大叢書中道書的「時代」，確是有相當的困難。
縱使是他認爲略有可稽的年代或人物，這些詩歌也仍存有諸多問
題可以再加討論。

　　本來輯校工作所定的體例，只是一種輯佚的基本標準，以求
全爲要，凡所不取的多是自有其原因。至於有關文學價值、文學
史的作用等一類問題，應是文學研究者所要面對的嚴肅課題，古
詩總集的工作者並不必在這一麻煩的問題上多所躊躇。不過文學
史家在品鑑這些詩歌史料時，就需要在這些經過專家輯校的基礎
上，試著建立一套文學史觀。如果弘博精詳如逯氏都無法判定其
「時代」，而只能略取其部分，那麼六朝詩歌史之不能針對宗教
文學、道教文學有所論述，也就是文學史料限制了文學研究的問
題了。不過問題恐怕也並非如此單純，其中較爲關鍵的內在原因
應是文評、或是詩學的傳統問題，這是中國詩歌、六朝詩歌美學

---

❺逯欽立前引書，頁2790。
❻逯欽立前引書，頁2792。

的審美問題，也就是當時的文學批評專著，諸如鍾嶸《詩品》或劉勰《文心雕龍》等，代表了當時人對於六朝詩人的文學活動及文學成就，既已進行了較諸今人還要「權威」的品鑑、評定作業。在中國「文學」觀念的確立時期，這些權威論斷其後也深刻影響了後人、以至今人的研究方向。

由於鍾嶸、劉勰等人活躍的時期，多在南北朝的前半期，所以他們自是不易有機會得見這些道經中的仙歌仙詩。這是緣於道教創教期既已建立的師授秘傳制，教外人士根本無從進入道教的宗教世界裡，自然也就無從品鑑這批仙言仙語的作品，到底可否列入《詩品》的品流或在《文心雕龍》中討論這批與祭儀有關的宗教藝術，因而也就失去了理解當時文評家如何對待仙詩仙歌的一次機會？就是今之從事文學史的研究者在缺少道教史料資助的情況下，自是也難以論斷這批仙歌仙詩的真價值。所以在這裡所要嚴肅思考的問題，就是「如果」在當時流行的詩評觀念下，應該會如何評價這些宗教性的詩歌？如此才能跳出當前六朝詩歌研究的「習慣」，而有機會在一部新的六朝詩歌史中重新增加一個新章節。因此首需理解的就是鍾嶸如何辨析其詩人源流、其次就是當時詩評中的美學趣味：包括創作原理、藝術技巧及美學風格等。凡此都涉及在六朝文學史及樂府詩史上，到底應該如何評價不同性質的樂府詩：諸如民歌性質、官方制作的樂歌（含軍中的鐃歌）及宗教祭歌。

鍾嶸以當時人所能掌握的材料及創作風尚，在鑑別詩人的品流時，即清楚指明《詩經》中的風謠和小雅，代表了民歌與貴族雅歌的不同類型，並不特別注重那一批「頌」。而以屈原為主的楚騷，之所以會被視為士大夫文學的典範，就在於當時既已初步建立了士大夫文學的傳統，它與貴遊文學的另一傳統相互比較的

話，剛好是「詩人」之作與「詞人」之作的區別：前者「爲情而造文」，而後者則是「爲文而造情」。❼其中的關鍵就是如何表現自然之「情」，就是當時文人既已比較自覺地意識到「我」的存在，如何表達我的「不遇」，凡此正是屈原從〈離騷〉諸作中所開出的「憂」與「遊」諸主題，深刻地啓發了六朝不遇文士的創作熱情，因而開出了「言志」、「詠懷」一路，這是從作家創作論的立場所建立的詩人系譜，也是建立六朝文學史的基本觀念之一，從鍾嶸到後世的文學品味其實也多並未逾越這一大方向。

　　緣於六朝文學人所發現的「文學」價值，是著重在「人」的本身，因此從「我」出發，所要表現的「抒情」的人生體驗，就是人與自我內在的衝突、人與他人的衝突，以及在江南的新環境裡，進一步發現了人與自然的關係，山水詩、田園詩就是新感覺之下的新審美經驗。也就是詩人進一步確定了「我」的感官知覺和感情經驗的重要性，這是早期屈原作爲「文學人」所凸顯的鮮明性格，後代優秀詩人持續發揚這種反映現實人生的取向，在當時多少抗拒了漢代的辭人傳統和六朝的貴遊風尙，代表了文人在創作表現上自我意識的醒覺，這是今人從現代美學觀始終給予較高評價之處。不過屈原在完成其不朽的文學事業時，還有一種文學特質卻也在後來文人這種昂揚的人、我意識下失落了，那就是宗教儀式及神話情境。在樂府傳統之下，類似郊祀歌的宗教詩歌，在這段時期內也只有少數的梁朝新曲與民間的「神弦歌」，稍能維繫了《楚辭》中的〈離騷〉、〈遠遊〉及〈九歌〉祭儀的宗教性巫歌的趣味。❽爲何朝廷的官方祭歌和民間的祭儀歌樂，

---

❼有關這種詩人與詞人之別，參王夢鷗先生〈從士大夫文學到貴遊文學〉，《傳統文學論衡》（台北：時報出版公司，1987年），頁11-12。
❽詳參註3中所收錄的拙撰〈六朝樂府與仙道傳說〉。

在這一時期的文學史上快速地退位？導致中國缺少了神話詩和宗教文學的傳統。爲何六朝文人在發現了人與人、人與自我、人與自然的關係時，卻逐漸遠離了「人與神」的關係？從《詩經》與《楚辭》的文學源頭考察就可深刻理解，宗教「如何」成爲藝術的起源？至今仍有分量可觀的「頌」存在，不管是〈周頌〉、抑是可能較晚才列入的〈魯頌〉或宋人作的〈商頌〉，這類祭祀用的頌歌常是祭儀中的主要構成體，在不同的祭典中頌是頌讚所崇拜的祭祀對象。今之從文學觀點讀詩者固然多著重〈國風〉中的風謠，不過在當時周、魯官方則是特別重視頌的宗教功能，這是緣於「國之大事，在祀與戎」的祭祀觀。而對諸神的讚頌之歌在儒家的士大夫教育裡，也基於五禮中的吉、凶、軍、賓、嘉，均需配合詩教和樂教才能踐履，在祭禮中頌讚是詩、歌、樂及舞爲一體的，乃是士養成教育中所不可或缺的，所以頌的文學性、音樂性是否有價值，並不能影響它的存在意義及價值。只是頌乃是與樂、舞配套的，一旦樂制淪喪之後，就只有保存在《詩經》中的頌詩，讓後人只能從「文學」的角度來評定其文學價值，也就無法回到頌作爲一種宗教、祭祀中讚美詩的眞實情境及其宗教意義。

在南方的楚國，屈原的作品多數爲巫系文學，乃是巫歌及巫者的宗教體驗的文學藝術表現，如果沒有宗教神話與祭儀的支持，這些宗教神話語言象徵勢必無法散發出如許的神秘魅力，並能夠將「不遇」的悲憤情懷作如此深刻的表達，這種神話象徵也讓後之讀騷者回味無窮。但是這種高妙而深刻的表現手法卻是未能在六朝詩人的創作中獲致良好的發展，使得從巫俗、祭儀中所產生的神話活力，從此從文人的創作傳統中消失殆盡，而只能存在新興的道教文學中。換言之，詩三百篇的頌體至此已被轉化於道教

的宗教儀式中，而屈原神遊及祭儀式的神秘體驗，則被新興道教中一種人神交接的經驗所傳承轉化。類此「人與神」的關係就如此隱秘地被保存在奉道文士的作品中，既有上清經派的降眞詩，也有靈寶經派的齋法中所使用的步虛辭及諸仙頌詩，它們被錄存於道經裡而得以幸運地流傳下來，剛好傳承了詩騷的宗教、神話傳統，彌補了世俗詩歌的空缺。

二、有關六朝歌讚的道教類書

　　道教的形成期剛好是六朝詩的發展成熟期，六朝詩所盛行的五言詩體，也就成爲道教中奉道者用以表現其宗教體驗的標準形式；而構成詩三百篇的四言詩體則保存於爲數可觀的祝詞、咒語中，也因之成爲其後道教習用的咒語形式。道教之所以分別選擇性地選用了四言和五言體制，主要的原因就在它是與道教儀式密切結合，完全視其儀式需求而配合使用，以之進行聖事中不同的程序、動作以溝通人神。這類情況與樂府的合樂不同，更與文士的創作逐漸脫離音樂的傾向有較大的差別。從這種詩歌與儀式配合而表現詩、樂及動作合一，正是藝術源於宗教的古老傳統，在歌樂與儀式動作合爲一體的恍惚狀態之下，人與諸仙聖衆冥然相會，宗教性的儀式音樂就成爲連接此界與他界的媒介。類此詩歌與音樂的完美配合，即是傳承古代詩騷中宗教祭祀的傳統，而被這一本土宗教良好地承續發揚，構成了六朝時期道教文學的重要成就。

　　基於道教在創始期既已確立的道法秘傳原則，道教內部的諸般宗教儀式並不易爲教外人士所知悉其秘；特別是道經的「出世」是被視爲一種天啓的神聖經訣，故其傳授過程都有極爲嚴格、嚴厲的科禁，舉凡受經、寫經、誦(轉)經及供養，都需要按照「明

科」來遵行；如違其科就會遭遇天罰。❾這種經訣、儀文的神聖
觀，自是源自道教末世學的濟度思想，在漢晉以來的亂世氣氛中，
道教中一些深具創發力的宗教家，將社會失序歸諸人性失序，最
後並導致宇宙失序，故在末劫中想要獲致濟度就需入道，然後依
科傳授經法始有得致度脫的機會。❿這些經文正是由天尊所說，
或由仙聖所降誥的，故爲完全的神聖書物，需要經由嚴格的傳經
盟誓諸儀式，始能傳予有道緣的種民，這是奉道者以諸種科禁區
隔「我與他」的宗教形式。一般文士如是未奉道就根本無緣得見
其經文，就是奉道世家中的能文之士也要依科而不輕易洩密，這
是俗世的詩文總集或詩評集絕少錄及論及仙歌仙詩的根本原因。

　　在道教內部經訣秘法的流傳，由於當時不同經派所出的道書
各有其修法，所以也多只能在各自的經派內傳授，其中少數比較
能突破這類經派間的區隔意識的，就是一些傑出的高道及帝王敕
令綜集道經的組織，像南朝陸修靜好道而廣搜道書，才能綜括三
洞而編出三洞經目；或是北周時設通道觀，乃由一批道士進行
搜整南北朝道書，並編出像《無上秘要》的道教類書。這些道教
學者由於較廣泛地通覽道書，並需要遵循當時盛行的類書編纂風
尚，故在擬定體例進行資料的分類整理時，就會注意及道書中使
用詩歌的現象。⓫不過道門中人所選取的體例，顯然是從宗教的
神聖觀點出發，比較著重在諸天仙聖開劫度人的「天啓」思想。
所以在目前所存的卷九之後，從卷十到十四已闕，卷十五以下都

---

❾道經的寫經如以現存敦煌寫本爲例，可對照一些科戒類書重建其過程。
　詳參拙撰〈敦煌道經的寫經傳統及其意義〉，《全國敦煌學研討會論文
　集》（嘉義：中正大學，1995年），頁119-144。
❿關於末世觀，詳參拙撰，〈傳承與對應：六朝道經中「末世」說的提出
　與衍變〉，《中國文哲研究集刊》第9期（台北：中研院中國文哲所，
　1996.9）。
⓫有關《無上秘要》的編纂，目前女棣李麗涼正以其爲主題撰述碩士論文。

是衆聖的本跡、冠服及天帝衆眞儀駕，然後卷二十爲「仙歌品」， 卷
二十一爲仙都宮室品、二十二爲三界宮府品。從前後數卷所聯結
的整體印象來分析，就是一系列以仙聖的形象、動作爲主的品類。
所以這些仙歌也都是仙聖在仙界裡的歌樂景象，並非凡間修眞者
的誤入仙境所聽聞的。

　　在卷二十整卷中總共引述了十一種古道經，其中大多數爲洞
眞部，凡有《洞眞迴元九道經》、《洞眞變化七十四方經》、《靈
樂洞眞七聖氏紀經》、《大洞眞經》（後三種皆見於《洞玄靈寶
三洞奉道科戒營始》卷五〈上清大洞眞經目〉）；加上另一種《太
上眞人八素陽歌九章》屬於《八素眞經》系列，與上清經派降眞
筆錄有關的《道跡經》、《眞跡經》和《眞誥》；傳授經戒需知的
《洞眞四極明科》，上清經系就有九部之多，由此可知記述仙歌
的歌樂情境乃是上清經派中人的宗教體驗，也是上清經「出世」
的道經「造構」模式。不過其他的兩種經派也曾出現：如《三皇
經》即是洞神經、《洞玄空洞靈章》則是靈寶經派，不過在記述
仙歌的情境及其功能上仍是與上清經派異趣，而比較屬於誦詠性
質或強調朝元的景象。

　　六朝道教諸派中，從葛巢甫「造構」靈寶經而風行一時，就
以靈寶齋法成爲此派濟度的主要方式，其中凡有數部重要的道經
也多使用章頌的形式，而被《無上秘要》特別以專品收錄，在卷
二十八列有「 九天生神章品 」就是全爲歌章 ； 不過也有另一種
「九天瓊文品」是錄自《洞眞太霄琅書瓊文帝章》，則爲上清經，
也是全部錄存經文中的歌章部分。由此可知當時編纂類書者已特
別重視這些歌章在整部經文脈絡中的重要性，它是與儀式性的歌
詠、動作相互配合，以之推進齋法進行時的肅穆景象。這一情境
特別是卷二十九所錄的「三十二讚頌品」，註「出洞玄空洞靈章

經」，就是太上道君請元始天尊傳下「空洞靈章、諸天玉音」，諸天歡喜而各作頌，也就是這一種頌體乃是爲了讚頌天尊傳經說法後「披誦靈章」的喜悅。如果《無上秘要》代表了南北朝末期對於道經的分類觀念，在數達百品的分品歸類中，就已經一再注意道經中使用詩歌的形式，才特別標爲品目，並摘錄出其中的仙歌、頌歌，也爲一些後來佚失的道經保存了古歌古辭。

由於六朝古道經的流傳，在唐代以後都是有賴於官方所敕修的編纂經藏，乃是朝廷支持而由傑出的高道所纂修，再將刊刻的經藏頒存於大道觀內。道教一貫的寶經觀念，在歷經歷朝的纂修、鏤板後，固然大體仍能保存早期的道書，也偶而會遭遇元朝憲宗的焚毀經板之事，或因戰火而使道觀所庋藏的經藏焚毀。❷不過道教經藏即是秘藏於有名的道觀經閣、雲櫥之內，就不是一般道士可以經常翻閱的，因而編纂不同性質的類書就有實際上的需要。它有專收某類的，也有總集性質的大類書，以之因應不同情況的需求。從《道藏》所收錄、保存的道書中，這兩種大小不同的類書中都有特別收錄了詩歌、讚頌，如果將這些經由選錄的資料分析不同階段所出現的作品，就可看出六朝期的歌讚在道教史上的地位。

在道經的經目整理史上，南北朝初期始確定了「三洞」的名目；而三洞各分爲十二部則是唐高宗初年道士孟安排《道教義樞》，卷二「十二部義」中就有「第十一讚頌」，並解說其義：「如五眞新頌、九天舊章之例是也。讚以表事，頌以歌德。故詩云：頌者，美盛德之形容。亦曰偈者，憩也。四字五字爲憩息之意耳。」這段說明較諸《玄門大義》中〈釋讚頌第十一〉還扼要

---

❷陳國符對於道教經藏的纂修與鏤版有一初步的考察，見《道藏源流考》（北京：中華書局，1992年）。

清楚。不過後者較早出，其中解釋讚頌的類別先後有云：「本文讚頌如九天生神之流以三羽飛玄之才，是本文讚頌也；後諸經中或有道書眞人諸天讚頌，此皆玄聖所作，共存經中。」乃是從道經出世的先後說明讚頌凡有兩類，由此可見當時道教中人的內部見解。孟安排則純粹從讚頌的性質及源流解說，特別是以《詩經》義解中的「頌，容也」，來聯繫兩種不同階段中的文學在使用頌體時，其讚美的旨趣則是大體一貫的，這乃是有見於頌的源流正變的一種說法。

　　現存的《正統道藏》在三十六部分類中，各部都仍舊保存了「讚頌類」，其中所收的除了較獨立的經頌外，就有四部小型類書性質的。洞眞部收《三洞讚頌靈章》三卷(鳥下)；洞玄部卻反而收有《上清諸眞章頌》(養下)，所收的多是上清經派或標名上清的，按照三洞的分類其實宜列入洞眞部內；又有《衆仙讚頌靈章》(養下)也收有兩篇雲林夫人作、南嶽夫人作，按照所收的分量也是可列於洞眞部的。洞神部所收的是《諸眞歌頌》(淵下)，作品中絕大部份也是屬於上清經派，特別是《眞誥》中的仙歌，自是也應歸於洞眞部內。這四部歌讚集的編成年代及編者，應該都不是唐以前的道士，其中《衆仙歌頌靈章》就收有〈李公佐仙僕詩〉之類，李公佐即爲唐代貞元年間人，擅傳奇小說，其餘多篇也是唐人之作。所以這些編者都是根據他所能經常誦讀的道書，抄錄其中的一部分集錄成篇，並未明白說明其編修體例，也未能留下其姓名、年代，而歷來纂修《道藏》者也未能細究其所收的歌章性質：諸如三洞所屬或某類所佔的比例，就將這些類書分別雜散於三洞部類中的「讚頌類」，且多列諸最末一部，從編列次序的本身就有聊備參考的性質。

　　由於這四部類書的編集爲隨機性的，適足以反映在衆多讚頌

中讓人印象最深刻的爲何？四種之中比較符合《讚頌》名目的是
《三洞讚頌靈章》，應是使用陸修靜總括「三洞」之後的題名習
慣，其實所收的反而多屬於靈寶經派的齋法，乃是從整個齋法程
式中摘錄出頌、讚辭，雖則並未註明所出的道經，不過多可經由
現存的道經在對照後明確知道確是六朝道經。特別是屬於靈寶派
的，都宜列入洞玄部。《上清諸眞章頌》也是未註明所出，五篇
中的前三篇多題爲步虛辭，後兩篇的〈洞章徊玄章〉爲徊玄禮頌
的歌章、〈金章十二篇〉與續道藏《上清金章十二篇》(漆字)同，
爲齋頌之辭。《衆仙讚頌靈章》所收的較雜，〈青華救苦讚〉、
〈太極眞人智慧經讚〉確爲六朝靈寶齋法的讚歌，卻也收有《眞
誥》中的降眞辭三則；其餘則是唐人之作，如〈吳子來寫眞讚〉、
〈仙人貽白永年辭〉、〈李公佐仙僕詩〉、〈攄浩然泛虛舟辭遺
欒渾之辭〉、〈靈響辭〉及〈衆仙步虛辭〉，都不能算是嚴格的
頌讚，乃是涉道詩而已。《諸眞歌頌》則前十一篇題爲「經頌」
或「頌」，確爲頌歌體；而後大半達三十二題之多，幾全部出自
《眞誥》及小部分仙傳，都是可歸於降眞詩的仙詩，應是後世同
時流傳於道流及世俗的一部上清道書，特別是茅山派道士一系的
經常讀物。

　　道教類書的收錄情形中，則唐初有名的《上清道類事相》、
《三洞珠囊》均未收錄頌讚，而《上清道寶經》則特別列有〈妓
樂品〉，就收錄了上清經的仙歌；比較值得注意的則是宋張君房
編《雲笈七籤》，按照其中多方運用前此相關類書的慣例，有關
詩歌部分也是編輯自前列的諸部。卷九六題爲「讚頌歌」，即是
《諸眞歌頌》前大半(一a至十三a)；卷九七題爲「歌詩」又接下
錄其後半，不過張君房在歌詩之前都註明「並序」，序中說明歌
詩的因由，確是頗便於參閱。這一情況也見於卷九八「詩贊辭」，將

《衆仙讚頌靈章》中的〈太眞夫人贈馬明生辭〉、〈雲林右英夫
人贈楊眞人許長史辭〉，多有序說明之；最末殿以〈太極眞人智
慧經讚〉。卷九九「贊詩詞」也採用同一模式，加序說明〈吳子
來寫眞讚〉至〈靈響辭〉，即可清楚確定其爲唐人諸作；此下則
未加序而直接收錄其歌辭。所以全部四卷之中凡照錄了兩部先出
的類書，卻又分別題上讚頌、歌詩、詩贊等不同的卷名。不過有
一點奇怪的就是反而未收錄《三洞讚頌靈章》三卷，其實這才是
眞正屬於讚頌類，其原因可能是張君房未曾察訪到，更有可能的
是它是在宋以後才被輯出的。從這些歌讚的出處及年代可以發現
：除了少數六篇是唐人所作的涉道詩，風格也比較接近於唐詩；其
餘幾全是六朝道書中所有的。由此可證在六朝創教時期，歌讚的
創作也是頗具創發力，因而能爲後世千百年來的齋法所一再襲用。

三、神女、仙聖降眞的仙詩

　　六朝道教的諸多歌讚中，北周編撰類書《無上秘要》時，之
所以要特別標舉出「仙歌品」，就在於道經、特別是上清經派所
出的道書，表現出較強烈的「天啓」式思想。這是上清經派經由
存思的訓練，在深度的冥思過程裏所產生的宗教體驗，從此界進
入他界，從人界進入仙界，在「冥通」的神聖又神秘的見神經驗
裏，嘗試建立其經典的神聖觀。仙歌正是以精約的方式歌詠仙聖
如何傳授經訣，在聖詠中歌頌諸天的啓示，所以配合典麗的散文
體敘述如何從天宮中傳經，就會安排一場仙界中的歌樂場景，這
是典型的仙界傳經的模式。另一種模式則是仙聖下降於修眞者的
靜室，下教道旨或指示迷津，接引入道，即是《眞誥》式的降眞
模式。除了採用口白的誥示外，通常多會伴隨著諸多詩歌，在諸
天妓樂的歌聲中，歌樂一體，爲一種冥通見神的神秘體驗，也是

六朝道教文學中較富於戲劇性、形象性的宗教圖象。

在中國宗教文學的源流中，從巫歌到道曲所反映的，正是從巫到道的宗教形式的改變與提昇。如果說較早期的巫歌被保存於世俗的文學樣式，即是屈原所「再創作」的諸多作品：〈離騷〉為巫師入神後神遊昇天的神遊經驗，〈招魂〉為巫師在招魂儀式中遍召苦魂歸來的宣召動作，而〈九歌〉則是巫覡集團在祭儀中如何交接神人的降神體驗，都是在巫系文學的傳統下，被這位深於巫俗的文學家屈原較完整地保存下來，成為巫俗歌曲的世俗化版本。六朝上清經派的創教集團中，一楊(羲)二許（謐、翽）就是傳承了茅山地區的道法，將降神附身而進入恍惚狀態的巫覡經驗，進一步發展成為見神體驗。乃是在進入深沉的入神狀態後，接遇仙真而承受教誨；或是在諸仙雅集而和樂邕邕的盛會中，得以與聞神仙之樂及欣見仙廚之美。這些宗教性的入神體驗特別富於視覺、聽覺及嗅覺的神秘魅力，從巫歌之足以啓發屈原的靈感，則這些仙歌自是也能深刻地啓示了楊羲、許謐及許翽諸人，就在靈啓的情況下以當時通行的隸體──寫下。就「真跡」或「道跡」而言乃是一位書法能手的宗教性手跡，而從「真誥」的角度言，就是仙真降駕而後有所誥示，所出現的正是一種人神交接的場景。

巫與道之間的淵源，從宗教史的傳承關係言，自是有先後傳衍的內在聯繫，在原始信仰中巫是溝通人神的中介者，這類神媒的宗教職司是以歌舞媚神，代人交通以祈求福祥；或是在進入恍惚狀態時，讓神降附其身，代神傳宣旨意。在宗教儀式中這類迎神送神的歌舞，每過一段時期即會重覆演出諸神的神話，〈九歌〉之類的祭祀儀式或儀式戲劇因而成為後世戲劇的濫觴。而在冥想思神的入神狀態下，或借助於服食藥物、或經由音樂及狂熱

舞蹈的熱烈刺激，然後進入恍如服駕昇天以拜謁百神，〈離騷〉的歌誦及古神話的敘述、壁畫的圖象呈現等，都一再表現這類神遊的奇幻之旅。道教的上清經派主要傳續的即是古之仙道，再經由茅山地區的修行者的精緻化，因而較諸原始巫祝另行發展出一種修練入神的方法，就是守一、存思的存想法；加以佛經所傳入的觀想法以及飛天等印度曼陀羅藝術，也與新入的另類修持法的要訣作了初步的交流。所以在東晉中葉的勾容和茅山地區，楊許集團就此展開了一種交接神人的新方式，這些江南舊族中人多屬東晉朝的中級官吏，在晉室的南遷後多少遭遇到政治上的壓抑而產生或多或少的心理挫折感，同一時期又面臨北方胡人勢力逼壓所形成的危機感，所以常在金陵的住所、勾容舊居及茅山洞穴等處往來，並持續進行了連串的降眞活動。

上清經派是一個以世家大族爲主的宗教團體，先是以江南舊族爲核心，再逐漸吸引其他士族加入。所以奉道之家都有良好的學術根柢及藝文訓練，特別是當時士人所講究的書法藝術，楊、許諸人都是能夠完全掌握五言詩體及隸、草書體的能手。這種經由士族出身的教育、文化資源，形成其優雅的生活品味，也將這類身分地位的社會位階結合於宗教，因而成爲一種有意區隔於當時巫覡者流的宗教團體。他們在內部秘傳魏華存夫人從北方帶入的修法，又結合了茅山地區的宗教氣氛，東晉時期的勾容又是「二葛」（葛玄、葛洪）活躍的宗教舞臺。就連傳承《三皇經》的鮑靚也常在本地區出入。在勾容縣境內，士族社會所形成的門第及其文化，又加以道教初期既已備具的道法秘傳秘授的宗教傳統，這些江南舊族就在當時流行的婚姻制上，經由士族之間的聯姻關係，使得奉道之家彼此聯結爲一種緊密的關係網路，在內部交流彼此修道的神秘經驗。類此東晉期士族社會所形成的宗教

團體，也就標幟著從教育和宗教等社會文化資源所形成的身分、地位，這種世家大族的社會身分再加上宗教傳授的科禁，使得楊、許集團在當時能以奉道精勤的虔誠形象，共同組成一個深具宗教、經派色彩的身分團體，也從此開展了中國道教史上影響深遠的茅山道派。❸

從士族與宗教的密切關係言，屈原以一己開啓的宗教(巫系)文學表現其生平的「不遇」，到東晉期就由另一批不遇文士所傳承並續加發展，一般道教史都已肯定楊許集團在創教上的成就，但是如果從宗教文學的觀點加以評價，則他們的降眞實錄保存於六朝古道書中，就是以當時流行的五言詩風格表現了諸多接遇仙聖的宗教體驗。由於這些奉道的士人在當時的隱遯風尙中，將現實的不遇完全借用道教的神仙思想曲折地反映，採取隱居求仙的宗教形式安頓其身心，以表達新建朝廷中北方士族的強勢壓力下隱微的抗議；同時又對於戰爭、瘟疫及朝廷、社會的諸多失序，借由宗教語言表達出一種「末世學」式的時代感。❹所有對於人性失序、社會失序而痛感宇宙失序的深沉末世感，促使這批宗教人嘗試經由修道以接遇仙聖的溝通方式，期望能夠在降駕諸仙眞的誥語中，獲取一種解決世難的度劫法，因此凡是經文、訣語及修練法門，都是爲了幫助他們度脫末劫的度世法。

上清經派中人就是在當時集體的時代焦慮之下，被江南新興教派的教法所吸引入道，在經由或快或慢的勸引入道的過程中，就傳存了一批接近降眞實錄的紀錄。所以《眞誥》開篇的〈運象篇〉所錄存的乃是較眞實的人神接遇的冥通情境，同時又是當時

---

❸這一部分的基本分析，筆者在一九七八年的博士論文《魏晉南北朝文士與道教之關係》已有專章論述。

❹有關末世學的問題，同註10。

神女傳說的風尚中，諸如杜蘭香之降見張碩，都會出現有「贈詩」的情節單元。道教神話版本則凡有萼綠華之降見羊權、安鬱嬪之降見楊羲及王媚嬪之降見許謐，在當時仙女與凡男註定需要完成情緣的故事情節中，眞誥式的筆錄只留下了一段段降眞的過程，而並非首尾敘述完整的故事，卻因此反而留下了較多的仙歌，符合神女傳說的「贈詩」母題。由於六朝筆記中人神戀的類型，具有眞實與虛幻交織的奇幻效果，而成爲民間說話中民眾所喜聞樂見的浪漫故事。道教版本也隨著《眞誥》在教內的流傳，其中仙女度化修眞者入道的情節，由於敘事宛轉而富於奇幻的神秘之美，歷來早就感動了多少浪漫的文人，特別如李商隱、曹唐等初年入道而又還俗的，更將這些贈詩加以轉化爲唐詩風格，成爲涉道詩及遊仙詩的新藝術風格。❶

　　上清經派的仙眞接引楊、許諸人，大多是降眞之後有所教示、訓戒，然後「贈詩」，所以逯欽立就根據《眞誥》整理其降見時間及降眞的情形，將它放在詩之前作爲序，如此讀詩之後才能明白詩旨所在。不過他常將神女所降贈的詩歌就直接歸於被降者的名下，類此情況乃涉及該首仙詩到底何所屬的問題。從降眞詩降出的立場言，羊權、楊羲只是一個書法能書者，爲靈媒性質的中介身分，只是將他所接遇的女仙的旨意以五言詩的形式，借由他的手迹作爲媒介而書寫下來。如以開篇第一件爲例，萼綠華才是仙詩的眞正主人，如此仙言仙語就符合女仙臨別贈詩的情境，也是典型的神女傳說的情節單元。由於是實錄而經整理的性質，故先列出詩來，等後面的散文敘述時就只說「贈詩一篇」；逯氏則根據用韻將它區爲三首（節）：

---

❶詳參拙撰〈魏晉神女傳說與道教神女降眞傳說〉，《誤入與謫降：六朝隋唐道教文學論集》（台北：學生書局，1996），頁142-188。

神嶽排霄起。飛峰鬱千尋。寥籠靈谷虛，瓊林蔚蕭森。羊
生標美秀，弱冠流清音。棲情莊惠〔眞誥作慧。〕津，超
形象魏林。揚彩朱門中，内有邁俗心。（《眞誥·運象篇》
一；《雲笈七籤》九十七；《諸眞歌頌》；《詩紀外集》
一。）

我與夫子族，源胄同淵池。宏宗分上業，於今各異枝。蘭
金因好著，三益方覺彌。（同上）

靜尋欣斯會，雅綜彌齡杞。〔眞誥作杞。〕誰云幽鑒難，
得之方寸裹。翹想樊籠〔眞誥作籠樊。〕外，俱爲山巖士。
無令騰虛翰，中隨驚風起。遷化雖由人，藩〔眞誥作蕃。〕
羊未易擬。所期豈朝華，歲暮於吾子。（同上）

如果是分節觀之則可知先是讚美羊權的美質，確能不爲身所拘絆
而一心學道；其次敘說彼此的緣分，雖分開而仍有宿緣在；最後
則是勉其向道，始具體透露出接引度化的本旨。類此贈詩都必須
知道神女如何降凡，並與被接引者完成一段人間(此界)情緣後，
終究又需離開而返回仙境（他界）。故在臨別時才有贈物（火澣
巾、金玉條脫）、贈藥（尸解藥，或作情緣紀念、或助其修成仙
道）；不過在事件敘述的藝術功能上，贈詩才是眞能配合人神對
話間的浪漫情緒；散文敘述則是爲了表明緣由，因而仙歌的美學
功能就較多一層浪漫的情致，乃是女仙要借詩表達其了結宿緣，
並接引、點化情郎同尋神仙之樂的情與願。因此類似的仙詩都是
仙人所作，只是在夜降時經羊生之手傳達出來的仙界訊息，故作
者應是女仙本人。楊羲或許謐名下的仙詩亦復如此，都是女仙表
現宿緣的情詩。

問題就在降眞詩乃是被降者或冥通者所書寫的，雖則目前並無較明顯的資料顯示：降眞集團到底如何被訓練？從當前田野的見乩壇或鸞堂之訓練乩筆或鸞筆，乃是扶乩者經由韻語形式的反覆誦唸，因而也就形成一種比較固定的吐辭或鸞書的套語，可以在進入恍惚狀態後，即遵循一種套語形式表現：包括較常用的辭彙（名詞）、修飾句（形容詞）及動作（動詞），即是將仙言仙語在固定的語法、語型摸式中聯結成句，這是在一個舖陳的結構中開展其定向發展的程式，以逼顯出一定的修眞成仙的旨趣。由於楊、許諸人都有一定程度的藝文訓練，完全能夠流暢地使用五言詩體，故也有足夠的文學表達能力根據當時鑄辭密緻的手法，重新鑄造一批仙言仙語的辭彙群，因而能與兩晉詩人慣用的詩語自有異趣之處。由於楊、許諸人的出身、背景及活動的地區，《眞誥》中都有明確的資料，因而完全可以確定這些仙詩是在何種冥通的情況下被錄寫下來。❻從人神接遇的事件本身言，整個被接引入道的事跡歷歷如有其事，在人神的反覆對答中，既有入道者的疑慮、不安，也有接引者的訓誡、勸勉，故散文體敘述時較多說理、解說的功能；而一旦吟詩見誥就會出現諸多表現情緒的美學功能：凡有總述事情的始末、重覆彼此之間的因緣，而通常又結以勸勉向道。

從六朝民間傳說中神女贈凡男詩，多是脅、誘凡男接受其情好，等到發展到道教傳說的教內版本，神女固然也有自薦如萼綠華的；不過通常都會經由介紹之後才會莊重地出場，對於這一人仙姻緣的促成，也是由眾多仙眞所一再降見後勸勉完成。這些詩

---

❻有關女仙降見的時間、地點及其他情況，近有女棣劉怡君撰寫《六朝上清經系的濟度思想——以楊許時期爲主的考察》（台北：輔大宗教所碩論，1997）。

就多是以鼓勵作結，如九華安妃的降見楊羲詩：

> 雲闕竪空上，瓊臺聳〔雲笈七籤作竦。〕鬱羅。紫宮乘綠
> 景，靈觀藹嵯峨。琅軒朱房內，上德煥緯霞。俯漱雲瓶
> 津，仰掇碧柰花。濯足玉女〔眞誥作天；雲笈七籤同。〕
> 池，鼓枻牽牛河。遂策景雲駕，落龍蠻玄阿。振衣塵滓
> 際，褰裳步濁波。願爲山澤結，剛柔順以和。相攜雙清
> 內，上眞道不邪。紫微會良謀，唱納享福多。

就是誇言仙境之美與成仙之樂，勉勵其學仙共作仙侶，就可獲致
神仙之福。楊、許兩人相較之下，楊羲的「仙緣」較深，也較快
就接納了女仙而完成了奇幻的神婚；許謐就要經由反覆的勸戒並
一再降詩後，始逐漸解除其疑慮與不安，終能使之願意拋棄榮華
而退隱東山修道，並消除納妾的俗念而與神女結好，其過程較曲
折多舛而表現出另一種心路歷程。類此仙詩多是較易確定爲何位
仙眞所示的一批降眞之作，逯氏在註語中說是楊羲「僞造」，就
是未能以降眞的仙詩看待。因此類似情況出現的大量仙詩，在寫
情上多是比較婉約動人，也比較易爲纂集上清道經中歌詩的總集
所錄，成爲頌讚部中的大宗，由此可知它歷來所受的注意，正是
仙歌中所表現人仙婚配的情韻特爲感人至深。這些仙言仙語的詩
歌正是道教上清經派在冥通體驗之下，仙眞所誥示的仙界仙人的
神秘聲音，實爲六朝期新興宗教見神經驗下特殊文化的產物。

四、上清經派的諸天妓樂與仙歌

上清經派眞能表現其仙界景象的，仍是以「仙歌」較能表現
其諸天妓樂的奇幻情境，它是否受到佛教傳入的諸般圖象中飛天
圖的啓發，確是中印宗教圖象學的一個研究課題。[17]不過就六朝
道教的上清經派特別強調的存想法，基本上仍是傳承前道教時期

的宗教經驗。將神魂上杭於天的楚文化遠遊情境，進一步發展爲天界中諸仙宴集或說法的場景；或是讓仙聖下降人間後，也帶來一場仙樂飄飄的景象。所以「仙歌」的特色就是以上清經派爲主，出場的仙聖也多爲上清經常見的；仙聖的排場就是伴有諸天妓樂，出現有玉女及演奏神奇樂器的動作。在這種歌樂中仙歌即會有樂章之名，所使用的多是與神仙有關的仙言仙語，因而這些作品也是六朝道教文學中，比較具有文學趣味的一批史料：凡有散文體敘述諸天妓樂的動作，也有詩歌體的誦詠；此外就是靈寶經派的朝元圖象，如《度人經》的道經出世神話，凡此都成爲六朝詩中較爲稀見的道教神話詩。

　　仙歌出現的場景中，比較符合仙界景象的就是在天界對天尊、仙聖傳授經法的歌詠，《無上秘要、仙歌品》所列的第一、第二部洞眞經，由於現存道經已經無法找出對應的經文；但第三部《洞眞四極明科》所引的，則可在現存道經卷一(《道藏》雨)開始部分對照出來。這部上清經派科戒要籍雖是在陸修靜之後陶弘景之前編成，卻是明確載明道經傳受、誦持及佩服的科律，因而需要在開經時就表明「明科」之所出。由太上大道君授高聖太眞玉帝五色神官「四極明科百二十條律」，作爲天仙以至罪人的檢校之用，按照道教的天啓說，它珍藏於天宮，其後才應劫而傳。對於科律收藏的神話敘述，即云：「太上告金闕帝君使命九靈玉妃鑄金爲簡，編以白銀，使龜母按筆，太眞拂筵，紫晨散香，太華執巾，清齋紫房，以繕玉篇。請以雲錦之囊，封以丹青之章。」（一、一b）爲了強調科律的秘重，也要神兵靈獸的備衛，在四言體的敘述中，有種典雅、矜重之感。然後在誇飾其景象的莊嚴

---

❶詳筆者〈北周建德元年李元海等造元始天尊碑記及妓樂圖考〉，東方宗教討論會86年年會論文，即以道經文字所述及佛經之圖、文作比較。

之後就出現了〈仙歌品〉中所引的一段，現存的原文較爲完整：
「高聖玉帝命上官玉女徐法容、蕭慧忠、田四非、李雲門等彈雲鈞之璈，合聲齊唱，歌大洞清玄誡之章，三塗五苦之詩，玉慧簫朗，天韻啓微，神瓊振響，金音虛飛，法化億兆，總檢萬機。」就在這種歌樂的氣氛之下，以「其辭曰」帶出兩首歌章：

> 大洞總三輪，元化有旡形。寂若無根教，蕭若有威靈。
> 哀哉三塗中，憂苦從是生。至學勸茲戒，積善窮劫齡。
> 劫盡化生天，身與日月幷。愚癡隨世好，浮學以求榮。
> 宣化無綱紀，輕漏天寶經。冒科入死門，四極結爾名。
> 魂神屢九難，五苦長爾嬰。食大踐刀山，艱辛無暫寧。
> 歎此禍福源，悠悠中甚明。

> 高上遺嚴戒，禍福令人歎。仙道本由運，冥中亦己判。
> 無運亦不啓，既悟常苦晏。若能崇玄科，自然超霄漢。
> 苟貪愛欲累，何爲強傲翫。居罪結四明，生死屢八難。
> 流曳五苦庭，三塗結不散。沈靈九幽掠，萬劫無待旦。
> 悲此元始教，能不使人怨。寥寥九玄上，翳翳初化始。
> 無形亦無影，無深亦無測。二儀啓運彰，結氣以成滓。
> 三晨朝玄室，五九有綱紀。禍福由人生，善惡竟孰在。
> 若能悟玄覺，超然陵高巘。苟執伐命斧，積礜盈心裏。
> 沈罪結四明，宿罰良有已。生身負刀山，五苦無窮解。
> 七玄塡幽夜，萬劫方一紀。留連三塗中，未悟有生死。

由於明科是訓戒傳經的規矩，所以詩文的前一首就強調學道的根由、洩密的禁重，後一首則重在說明學道的因緣及違道的罪罰。道教將宇宙的形成採用宗教語言敘述，從混沌的無形無影，經陰陽二儀的啓運，然後始立綱紀。所以學道就在如何體悟其理：「若能悟玄教，超然凌高起」；反之則是會形成罪結、宿罰。這

是將道教的開劫度人說用以解說道經的出世流傳，又以罪罰說作爲判別行道與否的後果。道經通常是以散文或近於駢文體作敘述，傳布其罪與解罪的教義，若是採用詩歌體的方式加以表現，就類似一種「玄言詩」的風格，是爲了將玄理寓諸五言詩的形式，以詩悟理。這兩篇則是在闡明傳承明科的諸般道理，是爲道教內部用以彰顯經法、訣文傳授需知，故置於《四極明科經》之首，作爲傳經的神話框架。這是綜述上清經的寶經觀念，其下的科律就多是依據一定的敘述模式，一再強調經訣傳授的科禁，這部明科爲六朝道教創教期在科戒制度上的完成。

〈仙歌品〉中曾列《眞跡經》的一系列詩歌（二〇、十ａ～十一ａ），乃是齊顧歡所輯成的，它後來也被輯次於《眞誥、運象篇》卷三（二ｂ～五ａ）和卷四（七ａ），在前者的系列作品後即有陶弘景的註語：「有待之說並是指右英事，非安妃也。」也就是右英夫人「有待」許謐的回應，楊羲則是較快就接納了九華安妃。陶弘景所錄存的凡有十一首，從〈右英王夫人歌〉和〈紫微夫人答英歌〉的唱答開始，桐柏山眞人、清靈眞人、中候夫人等紛紛加入，原先只是借用「有待」兩字，右英王夫人自寫其等待許謐答允的心情，陶弘景認爲「似初降語」：

> 駕欻歘八虛，徊宴東華房。阿母延軒觀，朗嘯躡靈風。我爲有待來，故乃越滄浪。

右英夫人即是以神女來降，有待於凡間男子許謐。所以紫微夫人的答歌也仍清楚表明其一貫的介紹者身分，關懷之情完全表現於歌中：

> 乘飇遄九天，息駕三秀嶺。有待徘徊眄，無待故當淨。滄浪奚足勞，孰若越玄井。

就這樣表現情之有待、無待，引起諸眞的和詩興趣，而逐漸增多

了「玄言詩」的味道，像〈太虛南嶽其人歌〉：

> 無待太无中，有待太有際。大小同一波，遠近齊一會。鳴
> 絃玄霄顚，吟嘯運八氣。奚不酣靈液，眄目娛九裔。有無
> 得玄運，二待亦相蓋。

類似的玄言玄語參雜於仙言仙語中，就成爲道教化的玄言詩，由
此也可知楊羲等人確是受到當時詩風的影響，才會借用三玄的題
目、語彙和玄言詩的寫作形式。

諸眞唱和有待與無待，其情景到底是如同《眞誥》卷三另一
組瑤臺大會詩，在去(十)月秋分四眞吟詩，「以和玄鈞廣韶之絃
聲也。」（九ｂ），乃是在衆仙聚會時各吟一首；抑是由楊羲在
逐次接遇時所寫出傳世的。如果是前一種歌樂的情景就比較接近
於「仙歌」，而並非只是一般性仙眞降下的「仙詩」，因爲只有
諸天妓樂的場景才能營造出仙眞聚集的歡欣和樂氣氛。陶弘景在
搜集楊、許等人所書的眞跡時，似乎未能將顧歡《道跡經》的資
料全數錄於《眞誥》中。這可從〈仙歌品〉中有兩段較標準的有
關仙歌的文字敘述，註明「出道跡經」，卻反而不見於今本《眞
誥》之中。由於《無上秘要》所引的多是節引，又如《道跡經》
也是經過編次的，原書是否註明出處也不易詳悉。從後代流傳的
上清經派仙傳可以考知，應是《茅君內傳》及《魏夫人傳》，前
者爲李遵撰，也稱爲《第三君傳》；後者則有范邈撰《南眞傳》
與項宗撰《紫虛元君魏夫人內傳》兩種，都是晉代出世的上清高
眞的仙傳⓲，由此可知東晉期上清經派既已出現了採用「仙歌」
的敘述方式。

三茅君爲茅山地區古傳的三位仙眞：茅盈爲大茅君，而中茅

⓲筆者曾考述《茅君內傳》與《漢武內傳》的關係，參〈漢武內傳研究〉，
《六朝隋唐仙道類小說研究》（台北：學生書局，1986）。

君茅固、小茅君茅衷即為其弟，彼等在茅山修眞有成，較早期既
有諸多聖跡及神話流傳，等到楊、許集團就近在茅山築靜室降眞
後，這一處勾容聖地就被上清經派中人進一步道教化，自然原本
形成聖跡的聖者崇拜也被上清經派化，這是完全表現在《茅君內
傳》的敘述筆法上，顯示它與葛洪撰《神仙傳》中茅君的相關事
跡已有形象上的差別，就是將原本民間傳說及早期仙傳中，學仙
得道的三茅君重新塑造為上清經派仙眞群中的一組，分別成為新
興神仙譜中的成員而賦予新的階位：職銜、等級及所統理的洞
府。所以在新版的茅君傳記裏，三兄弟的成仙方法及過程，就需
與上清經派的新神仙群有密切的互動關係，始能合理地參與新的
仙眞群活動。這是陶弘景編成《眞靈位業圖》的先期階級，也是
被派下弟子「中候仙人李遵」特別依例題為「內傳」的原因。

　　在經派內部所完成的聖傳，諸多內傳筆法中就有一種高眞上
聖降眞的歌樂情景，可視為早期仙傳中的聖傳模式，〈仙歌品〉
所引的文字敘述應比較接近於原貌：

> 西王母為茅盈作樂，命侍女王上華彈八琅之璈，又命侍女
> 董雙成吹雲和之笙，又命侍女石公子擊昆庭之金，又命侍
> 女許飛瓊鼓震靈之璜，又命侍女琬絕青拊吾陵之石，又命
> 侍女范成君拍洞陰之磬，又命侍女段安香作纏便之鈞。於
> 是眾聲徹合，靈音駭空，王母命侍女子善賓，李龍孫歌玄
> 雲之曲。其辭曰：大象雖云寥，我把九天戶。披雲汎八
> 景，儵忽適下士。大帝唱扶宮，何悟風塵苦。

由於上清經系道書在初期就將西王母吸納進來，所賦予的新職司
就是為道君傳遞聖令，所以西王母這位古神話人物經歷兩漢時期，
至此始又有一大轉變。《無上秘要》所引的散文和仙歌，在《上
清道寶經》卷三〈妓樂品〉中凡有兩次引用《茅君內傳》，在

「諸天妓樂」條所出現的玉女次序前後不同：依次爲石公子、琬
絕青、范成昆、董雙成、許飛瓊、王上華，所彈奏的樂器則是一
樣，不過《眞靈位業圖》第二中位的女眞，凡有王上華、董雙成，
石公子、苑絕青、地(范)成君、郭密香(應是段安香)、于若(善)
賓、李方明等，故應是《無上秘要》所引的比較接近原文；不過
〈妓樂品〉另在「王母」條下，則說于若賓、李龍孫歌玄雲曲二
首，文字略異而所引詩則較長，文意上比較接近於原曲：

> 太象雖云云，我把天地户。披雲液八景，倏忽適六土。
> 頤神三玄中，納精六關下。遂乘萬龍椿，落鳳盼九野。
> 玄圃過北臺，五城煥嵯峨。啓彼無涯津，泛此織女河。
> 仰上昇絳庭，下遊日窟阿。顧盼北落外，指點九空霞。
> 靜思感中和，爲是玄虛歌。

從詩體及詩旨言，這是比較完整的整首詩歌，《雲笈七籤》卷一
百四有〈太元眞人東嶽上卿司命眞君傳〉也未錄存這一段觀樂的
情節。其實這群玉女奏樂所造成的仙樂繽紛的奇幻景象，讓當時
人的印象深刻，故當時造構《漢武內傳》者即據此仿襲而改造爲
求仙道的漢武帝的形象。

　　陶弘景纂集《眞誥》時並未能將顧歡所搜錄的全部眞跡悉數
錄入，幸而《無上秘要》的〈仙歌品〉中還錄存有《道跡經》中
數段典型的仙歌及其歌樂情境，較長的一則是敘述「四眞人降南
嶽夫人」所歌的，凡有太極眞人、方諸青童、扶桑神王及清虛眞
人所唱的五首；接下就出現了一段敘述歌樂的文字：「於是夫人
受錫事畢。王母及金闕聖君、南極元君、後九微元君、龜山王母、
三元夫人馮雙禮、朱紫陽、左仙公、石路成、太極高仙伯、延蓋
公子等。爾乃靈酣終日，講寂研旡，上眞徊景，羽蓋參差。各命
侍女陳曲成之鈞，金石揚響，衆聲紛亂，鳳吹迴風，鸞吟琳振，

九雲合節，八音零璨。於是白（西）王母徘徊起立，折腰俯唱，
錦袂攝霄，雲裙乘空，流鈴煥射，袆帶琳琅。左佩龍書，右帶虎
章。澄形容放，窈窕四暢。徐乃擊節而歌曰：

> 駕我八景輿，欻然入玉清。龍从拂霄漢，虎旂攝朱兵。
> 逍遙玄津際，萬流無暫停。哀此去留會，劫盡天地傾。
> 當尋旡中景，不死亦不生。體彼自然道，寂觀合太冥。
> 南嶽挺眞幹，玉仗曜穎精。有任靡其事，虛心自受靈。
> 嘉會絳阿內，相與樂未央。

然後即有一段「三元夫人馮雙禮、珠紫陽彈雲璈而答歌」：

> 玉清出九天，神館飛霞外。霄臺煥嵯峨，靈夏秀欝蔚。
> 五雲興翠華，八風扇綠氣。仰吟消魔詠，俯研智與慧。
> 萬眞啓晨景，唱期絳房會。挺穎德音子，神仗乃高拂。
> 天嶽凌空攄，洞臺深幽邃。遊海悟井隘，履眞覺世穢。
> 仔輪宴重室，筌魚自然廢。迴我大椿羅，長謝朝生世。

　　大概說來，六朝上清經派秘傳的宗教修行體驗中，一旦進入
神遊的階段，就會出現諸天仙聖共賞諸天妓樂的散文體敘述，所
以《上清道寶經》才會特別列出〈妓樂品〉，對於命令彈奏的仙
聖及彈奏的樂器精選爲標目，然後摘錄出相關的敘述文字及仙歌。
由於數量不少，顯示上清經派的道經慣於使用這類筆法，從宗教
經驗言，這是進入一種既神聖又神秘的感覺狀態，聽覺上的聲音
配合視聽上的顏色、形象，就會構成了如幻似眞的奇幻感，它不
應只是幻覺(幻聽、幻視)而是宗教人所理想的終極眞實的情景。
仙歌在這種情況下歌唱出來，大多是爲了歌頌神仙逍遙之樂，那
是御駕神輿、前後護衛的盛壯排場，爲動態的神遊；而靈臺嵯
峨，神館霞蔚，則是靜態的景致；至於眞仙之樂則是超越生死，
冥合自然，所謂「講寂研旡」就是對消魔詠、智慧頌的體會。悟

道的理想就是出世而得仙，不再淪於人間浩劫。詩歌體是配合散文的敘述，而著重在頌美，經由仙境、神仙的誦詠表達出求仙的願望。諸如此類詩歌體的藝術功能就是浪漫的抒情性，表現求仙者的內心願望，剛好可以配合散文體的敘述功能。這是較諸〈離騷〉的遠遊、遊仙詩的遊歷，更富於宗教情趣的道教遊仙，仙言仙語的密致文字也彰顯出道教新仙歌的藝術風格。

五、靈寶齋法中的〈步虛辭〉與儀式音樂

有關六朝道教的宗教性頌歌，從搜集在《三洞讚頌靈章》一書中所見的，一方面是比較能發揚「頌」的頌讚古意，另一方面也能配合宗教儀式，在科儀程序中與動作搭配而進入頌歌的理想情境。在多達三卷的讚頌靈章中，上卷較多頌美諸仙聖的歌章，有一定的頌讚對象；中卷則卷首特別標明是「應用讚頌」，多是在齋法儀式中，分別應用於齋儀的壇場上。下卷則是從諸多經、懺中，分別錄出轉經、唸懺時所要誦詠的經讚、偈讚。三種的性質及出現的文脈不盡相同，不過多是出現在轉誦的儀式中。因為道教在當時要逐漸發展其制度，自是先要整備出一套較具規模的聖事，就如許多世界性宗教一樣，如何經由莊嚴神聖的儀式，進行對神的讚美、祈禱及恩賜，神人之間就在這神聖時空中溝通、交流，因而成為信徒定期性參與的宗教生活。只有如此才能較具體地「區隔」俗與聖、常與非常的不同生活，也借此區隔出信奉者與非信奉者的差別，因為擁有讚美神的機會，也才能獲得神賜的恩寵，這是據以區隔誰能接近諸天仙聖的權利的一種佔有。

靈寶經派在六朝期的勾容地區的發展，即是所謂「葛家道」到了葛巢甫之手，不僅造構了諸多新靈寶經，也逐漸完備了一套靈寶齋法。當時有一群傑出的宗教家在葛巢甫之前之後陸續出

現，將前此流傳的祭祀儀典多方羅致，其中自是有天師道治的的傳承，甚至也有佛教初入中土的梵唄，或有古來祭祝之官的儀注、民間巫祝的歌舞，都能被創造性的組合為一，才能為這一新興的道派建立儀式，在道教史上乃是齋醮制度的重要成就。齊梁時陶弘景曾在大茅山地區活動，對於當地風行的靈寶道法曾有深刻的印象，在《眞誥、稽神樞》第一中特別註明：在南大洞口，齊初曾建一崇元館，有六七道士在鄰近蓋廨舍，所作的事：「學上道者甚寡，不過修靈寶齋及章符而已。」（十一、十五 b ）雖則陶弘景批評靈寶齋法並非「上道」，多少是從上清經法的立場所作的評價，卻也凸顯出勾容地區確是流傳有較多的靈寶經法。

在六朝末至唐初所編出的道教儀範類書，《洞玄靈寶三洞奉道科戒營始》（儀下）—敦煌本《三洞奉道科誡儀範》殘卷，卷四有〈誦經儀〉、〈講經儀〉，卷六有〈常朝儀〉、〈中齋儀〉、〈中會儀〉及〈度人儀〉，其中也錄引一些經誦，凡此都表現靈寶經派確是特別注重科儀。目前保存在《道藏》中成立年代較早的就有數種，其中陸修靜〈靈寶經目〉（ p 2256)所載的《太極眞人敷靈寶文齋戒威儀諸要解經訣》，應即是《太極眞人敷靈寶齋戒威儀諸經要訣》（數字號），為東晉、劉宋間所出，題名葛玄、鄭隱並附葛洪之言，可信為葛家之物，實際上葛巢甫應是一位關鍵的發揚者。此外就是劉宋陸修靜撰《太上洞玄靈寶授度儀》（化字號），為一套繁複而隆重的授度儀範；此外諸如《太上洞玄靈寶二部傳授儀》（階八），乃是授度《洞玄思微定志經》的儀法，其中就有行詠「智慧五首讚」（九 b ）。這些齋法中都會出現與儀式配合的頌讚，如此始能較實際地理解有音樂性的讚美歌，都是在儀式進行的不同程式中頌讚，才會構成讓時人印象深刻的齋法。

　　關於靈寶齋法中頌讚的使用情況，在《敷靈寶齋戒威儀諸經
要訣》中的程序：先入齋堂東向向香爐祝，讓正氣入身；其次長
跪、鳴天鼓二十四通，即出官；又向香爐祝，然後燒香祝願，凡
三次；次從東起，陳十方願。對於向香爐祝願的意義，附有一段
解說：「此皆回向香鑪，取其方面之正也，是爲靈寶齋禮十方太
上大法妙賾矣，皆當安徐雅步，審整庠序，男女不得參雜，令威
儀合於天典，則爲鬼神之所具瞻，飛仙之所嗟歎，三界之所軌範
也。」然後就進入步虛的儀式：

> 拜既竟，齋人以次左行，族繞香鑪三匝，畢，是時亦當口
> 詠〈步虛躡無披空洞章〉。所以旋繞香者上法玄根無上玉
> 洞之天，大羅天上，太上大道君所治，七寶自然之臺。無
> 上諸眞人，持齋誦詠，旋繞太上七寶之臺，令法之焉。

又說：

> 又三洞弟子諸修齋法，皆當燒香歌誦，以上象眞人大聖眾
> 繞太上道君臺時也故。求無上正眞大道者，亦可繞高座。
> 上清靈寶經所以繞香鑪者，直今世學者多浮淺，不能受至
> 經，故示齋法以委心香煙耳。行道心至，所願尋香煙已御
> 太上，太上道眼恒洞觀諸天下人，善惡亦無毫遺也，可不
> 戰戰慎之哉。

在這些訣要的文字說明中，清楚地記述當時的齋法：齋人依次左
行，旋遶香爐或高座，口詠〈步虛躡無披空洞章〉。香爐的旋行
是「上法」玄根無上玉洞之天，大羅上，太上道君所治七寶自然
上臺；繞高座也是「上象」眞人大聖眾的旋繞太上道君臺，也就
是象徵一種模擬登天旋行的儀式。

　　陸修靜在《洞玄靈寶授度儀》前有一通上表，特別敍及整理
的經過，並期望其成爲典式。從儀注中所見的是要在靈嶽上作高

壇，開五門安五榜，然後行科，入門捻香，拜伏鳴天鼓，然後發
爐、出官，就是存想出身中的眞官功曹，「嚴裝顯服」；然後讀
表文、重約敕；次北向叩齒、復官，即召回身中功曹，再拜復爐。
第二日登壇才更隆重而正式，所有的法師、弟子都要嚴裝法服，
執簡齊肅；再分別上壇，存思紫雲覆冠，五帝神兵來迎，然後祝
告。再入壇，存思五臟；次誦衛靈神咒、叩齒，發爐祝，禮十方；
畢，出官，讀表文、鳴天鼓，上啓。畢，上香，巡行，散花十方：
「于時當誦詠〈五眞人誦〉」，即〈太極眞人頌〉、〈太上玄一
第一、二、三眞人頌〉、〈太上正一眞人三天大法天師頌〉。誦
畢，即安五方眞文，度上、中、下部八景；然後誦東、南、西、
北四方諸天文；次度策文、次封策雨頭、次封杖法'然後師告丹
水文、弟子自盟文，宗成傳度「眞文」，弟子跪受，想見太上眞
形。此時師起巡行，詠步虛，在此即錄出十首的〈步虛辭〉，並
北向簡誦〈禮經頌〉。在這裡註明師「每誦步虛一首，弟子唱善
散花禮一拜。」這是較早一組被錄於儀式中的〈步虛辭〉。接下
師弟之間就進行一連的戒文傳示，先是弟子伏，師說元始禁戒；
畢，再授六誓文，以之固人心、道心，弟子指天而誓，再行禮時，
陸修靜就特別強調要「叩頭搏頰」，並自誓其辭。此時師誦〈三
徒五苦辭〉，凡有七首，然後復官、復爐；再誦〈奉戒頌〉、
〈還戒頌〉，最後法師與弟子遶壇梵詠，出西北九天門，就此完
成了嚴肅的授度儀式。

　　在傳度儀中，第二日次第除了禮拜、存想及遶行等動作，前
後一共出現了七次歌章：〈金眞太空章〉、〈五眞人頌〉、〈步虛
辭〉、〈禮經頌〉、〈三徒五苦辭〉、〈奉戒頌〉及〈還戒頌〉，
此外還有咒語多次地使用，確是保存了相當齊備的授度儀。到底
這些歌章的作用如何？其中〈步虛辭〉需配合《洞玄靈寶玉京山

步虛經》參看，始能完全理解其宗教圖象及意義，這部道經顯然是有意配合來解說陸修靜所撰的《傳度儀》一經的〈步虛辭〉，故比較詳盡地敘述玉京山上萬象森羅的至上天景象，為太上無極虛皇天尊所治的大羅天，諸天聖衆及無鞅數衆，一月三朝，在靈香及散花中，「旋繞七寶玄臺三周匝，誦詠空洞歌章。」在這裏就有一段諸天景象的神話式敘述：「是時諸天奏樂，百千萬妓，雲璈朗徹，眞妃齊唱而激節，仙童凜顏而清歌，玉女徐進而駢驪，放窈窕而流舞，翩翩詵詵而容裔也。山上七寶華林，光色煒燁，朱實璨爛，悉是金銀珠玉、水晶琉璃、珠水瑪瑙，靈風振之，其音自成宮商，雅妙宛絕，諸天聞聲而飛騰，勿輟絃止歌，嘆味至音，不能名狀，神獸龍麟獅子白鶴奇禽鳳凰，悲鳴踊躍。」（一b）這是道經中較早完全表現道教朝元的神聖景象，乃是出之以聲音、意象爲主的神話語言，配合諸天的旋繞、誦詠，就成爲頌讚太上的讚美歌。太上也在這種情境下，震響法鼓，延賓安坐，講道靜眞，清詠洞經，敷釋玄文。所傳下的洞經經德，足以讓三界九地均能度劫濟度。

　　這部解說〈步虛辭〉的道經，就是爲了支持〈洞玄步虛吟〉十首的儀式意義，也就是靈寶道士模擬諸天聖衆之旋遶玉京山，香爐的煙香裊繞即是象法玉京聖境，使靈壇也就是模擬聖境。類此聖域的空間模擬，在道衆旋行虛詠的氣氛中，就有飛巡虛空以朝見玄都玉京山上天尊聖座的奇幻之美。十首〈步虛吟〉乃是一組連作，卻也可各自獨立，可謂爲東晉末到劉宋初出現的道教版遠遊篇或遊仙詩，如第一首所詠的：

　　　稽首禮太上，燒香歸虛無。流明隨我迴，法輪亦三周。玄
　　元四大興，靈慶及王侯。七祖生天堂，煌煌燿景敷。肅歌
　　觀大漠，天樂適我娛。齊馨無上德，下儼不與儔。妙想明

　　玄覺，詵詵巡虛遊。

開篇初吟即先表明禮敬太上以求賜福，並強調至高聖境的歌樂情景，非一般下僊所能比擬。顯示巡遊玉京的奇妙體驗，乃是經由旋遶香爐以象之法之，這是靈寶齋法所創用的宗教儀式，讓道衆及奉道者在虛幻的宗教氣氛中，借由音樂的鐘磬之聲、舒徐的旋行動作，既可感受宗教聖事的神聖莊嚴，也可讓人恍如身入宗教藝術的美感體驗中。所以步虛聲與步虛辭的創用，乃是靈寶經派專對奉道弟子而設，較諸上清經派的降眞、存思法，更能深入奉道之家的宗教生活中，成爲兼具宗教與美學雙重經驗的眞實體驗。

　　在十首連作所構成的玄都玉京的總體巡遊的形象裡，每一首的創作旨趣雖則多能照應「遊」的主題，表達技巧的巧妙卻各自不同，才能造成一致中又有變化的紛繁景象：有的直接寫遊的動作及所見，如「旋行躡雲綱，乘虛步玄紀」（二首）、「控轡遵十方，旋憩玄景阿。仰觀劫仞臺，府眄紫雲羅。」（五首），「嚴我九龍駕，乘虛以逍遙。八天如指掌，六合何足遼。」（八首）也有但寫巡遊之所見的景象而暗藏巡遊的動作，如「嵯峨玄都山，十方宗皇一。」（三首）「騫樹玄景園，煥爛七寶林。天獸三百名，獅子巨萬尋。」（七首）或「天眞帝一宮，靄靄冠耀靈。」（九首）當時道教中人之創作〈步虛辭〉也多少受到遊仙衆作的啓發，就是表明遊的願望：「懽樂太上前，萬仞猶未始。」（二首）「常念餐元犵，鍊液固形質。金光散紫微，窈窕大乘逸。」（三首）「飛行凌太虛，提攜高上人。」（三首）「積學爲眞人，恬然榮衛和。永享無期壽，萬椿奚足多。」（五首）「頭腦禮金闕，攜手邀玉京。」（六首）這些起遊與願望多出現在首尾，而中間則廣泛敍述在玉京聖境的情景，可以觀覽仙景，如云「岌岌玉寶臺，光明爛流日。煒燁玉華林，蒨璨耀朱實。」（三首）也可

參與仙人的活動，如云：「樂誦希微篇，沖虛太和氣。吐納流霞津，胎息靜百關。寥寥究三便，泥丸洞明景。遂成金華仙，魔王敬受奉。」（四首）或是誇言仙聖的誦詠功德，用以激勵遶行的道眾，如云：「眾仙誦洞經，太上唱清謠。香花隨風散，玉音成紫霄。」（八首）「虛皇撫雲璈，眾真誦洞經。高儒拱手讚，彌劫保利貞。」（九首）即是誦經足以濟度末劫的功德思想，這是在壇上模擬仙境而以玉京眾仙自擬的情境，道教聖事乃是在其宇宙圖象中以儀式表現出來的動作象徵。

類此十首為一組的〈步虛辭〉組詩，開始一首和結束一首都比較具有總起和總結的辭意，特別是在遶行香爐時所模擬之「遊」，就要結得餘音裊裊而有繞樑不盡之意：

> 至真無所待，時或蠻飛龍。長齋會玄都，鳴玉扣瓊鍾。十華諸儒集，紫煙結成宮。寶蓋羅太上，真人把芙蓉。散華陳我願，握節徵魔王。法鼓會群仙，靈唱靡不同。無可無不可，思與希微通。

從起始開篇所稽首的太上，就是太上道君，到最後聚會而成為十華（方）諸儒及眾仙咸集，就是濃縮地表現出類似《度人經》的諸天朝元，為新出靈寶經中仙境歌樂的聖景，與上清經的仙歌情景雖則都曾被錄於《無上秘要》的〈仙歌品〉中，表現一種諸天妓樂的景象，其實從行進中的雍雍穆穆的儀駕、朝謁時的十天聖駕，均為朝廷中盛壯朝儀的聖化，其氣氛更為莊嚴肅穆，而與上清仙聖在妓樂中的聚講經訣，乃是具有風格完全不同的教派意趣，可說是古道經中較素樸而原初的「朝元」圖象，特別安排在十首之末綜合地表現出來，頗能符合靈寶齋法中頌讚至尊的美意。

在道教文學中，〈步虛辭〉是比較富於遊仙意趣的，特別是配合旋遶香爐或高座的動作，一邊緩緩旋行，一邊虛聲誦詠，讓

當時人無論道庶看後多會留下深刻的印象。陶弘景就曾一再敘及在茅山，道俗男女如都市之衆，登山「作靈寶唱讚」，爲山上搭壇的作法；而另一部約在南朝末出世的《洞淵神咒經》，卷七中則敘述旋行高座的另一種方式：「高座上一人，稱揚聖號……，其餘道士次次旋行」；高座上法師，「執步虛唱和」而「座下人旋行，徐徐高越，而望天聽雲中鴻聲，若聽嘹嘹之響，似玄景之宮，天人之歌矣。」（九b）這是一段動人的描述，爲早期步虛的珍貴史料，顯示從南北朝初即開始流行，到了六朝末則已成爲不同道派都會實際運用於儀式中的道樂及儀注。❶

　　靈寶齋法中運用步虛的效果，是六朝道教頌讚歌章中唯一受到當時世俗注意的曲、辭，在《樂府詩集》的「雜曲」中，即錄有四十八首〈步虛詞〉，其中即有庾信所作的〈道士步虛詞〉十首，可以代表北周時文人的擬作，其餘均爲隋唐人之作。郭茂倩從音樂文學的觀點，將它與遊仙詩(卷六四)等同視爲「雜曲」；此外還有一些梵樂〈法壽樂〉(卷七八)，其實都是屬於宗教性歌曲或仿作之類。從這種分類法也可知編纂者比較缺少宗教歌曲、宗教文學的觀念，也是在面對新興宗教或新入宗教的儀式性曲、辭時，既無法援引漢樂府署對於〈郊祀歌〉的成例，也無法根據梁武帝改作而成的〈上雲樂〉，將它列於「清商曲辭」之例，這是傳統曲制分類上所無法解決的難題。「雜曲」中之收錄佛、道曲辭及其他外國曲辭（如〈阿那讓〉），正因爲可用它盡括新曲辭，從這一觀點多少也可解說庾信擬作的新意義。

　　從東晉末、劉宋初開始流傳的十首〈步虛辭〉，除了在道教

---

❶有關步虛的研究，較近期的有 Kristofer M. Schipper: "A STUDY OF BUXI: TAOIST LITURGICAL HYMN AND PANCE"，收入賈本冶、羅良編，《國際道教科儀及音樂研究論文集》（香港：1989）。

內部使用的普遍性增加外，應該也曾經由道教的齋法而傳布於社會各階層，並曾引起一些能文之士的注意，這是伴隨著靈寶齋法的推廣而傳布出去的。在南方類似陶弘景所堅持的批評靈寶齋法爲俗的情況，固然也代表了上清經派的看法，而陸修靜則較早既已綜括三洞，甚至自身還曾參與靈寶齋法的整理，只是陶氏本人卻仍對於靈寶唱讚基於上清經派的主體性而未能加以重視。不過類似〈步虛辭〉在儀式中的音樂功能，表現於詩辭上的藝術特質，都足以讓文士如庾信之流加以仿作，運用世俗的新道教典故，配合庾氏本人的詩語風格，成爲一組世俗版本的〈道士步虛詞〉。❷❶這一組新步虛詞是否曾被採用於齋法儀式中，從道教歌讚類書中未曾引用的情況推測，應該只能是《庾開府詩樂》內的仿作。它之所以被詩歌總集，如《樂府詩集》、《文苑英華》（卷百九十三）等收錄，應該是庾信在文學史上的地位有以致之；另一個主要意義則是他爲首度仿作者，才會引起唐人的眾多繼作，成爲另一形式的遊仙詩體，這是十首〈步虛詞〉在詩歌史上的價值所在。

在道教眾多的音樂文學中，從東晉到劉宋時期的靈寶齋法，〈步虛辭〉之出現於儀式程序中，只是因爲配合旋遶香爐及高座的旋行動作，才能從諸多頌讚中凸顯而出；又配合六朝末期兩部重要的齋儀要籍：《玉京步虛經》與《太上洞玄靈寶中元玉京玄都大獻經》，其中所結構完成的玄都玉京才是道教神仙界的至高境，這是道教神話與儀式融爲一體後，靈寶齋法終能成爲齋法中的重要成就，玉京聖境也就成爲道教三十二天之上的至高天界，在《魏書·釋老志》中被史家視爲道教的天界結構說。緣於道教

---

❷❶庾信步虛詞的研究，詳考註 8 拙撰。

中天師道治早期通行的三會日，發展到六朝末已經調整定爲三元日，從較早期道治內所實行的上章首過的解罪儀式，至此已整備爲三元齋，成爲當時齋法中頗具有特色的一組新齋法。步虛曲辭的運用自是隨著這些解說性的道經及齋法，也被進一步的神話化，成爲道教儀式中飛空巡遊的新模式。所以唐代佛教中人之批判道教的，如法琳的〈辯正論〉、玄嶷的〈甄正論〉等，都曾一再引用〈步虛辭〉的文字，認爲它是「讚詠玉京」；並進一步批評其爲僞經：

> 驫雲綱者，靈寶玉京僞經虛詞：「旋行驫雲綱，乘虛步玄記」。此是道陵、修靜等僞造。（辯正論）

佛教中人從護法的立場批評道經爲僞，所反映的正是唐代社會佛道論衡的爭辯現象，不過將靈寶經、玉京山步虛詞說是張道陵等人「僞造」，就並非是事實而是曲解。根據唐代道士閭丘方遠所述的《太上洞玄靈寶大綱鈔》(衣字號)，在追溯源流時，就依道教內部的說法，強調「太極法師徐來勒重授靈寶齋法，仙公因合成七部科戒威儀齋法。」這段文字可理解爲意指葛仙公(玄)的裔孫葛巢甫，從道教史上來看他才是眞正造構靈寶的；其次則爲陸修靜，閭丘方遠說「宋文、明二帝時，簡寂陸先生修靜更加增修，立成儀軌，於是靈寶之教大行於世。」這是比較接近眞實的敘述，至於是否爲「僞經」，則是當時道佛交涉史的複雜問題，其中就涉及〈步虛辭〉中的部分詞句，如法琳所摘出的「舍利金姿」即是第六首的「舍利璀金姿」之類，是否可以因爲使用了「舍利」兩字，這些步虛的曲辭就被指摘爲「僞造」？其實從玄都玉京的聖境言，基本上仍應屬於中國古代神話的天中爲帝闕模式的天上宮闕說傳統。這一類指摘的歷史文化意義，就是顯示宗教界早已注意到〈步虛辭〉的重要性。

　　〈步虛辭〉在道教內部所受到的注目，就是後來的道教書目一再提及：如敦煌本 p 2681載陸修靜〈元始舊經紫微金格目〉中就有「《昇天步虛章》一卷，已出。」卷目有《太上說太上玄都（玉）京山經》；《奉道科戒儀範》卷四〈靈寶中盟經目〉也有〈昇玄步虛章〉一卷。而最能表現對於這一類歌章的詮解則是《洞玄靈寶昇玄步虛章序疏》（養字號），在序說部分解說了經名及玉京山的聖境，表現出道教內部的解經是自成一套義理的；而重點所在則在十首歌辭的解說，從解經學的角度言，它並非世俗經解的文字訓話，而是闡發道教的義理，如首篇的開篇一句「稽首禮太上」即解釋爲：「稽，開也；首，心也；禮，體也。開心體令太上智慧，火燒身相皆盡淨。」將原本稽首的動作加以義理性闡述，而並非純就當時的道教知識說解其義，乃是將其語言當作象徵性的宗教語言，而借經文的文本重新作出創造性的詮釋另行賦予新義，這類說解應是唐人或其後的道教中人所作的。

　　從六朝時期起，步虛的音樂是以鐘、鼓及玉磬爲主，除了辭中所說的「鳴玉扣瓊鐘」、「法鼓會群仙」，暗示其使用的樂器外，重要的還是應從道樂史來看，早期是以金鐘、玉磬爲主，在虛聲誦吟中配合徐徐旋行的動作，靈寶齋法如此；《上清諸眞章頌》（養字號）所引的〈上清步虛三契頌〉、〈上清旋行讚〉及〈步虛憂樂慧辭〉，應也是後來的上清經派道士所誦詠的步虛辭，實際在儀式中旋行誦詠，始能完美表達其借由聖事讚美其諸天仙聖的宗教音樂之美。由於早期的樂制會隨著時代而改變，唐玄宗及宋徽宗等崇道帝王都曾以帝王之力倡導進行道樂的新創，目前留存的《玉音法事》中就有五首六朝〈步虛辭〉的曲式遺跡及另兩首步虛樂，應可代表北宋時期所運用的音樂形式。由於樂器的漸趨精緻、變化，無論是官方制作的道樂或是民間俗樂所伴奏的

道曲，都會具有繁簡不同的美學風格，凡此都顯示步虛樂的曲、辭在音樂文學及宗教文學上都自有其獨特的地位。

六、頌讚部的六朝頌歌及其功能

　　道教在儀式中擅於使用頌讚，乃是道教儀式學中詩、歌、樂一體的總體表現。由於不同功能的齋法眾多，早在六朝期不同道流就已各自發展其繁複的儀式，形成道教齋儀的奠基期。《道藏》的三十六部之所以在三洞中特設「讚頌類」，在總數達二十餘部中，絕大多數是纂集自六朝期的，縱使是《玉音法事》之編成於北宋徽宗朝，但是所輯的也仍然多是六朝期之作。其中除了一部分題名「上清」而收錄仙歌、仙詩外，大部分又以靈寶經為最多；如果再補上科儀類所收的多量頌讚，則分量就更為可觀，如《奉道科戒營始》卷六〈常朝儀〉以下，用散文體敘述的有一部分，所收錄較多的仍為頌讚歌。此外就是在轉經的程序時，首尾均需有經頌，有時中間又插入一段，就是以這樣洋溢聖樂的形式，道教完成了一場場的聖事，而「靈寶唱讚」則是其中較大的一個經派。

　　在二十餘部頌讚集，較能作出明確分類的是《三洞讚頌靈章》一種，《上清諸眞章頌》只收上清諸經中的一些章頌、《太上洞玄靈寶智慧禮讚》則較偏於〈智慧讚〉一類，此種類書都比較不能全面纂集，故不易表現道教中人對於聖事中不同功能的分類。《三洞讚頌靈章》也較《雲笈七籤》卷九十六〈讚頌歌〉所收的十餘首要完全得多，所以後者的題名及四卷的分類並不能眞實表現「讚頌部」的名目與實態。《三洞讚頌靈章》的編撰者顯然是一位廣搜頌讚齋法的內行道士，在實際參與道教儀式的豐富經驗中，接照頌讚出現在不同程式的狀況作為分類的依據。也就是從

齋法及轉經法中，讚頌所承坦的功能乃是分別開啓、發展及結束儀式。使得整體聖事在敍述體的口白、舞蹈式的動作中，適時安排一場讚美詩，既可推進整個儀式的段落，也可調整道衆及參與聖事的奉道者的情緒。「靈寶唱讚」之在外築壇或在齋堂上施安高座，都能吸引道俗信衆的熱烈參與，就在唱讚所激發的宗教情緒中，讓整個壇場內、外的參與者都能進入一種神聖而又莊嚴的宗教氣氛裡，共同獲致一種人神接遇的交流感。

由於讚頌靈章都已被摘錄於讚頌歌集內，每卷的數量也多，因而只能從三卷中各挑出一部分，再將它放回所出的兩三部靈寶經派的齋儀書中，觀察它如何運用，就可比較實際地理解其分類的意義。《三洞讚頌靈章》卷上第九首爲〈金眞章〉，共有十首，由於並未註明出處，就需在早期道經中翻檢。其中的第一章正是陸修靜《靈寶傳度儀》中較早出現的歌章，乃是登壇之後祝告，法師與弟子在壇上四個方位移動，最後迴北向立後叩齒，開始誦〈金眞太空章〉以制萬魔：

> 天魔乘空發，萬精駭神庭。託化謠歌章，隨變入無名。
> 囂氣何紛紛，穢道當塗生。雲中舍朱宮，北帝踊神兵。
> 鼓洋自知道，玄運來相征。上景御飛轡，迅駕檢雲營。
> 促校北帝錄，收執群魔名。窞落張天羅，放威擲流鈴。
> 金眞輔空洞，玉光煥八冥。金玄守上宮，神虎戮天精。
> 剪滅萬祅炁，億億悉齊平。上承九天信，嘯命靡不傾。
> 招眞究三洞，慧誦朗自清。八道望玄儀，七轉緯天經。
> 混合帝一眞，拔度七祖程。消滅五苦根，反魂更受榮。
> 金光曜寂室，神燭自然生。香華散玉宇，煙氣徹玉京。
> 帝遣徘徊輦，三元降綠軿。迅駕騰九玄，朝我玉皇庭。

頌即是讚美盛德的讚美詩，整篇就是歌頌「正」如何制「邪」的

一場神魔之戰，首節天魔策動鬼精，變化出穢氣；次節北帝率神
兵相征，在天將張起天羅地網的相助下，收執群魔；神虎也適時
剪滅妖氛，戰勝之後則天地朗清，即可拔度七祖出五苦而反魂；
最末節就是歌頌諸天之朝玉庭，即是讚美至高神的榮耀。從歌章
中所敘述的就是象徵性的制魔，以之清淨壇域而成為聖域，然後
弟子即隨師從天門入內壇，進行相關的傳度儀式。所以《三洞讚
頌靈章》卷上都是屬於諸神的讚美歌，諸如四靈（青、丹、皓、
玄）諸讚(九、三、七、五)君；青、白、赤、黑、黃五方五色帝；
五帝消魔讚、四方玉晨君讚，都是成組出現的諸神讚頌之歌。

　　卷中則特別標明「應用讚頌」，其實有些仍是屬於諸神讚，
像〈七眞讚〉及〈太極眞人頌〉以下系列的五首，後五首就是錄
自《授度儀》，乃是在讀表文、啓奉畢之後，就上香、散花，然
後即由法師誦詠〈五眞人頌〉：太極眞人徐來勒即是傳授葛仙公
的仙眞，故第一首即讚美之：

　　　　太上大道君，出是靈寶經。高妙難為喻，猶彼玄中玄。
　　　　自然無為道，學之得高仙。大手洞虛經，安坐朝諸天。
　　　　上寶紫微臺，下藏諸名山。煥爛龍鳳文，戢耀在無間。
　　　　妙哉太上道，無為常自然。王侯及凡庶，所貴唯忠賢。
　　　　宿命有禮慶，卓拔在昔緣。法師轉相授，寶信劫數年。
　　　　廣念度一切，大福報爾身。供養必得道，奉行成至眞。
　　　　大道無彼我，傳當得其人。

這是誦詠「傳度」精神的歌章，先是頌讚寶經的出世、經德及藏
經宮室，實為道教寶經的神話模式，接下就解說得傳度者的道緣
及度願的福分，而總結以供養、奉行的勸戒辭。通篇歌章的旨趣
完全緊扣著「授度」需知，就是與神為盟誓，萬勿違戒，由此可
知道教嚴格的傳授秘禁的規戒。其他〈太上玄一第一、二、三眞

人頌〉也是頌讚仙聖之樂，比較值得注意的是最後一首頌讚「太上正一眞人三天大法師」，就被卷中直接引作〈張天師頌〉：表明在「靈寶及大洞」之外，「如有五千文，高妙無等雙」，顯然將天師道所授的《道德經》也列入傳授經目中。可見陸修靜在綜括三洞外，也相當尊重天師道的開教意義，故特別頌美之。

卷中之所以標明「實用」應與壇上的實際程序有關，乃是一套完整的齋儀過程中的重要頌讚主體，雖則並未錄下散文體的敘述部分，卻可發現每一階段都有頌歌，因此它的出現既有銜接也有區隔的作用，顯然是一組一組地錄出的：如啓壇頌與解壇頌；請玄師、請天師及請監齋頌；請天官、地官、水官頌；請五帝頌；請經師、藉師、度師頌；然後是相應的凡有多篇送師頌，一請一送，相對配合，都是用頌讚來表達心意的方式。不過這些繁複的請師、送師頌並未出現在《傳度儀》中，應是其他齋法中所實用的，這是由於功能不同的緣故。在稍後則有兩首〈戒頌〉和〈還戒頌〉，又是陸修靜安排在《傳度儀》之末，呼應前面所進行的說弁受戒儀節，即是「前弟子向師伏，師說元始禁戒，弟子句句唱諾」，並由弟子接受〈六誓文〉，表明入道受度就誓願奉持戒律。所以〈奉戒頌〉中有就有些符合道家謙卑、陰柔之德的戒律，如「虛己應衆生，注心莫不均」；如天之降雨，「高凌(陵)靡不周，常卑故成淵。海爲百川王，是能舍龍鱗。」最後勉勵「奉戒不暫虧，世世善結緣。」乃是將遵戒的願行採用頌體表現出來，故爲「實用」的頌讚體。〈還戒頌〉則是頌讚天尊的慈悲，「說戒度衆生」，並頌美說戒時的莊嚴景象：「諸天來稽首，群魔自束形」、「流梵逸雲唱，飛香雜煙馨。瓊鳳乘丹輦，金龍駕綠軿。」最末即以「生死皆快樂，家國悉安寧」作結，也是古來相承的善頌善禱的頌歌遺意。

　　卷中還有數種頌也常安排於儀式中使用，如題爲〈三啓頌〉的三首，陸修靜在《傳度儀》中是安排在「步虛」之後，稽首禮拜之前。《奉道科戒營始》卷六〈常朝儀〉也有同一種情況，都題作〈禮經頌〉或〈經頌〉，凡有三首才稱作〈三啓頌〉：

　　　　樂法以爲妻，愛經如珠玉。持戒制六情，念道遣所欲。
　　　　淡泊正炁停，蕭然神靜默。天魔並敬護，世世受大福。

　　　　鬱鬱家國盛，濟濟經道興。天人同其願，縹緲入大乘。
　　　　因心立福田，靡靡法輪昇。七祖生天堂，我身白日騰。

　　　　大道洞玄虛，有念無不契。鍊質入仙眞，遂成金剛體。
　　　　超度三界難，地獄五苦解。悉歸太上經，靜念稽首禮。

連作三首都是頌揚誦經的功德，也完全符合道家的謙遜之德，如第一首所倡揚的制情、遣欲，積極地修爲淡泊、靜默，都可知道家與道教之間的確有一種心性修持上的共通處；二首強調修心守道，福田可立，既可度已，也可度脫先亡；三首則表明學道的理想，是經由修練之後，「鍊質入仙眞，遂成金剛體」，始足以超拔生死上限，爲道教至高的不死成仙的願望。

　　在《奉道科戒營始》卷六的諸種齋儀中還出現一些頌，也是較常用的「實用頌讚」，如〈詠學仙頌〉，《三洞讚頌靈章》題作〈學道讚〉，只有「仙」和「道」兩字不同，其餘多是一樣：

　　　　學仙行爲急，奉戒制情心。虛夷正氣居，仙聖自相尋。
　　　　若不信法信，胡爲棲山林。（四a）

關於「奉戒」的一再出現，實因六朝期的道教各派，都已定出了頗爲完整的戒律用以規範奉道者，天師道派是較早在道治中頒行，其餘經派也多以持戒與否作爲區隔信道行道的基本，在六朝道教

的末世學中，這是根本的解罪之道。㉑因而凡是奉道者要傳度、受籙，一定會安排「說戒」，由於持戒行道即是智慧，因而在齋儀或轉經時，較常持誦的就是〈智慧頌〉，《科戒營始》的〈度人儀〉就錄出三首：

> 智慧起本無，朗朗超十方。結空峙玄霄，諸天挹流芳。
> 其妙難思議，靈感眞實通。有有竟不有，無無無不容。
>
> 智慧恒觀身，學道之所無。眇眇入玄津，自然錄我神。
> 天尊常擁護，魔王爲保言。晃晃金鋼軀，迢迢太上清。
>
> 智慧生戒根，眞道戒爲主。三寶由是興，高聖所崇受。
> 汎此不死丹，儵欻濟大有。當此說戒時，諸天並稽首。

《三洞讚頌靈章》則把〈智慧生戒根〉置於首篇，都是強調持戒的功德，對於奉道者有具體的規範作用，在六朝的亂世裡，道教就是以這種宗教道德在基層社會中發揮其穩定社會秩序的力量。尤其道治內所營構的宗教生活，開啓宗教人的愛和智慧，以之共渡世難，這是治六朝史的學者較常忽略的歷史眞實。

靈寶經派所倡行的齋法，主要的教義即是濟度精神，就是《度人經》所揭舉的度己度他、度生度亡，乃是借此奉道持戒以求度脫。它在宗教生活中則是表現爲定期性的齋法，上清經派以知識分子爲主故比較傾向於存想救度，靈寶經則是採用齋法轉誦，因而能夠比較廣泛地濟度衆生，將「度人」的精神實際落實於儀式中。讓所有的參與者都能在參加宗教活動時，經由教團內

㉑六朝道教戒律的研究，有學棣王天麟，《天師道經系仙道教團戒律類經典研究——西元二至六世紀天師道經系仙道教團宗教倫現的考察》（台北：輔大宗教所碩論，1991）。

的集體互助，既可解決現實生活中所遭遇的時代苦難，也可舒解亂世社會裏較爲焦慮、危疑的心靈苦悶。所以有一首經頌是常出現在儀式中的，《科戒營始》的〈中齋儀〉稱爲〈無上尊行香頌〉，而《讚頌靈章》則稱爲〈太極頌〉，因爲《太極眞人敷靈寶齋戒威儀諸經要訣》將它置於篇末：

　　道以齋爲先，勤行登金闕。故設大法橋，普度諸人物。
　　宿世恩德報，道心超然發。身飛昇玄都，七祖咸解脫。

在道教後來流行的齋法中，靈寶齋是比較重要的構成體，特別是出現在民間舉行大普度或是喪葬禮儀中，「普度」衆生實爲一種宗教性濟度精神的具體表現。

　　《三洞讚頌靈章》卷下所錄的則多屬於轉經時的經頌，根據現存衆多的靈寶經及其他的上清經頌，在散文體的敘述時常會插入頌讚，或稱經讚、倡頌，或直接題爲某頌，其頌美之意既可讚頌傳授經文的天尊、仙聖，也可讚揚經德，無非都是爲了表明轉經就要讚美道、經、師的功德，乃是宗教讚美詩的原本旨趣。也可在轉誦時稍作變化，使原本的誦唸適度地調整，就具有實際的轉經功能。其中即引錄了《大洞經讚》，頌揚《大洞眞經》的功德，屬於上清經派的經讚。至於靈寶經則如《太上洞玄靈寶智慧本願大戒上品經》（字七）有敦煌寫本（p2468．S.2400）就錄有太極眞人所歌的「三徒五道苦痛歎」以之應和經義；又如《太上洞玄靈寶業報因緣經》（文二）在〈受罪品〉中，就錄出長篇敘述地獄之苦的「偈」，應是與佛教新地獄說交涉較多的一種表現，故也有將它合稱爲「偈頌」的情形。

　　「三洞讚頌」就是六朝不同經派的總集，在這段道教齋法的奠基期內，類似葛巢甫、陸修靜等傑出道士確是用心創造、整備，才能建立道教儀式中的宗教音樂。因此道教聖事早就在這段

時期內既已完成，後世道士如唐張萬福、五代杜光庭只是再加以
整理，使頌讚辭能夠適應新出的道樂，但在儀式結構上並未有較
大的改變。就是宋徽宗在《玉音法事》中也只是照錄許多六朝古
頌。這些用字典雅而密緻的五言頌讚，至此已轉爲道教內部共同
的資產，流傳於不同時代及地區的道派內。相較於民間巫俗中的
巫言、巫歌，這些道教經懺乃具有一種經典化、文字化的宗教特
色，在創教期內出世或造構的一旦被尊爲神聖經典時就已被正典
化，散文體的敘述固然是後出道經之所據，其後新興教派在造構
經典時，基本上並不能夠拆解這些神話架構，而只是加以重新詮
釋，構成一種類似解經學的現象。對於詩歌體的頌讚，雖則唐代
曾盛行過七言體，並有較整齊的絕句、律詩；宋、元也發展出成
熟的長短句的詞牌、曲牌，新興道派如全眞道等也在齋法中容納
了新的詩歌體制。㉒而正一派的火居道則在齋醮儀式中，所用的
科儀書抄本依然是採用較爲一致的儀式結構，當前在田野調查中
發現民間所保存的雖則已歷經改編，基本上卻未動搖其內在程
序；至於頌讚的使用則依然是五言詩體爲多，如《三啓頌》至今
仍在上壇誦經時啓唱，只是唱腔及配樂已經地方化，將地方音樂
引入科儀的轉誦中，眞實地表現出道教在傳布時所顯現的活力，
故能經歷千百年而流傳如故。可見這些頌讚所代表的道教音樂、
道教文學，經由儀式性的保存形式流傳下來，既是古老又是常
新，是爲一種活的道教文化。

七、結　語

　　在中國詩歌、戲曲的藝術起源上，《詩經》與《楚辭》多是

㉒有關全眞派運用詞曲的問題，目前女棣張美櫻正撰述其博士論文。

與音樂及祭典儀式有密切的關聯。這些祭祀性質的巫系文學，本就是由巫祝者流所傳承、創造，這是符合詩歌、戲劇「如何」起源於宗教祭典的藝術原理。道教創始在六朝期的「宗教大突破」時代，既傳承了本土的祭祀文化，也因應外來佛教所輸入的宗教文化，就在亂世中創造了新興的道教各派。他們所結構完成的不只是教義中的濟度觀，也進一步將原來素樸的宇宙圖式發展爲宗教神學式的宇宙觀，在此界（人間）之外另有一個龐偉的他界：即有多重的天界，也有多重的地獄，當時道教中人在巫與道相對應的區隔意識下，將早期的儴說進一步精緻化、體系化，進而結構完成諸般修煉成仙的修持方法，並深信生命的終極關懷就是進入仙界而獲得不死、永生。道教詩歌、道教文學的主題就是集中處理這一個終極問題：人如何獲致救度以進入永生的大課題。

從早期的巫系文學、祭祀文學以及後來世俗化的遊仙詩歌，都是借由詩歌舞一體的形式，在音樂的韻律、舞蹈的動作中，將人對於神的存在、對於神界的嚮往誦詠而出。宗教聖歌的神聖與神秘，在儀式中經由整體形成的動人氣氛，讓人完全進入宗教性的審美體驗中。道教中不同經派就是較精緻地表達了豐富的人神交接經驗，上清經派在存想法中所獲致的仙詩、仙歌，就是歌詠凡人在修行後如何進入聖境的一種音樂文學，瑰奇的想像既是宗教神話，卻也是詩歌的創造性聯想，它將原來簡略的遊仙意趣擴展爲仙境奇遇。而靈寶經派則是經由儀式性的齋法氣氛，使步虛的曲辭與旋行的動作完全合一，齋儀壇場內外的道衆與信衆都能在恍惚狀態中進入如眞似幻的神遊體驗裡。頌讚歌章則是特意安排在儀式中適時地頌美天尊或仙聖，表達集體心靈中無盡的祈求及感恩，借此人與神在冥合爲一中終能獲致交感，這種感動既有宗教上的神聖、神秘感，卻也由於辭意是經由音樂、動作而獲得

更完美的表達，整體的感覺又是一種藝術性的審美經驗。所以
這些文學形式的特殊表現，所要探求的乃是人對無形的他界具有
無窮的好奇與豐富的想像，表現爲一種出世的超越現實的宗教意
境，如此即可說道教的仙詩、仙歌及頌讚靈章乃是表現出宗教文
學的審美特質。

由於道經的流傳歷來常是被區隔在某一界域內，平常文人較
少接觸的機會，比較幸運的如李商隱、曹唐就可在少數的道經
中，從神女的仙詩仙歌中獲致寫作的靈感；或如庾信之試著模仿
步虛曲辭，也可創作出較爲殊異的作品。但是在文評、詩評的專
家經驗中，卻始終無緣一睹這批豐贍的仙歌仙曲，使得這批道觀
藏經閣內的珍貴資料，無法被輯入六朝詩歌總集內，近人之治樂
府文學史或六朝詩歌史的，自是也就漏失了這一大批詩歌史料，
除了咒語類具有比較濃厚的宗教、法術功能，被道教內部搜羅在
類似《太上三洞神咒》十二卷（《道藏》列字號），屬於純宗教
性的用途；其餘的仙詩、仙歌及步虛、頌讚，都是一種宗教性樂
曲，其中一部分被列入樂府中的「雜曲」。直至目前尚能保存在
道教儀式中的道教音樂，即是以道樂本有的曲調繼續存在，或是
與各地的地方音樂結合，形成各具特色的道樂風格，這些曲辭本
身的文字風格也別具特色，應可爲抒情傳統下的中國詩史增加另
一章，特別是在缺少神話詩的情況下，道教詩歌正是一批典型的
神話文學，它所探討的是人與神的關係、此界與他界的超越關
係，這種既神聖而又神祕的魅力足可在中國詩歌史上另闢一個新
天地。所以從宗教文學、道教文學的觀點言，六朝道教詩歌在經
由重新詮釋之後，將是值得重新評價的一種詩歌類型，或許可爲
中國詩歌史及詩歌美學增加一個新領域吧！

論　文：仙詩、仙歌與頌讚靈章——「《道藏》中的六朝詩歌史
　　　　料及其研究」緒論
主講人：李豐楙研究員
講評人：薛順雄副教授

　　本論文展現了道教文學重建的企圖心，嚴格說基本上是一篇
緒論，但從學術論文立場來看，事實上其內容包涵解說、論證、
辨證、新的發現，以及在此處見李先生如何處理一些複雜的問題
等，這些可使其單獨成一篇好的論文。全文基本上分成六大重
點：第一是「有關詩歌宗教問題的提出」；第二是「有關歌讚的
道教類書」，這是相關資料的論述；第三是「神女、仙聖降眞的
仙詩」，說明何種情況下出現道教詩，以在道教文學中占了什麼
地位；第四是「上清經派的諸天妓樂與仙歌」，此處特別指出道
教重要的派別裏，所描述的詩歌與音樂的相關以及產生仙歌的背
景的一些觀念。其中可見到仙歌中有關佛教的專有名詞，可以發
現佛教與道教之間彼此相互滲透所產生的一些現象。例如早期佛
教的傳入多引道教形式來做傳道的工作，而當佛教勢力凌駕道教
之後，道教反而採用佛教的一些名詞甚至一些觀念，像六道輪迴
與生死的觀念在仙歌中可見。這種互相滲透的關係可以讓我們在
研究文學以外，還體認到文學相關性的探討，這是值得重視的。
第五是靈寶齋法中的〈步虛辭〉與儀式音樂，其中〈步虛詞〉是
唯一受到文人注意的道教題材，此處特別把它提出說明陳述。第
六是頌讚部的六朝頌歌及其功能，這是對宗教音樂所涵蓋的宗教
文學產生的功能做一詳細的說明。薛先生以爲此論文可提供作爲
學者重建道教文學的構想，所以整個來看它是具有創見性與開拓
性的。

關於《金樓子》研究的幾個問題

中國社會科學院文學研究所
劉　躍　進

　　六朝人的著作，《隋書·經籍志》著錄了數百種，而能夠流傳至今的，實屬鳳毛麟角。梁元帝蕭繹所著《金樓子》就是其中的一種。

　　這部著作既博且雜，有輯錄，有自撰，或二者兼而有之，其內容涉及到了當時絕大多數的學科，具有較高的文獻價值。不無遺憾的是，歷經一千餘年的風風雨雨，流傳至今的《金樓子》已遠非蕭繹原著舊貌，有些段落明顯錯簡，文字扺牾，幾乎難以句讀。因此，對《金樓子》作認眞細致的清理似已成爲當務之急。

　　這篇小文自然不可能承擔這樣的重任，而只能就這部歷史名著的幾個最基本問題提出膚淺的看法，抛磚引玉，以期引起更多學者的重視。

一、《金樓子》的撰著及流傳

　　《金樓子》最早著錄於《隋書·經籍志》子部雜家類：「《金樓子》十卷，梁元帝撰」。《南史》本紀、兩唐書、《郡齋讀書記》、《直齋書錄解題》、《日本國見在書目》等著錄均爲十卷，關於作者也沒有異詞。不過，南朝皇室著書多假手門下，其例甚夥。即以蕭繹本人著述而言，《研神記》《晉仙傳》《繁華傳》《玉子訣》《奇字》《辯林》《碑集》《食要》《譜》《補闕子》

《詩英》等二十三帙共一百九十五卷，就出自門下劉轂、顏協、
劉緩、蕭賁、劉之亨、虞預、王筠、鮑泉、王孝祀等之手。這在
《金樓子·著書篇》中有明確的記載。其父蕭衍、其兄蕭綱的著
作更是如此。如蕭衍組織當時一流學者編寫《通史》，卻自稱己
作。❶蕭綱編《法寶連璧》三百卷，參加者三十七人。❷而《梁
書》本紀卻列在蕭綱名下。蕭統的著述，歷來認為「皆出己裁，
不過百卷」（胡應麟《詩藪》外編卷二），但是當今一些學者對
於《文選》的編者問題業已提出了懷疑，認為出自門下劉孝綽之
手。❸在這種情形下，《金樓子》是否為蕭繹所作，該書又作於
何時等，就理所當然地成為了我們必須首先辯明的問題。

下列材料可以證明《金樓子》確為蕭繹所作。❹

㈠自序：「余於天下為不賤焉。竊念臧文仲既沒，其言立於

---

❶《梁書·武帝紀》載：「又造《通史》，躬制贊序，凡六百卷」。《隋
書·經籍志》亦著錄：「《通史》四百八十卷，梁武帝撰，起三皇迄
梁」。又《梁書·蕭子顯傳》載梁武帝語：「我造《通史》，此書若成，
眾史可廢」。而據《梁書·吳均傳》：「尋有敕召見，使撰《通史》，
起三皇，訖齊代，均草本紀、世家，功已畢，唯列傳未就」。說明吳均
是主要撰者。又《梁書·簡文帝紀》載：「所著《昭明太子傳》五卷，
《諸王傳》三十卷，《禮大義》二十卷，《老子義》二十卷，《莊子義》
二十卷，《長春義記》一百卷，《法寶連璧》三百卷，並行於世。」而
據《南史·陸罩傳》：「初簡文在雍州，撰《法寶連璧》，罩與群賢，
並抄掇區分者數歲。中大通六年而書成，命湘東王為序。其作者有侍中
國子祭酒南蘭陵蕭子顯等三十八人，以比王象、劉劭《皇覽》焉。」湘
東王之序仍見載於《廣弘明集》中，文後明確列出了編者的全部姓名。
又據《南史·許懋傳》載：「皇太子召與諸儒錄《長春義記》」，說明
《長春義記》亦非蕭綱所撰。又據蕭繹《金樓子·著述篇》載，蕭繹的
許多著作也出自門下之手。
❷蕭繹序《法寶連璧》，見《廣弘明集》卷20。
❸參見清水凱夫《六朝文學論文集》（重慶出版社1989年版）、《清水凱
夫〈詩品〉〈文選〉論文集》（首都師範大學出版社1995年版）中所收
有關論文。
❹本文所據《金樓子》系潮陽鄭氏龍溪精舍用知不足齋本校刊。

世；曹子桓云：立德著書，可以不朽；杜元凱言：德者非所企及，
立言或可庶幾。故戶牖懸刀筆而有述作之志矣。常笑淮南子之假
手，每嗤不韋之托人。由是年在志學，躬自搜纂，以爲一家之言。
……今纂開辟以來至乎耳目所接，即以先生爲號名曰《金樓子》。
蓋士安之玄晏，稚川之抱朴者焉」。此云「年在志學」，用《論
語·爲政篇》「吾十有五而志於學」典。蕭繹十五歲是梁武帝普
通三年 (公元522年)，其「懸刀筆而有述作之志」。據此雖然還
不能確定《金樓子》即始撰於本年，但是醞釀於此時當可推想。

　　㈡卷四「立言篇」云：「裴幾原問曰：……子何不詢之有識
工著此書？曷爲區區自勤如此？予答曰：荷旃被毛者，難於道純
綿之致密；羹藜含嘆者，不足論大牢之滋味。故服之涼者，不苦
盛暑之鬱煩；襲貂狐之暖者，不知至寒之淒愴。予之術業，豈賓
客之能窺。斯蓋以莛撞鐘，以蠡測海也。予嘗切齒淮南不韋之書，
謂爲賓游所制，每至著述之間，不令賓客窺之也。」按裴幾原即
裴子野，卒於中大通二年 (公元530年)。這一年蕭繹已經二十三
歲，爲裴子野之死作《散騎常侍裴子野墓志銘》。在此之前就已
「區區自勤」地撰寫《金樓子》。

　　㈢卷二「后妃篇」載：蕭繹母親「乙丑歲之六月，氣候如平
生焉，冥然永絕。」乙丑歲爲大同十一年 (公元545年)。這一年
蕭繹三十八歲。

　　㈣卷一「興王篇」云：「（梁武帝）即位五十年，至於安上
治民，移風易俗」云云，梁武帝在位四十八年，此約略五十年，
當可推知，此篇作於武帝末年。同卷「梁高祖武皇帝台城內起至
敬殿」。卷三「說藩篇」：「蕭子良好文學，我高祖、王元長、
謝玄暉、張思光、何憲、任昉、孔廣、江淹、虞炎、何炯、周顒
之儔皆當時之傑」。卷六「自序篇」云：「及大兒爲南征，不復

繼國諱，隨念灰滅，萬慮盡矣」。此並言及梁武帝蕭衍廟號及
「國諱」，當作於太清三年（公元549年）十一月之後（本年五月
蕭衍餓死台城，十一月被尊爲武皇帝，廟曰高祖）。這一年蕭繹
四十二歲。

　　㈤卷四「立言篇」云：「蕭賁忌日拜官，又經醉自道父名，
有人譏此事。賁大笑曰：不樂而已，何妨拜官。溫酒之談，聊慕
言在，了無怍色。賁頗讀書而無行。在家徑偷祖母袁氏物。及問
其故，具道其母所偷。祖母乃鞭其母。出貨之所得餘錢，乞問乃
沽酒供醉。本名澳，兄弟共以其險，因爲呼賁。此人非不學，然
復安能用此學乎？」從該書「著書篇」得知，在蕭繹名下《奇字》
二十卷、《辯林》二十卷、《碑集》百卷均出自蕭賁之手。但是
後來在侯景之亂中他勸諫蕭繹出兵援救京城，得罪了蕭繹，最終
爲蕭繹所殺，這已是太清大寶元年以後的事了。卷二「聚書篇」
云：「吾今年四十六歲，自聚書四十年來，得書八萬卷，河間之
侔漢室，頗謂過之矣」。蕭繹四十六歲是承聖三年（公元554年）。

　　根據上述材料來推斷，《金樓子》自始至終都是蕭繹親自撰
著的。至於其寫作時間，倘若以蕭繹十五歲爲著述之始，則該書
寫作前後花費了竟達三十餘年的時間。其用力之勤，不難想見。
又自序稱羨臧文仲、曹丕、杜預，立志爲「不朽之言」。其自視
之高，不難想見。

　　可惜蕭繹數十年苦心經營，十餘種著作，竟沒有一種完整地
流傳下來。相比較而言，《金樓子》在蕭繹諸多著述中還算是保
留得較爲完整的一種。此書在宋代仍有完本流傳。晁公武《郡齋
讀書志》卷十二著錄爲十卷，「梁元帝繹撰。書十五篇，論歷代
興亡之迹，《箴戒》《立言》《志怪》《雜說》《自敘》《著書》
《聚書》通曰『金樓子』者，在藩時自號」。此書大約散佚於元

末明初。宛委山堂本《說郛》僅輯錄成一卷。❺明初編《永樂大典》於各韻下頗收錄其佚文，遠非完帙。清初四庫館臣從中輯出十四篇，厘爲六卷。十四篇目錄是：《興王》《箴戒》《后妃》《終制》《戒子》《聚書》《二南五霸》《說蕃》《立言》《著書》《捷對》《志怪》《雜記》《自序》。就所輯的十四篇來看，其中也頗多殘闕，如《二南五霸》篇僅存三條，與《說蕃》篇同。這說明今本《金樓子》已遠非晁公武所見十五篇的舊貌。而清代以來流傳的各種版本的《金樓子》，均未出永樂大典輯本的範圍。

二、《金樓子》與古小說研究

胡應麟《詩藪》外編卷二：「梁武纂輯諸書至二千餘卷，宇宙間日力有限，那得如此？中或諸臣秉筆，帝總其成耳。簡文幾七百卷，湘東幾四百卷，計亦當爾。然梁武文集百二十卷，簡文百卷，其富亦不貲矣。惟昭明著述，皆出己裁，不過百卷。而《文選》自唐迄今，指南學者。武帝、簡文、湘東制作，千不存一，似亦不在多也。」在這段話的下面，有一行小注：「諸書名具載《梁史》，已錄《厄言》中，此不列。今唯元帝《金樓子》尚行，小說易傳，亦一驗也」。❻就目前所見材料而言，在明代以前的各家著錄中，《金樓子》均在子部雜家類。而胡應麟卻歸入小說類。並且斷言，梁武帝父子數千卷書皆已亡佚，唯爲《金樓子》靈光巋然，其中最根本的原因，《金樓子》是部小說，所以流傳易廣。

---

❺上海古籍出版社1988年影印《說郛三種》。
❻《四庫全書總目提要》云：「至宋濂《諸子辨》、胡應麟《九流緒論》所列子部，皆不及是書，知明初漸已湮晦，明季遂竟散亡」。而據這條材料，則胡應麟實見到此書。四庫提要不確。

　　這一看法頗有一定道理。稍通中國小說史的人都知道，胡應麟在《少室山房筆叢》二十八將小說分成六類：一是志怪類，如《搜神記》《述異志》等；二是傳奇類，如《飛燕外傳》等；三是雜錄，如《世說新語》等；四是叢談類，如《容齋隨筆》等；五是辯訂類，如《資暇集》等；六是箴規類，如《顏氏家訓》等。這種分類反映了他對於中國古典小說的獨特看法。浦江清先生《論小說》說胡應麟「把志怪傳奇卓然前列，與現代的看法相近。也許他原想把傳奇放在第一，因爲比較晚起而列在第二的。這是說，在這一千六百年之中，雖然小說的定義大體上還沒有變動，但是因爲範圍擴大，新的東西占據了重要的地位，從前人所著重的東西退爲附庸了。這裡就包含有觀念的變化」。❼儘管這種分類還較爲龐雜，因爲瑣聞、雜志、考證等等沒有什麼故事性的雜著也都包括在「小說家」一類中，但是他所強調的是小說的故事性，所以將「志怪」「傳奇」列在首位。在他的心目中，「志怪」無疑是古小說最重要的方面。

　　用這種標準來衡量《金樓子》，「志怪」一篇理所當然地應當進入古小說研究者的視野。

　　「志怪」所收的故事主要有兩類：一是轉錄前代之傳說，這在漢魏六朝小說中最爲常見。如本篇第一則即「秦青撫節悲歌」故事，見於《列子》、《呂氏春秋》、《淮南子》等書，但是諸書記載詳略及文字並有異同，可以衆書排比勘對。又「東南有桃都山」條，見於同時代宗懍《荊楚歲時記》，而蕭繹亦兩度出使荊州，當地風俗，固有所聞。兩人同載此事，其眞實性當可信據。又《藝文類聚》卷91引《玄中記》亦有類似記載，而各篇文字均

❼《浦江清文錄》，人民文學出版社1988年版。

有出入。清代趙翼《陔餘叢考》「門貼」條不及引此。類似這樣
的例子還可以舉出許多。可惜這方面的資料還沒有引起我們充分
的注意。由此我想到有關古小說研究的一個有待進步開發的領域，
即將所有的故事、人物疏理出較爲清晰的線索，某故事最早見於
何書，後來的傳抄者又增加或減少了多少情節，是有意還是無意？
某傳奇人物最早見於何書，歷史上是否有其人，其眞實情況如何，
等等。❽另一類是記錄耳目之所接。在《志怪·序》中，蕭繹說：
「夫耳目之外無有怪者，余以爲不然也。水至寒而有溫泉之熱；
火至熱而有蕭丘之寒。重者應沉而有浮石之山，輕者當浮而有沉
羽之水」。凡是不可解者，作者均歸之於「志怪」篇中。如：
「豫章有石，以水灌之便熱。以鼎置其上，灼食則熟。張茂先博
物君子也。雷孔章亦一時之學士也，入洛齎此石以示張，張曰：
所謂燃石也。余從兄勘爲廣州，嘗致數片，煮石猶須燒之」。又，
「余丙申歲婚。初婚之日風景韶和。末乃覺異。妻至門而疾風大
起，折木發屋。無何而飛雪亂下，帷幔皆白，翻撒屋內，莫不縞
素，乃至垂覆闌瓦，有時飛墜。此亦怪事也。至七日之時，天景
恬和，無何云翳。俄而洪濤波流，井溷俱溢，昏曉不分。從叔廣
州昌佳在西州南門，新婦將還西州，車至廣州門而廣州殂逝。又
怪事也。喪還之日，復大雨淫，車軸折壞，不復得前爾。日天雷
震，西州廳事兩柱俱時粉碎。於時莫不戰栗。此又尤爲怪也」。
這是所謂親身經歷的怪事。又如：

> 晉寧縣境內出大鼠，狀如牛。土人謂之鼴鼠。天時將災則

---

❽成功的例子可以浦江清《八仙考》、顧頡剛編《孟姜女故事研究集》爲
傑出代表。此外，戴不凡《小說中的嫦娥奔月》《談鍾馗》對有關故事
也作了初步的清理，儘管還不很完備。許多小說人物如西王母、漢武
帝、東方朔等還未見有專門的文獻清理著作。

　　從山出游，畋畎散落其毛，悉成小鼠，盡耗五稼。

儘管出自傳聞，但是它對於小說史的研究卻有較高的文獻價值。孫悟空拔一撮毫毛一吹竟可以化身千萬的故事，在《西遊記》中是一個重要的情節，或許從這裡可以找到某些淵源關係。

　　《金樓子》還記載了許多古今人物的奇聞佚事及各地的風土民情。這部分內容較之「志怪」不僅量大，而且更爲傳神動人。這類故事，多集中在「志怪篇」之後的「雜記篇」中，或可以借用魯迅先生的概括，將它歸入志人一類的小說，可能更爲恰當。該篇所記多爲南朝故事，時代既近，聞見必多，故所記饒有情趣。如「有人讀書握卷而輒睡者，梁朝有名士呼書卷爲黃姊。此蓋見其美神養性如姊嫗也。兩葉蔽目，不見泰山；兩豆塞耳，不聞雷奮。以其專志既過，不覺睡也」。而據本書卷五「著書篇」，蕭繹著有「黃姊自序一秩三卷」。注云：「金樓小時自撰，此書不經」。所謂「不經」。大約是雜錄文人故事一類的書。又如記劉穆之：

> 劉穆之居京下，家貧。其妻江嗣女。穆之好往妻兄家乞食，每爲妻兄所辱。穆之不爲恥。一日往妻家食畢，求檳榔。江氏兄弟戲之曰：檳榔本以消食，君常飢，何忽須此物。後穆之來爲宋武帝佐命。及爲丹陽尹，乃召妻兄弟設盛饌。勸酒令醉，言語致歡。座席將畢，令廚人以金柈貯檳榔不斛，曰：此日以爲口實。客因此而退。

《宋書》本傳未載這段故事，僅云：「少好《書》《傳》，博覽多通，爲濟陽江所知。爲建武將軍、琅琊內史，以爲府主簿」。而據《元和姓纂》，濟陽江氏世代爲大家。劉穆之入贅江家，確實有高攀之嫌。《宋書》本傳載：「性奢豪，食必方丈，且輒爲十人饌。穆之既好賓客，未嘗獨餐，每至食時，客止十人以還者，

帳下依常下食，以此爲常。嘗語高祖曰：「穆之家本貧賤，贍生多闕。自叨忝以來，雖每存約損，而朝夕所須，微爲過豐。自此以外，一毫不以負公。」僅讀《宋書》，對劉穆之何以如此豪奢，頗難理解，讀過《金樓子》，我們始可明瞭劉穆之的這種做法恐怕是爲自己年輕時的貧賤洗刷恥辱。這眞是一種爆發戶的心理。從另一方面，我們也可以從這種描寫中推想出當時門閥制度的無情。人情冷暖，世態炎涼，廖廖數筆，傳神寫照，頗得《漢書·朱買臣傳》之神韻。❾又如：

> 顏師伯要幸貴臣莫二而多納賄，家累千金。宋世祖常於師伯摴蒱。籌將決。世祖先擲，得雉，喜。謂必勝。師伯後擲，得盧。帝失色。師伯擲遽斂手，佯曰：『幾作盧爾』。是日，師伯一輸百金。

《宋書》本傳僅稱其「多納貨賄，家產豐積，伎妾聲樂，盡天下之選，園池第宅，冠絕當時，驕奢淫恣，爲衣冠所嫉」。但是顏師伯怎樣邀幸，正史沒有詳載。《金樓子》僅僅用數十字，就將其發迹的秘密揭櫫無遺。表面上顏師伯「一輸百金」，但邀寵買歡，頗惬君心，所得又何止「千金」。以至世祖臨死，遺詔師伯輔政，「尙書中事，專以委之」。又如：

> 孔翁歸解玄言，能屬文，好飮酒，氣韻標達。嘗語余曰：

---

❾ 《漢書·朱買臣傳》寫他失意和得意時的不同境遇，既揭露出世態炎涼的現實，又鞭僻入里地刻劃出在功名利祿誘導下扭曲的靈魂：「初，買臣免，待詔。常從會稽守邸者寄居飯食。拜爲太守，買臣衣故衣懷其印綬，步歸郡邸。值上計時，會稽吏方相與群飮，不視買臣。買臣入室中，守邸與共食，食且飽，少見其綬。守邸怪之，前引其綬，視其印，會稽太守章也。守邸驚，出語上計掾吏，皆醉，大呼曰：『妄誕耳！』守邸曰：『試來視之』。其故人素輕買臣者，入內視之，還走，疾呼曰：『實然』。坐中驚駭，白守丞，相推排陳列於中庭拜謁。買臣徐出戶。有頃，長安厩吏乘駟馬車來迎，買臣遂乘傳去。」讀這段深刻的描寫，使人自然聯想到《戰國策》中描寫蘇秦游說四方，其嫂前倨後恭的醜態。

> 『翁歸不畏死，但願仲秋之時猶觀美月，季春之日得玩垂
> 柳。有其二物，死所歸矣』。余謂斯言雖有過差，無妨有
> 才也。

這就像《世說新語·任誕篇》所載：魏晉「名士不必須奇才，但
使常得無事，痛飲酒，熟讀《離騷》，便可稱名士」。而南朝名
士不讀《離騷》，他們的生活情趣更多地表現在賞月玩柳、形諸
歌咏方面。《玉台新咏》收錄了大量的咏月賞柳之詩篇，也就不
難理解了。又如：

> 世人相與呼父爲鳳毛。而孝武亦施之祖，便當可得通用。
> 不知此言意何所出，王翼在座聞孝武此言，遽造謝超宗，
> 向侍御坐天旨云：『弟有鳳毛，吾不曾見此物，暫借一
> 看』。翼非惟不曉此旨，近不知超宗是謝鳳之兒。超宗感
> 觸既深，狼狽起，還內里避之。翼謂超宗還內檢取鳳毛，
> 坐齋中待望久之。超宗心瞿微歇，兼冀其已悟，於是更出
> 對客。翼又謂之曰：『鳳毛止此一看，本不將去，差無損
> 失，那得遂不見借』。超宗又走，乃令門人密往喻之。翼
> 然後去。翼即是於孝武座呼羊肉爲蹲鴟者，乃其人也。超
> 宗字幾卿，中拜率更令，驃人姓謝，亦名超宗，亦便自稱
> 姓名云超宗。蟲蟻就官乞眜，幾卿既不容酬此言，驃人謂
> 爲不許而言之不已，幾卿又走。

鳳毛麟角，比喻稀世珍寶。據《南齊書·謝超宗傳》載，謝超宗
作《殷淑儀誄》，頗得宋孝武帝稱賞，譽之「殊有鳳毛，恐靈運
復出。」這句話實有雙重涵意：一則說超宗才華蓋世，二則說超
宗有先世謝靈運、謝鳳之風采(謝超宗爲靈運之孫、謝鳳之子)。
我們通常所知，不過如此。「世相與呼父爲鳳毛」則又擴充了我
們的知識。不僅如此，這段描寫謝超宗狼狽不堪的情形，極爲生

動，讀來眞令人捧腹大笑。

　　《隋書·經籍志》子部小說家類著錄，梁代小說近十部，另
有劉孝標注《世說新語》亦爲小說史上值得特別注意的事件。而
今，除劉孝標注《世說新語》外，梁代小說都已失傳。魯迅《古
小說鉤沉》、余嘉錫《殷芸小說輯證》於梁代小說頗多輯考。當
代幾部古小說編目及中國小說史論著對梁代小說也有所論述，但
是有一個共同的闕憾，那就是對於《金樓子》在小說研究上的價
值似未有任何論及。看來當代學者還沒有人把《金樓子》當作小
說來研究。不能不承認，胡應麟能夠跳出傳統目錄學的規範，視
《金樓子》爲小說，這裡確實「包含有觀念的變化」。

三、從《金樓子》看齊梁藏書著書之風

　　一個時代文學藝術的發展與繁榮，觀念的更新往往起到導夫
先路的作用。

　　黃侃《文選平點》卷一評《文選序》「若夫姬公之籍」一段
云：「此序選文宗旨，選文條例皆具，宜細審繹，毋輕發難端。
《金樓子》論文之語，劉彥和《文心》一書，皆其翼衛也」。❿
這裡所說的《金樓子》「論文之語」，當是指「立言篇」中的論
及「文筆之辨」及對文學「流連哀思」審美特性的論述。確實，
齊梁文學的發展繁榮與文學觀念的更新有較爲直接的關係。對此，
學術界曾展開過深入細致的研討，取得了豐碩的成果。這裡可以
略而不論。⓫需要補充說明的是，齊梁文學發展繁榮的原因，除
文學觀念的更新外，文學創作的記錄及傳播的物質載體，即書籍

---

❿黃侃《文選平點》卷一，上海古籍出版社1985年版。

⓫參見郭紹虞《中國文學批評史》、王運熙、楊明《魏晉南北朝文學批評
　史》等。

的繁榮也是不可忽視的重要原因。這一點，已往的研究似還較爲薄弱。

《金樓子·聚書篇》爲我們提供了這方面的豐富材料。

> 初出閤在西省，蒙敕旨賚《五經》正副本；爲琅琊郡時蒙敕給書並私有繕寫；爲東州時寫得《史》《漢》《三國志》《晉書》，又寫劉選部孺家書謝通直彥遠家書，又遣人至吳興郡就夏侯亶寫得書，又寫得虞太中闡家書；爲丹陽時，啓請先宮書，又就新渝、上黃、新吳寫格五戲得少許；爲揚州時，就吳中諸士大夫寫得《起居注》，又得徐簡肅勉《起居注》；前在荆州時，晉安王子時鎭雍州，啓請書寫；比應入蜀又寫得書，又遣州民宗孟堅下都市得書，又得鮑中記泉上書；安成煬王於湘州薨，又遣人就寫得書。劉大南郡之遴、小南郡之亨、江夏樂法才、別駕庾喬、宗仲回、主簿庾格、僧正法持緘經書是其家者皆寫得，又得招提琰法師眾義疏及眾經序，又得頭陀寺曇智法師陰陽卜祝冢宅等書，又得州民朱澹遠送異書，又於長沙寺經藏，就京公寫得四部；又於江州江革家得元嘉前後書五帙，又就姚凱處得三帙，又就江錄處得四帙，足爲一部合二十帙一百一十五卷，並是元嘉書，紙墨極精奇。又聚得元嘉《後漢》並《史記》《續漢春秋》《周官》《尚書》及諸子集等可一千餘卷。又聚得細書《周易》《尚書》《周官》《儀禮》《禮記》《毛詩》《春秋》各一部，又使孔昂寫得《前漢》《後漢》《史記》《三國志》《晉陽秋》《莊子》《老子》《肘後方》《離騷》等合六百三十四卷，悉在一巾箱中，書極精細；還石城爲戍軍時，寫得《元儒眾家義疏》；爲江州時，又寫得蕭諮議賁、劉中紀

緩、周錄事宏直等書，時羅鄉侯蕭說於安成失守，又遣王諮議僧辯取得說書。又值吳平光侯廣州下，遣何集曹沔寫得書。又值衡山侯雍州下，又寫得書。又蘭左衛欽從南鄭還，又寫得蘭書，往往未渡江時書。或是此間制作，甚新奇。張湘州纘經飼書，如樊光注《爾雅》之例是也。張豫州綰經飼書，如《高僧傳》之例是也。范鄱陽胥經飼書，如高誘注《戰國策》之例是也。隱士王繽之經飼書，如《童子傳》是也。又就東林寺智表法師寫得書。法書初得韋護軍飼數卷，次又殷貞子鈞飼。爾後又遣范普市得法書。又使潘菩提市得法書，並是二王書也。郡五官虞嚼大有古迹，可五百許卷，並留之。伏事客房篆又有三百許卷，並留之，因而遂蓄諸迹。又就會稽宏普、惠皎道人搜聚之。及臨汝靈侯益州還家，遂巨有所辦。後又有樂彥春、劉之遴等書，將五千卷。又得南平嗣王書。又得張雍州書。只得桂陽藩王書。又得留之遠書。吾今年四十六歲。自聚書來四十年，得書八萬卷。河間之侔漢室，頗謂過之矣。

蕭繹四十六歲爲承聖三年（公元554年），其時已經稱帝江陵。上述八萬卷圖書又隨之而在移入江陵。從「河間之侔漢室，頗謂過之矣」一語來推測，江陵藏書已經與京城藏書相埒，成爲當時兩大藏書中心。此外，上文提到了許多寺院道觀及私人的藏書，也頗爲可觀。由此來看，京城、江陵、寺院及私人收藏，構成當時全國圖書收藏、傳播的四大基礎。

㈠京城藏書

《隋書·經籍志》著錄王儉著《今書七志》七十卷、殷鈞著《梁天監六年四部書目》四卷、劉遵著《梁東宮四部錄》四卷、

劉孝標著《梁文德殿四部目錄》四卷等，反映了齊梁以來京城藏書情況。

秘書閣、文德殿、東宮爲京城三大藏書中心。

秘書閣藏書。據《梁書·殷鈞傳》載：「天監初拜駙馬都尉，起家秘書郎、太子舍人、司徒主簿、秘書丞。鈞在職啓校定秘閣四部書，更爲目錄」。據阮孝緒《七錄序目古今書最》載，「秘書丞殷鈞撰秘閣四部書，少於文德殿書，故不錄其數也。」

文德殿藏書。《梁書·劉峻傳》載「天監初召入西省，與學士賀縱典校秘書」又《梁書·任昉傳》「自齊永元以來，秘書閣四部篇卷紛雜，昉手自讎校，由是篇目定焉。」又《七錄序》曰：「齊末兵火，延及秘閣。有梁之初，缺亡甚衆。爰命秘書監任昉躬加部集。又於文德殿別藏衆書，使學士劉孝標等重加校進，乃分術數之文更爲一部，使奉朝請祖撰其名錄。其尙書閣內別藏經史雜著。華林園又集釋氏經論。自江左篇章之盛，未有逾於當今者也。」又《古今書最》載：「梁天監四年文德殿四部及術數書目錄合二千九百六十八帙二萬三千一百六卷。」《隋書·經籍志序》稱：「梁初秘閣經籍，任昉躬加部集。又於文德殿列藏衆書，大凡二萬三千一百六卷，而釋氏不與焉」。據《隋書·牛弘傳》載，侯景之亂時，文德殿書猶存，「蕭繹據有江陵，遣將破平侯景，收文德殿之書及公私典籍重本七萬餘卷悉送荊州」。

東宮藏書。據《南史·昭明太子傳》「於時東宮有書幾三萬卷」。昭明太子編《文選》主要利用了東宮的藏書。

(二)江陵藏書

從《金樓子·聚書篇》來看，蕭繹始居西省，即得到父親蕭衍的第一批贈書，這是蕭繹藏書之始。而他的最大一批藏書，也得之於京城，即侯景之亂後，移文德殿七萬卷書於江陵，加上自

聚的八萬卷圖書，總共十五萬卷。又據《梁書·簡文帝紀》載，蕭綱在荊州，組織三十餘名學士編寫《法寶連璧》三百卷，其藏書之盛可以想見。這批書後來很可能也到了蕭繹手中。蕭繹在江陵經營多年，利用豐富的藏書，完成了許多大部頭的著作，並見《金樓·著書篇》。此外，還有蕭淑協助撰寫的《西府新文》，見於《顏氏家訓·文章篇》。

(三)寺院藏書

從《金樓子·聚書篇》考知，蕭繹從頭陀寺、長沙寺、東林寺及僧侶招提琰法師、曇智法師、智表法師、宏普、惠皎等人手中收集到許多典籍。六朝以來，寺院藏書亦豐。如劉勰居定林寺撰著「彌綸古今」的《文心雕龍》來，僧佑也主要根據定林寺的藏書著《出三藏記集》及《弘明集》。這是現存最早的佛教目錄及論文集。又惠皎編著的《高僧傳》爲現存最早的高僧傳紀。至於道觀的藏書亦復不少。陸修靜整理衆經，制定新論，多得益於寺院道觀藏書，成爲道教史中劃時代的歷史人物。翻檢《高僧傳》及《續高僧傳》，幾乎所有著名的高僧都有論著流傳。許多寺院遠離京城，那些高僧撰寫論著，倘若寺院裡沒有豐富的藏書是很難想像的。

(四)私人藏書

《金樓子·聚書篇》提到的著名人物有：劉孺、謝彥遠、夏侯亶、徐勉，鮑泉、劉之遴、劉之亨、樂法才、江革、孔昂、蕭賁、劉緩、周弘直、張纘、張綰等人，多見於《梁書》記載，其中又多喜藏書著書。譬如徐勉「該綜百氏，皆爲避諱」、「博通經史，多識前載。朝儀國典，婚冠吉凶，勉皆預圖議」，主持完成了五禮的修訂工作。自著書三百餘卷。又張纘、張綰二人並爲張緬之弟。「緬性愛墳籍，聚書至萬餘卷。抄《後漢》《晉書》

衆家異同，爲《後漢紀》四十卷，《晉書》三十卷。又抄《江左集》未及成。文集五卷。」張纘「好學，兄緬有書萬餘卷，晝夜披讀，殆不輟手。秘書郎有四員，宋齊以來，爲甲族起家之選，待次入補，其居職，例數十百日便遷任。纘固求不徙，欲遍觀閣內圖籍。嘗執四部書目曰：『若讀此畢，乃可言優仕矣』。如此數載」。劉之遴、之亨兄弟爲南齊著名學者劉虬之子。「之遴好古愛奇，在荊州聚古器數十百種」，也是著名的收藏家。

　　梁朝其他著名的藏書家還有任昉、沈約、阮孝緒等人。任昉於「墳籍無所不見，家雖貧，聚書至萬餘卷，牽多異本。昉卒後，高祖使學士賀縱共沈約勘其書目，官所無者，就昉家取之」（《梁書》本傳）。沈約「好墳籍，聚書至二萬卷，京師莫比」（《梁書》本傳）。阮孝緒隱居鍾山，著書二百五十餘卷，其中《七錄》最爲著名。自序稱：「孝緒少愛墳籍，長而弗倦。臥病閑居，傍無塵雜，朝光才啓，緗囊已散；霄漏既分，綠帙方掩。猶不能窮究流略，探盡秘奧。每披錄內，省多有缺。然其遺文隱記，頗好搜集。凡自松宋齊已來，王公縉紳之館，苟能蓄聚墳籍，必思致其名簿。凡在所遇，若見若聞，校之官目，多所遺漏，遂總集衆家，更爲新錄」。❶❷又《古今書最》曰：「新集七錄內外篇圖書凡五十五部、六千二百八十八種、八千五百四十七帙、四萬四千五百二十六卷」。

　　作爲政治文化中心的建康[南京]以及後來曾極短暫地成爲朝廷所在地的江陵薈萃了衆多的文士；而那裡極豐富的藏書又爲他們的學術文化創造提供了優越的條件。《隋書·經籍志》中著錄的幾部齊梁時期的重要學術著作及文學總集，均產生於這兩個地

❶❷阮孝緒《七錄序》，見《廣弘明集》卷三。

區。如前面提到的四百八十卷《通史》、六百二十卷《華林遍略》
以及現存《文選》《玉台新咏》，還有這裡論及的《金樓子》等
都是明顯的例子。

　　寺院及私人藏書對於推動學術文化發展繁榮，其意義自不待
言。值得我們注意的是這一時期藏書、著書所具有的新的時代特
點。齊梁時代，佛教、道教正在方興未艾，爲了傳播宗教思想，
寺院藏書、高僧著書盛極一時。而私人藏書、著書則又與此不同。
他們多少帶有某種政治目的。首先，有條件藏書的多是達官顯貴。
他們聚書、著書並非僅僅是爲了學術。有些人明顯的是把學術當
做政治的敲門磚，具有較強的功利目的。即以南齊永明年間的四
個文人集團爲例，蕭嶷文人集團、蕭子良文人集團、蕭子隆文人
集團的核心人物均爲皇室子弟。他們不惜代價，廣攬文士，像蕭
子良，「夏月客至，爲設瓜飲及甘果，著之文教」。進位司徒後，
「移居雞籠山邸，集學士《五經》、百家，依《皇覽》例爲《四
部要略》千卷」。（《南齊書》本傳）。另一個是王儉文人集團。
王儉幼年即「專心篤學，手不釋卷」，對歷代典籍十分熟悉，二
十餘歲撰有《七志》及《元徽四部書目》。入齊後又以佐命之功
被封爲南昌縣開國公。永明三年又於王儉宅「開學士館，悉以四
部書充儉家」。王儉時常以謝安自許，儼然又是一個「江左風流
宰相」。他曾廣集「才學之士，總校虛實，類物隸之，謂之隸事，
自此始也。」（《南齊書·王儉傳》）❸蕭梁時代的情形亦復如
此。安成王蕭秀遷荊州，招引劉孝標爲戶曹參軍，「給其書籍，
使抄錄事類，名曰《類苑》」（《梁書·文學·劉峻傳》），而
據《隋書·經籍志》著錄凡一百二十卷。蕭統、蕭綱身邊各有所

---

❸參見拙文《永明文學集團述論》，載《浙江學刊》1992年6期。

謂「十學士」爲之樹碑立傳⓮，其實，他們身邊的文士又何止十
人！天下承平，他們聚書著書，賦詩游宴，獲取政治名聲。但是，
倘若天下有變，這些文人集團往往搖身一變就成爲了某種政治集
團。蕭子良集團在永明末葉所表演的未遂宮廷政變就說明了這一
點。⓯

　　不過，這些幕主們的政治野心我們可以暫且按下不表。從客
觀上來講，他們聚書講學，招引文士著書，在相當程度上推動了
學術文化的繁榮。一個時期的文化發達與否，人們對於書籍的態
度往往是一個重要的衡量標準。《梁書·王筠傳》記載，當時文
人以家家有集、人人能著書爲榮；甚至連武夫也要與文士一比高
低。⓰右文之風，於此可見一斑。而這樣例子在史書中俯拾皆是，
不勝枚舉。翻開《隋書·經籍志》，齊梁時期的著述琳琅滿目，
使人如在山陰道上覽勝，目不暇接。儘管其中絕大部分的典籍已
經失傳，但是，文化就是這樣一代代地傳承下來的。舊有文化已
經融合在新的文化之中，爲新文化的創造搭橋鋪路，完成了自己
的歷史使命。可以毫不誇張地說，沒有齊梁時期文化的高度發展，
也就不可能有燦爛的唐代文化的到來。在中國文化發展史，齊梁
時期是一個重要轉折關口。它既總結了秦漢以來優秀的文化遺產；
又爲唐代文化高潮的來臨奠定了基礎。在思想史上，儒、釋、道
從對立逐漸趨於融合，是在齊梁時期；在文學史上，近體詩的萌
芽產生於齊梁時期；在教育史上，隋唐科舉制度的淵源也是在齊
梁時期。假如沒有穩定的社會環境和豐富的藏書作基礎，是不可

⓮屈守元《昭明太子十學士說》，載《昭明文選研究論文集》，時代文藝
　出版社1988年版。
⓯參見拙文《論竟陵八友》，載《文學遺產》1992年4期。
⓰曹景宗賦「竟」「病」二韻，見《南史》本傳。

能有這種活躍的文化氛圍的。

還可以從一個反面例子來看這一問題。

隋代文化在其最初發展的十餘年間，步履維艱，原因自然是多方面的，但是其中有一個重要的原因，是江南大量的文化典籍在梁末侯景之亂和江陵之亂中毀壞殆盡，一時難以恢復元氣。最為慘劇的是江陵的十餘萬卷藏書，竟被蕭繹付之一炬。《隋書·牛弘傳》載：

> 及侯景渡江，破滅梁室，秘省經籍，雖從兵火，其文德殿內書史，宛然猶存。蕭繹具有江陵，遣將破平侯景，收文德之書及公私典籍，重本七百餘卷，悉送荊州。故江表圖書，因斯盡萃於繹矣。及周師入郢，繹悉焚之於外城，所收十才一二。

唐代張彥遠《法書要錄》卷三《唐武平一徐氏書記》：

> 梁大同中，武帝敕周興嗣撰《千字文》，使殷鐵石模次羲之之迹，以賜八王，右軍之書咸歸梁室。屬侯景之亂，兵火之後，多從湮缺。而西台諸宮，尚積餘寶，元帝之死，一皆自焚。

同書卷四張懷瓘《二王等書錄》載：

> 侯景簒逆，藏在書府，平侯景後，王僧辯搜括，並送江陵。承聖末，魏師襲荊州，城陷，元帝將降，其夜乃聚古今圖書十四萬卷並大小二王遺迹，遣後閣舍人高善寶焚之。

又《歷代名畫記》卷一《敘畫之興廢》載：

> 侯景之亂，太子綱數夢秦皇更焚天下書，既而內府圖書數百函果為景所焚也。及景之平，所有皆載入江陵，為西魏將於謹所陷，元帝將降，乃聚名畫法書及典籍二十四萬卷，遣後閣舍人高善寶焚之。帝欲投火俱焚，宮嬪牽衣得

免，吳越寶劍，並將斫柱令折，乃嘆曰：「蕭世誠遂至於此。儒雅之道，今夜寡矣。」於謹等於煨燼之中，收其書畫四千餘軸，歸於長安。故顏之推《觀我生賦》云：「人民百萬而囚虜，書史千兩而煙揚。」史籍已來，未之有也。溥天之下，斯文盡喪。陳太嘉中，陳主肆意搜求，所得不少。及隋平陳，名元帥記室參軍裴矩、高潁收之，得八百餘卷。

不管出於什麼目的，蕭繹曾為保存中國文化典籍花費了不少精力，不能說沒有貢獻，但是，他臨死前的那一把炬火，卻把他自己釘在歷史的十字架下，成為千古罪人。

有隋三十餘年，其在文化方面所採取的基本政策，是對前代文化典籍的廣泛收集與整理，而創造能力已遠遠不能與齊梁時期相比。這不是隋朝人的創造能力低下，而是文化典籍的損失過於慘重。《隋書·經籍志》對許多書籍注明了梁代若干卷及存佚情況，從中不難看出，多數失傳的典籍亡於梁末。隋代文化發展的緩慢適從反面說明了文化典籍對於一個時代文化發展的重要意義。

四、從《金樓子》看蕭繹的政治野心

在卷四「立言篇」中稱，「人君當以江海為腹，林藪為心，使天下民不能測也。徒有其聲而無其實，若魚目之珠，入市而損價；斫冰為璧，見日而銷也」。就是說人君當深不可測，臣下只能以蠡測海，不足以窺其大。其實他所謂的大志，也並非像他自詡的那樣深不可測。在《金樓子》中，他不止一次地申述了自己的政治主張和處世原則。而且有的地方說得頗為露骨。如他自比周公、孔子、司馬遷，說「周公沒五百年有孔子，孔子沒五百年有太史公。五百年運，余何敢讓焉」。由此來看，他的政治野心

實在太大了，不僅要像司馬遷那樣，究天人之際，通古今之變，成一家之言，而且還要「立德」「立功」，垂名千古。四庫館臣稱蕭繹此論「尤爲不經」，眞是一點也沒有冤枉他。

不過，從《金樓子》來看，蕭繹還不是那種善於吹大話的人。他不僅這樣說，而且自幼及長，時時處處注意在行動上約束自己，在意志上鍛煉自己，還眞是努力這樣去做。這一點「功德」似也不能抹殺。卷四「立言篇」下引公沙穆的話說「居家之方，唯儉與約；立身之道，唯謙與學」。這可以說是他的生活信念。可以從兩個方面來看這個問題：第一，他自知像他這樣「生自深宮之中，長於婦人之手」的貴公子孫，未經憂患，飽食終日，故難免有四弊：「一曰驕、二曰富、三曰淫、四曰忌。幼享尊貴，驕也；名田縣道，富也；歌鐘盈室，淫也；殺戮無辜，忌也」（卷四「立言篇」）。「著作篇」輯錄《忠臣傳·諫諍篇序》又說類似的觀點：「所謂生於深宮之中，長於婦人之手，未嘗知憂，未嘗知懼，況惑褒人之巧笑，迷陽阿之妙舞」。因而，在生活方面，他信奉以儉爲本，至少他是這樣說的：「飽食高臥，立言何求焉？修德履道，身何憂焉？居安慮危，戚也；見險懷懼，憂也。紛紛然榮枯寵辱之動也，人其能不動乎？仲尼其人也，抑吾其次之。有佞而進，有直而退，其寧退乎？予不喜游宴淹留，每宴輒早罷，不復沽酌矣」。同卷又說：「君子以宴安爲鴆毒，富貴爲不幸。故溺於情者，忘月滿之虧；在乎道者，知日損之爲貴」。居家尙儉，而立身則崇學。其「自序篇」又說「比(年)以來三十餘載，泛玩衆書萬卷」。前面引用了許多材料，比如聚書、著書均可以爲證蕭繹所說爲不虛。第二個方面，蕭繹與齊梁貴公子孫還有一重要的不同在於，他自幼即習兵書，崇尙武功。在「雜記篇」中曾有所說明：「余好爲詩賦，及著書，宣修容敕旨曰：『夫政也

者，生民之本也，爾其勗之。余每留心此處，恆舉燭理事，夜分而寢。余六歲能爲詩，其後著書之中，唯《玉韜》最善」。據「著書篇」《玉韜》凡一帙十卷，注：「金樓出牧渚宮時撰」。似是年輕時所作。「立言篇」說：「吾少讀兵書，三十餘年，搜纂數千，止爲一帙，菁華領袞，備在其中」。而不像其他「梁世士大夫，皆尙褒衣博帶，大冠高履，出則車輿，入則扶持，郊郭之內，無乘馬者」。「及侯景之亂，膚脆骨柔，不堪行步，體羸氣弱，不耐寒暑，坐死倉猝者，往往而然」。**⓱**整個南朝鄙視武夫，以文義相尙，成爲一時風氣，〔關於這方面的論述，請參見拙著《永明文學研究》〕而蕭繹對此卻有較爲通達的看法。在「立言篇」稱：「世有習干戈者，賤護俎豆；修儒行者，忽行武功。范寧以王弼比桀紂，謝混以簡文方赧獻，李長有顯武之論，文莊有廢莊之說。余以爲不然。余以孫吳爲營壘，以周孔爲冠帶，以老莊爲歡宴，以權貴爲稻粱，以卜筮爲神明，以政治爲手足。一圍之木持千鈞，五寸之楗制開闔，總之者明也」。

如果僅僅根據這些言論來評判蕭繹，或許以爲他是一個勵精圖治的賢明君主。實際上，這僅僅是他向上爬的一種掩飾手段而已。天下承平時，他可以和光同塵，以流覽典籍爲事，即使心有所非，亦不敢明言。但是倘若有變，時機來臨，他就全然變出另一幅嘴臉，爲貪圖一己之私利而不惜犧牲他人利益，甚至可以置國家大業於不顧，心胸之偏狹，令人髮指。最典型的事例莫過於他在侯景之亂時的表現了。當時侯景久攻台城不下，難以爲繼。而梁武帝諸子各擁強兵，卻各懷鬼胎，猶以蕭繹爲甚。當時他率三萬精兵從江陵出發，在此關鍵時刻卻屯於郢州之武城，「托云

⓱《顏氏家訓·涉務篇》，上海古籍出版社1980年版。

俟四方援兵，淹留不進」，尤有甚者，後來竟引師而還❶，痛失平叛良機。蕭賁犯顏強諫，竟被蕭繹所殺。劉之遴從京城逃出投奔江陵，蕭繹素忌其才，也下藥毒將他殺死，而後還假惺惺地自爲墓志銘。其父蕭衍餓死台城後，其兄蕭綱作爲傀儡皇帝被困在京城，蕭繹不派兵增援，反而同室操戈，出兵襲殺河東王蕭譽（蕭統之子）。其後又與其兄蕭紀，蕭倫相互殘殺。蕭倫曾苦心相勸：兄弟之間當「剖心嘗膽，泣血枕戈」，「手足肱支，豈足相害❶」？就連侯景也說他們「弟侄爭立，星辰失次」❷，大失民望。侯景的謀主王偉在檄文中說：「項羽重瞳，尙有烏江之敗；湘東一目，寧爲四海所歸」？❹儘管他後來如願以償，在江陵稱帝，但很快就被侄子、蕭譽之兄蕭詧引西魏兵把他滅掉了。這眞是自食其果。

　　不過，應當承認，在整個梁末混戰中，蕭繹據江陵彈丸之地，東下平定侯景，西上剿殺蕭譽、蕭倫、蕭紀等兄弟子侄，我們姑且撇開道德的評價不談，他確實也可以稱之爲亂世梟雄了。武陵王蕭紀自謂頗有武略，在蜀苦心經營十七年，財用殷積，器甲充足，從來就沒有把蕭繹放在眼裡。起初他聽說蕭繹也要起兵討伐侯景，深不以爲然，自負地說：「七官文士，豈能匡濟！」❷結果是蕭繹不僅平定了侯景之亂，最後蕭紀本人也死在蕭繹之手。我們不能說這全是偶然。從《金樓子》來看，蕭繹所以能在梁末混戰中迅速崛起，並打敗對手，這與他自幼熟習兵書、深於謀略有相當關係。

---

❶詳見《資治通鑑》卷162梁武帝大清三年條記載。
❶見《梁書·蕭倫傳》。
❷侯景部下謝昊作詔書。詳見《資治通鑑》卷164梁大寶二年條記載。
❹《南史·王偉傳》。
❷見《資治通鑑》卷164梁承聖元年。「七官」指蕭繹，因其排行第七，故稱。

論　文：關於《金樓子》研究的幾個問題
主講人：劉躍進副研究員
講評人：王金凌教授

　　本文表面上看似有雜記形式的傾向，不過就其論述的內容而言，如果以文獻的角度看《金樓子》一書，來瞭解齊梁時期文獻積聚的現況，以及期望從中得知蕭繹的政治企圖心，那麼第一節裏談「《金樓子》撰著及流傳」就是給第四節「從《金樓子》看蕭繹的政治野心」做最重要的基礎。另外兩節即從此處考察小說方面的問題，還有齊梁藏書的問題，如此全文即可看做是一篇討論文獻的形式。以下提出對本論文的看法，以供參考：首先在第二節中，劉先生認同胡應麟《詩藪》外篇言及《金樓子》的流傳應是屬於小說家言流傳的說法，以爲《金樓子》的志怪篇，有些材料可提供小說史做爲搜集古小說的資料。不過可稍加注意的是蕭繹本身，在記錄這些材料的時並沒很有意識的認爲這像我們後代所認爲的小說的觀念，而比較偏重在記錄一些萬物變化不可理解的事情。其二，在文化史上，齊梁總結秦漢以來優秀的文化資產，成爲唐代文化高潮奠定的基礎，然而文中也提到當時的藏書在侯景之亂、江陵之亂時喪失得相當少，所以隋代在這方面就比較不如齊梁，如果如此，則唐代文化鼎盛的條件似乎需要再重新建立。其三，在教育上，當時豐富的藏書、著書的風氣，科舉雖是教育的事，但在古代更是屬於政治，所以它是橫跨教育和政治這兩個領域，因此可就其與藏書之間的關係再做一充分的說明。其四，蕭繹在《金樓子·立言》中自比周公、孔子以及太史公，劉先生斷言其政治野心太大，然而〈立言篇〉是模仿孟子之言，其意似乎沒有那麼強調以政治野心、政治事業來自我期許。

南朝文人的
「歷史想像」與「山水關懷」

——論「邊塞詩」的「大漢圖騰」
與「山水詩」的「欣於所遇」

東華大學中文系

王　文　進

一

　　東晉自南遷渡江，立都建康以來，一般士人面對時空變遷，大都呈現出兩種基本的思維格局。一種是時刻以回師中原為念，雖然面對江南美景，卻時時不忘神州之思，一如《世說新語》所描述：

> 過江諸人，每至美日，輒相邀新亭，藉卉飲宴。周侯中坐而歎曰：「風景不殊，正自有山河之異！」皆相視流淚。唯王導愀然變色曰：「當共戮力王室，克復神州，何至作楚囚相對？」❶

另外一種則是驚嘆於吳會江山，釋懷於當前佳色，而思「窺情風景之上」的美感自足❷，《世說新語》也用極巧妙的文字，舖寫

---

❶引文錄自《世說新語・言語》第三十一則。余嘉錫《世說新語箋疏》（台北：仁愛書局，1984年），頁92。
❷語出《文心雕龍・物色篇》。周振甫《文心雕龍注釋》（台北：里仁書局，1984年），頁846。

士人這種神馳於山水的心境：

> 王子敬云：「從山陰道上行，山川自相映發，使人應接不
> 暇。若秋冬之際，尤難爲懷」。❸

　　相應於「克復神州」最鮮明的例子是桓溫的三次北伐中原❹，
尤其第三次自江陵北伐，收復北土之後，立刻有還都之議。〈請
還都洛陽疏〉中，即充分流露當時以故都爲號召的輿論：

> 若乃海運既徙，而鵬翼不舉。永結根於南垂，廢神州于龍
> 漠，令五尺之童，掩口而歎息。

> 夫先王經始，玄聖宅心，畫爲九州，制爲九服，貴中區而
> 內諸夏，諸以晷度自中，霜露惟均，冠冕萬國，朝宗四海
> 故也。❺

另外在〈辭參朝政疏〉一文中，也再度反映出誓師中原的遠志：

> （臣）願奮臂投身，造事中原者，實恥帝道皇居，仄陋于
> 東南，痛神州桑梓，遂埋于戎狄。❻

顯然這種對舊都中原的依戀，事實上已成了東晉以來人士根深柢
固的信仰。東晉後期的劉裕一度攻入洛陽時，也同樣有謁陵思遠
的儀舉。傅亮〈爲宋公至洛陽謁五陵表〉云：

> 臣裕言：近振旅河湄，揚斾西邁。將屆舊京，感懷司雍。❼

　　但是並非所有南朝人士皆一味迷戀於北土而無視於經營已久，
漸次生根的江南新城。像孫綽就對桓溫的移都之議，以理力辯。
曰：

---

❸同注(1)，頁145。
❹桓溫北伐事見《晉書·桓溫傳》二十四史點校本。（台北：鼎文書局，
　1980年），頁 2568-2575。
❺引文同前注，頁2573。
❻同前注，頁2575。
❼引文據《全上古三代秦漢三國六朝文》（大陸：中華書局，1969年），
　總頁2577。

> 自喪亂已來六十餘，蒼生殄滅，百不遺一，河洛丘墟，函
> 夏蕭條，井煙木刊，阡陌夷滅，王理茫茫，永無依歸。播
> 流江表，已經數世，存者長子老孫，亡者丘壟成行。雖北
> 風之思感其素心，日前之哀實爲交切。❽

顯然孫綽的說法，也相當程度地反映了南朝士人對時空的另一項
思維。上疏原委雖然是政治性的，但若當社會文化的文獻來看待，
也可以看出孫綽對「播流江表，已經數世」的正視與珍愛。孫綽
此疏既然係針對桓溫〈請還都洛陽疏〉而發，考其年代當在隆和
初，西元三六二年。結果時隔二十三年後的太元九年，西元三八
四年，孫綽進一步就在會稽參加千古佳話的「蘭亭」會。王羲之
的「蘭亭序」，就是在南方佳山麗水的環顧賞玩之際，萌發出對
當時、當地的無限流連眷愛之情：

> 群賢畢至，少長咸集。此地有崇山峻嶺，茂林修竹。又有
> 清流激湍，暎帶左右。❾

寫其群賢盛會，撫看山水的興況。

> 是日也，天朗氣清，惠風和暢。仰觀宇宙之大，俯察品類
> 之盛。所以游目騁懷，足以極視聽之娛。❿

既能「游目騁懷」顯然不再時時刻刻受制於歷史的負荷。轉而敞
開胸仰觀宇宙，俯察品類。這當中當然迴盪著由玄學而來的「澄
懷觀象」的哲學在焉。也正因爲如此，蘭亭諸賢無意中反映了南
朝士人極重要的另一種人生價值取向：

> 雖趣舍萬殊，靜躁不同。當其欣於所遇，暫得於己，快然

---

❽見《晉書·孫綽傳》，二十四史點校本（台北：鼎文書局，1980年），
　頁1545。
❾同注(7)，頁1609。
❿同前注。

　　　　自足，曾不知老之將至。

就是「欣於所遇」四個字使南朝士人在面對眼前真切閃耀的山水
時⓫，渾然跳出歷史抽象時空的羈絆，轉而緊緊掌握賞嘆可觸、
可感、可欣的「所見」之景。

　　可見南朝士人由於時空特殊的錯綜境遇，普遍存在著這兩種
性質相反的思維方向。嚴格說來，這種事實並無所謂對或錯的問
題，但卻是一項有探討價值的問題。

　　當然，任何一個時代都會或多或少並存著「歷史想像」與
「現實關切」的兩種思維方式，只是南朝士人在這方面的糾結更
為複雜，並且發展出兩種重要類型的詩歌，微妙弔詭地呈現出南
朝士人此一特殊的心靈結構。一種是利用「邊塞詩」來馳騁其對
中原北地的歷史感懷，另外一種則是利用「山水詩」的「巧言切
狀」來雕繪環抱腳跟前的吳楚江山。⓬

二

　　南朝邊塞詩有一項極重要的精神：那就是絕大部份的作品都
是定位在漢代伐胡的時間軸線上，相對地牽帶出以漢代長安為重
鎮而推演出去的邊塞沙場，以及漢代君王邊將的征戰事蹟。

　　《南齊書‧王融傳》有一段極耐人尋味的記載，流露出南朝
士人心中根深柢固的大漢圖騰：

　　　　永明末，世祖欲北伐。使毛惠秀畫「漢武北伐圖」，使融
　　　　掌其事。⓭

⓫對於「欣於所遇」四字最先提出討論者為葛曉音。葛氏著《山水田園詩
　派研究》，第一章「山水田園詩溯源」，（大陸：遼寧大學出版社，
　1993年），頁23。
⓬「巧言切狀」，語出《文心雕龍‧物色篇》同注 (2)。
⓭據《南齊書‧王融傳》，二十四史點校本。（台北：鼎文書局，1980
　年），頁 280。

東晉自元帝建武元年（西元三一七）至宋齊永明之紀，已有一百八十年上下，齊武帝依然以漢武事業爲己志。南朝對漢代歷史景仰之情可見一般。王融針對此事，也順其思路語脈上疏曰：

> 臣乞執殳先邁，式道中原，澄瀚渚之恒流，掃狼山之積霧，係單于之頸，屈左賢之膝。❶

南齊當時面對的北方之敵係統一中原後的拓拔魏，但是王融遣詞用意，儼然還是漢家北伐的神釆。

更耐人尋味的是到了蕭梁時期的梁元帝，當其在擔任丹陽尹環視建康四周地理形勢之際，居然仍舊沈陷在漢代歷史的制約之中：

> 東以赤山爲成皋，南以長淮爲伊洛。北以鍾山爲芒阜，西以大江爲黃河，既變淮海爲神州，亦即丹陽爲京尹。❶

若按照《梁書》所載加以推算，蕭繹任丹陽尹係在普通七年（西元五二六）左右❶，距離東晉渡江已有兩百多年，卻絲毫未改變這種動輒將南朝建康形勢比附成長安山河的思維。

梁末王僧辯揮兵建康平定侯景之亂後，在其奉表梁元帝一文中，也是始終無法脫身漢家宮室：

> 舊郊既復，函雒已平。高奴、櫟陽、宮館雖毀，濁河清渭，佳氣猶存。❶

明明平亂之役是在建康城，但是王僧辯徵引漢代典故如此滑順，實在不只是修辭學的問題而是基本思維的習慣制約。

---

❶同前注，頁 821。
❶引文見蕭繹〈丹陽尹傳序〉。據同注(7)，頁 3050。
❶《梁書‧元帝本紀》云：「初爲寧遠將軍，會稽太守，入爲侍中，宣威將軍，丹陽尹。普通七年，出爲使持節，都督荊湘……」。版本同注(13)，頁 113。
❶同前注，頁 127。

　　就是在這樣的心靈催迫之下，南朝詩人於是以一百多首「邊塞詩」來抒發此一綿延數百年的漢家中原之思。❶

　　南朝邊塞詩最具體的一項特色，一如上文所述，普遍以距離江南萬里之遙的「長安」爲據點，展開其馳騁大漠的出塞征戰。❶像：

> 隴樹枯無色，沙草不常青。勒石燕然道，凱歸長安亭。
>
> （孔稚珪・白馬篇，頁1408）
>
> 長驅入右地，輕舉出樓蘭。直去已垂涕，寧可望長安。
>
> （沈約・白馬篇，頁1619）
>
> 月暈抱龍城，星流照馬邑。長安路遠書不還，寧知征人獨佇立。（梁簡文帝蕭綱・隴西行三首之一，頁1905）
>
> 戍久風塵色，勳多意氣豪。建章樓閣迴，長安陵樹高。
>
> （王褒・入塞，頁2332）

「長安」是漢代文治武功的象徵，建康金陵才是南朝都城所在，但是南朝邊塞詩卻都是兵發長安，未見金陵絲毫風沙。環繞著漢代歷史古都的長安，當然就會推演出「長城」「邊關」與塞上的戰氣：

> 薊門秋氣清，飛將出長城。絕漠衝風急，交河夜月明。
>
> （劉峻・出塞，頁1758）
>
> 擁旄爲漢將，汗馬出長城。長城地勢險，萬里與雲平。
>
> （虞羲・詠霍將軍伐北詩，頁1607）
>
> 陰山日不暮，長城風自淒。弓寒折錦鞬，馬凍滑斜蹄。

❶南朝邊塞詩，據筆者統計約一百五十首。詳見拙著〈邊塞詩形成於南朝的原因〉，《魏晉南北朝文學與思想研討會論文集》，成功大學主辦。（台北：文史哲出版社，1991年），頁67-70。

❶以下引詩據逯欽立《先秦漢魏晉南北朝詩》（台北：木鐸出版社，1983年）。

（戴暠，從軍行，頁2098）

長城飛雪下，邊關地籟吟。濛濛九天暗，霏霏千里深。

（陳後主·雨雪曲）

這種勒馬長城，邊關風急的姿采，一如南齊孔稚珪在縱論北魏犯邊對策時的口吻：

匈奴爲患，自古而然，雖三代智勇，兩漢權奇，算略之要，二塗而已。一則鐵馬風馳，奮威沙漠，二則輕車出使，通驛虜廷。❹

對於偏安江南的士人而言，挾恃歷史的羽翼，奔馳昔日奮威沙漠的回憶，的確是一件難以忘懷的美夢。

環繞著長城重鎮，其他邊關要塞的地名，於是一一撲面而來：

㈠西北關要的「陰山」「玉門」「祁連」：

從軍出隴北，長望陰山雲。(江淹·古意報功曹詩，頁1562)

陰山日不著，長城風自淒。（戴暠·從軍行，頁2098）

危亂悉平蕩，萬里置關梁。成軍入玉門，士女獻壺漿。

（鮑照·建除詩，頁1300）

黑雲藏趙樹，黃塵埋隴根。天子羽書旁，將軍在玉門。

（吳均·戰城南·三首之三，頁1720）

將軍之朔邊，刁斗出祁連。高柳橫遙塞，長榆接遠天。

（張正見·星名從軍詩，頁2490）

星期映疏勒，雲陣上祁連。戰氣今如此，從軍復幾年。

（徐陵·關山月二首之一，頁2525）

㈡西域烽火的「天山」「樓蘭」「輪台」「交河」「疏勒」：

忽值胡關靜，匈奴遂兩分。天山已半出，龍城無片雲。

---

❹據《南齊書·孔稚珪傳》，版本同注(17)，頁838。

（吳均・戰城南，頁1720）

雜雨凍旗竿，沙漠飛桓暗。天山積轉寒，無因辭日逐。

（張正見・雨雪曲，頁2479）

長驅入右地，輕舉出樓蘭。（沈約・白馬篇，頁1619）

召兵出細柳，轉戰向樓蘭。（徐悱・白馬篇，頁1770）

前年出右地，今歲討輪台。魚雲望旗聚，龍沙隨陣開。

（梁簡文帝蕭綱・從軍行二首之一，頁1904）

蕭條落野樹，幽咽響流泉。瀚海波將息，交河冰未堅。

（顧野王・隴頭水，頁2468）

雜虜寇銅鍉，征役去三齊，抶山翦疏勒，捲海掃沈黎。

（吳均・古意詩二首之一，頁1747）

（三）東北塞上的「雁門」「薊北」「玄菟」：

箭銜雁門石，氣振武安互。

（吳均・邊城將詩四首之二，頁1738）

薊北馳胡騎，城南接短兵。（張正見・戰城南，頁2476）

黃龍戍北花如錦，玄菟城前月似蛾。

（梁元帝蕭繹・燕歌行，頁2035）

相對應這一連串漢家的伐胡版圖，當然會有漢家擁旄揮師其間：

驥子蹋且鳴，鐵陣與雲平。漢家嫖姚將，馳突匈奴庭。

（孔稚珪・白馬篇，頁1408）

雲中亭障羽檄驚，甘泉烽火通夜明。貳師將軍新築營，嫖
姚校尉初出征。（梁簡文帝蕭綱・從軍行二首之二，頁1904）

天山已半出，龍城無片雲。漢世平如此，何用李將軍。

（吳均，戰城南三首之三）

由以上引述的作品可以顯著看出：南朝邊塞詩中所描寫的人、事、
情、景完全無涉於南朝詩人的現實境況。詩中的時、空事實上是

以漢代伐胡的時間爲軸線，進而推演出長城大漠、塞外胡笳的征戰之嘆。本質上是南朝士人渡江以來對中原歷史的懸念及對大漢聲威情感的投射。雖然這一類作品無法反應南朝士人與現實世界的關連，但是卻在文學中建構另外一個精神世界。更由於其世界本質地挾帶著漢代帝國的慷慨意氣，於是在南朝詩歌一片柔麗的氛圍之中，獨樹遒勁剛健一格。唐代邊塞詩的格局，事實上就是在這一系列的作品中奠立其規模和典範。㉑

三

當然，過江諸人並非全數籠罩在歷史的巨影之中，完全成爲大漠記憶的俘虜。更多的詩人在接觸到江南土地之後，立刻爲眼前山水所深深吸引。〈山水詩〉的出現，事實上就是代表著南朝詩人擺脫歷史制約，縱身四周具體處境的象徵。透過「山水詩」的寫作，詩人的心靈也得以開展轉換出另外一種感性去刻印腳下歷歷在目的景物。《文心雕龍・物色篇》即云：

　　自近代以來，文貴形似，窺情風景之上，鑽貌草木之中。
歷來文論家大都能扣緊「形似」對南朝「山水詩」中修辭學上的意義。但是這種「窺情」「鑽貌」的意志對象若是和南朝一系列以遙想中原漢世的邊塞詩並置在一起加以討論時，其價值與定位立刻會浮現出極具新意的角度。「山水詩」在時代精神上竟然如此微妙地蘊含王羲之「欣於所遇」的具足感。

其實「山水詩」的歸類並不始自南朝。在《文選》一書中可

㉑筆者近年一系列探討此項問題。詳參拙著〈邊塞詩形成於南朝論〉，《第九屆古典文學會議論文集》，（台北：學生書局，1988年）。〈初唐邊塞詩中的南朝體〉，《六朝隋唐文學研討會論文集》。（台北：中正大學出版，1994年）。

以見到「遊仙」「詠史」「詠懷」「招隱」等重要詩類，就是獨獨未見「山水」的名目。㉒但這並非表示《文選》未曾掌握到「山水詩」在當時發展的概況。真正的奧義是：《文選》將諸多山水佳作分別歸置於「遊覽」「行旅」二類之中。㉓

此一分類的精神正好吻合了「山水詩」何以成爲南朝士人與江南山水「鑽貌」、「寄情」的原因。

「邊塞詩」的題目絕大部份是用樂府古題，如「白馬篇」、「從軍行」、「隴西行」、「出塞」、「入塞」、「燕馬行」、「驄馬軀」等，本質上就帶有濃厚擬古詠史的成份。但是「遊覽」「行旅」則是不拘舊題，筆意自然順勢和所遊、所行之處相互呼應，隨景運轉。

像《文選》的「遊覽」之作就有魏文帝的「芙蓉池作」，謝叔源的「遊西池」，謝靈運的「晚出西射堂」、「登池上樓」、「遊南亭」、「遊赤石進帆海」、「石壁精舍還湖中作」、「登石門最高頂」、「於南山往北山經湖中瞻眺」、「從斤竹澗越嶺溪行」，顏延年的「車駕幸京口三月三日侍遊曲阿後湖作」，謝玄暉的「遊東田」，江文通的「從冠軍建平王登廬山香爐峰」，沈休文的「宿東園」等。這些詩題雖然並非全然是作者自訂，而係後人所標，但卻可依此概括內容大要。由以上詩題所示，可以清楚看到「西池」、「西射堂」、「赤石」、「石門」、「曲阿」、「廬山」這些具體的地名。

㉒《文選》將詩類分爲二十三，計有「補亡、述德、勸勵、獻詩、公讌、祖餞、詠史、百一、遊仙、招隱、反招隱、遊覽、詠懷、哀傷、贈答、行旅、軍戎、郊廟、樂府、挽歌、雜歌、雜詩、雜擬」。並未有「山水」一類。

㉓關於「遊覽」與「行旅」之差別，詳參拙著〈謝靈運詩中「遊覽」與「行旅」之區分〉一文。《第二屆魏晉南北朝文學與思想學術研討會》論文集。成功大學中文系主辦。

　　至於「行旅」類的作品，更是南朝詩人和江南土地體切相接
的記錄。「行旅」的作品大都是詩人在仕途赴任述職或返鄉途中
即景抒懷之作。這種仕宦的體制使得南朝詩人有更多的機緣得以
身臨各處體證山川之美。相對的，江南勝景也因此有幸獲得詩人
品題。人文與自然的相互感發映照，何以肇源於南朝，其奧義關
鍵大都由此而來。試看《文選》中「行旅」類的名目，幾乎就是
一片江南風景：陶淵明「始作鎮軍參軍經曲阿作」、「辛丑歲七
月赴假還江陵夜行塗口」，鮑參軍「還都道中」、謝靈運「初發
都」、「過始寧墅」、「富春渚」、「七里瀨」、「初發石首城」、
「入彭蠡湖口」、「入華子崗是麻源第三谷」，謝玄暉「之宣城
出新林浦何版橋」、「晚登三山望京邑」、「京路夜發」，江文
通「望荊山」，丘希範「且發漁浦潭」，沈休文「早發定山」、
「新安江山至清淺深見底貽京邑遊好」等，都是南朝詩人以宦遊
的方式在空間留下足跡的標誌。

　　如果說「遊覽」詩的性質比較傾向於表現心靈的澄靜與出遊
步調的從容不迫，則「行旅」詩相對之下在心境上就多了些折騰，
尤其「行旅」之作既然大都描寫赴任他鄉，兼程趕路的奔波，所
以在時空變換的描寫上，節奏必然比「遊覽」之作來得快，個中
更時常出現千里行舟，驚流急湍的景象。像《文選》所錄謝靈運
的作品：❷

　　溯流觸驚急，臨圻阻參錯。（富春渚）
　　孤客傷逝湍，徒旅苦奔峭。（七里瀨）
　　洲島驟回合，圻岸屢崩奔。（入彭蠡口）
其他如江淹「渡泉嶠出諸山之頂詩」的「萬壑共馳騖，百谷爭往

───────────

❷以下引詩未加注者皆據《文選》（台北：五南出版社校注本）。

來」❷，何遜「渡連圻二首之一」的「洑流回洄斜，激瀨視奔騰」。❷不斷以「驚」「湍」「驟」「奔」的動作來追摹行旅山水的動感。尤其鮑照「還都道中」一詩中更有許多令人嘆贊的意境：

> 昨夜宿南陵，今旦入盧州。客行惜日月，崩波不可流。

夜宿南陵，旦入盧州，言其兼程趕路之苦。客子飄泊天涯，愈覺歲月流逝匆匆之苦。眼見年華若江波之高高湧起，又若江波逐次之崩碎。「崩波」二字事實上就是南朝詩人在水中證悟出來的新感性。

　　當然行旅時也並非全數均染就如此奔騰激越的色調。有少數的行旅詩也能刻劃悠然自得，從容不迫的神韻。像沈約的「早發定山」寫來就絲毫未見風塵倦容：

> 夙齡愛遠壑，晚蒞見奇山。標峰綵虹外，置嶺白雲間。傾壁忽斜竪，絕頂復孤員。歸海流漫漫，出浦水淺淺。野棠開未落，山櫻發欲燃。忘歸屬蘭杜，懷祿寄芳荃。眷言採三秀，徘徊望九仙。

開篇言其早年就性愛遠山，今日得此因緣攀登這座不平凡的山峰。對眼前之景「欣於所遇」之情溢於言表。「標峰彩虹外，置嶺白雲間」，著一「標」與「置」字使得「峰」「嶺」轉眼成爲一掬手可捧的親切之物。尤其「野棠開未落，山櫻花欲燃」，更是杜甫「江碧鳥逾白，山青花欲燃」千古名句之所由，寫花之紅豔，卻由紅之色感旁及火之觸感，是典型南朝新感性的寫法。

　　可見：由於「遊覽」與「行旅」的行踪所至，使南朝詩人由歷史的耽想之中跳躍出來，進而以當下生命的感覺去與新景物相

---

❷見逯書，頁1559。
❷同前注，頁1689。

應開發新感性。這種嶄新的世界觀與美學觀，鍾嶸《詩品》在評
「謝靈運」詩時，正好點出其名目：

> 嶸謂若人興多才高，寓目輒書，內無乏思，外無遺物……
> ……。㉗

所謂「寓目輒書」，所謂「外無遺物」，事實上就是以物色形象
為主的藝術活動，欲求眼目所見，纖毫畢現。關於文字的功能是
否能達到這項要求，是藝術媒介屬物的問題㉘，但是南朝這種文
學寫作的傾向，則明顯地暗示著文學創作另一項思潮的發展。

　　南朝這種「寓目寫物」，對山水景物的嚮往，當然也不完全
出於謝靈運、謝玄暉、沈約。早期王羲之除了在〈蘭亭序〉揭示
那「欣於所遇」的奧義之外，更在「蘭亭詩」中親自寫出與山水
極和諧的對話：

> 仰望碧天際，俯磐綠水濱。寥朗無厓觀，寓目理自陳。大
> 矣造化功，萬殊莫不均。群籟雖參差，適我無非新。㉙

仰望碧天 ，俯磐綠水 。非但對萬物有「欣於所遇」的醉意，進
一步地還覺知到所有照會過的景物都是一嶄新的生命經驗。──
「適我無非新」。《水經注》卷三十四亦引有一段袁山松的山水
宣言：

> 常聞峽中水疾，書記及口傳悉以臨懼相戒，曾無稱有山水
> 之美也。及余來踐躋此境，既至欣然，始信耳聞之不如親
> 見矣。

㉗引文據汪師雨盦《詩品注》（台北：正中書局，1969年），頁112。此
　一觀點鄭毓瑜有極精闢之見解。詳氏著「觀看與存有」收入《六朝情境
　美學》（台北：學生書局，1996年）。
㉘詳參拙著《論六朝詩中巧構形似之言》《師範大學國文研究所集刊第二
　十三號》（台北：師範大學國文研究所出版，1979年。）
㉙據逯書，頁895。

袁山松此處的「既至欣然」和王羲之的「欣於所遇」以及謝靈運
的「寓目寫物」的確可以相互輝映，巧妙地反映出南朝士人和土
地乍然相識相知的亢奮。

　　承續著這份「欣於所遇」的滿足感，南朝詩人在文學上的衝
動就是設法將寓目所見「外無遺物」地刻劃起來。「形式之美」
的美學要求就是因此應勢而來。所以《文心雕龍》嘗云：

　　　自近代以來，文貴形似，窺情風景之上，鑽貌草木之中。

又云：

　　　故巧言切狀，如印之印泥，不加雕削，而曲寫毫芥，故能
　　　瞻言而見貌，即字而知時也。❸⓪

可見當南朝士人的心靈一方面沈醉在歷史的萬里長城與大漠風沙
之中，另一方面的眼神則正在驚豔般想緊緊印製迎面而來的風景。
「巧言切狀，如印之印泥」是一種和眼前山水激切、交揉的渴望
之詞。前文所引《文心雕龍·明詩篇》所云，更可以看出「形似」
和「山水詩」之間的依存關係：

　　　宋初文詠，體有因革，莊老告退，而山水方滋。儷采百字
　　　之偶，爭價一句之奇，情必極貌以寫物，辭必窮力而追
　　　新，此近世之所競也。❸①

雖然「莊老告退，而山水方滋」過度簡化莊老玄學和山水詩之間
的關係❸②，但是對於「山水詩」和「極貌寫物」的關係，則極為
明確。其實鍾嶸《詩品》在提出謝靈運「寓目輒書」、「外無遺
物」之前，就已經先點明其：「雜有景陽之體，故尚巧似」，當

---

❸⓪同注 (2)。
❸①引文據《文心雕龍·明詩篇》，版本同注(2)，頁 85。
❸②詳參林師文月〈中國山水詩的特質〉一文。收入《山水與古典》（台北：
　三民書局，1996年）。

然謝靈運山水詩的重要精神與骨架必然不脫「巧言切狀,如印之印泥」。其他如論張景陽、顏延之、鮑參軍均掌握其與「形似」之間的關係❸,其中除鮑參軍兼或偶用「形似」手法神摹邊塞景物之外,張景陽、顏延之的「形似」也全部和山水寫物的關係密不可分。

　　宏觀地看來:南朝詩人透過「遊覽」和「行旅」的足跡,一一踐履江南斯土斯境,在令人應接不暇的崇山峻嶺,清流激湍之前,終於使其在另外一個心域中放下懸擱未決的歷史圖騰,藉由「巧言切狀」「印之印泥」的密附儀式,融入江南山水文化體系之中。

四

　　南朝文學之所以如此眩麗燦爛,本質上是建立在其寬容與多樣化的展幅中。分崩的中央政統與解體的學術權威,使得知識份子個人的心靈得以自由躍動。❸就是在這種遼闊豐腴的思想舞台上,南朝詩歌得到充分發展的機會。既有因為歷史圖騰凝肅而成的邊塞詩,揮舞著剛健遒勁的塞笳漢旗,又有因著眷戀江南山河描摹而成的山水詩輝映著波光瀲灩。也就是這種眾流匯聚,兼容並存的文學生命力,才能遙遙開啟唐代眾體皆備的唐代文學盛世。❸

---

❸《詩品》云:「晉黃門郎張協,其原出於王粲。文體省淨,少病累,又巧構形似之言」。又云:「宋光祿大夫顏延之。其原出於陸機,尚巧似。」又云:「宋參軍鮑照,其原出於二張,善製形狀寫物之詞」。版本據同注(28)。

❸參王鍾陵《中國中古詩歌史》,第三編,第二章〈真實與形似〉嘗云:「在這種美學趣味的形成中,有著歷史變動的深刻投影。天下分崩,王權衰落,恢宏雄潤的大一統政治局面早已在別夢依稀中成為了過去………」部份文字和本文論點可以相互呼應。(大陸:江蘇教育出版社,1988年)頁102。

❸詳參拙著〈初唐邊塞詩中的南朝體〉,同注(21)。

論　文：南朝文人的「歷史想像」與「山水關懷」──論「邊塞
　　　　詩」的「大漢圖騰」與「山水詩」的「欣於所遇」
主講人：王文進副教授
講評人：呂正惠教授

　　本篇論文提出一個值得我進一步去思考六朝人精神心靈想像
的解釋方式，第一特殊之處是把南朝山水詩和邊塞詩合論，第二
是企圖從南朝文人這種兩作品去談南朝文人這兩種精神狀態或是
想像。即是邊塞詩代表偏安南方文人的大漢圖騰的一種想像，而
山水詩代表的是六朝文人心裏所寓的精神寄託，此爲王先生大致
詮釋的重點。之後，就大漢圖騰這一方面，舉出對東晉時代北伐
各種討論的問題，以及南朝京城在談及國事時，常用一種中原意
象來形容實際上只限於南方的事情，從這兩方面來做爲六朝文人
歷史想像的證據。依據王先生的論述分析，提出一些思考的問
題。首先從歷史發展來看山水詩基本上是形成於晉宋之際，東晉
時代雖有關於山水詩的一些描寫，不過在謝靈運之前不久，比較
積極的山水詩才慢慢形成，因此從東晉文人的喜愛留連山水到山
水詩的形成這中間有一段相當長的時間。其次邊塞詩在六朝晚期
時是以詠物詩以邊塞題名作爲詩歌寫作的題材。大體來說以樂府
題寫山水詩在齊梁後作品比較多，在宋時仍很少，文中引述到的
劉宋鮑照〈建除詩〉，它不是邊塞詩。假如樂府題式的邊塞詩是
到齊梁之後比較盛行的話，這並不能說明此與六朝文人精神狀態
就沒有關係。我們可以說東晉以後的文人都有對於中原一種特殊
複雜的感情，可是這行的作品比較晚出，也有歷史的差異，所以
可以再加以補足這論述。

曹植初次就國時地考辨

鄭州大學古籍研究所

俞 紹 初

　　曹植在建安期間曾兩次封侯，十六年封平原侯，十九年徙封臨淄侯，都居住于鄴，未曾就國。他初次就國是在延康元年（220）曹丕繼承魏王之位以後。《魏志》本傳云：「文帝即王位，誅丁儀、丁廙并其男口。植與諸侯并就國。」《曹彰傳》載：「文帝即王位，彰與諸侯就國。」又此文之下裴注引《魏略》曰：「太子嗣立，既葬，遣彰之國。」都說明了這一事實。但是，對于就國的具體時間，《魏志》與《魏略》兩家的記載小有不同：前者以爲在曹丕誅丁儀兄弟之後，後者則認爲在曹操既葬不久。据《武帝紀》，曹操下葬的時間是在建安二十五年（220）二月丁卯（二十一日）；而丁儀兄弟于何時被殺，文獻記載頗有出入，是有待于討論的疑案。因此，兩家所說以何者近實，須先考定曹植初次就國及丁儀兄弟被殺的確切時間，方能作出明晰的判斷。

　　關于曹植初次就國的確切時間，在曹植本人和曹丕的作品中最早透露了消息。《太平御覽》卷五百二十六引曹植《求祭先王表》云：

　　臣雖比拜表，自計違遠已來，以逾旬日。垂竟（按，通「境」），夏節方到，臣悲感有念。先公（按，指曹騰）以夏至日終，是以家俗不以夏日祭。至于先王（按，指曹

操）自可以令辰告祠。臣雖卑鄙，實稟體于先王。自臣雖貧窶，蒙陛下厚賜，足供太牢之具。臣欲祭先王于北河之上，羊、豬、牛臣自能辦，否（按，當作「杏」）者臣縣自有；先王喜鰒，臣前以表得徐州臧霸二鰒百枚（按，當作「鰒二百枚」），足自供事。請水瓜五枚。計先王崩來未能半歲，臣實欲告敬，且欲復盡哀。

《御覽》緊承此表又引錄了博士鹿優、韓蓋等奏議及曹丕答詔。從內容上看奏議和答詔均針對曹植《求祭先王表》而發，當是一時之事。現將曹丕答詔全文抄錄于後：

詔曰：得月二十八日表，知侯推情，欲祭先王于河上。覽省上下，悲傷感切。將欲遣禮，以紓侯敬恭之意，會博士鹿優等奏禮如此，故寫以下。開國承家，顧迫禮制，推侯存心，與吾同之。

《答詔》說「得月二十八日表」，所得之表即是曹植《求祭先王表》，「月二十八日」無疑是曹植上表的時間。那麼，「月」所指為何月？《表》有「計先王崩來未能半歲」云云，考《武》《文》兩紀，曹操于建安二十五年正月庚子（二十三日）病故洛陽，曹丕旋即繼承王位，改建安二十五年為延康元年，因此曹植上表求祭先王之事當發生在延康元年六月以前。植《表》又云：「垂竟夏節方到，……先公以夏至日終，家俗不以夏日祭。至于先王自可以令辰告祠。」所謂「夏節」、「夏日」，都是指夏至日。班固《白虎通·日月》：「故夏節晝長，冬節夜長。夏日宿在東井，出寅入戌。冬日宿在牽牛，出辰入申。」即是其例。又據《三禮義宗》曰：「夏至之時祭崑崙之神于澤之中，以配后土。」（《太平御覽》卷二十三引）夏至日自是祭祀「先王」的大好日子，故此稱「令辰」。這說明他準備在夏至日告祭曹操。

據陳垣《二十史朔閏表》推算,這一年的夏至爲五月初三或初四日,可知「月」當指四月,就是說曹植上表的時間是四月二十八日,正在夏至前六、七日,故《表》有「夏節方到」云。曹植在《表》中又說:「自計違遠已來,以逾旬日」,表明自離別曹丕就國至上表之日相隔的時間。由此可以推定,曹植初次就國是在延康元年四月十五日左右。其時離曹操下葬相去不遠,所以《魏略》說「既葬就國」,大體上是正確的。

關于丁儀兄弟被殺的時間,根據上引《魏志》植傳所言當在曹丕即王位之初,曹植就國之前,但《魏略》的記載卻又與此相異。植傳注引《魏略》曰:

> 太祖既有意欲立植,而(丁)儀又共贊之。及太子立,欲治儀罪,轉儀爲右刺奸掾,欲儀自裁而儀不能。乃對中領軍夏侯尚叩頭求哀,尚爲涕泣而不能救。後遂因職事收付獄,殺之。

從《魏略》的敘述看出,曹丕嗣立之初並沒有即時誅殺丁儀。誅殺丁儀以前,有一個先轉其爲右刺奸掾,欲令「自裁」,後又借故收之入獄的過程,而在此期間丁儀曾經向中領軍夏侯尚求救。夏侯尚任中領軍的時間,根據史傳記載是可以推測而知的。《魏志·夏侯尚傳》:「太祖崩于洛陽,尚持節,奉梓宮還鄴。並錄前功,封平陵亭侯,拜散騎常侍,遷中領軍。文帝踐阼,更封平陵鄉侯,遷征南將軍,領荊州刺史。」又《曹休傳》云:「太祖拔漢中,諸軍還長安,拜休中領軍。文帝即王位,爲領軍將軍,……夏侯惇薨,以休爲鎮南將軍。」按《宋書·百官志》,中領軍掌禁兵,資重者爲領軍將軍,資輕者爲中領軍,可見中領軍和領軍將軍是同一職務根據資望輕重而授予的不同稱號。因此,夏侯尚初任中領軍肯定是接替曹休領軍將軍的職事,時在夏侯惇死,

曹休轉爲鎮南將軍之際。據《文帝紀》，夏侯惇死于延康元年四月庚午（二十五日），則夏侯尚爲中領軍當在此時至同年十月曹丕受禪期間。丁儀既然曾求救于中領軍夏侯尚，那就說明他的被殺不會早于四月二十五日，就是說在曹植就國之後。

上面《魏略》提供的情況，在曹植《贈丁儀》詩中也同樣有所反映，而且進一步顯示丁儀被殺是在此年秋後。其詩云：

> 初秋涼氣發，庭樹微銷落。凝霜依玉除，清風飄飛閣。朝云不歸山，霖雨成川澤。黍稷委疇隴，農夫安所獲。在貴多忘賤，爲恩誰能博。狐白足御冬，焉念無衣客。思慕延陵子，寶劍非所惜。子其寧爾心，親交義不薄。

一般認爲這首詩作于延康元年曹丕即王位之後，這是有其根據的。詩先從節序的遷移，景物的變換寫起，接著「朝云不歸山」四句描述霖雨不止，水潦成災的景象。考《初學記》卷二引《魏略·五行志》：」延康元年，大霖雨五十余日，魏有天下乃霽，將受大禪之應也。」曹丕受禪于是年十月，可見延康元年秋天確實發生過霖雨，詩句所寫正是事實，而不是托物寄意的虛擬。丁儀原是曹操掾屬，與曹植親善，因曾贊助曹操欲立曹植爲太子，爲曹丕所忌恨。從詩中看出，此時丁儀被殺的禍機還沒有完全顯露，不過已遭受歧視，大概在轉爲右刺奸掾，令其「自裁」之前。由于曹丕一即王位便遍封曹操舊時屬僚，唯丁儀卻仍滯留于掾屬之位而不得封賞，由此而產生的怨激之情是不難理解的。詩中「在貴多忘賤」以下八句，便是有感于丁儀當時的境遇而加以勸慰，向他表示，自己願意援之以手。看來詩意與《魏略》所敘丁儀事㊄也相切合，《贈丁儀》詩作于延康元年之秋當可無疑。這就說明，在曹植就國以後一段時期內丁儀依然活著，沒有被殺。丁儀兄弟之被殺，據兩漢以來治獄的慣例，可能在秋冬之際，即

曹丕受禪前後。因此，陳壽將此事置于曹丕即王位與曹植就國之間顯然是不十分妥當。而不少文學史家對于陳壽之說習而不察，往往據以敘述曹植生平，就不免違離了史實。在探討曹植初次就國時間問題時，指出這一點或許不是多餘的吧。

接著要討論的是曹植初次就國的地點在何處。關于這個問題向來認爲：曹植既以臨淄侯就國，他所就之國理所當然是在臨淄。這一說法似乎已成定論，然而卻頗可懷疑。

懷疑也是讀了上引曹植《求祭先王表》和曹丕《答詔》引起的。據《表》、《詔》可知，曹植在四月二十八日上表請求于夏至日告祭先王，現在假設當時他在臨淄，于是問題就出來了。臨淄距鄴約一千二百里❶，公文往復則路程加倍，以日急行三百里計，道途所花的時間就超過了八天。這就意味著當曹植接到答詔時早已過了夏至，曹丕發詔欲阻止其求祭先王豈非落空而失去了任何意義？又植《表》云「臣欲祭先王于北河之上」，《答詔》也說「欲祭先王于河上」，清楚地表明曹植欲祭先王的地點是在「河上」，而此「河」又在其居處之北。有人認爲」河」就是臨淄附近的淄水，但據《讀史方輿紀要》卷三十五，淄水在臨淄東南，就其方位而言顯然與植《表》所說的」北河」不合。且事實上，「河」在古籍中專指黃河，《三國志》及曹丕、曹植作品中以「河」稱黃河的例證在在皆是，而未見有以「河」指稱淄水的。因此，《表》、《詔》所說的「河上」，當是黃河之畔。于是問題又出來了：假設當時曹植就國于臨淄，而臨淄去黃河甚遠，那麼他何以不憚長途跋涉，趕去黃河附近舉行祭祀呢？這實在令人難以思議。所以上述種種疑點表明，就國臨淄一說與《表》、

---

❶据《元和郡縣志）及《太平寰宇記》推出，下同此。

《詔》所反映的實際情況頗相抵牾，看來曹植初次就國的所在地似不在臨淄，而在北傍黃河，離鄴城不遠的某處。當然，這個推測有待于其他史料作出驗證，看一看究竟有無道理。

《太平御覽》卷一百九十八引曹植《遷都賦序》曰：

> 余初封平原，轉出臨淄，中命鄄城，遂徙雍丘，改邑浚儀，而末將適于東阿，號則六易，居實三遷。連遇瘠土，衣食不繼。

這篇殘序歷敘封號的變易，又指出「號則六易，居實三遷」的事實，是探討曹植居址的重要材料。據「末將適于東阿」一語可知，《遷都賦》當爲太和三年 (229) 徙封東阿王，將由雍丘遷居東阿時所作。對照本傳的記載，序中缺一安鄉侯，又雍丘曾有兩封，即由浚儀而改回雍丘，後又從雍丘而轉東阿，因封號相同，故省去一次；除此之外，六個封號及其先後順序均相符合。安鄉侯何以不入其類，因與本文論旨無關，擬作另文說明，此不贅述。現在所要討論的是「號則六易，居實三遷」的含義所在。

關于這一點，徐公持先生《曹植生平八考》一文根據序中正好列舉了六個封號，斷定「六易」的「六」是實數，從而正確地指出「三遷」的「三」也應是實數。❷據此，這二句的意思是說：自初封平原至將往東阿就國期間，曹植的封號先后改易了六個，而居址實際上遷移了三個。這裡需要說明的是，序中的封號同時就是封地的名稱，曹植居住過的三個地點必然包括在六個封號之中是沒有疑問的。在六個封號中，有大量的史料證明，又經過徐公持先生在同文中翔實而周密的考證，確知居住過的有鄄城、雍丘二地，沒有居住過的有平原、浚儀二地。剩下的，也是引起爭

---

❷文載（文史）第十輯。

議的便是臨淄和東阿了。因此，「居實三遷」的三個地點要末包括臨淄而排除東阿，要末包括東阿而排除臨淄，二者必居其一。我們只要肯定其中的一個，「居實三遷」的確切含義就不難弄清了。

序稱「末將適于東阿」，曹植作賦時身尚在雍丘，未到東阿，這是事實；但是，東阿已經作爲都邑，他將遷往居住，這同樣也是事實。既然作賦時已經決定遷居東阿，而此賦又題曰「遷都」，表明爲有感于眼前遷都之事而發。因此就《遷都賦序》文義而言，「居實三遷」應該是包括了將遷之都東阿在內的。

如果上述推斷因《遷都賦序》殘缺不全，尚難令人完全信服，那麼陳壽的有關記載可以作爲補充說明。《魏志》本傳敘太和六年曹植之死云：

> 時法制，待藩國既自峻迫，僚屬皆賈豎下才，兵人給其殘老，大數不過二百人，又植以前過，事事復減半，十一年中而三徙都，常汲汲無歡，遂發疾薨。

這段史文指出曹植長期以來遭受迫害，境遇惡劣，使他「常汲汲無歡」，因而發疾而卒。文中所補敘的遭受迫害的具體事實之一就是「十一年中而三徙都」，說明他長期過著遷徙頻繁，居無定處的生活。「十一年中而三徙都」一句是頗值得引起注意的。這裡的「三徙都」與《遷都賦序》中的「居實三遷」，顯而易見句義相同，都表示遷移了三個都邑。那麼，它們所反映的實際內容是否完全一致，二者之間有沒有內在聯系？這是需要著重討論的。

解決上述問題的關鍵，在于明確「十一年」的時間界限。一般以曹植病故的太和六年（232）爲下限，但從太和六年逆推十一年，則爲黃初三年（222），其年曹植由鄄城侯立爲鄄城王，都邑

未變，沒有發生遷都之事，以此年作爲徙都的起點似與事理殊難相洽。「十一年」的下限一時難以確定，我們還可以求其上限。

就上限而言，黃初三年以下年份，距曹植之死都不足十一年，故可以統統排除在外；而曹植遷都又是黃初以來才有的事，因而剩下可供選擇的只有兩個年份，那就是黃初元年和二年。上文已知，曹植初次就國在延康元年，即黃初元年，就國的所在地也就是他第一個都邑，既然「三徙都」概言黃初以來所徙之都，理所當然包括他住過的第一個都邑在內，應從黃初元年算起。

確定了黃初元年爲上限，下推十一年則爲太和四年 (230)。據《通鑒》卷七十一所載，曹植于太和三年 (299) 十二月徙封東阿，這當是下詔命其遷都的時間。因此，太和四年則是他自雍丘正式遷至東阿的第一年。至此，「十一年中而三徙都」的含義便灼然可知：即在曹植初次就國到太和四年這十一年中，他遷移了三個都邑，而東阿就是其中之一。這與上面根據《遷都賦序》所作的推斷恰相符合。由此可見，「三徙都」和「居實三遷」不但字面意義相同，所反映的事實也完全一致。二者的區別只在于曹植作賦于將遷未遷之際，以遷居之始落筆；而陳壽寫史則記載既成事實，以遷居之終立言。陳壽所處時期，《遷都賦》尚不至于亡佚，他是能夠見到全文的。我們有理由認爲「十一年中而三徙都」的史料來源即出之于曹植《遷都賦序》，說明二者相同並非偶然的巧合。

通過以上考述，可以肯定曹植在太和四年以前居住過的三個都邑是：鄄城、雍丘、東阿。這就是「居實三遷」的確實內容。毫無疑問，臨淄不是曹植的居址，自然也不是他初次就國的地點。從而由曹植《求祭先王表》和曹丕《答詔》所引起的懷疑得到了初步證實。

　　曹植始就國的地點既然不在臨淄，那麼究竟在何處呢？從他就國以來封號的先後次序來看，這個地方應是鄄城。鄄城，據《水經·河水注》，「在河南十八里」，屬于「河上之邑」。❸這表明黃河近在鄄城之北，與《表》、《詔》所反映的地望完全吻合。又鄄城西北至鄴約五百里，往來不過二、三天路程，曹丕的答詔有可能趕在夏至日前下達曹植，阻止其求祭先王之舉才得以實現。由此看來，北依黃河，離鄴不遠的鄄城正是曹植初次就國的所在地。結論一旦明確，于是《遷都賦序》的某些文句也就豁然得解了。《序》中說「轉出臨淄，中命鄄城」，意謂本以臨淄侯出鄴就國于臨淄，中途受命留住鄄城，後改封鄄城侯。這裡清楚地說出了就國的經過，又反映了上面的事實。《序》又說」連遇瘠土，衣食不繼」，所謂「瘠土」當指鄄城、雍丘二地。証之以曹植《社頌序》：「余初封鄄城侯，轉雍丘，皆遇荒土，……經離十載，塊然守空。」按，自黃初次元年初次就國至太和三年十二月徙封東阿正首尾十載，十載之中他先后住過鄄城、雍丘二地。所謂「皆遇荒土」，與《遷都賦序》所說「連遇瘠土」指的是同一回事。由此看來，曹植初次就國的地點不是臨淄而是鄄城，已由他本人在不同場合作過透露，不能說僅僅是一種臆測。

　　這裡，我們再從曹植的另一篇作品找到更爲直接的証據，証明黃初元年他就國之后確實居住于鄄城。《大唐開元占經》卷一百十六引曹植《上九尾狐表》云：

> 黃初元年十一月二十三日，于鄄城縣北見眾狐，數十首在後，大狐在中央，長七、八尺，赤紫色。舉頭樹尾，尾甚

❸《水經·河水注》云：「鄄城故城在河南十八里。」按，故城與新城相對而言，新城始建于晉，故曹魏時鄄城無新故之別。

長大，林列有枝甚多，然後知九尾狐。斯誠聖王德政和氣所應也。

據題意，此表為曹植向朝廷呈獻九尾狐而作。表首書：「黃初元年十一月二十三日」，時在曹植出鄴就國未久。又云：「于鄄城縣北見眾狐」，表明九尾狐是在鄄城被見的。九尾狐舊時被認為是象徵「六合一統」的祥瑞。郡國發現祥瑞，按例宜由該郡國的執事者表奏朝廷，他人是不得任意越職言事的。如果認為曹植以臨淄侯而就國臨淄，臨淄屬青州，鄄城則屬兗州，那麼轄境之外鄄城發生之事，何以要由他越俎代庖，上表啟奏呢？合理的解釋只能是，他雖以臨淄侯就國，但其治所卻設于鄄城，所以才有責任將住地發生的情況稟報朝廷。從《表》中對九尾狐的數目、形狀、毛色等所作的細致描述來看，也充分說明九尾狐實為其在鄄城親自所見。所以，由《上九尾狐表》證實，曹植以臨淄侯就國，然而卻寄地而治，實際居處在鄄城無疑。

曹植封臨淄侯不之臨淄而居于鄄城，如同他封浚儀王不去浚儀而住在雍丘一樣，居處和封地分離，這與兩漢以來封侯的傳統制度顯然不盡相合。但是考之于史實，自曹丕當政以來並非曹植一人如此，其他諸侯也存在著類似現象。

上文已知，與曹植「並就國」的還有曹彰。據《魏志·曹彰傳》，他于建安二十一年封鄢陵侯，黃初二年進爵為公，三年立為任城王，四年疾卒，因此，延康元年當以鄢陵侯就國。但其他史料表明，他居處卻不在鄢陵。彰傳注引《魏略》敘彰被遣之國云：「時以鄢陵瘠薄，使治中牟。及帝受禪，因封為中牟王。是後大駕幸許昌，北州諸侯上下，皆畏彰之剛嚴，每過中牟，不敢不速。」有人據「及帝受禪，因封為中牟王」與《魏志》記載不合，因而以為上述史事系魚豢「虛造之言」。❹按，《魏志·王

肅傳》注引《魏略》記賈洪事云：「延康中，（洪）轉爲白馬王相，善能談戲。王彪亦雅好文學，常師宗之，過于三卿。」據此，則曹彪于延康元年亦有白馬王之封。延康元年即曹丕受禪之年，依《魏略》所言，曹彰、曹彪封王當爲一時之事。魚豢以魏人記魏事，大概不至于謬誤兩出而又巧合若此。可能的情況是，在曹丕受禪之始，諸侯中確有被封爲王的❺，因隨封隨廢，即改封爲公，故《魏志》略而不書。在沒有更爲直接可靠的史料以資說明之前，對于《魏略》的正確性似未可輕疑。但是無論如何，有一點是可以肯定的，曹彰就國之初以及此后一段時間，他不往鄢陵而住于中牟卻是事實。郭頒《世語》及干寶《晉紀》亦并言中牟縣有魏故任城王層台（見《水經·渠水注》及杭世駿《三國志補注》引《名勝志》），都說明了這一點。

此外，還有曹彪，據《魏志·曹彪傳》，他于建安二十一年封壽春侯，黃初二年進爵徙封汝陽公，三年封弋陽王，又徙封吳王，五年改封壽春，七年徙封白馬，自太和六年一直至死均爲楚王。曹彪是否與彰、植同時就國，史無明言，但據上引《王肅傳》注引《魏略》看出，延康元年他曾封爲白馬王，其情況很可能與曹彰相同，就是說以壽春侯就國，卻治于白馬，及文帝受禪因封爲白馬王。此后有史料表明，他的名號雖屢經變更，但似始終住在白馬。如黃初四年曹植作有《贈白馬王彪》詩，據黃節《曹子建詩注》考證，當時曹彪號爲吳王，但住于白馬，故得與回鄄城之曹植同路東歸，足見那時他的封號和住地是不相一致的。又

---

❹見盧弼《三國志集解》引沈眉說。

❺按，曹植《責躬詩》云：「文則時雍，受禪于漢。……文命懿親，以藩王國。帝曰爾侯，君茲青土，奄有海濱，方周于魯。」是證其時兄弟中確有封王者，而曹植則但封爲侯，未曾封王。其原因或如《魏志》本傳所說「植以前過，事事復減半。」「前過」蓋指建安末私開司馬門事。

《魏志·王凌傳》載，齊王芳嘉平元年（249）太尉王凌和兗州刺史令狐遇密謀，欲立楚王曹彪爲帝，是年「九月，（令狐）愚遣將張式至白馬與彪相問往來。」按，楚王治于壽春，按理他本應在壽春，然而實際上卻仍住在白馬，所以令狐愚才派人到白馬與之往來聯系。由此見出，曹彪自初次就國至被殺，似一直住在白馬，與他的封號大多不相符合。

以上事實說明，封號和實居之地不相一致，在曹魏時期並非偶然出現的事例，是不足爲怪的。當然，封號和住地也有相統一的，如曹植之封鄄城、雍丘、東阿，曹彪之封白馬等皆是。這兩種情況同時並存，反映了曹魏封建諸侯的制度存在著某些混亂。曹睿在太和六年詔書中也承認：「大魏創業，諸王開國，隨時之宜，未有定制。」❻因此，我們只有根據具體史實引導出相應的結論，說明在此時期封建諸侯的特點，而不能用兩漢以來的傳統制度去測度當時諸侯就國的具體情況，不然在判斷上難免會失之偏頗。

曹丕即王位時，除曹彰、曹植、曹彪外，還有哪些諸侯就國，以及各自就國的地點在何處，由于文獻缺載，已難悉其詳。但僅從上述三人的情況來看，存在著一個明顯的相同點，那就是他們初次就國的所在地，都與他們的封號不相符合。《魏志·武文世王公傳》注所引《袁子》曾評述過曹魏的封建制度，其中有云：「魏興，承大亂之后，民人損滅，不可則以古始。于是封建侯王，皆使寄地，空名而無其實。」這裡不但指出曹魏立國時封建諸侯所以不同于古制的原因，而且還例舉了曹丕所採取的一項重要措——「皆使寄地」，即就國的諸侯不住本邑，而寄寓于他地。比

---

❻《魏志·明帝紀》。

照曹彰等人初次就國的共同特點，不能不認爲《袁子》所說的「皆使寄地」曾是曹丕最早對付諸侯的一條通例。因此，曹植以臨淄侯就國，不之臨淄而寄治于鄄城，就不是不可理解了。

曹丕當初採取諸侯「皆使寄地」的方針，似乎有其堂而皇之的理由：曹彰因「鄢陵瘠薄，使治中牟」；曹彪或許因壽春地處敵國邊境，讓其治于白馬；曹植則可能是臨淄遭受戰爭破壞❼，使他寄住鄄城。但看來這僅僅是一種口實，而不是真實的用意所在。曹丕一即王位，有鑒于前朝分封諸侯之失，又曹操在世時曾與曹植爭立太子，幾乎失去了王位繼承權，餘悸猶存，所以對待諸侯的態度是峻切刻薄的。他通過種種措施防范和限制諸侯昆弟，以削弱他們的勢力，從而維護自己的統治地位。應該認爲，諸侯「皆使寄地」，導致他們「空名而無其實」，正是爲了上述政治需要而採取的一個重要步驟。經過這一番處理，加上其他各種防范措施，諸侯被剝奪了一切應享的權利，即使此後偶有封號與居地相統一的情況，仍然改變不了他們「徒有國土之名，而無社稷之實」的命運。❽曹丕的目的是達到了的。澄清曹植初次就國的地點問題是很有意義的，它不但揭示出曹魏時期一個比較隱晦的歷史現象，有助于深入了解曹氏兄弟之間的矛盾以及曹植晚年的處境；同時對于他生平中的其他問題，如黃初期間存不存在「兩次獲罪」之事，也提供了有益的啓示，是可以重新討論的。

---

❼按，左思《魏都賦》描述漢末戰亂給各地造成的破壞云：「臨淄牢落，鄢郢丘墟。」可見當時臨淄已荒蕪寥落。
❽《魏志·武文世王公傳》陳壽評語。

論 文：曹植初次就國時地考辨
主講人：俞紹初教授
講評人：洪順隆教授

本論文主題明白，運用的資料涉及文學作品、史書、曆法、政制等文獻，知識廣博；論證過程曲折繁複（請參照該論文），富科學的考證精神和推理方法。推論較前驅論著如早期的曹植年譜，近年曹幼文《曹植年表》、張可禮《三曹年譜》進步而較接近事實；文中提出的問題很有意義，揭開隱晦的歷史現象，有助於深入了解曹氏兄弟的矛盾及曹植晚年的處境，對曹植生平諸多問題具有啓示性。

但有些細節，我的想法和作者不同，特提出來討論，就教於作者及在場的賢達。⑴第二頁「夏節方至」指的是「立夏」還是「夏至」呢？「夏節」一般通言「夏季」，如然，則當以「立夏」為是，是則時間的推斷須再斟酌。⑵第三頁據《三國志》：「文帝即王位，誅丁儀、丁廙，并男口，植與諸侯並就國。」由記載而謂陳壽記事，次序有誤。亦疑須斟酌。案《三國志》所記，既可如作者解讀；也可理解為「誅丁氏時植與諸侯已就國。」《資治通鑑》記此事也應參考過《三國志》，其敍曹丕「誅丁氏」在「植就國」和「貶安鄉侯」之後，如司馬光所記與《三國志》次序不同，《考異》當有所辨，《考異》無異言，可見司馬光不以先後次序解讀上引《三國志》文句。⑶第三頁謂植〈表〉中「先王公」指曹騰，恐誤，當是指曹嵩，曹嵩於初平四年季夏為陶謙所殺（見《三國志》及《通鑑》），忌日在夏，故「家俗不以夏日祭。」植〈表〉云：「至于先王自可以令辰告祠。」「令辰」是吉日、吉辰，而〈論文〉斷言：「上表請求于夏至日祭先王。」是以「令辰」解「夏日」，與曹氏「家俗」不合。因此，據此推

論〈表〉求「夏至日」祭操，恐須斟酌。牽一髮動全身，隨而曹丕〈答詔〉不可能於「夏至」後送達植就國之地以及由此所引起的骨牌反應，都應再加檢討，以求論點的正確無差。

《顏氏家訓》與顏氏家風

南京大學中文系
張　伯　偉

一、引　言

　　《顏氏家訓》是現存第一部完整的、卷帙闊大的家訓之作，所以前人認爲「古今家訓，以此爲祖。」（陳振孫《直齋書錄解》卷十、王三聘《古今事物考》卷二）然而家訓的出現由來已久，四庫館臣曾將其淵源上溯至「杜預（或爲『恕』之誤）《家訓》」（《四庫全書總目》卷一一七《顏氏家訓》提要），《文心雕龍·詔策》則進一步指出：

　　　　戒者，慎也，禹稱「戒之用休」。君父至尊，在三罔極。漢高祖之敕太子，東方朔之弁子，亦顧命之作也。及馬援以下，各貽家戒。班昭女戒，足稱母師也。

這裡，劉勰將戒體追溯到先秦，并將弁子之作上推到西漢。若是結合宋人劉清之《戒子通錄》所輯錄的文獻，則可以發現先秦時代已不乏戒子之言。如果說，《尚書》中保存的若干戒子文獻在時代上或許還存在爭議的話，那麼，像《詩經·小雅·小宛》中所說的「螟蛉有子，蜾蠃負之。教誨爾子，式谷似之」，就成爲明確表達戒子思想文獻，并爲後代人所依據。❶中國的誡子傳

─────────────

❶例如，顏志邦《顏氏家訓序》曰：「凡民性非有恆，善惡罔不在厥初。圖惟厥初，莫先教訓。詩曰：『螟蛉有子，果蠃負之。教悔爾子，式谷

統極爲悠久，其產生的思想背景和周初即形成的誡愼思想密切相關。文王演《易》，《周易》中所蘊含的基本精神就是誡愼。「君子終日乾乾，夕惕若厲，無咎。」（《乾》爻辭）故曰「作易者，有憂患乎。」（《繫辭》這大致反映了周初統治集團對部落、家族、個人的存在和發展的反省。孔子說：「人無遠慮，必有近憂。」（《論語·衛靈公》)孟子說：「生於憂患而死於安樂也。」《孟子·告子下》）則又代表了春秋戰國時代的儒家宗師對於誡愼精神的重視。此後，無論是帝王家訓，亦或是女訓，誡愼精神都是貫穿始終的。漢魏六朝以來，誡子文獻的數量激增。從其內容和形制上看，《顏氏家訓》的出現決非偶然，現有的研究也足以證明這一點。❷

魏晉以下是一個門第社會，就須保持家風。而家風的延續，又往往有待於家訓。東晉謝混《戒族子詩》日：「屬子勉之哉，風流由爾振。」（《宋書·謝弘微傳》)劉宋王僧虔戒子曰：「於時王家門中，優者龍鳳，劣猶虎豹。失蔭之後，豈龍虎之儀？政應各自努力耳。」梁王筠《與諸子論家門集 》日：「非有七葉之中，名德重光，爵位相繼，人人有集如吾門者也。汝等仰觀堂構，思各努力。」魏晉以來，在家庭內部世代相傳某種德行、知識或技藝，由此而形成特定的家學傳統，而家訓的內容與特定的家風往往有一定的聯繫。那麼，《顏氏家訓》作爲一部卷帙宏大的著作，其內容及形制與其家風有何關係，便是一個值得思索的問題。從顏氏家風的角度考察《顏氏家訓》，較爲有代表性的意

似之。』言子必用教，教必用善也。」
❷參看周法高《家訓文學的源流》，載《大陸雜志》二十二卷第二至四期；又門人蔡雁彬撰碩士論文《漢魏六朝誡子書研究》，對這類文獻有較系統的研究。

見可以舉明人張一桂《重刻顏氏家訓序》：

> 嘗聞之，三代而上，教詳於國；三代而下，教詳於家。非教有殊科，而家與國所繇異道也。蓋古郅隆之世，自國都以及鄉遂，靡不建學，爲之立官師，辨時物，布功令，故民生不見異物，而胥底於善。彼其教之國者，已粲然詳備。當是時，家非無教，無所庸其教也。迨夫王路陵夷，禮教殘闕，悖德覆行者，接踵於世。於是爲之親者，恐恐然慮教勅之亡素，其後人或納於邪也，始丁寧飭誡，而家訓所由作矣。……昔孔子布席杏壇之上，無論三千，即身通六藝者，顏氏有八人焉。無論八人，即杞國、克國父子，相率而從之游，數畝之田不暇耕，先人之廬不暇守，贏糧於齊、楚、宋、衛、陳、蔡之郊，艱難險阻，終其身而未嘗舍。意其家之同心慕誼如此邪？嗣後淵源所漸，代有名德，是知《家訓》雖成於公，而顏氏之有訓，則非自公始也。

這一段論述，既分析了家訓產生的時代背景（儘管並不完整），又從顏氏家風推測《顏氏家訓》產生的必然性，頗具啓發性。惜其語焉未詳，典據不足。茲試作申論如次。

二、顏氏家風

顏之推爲瑯琊臨沂人，其祖先爲魯國人。根據《顏氏家訓·誡兵篇》和顏眞卿《顏氏家廟碑》（見《金石萃編》卷一百一）中的敘述，春秋時顏氏多仕魯爲卿大夫，孔門升堂者七十有二，而顏氏居八。曹魏時顏盛爲青、徐二州刺史，自魯徙居瑯琊臨沂孝悌里，此後世系，可表列如下：

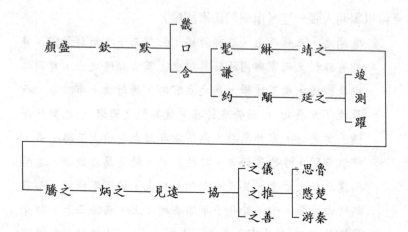

根據相關的史料記載，我們可以了解到其家族有如下顯著特徵：

其一，尚德行。顏之推自稱「世以儒雅爲業。」（《誡兵篇》）如孔門七十二賢，顏氏居八，名見《史記·仲尼弟子列傳》。孔門以四科教學，德行首推顏回。顏師古曰：「孔子弟子達者七十二人，顏氏有八人焉。四科之首回也，標爲德行。韓子稱『儒分爲八』，而顏氏處其一焉。漢有顏駟、顏異、顏安樂以《春秋》名家。」（《急就篇》卷一註）三國時顏盛始自魯徙居瑯琊「代傳慕孝，故號所居爲孝悌里。」《晉侍中右光祿大夫本州大中正西平靖侯顏公大宗碑銘》，（《顏魯公文集》卷七）顏含「少有操行，以孝聞。」（《晉書·孝友·顏含傳》)顏髦「少慕家業，敦於孝行。」（《藝文類聚》卷四十八引《顏含別傳》）眼見遠「博學有志行。……高祖受禪，見遠乃不食，發憤數日而卒。」（《梁書·顏協傳》)可見。史游其家風一脈相傳。

其二，能文章。《急就篇》卷一有「顏文章」之俗稱，顏師古註曰：「文章，言其文章也(一作有文章之材也)。」又如顏欽「明《韓詩》、《禮》、《易》、《尚書》，多所通說，學者宗

之。」(《顏公大宗碑》)顏協為蕭繹記室，以才學見重。卒後，蕭繹為《懷舊詩》以傷之：「弘都多雅度，信乃含賓實。鴻見殊未升，上才淹下秩。」(《梁書·顏協傳》)撰《晉仙傳》五篇(此據《梁書·顏協傳》，《顏氏家廟碑》作「三篇」)、《日月災異圖》兩卷及文集二十卷。其子顏之儀「博涉群書，好為詞賦。」梁元帝手敕報曰：「枚乘二葉，俱得游梁；應貞兩世，并稱文學。我求才子，鯁慰良深。」(《周書·顏之儀傳》)有文集十卷行於世。顏氏「世善《周官》、左氏學。」顏之推能「早傳家業。」(《北齊書·文苑·顏之推傳》)著有《家訓》二十篇、《冤魂篇》(一作《還冤志》)三卷、《證俗音字》五卷、文集三十卷等。既以儒雅為業，復有文章之材，故其文章的特色便是「典正」。《顏氏家訓·文章篇》：「吾家世文章，甚為典正，不從流俗。梁孝元在蕃邸時，撰《西府新文記》，無一篇見錄者，亦以不偶於世，無鄭、魏之音故也。」據《隋書·經籍志》及新舊《唐志》的著錄，顏氏家族著者九人，書二十九種，可略見其家族文章之盛。

　　其三，善書法。顏氏自南朝以來，多善書法。顏真卿《草篆帖》：「真卿自南朝來，上祖多以草隸籀篆為當代所稱。」(《顏魯公文集》卷四)以見諸文見者言之，例如：

　　顏延之：善草書。(章淮瑾《書斷》)

　　顏峻：顏氏儒門，士遜墨妙。大令典則，中散風調。薄首孔肩，體格唯肖。如驚弦履險，避地齎峭。(《述書賦》)善行書。(《書小史》)

　　顏騰之：便尺牘。(王僧虔《論書》)善草隸書，有風格。(《顏氏家廟碑》)

　　顏炳之：以能書稱。(《顏氏家廟碑》)

顏協：善隸書，有名於世。（張懷瓘《書斷》）工於草隸飛白。（《南史》本傳）

顏之推：工尺牘。（《北齊書》本傳）

顏勤禮：工於篆籀。（《顏公大宗碑》）

顏昭甫：善工篆隸草書。（同上）

顏曜卿：工草隸。（同上）

至於唐代的顏真卿，其書法列於「神品」(朱長文《續斷書》)，更是享譽千秋。

其四，重家訓。孔門弟子中，顏路(無繇)和顏回(子淵)是父子《史記·仲尼弟子列傳》說：他們「父子嘗各異時事孔子」。據《孔子家語·七十二弟子解》的記載，顏無繇是孔子的早年弟子，「孔子始教學於闕里而受學，少孔子六歲。」而顏回是孔子的晚年弟子，「少孔子三十歲」(《史記·仲尼弟子列傳》)。父子先後從孔子學，顏回之秉於父訓，這種可能性是可以推想的。顏之推的九世祖顏含以孝友著稱，西晉末年隨晉元帝渡江。官至侍中、右光祿大夫。李闡《右光祿大夫西平靖侯顏府君碑》載其誡子孫語曰：「爾家書生為門，世無富貴，終不為汝樹禍。自今仕宦不可過二千石，婚嫁不須貪世位家。」（周應合《景定建康志》卷四十二）同樣的內容，也見諸《顏氏家訓·止足篇》和顏真卿的《大宗碑銘》。顏延之是顏之推的六世族主，其家訓之作是著名的《庭誥》。誡子文獻的產生，雖可推至先秦，本身的發展，也經歷過了一個演變過程。從形式上看，漢代以前，多以口頭訓誡為主；魏晉而下，出現了眾多的誡子書，但篇幅有限；宋、齊以來，卷帙宏闊之作大量湧現。❸從內容上看，先秦兩漢多誥

---

❸如顏延之的《庭誥》、張融的《門律》。這一點在北朝表現得尤為突出。如刁雍著《教誡》二十餘篇，甄琛有《家誨》二十篇，張烈為《家誡》

命遺令，內容多為敦品及終制；魏晉以來，高門貴族以門第中人自炫，家訓中也增加了學術性的內容。顏延之的《庭誥》，從形制闊大和內容豐富兩方面看，均堪稱代表。顏之推在所著家訓《序致篇》中自述到：「吾家風教，素為整密。昔在齠齔，便蒙誘誨；每從兩兄，曉夕溫清，規行矩步，安辭定色，鏘鏘翼翼，若朝嚴君焉。賜以優言，聞所好尚，勵短引長，莫不懇焉」他撰著家訓，是為了「整齊門內，提撕子孫」（《序致篇》），以保持家風於不墜。顏真卿則在《顏公神道碑》對自己「嬰孩集慕，不及過庭之訓」（《顏魯公文集》卷八）表現出深切的遺憾。顏真卿有一段話，堪稱對顏氏家風的總結：

> 多以名德著述，學業文翰，交映儒林，故當代謂之學家。
> 非夫君之積德累仁，貽謀有則，何以流光末裔，錫美盛
> 時。（《秘書省著作郎夔州都督長史上護軍顏公神道碑》，
> 《顏魯公文集》卷八）

顏氏家風的傳統既如上述，值得一提的是，顏氏婦人殷氏家風與上述諸特徵亦有類似之處。《顏氏家訓·後娶篇》：「思魯等舅殷外臣。」可知其妻姓殷。此後，其子孫思魯、勤禮、昭甫、惟貞、闕疑、幼輿，皆與殷氏聯姻。（黃本驥《顏魯公年譜》開元六年條）顏真卿《曹州司法參軍秘書省麗正殿二學士殷君墓碣銘》載殷氏家族「累葉皆以德行、名義、儒學、翰墨聞於前朝。」又曰：「殷之後昆，奕葉儒門。」（《顏魯公文集》卷十一）這兩種家風匯合在一起，就形成了強大不衰的家族傳統，從顏之推到顏真卿，這種家風是一以貫之的。❹

千餘言，文成文明皇后馮氏作《勸戒歌》三百餘章，等等。
❹參看日本杉村邦彥《顏真卿論》，收入《中國中世史研究——六朝隋唐の社會と文化》，東海大學出版會，1970年3月。

三、顏氏家風在《顏氏家訓》中的反映

顏氏家風既如上述，這種家風能夠一脈相傳，特別是自魏晉以來，顏氏一門不僅累世爲官，而且以德行、書翰、文章，學識著稱於世，❺其維繫是離不開家訓的，《顏氏家訓》的產生與顏氏家風具有重要的聯係。它既是在顏氏家風中孕育而出，同時，它的出現，又加強了顏氏家風在後世的影響。茲就顏氏家風對《顏氏家訓》的影響略述如下：

顏氏尙德行，其家訓中亦多此言。德行的基礎是孝道，故顏氏開章明義曰：「夫聖賢之書，教人誠孝，愼言檢跡，立身揚名，亦已備矣。」（《序致篇》）顏氏家族以孝著稱，如顏回在孔門之中德行第一，做到「三月不違仁」（《論語・雍也》）仁是德行的核心，而孝是德行的基礎，故曰「孝悌也者，其爲仁之本與。」（《論語・學而》）後人往往將仁孝並稱，並舉顏回爲例，如東漢延篤評論到：「蓋以爲仁孝同質而生，純體之者，則互以爲稱，虞舜、顏回是也。」（《後漢書・吳延史盧趙列傳》）三國時顏盛徙居琅琊，號所居爲「孝悌里」；東晉顏含「以孝聞」，其子髦也是「少慕家業，敦於孝行。」（《藝文類聚》卷四十八引《顏含別傳》）《顏氏家訓》中《教子》篇曰：「父母威嚴而有慈，而子女畏愼而生孝。」《兄弟》篇以夫婦、父子、兄弟「於人倫爲最重者也，不可不篤。」《後娶》篇以繼母多虐前子，孝子賢父，往往爲之離間。「積年累月，安有孝子乎？此不可不畏。」篇中特別舉例到其內弟家事：

---

❺顏眞卿《世系譜序》：「其（顏盛）後子孫，咸著宦族。有若宏都之德行，巴陵記室之書翰，特進黃門之文章，秘監華州之學識，肇自魯國，格於聖代，紛綸盛美，集舉於茲。《顏魯公文集》卷五。

> 思魯等舅殷外臣，博達之士也。有子基、諶，皆已成立，
> 而再娶王氏。基每見後母，感慕嗚咽，不能自持，家人莫
> 忍仰視。王亦悽愴，不知所容，旬月情退，便以禮遣，此
> 亦悔事也。

慎於後娶，也是為了維持家庭中的孝道。「巧言令色」為孔子所
鄙棄，顏回自述其志「願無伐善，無施勞。」（《論語·公冶
長》）這也是他突出的品德之一。重行實，絕浮偽，乃為顏氏家
風所重。如顏含，《晉書》本傳記載，「人嘗論少正卯、盜跖其
惡孰深。或曰：『正卯雖奸，不至剖人充膳，盜跖為甚。』含曰：
『為惡彰露，人思加戮；隱伏之奸，非聖不誅。由此言之，少正
為甚。』眾咸服焉。」又載：「或問江左群士優劣，咨曰：『周
伯仁之正，鄧伯道之清，卞望之節，餘則吾不知也。』其雅重行
實，抑絕浮偽如此。」《顏氏家訓》專有《名實》篇：

> 名之與實，猶形之與影也。德藝周厚，則名必善焉；容色
> 姝麗，則影必美焉。今不修身而求令名於世者，猶貌甚惡
> 兒則奸影於鏡也。上士忘名，中士立名，下士竊名。忘名
> 者，體道合德，享鬼神之福佑，非所以求名也；立名者，
> 修身慎行，懼榮觀之不顯，非所以讓名也；竊名者，厚貌
> 深奸，干浮華之虛稱，非所以得名也。

又曰：

> 勸一伯夷，而千萬人立清風矣；勸一季札，而千萬人立仁
> 風矣；勸一柳下惠，而千萬人立貞風矣；勸一史魚，而千
> 萬人立直風矣。

從這裏標舉的「清」、「仁」、「貞」、「直」四字中，不難看到
與顏含指斥的「奸」和推崇的「正」、「清」、「節」三字的聯
係。棄實趨名，自然不甘靜退，躁進求官。故顏氏立《省事》篇：

> 君子當守道崇德，蓄價待時，爵祿不登，信由天命。須求
> 趨競，不顧羞慚，比較材能，斟量功伐，屬色揚聲，東怨
> 西怒；或有劫持宰相瑕疵，而獲酬謝；或有喧聒時人視
> 聽，求見發遷。以此德官，謂為才力，何異盜食致飽，竊
> 衣取暖哉？

正因為如此，顏氏特別強調「少欲知足」，這同樣是秉承其先祖
顏含的家訓，故其《止足》篇曰：

> 《禮》云：「欲不可縱，志不可滿。」宇宙可臻其極，情
> 性不知其窮，唯在少欲知足，為立涯限爾。先祖靖侯（即
> 顏含）戒子姪曰：「汝家書生門戶，世無富貴，自今仕宦
> 不可過二千石，婚姻勿貪勢家。」吾終身服膺，以為名言
> 也。

顏之推的一生，備歷亂離屯蹇，由梁入北齊、北周而隋。其家門
本有忠義之風，如其祖見遠為齊御史中丞，及梁武帝即為，遂以
疾辭；其父協，「以見遠蹈義忤時，遂不仕進。」（《周書·顏
之儀傳》）顏之推臨終回顧，對其一生出處，尤多悔痛之情。
《終制》篇曰：

> 吾年十九，值梁家喪亂，其間與白刃為伍者亦常數葦，幸
> 承餘福，得至於今。……計吾兄弟，不當仕進，但以門
> 衰，骨肉單弱，五服之內，傍無一人，播遷他鄉，無復資
> 蔭。使汝等沈淪廝役，以為先世之恥。故靦冒人間，不敢
> 墜失。兼以北方政教嚴切，全無隱退者故也。

即使如此，他在北齊主持文林館時，「亦欲扶持漢人勢力，界文
林館以培養漢族人士」。❻北朝頗尚鮮卑語，當時就有士大夫教

---

❻謬鉞《顏之推年譜》，收入其《讀史存稿》，頁219。三聯書店1963年3
月版。

兒鮮卑語及彈琵琶，以伏事公卿。顏之推明確表示：「若由此業自致卿相，亦不愿汝曹爲之。」（《教子》篇）長子思魯、次子愍楚，皆在北齊出生，取名立意思念故鄉（顏氏之先爲魯）、哀憫故國（梁元帝都江陵爲楚），以示不忘本。這些地方，多少也夠看到其家風的影響。

顏氏家族崇儒雅，能文章。他既說「世儒雅爲業，偏在書記」，故立《誡兵》篇，并家族中以兵顛覆的先人爲例示警後人：

> 秦、漢、魏、晉，下逮齊、梁，未有用兵以取達者。春秋世，顏高、顏鳴、顏息、顏羽之徒，皆一斗夫耳。齊有顏涿聚，趙有顏最，漢末有顏良，宋有顏延之，并處將軍之任，竟以顛覆。漢郎顏駟，自稱好武，更無事跡。顏忠以黨楚王受誅，顏俊以據武威見殺，得姓以來，無清操者，唯此二人，皆罹禍敗。頃世亂離，衣冠之士，雖無身手，或聚徒眾，違棄素業，徼幸戰功。吾既羸薄，仰惟前代，故寘心於此，子孫志之！

鄙棄好武，當然追求儒雅，也就是對於學問和文章的追求。從顏回開始，顏氏就以好學著稱。哀公問孔子「弟子孰爲好學？」孔子回答說：「有顏回者好學，不遷怒，不貳過，不幸短命死矣。今則也亡，未聞好學者也。」（《論語·雍也》）又說：「吾見其進也，未見其止也。」（《子罕》）子貢也說：「夫能夙興夜寐，諷誦崇禮，行不貳過，稱言不苟，是顏回之行也。」（《孔子家語·弟子行》、《大戴禮記·衛將軍文子》）南朝以來，如延之「好讀書，無所不覽。文章之美，冠絕當時。」（《宋書·顏延之傳》）顏之推祖父見遠「博學有志行」，父協「博涉群書」（《梁書》本傳），兄弟之儀「博涉群書」（《周書》本傳）❼

---

❼《南史》以之儀爲兄，《北史》以之推爲兄。

其本人「博覽群書，無不該洽」（《北齊書》本傳）反映在《顏氏家訓》一書中，就有《勉學》、《文章》二篇。

顏氏家風崇尚儒雅，這就決定了其勉學的內容。《北齊書·顏之推傳》稱：「世善《周官》、《左氏》學。之推早傳家業，年十二，值班(蕭)繹自講《莊》、《老》，便預門徒。虛談非其所好，還習《禮》、《傳》。」其《序致》篇自述「雖讀《禮》、《傳》，微愛屬文。」《禮》指《禮經》，《傳》指《春秋三傳》。所以，《勉學》篇中講到的「士大夫子弟，數歲以上，莫不被教，多者或至《禮》、《傳》，少者不失《詩》、《論》。」當有其家學爲背景，魏晉以來，玄學興盛，特別是梁朝，一方面是貴游子弟的不悅學，另一方面，即使有學，也是祖述玄宗：

> 梁朝全盛之時，貴游子弟，多學無術，至於諺云：「上車不落則著作，體中何如則秘書」。

> 洎於梁氏，茲風復闡，《莊》、《老》、《周易》，總謂三玄。武皇、簡文，躬自講論。周弘正奉贊大猷，化行都邑，學徒千餘，實爲盛美。元帝在江、荊間，復所愛習，召置學生，親爲教授，廢寢忘食，以夜繼朝，至乃倦劇愁憤，輒以講自釋。吾時頗預末筵，親承音旨，性既頑魯，亦所不好云。

「博學」是顏氏家風之一。顏之推對世大夫子弟「以博涉爲貴，不肯專儒」故然不取，也嘲笑「俗間儒士，不涉群書，經緯之外，義疏而已」的固陋，他推崇的是「雖好經書，亦以才博擅名。如此諸賢，故爲上品。」這是以儒學爲本的博學，故又曰：「夫學者貴能博聞也。」博聞的方法一是勤學好問，相互切磋，二是「必須眼學，勿信耳受。」根本是從文字開始：

> 夫文字者，墳籍根本。世之學徒，多不曉字：讀《五經》

者，是徐邈而非許愼；習賦誦者，信褚而忽呂忱；明《史
記》者，專徐、鄒而廢篆籀；學《漢書》者，悅應、蘇而
略《蒼》、《雅》。不知書音是其枝葉，小學乃其宗系。

顏之推精於文字、訓詁、聲韻、校勘之學。❽《顏氏家訓》專列
《書證》、《音辭》兩篇，這是有其個人的學術造詣背景的，❾
由他開始，這也就成爲其家學傳統之一：

吾家兒女，雖在孩稚，便漸督正之；一言訛替，以爲己罪
矣。云爲品物，未考書記者，不敢輒名，汝曹所知也。

（《音辭》篇）

顏氏後人在其影響下，亦多明聲韻訓詁之學，王昶跋顏元孫《干
祿字書》曰：

元孫，杲卿之父，……爲眞卿之伯。……顏氏自之推之
後，類能研覃經史，著書立說，而於六書聲韻之學尤有專
長。其所撰述，此書之外，載隋、唐兩《志》經解、小學
類者，則有之推《急就章註》一卷、《訓詁文字略》一卷、
《筆墨法》一卷，愍楚《證俗音略》一卷，師古《匡謬正
俗》八卷、《急就章註》一卷，眞卿《韻海鏡源》三百六
十卷。餘如之推《家訓·書證篇》、游秦《漢書決疑》、
師古《漢書註》諸書，皆於小學家言再三致意，是則一門

---

❽參看謬鉞《顏之推的文字、訓詁、聲韻、校堪之學》，收入其《讀史存
稿》頁95-103。
❾作爲唐宋韻書藍本的《切韻》，就是陸法言和顏之推等人在折衷南北、
斟酌古今的基礎上編成的。陸氏《切韻序》說：「昔開皇初，有劉儀同
臻、顏外史之推、盧武陽思道、李常侍若、蕭國子該、辛咨議德源、薛
史部道衡，魏著作彥淵等八人，同詣法言門宿。夜永酒闌，論及音韻。
……因論南北是非，古今通塞，欲更捃選精切，除削疏緩，顏外史、蕭
國子多所決定。」故其中有可以《顏氏家訓》相參看者，見王國維《六
朝人韻書分部說》，載《觀堂集林》卷八，中華書局，1959年6月版。

著作，　多有淵源，其討論之功，非止旦夕。

（《金石萃編》卷九十九）

此外，如顏勤禮讓(之推孫)雖無著作存世，但「工於篆籀，尤精
詁訓，秘閣司經史籍，多所刊定。」（《顏公大宗碑銘》，《顏
魯公文集》卷七)也同樣能夠秉承家學。

　　安貧樂道，志學不輟，也是顏之推《勉學》的內容之一：

思魯之後，見徙入關。思魯嘗謂吾曰：「朝無祿位，家無
積財，當肆筋力，以申供養。每被課篤，勤勞經史，未知
爲子可德安乎？」吾命之曰：「子當以養爲心，父當以學
爲教。使汝棄學徇財，豐吾衣食，食之安得甘？衣之安得
暖？若務先王之道，紹家室之業，藜羹縕褐，我自欲之。」

在這裏，使人彷彿看到「一簞食，一瓢飲，在陋巷，人不堪其憂，
回也不改其樂」（《論語·雍也》)的精神又一次得到了再現。

　　史游《急就篇》中有「顏文章」之目，此亦顏氏家學之一。
《文章》篇中提出的核心論點，一是文章源出於《五經》，二是
強調理致、氣調、事義、華麗的統一，亦即古今、南北文風的統
一：

夫文章者，原出《五經》：詔命策檄，生於《書》者也；
序述論議，生於《易》者也；歌詠賦頌，生於《詩》者也；
祭祀哀誄，生於《禮》者也；書奏箴銘，生於《春秋》者
也。

古人之文，宏材逸氣，體度風格，去今實遠；但緝綴疏
朴，未爲密致耳。今世音律諧靡，章句偶對，避諱精詳，
賢於往昔多矣。宜以古之制裁爲本，今之辭調爲末，并須
兩存，不可偏棄也。

文章當以理智爲心腎，氣調爲筋骨，事義爲皮膚，華麗爲

> 冠冕。今世相承，趨末棄本，率多浮豔。辭與理競，辭勝
> 而理伏；事與才爭，事繁而才損。放逸者流宕而忘歸，穿
> 鑿者補綴而不足。時俗如此，安能獨違？但務去泰去甚
> 耳。必有盛才重譽，改革體裁者，實吾所希。

學術界的一般看法是，這些觀點都來源於《文心雕龍》。❿然而
從顏氏家風考察，則可發現這並不是對於劉勰的簡單呼應。如顏
延之《庭誥》指出：

> 觀書貴要，觀要貴博，博而知要，萬流可一。詠歌之書，
> 取其連類合章，此物集句，采風謠以達民志，《詩》爲之
> 祖；褒貶之書，取其正言晦義，輔（原作「轉」，據《初
> 學記》改）制衰王，微辭豐旨，貽意盛聖，《春秋》爲上；
> 《易》首體備，能事之淵。（《太平御覽》卷六〇八引）

此文提出「觀書貴要」，遵循的是由末觀本，由本統末的思想方
法，雖然文中僅提道《詩》、《春秋》、《易》三經，⓫但宗旨
與劉勰、顏之推是一致的。顏之推又說：「吾家世文章，甚爲典
正，不從流俗。」「典正」故無浮豔之詞、鄭、衛之音。《北齊
書·顏之推傳》又說其「詞情典麗」，這是一對相反相成的概念。
梁代文壇的普遍看法是，文章「典」往往會導致「野」，「麗」
又易於流爲「淫」。如蕭統《荅湘東王求文集及詩苑英華書》曰：
「夫文典則累野，麗亦傷浮；能使麗而不浮，典而不野，文質彬
彬，有君子之致。」（《全梁文》卷二十）劉孝綽《昭明太子集
序》曰：「能使典而不野，遠而不放，麗而不淫，約而不儉，獨

---

❿《文心雕龍·宗經》指出「故論說辭序，則《易》統其首；詔策章奏，
　則《書》發其源；賦頌詞贊，則《詩》立其本；銘誄箴祝，則《禮》總
　其端；記傳盟檄，則《春秋》爲根。」可互參。
⓫此處未及《書》、《禮》，也可能是文字殘缺的緣故。

擅衆美，斯文在斯。」（《全梁文》卷六十）范雲也說：「頃觀
文人，質則過儒，麗則傷俗。」（《梁書·何遜傳》)鍾嶸評左思
「文典」，故「野於陸機」(《詩品》卷上)能做到「典麗」，就
是藝術上較完整和較高明的境界。從當時南北文壇的大勢來看，
其區別正如《北史·文苑傳序》所說：

> 暨永明、天監之際，太和、天保之間，洛陽，江左，文雅
> 尤盛，彼此好尚，雅有異同。江左宮商發越，貴於清綺；
> 河朔詞以貞剛，重乎氣質。氣質，則理勝其詞；清綺，則
> 文過其意。理深者便於時用，文革者宜於詠歌，此其南北
> 詞人得失之大較也。若能掇彼清音，簡茲累句，各去其
> 短，合其兩長，則文質彬彬，盡美盡善矣。

顏氏家世文章，本來崇尚典正，但在梁代文壇靡麗風氣之中，它
也能適當吸取。由南入北的生活經歷，又使他有機會對南北文風
加以權衡，如比較南北文人對王籍「蟬噪林逾靜，鳥鳴山更幽」
和蕭愨「芙蓉露下落，楊柳月中疏」的不同評價，從而較早提出
合南北古今之長以「改革體裁」的主張，為初唐的文體改革起到
「導夫先路」的作用。

顏氏家族擅長書法，這在《顏氏家訓》中也有反映。《雜藝》
篇說：

> 眞草書跡，微須留意。江南諺云：「尺牘書疏，千里面目
> 也。」……吾幼承門業，加性愛重，所見法書亦多，而玩
> 習功夫頗至。遂不能佳者，良由無分故也。然而此藝不須
> 過精。

其主旨是「愼勿以書自命」，導致以小技而掩大節。這種憂慮基
於其家族世擅書法的背景，並且從其後世子孫來看，也的確有不
幸言重者，如顏眞卿，其作為忠貞剛直之士是遠遠比不上其作為

書法家而爲人所共知的。

　　《顏氏家訓》多爲後人稱道，但其中《歸心》篇卻不免爲人
詬病。如陳振孫以「其書崇尚釋氏，故不列於儒家。」（《直齋
書錄解題》卷十）黃叔琳《顏氏家訓節鈔序》曰：「余觀《顏氏
家訓》二十篇，可謂度越數賢者矣。……惟《歸心篇》闡揚佛乘，
流入異端」《四庫全書總目》卷一一七《顏氏家訓》提要稱：
「唐《志》宋《志》俱列之儒家，然其中《歸心》等篇深明因果，
不出當時好佛之習。……今特退之雜家，從其類焉。」然而本篇
的出現並不偶然，這同樣有其家族背景。《歸心》篇曰：

　　　　三世之事，信而有徵，家世歸心，勿輕慢也。

「家世歸心」，宋本作「家世業此」，《廣弘明集》作「家素歸
心」❷，這已道出其家庭淵源。顏氏家族與佛教的因緣究竟始於
何時，難以確考。雖然《釋氏稽古略》卷二有關於顏含的一段記
載，但其文出於《晉書》，且與佛教無涉。《弘明集》卷十有光
祿勛顏繕關於神不滅的文章，但他與瑯琊顏氏是否一脈，卻無從
考之。明確的記載始見於顏延之。《高僧傳》卷三《求那跋陀羅
傳》載其到京都，「琅琊顏延之通才碩學，束帶造門，於是京師
遠近，冠蓋相望。」同書卷七又載延之與釋慧嚴辨析佛理，往復
終日，宋文帝評曰：「公等今日，無愧支、許。」延之又有佛學
撰著多種，❸見收於《弘明集》中。釋僧含南遊九江時，延之子
竣爲南中郎記室參軍，隨鎮洵陽，「與含深相器重，造必終日。」
（《高僧傳》卷七《釋僧含傳》）出鎮東州時，攜釋慧靜同行。

---

❷據王利器《顏氏家訓集解》，頁338。上海古籍出版社，1980年7月版。
❸如《通佛影跡》、《通佛頂齒爪》、《通佛衣缽》、《通佛二疊不燃》、
　《妄書禪慧宣諸弘信》、《與何彥德論感果生滅》、《與何承天辯達性
　論》、《廣何彥德斷家養論》、《與何書》、《離識觀》、《論檢》等，
　參看繆鉞《顏延之年譜》，收入其《讀史存稿》。

(同上《釋慧靜傳》)。竣女出家為尼，號法弘。（同上卷一《曇摩耶舍傳》）顏氏之佞佛，當以顏延之為代表。釋道宣《廣弘明集序》以為，僧祐之撰《弘明集》，就是「討顏、謝之風規，總周、張之門律。」顏、謝指顏延之和謝靈運，周、張指周顒和張融，「門律」就是一部家訓之作，所謂「制是《門律》，以律其門，非佛非道，門將何律？」（《弘明集》卷六）可見顏延之之佞佛，是很為佛門所重視的。值得注意的是，顏延之在其家訓之作《庭誥》中，已經塗上了一些佛教色彩。其文曰：

> 《庭誥》者，施於閨庭之內，謂不遠也。吾年居秋方，慮先草木，故遽以未聞，誥爾在庭。若立履之方，規鑒之明，已列通人之規，不復續論。今所載咸其素蓄，本乎性靈而致之心用。（《宋書·顏延之傳》）

可知，「本乎性靈而致之心用」是其家訓的主旨。對於這句話的理解，可以用這一段話來解釋。何尚之《荅宋文皇帝贊揚教事》引宋文帝言曰：

> 范泰、謝靈運每云：「六經典文，本在濟俗為治耳。必求性靈真奧，豈得不以佛教為指南耶？」顏延年之折《達性》，宗少文之難《白黑》，論明佛法汪汪，尤為名理，並足開獎人意。（《弘明集》卷十一）

顏延之的「本乎性靈而致之心用」，就是以佛教的「性靈真奧」作為指導思想。在《庭誥》中，顏延之還對佛理與儒學進行了溝通：

> 若夫玄神之徑，窮明之說，義兼三端，至無二極。但語出戎方，故見猜世學。事起殊倫，故獲非恆情。天之賦道，非差胡華；人之秉靈，豈限外內？一以此思，可無臆哉。（《弘明集》)卷十三)

其終究之意，是認為儒、佛二道是殊途同歸的。這樣，當我們讀

到《顏氏家訓‧歸心》篇中「內外兩教，本為一體，漸極為異，深淺不同。內典初門，設五種禁；外典仁義禮智信，皆與之符。……歸周、孔而背釋宗，何其迷也。」以及對於佛教的「五釋」，就可以發現，這與顏延之《庭誥》中表現出的思想是一脈相承的。後人站在純粹的儒家立場上看，對於《歸心》篇中的主張難免指責或惋惜，但站在顏之推的立場上，這正是其家族特徵之一，在家訓中設置此一內容是順理成章的。顏氏後人，如師古、真卿，在以儒家思想「濟俗」的同時，都曾與佛教發生因緣，這可以看成是顏氏家風的延續。

論　文：《顏氏家訓》與顏氏家風
主講人：張伯偉教授
講評人：唐翼明教授

　　此文是一篇言之有物的文章，其最大之價值在於以個案的方式研究魏晉南北朝時代重要的問題。魏晉南北朝是門閥士族全面統治的社會，士族內部重視家庭教育與文化傳承是維持其門風、地位的重要手段，而此文以個案的方式研究分析顏氏大族當時如何透過家訓來維持門風，故此論題甚有價。且文中結構平勻、調理清晰，資料詳實，皆應肯定。

　　此論文可改善之處有：(1)關於顏氏家風，應搜集更多的史料，如：家譜、私傳、正史，而儘量不用或少用《顏氏家訓》中的材料，一方面可使內容更充實，一方面可免循環論證之弊。(2)顏氏家風與當時其他大族之家風有共同點、有特別點，此文論的大多數是共同點，特別點可多注意，例如：顏氏「不喜玄讀」，「融合儒佛」之家風，作者在「家風」部份反而未多著筆。(3)家訓不僅是總結以往的家風，更重要的是維持其家風主未來子孫，

由此才可顯出「家訓」在士族家庭教育中之作用，這一方面論文完全沒有涉及，是一大遺憾。⑷文字可進一步琢磨，例如：家風四特點應以更明晰—現代語來標明；行文邏輯可推敲之處不少，應加改善；顏延之在文中出現次數多，應附入顏氏譜系表會更好。

問與答

問：在第八頁中引《宋書·顏延之傳》中「本乎性靈而致之心用」，又引何尚之「必求性靈眞奧，豈得不以佛教爲指南耶？」，又說：「顏延之的『本乎性靈而致之心用』就是以佛教的『性靈眞奧』作爲指導思想。」其實在《庭誥》二章，顏延之即指出與謝靈運類似的話，指出儒家是以治事爲重，佛教是以「治心爲先」，此即接近「本乎性靈而致之心用」，爲何作者不用「治心爲先」此例子？此段話都指出儒、佛有區別，似乎又與《宏明集》所引的「儒、佛二道是殊途同歸的」是有所出入，那作者是如何看此問題的？又在《顏氏家訓·教子》中似乎表現出其忠孝思想、瞧不起異姓，但顏之推卻當過三個朝代的官，這種行爲、思想互相違背之下，爲何後人沒有苛責顏之推，反而推崇《顏氏家訓》此書呢？

答：爲何作者不用「治心爲先」的例子？我只是用宋文帝的一段話，因與「性靈」關係比較密切，故沒用「治心爲先」的例子，因限於時間關係，無法完全說明。

《世說新語》在韓國的流傳與研究

韓國江原大學校中語中文科

金　長　煥

　　《世說新語》是南朝宋臨川王劉義慶（403-444）編撰的一部志人筆記小說集。今天最廣泛流通的版本共三卷三十六篇一千一百三十條。此書主要記載後漢末至東晉末二百餘年間實際存在的帝王、高官貴族、文人、學者、賢者、隱者、和尚和婦女子等六百餘人物之獨特言行和逸話。全體內容頗龐大，反映當時文學、藝術、政治、學術、思想、歷史、社會相和人生觀等人間生活的多層面。因此，此書是系統的了解中國中古時代文化的極為重要的必讀書。

　　《世說》與《文選》、《蒙求》等一樣，都是對韓國文化產生過巨大影響的漢籍之一。《世說》在韓國的流傳、影響和研究，以朝鮮時代最為鼎盛，除了大量輸入中國版本以外，還有各種韓刻本和筆寫本相繼問世。不少文人的文集中可找出以《世說》所載故事來做典故之例。朝鮮朝以前，沒有相傳的刻本，只有能夠了解當時流傳概況的一些傍證資料。朝鮮朝以後，對《世說》的研究一直保持沈滯狀態，直到八十年代才開始出現譯本及研究論文，迎接研究的新轉機。

　　本論文以朝鮮時代為界，分統一新羅時代、高麗時代、朝鮮時代、朝鮮時代以後的四階段考察《世說》在韓國的流傳情況和

研究成果。

一、統一新羅時代（669-935）

　　《世說》最早傳入韓國的時期並無確切記載。但據有關資料，可知《世說》在統一新羅時代後期已傳入韓國。該具體根據就發現於新羅大文豪崔致遠(857～?)所賦的詩〈春曉偶書〉，如下：

　　　　巨耐東流水不迴，

　　　　只催時景惱人來。

　　　　含情朝雨細復細，

　　　　弄艷好花開未開。

　　　　亂世風光無主者，

　　　　浮生名利轉悠哉。

　　　　思量可恨劉伶婦，

　　　　強勸夫郎疎酒盃。❶

上文中最後兩句「思量可恨劉伶婦，強勸夫郎疎酒盃」，便是採用《世說》所載故事爲典故的。❷

　　崔致遠是新羅末學者，字孤雲、海雲，諡號文昌侯。他十二歲（868年）已渡唐留學，十七歲（873年）便中科舉，後歷任宣州漂水縣尉、承務郎侍御史內供奉等職。又做爲高駢的從事官，隨高駢參加平定黃巢之亂，以〈討黃巢檄文〉一書，揚名天下。二十八歲（884年）歸國。38歲（894年）上奏特務十餘條，累遷

---

❶《三韓詩龜鑑》卷中。

❷《世說新語・任誕》第 3 條：「劉伶病酒，渴甚，從婦求酒，婦捐酒毀器，涕泣諫曰：『君飲太過，非攝生之道，必宜斷之！』伶曰：『甚善！我不能自禁，惟當祝鬼神，誓斷之耳，便可具酒肉。』婦曰：『敬聞命！』供酒肉於神前，請伶祝誓。伶跪而祝曰：『天生劉伶，以酒爲名。一飲一斛，五斗解酲，婦人之言，愼不可聽！』便引酒進肉，隗然已醉矣。」

阿滄。但傳說,他晚年絕望亂世,流浪各處,蕭然吟詠人生無常和山川風月,最後入伽倻山海印寺逝世。其卒年未詳。

不知道崔致遠何時作了〈春曉偶書〉一首詩,但按照他的行跡,可以推測是他晚年所作的。他詩中言及的「亂世」指何時?在918年高麗建國而與新羅對峙,從此新羅國勢漸漸衰落下來,到935年爲高麗所滅。若「亂世」指這一時期,當時他年歲約六十~八十歲,相當於他的晚年。

根據上述資料,可得出以下定論:《世說》傳入韓國,最晚也在崔致遠作那首詩以前,即900年初。這一時期,也相當於中國唐末五代初。

二、高麗時代(918-1392)

統一新羅時期傳入韓國的《世說》,在高麗中葉,很受文人墨客的重視。出現這種現狀與當時社會政治狀況和文壇崇尙清談趣向的風氣有著密切的相關。

高麗初期以來,由于施行崇文抑武政策,給武臣們帶來不滿情緒,到毅宗年代(1146-1170在位)更加高漲,終于在懿宗二十四年(1170)引來了稱做「鄭仲夫之亂」或「武臣之亂」的政變。以鄭仲夫、李義方、李高爲首的武臣們殺死文官,驅逐毅宗,擁立毅宗之弟翼陽公爲王(後爲明宗)。從此武臣執政,在明宗二十六年(1196)武臣崔忠獻(1149-1219)執政擅權六十年。「鄭仲夫之亂」至崔氏一族掌權幾十年間,文人備受迫害和壓制。因而很多文人對黑暗的現實來取消極反抗態度,或隱遁于山野,或詩酒爲友,清談爲業,虛渡歲月。其中,李仁老、吳世才、林椿、趙通、黃甫抗、咸淳、李湛之等人把自己比喻中國的竹林七賢,稱做「海左七賢」。李奎報在弱冠年歲做爲後輩也參加了這一行

列。據《高麗史》記載，十分了解這種情況：

> 李仁老、吳世才、林椿、趙通、黃甫抗、咸淳、李湛之
> 等，自以爲一時豪俊，結爲友，稱七賢，每飲酒賦詩，旁
> 若無人。世才死，湛之謂奎報曰：「子可補耶？」奎報
> 曰：「七賢豈朝廷官爵而補其闕也？未聞嵇阮之後，有承
> 之者。」皆大笑。❸

就在這樣的背景之下，受「世說類」清談文學的影響，相繼出現
了李仁老《破閑集》、崔滋《補閑集》、李奎報《白雲小說》、
李齊賢《櫟翁稗說》等稗官小說。這些作品中不難找出借《世說》
中故事來做典故的用例。

《世說》傳入韓國的文獻記載，最早是在高麗大文豪李奎報
（1168-1241）的詩和自注當中被發現的。李奎報的長篇古律詩
〈次韻吳東閣世文呈誥院諸學士三百韻詩〉中，對「威已儷王姨」
一句自注如下：

> 王夷甫姨也。事見世說。❹

引用文中「事見世說」指的是《世說新語・規箴》中的故事。❺

李奎報做次韻詩的時期，可在李奎報之子李涵編父親文集之
後寫的《年譜》中得之。❻即該屬金代明昌六年，高麗明宗二十
五年(1195)。由此可見，至少1195年在韓國確實流傳《世說》。

---

❸《高麗史・列傳・李奎報傳》。
❹李奎報，《東國李相國集》卷5《古律詩》。
❺《世說新語・規箴》第8條：「王夷甫婦，郭泰寧女，才拙而性剛，聚
斂無厭，干豫人事。夷甫患之，而不能禁。時其鄉人幽州刺史李陽，京
都大俠，猶漢之樓護，郭氏憚之。夷甫驟諫之，乃曰：『非但我言卿不
可，李陽亦謂卿不可。』郭氏爲之小損。」此一段故事也見於《晉書・
王衍傳》，《世說》和《晉書》所載的故事都是對王夷甫（王衍）之妻
記述的，因而李奎報的詩和自注所言「王夷甫姨也」疑是錯誤的。
❻《東國李相國集・年譜》：「乙卯（明昌六年），公年二十八。是年著
〈和吳東閣三百韻詩〉。」

從李奎報同時代的文人愛好「世說風」談論，頻繁引用「世說故事」爲典故等事實❼，可以推斷《世說》在這時期以前流傳已有相當的時間了。

最早提出《世說》在高麗時代已傳入韓國的觀點的人是日本帝國主義時代的高橋亨。高橋亨舉如下幾個理由來論證《世說》在高麗時代已傳入到韓國，便引起讀者興趣，便成了清談的典範。❽

①高麗時代李仁老(1152～1220)的《破閑集》中可見「世說類」清談。

②李仁老、吳世才、林椿、趙通、黃甫抗、咸淳、李湛之等人互相交遊，朝夕詩酒爲友，清談爲業。

③高麗時代從宋朝大量進口書籍。

④高麗與中國使臣來往頻繁。

就以上的論據，雖然它具有比較充分的說服力，但還是缺乏具體文獻記載和確鑿的資料根據的推斷而已。

此後，李在秀也曾介紹過高橋亨的觀點並表示了一致的觀點。❾

還有朴晟義在轉載李在秀的「介紹文」的基礎上，提高一步，舉如下幾個理由來推斷高麗宣宗(1083-1094在位)以前就已傳入《世說》以及《笑林》(魏邯鄲淳撰)、《語林》(西晉裴啓撰)、《郭子》(東晉郭澄之撰)、《俗說》(梁沈約撰)等清談說話

---

❼特別是李奎報在他的《東國李相國集》全書中引用《世說新語》故事來做典故的，發現了80餘處。

❽高橋亨，〈朝鮮的幽默〉，《語文論叢》，京城帝國大學文學會發刊。

❾李在秀，〈韓國小說發達段階中的中國小說之影響〉(大邱：《慶北大論文集》第1輯，1956)，72-73頁。

文學。❿

①自從鄭仲夫之亂至崔氏一族幕府政權幾十年間，文臣們
隱居山野，羨慕並模倣竹林七賢的清談。因此，可能受
「世說類」小說的影響才出現了李仁老《破閑集》、崔
滋的《補閑集》、李奎報《白雲小說》、李齊賢《櫟翁
稗說》等。

②比《世說》之後編出來的梁昭明太子所撰《文選》已在
三國時代（3世紀初～7世紀中葉）進口，接而在高麗受
到重視。⓫

③高麗宣宗八年（1091），在宋皇帝從高麗購書的書目中
就有《高士傳》（西晉嵇康撰）和《搜神記》（東晉干
寶撰）等。⓬

就以上的論據，雖然不但比高橋亨的觀點更具體限定時期，而且
具有更強的說服力，但還是缺乏確切的資料根據的推斷而已。

後來，李能雨、閔寬東等人也提及了這一問題⓭，但始終沒
有脫離高橋亨、朴晟義的觀點範疇。經過筆者的考查研究，現已
發現新的具體理論根據，從前的觀點應改寫。

---

❿朴晟義，《韓國文學背景研究》（漢城：二友出版社，1980），599-600
頁、684-685頁。

⓫《舊唐書·東夷列傳·高麗》：「其書有五經及《史記》、《漢書》、
范曄《後漢書》、《三國志》、孫盛《晉陽秋》、《玉篇》、《字統》、
《字林》。又有《文選》，尤愛重之。」《舊唐書》所言及的「高麗」
實際是三國時代「高句麗」。

⓬《高麗史·世家·宣宗八年六月》：「丙午，李資義等還自宋，奏云：
『帝聞我國書籍多好本，命館伴書，所求書目錄授之。……嵇康高士傳
三卷，……干寶搜神記三十卷，……』」

⓭李能雨，《古小說研究》（漢城：二友出版社，1980），231頁。
閔寬東，《中國古典小說流傳韓國之研究》（臺灣文化大學中文研究所
博士論文，1994），133-134頁。

三、朝鮮時代（1392-1910）

可以說朝鮮時代是流傳與研究《世說》的高潮時期。把它的盛況概括起來以下幾點：(1)從國王開始到文人墨客大力宣揚《世說》的價值，廣泛受容之于他們的文集。(2)大量進口中國版本。(3)盛行韓刻本和筆寫本。另外，比起劉義慶《世說》，明代何良俊增補、王世貞刪定的《世說新語補》更爲流行，是這一盛行時期的一大特點。

(一)備受國王與文人學者的愛好

車天輅（1556-1615）在朝鮮宣祖（1567-1608在位）時歷任了通信使、奉常寺僉正，以檄文、走筆出名。我們可以從它的《五山說林》中可以看出當時《世說》在文人當中何等受歡迎。

> 李白〈贈韋侍御〉：「我如豐年玉，棄置秋田草」。《世說》：「世稱：『庾文康爲豐年玉，穉恭爲荒年穀。』」❹
> 孟浩然詩〈寄語陸内史〉：「尊羹何足傳？」注引張翰語而曰：「陸内史，未詳。」按《世說》：「陸士衡始入洛，見王武子，武子指示羊酪曰：『卿吳中何物可以敵此？』陸曰：『千里蓴羹，末下鹽豉。』」❺

車天輅能夠正確地指出在李白、孟浩然詩句中所引用的典故。此正說明他已熟讀《世說》，對《世說》的故事了如指掌。

李宜顯(1669-1745)在英祖(1724-1776在位)時做大提學，是大文章家。在他的《陶谷集·雜著》中有這樣的記載：

> 其談論風標一書之文字則無不澹雅可喜，此劉義慶世說所以爲楮人墨客所劇嗜者也。因此想當時親見其人聽其言語

---

❹此所引故事，見于《世說新語·賞譽》第69條。
❺此所引故事，見于《世說新語·言語》第26條，有一些文字上出入。

　　　者，安得不傾倒也？明人刪其蕪補其奇，作爲一書，誠藝
　　　林珍寶也。朱天使之蕃攜來贈西坰❶，遂爲我東詞人所欣
　　　睹焉。

上文中可以看出李宜顯對《世說》「澹雅」的文風、生動的人物
描寫稱讚不已。另外，從「明人刪其蕪補其奇」一句中可以發現
當時傳入的不是劉義慶的原本《世說》，而是明代何良俊增補，
王世貞刪定的《世說新語補》。明使臣朱之蕃訪韓時期是宣祖三
十九年(1606)《世說新語補》是在明萬曆年間(1573－1619)刊行
出來的。因此，可以看出《世說新語補》問世不久，便傳入了韓
國。

　　還是正祖(1776－1800在位)在他的著作中評價《世說》如下：

　　　小說家甚繁雜猥濫，名目雖殊，其指則一也。唯劉義慶世
　　　說最可觀，江左子弟眉目、頰牙、鬢髮、宮室、輿服、酸
　　　罕，歷歷如親覩焉。❶

　　其實，正祖是一個提倡保持正統漢文文體，壓制小說文體的
國王。他爲實行「文體反正」，發布過對禆史、小說、雜書的禁
書令，但只對《世說》不惜讚美之詞。可見當時《世說》在文人
中受歡迎的程度。

　　此外，已證實沈鋅《松泉筆談》、李濟臣《清江小說》《清
江瑣語》、柳夢寅《於于野談》、李義準《溪西野談》、鄭戴崙
《公私聞見錄》、徐居正《滑稽傳》及作者不詳的《紀聞叢話》、
《大東奇談》、《醒睡叢話》、《青丘野談》、《稗林》等一系列
筆記小說也受《世說》所含諧謔性和清談性的直、間接影響。❶

────────────

❶西坰是柳根（1549－1627）之字，著《西坰集》。
❶《弘齋全書》卷162「日得錄」。
❶朴晟義，《韓國文學背景研究》(漢城：二友出版社，1980)，680－683頁。

（二）**進口中國版本**

《世說》的中國版本幾乎都是在朝鮮時代進口的。所以目前在韓國所藏的版本都是明、清代的版本。其中，發刊年代分明的主要版本如下❶：

1.《世說新語》系統

《世說新語》8卷（8冊）／劉義慶撰，劉孝標注／明萬曆9年（1561）刊。

《世說新語》6卷（6冊）／劉義慶撰，劉孝標注／明萬曆13年（1585）刊／袁褧序（1535）。

《世說新語》6卷（6冊）／劉義慶撰，劉孝標注，劉辰翁注／明萬曆37年（1609）刊／袁褧序（1535）。

《世說新語》6卷（4冊）／劉義慶撰，劉孝標注／清光緒3年（1877）崇文書局刊。

《世說新語》6卷（6冊）／劉義慶撰，劉孝標注／清光緒17年（1891）思賢講舍開雕／袁褧序（1535）。

《世說新語》6卷（4冊）／劉義慶撰，劉孝標注／清光緒22年（1896）長沙刊／袁褧序（1535）。

此外，發刊年代不詳和重複的『世說新語』版本共有十餘種。

2.《世說新語補》系統

《世說新語補》20卷（6冊）／劉義慶撰，劉孝標注，劉辰翁批，何良俊增，王世貞刪定，王世懋批釋，張文柱校注，王湛校訂／明萬曆14年（1586）梅墅石渠閣刊／董弅題（1138），袁褧序（1535），王世貞序（1556），王世懋序（1580），陳文燭序（1586），李贄序（1586）。

❶閔寬東，《中國古典小說流傳韓國之研究》（臺灣文化大學中文研究所博士論文，1994），21-28頁。

　　《世說新語補》20卷（ 8 冊）／劉義慶撰，劉孝標注，劉辰
翁批，李贄批點，張文柱校注／明萬曆14年（1586）刊／標題：
李卓吾批點世說新語，袁裦序（1535），王世貞序（1556），王
世懋序（1580），李贄序（1586）。

　　《世說新語補》8卷·補4卷（合12卷 4 冊）／劉義慶撰，何
良俊補，程稚重訂／清康熙 3 年（1664）廣陵玉禾堂刊／王世貞
序（1556），程稚序（1664）。

　　《世說新語補》6卷·補4卷（合10卷10冊）／劉義慶撰，劉
峻注，何良俊增，王世貞刪定，張文柱校注，凌濛初考訂／刊年
未詳/標題：增訂世說新語補，凌濛初序（1676）。

　　《世說新語補》20卷（ 8 冊）／劉義慶撰，劉孝標注，劉應
登評，何良俊增，王世貞刪定，黃汝琳補訂／清乾隆27年(1762)
茂清書屋刊／陳文燭序（1586），黃汝琳序（1762）。

此外，發刊年代不詳和重複的《世說新語補》版本還有二十餘種。

　　如上述，在韓國所藏的《世說新語》版本主要以明代袁裦嘉
趣堂本系統的六卷本爲主流，《世說新語補》版本是二十卷本占
大多數。

㈢刊行韓刻本和筆寫本

1.韓刻本

　　朝鮮時代的《世說》板刻具有兩大特點。第一，板刻對象不
是劉義慶的原本《世說新語》，而是明代增補的《世說新語補》。
若估量從中國進口的版本都以《世說新語補》爲主的事實，很明
確地了解到在讀者當中還是《世說新語補》更爲流傳。對它的原
因尚沒有明確的論證，筆者認爲，由于《世說新語補》中人物故
事的時代範圍從魏晉代擴大至宋元代，人們可以通過它了解到一

千五百年間的人物故事和歷史知識的緣故。第二，版本字體以朝
鮮顯宗（1659-1674在位）時新鑄造的顯宗實錄字來發刊的。據當
時情況來看，小說、雜書類都是木版本或筆寫本，只有經書、史
書等主要的國家典籍才用顯宗實錄字發刊。那麼，就《世說新語
補》能夠用顯宗實錄字來發刊本身，足以說明《世說新語補》的
特殊地位。

目前，有確切發刊年代的版本只有一種，就是肅宗三十四年
（1708）用顯宗實錄字發刊的《世說新語補》二十卷七冊。這本
書的書名下面題「宋劉義慶撰，梁劉孝標注，宋劉辰翁批，明
何良俊增，王世貞刪定，王世懋批釋，鍾惺批點，張文注校注」，
卷首有王世貞、王世懋、陳文燭等人的序。

此外，還有發刊年代不詳的書名叫《世說新語姓彙韻分》的
版本，很可能是用同樣的顯宗實錄字來翻刻的。這本書現存有二
十卷六冊、二十卷四冊、十二卷十二冊、十二卷六冊、十二卷四
冊，共五種。

2.筆寫本

目前在大學圖書館所藏的筆寫本共有十餘種，但它們都沒有
明確的筆寫年代。《世說新語姓彙韻分》十二卷六冊、十二卷二
冊兩種，《世說新語補》二十卷三冊、上下二冊兩種，《增補世
說》十卷一冊，《世說新語》一冊（殘），《世說》一冊，《世
說新語抄》一冊，《世說抄》二冊等。這些筆寫本大部分是用細
筆寫得非常精致，可能是出自民間文人手中。就現在偶爾在古籍
書店可以發現幾種筆寫本。

四、朝鮮時代以後（1910～現在）

在一九一零年朝鮮王朝滅亡之後，雖然大韓帝國代之而持續，

可沒有多久又開始了從一九一九年至一九四五年三十六年的日本帝國主義強占期。這一期間，由于日本帝國主義的消滅韓國文化政策，別說是韓國學，連正統漢學都被歪曲和抹殺。因此，《世說》的研究也難逃如此厄運。這種研究的空白期一直持續到七十年代。

比較系統的研究《世說》的工作，可以說是從八十年代開始。其研究表現如下幾個特點：第一，利用現代的研究方法以學位論文、專題論文形式發表。研究範圍包括文學和哲學思想方面，詞語、語法爲中心的語學方面，考證方面等。尤其到了九十年代，學界對《世說》的關心倍增，每年都有一～二篇論文發表。第二，《世說》韓國語譯本的出版，大大提高了研究者們對原文的理解，并有益于研究韓國漢文學。第三，在朝鮮時代《世說新語補》大流行，但這一時期的翻譯和研究都以劉義慶的原本《世說新語》爲主。

(一)研究論文

一九八三年做爲學位論文第一次發表對《世說》的研究論文以來，至今爲止，共四篇學位論文和八篇專題論文。

1.學位論文

□金鎭玉，〈關于《世說新語》的一考察〉，西江大學校史學科碩士論文，1983。

此篇論文是系統研究《世說》的始發點。肯定《世說》做爲小說一直受重視的一面，并表明它在史料方面的價值，認爲《世說》的性格與清談有相關。

□金長煥，〈《世說新語》研究〉，漢城大學校中文科碩士論文，1987。

這是第一篇系統研究《世說》文學性的論文。它對《世說》撰

者、創作背景、版本、劉孝標注、文學觀、語言觀、學術思想
觀、人物品評觀、評價與影響等方面進行了綜合性的考查與分
析。

□朴聖鎬，〈《世說新語》複音節詞研究〉，延世大學校中文科
碩士論文，1989。

此論文把複音節詞的結合關係分爲意味關係、音韻關係、附加
語，考查中古時期漢語詞彙的構成原理以及詞彙構成法的發展
過程。

□李在弘，〈《世說新語》的內容和語言特性研究〉，韓國外國
語大學校中國語科碩士論文，1996。

此論文對《世說》的內容分儒家思想、道家思想、反映黑暗社
會現實，占卜迷信及風俗習慣、魏晉的文學與藝術等方面進行
分析，并從描寫與表現技巧方面考查《世說》的語言特徵。

　2.專題論文

□金長煥，〈《世說新語》的創作背景與志人小說的特性〉，
《文鏡》2‧3，延世中語中文學會，1991。

通過先秦寓言、兩漢人物傳記、魏晉代志人小說，考查創作
《世說》的背景，對其內容範疇、構成方式、描寫手法等方面
的分析，以闡明《世說》的志人小說的特徵。

□李炳官，〈《世說新語》被動文研究〉，《文鏡》4，延世中語
中文學會，1992。

此論文對古代漢語(先秦～漢)的被動文和中古漢語（《世說》
中主要表現的）的被動文分類爲「于」字式、「見」字式、
「爲」字式、「被」字式進行考查分析。

□金元中，〈《世說新語》與魏晉清談之間的關聯問題〉，《中
國小說論叢》2，中國小說研究會，1993。

通過對前人研究進行綜合分析，肯定了《世說》的主要內容及構成方式是魏晉代流行的清談的觀點，便得出了《世說》的形態并不是「小說」，就至少是「小說自體」以前的「清談書」的結論。

□朴敬姬，〈《世說新語・方正篇》淺析〉，《中國研究》14，韓國外國語大學校中國研究所，1993。

把《世說・方正篇》中出現的魏晉名士分崇尙名教、重視門閥、尊重剛直、與小人絕緣、重視個人意識等五個類型來進行分析。

□朴敬姬，〈《世說新語・賢媛篇》小考〉，《中國學研究》8・9，淑明女子大學校中國研究所，1994。

此論文對《世說・賢媛篇》中出現的女人形象分兩大類進行分析。一種是代表母儀、賢明、仁智的傳統「賢媛」類型，另一種是代表剛介、慧言巧語的魏晉代「賢媛」類型。

□金長煥，〈關于汪藻《世說敘錄・人名譜》〉，《中國小說論叢》3，中國小說研究會，1994。

考查關于《世說敘錄》的介紹和《人名譜》的範圍及體裁。對《人名譜》中存在的諸多問題，則氏譜的復原問題、氏譜的記述內容問題、別族的分類問題等做批判性的研究。做爲附錄載入有譜者26族的系譜。

□金長煥，〈《世說新語》佚文研究〉，《中國小說論叢》5，韓國中國小說學會，1996。

以宋代汪藻《世說敘錄・考異》中收錄的佚文五條和清代葉德輝輯錄的佚文八十三條爲對象，對其各個側面進行眞僞與否的考查。

□金長煥，〈關于《世說新語》傳入韓國之時期〉，《中國語文學論集》9，中國語文學研究會，1997。

此論文對《世說》傳入韓國時期提出新的觀點。從前學者們認為《世說》第一次轉入韓國可能是高麗時代，但本論文提示具體的論證來證明《世說》傳入韓國時期是統一新羅時期的結論。

㈡現代韓國語翻譯書

《世說新語》韓國語翻譯書，到目前只有兩種出版。譯書如此少的原因有諸多方面，但主要是由于其文章，內容龐大，語言含蓄，人物衆多。另外，韓國學界對翻譯工作的輕視有關。簡要介紹兩種翻譯書如下：

1.林東錫譯，《世說新語》，漢城：教學研究社，1984。

首先應肯定此書的意義在于第一次翻譯《世說》‧但它是在全書一千一百三十條中只翻六百一十三條的選譯書，也沒有包括劉孝標注。此書以楊勇《世說新語校牋》爲底本，收錄原文并加注。大部分注是簡選劉孝標注的。開頭部分有對《世說》的簡要解題以及〈三國晉宋世系表〉、〈三國晉宋大事及文人生卒年表〉、〈主要門閥世譜——琅邪王氏和太原王氏的世譜〉、〈本書常見人名異稱表〉，最後收錄綜合〈索引〉。

2.金長煥譯，《世說新語》(上中下)，漢城：살림出版社，1996～1997。

此書是比較完整的譯本。它包括劉義慶原文和劉孝標注，還添補譯注。另外，各個條目都附加原文，并提示有關類書和其卷數。書分上、中、下三冊，大體內容，上冊收錄了關于《世說》的綜合性解題和第一「德行」篇到第四「文學」篇，中冊收錄第五「方正」篇到第十三「豪爽」篇，下冊收錄第十四「容止」篇到最後第三十六「仇隙」篇。又以附錄形式載入〈世說新語佚文〉、〈劉義慶傳〉、〈劉孝標傳〉、〈世說新語人名（別稱、略稱、並稱）索引〉、〈世說敍錄‧人名譜〉、〈劉孝標注引用

書目〉、〈劉孝標注引用書目索引〉、〈歷代著錄〉、〈序跋文〉、〈世說新語研究資料目錄〉、〈世說新語關係年表〉等有利用價值的資料。比如說在〈人名索引〉當中的人物是「史書」傳中人物的話，把該史書的卷數都竝記下來可供參考。此外，把國內外的研究成果四百餘種集錄在〈研究資料日錄〉當中，給有關研究者提供信息。

這本書以清代王先謙思賢講舍刻本爲底本，參考唐代寫本《世說新書殘卷》、宋代刊本、明代袁褧嘉趣堂本等，竝行校勘作業來翻譯的。另外，對前人的研究成果，比如余嘉錫《世說新語箋疏》、楊勇《世說新語校牋》、徐震愕《世說新語校箋》、張萬起《世說新語詞典》以及目加田誠的日譯本和 Richard B. Mather的英譯本等可以利用。

以上分四個時期概覽了《世說》在韓國流傳及其研究成果。筆者對一直停留在推測階段的有關《世說》傳入韓國時期問題提出了新的觀點，即以具體的理論根據論證早在統一新羅時期《世說》已傳入韓國。此外，通過高麗和朝鮮時期的文獻資料，考查當時《世說》的流傳狀況，并對八十年代以來的研究成果做了綜合性分析。

由于筆者學淺才菲，可能會有誤提到而沒有提到的部分和理解有誤的部分。但做爲專門從事《世說》研究的筆者人爲：對《世說》的研究公爵開始至今已有十五年歷史的今天，整理研究過程讓後人借鑒也是意義非淺的工作。

參考文獻

劉義慶撰，劉孝標注，《世說新語》（思賢講舍本），上海：上海古籍出版社影印，1982。

目加田誠譯，《世說新語》（上中下）（新釋漢文大系76～78），
　　東京：明治書院，1976～1979。

金長煥譯，《世說新語》（上中下），漢城：살림出版社，1996
　　～1997。

閔寬東，《中國古典小說流傳韓國之研究》，臺灣文化大學中文
　　研究所博士論文，1994。

朴晟義，《韓國古代小說論與史》，漢城：日新社，1973／漢城：
　　集文堂，1986，1992。

朴晟義，《韓國文學背景研究》（上下），漢城：二友出版社，
　　1980。

李能雨，《古小說研究》，漢城：二友出版社，1980。

金東旭，《國文學史》，漢城：日新社，1985。

李在秀，〈 韓國小說發達段階中的中國小說之影響 〉，大邱：
　　《慶北大論文集》第1輯，1956。

李奎報，《東國李相國集》（1～6）（古典國譯叢書166～171），
　　漢城：民族文化推進會。

金甲起譯注，《羅麗漢詩選（三韓詩龜鑑）》，漢城：二友出版
　　社，1983。

李仁老，《破閑集》，漢城：亞細亞文化社影印本。

崔　滋，《補閑集》，漢城：亞細亞文化社影印本。

車天輅，《五山說林》（韓國詩話叢編2），漢城：太學社影印
　　本，1996。

洪萬宗，《詩話叢林》，漢城：亞細亞文化社影印本。

《高麗史》，漢城：亞細亞文化社影印本。

《朝鮮王朝實錄》，漢城：國史編纂委員會影印本。

李弘稙編，《國史大辭典》，漢城：三榮出版社，1987。

論　文：《世說新語》在韓國的流傳與研究
主講人：金長煥教授
講評人：江建俊教授

　　此論文之價值：(1)爲東亞世說學之完整性提供很大的貢獻。(2)爲中、韓《世說新語》比較研究搭起了橋樑，爲跨國世說學研究之互動、互補建立了良好的契機。(3)金教授爲今日韓國《世說新語》最有成果的一位，除將世說全譯爲韓文外，還作了幾篇研究性的論文，還爲論文的收集費了很大的心力，可謂《世說新語》之功臣。

　　文中可斟酌之處有：(1)題目爲「《世說新語》在韓國的流傳與研究」，但在文中只見「流傳」，缺乏「研究」。(2)可否計及日本與中國同時代《世說新語》之流行情況、且加以比對，這樣立論較妥當。可否深入韓國迎接世說的時代背景、韓國世說學的特色、所重、與中、日學者的研究成果有何差異…等。(3)言崔致遠〈春曉偶書〉中「思量可恨劉伶婦，強勸夫郎疏酒杯」句足證世說於統一新羅時傳入，是否爲「孤證」？且崔致遠曾留學唐朝，於留唐時談過《世說新語》，故詩中援爲典故並不足以證明當時世說已傳入韓國。(4)《世說新語補》乃王世貞取何良俊《何氏語林》十之二、三，刪《世說新語》十之二、三所成，非何良俊增補。(5)字誤，例如：第二頁第十行，宣州「漂」水縣尉當作「溧」水縣尉；倒數第三行，終于「懿」宗，當爲「毅」宗；第三頁王姨甫的「姨」，當爲「婦」字，李奎報自注不小心寫錯了。(6)最後一段，語意不清，如「公爵」二字定是錯字。

第三屆魏晉南北朝文學國際學術研討會議程表

主辦單位：東海大學中國文學系
中國古典文學研究會
地　　點：東海大學茂榜廳

民國 86 年 10 月 24 日（星期五）

時　間	場次	主持人	主講人	論　文　題　目	講評人
09：00 ｜ 09：50				報到	
09：50 ｜ 10：20				開幕式（王亢沛校長主持）茶敘	
10：20 ｜ 12：00	一	周昌龍	劉苑如	鑑照幽明：六朝志怪的揭露模式—兼論六朝志怪的評價標準	胡萬川
			王鍾陵	中古詩歌史的邏輯進程	高大威
			洪銘水	魏晉名士的幽默與反諷	吳有能
12：00 ｜ 13：00				午餐	
13：00 ｜ 14：40	二	謝海平	王國瓔	陶淵明「閑情賦」之諷諫與寄託	簡宗梧
			李立信	論六朝賦之詩化	齊益壽
			李國熙	庾信詩風演變考	張仁青
14：40 ｜ 15：00				茶敘	
15：00 ｜ 16：40	三	張少康	王次澄	庾信「擬連珠」析論	王令樾
			周建渝	「連珠」論	廖國棟
			張亞新	論漢魏六朝詩的質文與雅俗之變	林聰明
16：50 ｜ 18：30	四	胡森永	李劍國	《神女傳》與《杜蘭香傳》考論	王國良
			全寅初	關於『神仙傳』	李福清
			謝明勳	六朝志怪小說「病瘳」故事研究	許建崑
18：40				晚餐	

民國 86 年 10 月 25 日（星期六）

時　間	場次	主持人	主講人	論　文　題　目	講評人
08：20 ｜ 10：00	五	鄭靖時	王更生	魏晉南北朝散文發展的特徵	胡楚生
			蘇瑞隆	南朝的文學品味與鮑照作品的評價	李金星
			陳松雄	魏晉文之體式與風格	李　栖
10：00 ｜ 10：20				茶敘	
10：20 ｜ 12：00	六	黃湘陽	王力堅	南朝「性靈說」芻議	周質平
			李文初	地區性陶淵明研究述評	方祖燊
			蔡宗陽	由劉勰六觀析論《文心雕龍》	沈　謙
12：00 ｜ 13：00				午餐	
13：00 ｜ 14：40	七	黃志民	張少康	六朝文學的發展和「風骨」論的文化意蘊	黃景進
			洪順隆	論六朝祖餞詩群對文類學原理的背離	王國瓔
			游志誠	運用《文心雕龍》理論分析文選作品	張雙英
14：40 ｜ 15：00				茶敘	
15：00 ｜ 16：40	八	王初慶	楊承祖	〈與嵇茂齊書〉作者辨—兼論嵇康之死	汪　中
			王金凌	文學與慈悲	彭錦堂
			薛順雄	陶潛「五柳先生傳」寓意試探	陳怡良
16：50 ｜ 18：30	九	金榮華	曹　旭	《詩品》所存疑難問題研究	楊祖聿
			齊益壽	謝靈運《臨終詩》異文之商榷—兼論謝靈運之死	楊承祖
			陳慶元	論顏謝、沈謝齊梁間地位的升降得失	李建崑
18：40				晚餐	

時　間	場次	主持人	主講人	論　文　題　目	講評人
08：10 ｜ 09：50	十	全寅初	李豐楙	仙詩、仙歌與頌讚靈章—「《道藏》中的六朝詩歌史料及其研究」緒論	薛順雄
			劉躍進	關於《金樓子》研究的幾個問題	王金凌
			王文進	南朝文人的「歷史想像」與「山水關懷」—論「邊塞詩」的「大漢圖騰」與「山水詩」的「欣於所遇」	呂正惠
09：50 ｜ 10：00				茶敘	
10：00 ｜ 11：40	十一	孔仲溫	俞紹初	曹植初次就國時地考辨	洪順隆
			張伯偉	《顏氏家訓》與顏氏家風	唐翼明
			金長煥	《世說新語》在韓國的流傳與研究	江建俊
11：40 ｜ 12：10	十二			綜合座談（王國良、李立信主持）	
12：10				午餐、賦歸	

民國 86 年 10 月 26 日（星期日）

第三屆魏晉南北朝文學國際學術研討會

與會學者名錄

一、會議主持人

周昌龍	暨南大學中文系副教授
謝海平	中正大學中文系教授
張少康	北京大學中文系教授
胡森永	靜宜大學中文系副教授
鄭靖時	彰化師範大學國文系教授
黃湘陽	輔仁大學中文系教授
黃志民	政治大學中文系教授
王初慶	輔仁大學中文系教授
金榮華	文化大學中文系教授
全寅初	韓國延世大學校中文系教授
孔仲溫	中山大學中文系教授

二、論文發表人

劉苑如	中央研究院文哲所助理研究員
王鍾陵	蘇州大學中文系教授
洪銘水	東海大學副教授
王國瓔	台灣大學中文系教授
李立信	東海大學中文系教授
李國熙	韓國世明大學校中語中文科教授

王次澄	英國倫敦大學東亞系資深講師
周建渝	新加坡國立大學中文系講師
張亞新	北京教育學院中文系教授
李劍國	南開大學中文系教授
全寅初	韓國延世大學校中文系教授
謝明勳	東華大學中文系教授
王更生	台灣師範大學國文系教授
蘇瑞隆	新加坡國立大學中文系講師
陳松雄	中央警察大學教授
王力堅	新加坡國立大學中文系講師
李文初	廣州暨南大學中文系教授
蔡宗陽	台灣師範大學國文系教授
張少康	北京大學中文系教授
洪順隆	文化大學中文系教授
游志誠	彰化師範大學國文系教授
楊承祖	東海大學中文系教授
王金凌	輔仁大學中文系教授
薛順雄	東海大學中文系副教授
曹　旭	上海師範大學中文系教授兼研究生部部長
齊益壽	台灣大學中文系教授
陳慶元	福建師範大學中文系教授兼古籍研究所所長
李豐楙	中央研究院文哲所研究員
劉躍進	中國社會科學院文學研究所副研究員
王文進	東華大學中文系副教授
俞紹初	鄭州大學中文系教授
張伯偉	南京大學中文系教授

　　金長煥　　韓國江原大學校中語中文科教授

三、論文講評人

　　胡萬川　　清華大學中文系教授
　　高大威　　暨南大學中文系副教授
　　吳有能　　彰化師範大學國文系副教授
　　簡宗梧　　政治大學中文系教授
　　齊益壽　　台灣大學中文系教授
　　張仁青　　中山大學中文系教授
　　王令樾　　輔仁大學中文系副教授
　　廖國棟　　成功大學中文系副教授
　　林聰明　　逢甲大學中文系副教授
　　王國良　　東吳大學中文系教授
　　李福清　　靜宜大學中文系教授
　　　　　　　俄羅斯科學院世界文學研究所首席研究員
　　許建崑　　東海大學中文系副教授
　　胡楚生　　中興大學中文系教授
　　李金星　　東海大學中文系副教授
　　李　栖　　高雄師範大學國文系教授
　　周質平　　東吳大學中文系教授
　　方祖燊　　台灣師範大學國文系教授
　　沈　謙　　空中大學人文學系教授
　　黃景進　　政治大學中文系教授
　　王國瓔　　台灣大學中文系教授
　　張雙英　　政治大學中文系教授
　　汪　中　　台灣師範大學國文系教授

彭錦堂　　東海大學中文系助理教授
陳怡良　　成功大學中文系教授
楊祖聿　　中興大學中文系副教授
楊承祖　　東海大學中文系教授
李建崑　　中興大學中文系副教授
薛順雄　　東海大學中文系副教授
王金凌　　輔仁大學中文系教授
呂正惠　　清華大學中文系教授
洪順隆　　文化大學中文系教授
唐翼明　　政治大學中文系教授
江建俊　　成功大學中文系教授

四、與會教師

陳兆南　　逢甲大學中文系副教授
陳義成　　逢甲大學中文系副教授
張瑞芬　　逢甲大學中文系副教授
譚宜寧　　逢甲大學中文系助教
康雲山　　台南師院語教系副教授
林登順　　台南師院語教系副教授
張簡坤明　國立彰化師大國文系副教授
胡健財　　華梵大學中文系副教授
張俐雯　　朝陽科技大學共同科講師
劉怡廷　　高雄工學院共同科講師
龍宇純　　東海大學中文系講座教授
王天昌　　東海大學中文系教授
王建生　　東海大學中文系教授

吳福助　　東海大學中文系教授

魏仲佑　　東海大學中文系教授

鍾慧玲　　東海大學中文系副教授

李金星　　東海大學中文系副教授

張端穗　　東海大學中文系副教授

周世箴　　東海大學中文系副教授

林秀玲　　東海大學中文系副教授

呂珍玉　　東海大學中文系副教授

彭錦堂　　東海大學中文系助理教授

馮以堅　　東海大學中文系講師

甘漢銓　　東海大學中文系講師

蔡宗祈　　東海大學中文系講師

阮桃園　　東海大學中文系講師

周芬伶　　東海大學中文系講師

謝鶯興　　東海大學中文系兼任講師

洪靜芳　　東海大學中文系兼任講師

曲玟君　　東海大學中文系兼任講師

吳健福　　東海大學中文系兼任講師

沈志方　　東海大學中文系兼任講師

施昭儀　　東海大學中文系兼任講師

郎亞玲　　東海大學中文系兼任講師

吳宇娟　　東海大學中文系兼任講師

鄔錫芬　　東海大學中文系兼任講師

洪銘吉　　東海大學中文系兼任講師

廖慧美　　東海大學中文系兼任講師

李文琪　　東海大學中文系兼任講師

魏聰祺	東海大學中文系兼任講師
林繼柏	東海大學中文系兼任講師
胡馨丹	東海大學中文系兼任講師
林翠鳳	東海大學中文系兼任講師
王佩琴	東海大學中文系兼任講師
李癸雲	東海大學中文系兼任講師
陳錦玉	東海大學中文系兼任講師
李健祥	東海大學中文系兼任講師
劉淑爾	勤益工商專校共同科副教授
涂茂齡	建國工商專校共同科講師
李孟君	建國工商專校共同科講師
陳惠美	建國工商專校共同科講師
楊仲源	建國工商專校共同科講師
劉慧珠	樹德工商專校共同科講師
林採梅	中州工商專校共同科講師
吳聰敏	台中護校國文教師
蔡嬿嬌	台中護校國文教師
張范良	明道中學國文教師
向懿柔	明德女中國文教師
詹美賢	嶺東工商國文教師
陳伊婷	致用中學國文教師
呂素禎	台中高農國文教師
陳麗眞	豐原高中國文教師
徐秀桂	豐原高中國文教師
林燕卿	大明中學國文教師
蔣翔宇	大明中學國文教師

李曼瑛　　宜寧中學國文教師

陳安桂　　台中二中國文教師

黃瑞珠　　沙鹿高工國文教師

易瑩嫻　　東勢高工國文教師

余桂蘭　　員林高中國文教師

李源次　　台中一中國文教師

張景智　　台中女中國文教師

籌備委員與工作人員

籌備會議成員

名譽會長：王亢沛（東海大學校長）

會　　長：李立信（東海大學中文系教授兼主任）

副 會 長：王國良（東吳大學中文系教授兼主任）

秘 書 長：張雙英（政治大學中文系教授）

副秘書長：魏仲佑（東海大學教授）

執行秘書：許建崑（東海大學副教授）

委　　員：王金凌　　王更生　　王國良　　王國瓔

　　　　　　李立信　　洪順隆　　楊承祖　　張雙英

　　　　　　齊益壽　　薛順雄

會議工作人員

秘 書 組：魏仲佑　　許建崑　　張端穗　　黃淑滿

事 務 組：甘漢銓　　楊永智

總 務 組：蔡宗祈　　呂珍玉　　張素華

接 待 組：吳福助　　阮桃園　　劉瑞玲　　林威宇

〈與嵇茂齊書〉作者辨 附錄 頁524

列傳第六十二 文苑

趙至

趙至字景真，代郡人也。寓居洛陽。緱氏令初到官，至年十三，與母同觀。母曰：「汝先世本非微賤，世亂流離，遂為士伍耳。爾後能如此不？」至感母言，詣師受業。聞父耕叱牛聲，投書而泣。師怪問之，至曰：「我小未能榮養，使老父不免勤苦。」師甚異之。

年十四，詣洛陽，游太學，遇嵇康於學寫石經，徘徊視之不能去，而請問姓名。康曰：「年少何以問邪？」曰：「觀君風器非常，所以問耳。」康異而告之。後乃亡到山陽，求康不得而還。又將遠學，母禁之，至遂陽狂，走三五里，輒追得之。年十六，游鄴，復與康相遇，隨康還山陽，改名浚，字允元。康每曰：「卿頭小而銳，童子白黑分明，有白起之風矣。」及康卒，至詣魏興見太守張嗣宗，甚被優遇。嗣宗遷江夏相，隨到涢川，欲因入吳，而嗣宗卒，乃向遼西而占戶焉。

初，至與康兄子蕃友善，及將遠適，乃與蕃書敘離，并陳其志曰：

昔李叟入秦，及關而歎；梁生適越，登嶽長謠。夫以嘉遯之舉，猶懷戀恨，況乎不得已者哉！惟別之後，離群獨逝，背榮讌，辭倫好，經迴路，造沙漠。雞鳴戒旦，則飄爾晨征；日薄西山，則馬首靡託。尋歷曲阻，則沈思紆結；登高遠眺，則山川攸隔。或乃迴飆狂厲，白日寢光，徙倚交錯，陵隰相望，徘徊九皋之內，慷慨重阜之顛，進無所由，退無所據，涉澤求蹊，披榛覓路，嘯詠溝渠，良不可度。斯亦行路之艱難，然非吾心之所懼也。至若蘭茝傾頓，桂林移殖，根萌未樹，而牙淺弦急，每恐風波潛駭，危機密發，此所以怵惕於長衢也。又北土之性，難以託根，投人夜光，鮮不按劍。今將殖橘柚於玄朔，蒂華藕於修陵，表龍章於裸壤，奏韶武於聾俗，固難以取貴矣。夫物不我貴，則莫之與；莫之與，則傷之者至矣。飄颻遠遊之士，託身無人之鄉，總轡遐路，則有前言之難；懸鞍陋宇，則有後慮之戒；朝霞啟暉，則身疲而遄征；太陽戢曜，則情劬而夕惕；肆目平隰，則寥廓而無覩；極聽修原，則淹寂而無聞。吁其悲矣！心傷瘁矣！然後知步驟之士不足為貴也。

顧景中原，憤氣雲踊，哀物悼世，激情風厲。龍嘯大野，獸睇六合，猛志紛紜，雄心四據。思躡雲梯，橫奮八極，披艱掃穢，蕩海夷嶽，蹴崑崙使西倒，蹋太山令東覆，平滌九區，恢維宇宙，斯吾之鄙願也。時不我與，垂翼遠逝，鋒距靡加，六翮摧屈，自非知命，孰能不憤悒者哉！吾子殖根芳苑，濯秀清流，晞葉華崖，飛藻雲肆，俯據潛龍之渚，仰蔭游鳳之林，榮曜眩其前，豔色餌其後，良儔交其左，聲名馳其右，翱翔倫黨之間，弄姿帷房之裏，從容顧眄，綽有餘裕，俯仰吟嘯，自以為得志矣，豈能與吾曹同大丈夫之憂樂哉！

去矣嵇生，永離隔矣！煢煢飄寄，臨沙漠矣！悠悠三千，路難涉矣！攜手之期，邈無日矣！思心彌結，誰云釋矣！無金玉爾音而有遐心。身雖胡越，意存斷金。各敬爾儀，敦履璞沈，繁華流蕩，君子弗欽。臨紙意結，知復何云。

至身長七尺四寸，論議精辯，有從橫才氣。遼西舉郡計吏，到洛，與父相遇。時母已亡，父欲令其宦立，弗之告，仍戒以不歸，至乃還遼西。幽州三辟部從事，斷九獄，見稱精審。太康中，以良吏赴洛，方知母亡。初，至自恥士伍，欲以宦學立名，期於榮養。既而其志不就，號憤慟哭，歐血而卒，時年三十七。

文選·卷四十三

與嵇茂齊書

趙景真

安白。昔李叟入秦。及關而歎。梁生適越。登岳長謠。夫以嘉遯之舉。猶懷戀恨。況乎不得已者哉。惟別之後。離羣獨游。背榮宴。辭倫好。經迴路。涉沙漠。鳴雞戒旦。則飄爾晨征。日薄西山。則馬首靡託。尋歷曲阻。則沈思紆結。乘高遠眺。則山川悠隔。或乃迴飆狂厲。白日寢光。踦驅交錯。陵隰相望。徘徊九皐之內。慷慨重阜之巔。進無所依。退無所據。涉澤求蹊。披榛覓路。嘯詠溝渠。良不可度。斯亦行路之艱難。然非吾心之所懼也。至若蘭茝傾頓。桂林移植。根萌未樹。牙淺絃急。常恐風波潛駭。危機密發。斯所以怵惕於長衢。按轡而歎息也。又北土之性。難以託根。投人夜光。鮮不按劍。今將植橘柚於玄朔。蒂華藕於脩陵。表龍章於裸壤。奏韶舞於聾俗。固難以取貴矣。夫物不我貴。則莫之與。莫之與。則傷之者至矣。飄颻遠游之士。託身無人之鄉。總轡遐路。則有前言之艱。懸鞌陋宇。則有後慮之戒。朝霞啟暉。則身疲於遄征。太陽戢曜。則情劬於夕惕。肆目平隰。則遼廓而無覩。極聽脩原。則淹寂而無聞。吁其悲矣。心傷悴矣。然後乃知步驟之士。不足為貴也。若迺顧影中原。憤氣雲踊。哀物悼世。激情風烈。龍睇大野。虎嘯六合。猛氣紛紜。雄心四據。思躡雲梯。橫奮八極。披艱掃穢。蕩海夷岳。蹴崑崙使西倒。蹋泰山令東覆。平滌九區。恢維宇宙。斯亦吾之鄙願也。時不我與。垂翼遠逝。鋒鉅靡加。翅翮摧屈。自非知命。誰能不憤悒者哉。吾子植根芳苑。擢秀清流。布葉華崖。飛藻雲肆。俯據潛龍之淵。仰蔭棲鳳之林。榮曜眩其前。豔色餌其後。良儔交其左。聲名馳其右。翱翔倫黨之間。弄姿帷房之裏。從容顧眄。綽有餘裕。俯仰吟嘯。自以為得志矣。豈能與吾同大丈夫之憂樂者哉。去矣嵇生。永離隔矣。煢煢飄寄。臨沙漠矣。悠悠三千。路難涉矣。攜手之期。邈無日矣。思心彌結。誰云釋矣。無金玉爾音。而有遐心。身雖胡越。意存斷金。各敬爾儀。敦履璞沈。繁華流蕩。君子弗欽。臨書悢然。知復何云。